제3판

Law of International Transactions

국제통상거래법

정재완 · 이지수

三 英 社

[제3판]

머리말

이 책은 우리가 '무역 3법'이라고 부르는 대외무역법, 외국환거래법, 관세법을 무역학과나 국제통상학을 공부하는 학부생에게 보다 접근하기 쉽게 전달하기 위해 구성됐습니다.

대외무역법은 물품과 서비스 등의 수출입을 망라하는 무역 일반을 규율하고, 외국환거래법은 무역에 따른 대가의 지급과 영수뿐 아니라 자본의 국제거래를 규율하는 법률입니다. 관세법은 물품의 수출입통관과 수입물품에 대한 관세부과와 국경 간 물품의 이동, 즉 관세의 납부와 통관을 규율합니다. 이 법규들은 무역의존도가 높은 우리가 기업활동을 하고 세계와 협력하는데 이해하여야 하는 기본적인 지식입니다. 이런 이유로 무역법규는 관세사, 국제무역사, 무역영어, 외국환전문역, 보세사, 원산지관리사 등 대부분의 무역관련 자격증에서 주요 과목을 차지하고 있습니다.

제3판에서는 특히 관세법의 개정내용을 담고 있습니다. 성격이 유사하면서도 서로 다른 제도로 운영되었던 가산세와 가산금 제도의 통합, 납세자권리 조항의 강화와 동시에 고액·상습 체납자에 대한 제재 강화 등 흥미로운 2020 개정 관세법 내용을 다룹니다. 이 책은 교과서를 뛰어 넘어 무역 실무자가 일상에서 접하는 문제로서 무역 3법을 다루고 동시에 무역관련 자격증 시험을 준비하는 입문서로서 역할을 할 수 있도록 여러 시도를 했습니다.   무엇보다 교재와 실무의 괴리를 최소화하기 위해 각 장의 도입부에 주제와 관련된 생활 속 뉴스를 인용했고, '학습목표'를 통해 주요 학습 내용을 정리하였으며, 본문에서는 어려운 개념에 대한 심화학습을 위해 민원사례와 판례, 용어에 대한 해설을 담았습니다. 또, 각 장의 끝에 학습한 내용을 확인할 수 있도록 기출문제와 연습문제를 담았습니다. 대외무역법과 관세법은 국제무역사 기출문제를, 외국환거래법에서는 외환전문역 기출문제를 바탕으로 변형시킨 연습문제를 담고 있습니다.

이 책으로 무역을 공부한 학생들이 무역 업계에서 자리를 잡아가는 것을 보자면 감회가 새롭습니다. 세계적인 기업인 아마존 재팬 물류 부서, 미국 물류 전문 회사, 작지만 내실 있는 무역회사나, 위험화물 전문 회사 등등 무역분야에서 전문성을 키워가고 있는 많은 졸업생들이 '무역을 공부할 때 정말 재밌었어요' 라고 말하곤 합니다. 독자 여러분들도 그 재미를 느끼는 순간이 있기를 바랍니다. 그리고 흥미진진한 무역의 여정에 도전하는데 이 책이 시작점이 되어줄 수 있기를 기원합니다.

2020. 2.

정재완 · 이지수

Contents

Contents

Contents

PART 2 외국환거래법

Contents

Contents

PART 3 관세법

Contents

Contents

Contents

PART 1

대외무역법

1 대외무역법 총론

학 습 목 표

대외무역법은 우리나라 무역 전반에 적용되는 기본법으로 무역 규제와 지원책을 담고 있다. 이 장에서는 대외무역법에 대한 전체적인 이해를 위해 다음과 같은 대외무역법의 무역관리의 전체적인 구조를 이해하는 것을 목표로 학습해 보자.

1. 무역관리의 개념과 필요성
2. 대외무역법의 목적, 법적 성격과 법체계, 관리기관
3. 대외무역법에서 사용되는 주요 용어의 뜻

들어가기 전에

무역관리가 왜 필요할까?
- 장하준의 "사다리 걷어차기"

세계무역기구(World Trade Organization)의 회원국인 우리나라는 수출에 기반을 두고 급속한 경제성장을 이루면서 자유무역을 지지해 왔다. 국가의 개입이 없는 자유무역은 자원의 효율적인 배분을 통해 경제적인 부를 가져온다. 그러나 경제학자 장하준은 자유무역이 항상 좋은 것이 아니라고 주장한다. 그의 책 "사다리 걷어차기"에서는 여러 국가의 사례를 통해 선진국이 경제성장을 위해 채택했던 무역정책과 제도들은 자유무역과는 거리가 먼 것이었고, 자유무역은 선진국으로 자리 잡은 후 개발도상국이나 후진국과 유리한 위치에서 교역하기 위해 지지한다고 설명한다. 그의 주장은 전통적인 경제학 이론을 벗어나는 파격적인 것이지만 세계적으로 많은 공감을 얻었고 2003년 그에게 뮈르달 상을 안겨주었다.

그의 주장과 같이 국가가 처한 상황과 목표에 따라 완전한 자유무역을 실현하는 것은 가능하지도 바람직하지도 않다. 따라서 어느 나라나 무역에 대한 국가의 개입과 간섭에 바탕을 둔 관리체계가 존재한다. 그렇다면 자유무역의 큰 흐름 속에서 성공적인 경제성장을 이뤄온 우리는 어떠한 무역관리체계를 발전시켜 왔을까? 대외무역법을 통해 우리 무역관리에 대해 전체적인 이해를 해보자.

Chapter

1 대외무역법 총론

제1절 무역의 관리와 대외무역법

1 무역관리의 개념

무역관리(trade control)는 무역과 관련하여 행해지는 국가 공권력의 간섭 내지 지원 작용을 총칭하는 의미로 사용된다. 전통적인 무역이론의 관점에서 본다면 무역은 국가의 어떠한 제한이나 지원 없이 기업 자신의 의사와 경쟁력에 따라 자유로이 할 수 있는 것이 가장 이상적이다. 무역에 제약이 있는 경우보다 자유무역의 경우가 생산에 있어 자원의 배분을 최적화하고, 소비자의 후생을 증대시켜 국민경제에 기여한다고 보기 때문이다.

그러나 **자유무역**(free trade)은 어느 시대, 어느 나라에서도 찾아보기 어렵다. 나라마다 경제 발전 단계가 다르고, 같은 상품일지라도 경쟁력에 차이가 있기 때문이다. 역사적으로 보면 경제발전이 앞서 있고, 경쟁력이 높은 상품을 주로 생산하는 나라에서는 자유무역의 이점을 강조한 반면 그렇지 못한 나라는 자유무역에 소극적이었다. 특히 보호로 인해 장차 그 나라 국민경제에 기여하는 바가 클 것으로 기대되는 유치산업에 대해서는 보호의 경향이 높았다. 그러나 사양산업이라 할지라도 고용효과가 큰 산업이거나 농업과 같이 단순한 경제적 이해(利害) 이상의 의미를 갖는 산업에 대해서는 다양한 보호수단을 강구해 온 것이 일반적이다. 이러한 보호를 위해서는 무역에 대한 국가의 일정한 관리가 불가피해진다.

오늘날 대부분의 국가가 자유무역의 이점(利點)을 인정하고, 이를 국민경제 운용에 있어 기본적인 이념으로 설정하고 있다. 그럼에도 불구하고 무역관리를 하게 되는 요인은 여러 가지가 있다. 대표적인 경우가 어떤 물품 또는 용역의 수출입이 국민의 생명과 건강, 복지를 저해할 때다. 이러한 물품과 용역의 수출입은 당연히 엄격하게 규제되어야 한다. 무역은 국민경제의 발전에 기여하고, 국민의 후생을 증진시키기 위해서 필요한 것이지 무역자유의 보장 그 자체가 목적이 되는 것이 아니기 때문이다. 자유로운 무역을 이상으로 하는 WTO(World Trade Organization : 세계무역기구) 체제하에서도 정도의 차이는 있으나 각국은 무역에 대하여 일정한 관리를 행한다. 또한 WTO협정에서도 여러 가지 요건하에서 무역에 대한 일정한 규제 또는 지원을 허용하고 있다.

2 무역관리의 형태

무역관리는 [그림 1-1]과 같이 수출입을 규제할 목적으로 행하는 경우도 있고, 촉진할 목적으로 행하는 경우도 있다. 수출입을 규제할 목적으로 행할 때 그 방법은 다시 관세에 의한 관리와 비관세적 방법에 의한 관리로, 수출입촉진을 목적으로 하는 관리는 재정상 지원과 금융상 지원, 행정 기타의 지원으로 나누어진다.

[그림 1-1]에서 관세에 의한 관리는 관세율정책에 의한 관리와 관세율정책에 보조적으로 행해지는 감면, 보세(保稅), 환급 등의 정책에 의해 수출입물품의 가격에 영향을 미침으로서 무역을 관리하는 것이다. 비관세적 방법에 의한 관리는 관세 이외의 다른 모든 방법에 의한 무역관리다. 이는 수출입의 허가 등 수출입상품의 이동과 관련한 직·간접적인 규제와 이러한 수출입상품의 이동에 수반되어 행해지는 대금결제에 관한 관리, 즉 외국환관리로 나누어진다. 수출입을 촉진할 목적으로 행하는 재정상 지원에는 감면세나 세율인하, 조세환급 등이 있고, 금융상 지원으로는 무역금융이나 무역보험의 제공 등이 있다.

행정상 지원 및 기타 지원으로는 무역과 관련한 각종 정보와 자료의 제공, 교육 실시, 무역자동화 기반의 구축, 산업설비 등 대규모 수출계약과 관련한 정부의 다각적인 지원, 무역분쟁 해결과 관련한 외교적 지원 등이 가능하다. 무역관리에서 규제적인 관리는 자유로운 무역을 저해한다는 측면에서 각각 **관세장벽**(tariff barriers)과 **비관세장벽**(non tariff

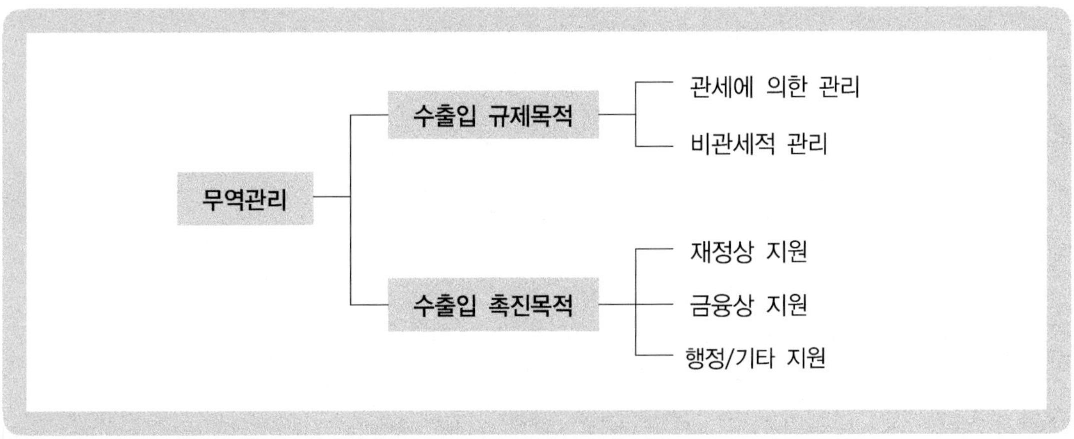

【 그림 1-1 무역관리의 형태 】

barriers)이라 불리기도 한다. 그러나 WTO체제하에서 각국의 무역관리는 무역장벽으로서의 기능보다는 불공정무역의 규제,[1] 인간을 비롯한 동식물 및 환경의 보호,[2] 빈부격차의 완화 등 국제 정의(正義)의 실현, 국가의 안전보장, 공공의 복지 유지 등에 그 중점을 두고 있다.

[그림 1-1]의 무역관리 중 대외무역법과 직접 관련이 있는 것은 수출입규제 목적의 비관세적 관리와 수출입 촉진목적의 행정·기타 지원을 통한 관리다.

제2절 대외무역법의 개관

1 대외무역법의 연혁

우리나라에서 대외무역에 관한 법률이 제정된 것은 1957년의 **무역법**이 그 효시다. 물론 해방 후 1957년 무역법이 제정되기 이전에도 무역이 이루어지고 있었고, 이를 관리하기 위해 1946년 1월 미군정령 제39조로 공포된 대외무역규칙이 있었으나 법률의 형태는 아니었다. 해방직후는 말할 것도 없고 1950년부터 1953년까지 계속된 전쟁기간 중 무역이 정상적으로 이루어질 수 없었다. 1957년에 이르러 무역법을 제정한 것은 전후 경제가 정상화되면서 비록 원조(援助)를 중심으로 한 것이었지만 무역이 증가하는 현실이 반영된 결과다.

무역법은 1967년 폐지되고 이를 대체하여 **무역거래법**이 제정되었으며, 무역거래법은 다시 1986년에 폐지되고 대외무역법이 제정되어 오늘에 이르고 있다.

무역법과 무역거래법, 대외무역법을 간략하게 비교하면 〈표 1-1〉과 같다.

1) 이와 관련된 WTO 협정으로는 반덤핑협정, 보조금 및 상계관세협정, 원산지규정협정이 있다.
2) 이와 관련된 WTO 협정으로는 GATT 1994 제20조(일반적 예외) 및 식품 위생 및 동식물검역조치협정이 있다. 제20조에 의해 일반적 예외가 인정되는 것으로는 ① 공중도덕을 보호하기 위하여 필요한 조치, ② 인간 및 동식물의 생명 혹은 건강의 보호를 위하여 필요한 조치, ③ 금 또는 은의 수입·수출에 관한 조치 등이 있다.

〈표 1-1〉 무역법 · 무역거래법 · 대외무역법의 비교

구분	무역법	무역거래법	대외무역법(1996년 전면개정)
제정	1957년	1967년	1986년
입법 취지	수출을 진흥할 뿐만 아니라 수입을 적절히 조정하여 건전한 무역거래를 촉진함으로써 국제수지의 균형과 국민경제의 지속적인 발전을 도모	수출을 진흥하며, 수입을 조정하여 대외무역의 건전한 발전을 촉진함으로써 국제수지의 균형과 국민경제의 발전에 기여	대외무역을 진흥하고 공정한 거래질서를 확립하여 국제수지의 균형과 통상의 확대를 도모함으로써 국민경제의 발전에 이바지
주요 내용	– 무역행정의 일원화 – 수출장려, 수입조정	– 무역관련 법규의 통합 – 수출장려, 수입조정 – 다른 법령과의 관계를 명료화	– 무역관련 법규의 통합 – 무역환경 변화에 대응하여 무역관련 규제 완화 – 수출입 질서유지를 위한 제도 개선 – 산업피해구제
특성	무역규율의 기본 틀	무역자유화의 기초 마련	무역자유화의 확대
통합 법률		무역법+수출진흥법+수출장려보조금교부에 관한 임시조치법	무역거래법+수출조합법+산업설비수출촉진법

1986년 제정된 대외무역법도 무역환경 변화에 따라 거의 해마다 개정을 거듭해 왔다. 특히 WTO 체제가 출범한 다음 해인 1996년 말의 개정은 사실상 새로운 법의 제정이라 할 수 있을 정도로 전면적인 개정 방법을 택하였다. 1996년 말의 대외무역법 개정 이전에는 물품의 수출입은 원칙적으로 산업통상자원부장관(당시는 상공부장관)의 승인을 얻어야 가능한 것이었으나, 이때의 개정으로 물품의 수출입에 대해 원칙적으로 자유를 보장하되 예외적으로 정한 물품에 대해서만 승인을 얻도록 전환되었다.

비록 1967년의 무역거래법 제정시부터 수출입공고를 통한 물품의 관리에서 '자동승인제도'라는 것을 도입하여 운영하기는 하였지만 산업통상자원부장관의 승인을 얻어야 수출입할 수 있다는 기본원칙이 변경된 것은 1996년 말의 법 개정을 통해서였다.

2 대외무역법의 법체계

대외무역법은 국회가 제정한 대외무역법과 동법에서 대통령에게 위임한 사항을 규정한 대외무역법시행령 그리고 법과 시행령에서 산업통상자원부장관에게 위임한 사항을 규정한

대외무역관리규정 및 몇 개의 산업통상자원부고시[3]로 구성된다.

> 법률의 적용에는 ① 상위법 우선원칙, ② 특례법 우선원칙, ③ 신법(新法) 우선원칙, ④ 법률 불소급(不遡及)의 원칙 등이 준수되어야 한다. 상위법 우선원칙이란 헌법은 법률에, 법률은 시행령에 우선 적용되는 것과 같이 상위법이 하위법에 우선하여 적용되어야 한다는 원칙이다.

정리하면 〈표 1-2〉와 같다.

〈표 1-2〉 대외무역법의 체계

법률	대외무역법
대통령령	대외무역법시행령
부령 (산업통상자원부장관 고시)	① 대외무역관리규정 ② 수출입공고 ③ 전략물자수출입고시 ④ 국제평화 및 안전유지 등 의무이행을 위한 무역에 관한 특별조치고시 ⑤ 통합공고

① **대외무역관리규정** : 대외무역법의 시행을 위해 필요한 사항을 자세하게 규정하고 있다. 다른 법률의 시행규칙과 성격이 유사하다. 총칙, 수출입거래총칙, 외화획득용원료·기재의 수입, 플랜트수출, 원산지, 수출입질서유지, 보칙 등 7개 장으로 구성되었다.

② **수출입공고** : 대외무역법 제11조(수출입의 제한 등)의 규정에 따라 산업통상자원부장관이 수출 또는 수입의 금지 또는 제한 품목과 제한 품목의 경우, 그 수출입요령을 규정하고 있다. 이 공고로 수출입이 금지 또는 제한되는 품목은 불과 몇 개에 불과하다.

③ **전략물자수출입고시** : 대외무역법 제26조(전략물자수출입고시)에 따라 전략물자의 수출입통제에 관한 사항을 정하고 있다. 고시 내용은 전략물자의 범위, 전략물자의 판정 및 허가 절차 등이다. 이 고시와 직접 관련되는 법률은 대외무역법, 원자력안전법, 방위사업법, 화학무기·생물무기의 금지와 특정화학물질·생물작용제 등의 제조·수출입규제 등에 관한 법률(약칭 '화학·생물무기금지법') 등 4개다.

3) 산업통상자원부장관이 공포한 각종 고시는 산업통상자원부의 홈페이지에서 확인할 수 있다. http://www.motie.go.kr/motie/ms/nt/gosi/bbs/bbsList.do?bbs_cd_n=5 참조.

④ **국제평화 및 안전유지 등 의무이행을 위한 무역에 관한 특별조치 고시** : 대외무역법 제5조(무역에 관한 제한 등 특별조치)의 규정에 따라 국제평화 및 안전유지 등을 위한 UN 안전보장이사회 결의사항 이행을 위해 국가별 무역제재 및 킴벌리 프로세스 이행을 위한 다이아몬드 원석의 수출입통제를 위한 내용을 담고 있다. 2017년 1월 현재 UN 안전보장이사회 결의에 따른 무역제재 대상국은 이라크, 라이베리아, 소말리아, 코트디브와르, 콩고민주공화국, 수단공화국 에리트레아, 레바논, 리비아, 시리아, 북한, 중앙아프리카공화국, 예멘 등 13개국이다. 고시에는 이들 국가에 대한 수출이나, 이들 국가를 원산지 또는 선적지로 하는 수입을 제한하는 내용이 담겨 있다(이에 대한 자세한 내용은 제4장 참조).

⑤ **통합공고** : 대외무역법 제12조(통합공고)의 규정에 따라 산업통상자원부장관이 대외무역법 이외의 개별법과 국제협약으로 수출입을 제한하는 품목에 대한 요건확인 절차를 정해 둔 것이다. 수출입의 요건이나 절차에 관한 사항이 여러 법률에 산재(散在)하는 관계로 무역업자가 파악하기 어려운 점을 감안해, 이를 하나의 공고에 통합함으로써 무역업무를 간소화하고자 마련된 것이다.

3 대외무역법의 목적

대외무역법의 제정목적을 밝히고 있는 동법 제1조는 다음과 같다.

> **대외무역법 제1조(목적)** 이 법은 대외무역을 진흥하고 공정한 거래 질서를 확립하여 국제 수지의 균형과 통상의 확대를 도모함으로써 국민 경제를 발전시키는 데 이바지함을 목적으로 한다.

위 조문의 내용을 보면 대외무역법이 ① 대외무역의 진흥, ② 공정한 무역거래 질서의 확립, ③ 국제수지의 균형, ④ 통상의 확대를 통해 국민경제의 발전에 이바지함을 목적으로 하는 법임을 알 수 있다.

1) 대외무역의 진흥

대외무역법은 '대외무역의 진흥'을 목적으로 한다. 이는 수출과 수입을 동등하게 진흥하겠다는 의지를 표명한 것이다. 수출은 선(善)이고 수입은 악(惡)이라는 개념이 아니다. 수출과 수입은 각기 다른 의미에서 국민경제 발전에 기여하고, 국민들의 후생수준 향상에 필요하다. 이의 균형된 진흥은 무역자유화라는 세계적 흐름과도 맥을 같이 한다. 따라서 대외무역법은 양자를 다 같이 촉진시킴을 목적으로 한다.

2) 공정한 무역거래질서의 확립

대외무역법은 무역진흥을 위함에 있어 헌법에 따라 체결·공포된 무역에 관한 조약과, 일반적으로 승인된 국제법규에서 정하는 바에 따라 자유롭고 공정한 무역을 조장함을 원칙으로 한다. 정부는 대외무역법이나 다른 법률 또는 헌법에 따라 체결·공포된 무역에 관한 조약과 일반적으로 승인된 국제 법규에 무역을 제한하는 규정이 있는 경우에도 그 제한하는 목적을 달성하기 위하여 필요한 최소한의 범위에서 이를 운영하여야 한다.

'자유'와 '공정'은 일견 모순되는 가치처럼 보이나 시장경제의 건전성을 보장하는 핵심개념이다. 이는 WTO체제가 추구하는 이념이기도 하다. 대외무역법은 이 양자를 모두 추구하고 있으며, 공정성을 전제로 자유로운 무역을 보장하고 있다. WTO가 정한 불공정한 무역행위로 대표적인 것이 수출업체의 덤핑행위와 정부의 보조금 지불에 따른 가격경쟁력 왜곡이다. 이는 관세법에 덤핑방지관세와 상계관세제도를 두어 다루고 있다.

한편, 불공정무역행위 조사 및 산업피해 구제에 관한 법률에는 지적재산권침해, 원산지를 거짓되거나 오인되게 표시한 경우, 품질표시의 과장과 같은 행위를 불공정무역행위로 규정하여 이를 금지하고 있다.

> 불공정무역행위 조사 및 산업피해 구제에 관한 법률은 2010년에 대외무역법의 관련 조항들을 분리하여 별도의 법률로 제정한 것이다. 이 법률에는 불공정무역행위로 인한 산업피해뿐 아니라 공정무역일지라도 수입의 급증 등으로 산업피해가 발생한 경우 수입제한이나 긴급관세부과와 같은 조치로 산업피해를 막을 수 있게 하고 있다.

3) 국제수지의 균형

국제수지는 일정기간 동안 발생한 모든 대외경제 거래결과를 화폐로 나타내는 것으로 가장 이상적인 것은 수지가 균형을 이루는 것이다. 대외무역법은 상품뿐 아니라 서비스와 전자적형태의 무체물의 수출입까지 동법의 규율대상으로 삼고 있으며, 국제수지의 균형은 이 모든 영역에서 총체적인 균형을 의미한다. 대외무역법이 추구하는 국제수지 균형은 수입 억제정책을 통한 축소지향적 균형이 아니라 무역거래의 활성화 내지 수출과 수입의 동등한 진흥을 통한 확대지향적 균형이다.

4) 통상의 확대

무역의 진흥은 필연적으로 통상의 확대로 이어진다. 대외무역법은 무역이 확대될 수 있도록 통상정책 주무부서인 산업통상자원부장관으로 하여금 해마다 통상진흥에 대한 시책을 수립할 것을 의무화 하고, 통상진흥과 관련된 각종 지원을 할 수 있도록 법적 근거를 마련하였다.

4 대외무역법의 법적 성격

1) 무역에 관한 기본법

대외무역법은 무역에 관한한 기본법의 성격을 갖는다. 무역에 관해 다른 법이 대외무역법 적용 배제를 명시하고 있지 않는 한 모든 무역거래에 대해 대외무역법이 일반적으로 적용되는 것이다. 만일 다른 법률에 대외무역법의 예외가 규정되어 있다면 '**특례법우선원칙**'에 따라 해당 법률이 우선 적용되어야 한다. '특례법'이란 어떤 법률에서 규정하고 있는 내용에 대해 예외적 적용을 규정하기 위해 제정된 법률을 말한다. 대외무역법에는 자유로운 무역을 인정하고 있지만, 다른 법률에 해당 물품에 대해 수출 또는 수입제한을 규정하고 있다면 그 다른 법률이 '특례법'이 된다.

2) 무역 및 통상에 관한 진흥법

대외무역법은 '대외무역의 진흥'을 동 법의 첫 번째 목적으로 명시하고 있으며, 이를 위해 산업통상자원부장관은 무역진흥을 위해 필요한 조치 및 지원을 할 수 있다고 규정하였다. 대외무역법으로 수출입에 대한 제한을 하지 않는 것은 아니지만 이러한 제한은 가급적 최소한에 그치고, 대신 무역 및 통상을 확대하는 것을 주요 목적으로 하는 것이다. 여기에서 진흥의 대상은 수출과 수입 모두이다.

3) 무역에 관한 통합법

대외무역법 제6조에는 관계 행정기관은 물품 등의 수출 또는 수입을 제한하는 법령이나 훈령·고시 등을 제정하거나 개정할 때 산업통상자원부장관과 미리 협의하여야 하며, 이 경우 산업통상자원부장관은 관계 행정기관의 장에게 수출입요령의 조정을 요청할 수 있게 하였다. 또한 같은 법 제12조에는 관계 행정기관의 장이 수출입요령을 제정하거나 개정할 때는 그 시행일 전에 공고될 수 있도록 산업통상자원부장관에게 제출하여야 하며, 산업통상자원부장관은 이를 취합해 통합공고로서 고시하도록 하였다. 수출입에 대한 통합법적 성격이 있는 것이다.

5 대외무역의 관리기관과 관리범위

대외무역법에 의한 무역관리의 주무기관은 대외무역법을 관장하는 산업통상자원부이다.[4] 당연히 무역관리의 권한도 산업통상자원부장관에게 전속된다. 그러나 대외무역법에 의한 무역관리는 산업통상자원부장관으로부터 〈표 1-3〉과 같이 대외무역법시행령(제91조)이 정한 관계행정기관의 장 또는 각종 단체 등에 위임 또는 위탁되어 집행된다. 정부 또는 민간의 많은 기관과 단체 등이 무역관리기관으로서 무역에 관여하는 것이다.

> 행정법에서 위임 또는 위탁이란 법률에 규정된 행정기관 장의 권한 중 일부를 다른 행정기관의 장에게 맡겨 그의 권한과 책임하에 행사하도록 하는 것을 말한다. 특히 행정기관의 사무 중 일부를 행정기관이 아닌 법인이나 단체 또는 그 기관이나 개인에게 맡겨 그의 명의와 책임하에 행하도록 하는 경우를 민간위탁이라 한다. 통상 위임은 법률상 그 사무를 책임질 의무가 있는 자에게 맡기는 경우를, 위탁은 그 사무를 책임질 의무가 따로 있지 않은 자에게 맡기는 경우를 말한다.

4) 산업통상자원부는 일찍이 상공부라 하였으나 그 후 상공자원부, 통상산업부, 산업자원부, 지식경제부로 그 명칭이 바뀌었다가 2013년부터 산업통상자원부라는 명칭을 사용하고 있다.

〈표 1-3〉 대외무역법에 의한 산업통상자원부장관 무역관리 업무의 위임 · 위탁

구분	대상기관	위임 · 위탁업무
위임	물품 등을 관장하는 중앙 행정기관의 장	① 외화획득용 원료 · 기재의 수입 제한에 관한 권한 ② 외화획득용 원료 · 기재의 기준 소요량 결정에 관한 권한 ③ 외화획득 이행기간의 결정 및 그 연장에 관한 권한 ④ 외화획득용 원료 · 기재 또는 그 원료 · 기재로 제조된 물품 등(소관품목만 해당)에 대한 사후관리 권한 ⑤ 대외무역법에 따른 조정명령에 관한 권한 ⑥ 시 · 도지사[5]에게 위임된 사무에 대한 지휘 · 감독 및 자료의 제출 요청에 관한 권한
위임	기술표준원장	① 외화획득용 원료 · 기재의 기준 소요량 결정에 관한 권한(단, 목재가구에 대한 권한은 국립산림과학원장) ② 외화획득 이행 여부의 사후 관리에 관한 권한 ③ 시 · 도지사에게 위임된 사무에 대한 지휘 · 감독 및 자료의 제출요청에 관한 권한 ④ 산업통상자원부장관이 지정 · 고시한 관계 행정기관 또는 단체에 위탁된 사무에 대한 지휘 · 감독 및 자료의 제출 요청에 관한 권한
위임	시 · 도지사 또는 자유무역지역관리원장(자유무역지역 입주기업)	① 외화획득 이행기간의 연장에 관한 권한 ② 외화획득용원료의 사용목적 변경승인에 관한 권한
위탁	세관장. 다만, 제4호의 권한 중 자유무역지역관리원 관할구역의 입주업체에 대한 권한은 자유무역지역관리원장	① 수출입승인 면제의 확인 권한 ② 원산지 표시의 확인에 관한 권한 ③ 수입한 물품 등과 관련 서류의 검사에 관한 권한 ④ 원산지 표시 위반 행위에 대한 시정조치 명령 또는 과징금 부과 및 과징금 납부기한의 연장, 분할납부 및 그 결정의 취소에 관한 권한 ⑤ 원산지증명서의 제출 명령에 관한 권한 ⑥ 원산지증명서 발급 업무 중 관세양허를 받기 위한 원산지증명서 발급 업무에 관한 권한 ⑦ 원산지 표시 위반 행위자에 대한 과태료의 부과 · 징수에 관한 권한

5) 〈표 1-3〉에서 시 · 도지사란 특별시장 · 광역시장 · 특별자치시장 · 도지사 또는 특별자치도지사를 말한다. 이하 이 책에서 같다.

6) 여기에 해당하는 기관, 단체에는 각종 공공기관, 협회, 조합 등이 있다.

위탁	한국무역협회	① 전문무역상사의 지정 및 지정의 취소 업무 ② 무역업고유번호의 부여 및 관리 등 수출입통계 데이터베이스를 구축하기 위한 전산관리체제의 개발·운영 업무 ③ 수출입 거래에 관한 정보의 수집·분석업무 ④ 용역의 수출입 확인업무 ⑤ 용역 중 해운업의 수출입 확인업무 ⑥ 용역 중 관광사업의 수출입 확인업무 ⑦ 전자적 형태의 무체물의 수출입 확인업무
위탁	한국선주협회	용역 중 해운업의 수출입 확인업무
위탁	한국관광협회중앙회 및 업종별 관광협회	용역 중 관광사업의 수출입 확인업무
위탁	한국소프트웨어산업협회	전자적 형태 무체물의 수출입 확인업무
위탁	관세청장	① 산업통상자원부장관이 정하는 원산지 표시방법의 범위에서 그 표시방법에 관한 세부적인 사항을 정하는 권한 ② 원산지 표시방법의 확인 및 이의제기에 대한 처리 권한 ③ 원산지의 판정 및 이의제기의 처리에 관한 권한 ④ 세관장에게 위탁된 사무에 대한 지휘·감독 및 자료의 제출 요청에 관한 권한
위탁	산업통상자원부장관이 지정하여 고시하는 관계행정기관 또는 단체의 장[6]	① 수출 또는 수입의 승인, 승인의 유효기간 설정 및 연장, 변경승인 및 변경사항 신고의 수리에 관한 권한 ② 외화획득용 원료·기재의 수입승인에 관한 권한 ③ 산업통상자원부장관이 관장하는 외화획득용 원료·기재에 대한 사후 관리에 관한 권한
위탁	한국기계산업진흥회	플랜트수출의 승인 및 변경승인(일괄수주방식에 의한 수출로서 국토교통부장관의 동의가 필요한 경우는 제외)에 관한 권한. 다만, 연불금융지원의 경우에는 한국수출입은행에 위탁
위탁	대한상사중재원	① 무역분쟁에 대한 조정 또는 알선에 관한 권한 ② 선적전검사관련 분쟁의 조정, 조정비용 부담 등에 관한 권한
위탁	대한상공회의소 또는 지방 상공회의소	원산지증명서 발급 업무(관세양허를 받기 위한 원산지증명서 발급 업무를 포함)
위탁	외국환은행장 또는 한국무역정보통신(KTNET)	구매확인서의 발급 및 사후 관리에 관한 권한
위탁	전략물자관리원	전략물자의 판정 및 통보에 관한 권한

〈표 1-3〉과 같은 무역관리에서 특히 주목되는 것이 세관장의 역할이다. 세관장에게는 대외무역법시행령에 의해 명시적으로 위탁되어 있는 무역관리 업무도 있지만, 대외무역법령의 규정 자체가 세관장의 수출입물품에 대한 실물(實物) 관리를 전제로 하여 이루어지고 있는 것이 많다.

> 사법경찰관리의 직무를 행할 자와 그 직무 범위에 관한 법률 제6조 제14호. 여기에 규정된 대외무역과 관련한 범죄에 대한 세관공무원의 직무범위와 수사관할은 대외무역법 위반사범, 불공정무역행위 조사 및 산업피해구제에 관한 법률 제4조 제1항 제2호(원산지표시) 위반사범, 수출입 물품의 통관 및 환적과 관련된 지적재산권 침해사범에 대해서이다.

결국 세관장은 대외무역법령 자체의 규정 또는 대외무역법령에 의한 산업통상자원부장관의 업무 위탁 그리고 관세법령 등에 의해 주요한 무역관리 기관으로서 무역관리에 참여할 수밖에 없다. 또한 **사법경찰관리**인 세관공무원은 그 소속관서 관할 구역 안에서 발생하는 대외무역법 위반사범에 대하여도 수사를 관할하기 때문에 대외무역법의 실효성 확보 측면에서도 세관장은 중요한 역할을 담당한다.

제3절 대외무역법의 용어정의

대외무역법(제2조)과 대외무역법시행령(제2조), 대외무역관리규정(제2조)에도 정의규정은 수출입 무역 전반에 관한 용어를 정의하고 있다. 이 용어들은 관세법이나 외국환거래법과 같은 수출입과 관련된 내용을 다루는 다른 법령에서도 사용되는데 그 정의가 대외무역법에서 사용되는 것과 다르게 규정된 경우가 있다. 대외무역법에서는 무역 전반을 아우르기 위해 다른 법령에서 보다 넓은 범위의 용어의 정의를 하고 있는데, 주요 용어를 중심으로 차이에 유의하면서 살펴보자.

> 입법해석이란 법령에 사용되는 용어에 대한 정의(正義)와 해석 규정을 말한다. 법령 안에 정의 규정을 두는 이유는 법 해석에 정확성을 기하기 위해서다. 입법해석으로 규정되는 용어의 정의는 국어사전적 의미나, 일반인들이 생활에서 사용하는 의미와 다른 경우가 적지 않다. 그러므로 정의 규정은 실질적으로 해석이라기보다는 하나의 입법이라고 할 수 있다.

1 무역과 무역거래자

대외무역법에서 '**무역**'이란 다음 어느 하나에 해당하는 것의 수출과 수입을 말한다.

① 물품. 여기서 물품이란 외국환거래법에서 정하는 지급수단, 증권 또는 채권을 화체(化體)한 서류를 제외한 **동산**(動産)[7]을 말한다.
② 대외무역법시행령으로 정한 용역
③ 대외무역법시행령으로 정한 전자적 형태의 무체물

대외무역법령에서는 이러한 것의 수출과 수입을 '물품등의 수출입'으로 표현한다. 대외무역법에서는 '물품등'이란 용어는 늘 이 3가지를 지칭한다.

무역거래자란 아래를 포함한다.
① 수출 또는 수입을 하는 자
② 외국의 수입자 또는 수출자에게서 위임을 받은 자
③ 수출과 수입을 위임하는 자로서 물품등의 수출행위와 수입행위의 전부 또는 일부를 위임하거나, 행하는 자

7) 동산(動産)이란 물건인 유체물(有體物) 및 전기(電氣) 기타 관리할 수 있는 자연력 중에서 부동산인 토지 및 그 정착물이 아닌 물건을 말한다(민법 제99조). 금전(金錢)은 동산의 일종이지만 일정액의 가치를 나타낼 뿐 개개 물건으로서의 성질은 특별하게 고려되지 않으므로 일반 동산과는 다르다. 따라서 동산에 대하여 적용되는 규정 중에는 금전에는 적용될 수 없는 것이 있다.

'수출 또는 수입을 하는 자'는 무역업자와 개인으로서 무역에 참여하는 자를 말하는 것이다. 무역업자는 대개 제조업을 하면서 물품 생산용 기계 및 원재료를 수입하고, 생산한 제품을 수출하거나 내수시장에 판매한다. 물론 순수하게 상거래 목적으로 수출이나 수입업을 영위하는 경우도 있지만 그러한 경우는 전체 무역업체 중에서 일부에 지나지 않는다. '외국의 수입자 또는 수출자에게서 위임을 받은 자'란 **무역대리업자**를 말한다. 수입을 위임받아 국내 수입업자와 수입거래 계약을 중개해주고 수수료를 받는 경우 흔히 오파상(offer)이라고 불른다. 이들은 외국의 수출업자와 독점판매대리점 계약을 체결하고 수입판매를 겸하기도 한다.

2 수출

대외무역법에서 '**수출**'이란 다음 어느 하나에 해당하는 것을 말한다(대외무역법시행령 제2조 제3호).

① 매매, 교환, 임대차, 사용대차(使用貸借), 증여 등을 원인으로 국내[8]에서 외국으로 물품이 이동하는 것. 이때 우리나라의 선박으로 외국에서 채취한 광물 또는 포획한 수산물을 외국에 매도하는 것을 포함한다.

② 관세법 제196조에 따른 보세판매장에서 외국인에게 국내에서 생산(제조·가공·조립·수리·재생 또는 개조하는 것을 말한다)된 물품을 매도하는 것

③ 유상(有償)으로 외국에서 외국으로 물품을 인도하는 것으로서 산업통상자원부장관이 정하여 고시하는 기준에 해당하는 것

④ 외국환거래법에 따른 거주자가 같은 법에 따른 비거주자에게 산업통상자원부장관이 정하여 고시하는 방법으로 대외무역법령에서 정한 용역을 제공하는 것

⑤ 외국환거래법에 따른 거주자가 비거주자에게 정보통신망을 통한 전송과 그 밖에 산업통상자원부장관이 정하여 고시하는 방법으로 대외무역법령에서 정한 전자적 형태의 무체물(無體物)을 인도하는 것

---

8) 대외무역법에서 말하는 '국내'란 대한민국의 주권이 미치는 모든 지역을, 외국이란 국내 이외의 지역을 말한다. 그러므로 자유무역지역이나 관세법상의 보세구역도 대외무역법에서는 모두 국내에 해당한다. 관세법에서는 우리나라, 공해, 외국으로 구분하고 있지만 대외무역법에서는 국내와 외국으로 구분하고 있어 개념상 차이가 있다.

임대차란 당사자의 일방(임대인)이 상대방(임차인)에게 유상으로 목적물을 사용・수익하게 할 것을 약정하는 것을 말한다. 그러므로 **임대수출**이라 하면 임대(사용임대를 포함한다)계약에 의하여 물품을 수출하고 일정기간 후 다시 수입하거나, 그 기간의 만료전 또는 만료후 해당 물품의 소유권을 이전하는 수출을 말한다.

사용대차란 당사자의 일방이 상대방에게 무상으로 사용・수익하게 하기 위하여 목적물을 인도할 것을 약정하고, 상대방은 이를 사용・수익한 후 그 물품을 반환할 것을 약정하는 것을 말한다. 사용대차는 무상(無償)이라는 점에서 임대차와 차이가 있다.

한편, 외국에서 외국으로 물품을 인도하는 것으로 산업통상자원부장관이 고시하는 기준에 해당하는 것은 수출대금은 국내에서 영수하지만 물품은 외국에서 또 다른 외국으로 직접 이동시키는 '**외국인도수출**'을 말한다(대외무역관리규정 제2조).

대외무역법상 수출의 개념을 분석하면 다음 4가지 사실을 포괄한다.

첫째, 국내에서 외국으로 물품을 이동하는 경우이다.

둘째, 국내에서 외국으로의 물품 이동과는 관계가 없지만 우리나라 선박에 의하여 획득된 물품을 외국에 매도하는 경우이다.

셋째, 외국과 외국간 물품의 이동에 대한 대가 영수가 국내에서 이루어지는 경우이다.

넷째, 외국환거래법에 의한 거주자가 비거주자에게 용역을 제공하는 경우이다.

다섯째, 물품의 이동과는 관련이 없는 전자적형태의 무체물이 국내에서 외국으로 이동되는 경우이다.

첫째의 수출개념은 대체로 일반적 의미의 수출개념과 같지만 관세법상의 수출과는 의미상 차이가 있다. 관세법상으로는 수출신고가 수리되면 해당 물품은 외국물품으로 간주한다. 해당 물품이 아직 국내에 있더라도 수출이 이루어진 것으로 간주하는 것이다. 공표되는 수출통계도 수출신고가 수리된 시점으로 집계되는 것이다. 그러나 대외무역법상으로는 해당 물품이 우리나라의 주권이 미치는 영역을 벗어난 때에 비로소 수출이 이루어진 것으로 본다. 정확히 어느 시점에 수출되는 물품이 우리나라 영역을 벗어나는지는 확인되기 어려우므로 이는 다분히 관념적인 정의라 할 수 있을 것이다.

둘째에서 다섯째의 수출개념은 일반적 의미의 상품수출과는 상당한 차이가 있다. 둘째와 셋째의 수출개념에서는 거래되는 물품이 국내에서 생산되거나 반출 또는 반입되지 않는 특징이 있다. 관세법에서는 내국물품을 외국으로 반출하는 경우만 수출로 볼 뿐(관세법 제2조 제2호), 예를 들어 우리나라 선박이 채굴하였다 하더라도 외국 영해에서 채굴된 광물을 외국에 매도하였다면 이는 수출이라 보지 않는다. 넷째의 수출개념에는 서비스 수출을,

다섯째의 수출개념에는 전자상거래를 지원하기 위한 의도가 담겨져 있다. 이와 같은 수출 개념을 대외무역법에 규정하고 있는 것은 외국환거래법으로 정하고 있는 외국환의 관리와 수출지원을 효율화하기 위한 목적 때문이다.

3 수입

대외무역법에서 **수입**이란 다음 어느 하나에 해당하는 것을 말한다(대외무역법시행령 제2조 제4호).

① 매매·교환·임대차·사용대차·증여 등을 원인으로 외국으로부터 국내로 물품이 이동하는 것
② 유상으로 외국에서 외국으로 물품을 인수하는 것으로서 산업통상자원부장관이 정하여 고시하는 기준에 해당하는 것
③ 외국환거래법상의 비거주자가 거주자에게 산업통상자원부장관이 고시하는 방법으로 대외무역법령상 용역을 제공하는 것
④ 외국환거래법상의 비거주자가 거주자에게 정보통신망을 통한 전송과 그 밖에 산업통상자원부장관이 정하여 고시하는 방법으로 대외무역법령상의 전자적 형태의 무체물을 인도하는 것

임차수입이란 임차(사용임차를 포함한다)계약에 의하여 물품을 수입하여 일정기간 후 다시 수출하거나 그 기간의 만료 전 또는 만료 후에 당해 물품의 소유권을 이전받는 수입을 말한다. 또 유상으로 외국에서 외국으로 물품을 인수하는 것으로서 산업통상자원부장관이 정하여 고시하는 기준에 해당하는 것이란 수출대금은 국내에서 지급되지만 수입물품등은 외국에서 인수하거나 제공받는 **외국인수수입**[9]을 말한다. ①의 수입의 개념은 일반적인 의미에서 수입의 개념으로 볼 수 있지만 대외무역법은 우리나라의 주권이 미치지 않는 공해(公海)를 외국으로 보기 때문에 관세법에서 정의하는 수입과 역시 차이가 있다.

9) 종전에는 이를 제3국 도착수입 또는 외국도착수입이라 하였다.

> 주권이 미치는 해역을 영해(領海)라 한다. 우리나라의 영해는 영해 및 접속수역법(제1조)에서 기선(基線 : 영해의 폭을 측정하기 위한 통상의 기선은 대한민국이 공식적으로 인정한 대축척 해도(大縮尺海圖)에 표시된 해안의 저조선(低潮線)으로 하는데, 지리적 특수사정이 있는 수역은 대통령령으로 정하는 기점을 연결하는 직선을 기선으로 한다.)으로부터 측정하여 그 외측 12해리의 선까지에 이르는 수역으로 하고 있으며, 다만, 대한해협은 3해리로 설정하고 있다. 1해리는 자오선(子午線)의 위도(緯度) 1'의 평균거리를 말한다. 1국제해리는 1,852m이다. 배의 속도를 나타내는 노트(kn)는 1시간에 해리를 진행하는 속도이다.

4 용역

대외무역법의 적용 대상인 '**용역**'이란 다음 각 호의 어느 하나에 해당하는 용역을 말한다(대외무역법시행령 제3조).

① 다음 각 호의 어느 하나에 해당하는 업종의 사업을 영위하는 자가 제공하는 용역
  가. 경영 상담업
  나. 법무 관련 서비스업
  다. 회계 및 세무 관련 서비스업
  라. 엔지니어링 서비스업
  마. 디자인
  바. 컴퓨터시스템 설계 및 자문업
  사. 문화산업진흥 기본법(제2조)에 따른 문화산업에 해당하는 업종
  아. 운수업
  자. 관광진흥법(제3조)에 따른 관광사업에 해당하는 업종
  차. 그 밖에 지식기반용역 등 수출유망산업으로서 산업통상자원부장관이 정하여 고시하는 업종

② 국내의 법령 또는 대한민국이 당사자인 조약에 따라 보호되는 특허권・실용신안권・디자인권・상표권・저작권・저작인접권・프로그램저작권・반도체집적회로의 배치설계권의 양도, 전용실시권의 설정 또는 통상실시권의 허락

대외무역법이 법 적용 대상으로 삼고 있는 용역은 수많은 종류의 서비스업체가 제공하고 있는 용역 가운데 일부와, 거래대상이 되고 있는 다양한 지식재산권 가운데 일부의 거

래다. 이러한 용역의 수출입과 지식재산권의 수출입은 통관 대상이 아니므로 무역통계로 집계되어 공표되지는 아니한다. 그러나 한국무역협회 등 관련 기관이나 단체에서 수출입 실적을 인정받을 수 있다.

5 전자적형태의 무체물

대외무역법의 적용 대상인 **전자적형태의 무체물**이란 다음 각 호의 어느 하나에 해당하는 것을 말한다(대외무역법시행령 제4조).

① 소프트웨어산업 진흥법(제2조)에 따른 소프트웨어

② 부호·문자·음성·음향·이미지·영상 등을 디지털 방식으로 제작하거나 처리한 자료 또는 정보 등으로서 산업통상자원부장관이 정하여 고시하는 것

③ 제1호와 제2호의 집합체와 그 밖에 이와 유사한 전자적 형태의 무체물로서 산업통상자원부장관이 정하여 고시하는 것

위의 ② 및 ③과 관련해 산업통상자원부장관이 정하여 고시한 자료 또는 정보 등은 다음과 같다.

가. 영상물(영화, 게임, 애니메이션, 만화, 캐릭터를 포함한다)

나. 음향·음성물

다. 전자서적

라. 데이터베이스

전자적형태의 무체물은 온라인으로 거래되는 재화를 의미하는 것으로, 국제적으로는 이를 '물품'으로 볼 것인지, '용역'으로 볼 것인지, 또는 '지식재산권'으로 볼 것인지에 대해 논의만 있을 뿐 아직 합의된 결론을 얻지 못하고 있다. 어떻게 보느냐에 따라 WTO의 협정 적용이 달라지고[10] 과세여부가 달라지는 민감한 문제[11]가 있기 때문에 이해관계에 따

10) 물품으로 볼 경우 자유로운 교역을 보장하는 GATT규범이 적용되나, 서비스로 보면 교역의 제한이 용이한 GATS 규범이 적용된다.

11) 온라인으로 거래되는 재화와 용역은 물품으로 볼 경우 관세와 부가가치세가 부과될 수 있고, 서비스로 볼 경우 관세는 부과되지 않지만 부가가치세는 부과될 수 있다. 지식재산권으로 볼 경우 관세와 부가가치세는 부과되지 않지만 소득세는 과세대상이 될 수 있다. OECD는 디지털재화가 서비스로 취급되어야 한다고 본다. OECD(1998), "Electronic Commerce : Taxation Framework Conditions"

라 각국의 입장이 다른 까닭이다.

6 특정거래형태

대외무역법은 〈표 1-4〉와 같은 11가지 형태의 무역거래를 '**특정거래형태**'로 규정하고 있다. 종전에는 이러한 특정거래 가운데 일부 거래에 대해 사전에 산업통상자원부장관의 '인정'을 받도록 하여 관리하였으나 2014년 9월 규제완화 차원에서 폐지하였다. 따라서 수출입거래가 특정거래형태에 해당한다 하더라도 어떤 별도 절차가 요구되는 것은 아니다.

〈표 1-4〉 특정거래형태[12)]

구 분	개 념
위탁판매수출	물품등을 무환으로 수출하여 해당 물품이 판매된 범위안에서 대금을 결제하는 계약에 의한 수출
수탁판매수입	물품등을 무환으로 수입하여 해당 물품이 판매된 범위안에서 대금을 결제하는 계약에 의한 수입
위탁가공무역	가공임을 지급하는 조건으로 외국에서 가공(제조, 조립, 재생, 개조를 포함)할 원료의 전부 또는 일부를 거래 상대방에게 수출하거나 외국에서 조달하여 이를 가공한 후 가공물품등을 수입하거나 외국으로 인도하는 수출입
수탁가공무역	가득액을 영수(領收)하기 위하여 원자재의 전부 또는 일부를 거래 상대방의 위탁에 의하여 수입하여 이를 가공 한 후 위탁자 또는 그가 지정하는 자에게 가공물품등을 수출하는 수출입. 다만, 위탁자가 지정하는 자가 국내에 있음으로써 보세공장 및 자유무역지역에서 가공한 물품등을 외국으로 수출할 수 없는 경우 관세법에 따른 수탁자의 수출・반출과 위탁자가 지정한 자의 수입・반입・사용은 이를 대외무역법에 따른 수출・수입으로 본다.
임대수출	계약에 의하여 물품등을 수출하여 일정기간 후 다시 수입하거나 그 기간의 만료 전 또는 만료 후 해당 물품등의 소유권을 이전하는 수출. 임대수출에는 사용대차도 포함된다.
임차수입	계약에 의하여 물품등을 수입하여 일정기간 후 다시 수출하거나 그 기간의 만료 전 또는 만료 후 해당 물품의 소유권을 이전받는 수입. 임차수입에는 사용대차도 포함된다.

DAFFE/CFA(98)38/REV.

12) 따로 정의한 것은 아니지만 특정거래형태가 결합된 형태도 당연히 특정거래에 해당한다.

연계무역	물물교환(Barter Trade), 구상무역(Compensation trade), 대응구매(Counter purchase), 제품환매(Buy Back) 등의 형태에 의하여 수출·수입이 연계되어 이루어지는 수출입
중계무역	수출할 것을 목적으로 물품등을 수입하여 관세법에 따른 보세구역 및 보세구역외 장치의 허가를 받은 장소 또는 자유무역지역 이외의 국내에 반입하지 아니하고 수출하는 수출입
외국인수수입	수입대금은 국내에서 지급되지만 수입 물품등은 외국에서 인수하거나 제공받는 수입
외국인도수출	수출대금은 국내에서 영수하지만 국내에서 통관되지 아니한 수출 물품 등을 외국으로 인도하거나 제공하는 수출
무환수출입	외국환 거래가 수반되지 아니하는 물품등의 수출·수입

연계무역은 낯선 형태의 거래가 여럿 포함된다.

구상무역은 두 나라 사이에 협정을 맺어 일정기간 서로 수출을 균등하게 하여 무역차액을 영(零)으로 만들고, 결제자금이 필요 없게 하는 무역으로, ① 개개의 거래에 대해서는 결제를 하지 않고, 일정기간 후에 대차(貸借)에 차액이 생겼을 경우에만 현금결제(現金決濟)를 하는 방식, ② 당사자 쌍방이 서로 개설하여 상대방에게 교부하는 신용장(信用狀)으로 개개의 거래를 상계(相計)하는 백 투 백 신용장(back to back credit) 방식, ③ 상대방의 수출대금을 유치(留置)하여 두고 이를 담보(擔保)로 개설한 측의 신용장의 결제에만 사용하는 것을 인정하는 에스크로 계정 신용장(escrow credit) 방식 등이 있다.

대응구매는 무역거래에서 수출을 하는 대가로 상대방의 상품을 의무적으로 구매하도록 한 것을 말한다. 과거 시장경제국가와 사회주의 국가간 무역에서 많이 활용되었다. 오늘날에는 무기류 등 방위산업 물품을 거래할 때 종종 사용된다. 물품 이외에도 운송·건설·시장조사와 같은 서비스 거래에도 사용할 수 있다. 수출입은 각각 별도의 계약서에 의하여 거래가 이루어진다는 특징을 갖는다.

제품환매는 기술, 설비 또는 플랜트를 거래하고 그 대금은 이미 판매한 기술, 설비 또는 플랜트에서 직접 파생되는 제품이나 이를 이용해 생산된 제품으로 회수하는 거래방식이다.

7 그 밖의 용어에 대한 정의

대외무역법령에는 다수의 용어에 대한 정의 규정이 있는데, 그 밖의 용어에 대한 정의를 정리하면 〈표 1-5〉와 같다. 이들 용어의 정의는 대외무역법 제2조, 대외무역법시행령 제2조, 대외무역관리규정 제2조에 각각 규정되어 있다.

〈표 1-5〉 그 밖의 대외무역법령의 용어 정의

용 어	정의의 내용
정부간 수출계약	외국 정부의 요청이 있을 경우, 대외무역법 제32조의3 제1항에 따른 정부간 수출계약 전담기관이 대통령령으로 정하는 절차에 따라 국내 기업을 대신하여 또는 국내 기업과 함께 계약의 당사자가 되어 외국 정부에 물품등(방위사업법 제38조 제1항 제4호에 따른 방산물자 등은 제외)을 유상으로 수출하기 위하여 외국 정부와 체결하는 수출계약
외화획득용 원료·기재	외화획득용 원료, 외화획득용 시설기재, 외화획득용 제품, 외화획득용 용역 및 외화획득용 전자적 형태의 무체물
외화획득용 원료	외화획득에 제공되는 물품과 용역 및 전자적 형태의 무체물을 생산하는 데에 필요한 원자재·부자재·부품 및 구성품
외화획득용 시설기재	외화획득에 제공되는 물품등을 생산하는 데에 사용되는 시설·기계·장치·부품 및 구성품. 물품등의 하자(瑕疵)를 보수하거나 물품등을 유지·보수하는 데에 필요한 부품 및 구성품을 포함한다.
외화획득용 제품	수입한 후 생산과정을 거치지 아니한 상태로 외화획득에 제공되는 물품등
외화획득용 용역	외화획득에 제공되는 물품등을 생산하는 데에 필요한 것으로 대외무역법령에서 정한 용역
외화획득용 전자적 형태의 무체물	외화획득에 제공되는 물품등을 생산하는 데에 필요한 것으로 대외무역법령에서 정한 전자적 형태의 무체물
수출실적	산업통상자원부장관이 정하여 고시하는 기준에 해당하는 수출통관액·입금액, 가득액(稼得額)과 수출에 제공되는 외화획득용 원료·기재의 국내공급액
수입실적	산업통상자원부장관이 정하여 고시하는 기준에 해당하는 수입통관액 및 지급액
외화	외국환거래법령에 따른 대외지급수단
수출입공고	대외무역법시행령 제16조에 따른 수출입공고
기자재	기계, 장치 및 자재
시설기재	시설, 기계, 장치, 부품 및 구성품
수출유망 중소기업	산업통상자원부장관이 정한 '수출유망 중소기업 지원요령'에 따라 수출유망 중소기업으로 지정된 업체
구매확인서	외화획득용 원료·기재를 구매하려는 경우 또는 구매한 경우 외국환은행의 장 또는 전자무역 촉진에 관한 법률에 따라 산업통상자원부장관이 지정한 전자무역기반사업자가 내국신용장에 준하여 발급하는 증서. 다만, 구매한 경우에는 구매확인서 신청인이 세금계산서를 발급받아 부가가치세법 시행규칙(제9조의2)에서 정한 기한 내에 신청하여 발급받은 증서에 한정한다.

내국신용장	한국은행총재가 정하는 바에 따라 외국환은행의 장이 발급하여 국내에서 통용되는 신용장
평균손모량	외화획득용 물품등을 생산하는 과정에서 생기는 원자재의 손모량(손실량 및 불량품 생산에 소요된 원자재의 양을 포함)의 평균량
손모율	평균 손모량을 백분율로 표시한 값
단위실량	외화획득용 물품등 1단위를 형성하고 있는 원자재의 양
기준소요량	외화획득용 물품등의 1단위를 생산하는 데에 소요되는 원자재의 양을 고시하기 위한 것으로서 단위실량과 평균 손모량을 합한 양
단위자율소요량	기준소요량이 고시되지 아니한 품목에 대하여 외화획득용 물품등 1단위를 생산하는 데에 소요된 원자재의 양을 해당 기업이 자율적으로 산출한 것으로서 단위실량과 평균 손모량을 합한 양
소요량	외화획득용 물품등의 전량을 생산하는 데에 소요된 원자재의 실량과 손모량을 합한 양
자율소요량계산서	외화획득을 이행하는 데에 소요된 원자재의 양을 해당 기업이 자체 계산한 서류
사후관리기관의 장	각종 수출 또는 수입승인의 이행상황을 확인하고 그 결과에 따라 필요한 조치를 하는 업무를 담당하도록 산업통상자원부장관이 지정·고시한 기관·단체의 장
유통업자	부가가치세법에 따른 사업자등록증상의 도매업자(한국표준 산업분류상의 도매업 영위자), 조달청 및 「중소기업 협동조합법」에서 정하는 중소기업 협동조합

기 출 문 제

1 다음 중 우리나라의 대외무역법령(대외무역법, 동법시행령, 동법관리규정)에서 규정하고 있는 수출입의 정의가 잘못된 것은? [국제무역사 35회 1교시 1번]

① 거주자가 비거주자에게 산업통상자원부장관이 정하여 고시하는 방법으로 용역을 제공하는 것은 수출이다.
② 수출할 것을 목적으로 물품 등을 수입하여 보세구역 및 보세구역외 장치의 허가를 받은 장소 또는 자유무역지역 이외의 국내에 반입한 후 재수출하는 수출입의 형태는 중계무역이다.
③ 비거주자가 거주자에게 정보통신망을 통한 전송과 그 밖에 산업통상자원부장관이 정하여 고시하는 방법으로 전자적 형태의 무체물을 인도하는 것은 수입이다.
④ 가공임을 지급하는 조건으로 외국에서 가공할 원료의 전부 또는 일부를 수탁가공업자에게 수출하거나 외국에서 조달하여 공급하여 주고, 이를 가공한 후 가공물품 등을 수입하거나 외국으로 인도하는 수출입은 위탁가공무역이다.

2 다음 중 대외무역법령에 따라서 한국무역협회가 수행하는 업무 또는 서비스로 잘못된 것은? [국제무역사 37회 1교시 10번]

① 전문무역상사의 지정 및 취소
② 원산지의 판정 및 이의제기에 대한 처리
③ 수출입통계 데이터베이스를 구축하기 위한 전산관리체제의 개발 운영
④ 수출입 거래에 관한 정보의 수집 분석

3 다음은 대외무역법령에서 규정하고 있는 산업통상자원부장관의 권한의 위임 위탁에 관한 설명이다. 잘못된 것은? [국제무역사 35회 1교시 10번]

	기 관	업 무
①	전자무역기반사업자	구매확인서의 발급 및 사후관리
②	한국선주협회	해운업의 수출입 확인
③	한국기계산업진흥회	플랜트수출의 승인 및 변경승인
④	한국소프트웨어산업협회	수출입거래에 관한 정보의 수집 분석

정답 1. ② 2.② 3.④

4 무역 관련 기본공고인 '수출입공고'에 대한 설명 중에서 잘못된 것은? [국제무역사 35회 1교시 4번]

① 수출입공고는 물품 등의 수출입의 금지, 제한, 승인, 신고, 한정 및 그 정차 등을 규정하는 고시이다.
② 별표 1에 수출금지품목으로 고래고기, 화강암(자연석), 사암(자연석) 등이 지정되어 있다.
③ 별표 2에 수출제한품목으로 천연모래, 자갈, 왕자갈, 쇄석 등이 지정되어 있으며, 대만지역으로 수출되는 사과, 배는 2014년에 삭제되었다.
④ 별표 3과 4에 각각 수입금지품목과 수입제한품목이 Negative List System으로 지정되어 있다.

5 다음 우리나라의 대외무역법령에서 규정하고 있는 수출입에 대한 설명 중에서 올바른 것을 모두 기재한 것은? [국제무역사 37회 1교시 2번]

A. '연계무역'이란 물물교환, 구상무역, 대응구매, 제품환매 등의 형태에 의하여 수출 수입이 연계되어 이루어지는 수출입을 말한다.
B. '기자재'란 기계, 장치 및 자재를 말하며, '시설기재'란 시설, 기계, 장치, 부품 및 구성품을 말한다.
C. '소모량'이란 외화획득용 물품 등의 전량을 생산하는 데에 소요된 원자재의 실량과 손모량을 합친 말을 말한다.
D. '전자적 형태의 무체물'에는 영상물, 음향 음성물, 전자서적, 데이터베이스 등이 포함된다.

① A, B ② A, C, D
③ B, C, D ④ A, B, C, D

6 다음 중 우리나라의 대외무역법령에서 규정하고 있는 특정거래형태에 대한 설명으로 잘못된 것은? [국제무역사 36회 1교시 2번]

① 임대수출이란 임대계약에 의하여 물품 등을 수출하여 일정기간 후 다시 수입하거나 그 기간의 만료 전 또는 만료 후 해당 물품 등의 소유권을 이전하는 수출을 말한다.
② 무환수출이란 물품 등을 무환으로 수출하여 해당 물품이 판매된 범위 안에서 대금을 결제하는 계약에 의한 수출을 말한다.
③ 외국인도수출이란 수출대금은 국내에서 영수하지만 국내에서 통관되지 아니한 수출물품 등을 외국으로 인도하거나 제공하는 수출을 말한다.
④ 중계무역이란 수출할 것을 목적으로 물품 등을 수입하여 보세구역 및 보세구역 외 장치의 허가를 받은 장소 또는 자유무역지역 이외의 국내에 반입하지 아니하고 수출하는 것을 말한다.

정답 4.④ 5.④ 6.②

7 다음 중 우리나라의 대외무역법령에서 규정하고 있는 수출입공고에 대한 설명 중 잘못된 것은?
[국제무역사 36회 1교시 3번]

① 수출입공고의 품목분류는 HS 상품분류에 의하며, 품목의 세분류는 관세 통계통합품목분류표(HSK)에 의한다.
② 대외무역법의 규정에 의한 외화획득용 원료 기재를 수입하는 경우라도 수출입공고의 수입제한 품목에 해당될 경우 수입승인을 받아야 한다.
③ 수출입승인기관의 장은 연간 수출입승인실적을 별지서식에 의거하여 당해 연도 경과 후 15일 이내에 산업통상자원부장관에게 보고하여야 한다.
④ 산업통상자원부장관은 수출절차의 간소화를 위하여 수출제한품목의 수출 요령에도 불구하고 수출승인기관을 따로 정하여 승인하게 할 수 있다.

8 다음은 우리나라의 대외무역법령에서 산업통상자원부 장관으로부터 권한을 위임 위탁받은 기관과 업무에 대한 설명이다. 연결이 잘못된 것은?
[국제무역사 36회 1교시 11번]

	기관명	업무 내용
①	한국무역협회	전문무역상사의 지정 및 취소 전자적 형태의 무체물의 수출입 확인
②	한국선주협회	해운업의 수출입 확인
③	한국소프트웨어산업협회	수출입 거래에 간한 정보의 수집 분석
④	한국관광협회중앙회	관광사업의 수출입 확인

9 다음 중 우리나라의 대외무역법령(대외무역법, 대외무역법시행령, 대외무역법관리규정)에서 규정하고 있는 수출입에 대한 정의 중에서 잘못된 것은?
[국제무역사 37회 1교시 1번]

① 대외무역법령에서 규정하고 있는 물품이란 외국환 거래법에서 정하는 지급수단, 증권, 채권을 화체한 서류 등을 제외한 동산을 말한다.
② 외국환거래법에 따른 거주자가 비거주자에게 산업통산자원부장관이 정하여 고시하는 방법으로 용역이나 전자적 형태의 무체물을 인도하는 것은 수출에 해당된다.
③ 외화획득용 원료 기대라 함은 외화획득용 원료, 외화획득용 시설기재, 외화획득용 제품 등 유형재를 말하며, 용역과 전자적 형태의 무체물 등은 제외된다.
④ 수출실적이란 산업통상자원부장관이 정하여 고시하는 기준에 해당되는 수출통관액 입금액, 가득액과 수출에 제공되는 외화획득용 원료 기대의 국내공급액 등을 말한다.

정답 7.② 8.③ 9.③

10 다음 중 우리나라의 대외무역법령(대외무역법, 동법시행령, 동법관리규정)에서 규정하고 있는 수출입 행위로 인정하기 어려운 것은? [국제무역사 36회 1교시 1번]

① 한국의 A기업은 프랑스의 B기업과 방송용 음원 프로그램 공급계약을 체결하고, 제작물을 온라인으로 전송하였다.

② 한국의 C기업은 미국의 식품을 무환으로 수입한 후 해당 물품의 판매범위 내에서 분기별로 대금을 결제하는 방식으로 계약을 체결하고 동 물품을 인수하였다.

③ 한국의 E기업은 중남미 진출을 위하여 브라질의 F기업과 현지의 법률서비스에 대한 자문계약을 체결하고 관련 자문을 받았다.

④ 한국의 G기업은 미얀마의 H기업에서 생산한 의류 완제품을 중국 현지법인에서 무상으로 인수하였다.

정답 10.④

2

통상의 진흥을 위한 제도

학 습 목 표

대외무역법은 우리나라 통상진흥을 위한 다양한 정책과 제도의 근거법령으로 이러한 정책과 제도를 시행하기 위해 무역업체들의 수출입 실적을 파악하고 관리할 수 있는 절차와 지원을 위한 다양한 제도들을 정하고 있다. 이 장에서는 아래와 같은 수출입실적을 관리하기 위한 체계와 현재 시행되고 있는 지원제도들을 이해해 보자.

1. 통상진흥 정책의 수립과 수단
2. 수출입실적관리 체계
3. 전문무역상사와 플랜트수출 지원

들어가기 전에

수출입실적을 어떻게 파악할까?

- 2017년 무역의 날, 해외직판 기업 '수출의 탑' 수상

2017년 국내 중소기업의 해외직판을 지원하는 한 기업이 '제54회 무역의 날' 기념행사에서 '1천만 불 수출의 탑'을 수상했다고 한 매체에서 전했다*. 이 기업은 2016년 7월부터 2017년 6월까지의 수출 실적을 기준으로 2017년 수출의 탑 수상업체로 선정됐다. 국내 중소기업의 해외직판을 지원하는 해외직판 솔루션을 바탕으로 50여 개 이상의 사이트를 통해 해외직판을 하고 있는 이 기업은 물품을 수출한 것이 아니기 때문에 관세법에 의한 수출신고가 이뤄지지 않는다. 이 기업의 수출실적은 어떻게 파악됐을까? 그리고 포상제도 외에도 어떤 통상진흥을 위한 제도가 있을까? 이 장의 내용을 통해 대외무역법의 통상진흥제도와 이를 위한 수출입 실적 관리 체계를 이해해 보도록 하자.

* 디지털타임즈 2017년 12월 7일 '수출의 탑' 3번째 수상, 해외직판 기업 '티쿤' 무서운 성장세. 기사전문 http://www.dt.co.kr/contents.html?article_no=2017120702109923811012&ref=naver

Chapter 2

통상의 진흥을 위한 제도

제1절 통상진흥 정책과 수단

1 통상진흥 정책의 수립

1) 통상진흥 정책의 주요내용

산업통상자원부장관은 무역과 통상을 진흥하기 위해 매년 다음 연도의 통상진흥 시책을 수립해야 한다. 시책에는 다음 각 호 사항이 포함되어야 한다(대외무역법 제7조).

① 통상진흥 시책의 기본 방향
② 국제통상 여건의 분석과 전망
③ 무역·통상 협상 추진 방안과 기업의 해외 진출 지원 방안
④ 통상진흥을 위한 자문, 지도, 대외 홍보, 전시, 상담 알선, 전문인력 양성 등 해외시장 개척 지원 방안
⑤ 통상 관련 정보수집·분석 및 활용 방안
⑥ 원자재의 원활한 수급을 위한 국내외 협력 추진 방안
⑦ 그 밖에 대통령령(대외무역법시행령 제8조)으로 정한 다음 사항

2) 통상관련 제도의 조사 등

산업통상자원부장관은 통상진흥시책의 수립을 위한 기초자료를 수집하기 위하여 교역상대국의 통상관련 제도, 관행 등과 기업이 해외에서 겪는 애로사항을 조사한다. 또한 통상진흥시책을 수립하기 위하여 필요한 경우에는 관계 행정기관, 지방자치단체, 대한무역투자진흥공사, 한국무역협회 그 밖에 무역 및 통상과 관련되는 기관 또는 단체에 해당분야 또는 특정사안에 대한 조사 또는 사실 확인을 요청할 수 있다(대외무역법시행령 제9조). 아울러 해외에 진출한 기업의 애로사항 조사 및 해외영업활동의 지원을 위하여 해외진출기업

지원센터를 설치·운영할 수 있다.

3) 지방자치단체와의 협조

산업통상자원부장관은 통상진흥 시책을 세우는 경우에는 미리 특별시장, 광역시장, 특별자치시장, 도지사 또는 특별자치도지사의 의견을 들어야 하고, 통상진흥 시책을 수립하거나 이를 변경한 경우 이들에게 통보하여야 한다. 통상진흥시책의 통보를 받은 시·도지사는 그 관할구역의 실정에 맞는 지역별 통상진흥시책을 수립·시행하여야 하는데, 지역별 진흥시책을 수립하거나 수립한 시책을 변경하면 이를 역시 산업통상자원부장관에게 통보하여야 한다. 통상진흥시책의 수립과정에서 산업통상자원부장관과 시·도지사의 협력을 의무화한 것은 지방자치제 실시에 따른 통상진흥정책의 조화와 통일을 기하기 위해서이다.

2 무역의 진흥시설 또는 사업자에 대한 지원

무역진흥을 이유로 산업통상자원부장관은 무역진흥과 관련된 특정한 시설이나 사업체를 지원할 수 있다. 지원대상자는 다음과 같다(대외무역법 제4조 제2항).

① 무역의 진흥을 위한 자문, 지도, 대외 홍보, 전시, 연수, 상담 알선 등을 업(業)으로 하는 자

② 무역전시장, 무역연수원 등의 무역 관련 시설을 설치·운영하는 자. 여기에서 지원대상이 되는 무역관련 시설은 대통령령으로서 정한 다음 각 호의 구분에 따른 기능 및 규모를 갖춘 시설로서 산업통상자원부장관이 지정[1]한 것이다(대외무역법시행령 제5조).

㉮ 무역전시장 : 실내 전시 연면적이 2천 제곱미터 이상인 무역견본품을 전시할 수 있는 시설과 50명 이상을 수용할 수 있는 회의실을 갖출 것

㉯ 무역연수원 : 무역전문인력을 양성할 수 있는 시설로서 연면적이 2천 제곱미터 이상이고 최대수용 인원이 500명 이상일 것

㉰ 컨벤션센터 : 회의용 시설로서 연면적이 4천 제곱미터 이상이고 최대 수용 인원이 2천명 이상일 것

---

1) 이에 따라 산업통상자원부장관이 지정한 무역관련 시설은 서울 강남구 삼성동 159번지에 소재한 한국종합전시장과 국제무역연수원이다. 대외무역관리규정 제6조 및 [별표 1] 참조.

③ 과학적인 무역업무 처리기반을 구축・운영하는 자. 여기에서 과학적인 무역업무 처리기반을 구축・운영하는 자는 전자무역 촉진에 관한 법률(제6조)에 따른 전자무역기반사업자 중에서 과학적인 무역업무 처리기반을 구축・운영하고 있는 사업자로서 산업통상자원부장관이 지정[2)]한 자를 말한다.

3 무역의 진흥을 위한 행정지원

산업통상자원부장관은 무역의 진흥을 위하여 필요하다고 인정하는 때에는 대통령령이 정하는 바에 의하여 물품 등의 수출과 수입을 지속적으로 증대하기 위한 조치를 할 수 있다. 이와 관련해 산업통상자원부장관은 다음 각 호의 조치를 하거나 관계행정기관의 장에게 필요한 조치를 하여 줄 것을 요청할 수 있다(대외무역법 제4조 및 동법시행령 제5조).

① 수출산업의 국제경쟁력을 높이기 위한 여건의 조성과 설비 투자의 촉진
② 외화가득률(外貨稼得率)을 높이기 위한 품질 향상과 국내에서 생산되는 외화획득용 원료・기재의 사용 촉진
③ 통상협력증진을 위한 수출, 수입에 대한 조정
④ 지역별 무역균형을 달성하기 위한 수출과 수입의 연계
⑤ 민간의 통상활동 및 산업협력의 지원
⑥ 무역관련 시설에 대한 조세 등의 감면
⑦ 과학적인 무역업무 처리기반을 효율적으로 구축・운영하기 위한 여건 조성
⑧ 무역업계 등 유관기관의 과학적인 무역업무 처리기반 이용 촉진
⑨ 국내기업의 해외 진출 지원
⑩ 해외에 진출한 국내기업의 고충 사항의 조사와 그 해결을 위한 지원
⑪ 그 밖에 수출・수입을 지속적으로 증대하기 위하여 필요하다고 인정하는 조치

2) 전자무역촉진에 관한 법률(시행령 제7조)에 따라 산업통상자원부장관이 지정한 전자무역기반사업자는 (주)한국무역정보통신(KTNET)이다. 산업자원부고시 제2007-3호(2007.1.10) 참조.

4 무역의 진흥을 위한 민간활동 지원

1) 민간활동의 지원

산업통상자원부장관은 무역·통상 관련기관 또는 단체가 교역상대국의 정부·지방정부·기관 또는 단체와 통상, 산업, 기술, 에너지 등 협력활동을 추진하는 경우 필요한 지원을 할 수 있다(대외무역법 제8조). 이는 민간의 통상진흥 활동을 정부차원에서 지원한다는 의미다. 또 산업통상자원부장관은 기업의 대외진출을 지원하기 위하여 필요한 경우에는 무역·통상 관련기관 또는 단체로부터 정보를 체계적으로 수집·분석한다. 이러한 정보의 수집·분석 및 제공을 위하여 필요한 경우 관계 중앙행정기관의 장, 시·도지사, 무역·통상 및 기업의 해외 진출과 관련한 기관 또는 단체에 자료 및 통계의 제출을 요청할 수 있다. 산업통상자원부장관은 이와 같이 수집·분석된 무역관련 정보를 지방자치단체 및 기업에 제공할 수 있다.

2) 해외진출 지원센터의 운영

산업통상자원부장관은 기업의 해외 진출과 관련된 상담, 안내, 홍보, 조사와 그 밖에 기업의 해외 진출에 대한 지원 업무를 종합적으로 수행하기 위하여 대한무역투자진흥공사법에 따른 대한무역투자진흥공사에 해외진출 지원센터를 둔다.

해외진출 지원센터는 대한무역투자진흥공사 소속 임직원과 관계행정기관 및 해외진출 유관기관의 파견자로 구성된다. 대한무역투자진흥공사의 장은 매년 1월 31일까지 전년도의 해외진출 지원업무 추진실적 및 해당 연도의 해외진출지원 업무추진계획을 작성하여 산업통상자원부장관에게 보고하고, 매 분기 종료 후 1개월 이내에 분기별 업무추진실적도 보고하여야 한다.

대한무역투자진흥공사법

법의 전신은 1962.4.24. 법률 제1059호로 제정된 대한무역진흥공사법이다. 대한무역진흥공사법은 '수출진흥을 위한 해외시장의 조사개척과 수출입거래의 알선 등을 담당하게 하여 국제수지의 개선과 자립경제의 확립에 기여하게 함'을 목적으로 제정되었다. 이 법률로 설립된 것이 대한무역진흥공사(KOTRA)다. 동 법률은 1995년에 대한무역투자진흥공사법으로 명칭이 변경되고 법의 목적도 '무역진흥과 국내외 기업간의 투자 및 산업기술협력의 지원등에 관한 업무를 수행하게 함으로써 국민경제의 발전에 이바지'하는 것으로 변경되었다. 대한무역진흥공사도 대한무역투자진흥공사로 명칭이 바뀌었다. KOTRA는 2016년 1월 현재 83개 국가에서 10개 지역본부와 123개 해외무역관을 운영하고 있다.

5 과학적 무역업무 처리기반의 구축

산업통상자원부장관은 물품등의 수출입 거래가 질서 있게 효율적으로 이루어질 수 있도록 대외무역통계시스템 및 전자문서 교환체계 등 과학적 무역업무의 처리기반을 구축하기 위하여 노력해야 한다. 이를 위하여 필요하다고 인정되면 관계 행정기관의 장에게 통관기록 등 물품등의 수출입 거래에 관한 정보를 제공하도록 요청할 수 있다. 이 경우 관계 행정기관의 장은 이에 협조해야 한다.

산업통상자원부장관은 이러한 전산관리체제를 개발·운영하기 위하여 필요하다고 인정하면 그 경비의 일부를 해당 전산관리체제의 개발·운영에 필요한 정보를 제공한 기관에 지원할 수 있다. 이 규정에 의해 무역거래자별 고유번호의 부여 및 관리 등과 수출입통계 데이터베이스 구축 및 전산관리체계를 운영하고 있는 곳은 **한국무역협회**이고,[3) 효율적 수출입거래와 관련한 전산관리체제를 구축하여 운영하고 있는 곳은 **한국무역정보통신**(KTNET, www.homepage.ktnet.co.kr)이다.

3) 한국무역협회는 민법 제32조에 따라 1947년 7월 설립된 비영리법인인 민간단체다. 주요업무는 무역관련 조사 및 연구, 정보제공 및 자료의 간행, 해외시장 개척 및 전시, 하주권익 옹호, 정부 수임업무, 상담, 거래알선 및 대행업무, 통상협력 및 홍보, 교육훈련 및 연구 등이다. www.kita.net 참조.

제2절 수출입실적관리와 포상

1 무역업자에 대한 고유번호 부여

1) 무역거래업자에 대한 관리의 개요

무역, 즉 물품이나 용역 또는 전자적형태의 무체물을 수출 또는 수입하는 것을 업으로 영위하는 것을 '**무역업**'이라 한다. 영리 또는 비영리를 목적으로 반복적으로 수출 또는 수입거래를 하거나, 양쪽을 동시에 하는 기업이다.

무역을 하는 자는 개인도 있고 법인도 있다. 또 수출과 수입만을 하는 경우도 있지만 대부분 제조와 판매를 동시에 하는 업체들이다. 한편, 무역업자의 위임을 받아 그 지사 또는 대리점으로서 국내에서 수출물품을 구매하거나 수입물품을 수입하는 계약의 체결과 이에 부대되는 행위를 업으로 영위하는 것을 **무역대리업**이라 한다.

과거에는 무역대리업을 갑류무역대리업과 을류무역대리업으로 구분하였다. 갑류무역대리업은 흔히 오퍼상으로 불렸으며 외국수출업자의 국내지사(대리점) 역할을 하였고, 을류무역대리업은 흔히 바잉오피스(Buying office)로 불렸으며 외국 수입업자의 국내지사(대리점) 역할을 하였다. 그러므로 **무역거래업자**란 무역업자와 무역대리업자를 함께 지칭하는 용어라 하겠다.[4)]

무역거래업자에 대해서는 과거에는 사업 자체에 대해 정부가 허가제, 등록제, 신고제 등으로 직접 관리하였으나 점차 통제를 완화하여 1999년 이후는 특별한 관리를 전혀 하지 않고 있다. 다만 무역거래자별로 '무역업고유번호'를 부여하는 방법을 통해 수출입실적 등 각종 통계자료를 집계하는 데 활용하고 있을 뿐이다.

2) 무역업고유번호 부여제도

산업통상자원부장관은 대외무역법시행령 제21조 및 제22조에 따른 전산관리체제의 개발·운영을 위하여 무역거래자별 무역업고유번호를 부여할 수 있다(대외무역관리규정 제24조). 무역업 고유번호 부여와 관련된 업무는 한국무역협회에 위탁되어 있다. 따라서 무역업고

4) 무역업자와 대행계약을 맺고 일정한 수수료를 받고서 자기 명의로 무역거래를 하는 자를 무역대행업자라 한다. 무역대행업자는 자기 명의로 거래한다는 점에서 무역대리업자와 구별된다.

유번호를 부여받으려는 자는 한국무역협회 인터넷증명서 발급센터를 이용하여 한국무역협회장에게 신청하거나 한국무역협회 회원서비스창구(서울 삼성동 트레이드타워 1층 및 한국무역협회 각 국내지역본부)를 방문하여 신청하면 된다.[5] 한국무역협회장은 접수 즉시 신청자에게 무역업고유번호부여증을 발급하는 것으로 고유번호를 부여하여야 한다.[6]

무역업고유번호를 부여받은 자가 상호, 대표자, 주소, 전화번호 등의 변동사항이 발생한 경우에는 무역업고유번호 신청사항 변경통보서에 따라 변동사항이 발생한 날부터 20일 이내에 한국무역협회장에게 알리거나 한국무역협회에서 운영하고 있는 무역업 데이터베이스에 변동사항을 수정 입력하여야 한다.

무역업고유번호를 부여받은 자가 합병, 상속, 영업의 양수도 등 지위의 변동이 발생하여 기존의 무역업고유번호를 유지 또는 수출입실적 등의 승계를 받으려는 경우에는 변동사항에 대한 증빙서류를 갖추어 무역업고유번호의 승계 등을 한국무역협회장에게 신청할 수 있다. 무역거래자는 관세법 제241조에 따른 수출(입)신고시 그 신고서에 무역업고유번호를 수출(입)자 상호명과 함께 기재하여야 한다(대외무역관리규정 제24조 제6항). 무역업고유번호를 부여받지 않았다 하여 무역업 영위가 불가능하거나, 수출입통관이 불가능한 것은 아니지만 수출입실적이 집계되지 않을 수 있다.

2 수출입실적의 증명

1) 수출실적

수출실적이란 산업통상자원부장관이 정하여 고시하는 기준에 해당하는 수출통관액, 입금액, 가득액과 수출에 제공되는 외화획득용원료·기재의 국내공급액을 말한다. 특징적인 것은 관세법에 따라 국내에서 외국으로 물품이 반출되는 경우뿐 아니라 외화획득용원료와 기재를 국내에서 공급한 경우도 수출실적에 포함되며, 대외무역법에서 정한 용역이나 전자적형태의 무체물을 수출한 경우도 수출실적으로 인정된다는 점이다.

수출실적은 무역업자에게 여러 가지 의미를 갖는다. 수출실적에 따라 ① 외화획득용원료의 사후관리 자율기업 선정, ② 무역금융의 융자한도 결정, ③ 수출입통관 및 환급과 관련한 각종 지원대상 여부의 결정, ④ 수출관련 포상 여부 결정 등이 이루어지기 때문이다.

---

5) 이의 자세한 사항은 http://www.kita.net/footer/membership/government/04/index.jsp 참조

6) 무역협회 회원사로 가입하면 무역업고유번호가 자동으로 부여된다.

수출실적 인정대상과 인정시기, 인정금액 그리고 수출실적증명서의 발급기관은 다음과 같다(대외무역관리규정 제25조 내지 제30조).

① 국내에서 외국으로 물품이 이동된 수출 중 유상으로 거래되는 수출

인정시기	인정금액	수출실적증명서 발급기관
수출신고수리일	수출통관액(FOB 가격기준)	한국무역협회장

여기에 해당하는 수출은 매매, 교환, 임대차, 사용대차(使用貸借), 증여 등을 원인으로 국내에서 외국으로 물품이 이동하는 수출이다. 우리나라의 선박으로 외국에서 채취한 광물(鑛物) 또는 포획한 수산물을 외국에 매도(賣渡)하는 것도 포함되며, 북한으로 유상으로 반출하는 수출도 포함된다. 이러한 수출에는 일반적인 수출 외에 위탁판매방식, 위탁가공방식, 연계무역방식, 중장기연불방식, 임대차방식에 의한 수출 중 유상거래가 모두 포함된다.

② 외국인도수출 중 유상으로 거래되는 수출

인정시기	인정금액	수출실적증명서 발급기관
외국환은행 입금일	외국환은행의 입금액[7]	외국환은행의 장

외국인도수출 중 위탁가공된 물품을 외국에 판매하는 경우에는 판매액에서 원자재 수출금액 및 가공임을 공제한 가득액이 인정금액이 된다. 외국인도수출 가운데 원양어로에 의한 수출금액의 범위내에서 원양어로작업을 하기 위해 현지에서 사용한 유류비, 원양어선 유지수선비, 소모품비 등의 경비는 관련 증빙서류 등에 의해 외국환은행이 확인한 금액도 수출금액으로 인정된다.

③ 외국환거래법에서 정한 거주자의 비거주자에 대한 유상으로 하는 용역의 수출

인정시기	인정금액	수출실적증명서 발급기관
외국환은행 입금일	용역의 수출·수입실적의 확인 및 증명 발급기관의 장이 외국환은행을 통해 입금확인한 금액	- 한국무역협회장 - 한국선주협회장(해운업의 경우만 해당) - 한국관광협회중앙회장 및 문화체육관광부장관이 지정하는 업종별 관광협회장(관광사업의 경우만 해당)

7) 위탁가공된 물품을 외국에 판매하는 경우에는 판매액에서 원자재 수출금액 및 가공임을 공제한 가득액이 인정금액이 된다.

외국환거래법에서 정한 거주자란 우리나라에 주소 또는 거소(居所)를 둔 개인과 우리나라에 주된 사무소를 둔 법인을 말한다. 비거주자는 거주자가 아닌 개인 및 법인을 말한다(제7장 제2절 참조).

④ 외국환거래법에서 정한 거주자의 비거주자에 대한 전자적형태의 무체물의 유상수출

인정시기	인정금액	수출실적증명서 발급기관
외국환은행 입금일	한국무역협회장 또는 한국소프트웨어산업협회장이 외국환은행을 통해 입금확인한 금액	한국무역협회장 또는 한국 소프트웨어산업협회장

이 조항에 의한 전자적형태의 무체물 수출은 정보통신망에 의한 전송과 컴퓨터 등 정보처리능력을 가진 장치에 저장한 상태로 반출하는 것을 말한다.

⑤ 외국에서 개최되는 박람회, 전람회, 견본시, 영화제 등에 출품하기 위해 무상으로 반출한 물품으로 현지에서 매각된 것

인정시기	인정금액	수출실적증명서 발급기관
외국환은행 입금일	외국환은행 입금액	외국환은행의 장

이 규정에 의해 수출실적이 인정되는 것은 무상으로 반출한 물품으로 박람회와 전람회 등에 출품되는 중에 판매된 것이다. 판매되지 아니한 물품은 대개 무상으로 다시 수입된다.

⑥ 해외의 우리나라 업자(현지 합작법인 포함)에게 무상으로 송부한 물품등의 수출 중 해외건설공사에 직접 공하여지는 원료, 기재, 공사용 장비 또는 기계류의 수출(수출신고필증에 재반입하지 않는다는 조건이 명시된 분만 해당)

인정시기	인정금액	수출실적증명서 발급기관
수출신고 수리일	수출통관액(FOB 가격기준)	한국무역협회장

무상수출은 원칙적으로 수출실적으로 인정되지 않으나, 효율적인 건설공사 수행을 지원하기 위해 수출실적으로 인정한다.

⑦ 중계무역에 의한 수출

인정시기	인정금액	수출실적증명서 발급기관
외국환은행 입금일	수출금액(FOB가격)에서 수입금액(CIF가격)을 공제한 금액	외국환은행의 장

중계무역에서 수출, 수입금액을 각각 수출입실적으로 인정하는 경우에는 실제 외화가득금액에 비해 수출입실적이 과다하게 계상되는 등 불합리한 점이 있기 때문에 가득액만을 수출금액으로 인정한다.

⑧ 수출자 또는 수출 물품 등의 제조업자에 대한 외화획득용 원료 또는 물품등의 공급 중 수출에 제공되는 것으로 내국신용장(Local L/C)이나 구매확인서에 의한 공급 및 산업통상자원부장관이 지정하는 생산자의 수출 물품 포장용 골판지상자의 공급

인정시기	인정금액	수출실적증명서 발급기관
결제일	외국환은행의 결제액 또는 확인액	외국환은행의 장, 전자무역기반사업자

이 규정에 의해 수출실적이 인정되는 것은 수출용 원재료(외화획득용 원료 또는 물품)의 국내거래분이다. 여기에서 결제일이란 외국환은행을 통하여 대금을 결제한 경우에는 그 결제일을 말하고, 외국환은행을 통하여 대금을 결제하지 아니한 경우에는 당사자간의 대금 결제일을 말한다. 내국신용장이나 구매확인서에 의한 공급으로 당사자간에 대금을 결제한 경우에는 그 구매확인서를 발급한 외국환은행의 장 또는 전자무역기반사업자(KTNET를 의미한다)가 확인 및 실적 증명서를 발급한다. 구매확인서가 외국환은행의 장 또는 전자무역기반사업자(KTNET)에 의해 발급되고 있기 때문에 그 확인서를 발급한 당사자가 실적 확인 및 증명서를 발급한다는 의미다.

2017년 1월 대외무역관리규정 개정으로 내국신용장에 의한 거래에 대해서도 외국환은행의 장뿐 아니라 전자무역사업자에 의해서도 실적확인 및 증명서 발급이 가능하다. 외화획득용 원료 또는 물품의 국내거래는 대외무역법이 규정한 수출의 범위에 포함되지는 않으나 수출물품등의 제조공정에서 국내 원료 및 물품등의 사용을 촉진토록 함으로써 외화가득률을 높인다는 취지에서 이를 수출실적으로 인정하고 있다.

⑨ 외국인으로부터 대금을 영수하고 외화획득용 시설기재를 외국인과 임대차계약을 맺은 국내업체에 인도하는 경우

인정시기	인정금액	수출실적증명서 발급기관
외국환은행 입금일	외국환은행의 입금액	외국환은행의 장

⑨ 내지 ⑪에서 대금은 통화의 종류를 따로 구분하지 않는다. 따라서 원화나 외화 중 어느 것에 의한 지급도 모두 실적으로 인정된다.

⑩ 외국인으로부터 대금을 영수하고 자유무역지역으로 물품 등을 공급하는 경우

인정시기	인정금액	수출실적증명서 발급기관
외국환은행 입금일	외국환은행의 입금액	한국무역협회장

자유무역지역은 '자유무역의 지정 및 운영에 관한 법률' 제2조에 의해 지정된 지역이다.

⑪ 외국인으로부터 대금을 영수하고 그가 지정하는 자가 국내에 있음으로써 물품 등을 외국으로 수출할 수 없는 경우 관세법 제154조에 따른 보세구역으로 물품 등을 공급하는 경우

인정시기	인정금액	수출실적증명서 발급기관
외국환은행 입금일	외국환은행의 입금액	한국무역협회장

관세법 제154조에 따른 보세구역으로는 지정보세구역인 지정장치장인 세관검사장과, 특허 보세구역인 보세창고, 보세공장, 보세전시장, 보세건설장, 보세판매장 그리고 종합보세구역이 있다. 이들 구역에 물품 등을 공급하는 경우 수출실적이 인정되는 것이다.

대외무역법

사례 모음(1) – 수출입실적의 인정

무역거래 형태는 매우 다양하기 때문에 거래형태가 복잡한 경우 대외무역법에 따라 수출실적으로 인정 여부를 판단하기 어려운 경우가 있다. 아래 민원질의 사례를 통해 다양한 거래 중 수출실적이 인정되는 거래를 판단해 보자

[질의 1]

임대차계약에 의하여 장비를 수출한 후 기간 만료 후, 재수입하거나 임차인에게 소유권 이전을 하지 아니하고 현지에서 폐기하는 경우도 수출실적이 인정되는 임대차수출에 해당하는가?

[산업통상자원부 유권해석] 대외무역법상 임대수출이란 '임대계약에 의하여 물품등을 수출하여 일정기간 후 다시 수입하거나 그 기간의 만료 전 또는 만료 후 해당 물품 등의 소유권을 이전하는 수출'을 말하는 것이므로 임대수출 된 물품등이 반드시 국내로 재수입되어야 한다는 예외를 인정한다고 해석할 수 있다. 그러므로, 효용가치가 없어 현지에서 폐기되는 경우도 임대차수출로 인정이 가능하다.

[질의 2]

국내에서 직접 개발한 제품을 홍콩소재 관계회사 A사에게 생산을 위탁하고 생산제품을 일본고객에게 현지인도하고 있다. 이를 위해 홍콩의 A사에게 생산에 필요한 원재료의 일부를 공급하고 있는데, 이러한 거래가 대외무역법 상 수출에 해당되는가?

[산업통상자원부 유권해석] 위탁자인 국내업체는 홍콩의 A사에 가공임을 조건으로 원료의 일부를 수출하여 가공한 후 가공물품을 외국(일본)으로 인도하는 형태로 위탁가공무역의 정의에 부합한다. 따라서 대외무역법 상 위탁가공무역에 해당한다.

[질의 3]

중국의 A 법인에 위탁제조를 하여 국내에 물품을 반입을 하거나 중계무역을 하고자 한다. 원자재 일부를 무상공급하기로 해 일부를 구입하여 A법인에 수출하고 있다. 동 거래가 위탁가공수출 또는 외국인도수출에 해당하는가?

[산업통상자원부 유권해석] 민원인이 질의한 수출형태는 A업체에 위탁 제조한 물품 수출하고 있으므로 대외무역관리규정 제2조에 따른 위탁가공무역 방식의 수출에 해당한다.

[질의 4]

국내 A사로 부터 발주를 받아, 당사에서 다시 해외 공급업체 B사로 발주를 진행할 예정이다. 대금 결제는 국내 A사로부터 받고, 다시 당사에서 해외 공급업체 B사로 지급한다. 그런데 국내 A사의 요청으로, 거래물품이 B사에서 A사의 해외 거래업체인 C사로 직접 선적된다. 이 거래가 외국인도수출에 해당하는가?

[산업통상자원부 유권해석] 질의한 거래에서 국내 A사가 해외 C사로부터 받은 수출대금을 국내에 영수하고, 해외 B사가 제조한 물품을(국내에서 통관되지 아니한 수출 물품) 수출계약에 따라 C사에 인도하는 거래는 '외국인도수출'에 해당되며, 귀사가 해외 B사와 물품 제조 계약을 체결하고 C사에서 물품을 인수하는 거래는 '외국인수수입'에 해당된다.

[질의 5]

해외 건설공사를 수주한 국내 A업체(수출업체)가 해당 공사작업 중 일부를 당사에 하도급을 주었고, 당사는 해외에서 동 작업을 수행한 후, 해당 용역에 대한 공사대금을 A업체로부터 지급받았다. 당사가 해당 금액만큼을 수출실적으로 인정받을 수 있는가?

[산업통상자원부 유권해석] 대외무역법시행령 제26조에 따라 '외화획득'의 범위에는 용역 및 건설의 해외진출이 포함되므로 귀사가 수행한 용역 제공은 '외화획득용 용역'에 해당되어 구매확인서 발급이 가능하다. 따라서 귀사는 A업체로부터 구매확인서를 발급받아 수출실적을 인정받을 수 있다.

[질의 6]

교육과 컨설팅 사업에 종사한다. 2005년도부터 중국에 투자해 법인을 설립 후 중국에 진출한 한국기업과 중국기업을 대상으로 교육과 컨설팅 서비스를 하고 있는데, 한국 전문가를 초청하여 교육과 컨설팅도 많이 진행한다. 한국강사를 중국에 초청하여 강의와 컨설팅을 실시하고 그 비용을 한국에 송금하는 것이 수출실적으로 인정되는가?

[산업통상자원부 유권해석] 대외무역법 시행령 제2조3호 규정에 의해 거주자가 비거주자에게 용역을 제공하는 것은 수출로 인정되며, 용역수출 실적에 대한 확인은 위탁기관인 한국무역협회를 통해 확인받을 수 있다. 따라서 귀하가 문의한 경영컨설팅의 경우 대외무역법상 용역에 해당하므로 수출실적 인정 대상이 된다.

[질의 7]

당사는 IPTV 셋톱박스 제조사로 국내에서 개발해 미국이나 유럽 등지로 수출한다. 당사가 공급하는 것은 제품만이 아니고 셋톱박스와 컨텐츠공급, 네트워크 서비스, 통제관리시스템 등 종합서비스이기 때문에, 셋톱박스가 예를 들어 60불이면 당사가 고객으로부터 받는 금액은 160불 정도다. 즉 중국에서 만든 제품이 60불이면, 한국에서 공급하는 무형의 서비스(통제관리시스템/컨텐츠/서버관리 등)와 네트워크 비용이 100불의 가치를 가진다. 이 경우 제품 외 무형의 서비스를 수출실적으로 인정받을 수 있는가?

[산업통상자원부 유권해석] 귀사가 셋톱박스와 함께 제공하는 무형의 서비스('컨텐츠 공급', '통제관리시스템', '서버관리')는 용역 및 전자적 형태의 무체물에 해당된다. 이러한 용역 및 전자적 형태의 무체물이 대외무역법상 수출실적으로 인정받기 위해서는 수출입 확인기관으로 부터 수출입 확인서를 발급받아야 하며, 이를 위해 수출신청서 및 수출계약서 등 거래사실을 확인할 수 있는 서류를 수출입확인기관에 제출하여야 한다.

[질의 8]

당사는 한국회사이고, B사는 미국의 최종구매자이며, C사는 중국의 물품 생산자다. 당사가 B사로부터 물품의 주문을 받아 C사에 생산의뢰를 하여 생산된 완제품을 C사에서 B사로 직접 운송(국내 경유없이)하게 하고 B사로부터 물품대금 영수를 하며, C사에는 물품대금을 지불하여 차액을 남기는 거래를 한다. 당사의 거래가 대외무역법상 중계무역으로 인정받을 수 있는가?

[산업통상자원부 유권해석] 중계무역은 원칙적으로 수출을 목적으로 물품을 수입하되 물품을 국내에 반입하지 않고 수출하는 것을 말하며, 예외로 보세구역 및 자유무역지역 등에 물품이 반입한 후에 수출하는 것도 중계무역으로 인정한다. 따라서 귀사의 거래는 대외무역법상 중계무역에 해당된다.

[질의 9]

태양광 관련 품목은 중국과 대만간의 직접 거래가 불가능하여 우리나라를 통해 중국에서 대만으로 물품이 이동한다. 중국과 대만 수출입업자간에 거래량, 가격, 운송조건 등 무역과 관련된 모든 조건의 협의가 이루어진다. 물품의 흐름은 중국에서 우리나라 보세창고를 거쳐 대만으로 이동한다. 물품대금은 대만에서 중국으로 직접 지급하며, 당사는 일정액의 수수료만 받는다. 이 무역이 대외무역관리규정상에 중계무역 혹은 중개무역인가? 아니면 외국인도수출인가?

[산업통상자원부 유권해석] 대외무역법은 '중계무역'에 대해서만 정의하고 있으며, '중개무역'은 대외무역법상 인정하는 무역거래 형태는 아니다. 중개무역은 대외무역법 상 별도로 정의되어 있지는 않지만 통상 중개업자가 수출자와 수입자를 알선해 주고 그 대가로 중개 수수료만 취하는 거래를 말한다. 귀사의 질의는 중계무역이 아닌 중개무역에 해당된다.

[질의 10]

당사가 독일 A업체에서 물품을 수입하여 통관하지 않고 국내보세창고에 장치한 상태에서 중국업체 B사에게 매도하고 대금을 수령한다. 이후 중국업체 B사는 국내업체 C사에 물품을 매도하고 그 C사가 보세창고에서 물품을 인도받는다. 당사가 독일업체 A 및 중국업체 B사와 행한 거래가 중계무역 방식의 수출에 해당되는가?

[산업통상자원부 유권해석] 대외무역법에서 '국내'란 보세구역을 포함한 대한민국의 주권이 미치는 지역을 말하며, '외국'이란 국내 이외의 지역을 말한다. 질의한 사례에서는 독일 B업체에서 국내로의 물품 이동만 존재할 뿐, 국내에서 외국으로의 물품 이동은 존재하지 않는다. 이때 소유권 이동은 고려 대상이 아니다. 따라서 이 경우 거래는 대외무역법상 '수입'만 존재하므로, 수출할 것을 목적으로 수입하여 국내 반입하지 않고 다시 수출하는 '중계무역'에 해당되지 않는다.

[질의 11]

당사는 유명 브랜드 상품을 수입하기 위해 외국소재 기업에 수입신용장을 개설해 주었다. 그런데 그 외국기업은 동 상품을 국내에서 독점 생산하고 있는 국내소재기업 B사(이 회사는 생산된 상품을 한국내에서는 판매하지 않는다)에게 해당 상품을 당사에 공급하도록 하였다. 이 경우 B사가 당사에 공급한 물품을 수출로 볼 수 있는가?

[산업통상자원부 유권해석] 귀사가 수입신용장을 외국소재 기업에 개설해 주었다고는 하나 물품이 외국에서 국내로 이동한 것은 아니고 국내에서 국내로 이동한 것이므로 수입이 아니다. 귀사가 수입한 것이 아니듯 B사가 귀사에 공급한 것도 수출로 인정되지 않는다.

[질의 12]

당사는 전라남도 소재 'A중공업(주)'의 사내 협력업체로서 수출하는 선박의 60% 정도를 차지하는 조립 및 가공의 용역을 제공하고 있다. 당사가 제공하는 임가공용역이 수출실적으로 인정될 수 있는가?

[산업통상자원부 유권해석] 귀사가 구매확인서로 공급한 임가공위탁용역의 경우 수출실적으로 인정된다.

2) 수입실적

수입실적이란 대외무역법이 정한 수입의 정의에 합당한 수입 중 유상으로 거래되는 수입만을 실적으로 인정한다. 이때의 인정금액은 수입통관액(CIF 가격기준)이다. 다만, 외국인수수입의 경우와 용역 또는 전자적형태의 무체물 수입의 경우에는 외국환은행의 지급액으로 한다. 수입실적의 인정시점은 수입신고수리일로 하는데, 외국인수수입의 경우에는 현실적으로 물품의 국내반입이 이루어지지 아니하므로 수입대금의 지급일을 실적 인정의 기준일로 한다. 용역 또는 전자적형태의 무체물 수입도 해당금액의 지급일을 기준일로 한다. 수입실적의 확인기관도 수출실적 확인기관과 동일하다.

3 수출 유공업체 및 무역유공자에 대한 포상

대외무역법에 명시적인 근거를 두고 있는 것은 아니지만 해마다 **무역의 날**[8]이 되면 수출의 확대 및 질적 고도화, 해외시장 개척 등에 공헌한 유공업체 및 유공자에 대해 대규모 포상을 실시한다. 이러한 포상은 무역인들의 자긍심을 높여 줌으로써 무역의 균형 발전, 특히 수출을 진흥함으로써 무역입국(貿易立國)을 공고히 하기 위함이다.

포상의 종류는 기업(중소기업, 중견기업, 대기업)을 대상으로 하는 '**수출의 탑**'이 「1백만불 탑」부터 수백억불대 탑까지 다양하게 있고, 수출업체의 유공자 및 특수유공자를 대상으로 하는 산업훈장이나 산업포장 또는 표창(대통령, 국무총리, 산업통상자원부장관, 한국무역협회장)이 있다. 기업의 경우 이미 해당연도 이전에 해당 수출의 탑이나 그 이상의 탑을 수상한 경우, 즉 수출이 정체 또는 감소한 경우에는 수출의 탑 수여 대상에서 제외된다. 그러나 일정규모 이상 실적이 늘면 해마다 수출의 탑을 수상할 수 있다.[9]

이때 수출실적이 바로 산업통상자원부장관이 정하여 고시하는 기준에 따라 집계되는 수출통관액, 입금액, 가득액 등이다. 수출업체 유공자는 수출에 기여한 공적을 심사하여 포상하는 것이지만 그 외에 무역의 균형발전 등에 기여하였다고 인정되는 특수유공자와 특정 기관에 대해서도 다양한 사유의 공적을 이유로 포상을 한다. 일단 포상을 받으면 훈장은 7년 이상, 포장은 5년 이상, 표창은 3년 이상 해당 분야에서 새로운 공적을 쌓아야 재

8) 무역의 날은 그 기원이 원래 '수출의 날'이었다. 우리나라가 처음으로 수출 1억 달러를 달성한 1964년 11월 30일을 기념해 이날을 수출의 날로 지정해 매년 기념행사를 했는데, 2012년부터 12월 5일로 변경되었다.

9) 100억불 이상 수출실적 업체에게는 150억불탑, 200억불탑과 같이 50억불 단위로 포상한다.

포상이 가능하다. 매년 6월에 산업통상자원부장관이 해당연도의 무역의 날 포상 일정을 공고하고, 7~8월에 한국무역협회에서 접수를 받아 심사후 포상 대상업체와 포상자를 선정한다. 다만, 특수유공자와 기관표창은 산업통상자원부에서 지정한 기관의 추천을 받은 다음 공적심사위원회에서 포상자를 심의 결정한다.[10)]

제 3 절 전문무역상사제도

1 전문무역상사제도 도입의 취지

전문무역상사제도는 좋은 제품을 갖고 있음에도 불구하고 해외시장정보 및 무역인력 부족으로 수출에 어려움을 겪고 있는 중소기업의 수출을 지원하기 위하여 중소수출기업-전문무역상사-수출지원기관을 연결한 협업형 수출네트워크를 구축한다는 취지에서 도입되었다. 전문무역상사제도 이전에 운영된 유사한 성격의 제도로 종합무역상사제도가 있었다.

종합무역상사제도는 수출을 적극 지원하기 위해 도입되었다. 1970년대 초 우리나라의 수출은 생산과 유통이 분리되지 못한 상태에서 제품을 개발해 놓았더라도 해외시장 개척이나 국제마케팅 활동을 위한 인력, 자금, 정보수집의 능력이 없어 제대로 수출을 하지 못하는 형편이었다. 이에 정부는 외국의 대형 무역업체와 경쟁할 수 있게 무역업체의 대형화 및 전문화 촉진을 위해 1974년 4월 종합무역상사제도를 도입하였다. 종합무역상사는 주된 기능인 수출입거래 이외에 수출입거래에 수반되는 제반업무인 수출입금융, 창고보관, 운송 등의 제반업무를 포괄하는 것이었다. 이후 종합무역상사는 1990년대까지 우리나라 수출증대에 상당한 기여를 한 것으로 평가된다.[11)] 광범위한 해외 네트워크를 중심으로 고급 시장정보의 상시 확보, 현지 유력 바이어와의 인적네트워크 구축 등을 통해 수출 유망 제품의 마케팅을 수행하였고, 특히 제조업체의 수출마케팅 역량이 부족하던 수출 초기 단계에서 해외시장 개척에 많은 역할을 담당한 것이다.

그러나 1990년대 들어 종합무역상사의 역할에 많은 변화가 나타났고, 특히 1997년말 발

10) 무역의 날 포상에 대한 자세한 내용은 http://award.kita.net/main3.screen 사이트를 참조.

11) 이때 활약한 대표적인 종합무역상사로는 삼성물산, 쌍용, (주)대우 인터내셔널, (주)효성, LG상사, 현대종합상사, SK 네트웍스 등이 있었다.

생한 외환위기 이후 종합무역상사들은 큰 변신을 모색하게 되었다. 종합무역상사들이 수출보다는 수익성 중심으로 사업전략 재편을 활발하게 추진하게 된 것이다. 그 배경에는 종합무역상사가 주로 수출을 대행하였던 대기업들이 독자적인 무역역량을 보유하면서 직접 무역 업무를 수행함에 따라, 종합무역상사가 속한 계열사 상품에 대한 수출입대행이 현저히 감소하게 된 환경변화가 있었다. 전자제품이나 자동차 등 대규모 산업에서 이러한 현상이 뚜렷하였다. 이러한 여건에서 종합무역상사는 생존을 위해 다원화한 수익창출을 모색하게 되었고, 그 결과 에너지자원 수입이나 아파트 건설과 같은 '수출'과 거리가 먼 사업으로의 다각화가 지속적으로 이루어는 현상이 발생하였다. 이에 따라 종합무역상사가 중소기업의 수출대행 기능을 충분하게 수행하지 못한다는 비판도 높아지게 되었다. 이런 비판이 반영되어 결국 2009년 10월 대외무역법 개정에서 종합무역상사는 공식적으로 폐지되었다. 전문무역상사는 이와 같이 폐지된 종합무역상사가 그 역할을 다하지 못한다고 평가받았던 우수 중소·중견기업 제품의 신시장 개척, 신제품 발굴 및 수출확대에 기여해 줄 것을 기대하며 도입된 제도인 것이다(대외무역법 제8조의2).

2 전문무역상사의 지정

1) 지정의 요건

전문무역상사제도가 대외무역법령에 직접적으로 규정된 것은 2014년부터다. 그 이전에도 2003년부터 정부와 한국무역협회, 중소기업진흥공단, 대한무역투자진흥공사가 공동으로 전문무역상사제도가 있었고, 현재 한국무역협회, 중소기업청, KOTRA, 한국무역보험공사가 공동으로 운영되고 있다.

전문무역상사 지정기준은 다음과 같다.

① 다음 각 호의 요건을 모두 갖춘 무역거래자

가. 전년도 수출실적 또는 최근 3년간의 평균 수출실적이 미화 100만달러 이상인자

나. 전체 수출실적 중 다른 중소기업(중소기업기본법 제2조에 따른 중소기업)이나 중견기업(중견기업 성장촉진 및 경쟁력 강화에 관한 특별법 제2조 제1호에 따른 중견기업)이 생산한 제품의 수출비중이 전년도 수출비중 또는 최근 3년간 평균수출의 100분의 20 이상인 자

② 농업·어업·수산업, 서비스업 등 수출시장 다변화를 위해 전략적 수출확대 지원이

필요한 분야에서, 다음 각 호의 어느 하나에 해당하여 주무 부처 장관의 추천을 받은 자 중 산업통상자원부 장관이 그 능력이 있다고 인정하는 자

가. 협동조합기본법에 의한 협동조합

나. 농어업경영체 육성 및 지원에 관한 법률에 따른 영농조합법인 또는 영어조합법인

다. 농업협동조합법에 따라 설립된 조합 및 조합공동사업법인

라. 수산업협동조합법에 따라 설립된 조합

마. 중소기업협동조합법에 따라 설립된 협동조합, 사업협동조합 또는 협동조합연합회

바. 대중소기업 공동출자형 수출전문기업

사. 업종별 협회・단체의 무역자회사

아. 공공기관(공공기관의 운영에 관한 법률 제4조에 따른 공공기관)이 출자하여 설립한 무역상사

자. 기타 전문무역상사의 취지에 적합하다고 주무 부처 장관의 추천을 받아 신청한 수출조직

③ 중소・중견기업에 대한 효과적인 수출지원을 위해 다음 각 호의 어느 하나에 해당하면 산업통상자원부장관이 '그 능력이 있다고 인정하는 자'로 한다.

가. 전년도 또는 최근 3년간 평균 수출실적이 미화 1억불 이상인 자로 무역거래를 주로 영위하는 자

나. 유통산업발전법(제2조)에 따른 대규모 점포를 국외에서 3개 이상 운영하면서 직전년도 매출액이 500억원 이상인 자

다. 국내・외에서 방송채널 및 사이버를 전자상거래수단을 1개 이상 직접 운영하면서 직전년도 매출액이 500억원 이상으로, 이 중 국외 매출이 50억원 이상인 자

라. 중소기업청장이 추천하는 중소기업수출지원전문기업

2) 지정절차

전문무역상사로 지정받고자 하는 자는 다음 각 호의 서류를 갖추어 한국무역협회 회장에게 신청하여야 한다.

① 전문무역상사 지정신청서

② 사업자등록증

③ 중소기업 수출지원 기여에 관한 사업계획서

④ 기타 실적증명 및 활동계획서 등 전문무역상사 지정요건에 부합함을 증명하는 서류 등

전문무역상사의 지정, 갱신, 지정취소 등을 심사·의결하기 위하여 한국무역협회 회장은 전문무역상사 심사위원회를 구성하여 운영한다. 한국무역협회장이 전문무역상사를 지정한 경우에는 지정증을 발급한다.[12)]

3) 지정기간과 지정의 취소

전문무역상사로 지정된 경우 그 지정기간이 따로 법률로 정해져 있는 것은 아니다. 그러나 한국무역협회는 1년 또는 2년간 전문무역상사 지위를 유지한 후 재신청하도록 운영하고 있다. 지정을 받은 전문무역상사가 당초의 지정기준에 적합하지 아니하게 되거나, 거짓이나 그 밖에 부정한 방법으로 지정을 받은 경우에는 산업통상자원부장관이 그 지정을 취소한다.

제4절 플랜트수출에 대한 지원제도

1 플랜트수출의 의의

1) 플랜트의 개념

플랜트(plant)라는 용어가 갖는 의미는 다양하다. 좁은 의미로는 중기계류(重機械類)를 중심으로 하는 생산시스템과 이에 부수되는 기술·노하우·컨설팅 등 소프트웨어 부분이 혼합된 설비를 의미한다. 이에는 석유, 가스, 전기, 철강, 화학, 담수 등 중화학공업 계열과 섬유제조, 식료품 가공설비 등 경공업계열의 산업설비가 포함된다. 넓은 의미로는 좁은 의미의 개념에 댐, 교량, 항만, 도로 등의 국토개발설비와 도시개발, 병원, 학교건설 등 사회개발설비가 폭넓게 포함된다.

일반적으로 플랜트라 할 때는 좁은 의미의 플랜트를 의미하고, 국토개발설비나 사회개

12) 2014년 7월 대외무역법 개정으로 전문무역상사 제도가 법률에 규정된 다음 곧이어 한국무역협회는 162개 기업을 전문무역상사로 선정하였다. 여기에는 종전의 종합무역상사였던 회사들도 포함되어 있다. 전문무역상사에 대한 자세한 내용은 http://stc.kita.net을 참조

발설비는 해외건설공사의 범주로 분류된다. 따라서 플랜트 수출이라 하면 외국에 어떤 공장 또는 사업장 전체를 건설하는 데 필요한 일련의 자재와 이에 수반되는 설비 및 용역 수출을 의미한다.

2) 플랜트 수출의 특징

플랜트 수출에는 프로젝트의 발굴과 정보의 수집 분석, 상담과 계약을 담당하는 무역업, 타당성조사·기획·설계·기술감리 등을 담당하는 엔지니어링(컨설팅 산업), 토목 및 구축물 시공을 담당하는 건설업, 기자재의 제작·조립·설치·가동 등을 담당하는 기계산업, 금융을 담당하는 금융기관 등이 복합적으로 관련된다. 따라서 플랜트 수출은 일반 상품의 수출과는 달리 다음과 같은 특징을 보인다.

① 거래의 규모가 크고 거액이다.
② 부가가치율이 높고, 지식 집약형의 수출이다.
③ 제작기간, 수출이행기간과 대금의 회수기간이 대개 장기간이다.
④ 정부차원의 교섭과 협력이 중시된다.
⑤ 일반적으로 연불수출금융이 수반된다.
⑥ 수출국과 수입국의 생산 및 고용 등에 경제적 파급효과가 크다.
⑦ 지속적인 원재료, 부품, 관련 제품의 수출이 유발된다.
⑧ 통상마찰 해결 및 경제협력의 수단으로 활용되기도 한다.

우리나라는 1978년에 산업설비수출촉진법을 제정하여 운영하였으나, 운용상의 효율을 위해 1986년 대외무역법 제정시 동 법에 산업설비수출촉진법을 흡수하여 오늘에 이르고 있다. 플랜트 수출은 수출의 특성을 고려하여 일반적인 상품의 수출관리와는 다소 다르게 관리되고 있다.

3) 플랜트 수출의 촉진을 위한 지원

플랜트의 수출은 경제적으로 유익한 파급효과가 크기 때문에 각국이 다양한 방법으로 수출 촉진을 위한 수단을 강구하고 있다. 대외무역법에서도 플랜트 수출을 하려는 자는 그에 관한 시장조사·정보교환·수주·협동화 사업을 추진할 수 있도록 하고, 이 경우 산업통상자원부장관은 플랜트 수출 관련기관 또는 단체를 지정하여 이들 사업을 촉진시키기 위한 활동을 수행하게 할 수 있도록 명문화하고 있다(대외무역법시행령 第54조). 산업통상자원부장관이 플랜트수출에 관한 시장조사, 정보교류, 수주, 협동화사업의 촉진 등의 사업을 담당하는 플랜트수출 촉진기관을 지정하고자 할 때는 플랜트수출업자에 대한 대표성과 시장조사 등 사업계획을 종합적으로 검토하여 결정하는데, 현재 한국기계산업진흥회와 한국플랜트산업협회가 촉진기관으로 지정되어 있다(대외무역관리규정 第72조).

산업통상자원부장관은 플랜트수출 촉진기관에 대해 플랜트 수출의 시장조사 등의 사업 촉진과 관련하여 플랜트 수출동향, 플랜트수출에 관한 시장조사, 정보교환, 수주, 협동화사업의 촉진실적 등 촉진활동에 관한 사항, 기타 플랜트수출에 관하여 산업통상자원부장관이 요청하는 사항에 대하여 보고하게 할 수 있다.

2 플랜트의 수출절차

1) 플랜트수출의 범위

대외무역법에서는 '플랜트 수출'을 다음과 같은 수출을 의미하는 것으로 규정하고 있다(대외무역법 第32조).

① 농업·임업·어업·광업·제조업, 전기·가스·수도사업, 운송·창고업 및 방송·통신업을 경영하기 위하여 설치하는 기재·장치 및 대통령령으로 정하는 설비 중 산업통상자원부장관이 정하는 일정 규모 이상의 산업설비의 수출. 여기에서 대통령령이 정하는 설비란 해외건설공사와 함께 일괄수주방식에 의하여 수출되는 설비를 제외한 다음의 것을 의미하고, 산업통상자원부장관이 정한 '일정규모 이상의 산업설비'란 본선인도(FOB) 가격으로 미화 50만 달러 이상인 산업설비를 말한다(대외무역관리규정 第70조).

가. 철강재구조설비
나. 수상구조설비
다. 공해방지설비
라. 용수처리설비 및 해수의 담수화설비
마. 냉동 및 냉장설비, 공기조화설비
바. 저장탱크 및 저장기지 설비
사. 송유설비

아. 정치식 운반하역설비[13)]
자. 정치식 건설용설비
차. 시험 연구설비

② 산업설비 · 기술용역 및 시공을 포괄적으로 행하는 수출(이를 '일괄수주방식에 의한 수출'이라 한다). 여기에서 말하는 시공이란 토목공사, 건축공사, 산업설비설치공사를 말한다. 다만, 산업설비설치공사 중 산업설비수출업자 또는 수출용기자재를 설치 · 제작하는 자가 제작한 기계 및 장치를 직접 설치하는 공사는 제외한다. 그러나 해외건설공사촉진법의 규정에 의한 해외건설공사실적의 인정을 받고자 하는 경우에 한하여 산업통상자원부장관은 산업설비수출업자 또는 수출용기자재를 설계 · 제작하는 자가 제작한 기계 및 장치를 직접 설치하는 공사를 **산업설비설치공사**로 인정할 수 있다.

2) 플랜트수출의 승인과 변경

플랜트수출의 승인을 받으려는 자는 플랜트수출승인신청서에 필요한 서류 및 통합공고에 의하여 허가, 추천 등을 요하는 경우에는 그 허가 등을 받은 사실을 증명하는 서류를 첨부하여 산업통상자원부장관에게 신청하여야 한다.

이미 승인된 사항에 대해 변경승인을 받으려는 자는 플랜트수출승인사항 변경승인신청서에 수출승인서 사본과 변경사유서를 당초 승인기관의 장에게 제출해야 한다. 산업통상부장관은 플랜트수출승인 또는 변경승인을 하기 위하여 필요하면 플랜트수출의 타당성에 관하여 관계 행정기관 장의 의견을 들어야 한다. 일괄수주방식에 의한 수출에 대하여 승인 또는 변경승인을 하려는 때에는 국토교통부장관의 동의를 받아야 한다.

일괄수주방식에 의한 수출로서 건설용역 및 시공부문의 수출에 관하여는 해외건설촉진법에 따른 해외건설사업자에 대해서만 승인 또는 변경승인할 수 있다. 산업통상자원부장관은 플랜트수출승인 또는 변경승인 신청이 있는 경우 접수일부터 5일 이내에 이를 처리하여야 한다. 다만, 다른 기관과의 협의가 필요한 경우 그 협의기간은 처리기간에 산입하지 않는다. 이러한 플랜트수출의 승인 및 변경승인(일괄수주방식에 의한 수출로서 국토교통부장관의 동의가 필요한 경우는 제외)에 관한 권한은 한국기계산업진흥회에 위탁되어 있다. 다만 연불금융(延拂金融) 지원의 경우에는 한국수출입은행에 위탁되어 있다.

---

13) 정치식(定置式)은 일정한 장소에 설치하여 운영하는 형태를 말한다. 이동식(移動式)과 대비된다.

기 출 문 제

1 다음은 우리나라 대외무역법령에서 규정하고 있는 통상의 진흥과 관련된 설명이다. 잘못된 것은?

[국제무역사 35회 1교시 2번]

① 산업통상자원부장관은 무역과 통상을 진흥하기 위하여 필요한 경우에 통상진흥 시책을 수립 및 발표할 수 있다.

② 산업통상자원부장관은 통상진흥 시책의 수입을 위하여 교역상대국의 제도 관행 등에 대한 조사와 함께 해외진출 기업에 필요한 자료를 요청할 수 있다.

③ 산업통상자원부장관은 통상진흥 시책의 수입과 관련, 관계 행정기관과 지방자치단체, 대한무역투자진흥공사, 한국무역협회 등에 필요한 협조를 요청할 수 있다.

④ 산업통상자원부장관은 기업의 해외진출에 대한 지원 업무를 종합적으로 수행하기 위하여 대한무역투자진흥공사에 해외진출지원센터를 설치, 운영하도록 하고 있다.

2 다음은 대외무역법령에서 규정하고 있는 전문무역상사의 지정 및 지원과 관련된 설명이다. 잘못된 것은?

[국제무역사 35회 1교시 3번]

① 산업통상자원부장관은 신시장 개척, 신제품발굴 및 중소기업 중견기업의 수출확대를 위하여 무역거래자 중에서 전문무역상사를 지정하고 지원할 수 있다.

② 전문무역상사로 지정 받고자 하는 무역거래자는 지정신청서, 사업자등록증, 중소기업 수출지원 기여에 관한 사업계획서 및 기타 서류를 구비하여 지방자치단체장에게 신청하여야 한다.

③ 전문무역상사로 지정 받을 수 있는 자는 전년도 또는 최근 3년간 평균 수출실적 100만 달러 이상, 정체 수출실적 대비 타 중소 중견기업 생산제품의 수출비중 30%이상 등의 요건을 갖추어야 한다.

④ 신시장의 개척, 신제품의 발굴 및 중소기업 또는 중견기업에 대한 효과적인 수출지원 등을 위하여 산업통상자원부 장관이 농업 어업 수산업 등 업종별 특성과 조합 등 법인의 조직형태별 수출특성을 고려하여, 고시하는 기준을 갖춘 무역거래자도 전문무역상사로 지정될 수 있다.

정답 1. ① 2.②

3 무역거래자가 발급받는 무역업고유번호에 대한 설명 중에서 잘못된 것은?

[국제무역사 35회 1교시 6번]

① 상호, 대표자, 주소, 전화번호 등의 변동사항이 발생한 경우에는 변동사항이 발생한 날로부터 20일 이내에 한국무역협회장에게 알리거나 무역업 데이터베이스에 변동사항을 수정 입력하여야 한다.
② 무역거래자는 수출입 신고 시 무역업고유번호를 수출(입)자 상호명과 함께 기재하여야 한다.
③ 무역업고유번호를 부여 받으려는 자는 별지 제1호 서식에 의하여 한국무역협회장에게 신청하여야 하며, 한국무역협회장은 접수 즉시 신청자에게 무역업고유번호를 부여하여야 한다.
④ 합병, 상속 등으로 지위의 변동이 발생한 경우에는 기존의 무역업고유번호를 유지하거나 수출입실적 등의 승계 받을 수 없다.

4 다음은 수출 또는 수입실적의 인정금액과 인정시점에 대한 설명이다. 잘못된 것은?

[국제무역사 35회 1교시 11번]

① 중계무역에 따른 수출실적은 CIF 기준의 수출금액에서 FOB 기준의 수입금액을 뺀 차액인 가득액을 입금일 기준으로 인정한다.
② 외국인수수입의 경우에 수입실적은 외국환은행에서 지급한 금액을 지급일 기준으로 인정한다.
③ 외국박람회 등에 출품한 수출승인 면제대상인 물품을 현지에서 매각된 경우에 수출실적은 외국환은행 입금액을 입금일 기준으로 인정한다.
④ 내국신용장 또는 구매확인서로 외화획득용 원료 또는 물품을 공급한 경우에는 수출실적은 외국환 은행 결제액 또는 확인액을 대금결제일 기준으로 인정한다.

5 다음 중 우리나라의 대외무역법령에서 규정하고 있는 수출입실적에 대한 설명 중 잘못된 것은?

[국제무역사 36회 1교시 4번]

① 수출물품 제조업자의 구매확인서에 의한 외화획득용 물품의 공급에 대한 수출실적 인정금액은 외국환은행의 결제액 또는 확인액으로 한다.
② 외국인수수입과 용역 또는 전자적 형태의 무체물의 수입의 경우, 수입실적은 외국환은행의 지급액으로 한다.
③ 외국인으로부터 외화를 영수하고 외화획득용 시설기재를 외국인과 임대차계약을 맺은 국내업체에 인도하는 경우에는 수출실적으로 인정받지 못한다.
④ 용역 수출의 경우, 용역 수출실적의 확인 및 증명 발급기관의 장이 외국환은행을 통해 입금 확인한 금액을 수출실적으로 인정한다.

정답 3.④ 4.① 5.③

6 다음은 우리나라의 대외무역법령에서 규정하고 있는 수출실적의 인정금액과 인정시점, 증명발급기관을 기재한 것이다. 잘못된 것은? [국제무역사 37회 1교시 3번]

	수출실적	인정금액	인정시점	증명발급기관
①	중계무역	수출금액(FOB)-수입금액(CIF)	외국환은행 입금일	외국환은행의 장
②	구매확인서에 의한 공급	외국환은행 결제액	외국환은행 결제일	외국환은행의 장
③	전자적 형태의 무체물	수출금액	수출신고수리일	관세청
④	외화획득용 시설기재의 국내공급	외국환은행 입금액	외국환은행 입금일	외국환은행의 장

7 다음 중 대외무역법령에서 규정하고 있는 수출입 실적에 관한 설명으로 잘못된 것은? [국제무역사 37회 1교시 4번]

① 한국의 A사가 인도양에서 어획한 참치를 일본 B사에게 외국현지에서 인도하는 방식으로 수출하였을 경우, 외국환 은행의 입금액이 수출실적이 된다.
② 기계부품 생산기업인 A사가 수출기업인 B사에게 내국신용장(Local L/C)을 통하여 물품을 공급하였을 경우, 외국환은행의 결제액 또는 확인액이 수출실적이 된다.
③ 한국의 A사가 미국의 B사로부터 대금을 영수하고 외화획득용 시설기재를 한국의 C사에 인도한 경우, 외국환은행의 입금액이 수출실적이 된다.
④ 한국의 A사가 프랑스의 B사로부터 신제품 디자인 관련 자문을 받고 대금을 지급하였을 경우, 관세청 수입신고 금액(CIF)이 수입실적이 된다.

정답 6.③ 7.④

8 다음 우리나라의 대외무역법령에서 규정하고 있는 수출 수입실적에 대한 설명 중에서 잘못된 것은? [국제무역사 38회 1교시 5번]

① 수출자 또는 수출물품 등의 제조업자에 대한 외화획득용 원료 또는 물품 등의 공급 중 내국신용장(Local L/C)에 의한 공급, 구매확인서에 의한 공급, 수출물품 포장용 골판지 상자의 공급 등은 수출실적으로 인정된다.
② 외국인으로부터 대금을 영수하고 외화획득용 시설기재를 외국인과 임대차계약을 맺은 국내업체에 인도하거나, 「자유무역지역의 지정 및 운영에 관한 법률」 제2조의 자유무역지역으로 반입 신고한 물품 등을 공급하는 경우 수출실적으로 인정된다.
③ 중계무역에 의한 수출의 경우는 수출금액(FOB가격)에서 수입금액(CIF가격)을 공제한 가득액이 수출실적의 인정금액이 되며, 수출실적의 인정시점은 외국환은행 입금일이다.
④ 외국인수수입과 용역 또는 전자적 형태의 무체물의 수입의 경우 수입실적 인정시점은 수입신고수리일이다.

9 다음 중 대외무역법령상 무역업고유번호제도에 대한 설명이 잘못된 것은? [국제무역사 39회 1교시 2번]

① 수출입거래질서를 위하여 산업통상자원부 장관이 개발 운영하여야 하는 전산관리체계에는 무역업고유번호의 부여 및 관리 등 수출입통계 데이터베이스 체제와 불공정무역행위를 방지하기 위한 전산관리체제가 있다.
② 무역업고유번호를 부여 받으려는 자는 관련 서식을 구비하여 우편, 팩시밀리, 전자우편, 전자문서교환체제(EDI) 등의 방법으로 각 시도 지자체장에게 신청하여야 하며, 지자체장은 접수 즉시 고유번호를 부여하여야 한다.
③ 무역업고유번호를 부여 받은 자가 상호, 대표자, 주소, 전화번호 등의 변동사항이 발생한 경우에는 무역업고유번호신청사항 변경통보서에 따라 변동사항이 발생한 날부터 20일 이내에 관련 기관에 알리거나 무역업 데이터베이스에 수정입력 하여야 한다.
④ 무역업고유번호를 부여 받은 자가 합병, 상속, 영업의 양수도 등 지위의 변동이 발생하여 기존의 무역업고유번호를 유지 또는 수출입실적 등의 승계를 받으려는 경우에는 변동사항에 대한 증빙서류를 갖추어 무역업고유번호의 승계 등 관련 기관에 신청할 수 있다.

정답 8.④ 9.②

3

수출입물품의 관리

학 습 목 표

대외무역법은 우리나라 무역관리의 기초가 되는 법령으로 특정 품목에 대한 수출입에 통제와 규제가 있는 경우 이를 투명하게 국민들에게 알리는 역할을 한다. 이번 장에서는 이와 같이 대외무역법에서 정하고 있는 "공고" 체계에 대해 다음과 같은 내용을 중심으로 학습해 보자.

1. 수출입공고와 통합공고
2. 수출입승인과 요건확인
3. 수출입승인의 면제

들어가기 전에

수출입에 대한 통제와 규제는 왜 그리고 어떻게 하는 것일까?

- 부산세관, 멸종위기 종 동식물 불법수입업체 9곳 적발

부산본부세관이 국제적 멸종위기 동식물에 대한 기획조사를 통해 장완흉상어 13톤을 밀수입하려 한 C사와 아프로모시아(Afrormosia) 원목 545㎥ 시가 10억원 상당을 부정수입한 S사 등 9개 업체를 적발, 각각 관세법 위반으로 입건했다고 밝혔다. 우리나라는 1993년 '멸종위기에 처한 야생 동식물종의 국제거래에 관한 협약(CITES)'에 가입해 국제적 멸종위기종에 대한 거래 등을 규제하기 위해 '야생생물 보호 및 관리에 관한 법률'을 제정, 시행하고 있다

* 아시아투데이 조영돌 기자. 2017년 11월 13일 '부산세관, 멸종위기종 동식물 불법수입업체 9곳 적발'. 기사전문 http://www.asiatoday.co.kr/view.php?key=20171113010006582

우리나라는 자유무역을 원칙으로 하지만 위 사례에서처럼 국제협정에 따른 의무이행을 위한 목적 등 다양한 이유로 정해진 물품에 대해서는 수출입을 통제하고 있다. 개별법에 따른 수출입의 통제에 관련된 사항을 알리는 역할을 하는 것이 대외무역법의 수출입공고와 통합공고다. 그에 따른 규제는 수출입의 최전방에 있는 세관을 통해 이뤄지고 있다. 이 장에서 대외무역법의 수출입관련 규제와 통제를 알리고 체계와 이 통제가 이뤄지는 과정에 대해 이해해 보자.

Chapter 3 수출입물품의 관리

제1절 수출입물품 관리의 개요

1 수출입물품 관리의 원칙

물품의 수출입과 관련해 대외무역법은 다음과 같은 원칙을 규정하고 있다.

> **대외무역법 제3조(자유롭고 공정한 무역의 원칙 등)** ① 우리나라의 무역은 헌법에 따라 체결·공포된 무역에 관한 조약과 일반적으로 승인된 국제법규에서 정하는 바에 따라 자유롭고 공정한 무역을 조장함을 원칙으로 한다.
> ②정부는 이 법이나 다른 법률 또는 헌법에 따라 체결·공포된 무역에 관한 조약과 일반적으로 승인된 국제 법규에 무역을 제한하는 규정이 있는 경우에는 그 제한하는 목적을 달성하기 위하여 필요한 최소한의 범위에서 이를 운영하여야 한다.
>
> **대외무역법 제10조(수출입의 원칙)** ① 물품등의 수출입과 이에 따른 대금을 받거나 지급하는 것은 이 법의 목적의 범위에서 자유롭게 이루어져야 한다.
> ②무역거래자는 대외신용도 확보 등 자유무역질서를 유지하기 위하여 자기 책임으로 그 거래를 성실히 이행하여야 한다.

대외무역법 제3조가 무역에 대한 정부정책에 대한 기본원칙이라면 제10조는 민간의 무역거래에 대한 기본원칙이다. 우리나라는 1967년 4월 GATT 가입에 앞서 1967년 무역거래법을 제정하면서 종전의 무역법에서 규정하고 있던 각종 규제를 크게 완화하였다. 그 후 무역자유화는 지속적으로 이루어져 WTO의 출범(1995)과 우리나라의 OECD 가입(1996)이 이루어진 1990년대에 이르러서는 공산품의 경우 극히 예외적인 경우를 제외하고는 무역이 완전 자유화되었다. 수출입에 대한 '자유'의 규정은 이러한 배경을 바탕으로 선언적 의미를 담고 있는 것이며, '공정'의 개념은 WTO의 이념을 수용한 것이다.

2 수출입의 예외적 제한과 금지

1) 의의

산업통상자원부장관은 헌법에 따라 체결·공포된 조약과 일반적으로 승인된 국제법규에 따른 의무의 이행, 생물자원의 보호 등을 위하여 필요하다고 인정하면 물품등의 수출 또는 수입을 제한하거나 금지할 수 있다(대외무역법 제11조). 이와 같이 제한된 물품 등을 수출 또는 수입하려면 산업통상자원부장관의 승인을 받아야 한다. 다만, 긴급을 요하는 물품 등 기타 수출 또는 수입절차를 간소화하기 위한 물품 등으로서 대통령령이 정하는 기준에 해당하는 물품 등의 수출 또는 수입은 승인대상에서 제외된다. 산업통상자원부장관은 필요하다고 인정하는 경우에는 승인대상물품등의 품목별 수량, 금액, 규격 및 수출 또는 수입지역 등을 한정할 수 있다.

2) 제한·금지 대상물품

대외무역법 제11조에는 산업통상자원부장관이 다음 각 호의 어느 하나에 해당하는 이행 등을 위하여 필요하다고 인정하여 지정·고시하는 물품 등의 수출 또는 수입을 제한하거나 금지할 수 있다고 규정하였다.

① 헌법에 따라 체결·공포된 조약이나 일반적으로 승인된 국제법규에 따른 의무의 이행
② 생물자원의 보호
③ 교역상대국과의 경제협력 증진
④ 국방상 원활한 물자수급
⑤ 과학기술의 발전
⑥ 그 밖에 통상·산업 정책에 필요한 사항으로서 대통령령으로 정한 항공관련품목의 안전관리에 관한 사항

여기에서 산업통상자원부장관이 지정·고시하는 물품이란 구체적으로는 **수출입공고**를 통한 고시를 의미한다. 수출입에 대한 관리는 대외무역법 외의 다수 법령에 의해서도 행하여진다. 대외무역법 이외의 다른 법령에 의한 관리 내용을 통합하여 산업통상자원부장관이 고시하는 것이 **통합공고**다. 통합공고로 고시된 물품에 대하여는 수출입승인절차에

앞서 관련 기관의 허가·추천 등 요건확인을 받아야 한다. 수출입승인절차의 이행여부와 승인 또는 요건확인 된 내용과 수출입물품의 일치 여부 등은 세관에서의 수출통관 또는 수입통관 단계를 전후하여 또는 통관과정에서 개별법에 명시된 주무기관이나 세관장에 의해 확인된다. 세관장에 의해 통관단계에서 특히 확인되어야 할 수출입물품 및 그 확인방법은 해당 물품을 관장하는 중앙부처 장의 요청에 따라 관세청장이 '관세법 제226조의 규정에 의한 세관장확인물품 및 확인방법에 관한 지정고시'로서 정하고 있다.

제2절 수출입승인제도

1 수출입승인 대상과 승인기관

1) 수출입승인의 의의

수출입의 '승인'은 허가(license)로서의 성질을 지닌다. 즉, 승인은 법규에 의한 일반적인 상대적 금지(수출입금지)를 특정한 경우에 해제하여 적법하게 일정한 수출입거래행위를 할 수 있도록 자유 상태를 회복시켜주는 행정행위다. 이러한 승인은 개별적 수출 또는 수입을 할 때마다 받아야 함이 원칙이다. 승인은 허가를 유보한 금지, 즉 상대적 금지에서만 가능하고 어떠한 경우에도 해제될 수 없는 절대적 금지에 대해서는 허용되지 않는다.

2) 수출입승인 대상물품과 승인기관

수출입승인 대상물품은 산업통상자원부장관이 수출입공고에서 정한 물품(단, 중계무역물품, 외국인수수입물품, 외국인도수출물품 및 선용품은 제외)을 의미한다(대외무역관리규정 제9조). 현재 수출입공고에[1] 수출금지물품으로 규정된 것은 고래고기와 자연석, 개의 생모피와 개의 모피, 그리고 개의 모피제품 정도다. 이들은 국제환경보호 활동 및 국가이미지 관리와

---

1) 산업통상자원부 고시 제2016-254호(2016.12.30.)로 공포되어 현재까지 시행되고 있는 고시를 말한다. 이하 이 장에서 수출입공고란 이를 의미한다. 고시내용은 산업통상자원부 홈페이지/정책·정보/고시의 수출입공고를 참조.

관련이 있는 물품들이다. 수출입공고에는 [별표 1]로서 다음과 같은 양식으로 수출이 금지되는 물품을 정하고 있다. 수입금지물품은 공고된 것이 없다.

〈표 3-1〉 수출입공고 [별표 1]의 수출금지품목의 공고형태

HS	품 목	수출요령
0208	기타의 육과 식용설육(신선・냉장 또는 냉동한 것에 한한다)	
40	고래, 돌고래류(고래목의 포유동물) 및 바다소(바다소목의 포유동물)의 것	다음의 것은 수출할 수 없음. ① 고래고기

수출입공고 [별표 2]에는 수출제한품목을, [별표 3]에는 수입제한품목을 정해 두었다. 공고의 형태는 〈표 3-2〉와 같이 대상물품과 제한물품의 승인기관 및 승인요령을 정해 두었다.

〈표 3-2〉 수출입공고 [별표 2]의 수출제한물품 공고형태

HS	품 목	수출요령
2505	천연모래(착색된 것인지의 여부를 불문하며, 제26류의 금속을 함유하는 모래를 제외한다)	
10 90	규사 기타	다음의 것은 한국골재협회의 승인을 받아 수출할 수 있음. ① 규산분(SiO_2)이 90% 이하의 것

현재 수출입공고에서 수출이 제한되는 것은 한국골재협회의 승인을 받도록 한 일부 모래와 자갈, 대리석 정도이고, 수입이 제한되는 것은 한국항공우주산업진흥협회의 승인을 받도록 한 항공기의 일부 부품 정도다. 대외무역법 제16조의 규정에 의한 외화획득용 원료・기재를 수입하는 경우에는 여기에 규정되어 있는 수입제한품목이라 할지라도 별도의 제한없이 수입을 승인할 수 있다. 수출입공고를 통해 제한하는 것은 과거에는 국내산업보호 등을 이유로 하는 것이 많았으나 지금은 산업보호를 이유로 제한하지는 않는다. 대신 국내시장에서의 물자 수급상황 등을 고려해 이를 조정하기 위해 제한하는 경우는 종종 있다. 수출입공고에 따라 허락된 수출이 **수출승인**(E/L : Export Licence)이고, 허락된 수입이

수입승인(I/L : Import Licence)이다.

2 수출입승인과 변경 절차

1) 수출입승인의 신청과 요건확인

수출 또는 수입승인을 받으려면 수출승인(신청)서, 수입승인(신청)서 또는 수출입승인(신청)서 및 사본(신청자가 신청한 경우에 한한다)에 다음의 서류를 첨부하여 수출입승인기관의 장에게 신청하여야 한다(대외무역관리규정 제10조).

① 수출신용장 · 수출계약서 또는 주문서(수출의 경우에 한한다)
② 수입계약서 또는 물품매도확약서(수입의 경우에 한한다)
③ 수출 또는 수입대행계약서(공급자와 수출자가 다른 경우 및 실수요자와 수입자가 다른 경우에 한한다)
④ 수출입공고에서 규정한 요건을 충족하는 서류(단, 해당 승인기관에서 승인요건의 충족여부를 확인할 수 있는 경우는 제외) 등이다.

수출 · 수입승인의 신청을 받은 수출입승인기관의 장은 당해 신청내용이 다음과 같은 요건에 합당한지 여부를 확인하여야 한다(대외무역관리규정 제11조).

① 수출 · 수입하려는 자가 승인을 받을 수 있는 자격이 있는 자일 것
② 수출 · 수입하려는 물품 등이 수출입공고 및 대외무역관리규정에 의한 승인요건을 충족한 물품 등일 것
③ 수출 · 수입하려는 물품 등의 품목분류번호(HS)의 적용이 적정할 것

수출입 승인신청이 이러한 요건에 합당한 경우 수출입승인기관의 장은 수출입승인서를 발급한다. 수출입승인서는 업체용, 세관용, 승인기관용(산업통상자원부용)으로 구분되어 있으며, 신청자가 요청하는 경우 사본이 추가될 수 있다. 만일 수출입물품을 분할하여 통관하고자 하는 경우에는 세관용 수출입승인서를 분할하여 발급할 수 있다(대외무역관리규정 제10조 제2항). 하나의 수출 또는 수입에 대하여 둘 이상의 승인을 얻어야 하는 경우에는 각각의 승인은 상호 독립적으로 이루어져야 한다. 이 경우 두 번째 이후 승인기관의 장은 수출입승인서 여백에 승인사항을 표시한다(대외무역관리규정 제13조).

대외무역법 제19조에 의한 전략물자의 수출허가나 제32조에 의한 플랜트 수출허가를 얻

은 경우에는 수출입승인규정에 의해 수출승인을 얻은 것으로 간주된다(대외무역법 제11조 제6항). 그러나 통합공고에 의해 요건확인을 받은 것을 이 규정에 의해 수출승인 또는 수입승인을 받은 것으로 간주하지는 않는다. 요건확인과 수출입승인은 각각 이루어져야 하는 성격의 것이다.

2) 수출입승인의 유효기간

수출·수입승인의 유효기간은 원칙적으로 수출·수입을 승인한 날부터 1년이다. 그렇지만 산업통상자원부장관이 물가의 안정, 수급조정, 물품의 인도조건, 기타 거래상의 특성 등에 의하여 필요하다고 인정하는 경우에는 유효기간을 달리 정할 수 있다(대외무역법시행령 제18조). 이에 따라 다음에 해당하는 경우에는 1년 이내 또는 20년의 범위내에서 유효기간을 단축 또는 초과설정 할 수 있다.

① 산업통상자원부장관이 물가안정 또는 수급조정을 위하여 1년 이내로 유효기간의 단축이 필요하다고 인정하는 경우
② 물품의 제조·가공기간이 1년을 초과하는 경우 등 물품의 선적 또는 도착기일을 감안하여 1년 이내에 물품의 선적이나 도착이 어려울 것으로 수출입승인기관의 장이 인정하는 경우
③ 수출·수입이 혼합된 거래로서 수출입승인기관의 장이 부득이하다고 인정하는 경우

3) 수출입승인사항의 변경

수출입의 승인을 얻은 자는 승인된 방법에 따라 수출 또는 수입을 이행하여야 한다. 그러나 상대방과의 계약 변경이나 기타의 사유가 발행한 때에는 승인을 얻은 내용 중 일부를 변경하여야 할 필요가 생긴다.

가. 변경신고와 변경승인 대상

수출입승인사항의 변경방법에는 두 가지가 있다. 하나는 경미한 사항의 변경으로 당초 승인한 기관의 장에게 이에 대한 신고를 함으로써 변경하는 경우이고, 다른 하나는 대통령령이 정하는 중요한 사항으로서 당초 승인한 기관의 장으로부터 변경 내용에 대하여 승인을 신청하여 승인을 얻어 변경하는 경우이다.

수출입승인 사항 중 원산지, 도착항(수출의 경우), 규격, 수출입물품의 용도(단, 수출입승인

의 용도가 지정된 경우), 승인조건에 대하여는 당초 수출입을 승인한 기관의 장에게 변경신고를 하여야 한다(대외무역관리규정 제16조). 이러한 신고가 있는 경우 수출입승인기관의 장은 이를 확인한 후 신고를 수리하여야 한다. 수출입승인 사항 중 수출 또는 수입물품의 수량과 가격, 수출 또는 수입 승인의 유효기간, 수출 또는 수입의 당사자에 관한 사항을 변경하려면 당초 수출입을 승인한 기관의 장에게 변경 사실을 증명하는 서류를 첨부하여 변경 승인을 신청하여야 한다.

나. 변경승인 절차

수출입승인사항의 변경은 수출입승인 유효기간 내에 신청하여야 한다. 다만, 수입의 경우로서 수입대금을 지급하고 선적서류를 인수한 후에 수입승인사항을 변경하고자 하는 때에는 수입승인 유효기간이 경과한 후에도 변경승인을 신청하거나 변경내용을 신고할 수 있다. 이 경우 승인기관의 장은 변경승인 또는 변경신고 내용을 즉시 해당 세관장에게 알려야 한다(대외무역관리규정 제17조). 수출입승인에 대한 변경승인의 신청을 받은 수출입승인기관의 장은 당해 신청이 다음 요건에 합당한지 여부를 확인한 후 신고를 수리하여야 한다(대외무역관리규정 제18조).

① 수출입승인을 받은 후에 수출입공고에서 수출·수입을 제한하는 사항이 추가된 품목으로서 관계 기관의 장의 허가 등을 추가로 요하는 품목일 때에는 그 허가 등을 받았을 것

② 수출 물품 등의 단가를 인하하거나 수입 물품 등의 단가를 인상하는 내용의 수출 또는 수입 승인 사항의 변경은 다음 각 목의 어느 하나에 해당하는 경우일 것

가. 거래상대방의 파산 또는 지급거절 등이 현지의 거래은행, 상공회의소 또는 공공기관에 의하여 객관적으로 확인되는 경우에 수출물품 등을 제3자에게 전매하는 경우

나. 물품등의 성질과 국제거래관행상 승인 시점에 단가를 확정할 수 없는 경우

다. 그 밖에 급격한 시장상황의 변화 등 변경 사유가 불가피하다고 인정되는 경우

③ 변경하려는 내용이 수출신용장, 수출입계약서, 주문서, 물품등매도확약서 등에 명시되어 있을 것. 다만, 수출신용장 등에 명시를 요하지 아니하는 경미한 사항일 경우에는 그러하지 아니하다.

④ 수출대상국가의 변경은 수출제한 사유 등을 고려할 때 타국으로 변경하여도 지장이 없을 것

3 수출입승인의 면제

1) 수출입승인면제의 의의

대외무역법은 자유로운 수출입의 허용을 대전제로 하고 있으므로 수출입공고에서 수출입승인 대상물품으로 지정하였다 하더라도 대외무역법의 목적에 크게 위배되지 않는 한 이러한 승인을 면제하는 것이 바람직한 경우가 있다. 긴급을 요하는 물품이나 외교상의 이유, 출입국 여행자의 휴대품 등 특수한 사정을 고려할 필요가 있기 때문이다.

대통령령에서 정하는 다음과 같은 네 가지 기준에 합당할 경우 수출입의 승인은 면제된다(대외무역법시행령 제19조).

① 산업통상자원부장관이 정하여 고시하는 물품등으로서 외교관이나 그 밖에 산업통상자원부장관이 정하는 자가 출국하거나 입국하는 경우에 휴대하거나 세관에 신고하고 송부하는 물품 등

② 산업통상자원부장관이 관계행정기관의 장과 협의를 거쳐 고시하는 다음의 어느 하나에 해당하는 물품 등

㉮ 긴급히 처리하여야 하는 물품 등으로서 정상적인 수출·수입 절차를 밟아 수출·수입하기에 적합하지 아니한 물품 등

㉯ 무역거래를 원활하게 하기 위하여 주된 수출 또는 수입에 부수된 거래로서 수출·수입하는 물품 등

㉰ 주된 사업 목적을 달성하기 위하여 부수적으로 수출·수입하는 물품 등

㉱ 무상(無償)으로 수출·수입하여 무상으로 수입·수출하거나, 무상으로 수입·수출할 목적으로 수출·수입하는 것으로서 사업 목적을 달성하기 위하여 부득이하다고 인정되는 물품 등

㉲ 산업통상자원부장관이 정하여 고시하는 지역에 수출하거나 산업통상자원부장관이 정하여 고시하는 지역으로부터 수입하는 물품 등

㉳ 공공성을 가지는 물품 등이거나 이에 준하는 용도로 사용하기 위한 물품 등으로서 따로 수출·수입을 관리할 필요가 없는 물품 등

㉴ 그 밖에 상행위 이외의 목적으로 수출·수입하는 물품 등

③ 외국환거래 없이 수입하는 물품 등으로서 산업통상자원부장관이 정하여 고시하는 기준에 해당하는 물품 등. 이에 해당하는 물품은 그 반입의 목적, 사유 등에 의하여 세관장이 타당하다고 인정하는 물품 등을 말하며, 이 경우 세관장은 과세가격이 500

만 원을 초과하는 수입에 대하여는 수입승인서의 제출을 요구할 수 있다(대외무역관리규정 제20조).

④ 해외이주법에 의한 해외이주자가 해외 이주를 위하여 반출하는 원자재·시설재 및 장비로서 외교부장관 또는 외교부장관이 지정하는 기관의 장이 인정하는 물품 등

이상의 네 가지 기준 중 제1호와 제2호의 기준과 관련하여 산업통상자원부장관은 대외무역관리규정에 수출의 경우와 수입의 경우로 나누어 각각 [별표 3](수출승인의 면제 대상)과 [별표 4](수입승인의 면제 대상)로 고시하고 있다(대외무역관리규정 제19조). 대외무역법에 의한 수출입공고에서 수출입승인대상으로 지정된 품목은 전체 무역거래 품목에 비추어 볼 때 극히 일부에 불과하다. 따라서 그 일부의 수출입승인 대상물품에 대해 특정한 경우 승인을 면제한다는 것에서 큰 의미를 찾기는 어렵다.

그러나 대외무역법 이외의 법률에 의한 수출입에 관한 제한 내용을 통합하여 고시하고 있는 통합공고에서도 대외무역법에 의한 수출입승인 면제대상에 해당할 경우 원칙적으로 통합공고에서 정한 요건 및 절차를 거치지 아니하고도 수출입할 수 있도록 하고 있다는 점에 유의할 필요가 있다. 결국 수출입승인면제 대상에 해당할 경우 수출입공고, 통합공고 등으로 구체화되어 있는 품목별 무역관리가 원칙적으로 모두 배제될 수 있다는 점에서 수출입승인면제 대상은 상당한 의의를 갖는다.

2) 수출승인의 면제대상

가. 출국자 및 이들과 관련된 물품

외교관 외에 산업통상자원부장관이 정하는 자와, 이들이 출국할 때 휴대하거나 세관에 신고하고 별도 송부하는 물품으로서 수출승인의 면제 대상으로 산업통상자원부장관이 정한 물품은 다음과 같다(대외무역법시행령 제19조 제1호 및 대외무역관리규정 별표 3).

① 일시적으로 출국하는 자 또는 일시적으로 입국하여 다시 출국하는 자(선박 또는 항공기에 승무하여 출국하는 승무원을 제외한다)가 출국할 때에 휴대하여 반출하는 물품 또는 별송으로 반출하는 물품으로서 그 출국의 목적, 여행 기간, 출국자의 직업, 기타의 사유에 의하여 세관장이 타당하다고 인정하는 물품

② 외국에 주거를 이주할 목적으로 출국하는 자(외국에서 2년 이상 체류할 예정으로 출국하는 자와 1년 이상 체류할 예정으로 출국하는 자 중 가족을 동반하는 자를 말하며, 일시적으로 입국하여 출국하는 자는 제외한다)가 출국할 때에 휴대하여 반출하는 이사물품이나 별

송으로 반출하는 이사물품으로서 그 출국의 사유 등에 의하여 세관장이 타당하다고 인정하는 물품

③ 우리나라와 외국간을 왕래하는 선박 또는 항공기의 승무원이 당해 선박 또는 항공기에 승무하여 출국할 때에 휴대하여 반출하는 개인용품으로서 세관장이 타당하다고 인정하는 물품

④ 우리나라에 온 외국의 원수와 그 가족 및 수행원에 속하는 물품으로서 출국시에 반출하는 물품

⑤ 외국정부의 초청으로 파견된 고문관, 기술단원 기타 이에 준하는 자에게 속하는 물품으로서 주무부장관이 확인하는 물품

⑥ 해외이주법에 의한 해외이주자가 해외이주를 위하여 반출하는 시설기재 및 원료 등의 물품으로서 외교부장관 또는 외교부장관이 지정하는 기관의 장이 타당하다고 인정하는 물품

나. 무역거래 등과 관련하여 부수적으로 수출하는 물품

무역거래를 원활히 하기 위하여 수출에 부수된 거래로서 수출하는 물품 등으로 산업통상자원부장관이 정하고 있는 수출승인 면제대상 물품은 다음과 같다(대외무역법시행령 제19조 제2호 ㉯목 및 대외무역관리규정 별표 3).

① 반출하는 상품의 견본 및 광고용 물품으로서 세관장이 타당하다고 인정하는 물품. 다만, 유상으로 반출하는 경우에는 미화 1만불 상당액(신고가격 기준)이하의 물품

② 외국에서 개최되는 박람회, 전시회, 견본시, 영화제 등에 출품하기 위하여 무상으로 반출하는 물품

③ 수출된 물품이나 수입된 물품이 계약조건과 상이하거나 하자보증이행 또는 용도변경 등의 부득이한 사유로 대체 또는 반송을 위하여 반출하는 물품 또는 수출된 물품의 누락이나 부족품에 대하여 보충을 위하여 반출하는 물품

④ 수출물품의 성능보장기간 내에 당해 물품의 수리 또는 검사를 위하여 반출하는 물품

⑤ 외국환거래법에 의한 허가를 받고 주무부장관의 허가 또는 추천을 받아 반입한 나용선 또는 임차항공기의 반입을 위한 반출물품

⑥ 무환수탁가공무역에 의하여 수입된 원료의 잔량분 또는 수탁판매방식에 의하여 수입된 물품의 판매되지 아니한 잔량분으로서 무상으로 반출되는 물품

⑦ 외국인투자촉진법 또는 외국환거래법에 의하여 기술도입계약신고를 한 자가 신고된 내용에 따라 기술대가를 현물로 지급하기 위하여 반출하는 물품

⑧ 해외에서 투자, 건설, 용역, 산업설비수출 기타 이에 준하는 사업에 종사하고 있는 우리나라 업자(현지 합작법인 포함)에게 무상 송부하기 위하여 반출하는 시설기재, 원료, 근로자용 생활필수품 및 기타 그 사업에 관련하여 사용하는 물품으로서 주무부장관 또는 주무부장관이 지정한 기관의 장이 확인한 물품
⑨ 수산업법 제41조 및 제42조의 규정에 의하여 국토교통부장관 또는 국토교통부장관이 지정한 기관의 장의 허가를 받은 자가 원양어선에 무상으로 송부하기 위하여 반출하는 물품으로서 국토교통부장관 또는 국토교통부장관이 지정한 기관의 장이 확인한 물품
⑩ 외국정부와의 사업계약을 수행하기 위하여 계약자가 계약조건에 따라 반출하는 업무용품으로서 주무부장관이 확인한 물품
⑪ 우리나라 정부와의 사업계약을 수행하기 위하여 외국의 계약자가 계약조건에 따라 반입한 물품으로서 다시 반출하는 물품
⑫ 우리나라와 외국간을 왕래하는 선박 또는 항공기안에서 직접 그 선박 또는 항공기용으로 사용될 물품으로서 세관장이 타당하다고 인정하는 물품
⑬ 외국업자의 주문으로 제작되어 당해 수출물품의 생산에 사용된 후 반출하고자 하는 금형
⑭ 그 밖에 무역거래를 원활히 하기 위하여 무상으로 반출하는 물품으로서 산업통상자원부장관이 타당하다고 인정하는 물품

다. 무상으로 수출하는 물품

무상으로 수입하여 수출하거나, 무상으로 수입할 목적으로 수출하는 것으로서 산업통상자원부장관이 수출승인의 면제대상으로 지정한 물품은 다음과 같다(대외무역법시행령 제19조 제2호 ㉣목 및 대외무역관리규정 별표 3).

① 무상으로 반입하여 다시 무상으로 반출하는 물품으로서 다음의 물품
㉮ 금속제실린더, 컨테이너, 권사구 등 물품의 운송을 위하여 반복 사용될 용기 또는 기구
㉯ 우리나라에서 영화를 촬영하기 위하여 입국한 영화제작자가 반입한 영화촬영용 기계 및 기구
㉰ 우리나라에 입국한 순회흥행업자의 흥행용 물품
㉱ 텔레비전 방송국이 텔레비전 방송을 목적으로 반입한 영화필름
㉲ 공사용(수리용을 포함한다)이나 시험용의 기계 또는 기구

㉶ 우리나라에서 개최된 박람회, 전시회, 견본시, 영화제 등에 출품된 물품으로서 당해 박람회 등의 종료 후 반출되는 물품
㉷ 항공기(부분품을 포함한다) 또는 선박
㉸ 산업설비수출의 이행에 필요하여 반입한 기계 및 장치
㉹ 대학 및 연구기관이 외국으로부터 품질이나 성능검사 등을 위탁받아 반입한 검사의뢰물품 및 검사장비

② 무상으로 반입할 예정으로 무상으로 반출하는 물품으로서 다음의 물품
㉮ 금속제 실린더, 컨테이너, 권사구 등 물품의 운송을 위하여 반복 사용될 용기 또는 기구
㉯ 항공기(부분품을 포함한다) 또는 선박
㉰ 외국에서 영화(뉴스필름 포함)를 촬영하기 위하여 제작자가 반출하는 영화촬영에 사용되는 기계, 기구로서 당해 영화촬영을 위하여 필요하다고 세관장이 인정하는 물품

③ 외국에서 수리 또는 검사를 받을 목적으로 반출하는 물품이나 국내에서 수리 또는 검사를 받을 목적으로 반입하는 물품으로서 다시 반출하는 물품

라. 특정지역에서 수출하는 물품

산업통상자원부장관이 특정한 지역을 정하여 수출승인을 면제하고 있는 대상은 다음과 같다(대외무역법시행령 제19조 제2호 ㉶목 및 대외무역관리규정 별표 3).

① 외국에서 물품을 보세구역에 무상으로 반입하여 가공을 하지 아니하고 다시 무상으로 반출하는 물품
② 외국인투자촉진법에 의하여 외국인투자의 인가를 받은 기업체가 관세법의 규정에 의한 보세공장에서 무상 또는 계정간의 이체방식에 의하여 유상으로 수입한 원료를 가공하여 무상 또는 계정간의 이체방식에 의하여 유상으로 수출하는 물품 및 동 시설보완용 부분품, 소모성기자재 또는 시설재. 다만, 산업통상자원부장관이 지정한 기관의 장이 인정한 경우에 한한다.

마. 공공성을 가지는 수출물품

공공성을 가지는 물품이거나 이에 준하는 용도에 사용하기 위한 물품으로서 산업통상자원부장관이 수출승인을 면제하고 있는 대상은 다음과 같다(대외무역법시행령 제19조 제2호 ㉶목 및 대외무역관리규정 별표 3).

① 우리나라 재외공관(대한무역투자진흥공사의 해외무역관을 포함한다) 또는 외교사절 등에 송부하기 위하여 반출하는 공용물품
② 외국에 있는 자에게 증여하기 위하여 반출하는 훈장 기타 이에 준하는 물품
③ 해외에 파견된 우리나라 군대에 송부하기 위하여 반출되는 군공용물품
④ 우리나라의 공공기관이 외국의 공공기관에게 우호의 목적으로 기증하기 위하여 반출하는 물품
⑤ 국제운동경기대회에 참가하는 우리나라 선수단에 송부하기 위하여 반출하는 경기용 물품 및 이에 준하는 물품
⑥ 무상으로 반출하는 구호품
⑦ 산업통상자원부장관이 해외에 반출하는 국내우표와 산업통상자원부장관의 해외우표 판매허가를 받은 자가 산업통상자원부장관의 추천을 얻어 반출하는 국내우표
⑧ 우리나라에 있는 외국의 대사관, 공사관, 영사관, 통상대표공관 기타 이에 준하는 기관에서 반출하는 공용물품 또는 그 기관에 소속된 외무공무원 및 그 가족이 반출하는 자용물품(自用物品)
⑨ 국제협약 등에 의한 조사단 또는 사찰단이 협약등에 의한 조사 또는 사찰을 위하여 반출하는 장비, 물품 및 그 구성원의 자용물품

바. 상행위 이외의 목적으로 수출하는 물품

기타 상행위 이외의 목적으로 수출하는 물품으로서 산업통상자원부장관이 수출승인을 면제하고 있는 대상은 다음과 같다(대외무역법시행령 제19조 제2호 ㉓목 및 대외무역관리규정 별표 3).

① 무상으로 송부하기 위하여 반출하는 기록문서와 기타의 서류(사진 및 마이크로필름을 포함한다)
② 뉴스를 취재한 필름이나 녹음테이프 등으로서 우리나라의 신문사, 통신사, 방송국 또는 우리나라에 있는 외국의 신문사, 통신사, 방송국의 특파원이 있는 본사, 지사 또는 주재원 등 앞으로 송부하기 위하여 반출하는 물품
③ 유골(유체를 포함한다)
④ 외국환거래법에 의하여 인정된 용역계약에 따라 문화체육관광부장관의 추천을 얻어 무상으로 반출하는 국산영화
⑤ 외국환은행으로부터 수입물품을 담보로 자금을 융자받은 무역업자의 파산, 해산, 행방불명 등으로 인하여 그 무역업자에 의한 통관이 불가능한 경우에 당해 외국환은행

이 담보권행사를 위하여 보세구역 내에서 반출하는 물품

⑥ 국제공동연구를 위하여 반출하는 연구용 기자재, 원료 또는 국제공동연구의 결과물로서 산업통상자원부장관이 추천한 물품

⑦ 그 밖에 무상으로 반출하는 물품중 반출의 목적, 사유 등에 의하여 세관장이 타당하다고 인정하는 물품

3) 수입승인의 면제대상

가. 입국자 및 이들과 관련된 물품

외교관 외에 산업통상자원부장관이 정하는 자와, 이들이 입국시에 휴대하거나 세관에 신고하고 별도 송부하는 물품으로서 수입승인의 면제 대상으로 산업통상자원부장관이 정하고 있는 물품은 다음과 같다(대외무역법시행령 제19조 제1호 및 대외무역관리규정 별표 4).

① 일시적으로 입국하는 자 또는 일시적으로 출국하여 다시 입국하는 자(선박 또는 항공기에 승무하여 입국하는 승무원을 제외한다)가 입국할 때에 휴대하여 반입하는 물품 또는 별송으로 반입하는 물품으로서 그 입국의 목적, 체류의 기간, 입국자의 직업등의 사유에 의하여 세관장이 타당하다고 인정하는 물품

② 우리나라에 주거를 이전할 목적으로 입국하는 자(우리나라에서 2년 이상 체류할 예정으로 입국하는 자와 1년 이상 체류할 예정으로 입국하는 자 중 가족을 동반하는 자를 말하며, 일시적으로 출국하여 입국하는 자는 제외한다)가 입국할 때에 휴대하여 반입하는 이사물품으로서 입국의 사유 등에 의하여 세관장이 타당하다고 인정하는 물품

③ 우리나라와 외국간을 왕래하는 선박 또는 항공기의 승무원이 당해 선박 또는 항공기에 승무하여 입국할 때에 휴대하여 반입하는 개인용품으로서 세관장이 타당하다고 인정하는 물품

④ 우리나라에 온 외국의 원수와 그 가족 및 수행원에 속하는 물품으로서 입국시에 반입하는 물품

⑤ 정부와의 사업계약을 수행하기 위하여 외국의 계약자가 계약조건에 의하여 반입하는 업무용품으로서 주무부장관의 확인을 받아 반입하는 물품

⑥ 정부의 초빙이나 국제연합 또는 외국의 정부로부터 우리나라에 파견된 고문관, 사절단원의 업무용 물품

나. 긴급을 요하는 물품으로서 수입하는 물품

산업통상자원부장관은 긴급히 처리하여야 하는 물품 등으로서 정상적인 수출·수입절차를 밟아 수출하기 어려운 물품에 대해서는 따로 규정한 바가 없으나 수입물품에 대해서는 다음과 같이 규정하고 있다(대외무역법시행령 제19조 제2호 ㉮목 및 대외무역관리규정 별표 4).

① 조난선박의 수리 또는 구호에 필요한 비용과 당해 선박이 항해를 계속하는데 필요한 비용을 조달하기 위하여 매각하는 그 선박의 적재물품으로서 세관장이 부득이하다고 인정하여 반입하는 물품

② 긴급을 요하는 항공기부분품(항공용 유류 및 비상구급용물품을 포함한다), 공항내에서 항공기에 전용되는 지원장비의 부분품, 수리용품 및 수리용 원료를 구매 또는 임차함에 있어서 그 구매절차에 의하여는 적기에 공급이 불가능하다고 국토교통부장관 또는 국토교통부장관이 지정한 항공관계 전문기관의 장이 인정하여 반입하는 물품. 다만, 항공법 제112조의 규정에 의하여 면허를 받아 정기항공운송사업을 영위하는 자가 구매 또는 임차하는 경우에는 세관장이 인정하여 반입하는 물품

③ 긴급을 요하는 국제통신시설의 수리용 부품과 기기를 구매 또는 임차함에 있어서 일반적인 절차에 의하여서는 적기에 공급이 불가능하다고 방송통신위원회위원장이 인정하여 반입하는 물품

④ 긴급을 요하는 해난구조용품으로서 일반적인 절차에 의하여는 적기 공급이 불가능하다고 국토교통부장관 또는 국토교통부장관이 지정한 해난관계 전문기관의 장이 인정하여 반입하는 물품

⑤ 긴급을 요하는 견품으로서 일반적인 절차에 의하여는 적기공급이 불가능하다고 세관장이 인정하는 물품

다. 무역거래 등과 관련하여 부수적으로 수입하는 물품

무역거래를 원활히 하기 위하여 수입에 부수된 거래로서 수입하는 물품 등으로 산업통상자원부장관이 정하고 있는 수입승인 면제대상 물품은 다음과 같다(대외무역법시행령 제19조 제2호 ㉯목 및 대외무역관리규정 별표 4).

① 반입하는 상품의 견본 및 광고용 물품으로서 세관장이 타당하다고 인정하는 물품. 다만, 유상으로 반입하는 경우에는 미화 5만불 상당액(과세가격 기준)이하의 물품

② 상품의 견본 또는 광고용 물품 제조용 원료로서 세관장이 타당하다고 인정하는 물품

③ 우리나라에서 수출된 물품으로서 수출할 때의 성질 및 형상을 변경하지 아니하고 다

시 반입하는 물품

④ 수입된 물품이나 수출된 물품이 계약조건과 상이하거나 하자보증이행 또는 용도변경 등의 부득이한 사유로 대체를 위하여 반입하는 물품 또는 수입된 물품의 누락이나 부족품에 대하여 보충을 위하여 반입하는 물품

⑤ 수입물품의 하자보증기간 내에 동 물품의 유지 보수 및 성능보장을 위해 당해 물품의 수출자가 무상으로 공급하는 물품

⑥ 수출물품의 성능보장기간 내에 당해 물품의 수리 또는 검사를 위하여 반출한 물품으로서 다시 반입하는 물품

⑦ 수출물품의 제조, 가공에 공할 일부 외화획득용 원료로서 세관장이 당해 수출계약 이행에 필요하다고 인정하여 무상으로 반입하는 물품

⑧ 무상으로 반입하는 라벨(LABEL), 텍(TAG)등 부자재

⑨ 외국환거래법에 의한 허가를 받고 주무부장관의 허가 또는 추천을 받아 반입하는 나용선과 산업통상자원부장관의 추천을 받아 반입하는 임차항공기. 다만, 장래 소유권이 이전되는 국적취득조건부의 것을 제외한다.

⑩ 위탁가공무역에 의하여 수출된 원료의 잔량분으로서 무상으로 반입하는 물품

⑪ 해외에서 투자, 건설, 용역, 산업설비수출 기타 이에 준하는 사업을 행하고 있는 우리나라 업자가 현지에서 사용한 후 무상으로 반입하는 물품으로서 주무부장관 또는 주무부장관이 지정한 기관의 장이 확인한 물품

⑫ 우리나라의 법령에 의하여 설치의 허가나 인가 등을 받은 외국상사의 지사나 출장소 등에 무상으로 송부된 사무용품, 소모품 기타 이에 준하는 물품으로서 세관장이 타당하다고 인정하여 반입하는 물품

⑬ 건설용역 기타 이에 준하는 업무에 종사하기 위하여 우리나라에 체류하는 외국인의 지용품(持用品)으로서 세관장이 타당하다고 인정하여 반입하는 물품

⑭ 우리나라와 외국간을 왕래하는 선박 또는 항공기안에서 직접 그 선박 또는 항공기용으로 사용될 물품으로서 당해 운항사업을 행하는 자(당해 사업의 대리인을 포함한다)에게 무상으로 송부되어 오는 물품

⑮ 수출계약의 이행을 위하여 무상으로 반입하는 소모성 자재 또는 시료로서 당해 수출물품의 성능, 시험검사를 위하여 필요하다고 세관장이 인정하는 물품

⑯ 항공산업용으로 도입하는 중고 치공구[2)]

---

2) 치공구(治工具)란 각종 제품을 공작하여 생산할 때 사용되는 공구류를 말한다. 제품의 치수를 측정통일시키는 기준치공구와 제품을 작업대에 고정시키고 주절삭 공구의 작업을 용이하게 해주는 생산치

⑰ 그 밖에 무역거래를 원활히 하기 위하여 무상으로 반입하는 물품으로서 산업통상자원부장관이 타당하다고 인정하는 물품

라. 무상으로 수입하는 물품

무상으로 수출하여 수입하거나, 무상으로 수출할 목적으로 수입하는 것으로서 사업목적의 달성을 위하여 부득이하다고 인정하여 산업통상자원부장관이 수입승인의 면제대상으로 지정한 물품은 다음과 같다(대외무역법시행령 제19조 제2호 ㉣목 및 대외무역관리규정 별표 4).

① 무상으로 반출할 예정으로 무상으로 반입하는 물품으로서 다음의 물품
- ㉮ 외국의 신문사, 통신사 또는 방송국의 특파원으로서 우리나라에 파견된 자가 뉴스의 취재용으로 반입하는 필름 또는 녹음테이프
- ㉯ 금속제실린더, 컨테이너, 권사구 등 물품의 운송을 위하여 반복 사용될 용기 또는 기구
- ㉰ 우리나라에서 영화를 촬영하기 위하여 입국하는 영화제작자가 반입한 영화촬영용 기계 및 기구로서 당해 영화촬영을 위해 필요하다고 세관장이 인정하는 물품
- ㉱ 우리나라에 입국하는 순회흥행업자의 흥행용 물품
- ㉲ 텔레비전 방송국이 텔레비전 방송을 목적으로 반입한 영화필름
- ㉳ 공사용(수리용을 포함한다)이나 시험용의 기계 또는 기구
- ㉴ 우리나라서 개최한 박람회, 전시회, 견본시, 영화제 등에 출품하기 위한 물품
- ㉵ 항공기(부분품을 포함한다) 또는 선박
- ㉶ 플랜트수출의 이행에 필요하여 반입하는 기계 및 장치로서 한국기계공업협회장이 추천하는 물품
- ㉷ 대학 및 연구기관이 외국으로부터 품질이나 성능검사 등을 위탁받아 반입하는 검사의뢰 물품 및 검사장비

② 무상으로 반출된 물품을 다시 무상으로 반입하는 물품으로서 다음의 물품
- ㉮ 금속제 실린더, 컨테이너, 권사구 등 물품의 운송을 위하여 반복 사용되는 용기 또는 기구
- ㉯ 항공기(부분품을 포함한다) 또는 선박
- ㉰ 외국에서 영화(뉴스필름을 포함한다)를 촬영하기 위하여 영화제작자가 반출한 영화촬영용의 기계·기구

공구가 있다.

㉱ 외국에서 개최된 박람회, 전시회, 견본시, 영화제 등에 출품된 물품으로서 반송되어 온 물품
㉲ 해외에서 투자, 건설, 용역, 산업설비수출 그 밖에 이에 준하는 사업에 종사하고 있는 우리나라 업자(현지합작법인을 포함한다)에게 무상으로 송부하기 위하여 반출한 시설기재, 원료, 근로자용 생활필수품, 그 밖에 그 사업에 관련하여 사용한 물품
㉳ 수산업법 제41조 및 제42조에 따라 해양수산부장관 또는 해양수산부장관이 지정한 기관의 장이 허가를 받은 자가 원양어선에 무상으로 송부하기 위하여 반출한 물품

③ 외국에서 수리 또는 검사를 받을 목적으로 반출한 물품을 반입하거나 국내에서 수리 또는 검사를 받을 목적으로 외국으로부터 반입하는 물품

마. 특정지역으로 수입하는 물품

산업통상자원부장관이 특정한 지역을 정하여 이 지역으로 수입하는 물품 대하여는 수입승인을 면제하고 있는 대상은 다음과 같다(대외무역법시행령 제19조 제2호 ㉲목 및 대외무역관리규정 별표 4).

① 외국인투자촉진법에 의하여 외국인투자의 인가를 받은 기업체가 관세법의 규정에 의한 보세공장에서 가공할 것을 목적으로 무상 또는 계정간의 이체방식에 의하여 유상으로 수입하는 원료 및 동 시설보완용 부분품, 소모성기자재 또는 시설재. 다만, 산업통상자원부장관이 지정한 기관의 장이 인정하는 경우에 한한다.

② 관세법의 규정에 의하여 보세판매장 설영특허를 받은 자의 판매용물품으로서 관세청장이 산업통상자원부장관과 협의하여 지정하는 물품

바. 공공성을 가지는 수입물품

공공성을 가지는 물품이거나 이에 준하는 용도에 사용하기 위한 물품으로서 산업통상자원부장관이 수입승인을 면제하고 있는 대상은 다음과 같다(대외무역법시행령 제19조 제2호 ㉳목 및 대외무역관리규정 별표 4).

① 국가원수에게 반입되는 물품
② 우리나라에 있는 자에게 증여하기 위하여 반입되는 훈장, 기장 그 밖에 이에 준하는 물품
③ 외국에 있는 우리나라의 군대, 군함 또는 공관으로부터 반입되는 공용물품
④ 사원, 교회 등에 기증된 식전용품 및 예배용품으로서 세관장이 타당하다고 인정하여

반입되는 물품

⑤ 자선 또는 구호의 목적으로 기증된 급영품 및 관세법 제91조 제2호에 따른 기획재정부령에 의하여 지정된 구호시설과 사회복지시설에 기증되어 직접 사회복지용에 공하는 물품으로서 세관장이 타당하다고 인정하여 반입하는 물품

⑥ 학교, 박물관, 물품진열소 그 밖에 관세법 제90조 제1항 제2호 및 제4호에 따라 지정한 시설에 표본, 참고품, 학술연구 또는 교육용에 직접 공하는 세관장이 타당하다고 인정하여 반입되는 물품

⑦ 외국의 공공기관으로부터 우리나라 공공기관에 우호의 목적으로 기증되어 반입되는 물품

⑧ 정부 또는 지방자치단체에 기증된 물품으로서 해당 기관이 직접 사용하는 물품과 해당 기관에서 실시하는 공공사업에 공하기 위하여 반입되는 물품

⑨ 국제연합교육과학문화기구(유네스코)에서 발행하는 유네스코구폰과 교환으로 송부되어 반입하는 물품

⑩ 우리나라에 있는 외국의 대사관, 공사관, 영사관, 통상대표기관 그 밖에 이에 준하는 기관에서 반입하는 공용물품 그 밖에 그 기관에 소속 되는 외국공무원 및 그 가족이 반입하는 자용품

⑪ 박물관 및 미술관진흥법에 따라 등록된 박물관 또는 미술관(설립자가 법인인 박물관 또는 미술관에만 해당한다)이 같은 박물관 또는 미술관에 전시할 목적으로 수입하는 물품으로서 문화체육관광부장관의 추천을 받은 물품

⑫ 국제공동경기에 참가한 우리나라 선수단의 경기용 물품 및 이에 준하는 물품으로 반출하였다가 다시 반입하는 물품

⑬ 국제협약 등에 따른 조사단 또는 사찰단이 협약 등에 따른 조사 또는 사찰을 위하여 반입하는 장비, 물품 및 그 구성원의 자용물품

사. 상행위 이외의 목적으로 수입하는 물품

이상 열거한 것 외에 상행위 이외의 목적으로 수입하는 물품으로서 산업통상자원부장관이 수입승인을 면제하고 있는 대상은 다음과 같다(대외무역법시행령 제19조 제2호 ㉳목 및 대외무역관리규정 별표 4).

① 무상으로 반입하는 간행물, 기록문서와 그 밖의 서류(사진 및 마이크로필름을 포함한다)

② 해상사고로 인하여 우리나라 선박이 침몰 또는 폐선된 경우에 그 외국가해자로부터 현물배상으로서 제공받아 해외공관장의 확인을 받아 반입하는 선박

③ 우리나라의 선박 또는 항공기가 조난으로 인하여 해체된 경우에 반입하는 해체물품 및 장비품

④ 우리나라에서 출항한 선박 또는 항공기로 반출한 물품으로서 해당 선박 또는 항공기의 사고로 인하여 다시 반입하는 물품

⑤ 우리나라의 선박 또는 항공기가 국외에서 고장으로 인하여 분리된 부분품(현지 수리 후 반입하는 것을 말한다)

⑥ 관세법 제144조에 따라 선박 또는 항공기의 전환이 있는 경우[3]에 해당 선박 또는 항공기에 적재되어 있는 선박용 또는 항공기용품으로서 세관장이 타당하다고 인정하는 물품

⑦ 유골(유체를 포함한다)

⑧ 외국환은행으로부터 수입물품을 담보로 자금을 융자받은 수출입업자의 파산, 해산, 행방불명 등으로 인하여 그 수출입업자에 의한 통관이 불능한 경우에 해당 외국환은행이 담보권 행사를 위하여 보세구역으로부터 다른 지역으로 반입하는 물품

⑨ 외국환거래법 제18조에 따라 기획재정부장관이 정하는 바에 따라 지급을 인정하는 것으로서 다음에 열거된 물품

㉮ 외항운송업자가 경상운항경비로 구입하여 그 선박 또는 항공기용으로 사용된 식용품 및 서비스용품

㉯ 자기치료를 위한 미화 2천 달러 이하의 의약품으로서 식품의약품안전처장이 추천한 물품. 다만, 일정한 치료주기가 필요한 물품에 한하여 최소 치료주기에 대한 소요량을 명기한 경우와 각 개인에 대한 진단서를 첨부하여 2명 이상에 필요한 의약품을 수입하는 경우 미화 2천 달러 이상의 경우라도 추천할 수 있다.

㉰ 운송사업자가 외국항공기에 공급하기 위하여 반입하는 식용품 및 관세법 제2조 제10호에 따른 기용품[4]

⑩ 국제공동연구를 위하여 반입하는 연구기자재 또는 국제공동연구 결과물로서 산업통상자원부장관이 수입 추천하는 물품

⑪ 시험・연구를 위하여 반입하는 물품으로서 산업통상자원부장관이 추천한 물품

---

3) 관세법 제144조에 따른 선박 또는 항공기의 전환이란 외국무역선 또는 외국무역기를 내항선 또는 내항기로 그 자격을 바꾸거나 혹은 그 반대로 자격을 바꾸는 것을 말한다.

4) 여기에서 말하는 기용품이란 음료, 식품, 연료, 소모품, 수거용 예비부분품 및 부속품, 집기 그 밖에 이와 유사한 물품으로 해당 항공기에서만 사용되는 것을 말한다.

⑫ 신문사, 통신사 또는 방송국의 해외자사에서 구입·사용 후 내용연한이 경과된 방송·촬영장비중 무상으로 반입하는 것으로, 반입목적 등의 사유에 의하여 그 타당성이 인정되어 산업통상자원부장관이 주무부장관과 협의하여 수입추천하는 물품
⑬ 국내거주자가 자가사용을 위하여 정보통신망 등을 이용하여 구매신청 후 대금을 지급하는 거래에 의하여 외국으로부터 우편 등으로 반입하는 물품으로서, 가격 및 수량 등 그 반입의 목적·사유에 의하여 세관장이 타당하다고 인정하는 경우

제3절 통합공고에 의한 요건확인제도

1 통합공고의 대상이 되는 법률과 공고절차

1) 통합공고의 대상

통합공고[5]는 대외무역법 제12조의 규정에 의하여 대외무역법 이외의 다른 법령에 수출입의 요건, 절차 등을 정하고 있는 경우에 수출입 요건확인 및 통관업무의 간소화와 무역질서 유지를 위하여 산업통상자원부장관이 이를 통합하여 고시하고 있는 것이다. 수출입에 대한 별도의 요건 또는 절차에 관한 사항을 규정하고 있는 법령을 소관하고 있는 해당 주무부처의 장은 해당 법령의 수출 또는 수입요령이 대외무역법 제6조 및 제12조에 따라 고시될 수 있도록 해당 법령의 시행일 이전에 산업통상자원부장관에게 제출하여야 한다. 주무부처의 장이 해당법령의 목적 수행상 필요에 의해 소관품목에 대한 수출입의 요건 및 절차를 변경하고자 할 때에도 미리 산업통상자원부장관과 협의 하여야 한다. 통합공고에 의해 해당물품의 수출입요건 및 절차 등을 통합하여 규정하는 법령은 〈표 3-3〉과 같다.[6]

5) 통합공고는 산업통상자원부홈페이지(http://www.motie.go.kr)정책·정보/고시의 통합공고를 참조.
6) 산업통상자원부고시 제2015-232호(2015.11.2.) 통합공고 제3조 제1항.

〈표 3-3〉 통합공고에 고시된 물품이 있는 법률

1. 약사법
2. 마약류관리에 관한 법률
3. 화장품법
4. 식품위생법
5. 검역법
6. 유해화학물질 관리법
6-2. 화학물질의 등록 및 평가 등에 관한 법률
7. 양곡관리법
8. 비료관리법
9. 농약관리법
10. 가축전염병예방법
11. 식물방역법
12. 종자산업법
13. 축산법
14. 품질경영및공산품안전관리법
15. 전기용품안전관리법
16. 계량에관한법률
17. 석유및석유대체연료사업법
18. 원자력안전법
19. 전파법
20. 〈삭제〉〈2016.12.30〉
21. 야생생물 보호 및 관리에 관한 법률
22. 폐기물의 국가간 이동 및 그 처리에 관한 법률
23. 대기환경보전법
24. 소음・진동관리법
25. 자동차관리법
26. 산업안전보건법
27. 오존층보호를 위한 특정물질의 제조규정 등에 관한 법률
28. 건설기계관리법
29. 먹는물관리법
30. 자원의 절약과 재활용촉진에 관한 법률
31. 화학무기・생물무기의 금지와 특정화학물질・생물작용제 등의 제조・수출입 규제 등에 관한 법률
32. 축산물위생관리법
33. 건강기능식품에 관한 법률
34. 농수산물품질관리법
35. 방위사업법
36. 〈삭제〉 〈2013.7.3〉
37. 수산업법
38. 고압가스안전관리법
39. 영화 및 비디오물의 진흥에 관한 법률
40. 게임산업진흥에 관한 법률
41. 음악산업진흥에 관한 법률
42. 하수도법
43. 주세법
44. 지방세법
45. 총포・도검・화약류 등의 안전관리에 관한 법률
46. 출판및인쇄진흥법
47. 의료기기법
48. 인체조직안전및관리등에 관한 법률
49. 지상파 텔레비전 방송의 디지털전환과 디지털방송의 활성화에 관한 특별법
50. 수산생물질병 관리법
51. 사료관리법
52. 생물다양성 보전 및 이용에 관한 법률
53. 폐기물 관리법
54. 전기・전자제품 및 자동차의 자원순환에관한 법률
55. 액화석유의 안전관리 및 사업법
56. 목재의 지속가능한 이용에 관한 법률
57. 농수산생명자원의 보존・관리 및 이용에 관한 법률
58. 기타 특정물품의 수출입절차 또는 요령을 정한 법률 및 국제협약
59. 수입식품안전관리특별법
60. 어린이제품안전특별법

산업통상자원부장관은 주무부처의 장이 제출한 소관물품의 수출 또는 수입요령들에 관한 자료에 대하여 다음 사항을 검토, 조정하여 해당 물품의 수출 또는 수입요령 등을 정한다.

① 당해법령의 목적과 해당 물품에 대한 규제의 필요성
② 당해법령의 적용범위 및 대상물품의 타당성
③ 규제 대상물품의 범위지정에 따른 유사물품과 혼동 또는 다른 용도로의 전용 가능성 여부
④ 규제 대상물품 수출입의 요건 및 절차에 대한 무역관행의 배치 여부
⑤ 기타 무역정책의 기조와 일치 여부

2) 통합공고의 형태

통합공고는 통합공고 조문과 [별표 1]의 품목별 수출요령 및 [별표 2]의 품목별 수입요령 및 [별표 1]과 [별표 2]가 배제되는 별도 품목의 수출입요령으로 구성된다. [별표 1]과 [별표 2]의 공고 형태는 〈표 3-4〉 및 〈표 3-5〉와 같다.

〈표 3-4〉 통합공고의 형태(수출요령의 예시)

세 번	품 명	수출요령	관련법령
8201.90	기타 농업용·원예용 또는 임업용의 수도구	1. 다음의 것은 지방경찰청장의 허가를 받아 수출할 수 있음 ① 치도(칼날의 길이가 15cm 이상인 것) 2. 기타의 것은 동 개별법상 수출요건확인 없이 수출할 수 있음	총포·도검·화약류 등 단속법
8702	10인 이상(운전자를 포함한다) 수송용의 자동차	1. 자동차관리법에 의하여 등록된 자동차를 수출하고자 하는 자는 자동차관리법 제13조의 규정에 의하여 등록을 말소하고 말소등록된 차량에 한하여 수출할 수 있음	자동차관리법

〈표 3-5〉 통합공고의 형태(수입요령의 예시)

세 번	품 명	수입요령	관련법령
8711.20 1000	모터 사이클	1. 이륜차 배출가스 및 소음에 대한 국립환경과학원장의 인증을 받아 자동차관리법의 규정에 의한 자기인증을 필한 후 수입할 수 있음.	자동차관리법, 대기환경보전법, 소음진동규제법
		2. 폐기물부담금납부대상제품은 수입 후 한국환경공단에 납부 대상여부를 확인받아야 하며, 재활용의무대상제품, 포장재일 경우 매년 4월 15일까지 전년도의 수입실적을 한국환경공단에 제출하여야 함.	자원의 절약과 재활용 촉진에 관한 법률

2 통합공고에 의한 요건확인

1) 품목별 수출입요령에 의한 요건확인

통합공고 [별표 1] 및 [별표 2]의 수출입요령에서 주무부처의 장 또는 관련단체의 장으로부터 허가・추천・신고・검사・검정・시험방법・형식승인 등을 받도록 한 물품을 '**요건확인품목**'이라 한다. 요건확인품목은 수출입에 앞서 **요건확인**을 받아야 한다. 만일 수출입되는 물품에 관한 요건의 확인이 당해 법령에서 주무부처의 장의 허가(등록 또는 승인)사항일지라도 무역 정책상 필요에 의해 통합공고의 요건확인 대상품목에서 제외된 물품이나 [별표 1], [별표 2]의 품목별 수출입요령에서 당해 품목의 요건 및 확인 절차가 다르게 정하여 진 물품에 대해서는 통합공고에 의한 수출입요건확인에 따른다.[7)]

이와 같은 수출입요건을 확인하는 주무부처 또는 관련 단체를 **요건확인기관**이라 한다. 요건확인기관에서는 통합공고에 규정된 수출입요령에 따라 요건확인서를 발급한다. 요건확인 대상품목의 지정이 용도기준으로 되어 있는 경우에는 당해 용도 이외의 물품은 통합공고에서 '별도규정품목'으로 지정되어 있거나 대외무역관리규정 등에서 다른 규정이 없는 한 요건확인의 절차를 거치지 아니한다. 만일 요건확인 대상물품의 지정이 용도기준인지 여부가 불명확한 경우에는 산업통상자원부장관이 주무부처의 장[8)] 및 관세청장과 협의하여

7) 통합공고 제3조.
8) 주무부처의 장이란 해당 수출입물품을 사용 또는 수요하는 업체와 가장 관련이 있는 관계행정기관(부, 처, 청의 장)을 말한다(통합공고 제6조).

결정한다. 1개의 요건확인 품목에 대해 2개 이상의 법령이 관련되어 [별표 1], [별표 2]의 수출입요령에서 2개 이상의 요건확인을 받을 것을 규정하고 있는 경우에는 각각 그 요건을 확인받아야 한다.

2) 별도 규정품목에 대한 요건확인

통합공고의 [별표 1]과 [별표 2]에 등재되어 있거나 등재되어 있지 아니한 물품일지라도 〈표 3-6〉과 같이 '별도 규정품목'으로 통합공고 제8조에 규정된 물품은 따로 규정된 요건을 갖추어 수출입 하여야 한다.

〈표 3-6〉 별도 규정품목의 수출입요건

구 분	요 건
마약 및 향정신성 의약품	마약류관리에 관한 법률 제2조 제2호의 규정에 의한 마약은 별표 3에 게기된 품목으로 하고, 동법 제2조 제3호의 규정에 의한 향정신성의약품은 별표4에 게기된 품목으로 하며, 그 수출입은 동법 제6조의 규정에 의한 마약류수출입업자가 동법 제18조의 규정에 의해 매 품목마다 식품의약품안전처장의 허가를 받아야 한다. 다만, 향정신성의약품 중 원료인 경우에는 한국의약품수출입협회장의 수입요건확인을 받아 수입할 수 있다.
대마	마약류관리에 관한 법률 제2조 제4호의 규정에 의한 대마는 수출입할 수 없다. 다만, 동법 제2조 제5호사목의 규정에 의한 마약류취급학술연구자가 동법 제3조 제7호 단서규정에 의하여 식품의약품안전처장의 승인을 받아 수출입할 수 있다.
원료물질	마약류관리에 관한 법률 제2조 제6호의 규정에 의한 원료물질은 별표 4-1에 게기된 품목으로 하며, 원료물질을 수출입하는 자는 수출입할 때마다 식품의약품안전처장의 승인을 얻어야 한다.
식품류	다음 각 목의 어느 하나에 해당하는 것은 식품위생법 제4조부터 제6조 및 제8조의 규정에 따라 수입할 수 없다. 가. 썩었거나 상하거나 설익어서 인체의 건강을 해칠 우려가 있는 것 나. 유독·유해물질이 들어 있거나 묻어 있는 것 또는 그러할 염려가 있는 것 다. 병을 일으키는 미생물에 의하여 오염되었거나 그러할 염려가 있어 인체의 건강을 해칠 우려가 있는 것 라. 불결하거나 다른 물질이 섞이거나 첨가된 것 또는 그 밖의 사유로 인체의 건강을 해칠 우려가 있는 것 마. 식품위생법 제18조에 따른 안전성 평가 대상인 농축수산물 등 가운데 안전성 평가를 받지 아니하였거나 안전성 평가에서 식용으로 부적합하다고 인정된 것

	바. 수입이 금지된 것 사. 보건복지가족부령이 정하는 질병에 걸렸거나 그 우려가 있는 동물 또는 그 질병으로 인하여 죽은 동물의 고기·뼈·젖·장기 또는 혈액 아. 기준·규격이 고시되지 아니한 화학적 합성품인 식품첨가물과 이를 함유한 물질을 식품첨가물로 사용하거나 이를 함유한 식품 자. 유독·유해물질이 들어 있거나 묻어있어 인체의 건강을 해칠 우려가 있는 기구 및 용기·포장과 식품 또는 식품첨가물에 직접 닿으면 해로운 영향을 끼쳐 인체의 건강을 해칠 우려가 있는 기구 및 용기·포장
검역물품	검역법 제24조의 규정에 의하여 보건복지가족부장관의 허가가 없는 병원균, 곤충, 기타 검역전염병을 매개할 우려가 있는 동물, 식물 또는 생과물, 야채류 기타 식품으로서 보건복지가족부령으로 정하는 것은 수입할 수 없다.
통관제한품목	관세법 제234조의 규정에 의하여 다음 각목의 1에 해당하는 물품은 수출입할 수 없다. 가. 국헌을 문란하게 하거나 공안 또는 풍속을 해할 서적, 간행물, 도서, 영화, 음반, 조각물 기타 이에 준하는 물품 나. 정부의 기밀을 누설하거나 첩보에 공하는 물품 다. 화폐, 지폐, 은행권, 채권 기타 유가증권의 위조품, 변조품 또는 모조품
보호문화재	문화재보호법 제2조의 규정에 의한 문화재는 동법 제21조 및 제76조 제1항의 규정에 의하여 수출(반출을 포함한다) 할 수 없다. 다만, 동법 제21조 제1항 단서의 규정에 의하여 문화재청장의 허가를 받은 때에는 반출할 수 있고, 동법 제21조 제4항의 규정에 의하여 천연기념물 표본·박재의 수출허가를 받은 때에는 수출할 수 있다.
방산물자 및 군용 총포·도검·화약류	방위사업법에 의한 방산물자의 수출과 총포·도검·화약류등단속법에 의한 총포, 도검, 화약류 중에서 군용에 공하는 물자의 수출입은 방위사업법 제53조 및 제57조에 의하여 방위사업청장의 허가를 받아야 한다.
농약 또는 원제	농약관리법에 의한 농약 또는 원제의 수출입은 다음 각 목에 의한다. 가. 농약관리법 제17조 제1항에 따라 농촌진흥청장에게 등록한 농약이나 원제 또는 같은 법 제17조 제4항에 따라 농촌진흥청장에게 허가를 받은 농약이나 원제에 한하여 같은 법 제3조 제1항에 따라 수입업을 등록한 자만이 수입할 수 있다. 나. 제조업자 또는 원제업자가 수출목적으로 농약, 농약활용기자재 또는 원제를 제조하여 이를 수출하는 경우 그 농약, 농약활용기자재 또는 원제에 대하여는 동법의 적용을 받지 아니한다.
화학물질	원소 또는 화합물에 인위적으로 반응을 일으켜 얻어진 화학물질과 자연상태에서 생긴 물질을 추출·정제한 화학물질 중 다음 각호의 1에 해당하는 화학물질에 관해서는 유해화학물질관리법을 적용하지 아니한다. 가. 원자력안전법에 의한 방사성물질 나. 약사법에 의한 의약품 및 의약외품 다. 마약류관리에관한법률에 의한 마약류

	라. 화장품법에 의한 화장품(화장품원료 포함. 다만, 식품의약품안전처장이 지정・고시한 화장품의 제조에 사용할 수 없는 원료를 제외한다.) 마. 농약관리법에 의한 원제 및 농약 바. 비료관리법에 의한 비료 사. 식품위생법에 의한 식품 및 식품첨가물 아. 사료관리법에 의한 사료 자. 총포・도검・화약류등단속법에 의한 화약류 차. 고압가스안전관리법에 의한 독성가스
화학물질 확인명세서 제출대상 화학물질	제10호에 해당하는 화학물질을 수입하고자 하는 자는 유해화학물질관리법 제9조의 규정에 의해 통관 전에 화학물질확인명세서를 제출하여야 하며, 제조・수입 또는 사용을 금지하는 화학물질(혼합물 포함)은 세관장의 확인을 받아야 한다.
유해성 심사대상 화학물질	유해화학물질관리법 제2조 제2호의 규정에 의한 다음 각목에 해당하지 않는 신규화학물질은 통관 전에 유해화학물질관리법 제10조 제1항의 규정에 의해 유해성심사를 받은 후 수입하여야 한다. 가. 1991년 2월 2일 전에 국내에서 상업용으로 유통된 화학물질로서 환경부장관이 노동부장관과 협의하여 1996년 12월 23일 고시한 것 나. 1991년 2월 2일 이후 종전의 규정 및 이 법에 의하여 유해성심사를 받은 화학물질로서 환경부장관이 고시한 화학물질 다. 유해화학물질관리법 제2조 제3호 내지 제5호의 규정에 의한 유독물, 관찰물질 및 취급제한・금지물질 라. 기계 또는 장치에 내장되어 있거나 시운전용으로 그 기계 또는 장치류와 함께 수입되는 신규화학물질 마. 특정한 고체형태로 일정한 기능을 발휘하는 제품에 함유되어 그 사용 과정에서 유출되지 아니하는 신규화학물질
유해성심사면제대상화학물질	다음 각호의 어느 하나에 해당하는 화학물질은 통관 전에 유해화학물질관리법 제10조 제2항의 규정에 의해 유해성심사면제확인을 받은 후 수입하여야 한다. 가. 연간 100킬로그램 이하로 제조되거나 수입되는 신규화학물질 나. 화학물질 또는 화학물질이 함유된 제품의 개발이나 공정개선을 위한 목적으로 제한된 장소에서 조사・연구자에 한하여 사용되는 신규화학물질 다. 전량 수출하기 위하여 연간 10톤 이하로 제조되거나 수입되는 신규화학물질 또는 전량 수출하기 위한 화학물질을 제조하기 위하여 연간 10톤 이하로 제조되거나 수입되는 신규화학물질 라. 신규화학물질이 아닌 화학물질로만 구성된 고분자화학물질로서 국립환경과학원장이 고시하는 신규화학물질 마. 그 밖에 국립환경과학원장이 가호 내지 라호에 준하여 유해성심사가 필요 없다고 인

	정하여 고시하는 신규화학물질
유독물 및 관찰물질 수입 신고	다음 각호에 해당하는 자는 한국화학물질관리협회의 장에게 신고서를 제출하여야 한다. 가. 유독물을 수입하고자 하는 자는 유해화학물질관리법 제19조 및 같은 법 시행규칙 제16조에 의한 수입 신고서 나. 관찰물질을 수입하고자 하는 자는 유해화학물질관리법 제31조 및 같은 법 시행규칙 제31조에 의한 수입신고서
취급제한·금지 물질의 수입허가 등	다음 각목에 해당하는 자는 유역(지방)환경청의 장에게 수입허가서 및 수출승인신청서를 제출하여야 한다. 가. 취급제한·금지물질을 수입하고자 하는 자는 유해화학물질관리법 제33조 및 같은 법 시행규칙 제32조에 의한 수입허가서 나. 취급제한·금지물질 및 유해화학물질의교역시사전통보승인절차(PIC)에 관한 협약에 의하여 환경부장관이 고시한 협약 부속서 Ⅲ 등재물질을 협약당사국에 수출하고자 하는 자는 유해화학물질관리법 제37조 및 같은 법 시행규칙 제36조에 의한 수출승인신청서
이식용 수산생물 검역물품	수산자원관리법 제35조 제1항 제5호 및 같은 법 시행령 제18조 제1항에 따라 국립수산과학원장의 승인을 받은 수산생물은 수산생물질병 관리법 제27조 및 제31조에 따라 국립수산물품질관리원장(지원장 포함)에게 검역을 받아야 한다.
축산물류	다음 각목의 1에 해당하는 것은 축산물위생관리법 제33조의 규정에 의하여 수입할 수 없다. 가. 썩었거나 상한 것으로서 인체의 건강을 해할 우려가 있는 것 나. 유독·유해물질이 들어 있거나 묻어 있는 것 또는 그 우려가 있는 것 다. 병원성 미생물에 의하여 오염되었거나 그 우려가 있는 것 라. 불결하거나 다른 물질의 혼입 또는 첨가 되었거나 그 밖의 사유로 인체의 건강을 해칠 우려가 있는 것 마. 수입이 금지된 것을 수입하거나 축산물위생관리법 제15조 제1항에 따라 수입신고를 하여야 하는 경우에 신고하지 아니하고 수입한 것 바. 해당 축산물에 표시된 유통기한이 지난 축산물 사. 축산물위생관리법 제33조 제2항에 따라 판매 등이 금지된 것
중국·베트남·유럽연합 및 러시아 등지로 수출하고자 하는 수산물	농수산물품질관리법 제88조 제1항 제2호 및 동법 시행규칙 제111조의 규정에 의하여 중국(홍콩은 제외)·베트남·유럽연합·러시아·인도네시아 및 태국으로 수출하고자 하는 별표 15의 수산물·수산물가공품은 국립수산물품질관리원장(지원장 포함)의 검사를 받아야 한다.
건강기능 식품	다음 각목의 1에 해당하는 것은 건강기능식품에관한법률 제23조 및 제24조의 규정에 의하여 수입할 수 없다. 가. 썩었거나 상한 것으로서 인체의 건강을 해할 우려가 있는 것

	나. 유독·유해물질이 들어 있거나 묻어있는 것 또는 그 염려가 있는 것. 다만, 인체의 건강을 해할 우려가 없다고 식품의약품안전청장이 인정하는 것은 예외로 한다. 다. 병원미생물에 오염되었거나 그 염려가 있어 인체의 건강을 해할 우려가 있는 것 라. 불결하거나 다른 물질의 혼입 또는 첨가 그 밖의 사유로 인체의 건강을 해할 우려가 있는 것 마. 수입이 금지된 것 바. 기준·규격에 맞지 아니하는 건강기능식품 사. 의약품의 용도로만 사용되는 원료를 사용하거나 배합·혼합비율·함량이 의약품과 같거나 유사한 건강기능식품
수입금지 물건 및 수산생물 검역물품	다음 각목 중 가목은 수산생물질병 관리법 제24조 따라 국립수산물품질관리원장의 수입허가를 받은 후 같은 법 제27조에 따라 국립수산물품질관리원장(지원장 포함)에게 검역을 받아야 하며, 나목, 다목, 라목은 같은 법 제27조에 따라 국립수산물품질관리원 지원의 장에게 검역을 받아야 한다. 가. 시험·연구조사용 또는 수산생물질병의 진료와 예방을 위한 의약품의 제조에 사용하기 위하여 수입하는 수산생물전염성질병에 감염된 수산생물 및 병원체(이를 포함한 진단액류가 들어 있는 물건) 나. 이식용 수산생물 다. 식용, 관상용, 시험연구조사용 수산동물 중 어류·패류·갑각류 라. 수산생물제품 중 냉동·냉장한 전복류 및 굴
미국에 수출하고자 하는 패류	농수산물품질관리법 제88조 제1항 제2호 및 같은 법 시행규칙 제112조의 규정에 의하여 미국으로 수출하고자 하는 별표 17의 패류제품은 국립수산물품질관리원장(지원장포함)의 검사를 받아야 한다.

3) 주요 품목별 수출입요령

한편, 통합공고 제2장에는 통합공고 제4조에 의한 [별표 1]과 [별표 2], 또는 통합공고 제8조에 별도규정하고 있는 물품의 수출입요령을 37개 품목별로 구분하여 수출입요령을 규정하고 있다. [별표 1]과 [별표 2]에는 HS별로 각 품목의 수출입요령과 관련 법령을 게시하고 있고, 통합공고 제8조는 특례적으로 적용되는 법률과 그에 따른 규율 내용을 개략적으로 규정하고 있으나, 품목별 수출입요령은 [별표 1]과 [별표 2], 그리고 별도 규정품목 중 37개 주요 품목에 적용되는 수출입요령을 〈표 3-7〉과 같이 각각의 절로 구분하여 규정하고 있는 것이다. 그러므로 예를 들어 '건강기능식품'을 수입하고자 한다면 먼저 통합공고 제2장 제30절의 규정을 살펴본 다음 해당 품목의 HS에 따라 [별표 2]의 내용과 제8조의 내용을 검토하여야 한다.

〈표 3-7〉 통합공고 제2장의 주요품목별 수출입요령의 규정내용

절의 구분	품목별 수출입요령의 규정내용
제1절	의약품 등의 수출입
제2절	동물용의약품 등의 수입
제3절	식품 및 식품첨가물, 식품용기구・용기・포장의 수입
제4절	화학물질의 수입 및 유독물 등의 수・출입
제5절	양곡류의 수입
제6절	비료의 수입
제7절	동물 및 동물성 생산품의 수출입
제8절	식물 및 식물성생산물 등의 수출입 검역
제9절	종자의 수출입
제10절	종축 등의 수출입
제11절	안전관리대상공산품의 수입
제12절	전기용품의 수입
제13절	계량기 등의 수입
제14절	석유류의 수출입
제15절	핵물질 및 방사성동위원소 또는 방사선발생장치의 수출입
제16절	방송통신기자재 등의 수입
제17절	삭제
제18절	생물다양성보존을 위한 품목의 수출입
제19절	폐기물의 수출입
제20절	자동차등의 수출입
제21절	산업안전보건 관련품목의 수입
제22절	특정물질의 수출입
제23절	건설기계의 수출입
제24절	먹는 샘물, 수처리제 또는 그 용기의 수입
제25절	폐기물부담금 납부대상 제품・재료・용기 및 재활용의무대상 제품・포장재의 수입
제26절	특정화학물질의 수출입
제27절	염의 수입
제28절	축산물의 수입
제29절	사료 등의 수입

第30절	건강기능식품의 수입
第31절	인체조직의 수입
第32절	고압가스안전 관련 품목의 수입
第33절	수출입 수산동물 검역
第34절	가스용품 관련 품목의 수입
第35절	목재제품의 수입
第36절	농수산생명자원 보존을 위한 품목의 수출
第37절	고형연료제품의 수입

4) 반복수입 공산품에 대한 요건확인의 특례

형식승인, 형식검정, 검사기준 및 시험방법, 안정성·유효성검사 등을 수입요건 및 절차로 하고 있는 경우에는 해당 물품을 최초 수입할 때 1회에 한하여 요건을 확인한다. 이는 동일한 물품이 반복수입 되는 경우 업무의 간소화를 위한 것이다. 최초 수입을 할 때 이미 시험 및 검사를 거친 동일규격 물품에 대한 시험 및 검사는 요건확인기관에 신고함으로써 확인에 갈음한다.

5) 요건확인의 면제

통합공고에 규정된 요건확인 품목일지라도 다음 각 호의 어느 하나에 해당하는 경우에는 예외적으로 요건확인의 절차 없이 수출입할 수 있다.

① 외화획득용원료·기재의 수입물품
② 중계무역물품, 외국인수수입물품, 외국인도수출물품, 선(기)용품
③ 수출입승인 면제사유에 해당하는 경우
④ 해당 법령에서 요건확인 면제사유에 해당하는 경우

그러나 다음 각 호의 법령 적용을 받는 물품은 이러한 예외가 인정되지 아니한다.[9] 따라서 이 경우 반드시 통합공고에 규정된 바에 따라 요건확인 절차를 거쳐야 한다.

① 마약류관리에 관한 법률

9) 통합공고 제12조.

② 식물방역법

③ 총포・도검・화약류 등 단속법

④ 폐기물의 국가간 이동 및 그 처리에 관한법률

⑤ 오존층보호를 위한 특정물질의 제조 규제 등에 관한 법률

⑥ 가축전염병예방법

⑦ 야생동・식물보호법

⑧ 양곡관리법

⑨ 약사법(식품의약품안전처장이 지정하는 오・남용우려의약품에 한함. 다만, 자가치료 목적으로 처방전을 세관장에 제출하는 경우에는 그러하지 아니함)

⑩ 유해화학물질관리법

⑪ 식품위생법

⑫ 전기용품안전관리법

⑬ 건강기능식품에 관한 법률

⑭ 수산동물질병관리법

⑮ 수산물품질관리법(검역을 받아야 하는 이식용 수산식물에 한함)

요건면제 대상품을 수입하려면 요건면제수입확인신청서(업체용, 요건면제확인기관용, 세관용, 신청자가 신청하는 경우 사본)에 관계행정기관의 장이 별도로 지정한 요건면제확인기관장의 확인을 받아야 한다. 만일 요건면제확인기관이 별도로 지정되지 아니한 경우에는 당해 물품의 요건확인기관을 요건면제확인 기관으로 본다. 요건면제수입확인의 유효기간은 1년이다. 다만, 요건면제확인기관의 장이 필요하다고 인정하는 경우에는 1년의 범위내에서 이를 연장할 수 있다.

3 요건확인서의 발급

통합공고에 의한 요건확인서는 통합공고에 고시된 요건확인기관에서 발급한다. 요건확인기관에 제출해야 할 구비서류는 다음과 같다.[10)]

① 공통구비서류

㉮ 수출입 요건확인 신청서 또는 표준통관예정보고서 각 3부

10) 통합공고 제11조.

㉯ 수입계약서 또는 물품매도확약서 사본1부(수입의 경우)

㉰ 수출신용장 또는 수출계약서 사본1부(수출의 경우)

㉱ 수출입 대행계약서 사본 1부(수출입 대행시에 한함)

② 관련 법령에 따른 서류 : 해당품목에 적용되는 법령 및 통합공고의 품목별 수출입요령에 게기된 요건 및 절차에 관련된 서류 등

요건확인서의 유효기간은 통합공고 또는 해당 법령에서 별도로 정하지 않는 한 대외무역법시행령상의 수출입승인 유효기간 관련 규정이 준용된다.

기 출 문 제

1 다음 중 수출입공고, 통합공고에 대한 설명으로 올바른 것은? [국제무역사 41회 1교시 3번]

① 수출입공고에는 수출금지품목, 수출제한품목 및 수입제한품목이 규정되어 있다.
② 수출입공고에는 고시된 품목들이 수출입 시에 갖추어야 할 요건확인에 대한 내용이 규정되어 있다.
③ 수출입공고에 의한 수출입승인의 유효기간은 기본적으로 2년이다.
④ 통합공고에서 2개 이상의 요건확인이 규정돼 있는 품목의 경우, 수입자는 이 품목의 용도와 가장 관련이 높은 1개의 법령에서 정한 요건을 요건확인 기관에서 확인받아야 한다.

2 다음은 대외무역법령에서 규정하고 있는 수출입공고 및 통합공고에 대한 설명이다. 잘못된 것은? [국제무역사 39회 1교시 4번]

① 수출입공고는 수출 또는 수입의 제한 · 금지 · 승인 · 신고 · 한정 및 그 절차 등에 관한 사항을 규정한 고시이다.
② 수출입공고는 수출금지품목, 수출제한품목, 수입제한품목을 고시하고 있다.
③ 통합공고란 약사법, 화장품법, 가축전염예방법, 의료기기법 등 여러 법에서 해당물품의 수출입의 요건 및 절차 등을 정하고 있는 경우에 무역질서 유지를 위하여 수출입의 요건 및 절차에 관한 사항을 조정하고 이를 통합 규정한 고시이다.
④ 수출입공고에서 수출입이 금지되거나 제한되지 않는다면 통합공고에 규정된 수출입 요건은 구비하지 않아도 수출입이 가능하다.

정답 1.① 2.④

3 다음은 수출입공고에 관한 설명이다. 다음 설명 중에서 잘못된 것은? [국제무역사 38회 1교시 4번]

① 수출입공고에는 수출입승인대상품목과 승인기관이 명시되어 있으며, 승인 신청 및 변경 신청 절차에 대해서도 규정하고 있다.
② 수출입승인 대상품목은 대외무역법 제11조 및 시행령 제16조에 의한 사유에 따라 수출입 공고에 정한 물품 등을 의미하고, 중계무역물품, 외국인수수입물품, 외국인도수출물품, 선용품도 승인대상품목으로 구분된다.
③ 수입수량제한조치, 특정국 물품에 대한 특별수입수량제한조치를 시행하는 경우 수입제한을 기본공고인 수출입공고에 고시한다.
④ 하나의 수출입물품에 대해 통합공고의 수출입 요건확인 내용과 수출입공고의 제한내용이 동시에 적용될 경우에는 통합공고상의 요건확인 내용과 수출입공고의 제한내용이 모두 충족되어야만 수출 또는 수입이 가능하다.

4 다음 중 우리나라의 대외무역법령에서 규정하고 있는 수출입공고에 대한 설명 중 잘못된 것은? [국제무역사 36회 1교시 3번]

① 수출입공고의 품목분류는 HS 상품분류에 의하며, 품목의 세분류는 관세·통계통합품목분류표(HSK)에 의한다.
② 대외무역법의 규정에 의한 외화획득용 원료·기재를 수입하는 겨우라도 수출입공고의 수입제한품목에 해당될 경우 수입승인을 받아야 한다.
③ 수출입승인기관의 장은 연간 수출입승인실적을 별지서식에 의거하여 당해 연도 경과 후 15일 이내에 산업통상자원부장관에게 보고하여야 한다.
④ 산업통상자원부장관은 수출절차의 간소화를 위하여 수출제한품목의 수출요령에도 불구하고 수출승인기관을 따로 정하여 승인하게 할 수 있다.

정답 3.② 4.②

5 무역 관련 기본공고인 '수출입공고'에 대한 설명 중에서 잘못된 것은? [국제무역사 35회 1교시 4번]

① 수출입공고는 물품 등의 수출입의 금지, 제한, 승인, 신고, 한정 및 그 절차 등을 규정하는 고시이다.
② 별표 1에 수출금지품목으로 고래고기, 화강암(자연석), 사암(자연석) 등이 지정되어 있다.
③ 별표 2에 수출제한품목으로 천연모래, 자갈, 왕자갈, 쇄석 등이 지정되어 있으며, 대만지역으로 수출되는 사과, 배는 2014년에 삭제되었다.
④ 별표 3과 4에 각각 수입금지품목과 수입제한품목이 Negative List System으로 지정되어 있다.

6 다음은 우리나라의 대외무역법령에서 규정하고 있는 고시 및 공고에 관한 설명이다. 잘못된 것은? [국제무역사 34회 1교시 7번]

① 헌법에 따라 체결·공포된 조약과 일반적으로 승인된 국제법규에 따른 의무의 이행, 생물자원의 보호 등을 위하여 필요한 경우를 위하여 통합공고를 운영하고 있다.
② 관련 고시의 별표로 수출금지품목, 수출제한품목, 수입제한품목 등을 게시하고 있으며, 수입금지품목은 게시된 것이 없다.
③ 수출입공고 및 통합공고에서 사용하고 있는 품목분류는 HSK(관세·통계 통합 품목분류표)를 사용하고 있다.
④ 관계 행정기관의 장은 수출 또는 수입요령을 제정 또는 개정하는 경우에는 그 요령이 공고될 수 있도록 산업통상자원부장관에게 제출하여야 한다.

정답 5.④ 6.①

7 다음 중 수출입물품의 관리를 위해서 대외무역법이 운영하고 있는 관련 고시에 대한 연결이 올바른 것은? [국제무역사 33회 1교시 3번]

	제한물품(승인품목)	자유물품(요건확인품목)
①	통합공고·전략물자수출입고시	수출입공고
②	통합공고	수출입공고·전략물자수출입고시
③	수출입공고·전략물자수출입고시	통합공고
④	수출입공고	통합공고·전략물자수출입고시

정답 7.③

4

외화획득용원료와 전략물자에 대한 관리

학 습 목 표

대외무역법은 우리나라의 무역정책 변화에 따라 새로운 제도가 추가되고 기존 제도가 쇠락하는 변모를 겪어 왔다. 이 변모가 무역실무에 미치는 영향을 파악하려면 제도의 취지와 운영 체계를 이해해야 한다. 이 장에서는 수출지향적인 우리 무역정책과 대량살상무기의 제조와 확산을 막고자 하는 국제 협력에 따라 나타난 제도를 학습해 무역관리제도의 쇠락과 등장에 대해 살펴보자. 학습에 있어서 다음과 같이 제도의 의의와 운영체계를 중심으로 무역실무에 미치는 영향을 보자.

1. 외화획득용원료.기재의 수입 승인의 의의
2. 외화획득용원료.기재 수입과 구매에 대한 증빙
3. 전략물자의 개념과 전략물자 수출 통제의 의의
4. 전략물자 수출승인 종류와 절차

들어가기 전에

수출은 활성화 시키면서 대량살상무기 제조 물품의 수출만 통제하려면 어떻게 해야 할까?
- 국내 핵무기 전략물자 北유입 가능성

핵무기 제작에 사용될 수 있는 전략물자가 베트남으로 불법 반출됐다. 국내 한 업체 사장이 베트남 현지에 자회사를 설립하면서 공작기계인 머시닝센터를 빼돌린 것. 머시닝센터는 반구형 껍질 형태의 핵폭발 장치 부품을 제조하는 데 사용될 수 있어 수출 내지 반출이 통제돼 있다. (중략)
* 동아일보 박상훈 기자. 2017년 10월 11일 '국내 핵무기 전략물자 北유입 가능성'
기사전문: http://news.donga.com/3/all/20171011/86688693/1#csidx3ff1568ea4816909e83896d12204875

최근 북한의 도발에 대응한 국제적인 협력과 같이 국제적으로 대량살상무기 제조에 사용될 수 있는 물품들이 그러한 무기를 제조할 우려가 있는 국가에 수출되는 것을 방지하려는 노력이 지속돼 왔다. 문제는 위 사례의 머시닝센터처럼 무기제조가 아닌 기계제작에 널리 사용되는 물품들도 때에 따라서는 대량살상무기 제조에 사용될 수 있다는 점이다. 머시닝센터의 수출은 확대하면서 전략물자로 사용될 경우만 통제하려면 어떻게 해야 할까? 이 장에서는 대외무역법에서 전략물자 수출허가제도를 통해 수출에 대한 개입을 최소화하면서 전략물자를 통제하는 제도에 대해 이해해 보자.

Chapter 4

외화획득용원료와 전략물자에 대한 관리

제1절 무역의 관리와 대외무역법

1 외화획득용원료 · 기재의 개념과 관리의 의의

1) 외화획득용원료 · 기재의 개념

대외무역법에서 **외화획득용원료 · 기재**란 외화획득용원료, 외화획득용 시설기재, 외화획득용 제품을 말한다(대외무역법 제16조).[1] 여기서 외화획득용 원료란 외화획득에 제공되는 물품과 용역 및 전자적형태의 무체물을 생산(물품의 제조 · 가공 · 조립 · 수리 · 재생 또는 개조)하는 데에 필요한 원자재, 부자재, 부품 및 구성품을 말한다.[2]

외화획득용 원료의 구체적인 범위는 ① 대외무역관리규정에 의하여 수출실적으로 인정되는 수출물품등을 생산하는데 소요되는 원료(포장재를 포함한다), ② 외화가득률(외화획득액에서 외화획득용 원료 수입금액을 공제한 금액이 외화획득액에서 차지하는 비율)이 30% 이상인 군납용물품등을 생산하는데 소요되는 원료, ③ 해외에서의 건설 및 용역사업용 원료, ④ 대외무역관리규정상의 외화획득범위에 해당하는 외화획득용 물품등을 생산하는데 소요되는 원료, ⑤ 상기 각 호의 규정에 의한 원료로 생산되어 외화획득이 완료된 물품등의 하자 및 유지보수용 원료 등이다. 외화획득용 시설기재란 외화획득에 제공되는 물품등을 생산하는데 사용되는 시설 · 기계 · 장치 · 부품 및 구성품(하자 및 유지보수에 필요한 부품 및 구성품을 포함한다)을 말한다. **외화획득용 제품**이란 수입한 후 생산과정을 거치지 아니하는 상태로 외화획득에 제공되는 물품등을 말한다.

---

1) 외화(外貨)란 외국통화로 표시된 외국환 등 외국환거래법령에 따른 대외지급수단을 말한다.
2) 대외무역법상의 생산의 개념은 다른 조항에서도 이와 같이 물품의 제조 · 가공 · 조립 · 재생 또는 개조하는 것을 의미한다.

2) 외화획득의 범위

대외무역법에 의한 **외화획득**의 범위는 다음의 어느 하나에 해당하는 방법에 따라 외화를 획득하는 것을 말한다(대외무역법시행령 제26조).

① 수출

② 주한 국제연합군이나 그 밖의 외국군 기관에 대한 물품등의 매도

③ 관광

④ 용역 및 건설의 해외진출

⑤ 국내에서 물품 등을 매도하는 것으로서 산업통상자원부장관이 정하여 고시하는 기준에 해당하는 것. 이와 관련하여 산업통상자원부장관이 정하고 있는 것은 다음과 같다.

㉮ 외국인으로부터 외화를 받고 국내의 보세지역에 물품등을 공급하는 경우

㉯ 외국인으로부터 외화를 받고 공장건설에 필요한 물품등을 국내에서 공급하는 경우

㉰ 정부・지방자치단체 또는 정부투자기관이 외국으로부터 받은 차관자금에 의한 국제경쟁입찰에 의하여 국내에서 유상으로 물품 등을 공급하는 경우(대금결제 통화의 종류를 불문한다)

㉱ 외화를 받고 외항선박(항공기)에 선(기)용품을 공급하거나 급유하는 경우

㉲ **절충교역거래**(off set trade)[3]의 보완거래로서 외국으로부터 외화를 받고 국내에서 제조된 물품 등을 국가기관에 공급하는 경우

⑥ 무역거래자가 외국의 수입업자로부터 수수료를 받고 행한 수출알선은 외화획득행위에 준하는 행위로 본다.

3) 외화획득용 원료・기재 관리의 의의

외화획득용원료・기재란 외화획득용원료와 외화획득용 시설기재, 외화획득용 제품을 말한다. 이와 같은 외화획득용원료・기재에 대하여는 헌법에 의하여 체결・공포된 조약과 일반적으로 승인된 국제법규에 의한 의무의 이행, 생물자원의 보호 등을 위하여 필요하다고 인정하여 산업통상자원부장관이 수입을 제한하는 품목의 경우에도 예외적으로 수입이 허용된다(대외무역법 제16조). 다시 말하자면, 산업통상자원부장관에 의해 수출입공고에서

3) 절충교역거래(off set trade) : 주로 방위산업이나 항공기 산업에 적용되는 거래 형태로 군용장비나 항공기 등 고기술의 제품을 구매할 때 상대국에게 수입국에서 생산된 부분품 등을 구입하게 하거나 기술이전 등을 요구하는 거래형태이다.

수입금지 대상이거나 제한물품일지라도 외화획득용 원료·기재로 수입하고자 할 때는 산업통상자원부장관이 정하여 고시하는 기준에 따라 승인을 얻어 수입할 수가 있는 것이다. 물론, 외화획득용원료·기재라 할지라도 수출입공고에 수입제한 대상품목으로 고시되지 아니한 품목인 경우에는 별도의 승인을 얻을 필요는 없이 자유롭게 수입할 수 있다.

외화획득용원료·기재의 관리 문제는 기본적으로 가공산업 구조인 우리나라 산업 및 무역구조와 밀접한 관련이 있다. 외화획득용원료·기재에 대한 이와 같은 별도관리는 외화의 획득을 진흥시키기 위한 것이다. 1960년대부터 1980년대에 이르기까지 우리나라의 수입자유화율이 아직 낮은 단계에 있었을 때는 외화획득용원료·기재의 수입승인과 사후관리는 상당히 중요한 의미를 가지고 있었다. 사실상 수입이 금지되는 물품도 외화획득용원료·기재일 경우 수입이 가능하였기 때문에 엄격한 관리가 반드시 필요하였던 것이다. 외화획득용원료·기재의 수입승인과 사후관리에 있어 소요량증명제도나 구매확인서제도 등 복잡하고 까다로운 제도가 운용된 것도 이러한 이유 때문이다. 그러나 극히 예외적인 일부 품목에 대해서만 수입을 제한하고 있는 현행 무역관리 체제하에서는 외화획득용원료·기재의 관리는 이렇다할만한 의미를 갖지 못하게 되었다.

2 외화획득용원료 · 기재의 수입과 국내거래

1) 외화획득용원료 · 기재의 수입과 승인

산업통상자원부장관은 원료, 시설, 기재등 외화획득을 위하여 사용되는 물품 등(이하 원료, 기재)의 수입에 대하여는 대외무역법 제11조 제4항(수출입승인대상물품의 품목별 제한)에 의한 수입제한 대상물품일지라도 동 규정을 적용하지 않을 수 있다. 이에 따라 수입이 제한되는 물품일지라도 외화획득용원료로 수입하고자 하는 자는 산업통상자원부장관이 정하여 고시하는 기준에 따라 산업통상자원부장관의 승인을 받아 수입할 수 있다(대외무역법시행령 제24조). 산업통상자원부장관은 이러한 승인권한과 승인된 외화획득용원료에 대한 사후관리 권한을 관계행정기관의 장 또는 단체의 장에게 위임·위탁하고 있다. 산업통상자원부장관이 중앙행정기관의 장에게 위탁한 권한은 다음과 같다. 다만 여기에서 산업통상자원부장관이 관장하는 물품에 대한 권한은 제외된다.

① 외화획득용원료·기재의 수입제한에 관한 권한
② 외화획득용원료·기재의 기준소요량의결정에 관한 권한
③ 외화획득이행기간의 결정 및 그 연장에 관한 권한

④ 외화획득용원료·기재 또는 그 원료·기재로 제조된 물품(산업통상자원부장관이 정하여 고시하는 품목에 한한다)에 대한 다음 사항의 권한
   ㉮ 외화획득이행여부에 대한 사후관리에 관한 권한
   ㉯ 사용목적 변경승인에 관한 권한
   ㉰ 양도·양수의 승인에 관한 권한
⑤ 시·도지사에게 위임된 외화획득이행기간의 연장에 관한 권한 및 사용목적 변경승인에 관한 권한의 지휘·감독 및 자료의 제출요청에 관한 권한

외화획득용원료의 수입승인에 관한 권한을 위임·위탁받은 기관, 단체(이를 외화획득용원료의 승인기관이라 한다)의 장은 외화획득용원료의 범위에 속하는 원료의 수입에 대하여는 수출입공고에 의해 수입수량이 제한되는 품목일지라도 이러한 수량제한을 받지 않고 수입승인을 할 수 있다. 다만, 농림수산물 중 대외무역법시행령 제24조 제2항의 규정에 의하여 국산의 원료의 사용을 촉진하기 위하여 외화획득용원료의 수입을 제한하고자 당해 품목을 관장하는 중앙행정기관의 장 또는 그 중앙행정기관의 장이 지정하는 기관의 장이 따로 정하는 품목은 당해 기관의 장이 정하는 수입승인요령에 따라 승인을 받아야 수입할 수 있다(대외무역관리규정 제33조).

외화획득용원료의 승인기관의 장은 유통업자가 구매확인서 또는 내국신용장을 근거로 수출품생산자에게 직접 공급하기 위하여 외화획득용원료를 수입하고자 할 경우에는 위의 규정을 준용하여 그 수입을 승인할 수 있다. 외화획득용원료 승인기관의 장은 외화획득용원료의 수입승인을 할 때 외화획득용원료 수입승인신청서에 다음 각호의 사항 등 기재사항이 적정한지 여부를 확인한다.

① 외화획득이행의무자의 사후관리기관(수입대행의 경우에는 실수요자의 사후관리기관)
② 농림수산물 중 대외무역법시행령 제24조의 규정에 의하여 국산의 원료의 사용을 촉진하기 위하여 외화획득용원료의 수입을 제한하고자 당해 품목을 관장하는 중앙행정기관의 장 또는 그 중앙행정기관의 장이 지정하는 기관의 장이 따로 정하는 품목의 경우 당해 기관의 장이 정하는 요령에 의한 수입승인인지 여부

2) 외화획득용원료의 국내구매

수입된 외화획득용원료 또는 물품 등을 국내에서 구매하려면 외국환은행의 장에게 내국신용장의 개설을 의뢰하거나 외국환은행의 장 또는 전자무역기반사업자에게 구매확인서의 발급을 신청할 수 있다. 대외무역법상 내국신용장과 구매확인서는 외화획득용원료의 사후

관리 등을 효율적으로 하기 위한 장치로서 활용되고 있다. 만일 사후관리가 불필요한 즉, 별도의 수입승인절차를 거쳐 수입된 것이 아닌 외화획득용원료의 국내거래라면 적어도 대외무역법상의 목적을 위해 내국신용장이나 구매확인서를 확보하여야 할 필요성은 없을 것이다. 외화획득용원료의 국내거래와 관련하여 무역금융을 활용하거나, 관세의 환급 또는 부가가치세의 영세율 적용에 따른 환급을 위해서는 원재료가 외화획득용원료로서 거래되었다는 사실의 확인이 반드시 필요한데, 이 경우 내국신용장과 구매확인서가 수출용원재료를 거래하였다는 증빙서류의 하나로 사용될 수 있다.

> 내국신용장은 한국은행이 무역금융제도의 운영을 위해 제정한 '무역금융취급세칙'상 무역금융을 원활하게 하기 위한 수단으로 규정하고 있다. 대외무역법령에서는 내국신용장을 외화획득용원료의 사후관리를 위한 국내거래 확인 수단으로서 준용하고 있다. 그러나 내국신용장은 통상 무역금융제도를 이용할 때만 개설되기 때문에 구매확인서제도가 필요하다.
> 구매확인서를 발급받아 물품의 공급자에게 제공하는 자는 항상 물품의 구매자다. 여러 단계에 걸쳐 거래가 이루어지는 경우도 마찬가지다. 이는 내국신용장(Local L/C)의 경우도 같다.

가. 내국신용장에 의한 국내구매

내국신용장은 수출자가 국내에서 생산되는 수출용 완제품을 구매하여 해외에 수출하거나 수출용원자재를 구매하여 제조·가공 후 수출하는 경우에 이용되는 것으로 수출자가 외국환은행에 의뢰하여 국내의 완제품 또는 원재료공급자를 수혜자로 하여 개설하는 신용장을 의미한다. 내국신용장을 개설(발급)하기 위해서는 수출신용장, 수출계약서, 외화표시물품공급계약서, 외화표시건설·용역공급계약서, 내국신용장, 당해 업체의 과거 수출실적 등이 필요하다. 내국신용장을 개설(발급)할 수 있는 기관은 외국환 은행(개설은행이 지급확약)이 되며, 개설(발급)조건은 원자재금융 한도 내에서 개설(무역금융 수혜대상)이다.

나. 구매확인서에 의한 국내구매

구매확인서를 발급받으려는 자는 구매확인신청서를 전자무역문서로 작성하여 외국환은행의 장 또는 전자무역기반사업자(KTNET를 의미)에게 제출하여야 한다. 신청기한은 부가가치세법 제21조에서 정한 기한으로, 재화나 용역의 공급시기가 속하는 과세기간[4]이 끝난

4) 부가가치세법상 과세기간은 간이과세자는 1월 1일부터 12월 31일까지 1년이고, 일반과세자는 1기는 1월 1일부터 6월 30일까지고, 2기는 7월 1일부터 12월 31일까지다. 부가가치세법 제5조.

후 25일(그 날이 공휴일 또는 토요일인 경우에는 바로 다음 영업일) 이내다. 이때 다음 각 호의 어느 하나에 해당하는 서류를 함께 제출하여야 한다.

① 수출신용장
② 수출계약서(품목・수량・가격 등에 합의하여 서명한 수출계약 입증서류)
③ 외화매입(예치)증명서(외화획득 이행 관련 대금임이 관계 서류에 의해 확인되는 경우만 해당한다)
④ 내국신용장
⑤ 구매확인서
⑥ 수출신고필증(외화획득용 원료・기재를 구매한 자가 신청한 경우에만 해당한다)
⑦ 대외무역법시행령 제26조에 따른 다음과 같이 외화획득에 제공되는 물품 등을 생산하기 위한 경우임을 입증할 수 있는 서류
㉮ 수출
㉯ 주한 국제연합군이나 그 밖의 외국군 기관에 대한 물품등의 매도
㉰ 관광
㉱ 용역 및 건설의 해외 진출
㉲ 그 밖에 국내에서 물품 등을 매도하는 것으로서 산업통상자원부장관이 정하여 고시하는 기준에 해당하는 것

외국환은행의 장 또는 전자무역기반사업자는 제1항에 따라 신청하여 발급된 구매확인서에 의하여 2차 구매확인서를 발급할 수 있으며, 외화획득용 원료・기재의 제조・가공・유통(완제품의 유통을 포함한다)과정이 여러 단계인 경우에는 각 단계별로 순차로 발급할 수 있다. 또한 구매확인서를 발급한 후 신청 첨부서류의 외화획득용 원료・기재의 내용 변경 등으로 이미 발급받은 구매확인서와 내용이 상이하여 재발급을 요청하는 경우에는 새로운 구매확인서를 발급할 수 있다.

3 외화획득용원료・기재수입자의 외화획득 의무

1) 외화획득이행 의무자

① 외화획득용원료・기재를 수입한 자, ② 외화획득용원료・기재의 수입을 위탁한자, ③ 외화획득용원료・기재 또는 그 원료・기재로 제조된 물품을 양수한 자는 외화획득의 이행

의무를 진다. 다만, 대외무역법 제17조(외화획득용원료·기재의 목적을 벗어난 사용등)의 규정에 의하여 산업통상자원부장관의 승인을 얻은 경우에는 외화획득의무가 면제된다.

2) 외화획득의 이행

외화획득이행 의무자는 외화획득용원료의 수입신고수리일, 수입된 외화획득용원료 또는 당해 원료로 제조된 물품등의 구매일 또는 양수일부터 다음기간이 경과한 날까지 외화획득의 이행을 하여야 한다(대외무역관리규정 제39조). 다만, 농림수산물로서 외화획득용원료로 수입승인을 받은 원료등의 외화획득이행기간에 대하여는 당해 품목을 관장하는 중앙행정기관의 장이 정한다.

① 외화획득행위의 경우에는 2년
② 국내공급(양도를 포함한다)인 경우에는 1년
③ 외화획득물품의 선적기일이 2년 이상인 경우에는 그 기일까지의 기간
④ 수출이 완료된 기계류(HS 84류 내지 90류에 해당하는 품목)의 하자 및 유지보수용 원료등인 경우에는 10년

한편, 시·도지사는 다음 각호의 어느 하나에 해당하는 경우 1년의 범위내에서 외화획득이행기간을 연장할 수 있다. 이 경우에도 농림수산물로서 외화획득용원료로 수입승인을 받은 원료의 외화획득이행기간 연장에 대하여는 당해 품목을 관장하는 중앙행정기관의 장이 정한다.

① 생산에 장기간이 소요되는 경우
② 제품생산을 위탁한 경우 그 공장의 도산 등으로 인하여 제품 생산이 지연되는 경우
③ 외화획득이행의무자의 책임있는 사유가 없음에도 신용장 또는 수출계약이 취소된 경우
④ 외화획득이 완료된 물품의 하자보수용 원료 등으로서 장기간 보관이 불가피한 경우
⑤ 기타 부득이한 사유로 외화획득 이행기간 내에 외화획득이행이 불가능하다고 인정되는 경우

외화획득의 이행기간을 연장하려면 그 기간 종료일 전에 외화획득 이행기간 연장신청서 3부에 외화획득이행기간 연장 사유를 인정할 수 있는 서류 1부와 사유서 1부를 첨부하여 관할 시·도지사에게 신청하여야 한다. 시·도지사가 외화획득 이행기간 연장을 승인한

때에는 그 사실을 신청자와 외화획득용원료등에 대한 사후관리에 관한 권한을 위임・위탁 받은 기관・단체(이를 '외화획득용원료등의 사후관리기관'이라 한다)의 장에게 통보해야 한다.

대외무역법

사례 모음(2) - 외화획득용 원료의 국내구매

[질의 1]

해외위탁가공을 위해 무환으로 국내에서 물품을 조달하여 외국에 수출한 경우 구매확인서 발급 대상이 되는가?

[산업통상자원부 유권해석] 해외에서 위탁가공한 물품이 중계무역 등을 통해 수출이 되는 것인지 아니면 위탁가공 후 다시 수입되는 것인지에 따라 구매확인서 발급여부를 결정하여야 한다. 위탁가공하여 수출한다면 외화획득용으로 사용된 것이므로 구매확인서 발급대상이 되지만, 위탁가공 해 국내로 다시 수입한다면 이것은 외화획득용으로 사용된 것이 아니므로 구매확인서 발급대상이 아니다.

[질의 2]

당사는 외국으로부터 원자재를 수입하여 국내의 B사에게 공급하고 대금지급을 받았으며, B사는 원자재를 가공한 완제품을 국내의 당사와 동일한 회사인 국내의 C사에게 공급하고 대금지급을 받았고, C사는 이 완제품을 외국에 수출하였다. 이때 국내의 B사가 원자재를 수입하여 제공한 원자재수입업체와 수출업체가 동일함에도 불구하고 국내의 B사가 당사에게 구매확인서를 받을 수 있는가?

[산업통상자원부 유권해석] C사는 수출자로서 외화획득용 원료(완제품)을 공급받은 B사를 위해 구매확인서를 발급받을 수 있다. 또한, 귀사와 C사가 별개의 회사라면, 대외무역관리규정(제37조)에 따라 B사는 C사로부터 받은 1차 구매확인서를 근거로 귀사를 위해 2차 구매확인서를 발급받을 수 있다. 그러나 귀사는 1차 구매확인서를 발급한 C사와 동일한 회사이고, C사가 이미 1차 구매확인서를 발급받음으로써 수출실적 및 부가가치세 영세율의 적용을 받은 것이기 때문에 귀사가 2차 구매확인서를 받는다면 중복 수혜되는 문제가 발생하기 때문에 귀사를 위한 2차 구매확인서의 발급은 불가능하다.

[질의 3]

당사가 해외업체 A사로부터 반도체장비 설치공사를 계약금액 100억원으로 수주하였다. 당사는 반도체 장비 설치공사를 국내업체 B사와 계약금액 80억원(물품대가 및 용역대가 포함금액)으로 하도급 계약을 맺고 B사가 당사를 대신하여 설치공사를 하도록 하였다. B사는 A사에게 설치공사를 완료 후 대금은 당사에게 받을 예정이다. B사가 당사에 국내에서 반도체장비 제공 및 용역을 제공하는 경우 당사가 B사 앞으로 구매확인서를 발급해줄 수 있는가?

[산업통상자원부 유권해석] 국내업체 B사가 귀사에게 국내에서 반도체장비 및 용역을 제공하는 경우, B사와 귀사의 계약금액 범위에서 구매확인서 발급이 가능하다. 아울러, 용역과 관련해 B

사가 반도체장비 제조업체로서 반도체장비의 공급에 부수하여 실질적인 엔지니어링 서비스를 제공하는 경우, 용역을 제공하는 경우로 볼 수 있다.

[질의 4]

본사와 지사간 거래에 대해 구매확인서 발급이 가능한가?

[산업통상자원부 유권해석] 구매확인서에 의한 물품의 공급에 대해서는 영세율이 적용되며 동 구매확인서에 의한 공급 부분에 대해서는 수출실적이 인정된다. 본사와 지사간의 거래는 동일 법인내의 거래이고 수출실적이 중복적으로 계상되는 등의 문제가 있기 때문에 구매확인서 발급 대상에 포함되지 않는다.

[질의 5]

구매확인서는 사전발급을 원칙으로 하고 있고, 사후 발급 시 세금계산서 관련 정보를 제출토록 하고 있다. 사전과 사후발급을 구분하는 기준은 무엇인가?

[산업통상자원부 유권해석] 구매확인서 사전, 사후 발급은 대외무역법령상 실제 물품의 구매일을 기준으로 구분하는 것이 타당하다.

4 외화획득용원료 · 기재의 사용목적 변경 및 양도

1) 외화획득용원료 · 기재의 목적외 사용

외화획득용원료・기재를 수입한 자는 그 수입한 원료・기재 또는 그 원료・기재로 제조된 물품 등을 부득이한 사유로 인하여 당초의 목적외의 용도로 사용하려면 승인을 받아야 한다(대외무역법 제17조). 다만, 대통령령이 정하는 원료・기재 또는 그 원료・기재로 제조된 물품 등에 대하여는 승인이 불필요하다. 사용목적 변경승인을 받을 수 있는 부득이한 사유는 ① 우리나라 또는 교역 대상국의 전쟁・사변, 천재・지변 또는 제도 변경으로 인하여 외화획득의 이행이 불가능하게 된 경우, ② 외화획득용원료・기재로 생산된 물품 등으로서 그 생산이 고도의 기술을 요하여 외화획득의 이행에 앞서 시제품의 생산이 필요한 경우, ③ 외화획득 이행의무자에게 책임이 없는 사유로 외화획득의 이행을 할 수 없게 된 경우 및 ④ 그 밖에 산업통상자원부장관이 불가항력으로 외화획득의 이행이 불가능하다고 인정한 경우를 말한다.

사용목적 변경에도 불구하고 원료・기재 또는 그 원료・기재로 제조된 물품이 ① 평균 손모량에 해당하는 외화획득용원료・기재 또는 그 원료・기재로 생산한 물품 등 또는 ②

당해 품목이 수입승인대상에서 제외됨으로서 그 수입에 대응하는 외화획득의 이행을 할 필요가 없는 경우 등 산업통상자원부장관이 사후관리를 할 필요성이 소멸된 것으로 인정하는 경우에는 승인을 받을 필요가 없다.

2) 외화획득용원료 · 기재의 양도와 양수

외화획득용원료로서 수입한 원료·기재 또는 그 원료·기재로 제조된 물품 등을 당초의 목적과 동일한 용도로 사용 또는 수출하려는 자에게 양도하고자 할 때에는 양도하고자 하는 자와 양수하고자 하는 자가 함께 양도자 또는 양수자의 외화획득용원료의 사후관리기관의 장 또는 중앙행정기관의 장으로부터 승인을 받아야 한다(대외무역법 제17조).

외화획득용원료 등의 양도·양수 승인 신청절차는 ① 양도승인신청서 3부, ② 양수·도 계약서 및 ③ 수입신고필증 또는 기초원재료납세증명서를 양도자 또는 양수자의 외화획득용원료 등의 사후관리기관의 장에게 신청하는 것이다(대외무역법시행령 제30조 제4항). 그러나 농림수산물인 경우에는 당해 품목을 관장하는 중앙행정기관의 장 또는 중앙행정기관의 장이 지정하는 기관의 장에게 신청한다. 신청을 받은 양도자 및 양수자의 외화획득용원료 등의 사후관리기관의 장은 이를 심사하여 승인하고, 승인한 원료 등은 일반적인 사후관리 방법에 준하여 처리한다.

5 외화획득용원료 · 기재의 사후관리

1) 사후관리의 대상

외화획득용원료·기재로서 수입승인을 받아 수입하는 물품등은 일반적인 경우 수입이 제한되는 물품등임을 의미한다. 그럼에도 불구하고 수입을 허용하는 것은 수입된 원료·기재로서 물품을 생산하여 일정기일 내에 합법적인 절차에 따라 외화획득행위를 이행할 것을 조건부로 하고 있는 것이다. 따라서 수입자가 이러한 조건을 성실히 수행하였는지 여부를 관리할 필요가 있다. 외화획득용원료·기재의 사후관리 대상은 원칙적으로 승인을 받은 모든 원료·기재이다. 따라서 외화획득용원료·기재를 수입하거나 위탁한 경우에는 그 수입자 또는 위탁자, 외화획득용원료·기재를 국내에서 구매하거나 양수한 경우에는 구매자 또는 양수자가 사후관리의 대상이 된다. 그런데 수입승인을 받아 수입하는 외화획득용원료·기재의 모든 물품 등은 사후관리의 대상이 되지만 사후관리가 불필요한 것으로 간주되는 다음과 같은 경우의 물품 등은 예외적으로 사후관리가 면제될 수 있다(대외무역법시행령 제29조).

① 품목별 외화획득이행의무의 미이행률이 10% 이하인 경우
② 외화획득이행의무자의 분기별 미이행률이 10% 이하이고, 그 미이행금액이 미화 2만 달러 상당액 이하인 경우
③ 외화획득이행의무자에게 책임 없는 사유로 외화획득의 이행을 하지 못한 경우로서 산업통상자원부장관이 인정하는 경우
④ 당해 품목이 수입승인대상에서 제외됨으로서 그 수입에 대응하는 외화획득의 이행을 할 필요가 없는 경우 등 산업통상자원부장관이 사후관리를 할 필요성이 소멸된 것으로 인정되어 ㉮ 수입승인을 얻어 수입한 품목이 수입승인대상에서 제외되는 원료 등 또는 ㉯ 외화획득의 이행을 위해 보세공장 및 보세창고 또는 자유무역지역에 반입되는 원료 등에 해당되는 경우

2) 사후관리기관과 자율관리기업

가. 사후관리기관

승인을 받아 수입한 외화획득용원료 및 그 원료로 제조된 물품에 대한 외화획득이행의무자의 외화획득 이행여부를 다음 기관이 사후관리 한다.

① 외화획득용원료 중 농림수산물로서 당해 품목을 관장하는 중앙행정기관의 장 또는 그 중앙행정기관의 장이 지정하는 기관의 장이 수입승인을 한 경우는 당해 품목을 관장하는 중앙행정기관의 장 또는 중앙행정기관의 장이 지정하는 기관의 장
② 기타의 경우는 당해 외화획득원료 수입승인기관의 장
③ 자율관리기업으로 선정된 자가 수입(국내구매 또는 양수를 포함한다)한 원료 등의 경우는 당해 자율관리기업의 장

나. 자율관리기업

대외무역법에서 **자율관리기업**이란 산업통상자원부장관이 정하는 일정한 요건을 갖춘 자로서 수입한 외화획득용원료·기재에 대하여 자신이 스스로 사후관리를 하는 기업을 말하며, 자율관리기업은 기술표준원장이 수시로 해당업체를 선정한다. 산업통상자원부장관이 정하고 있는 자율관리기업의 선정 요건은 다음과 같다.

① 전년도 수출실적이 미화 50만달러 상당액 이상인 업체, 수출유공으로 포상(훈·포장 및 대통령표창을 말한다)을 받은 업체(1984년 이후 포상받은 업체에 한한다) 또는 수출유망중소기업. 여기에서 수출유망중소기업이란 산업통상자원부장관이 정한 '수출유망중소기업지원요령'에 의하여 수출유망중소기업으로 지정된업체를 말한다.

② 과거 2년간 미화 5천달러 상당액 이상 외화획득 미이행으로 보고된 사실이 없는 업체

자율관리기업으로 선정받으려면 ① 수출실적증명서, ② 외화획득원료의 승인기관의 장의 외화획득의무 성실이행 확인서, ③ 자율관리규정, ④ 원료 등을 용도외에 사용하지 아니할 것임을 약속하는 각서를 첨부하여 기술표준원장에게 신청하여야 한다. 자율관리기업으로 선정된 자는 자율관리규정에 따라 사후관리를 하여야 하며, 매 반기종료 익월 말일까지 대응외화획득 이행내역을 기술표준원장에게 보고하여야 한다. 기술표준원장이 자율관리기업을 선정한 때에는 산업통상자원부장관, 세관장에게 동 사실을 통보하여야 한다.

자율관리기업으로 선정된 자는 자율관리규정에 따라 사후관리를 하여야 하며, 매 반기종료 익월 말일까지 대응외화획득 이행내역을 기술표준원장에게 보고하여야 한다. 기술표준원장은 자율관리기업으로 선정을 받은 자가 다음 각호의 어느 하나에 해당하는 경우에는 그 선정을 취소할 수 있다. 이때 취소된 기업은 취소된 날부터 3년 이내에는 재선정될 수 없다.

① 원료 등을 타 상사에 공급하고 공급이행내역을 통보하지 아니하거나, 승인 없이 원료 등을 사용목적 이외의 용도에 사용하거나 양도 또는 양수한 때

② 파산 등으로 사후관리가 불가능할 때

③ 대외무역법 또는 동 법에 의한 명령이나 처분에 위반한 때

3) 사후관리의 내용

가. 사후관리 대상원료의 분류

원료 등의 사후관리는 다음 각 호의 경우 외에는 외화획득이행 의무자별로 원료 등의 품목분류번호(HS 10단위)별로 분기마다 수입 및 구매한 총량을 대상으로 한다.

① 품목분류번호(HS 10단위)가 다르더라도 원료 등의 성질상 동일품목이거나 유사한 품목은 품명단위별로 분기마다 수입 및 구매한 총량을 대상으로 관리한다.

② 의류 및 가방 등의 부재료로 사용되는 지퍼는 품목분류번호별(HS 10단위)로 분기마다 수입 및 구매한 양의 총 길이로 관리한다.

나. 외화획득용 원료 등의 구매내역 신고와 관리

사후관리 대상품목을 구매한 자는 분기 중에 구매한 원료 등의 건별 내역을 사후관리 대상원료의 분류기준에 의거하여 외화획득용원료 구매내역신고서에 작성하여 분기종료 후 다음달 20일까지 외화획득용원료 등의 사후관리기관의 장에게 신고하여야 한다. 신고를 받은 사후관리기관의 장은 구매내역신고서, 공급이행신고서를 외화획득이행 의무자별로 수입신고수리일 또는 원료 등의 구매일순으로 관리하여야 한다. 또한 수입승인된 원료 등과 구매내역신고서 및 공급이행신고서에 의하여 신고된 원료 등에 대하여 품목분류번호(HS 10단위)별로 분기마다 수입 또는 구매한 총량과 금액 등을 외화획득원료 사후관리이행 정리카드에 기재하여야 한다.

다. 외화획득 이행신고와 관리

수입제한품목을 수입한 외화획득이행 의무자는 외화획득을 이행하고 외화획득이행 신고서에 ① 수출신고필증(또는 외화입금증명서)원본, ② 자율소요량계산서를 첨부하여 수출선적일 또는 외화입금일로부터 3월 이내에 외화획득용원료 등의 사후관리기관의 장에게 신고하여야 한다. 만일 외화획득 이행신고자와 수출신고필증의 명의가 상이한 경우에는 내국신용장, 구매확인서, 수출대행계약서 또는 물품등구매계약서 등 거래관계를 입증하는 서류를 제출하여야 한다.

라. 공급이행신고와 관리

사후관리대상품목을 원료 등으로 공급한 자는 외화획득용 원료공급이행신고서 3부(공급자 외화획득용 원료의 사후관리기관용, 인수자 외화획득용 원료의 사후관리기관용 및 인수자용)에 인수자의 날인 또는 수령증을 받아 ① 내국신용장 또는 구매확인서와 ② 자율소요량계산서를 첨부하여 공급일로부터 3월 이내에 외화획득용원료의 사후관리기관의 장에게 신고하여야 한다. 다만, 공급자가 유통업자인 경우에는 내국신용장 또는 구매승인서만 제출하면 된다. 신고를 받은 사후관리기관의 장은 외화획득 이행신고의 경우에 준하여 공급이행정리하고 내국신용장 등의 원본서류 뒷면에 사후관리사실을 확인 표시하여야 한다. 또한 외화획득용 원료공급이행 신고서에 확인 날인한 후 1부는 인수자 외화획득용원료 사후관리기관의 장에게, 1부는 인수자에게 통보한다.

원료 등을 보세공장에 반입한 자는 세관장이 발행한 반입확인서를 외화획득용원료의 사후관리기관의 장에게 제출하여야 하며, 반입확인서를 제출받은 사후관리기관의 장은 외화획득 이행신고의 경우에 준하여 공급이행정리를 한다. 자율관리기업이 사후관리대상기업에 원료 등을 공급한 경우에는 공급이행신고서 2부를 작성, 공급일로부터 3월 이내에 1부는 인수자 외화획득용 원료의 사후관리기관의 장에게, 1부는 인수자에게 통보하여야 한다. 다만, 자율관리기업에 공급하는 경우에는 인수자에게만 통보한다.

4) 사후관리의 지도・감독과 외화획득 미이행자에 대한 제재

가. 사후관리의 지도・감독

기술표준원장은 시・도지사, 외화획득용원료의 사후관리기관의 장 및 자율관리기업의 장에 대하여 ① 사후관리업무 담당자의 교육, ② 사후관리대장 정리 실태, ③ 공급이행신고서 통보실태, ④ 미이행보고실태, ⑤ 기타 제규정 이행실태의 지도와 감독을 한다. 사후관리기관의 장은 원료 등을 수입 또는 구매한 후 외화획득이행 만기일까지 외화획득을 미이행한 자에 대하여 그 내역을 만기일 경과 후 20일까지 미이행자에게 통보하여야 한다. 이러한 통보를 한 날부터 30일 내에 외화획득 이행신고가 없는 경우 외화획득용 원료 사후관리기관의 장은 그 내역을 기술표준원장에게 보고 한다. 다만, 농림수산물로서 수입 승인된 물품은 당해 중앙행정기관의 장에게 보고하여야 한다. 또한 사후관리기관의 장은 이러한 정기보고 외에 사후관리 대상업체의 파산 등으로 사후관리가 불가능하다고 판단되는 경우에는 즉시 기술표준원장(농림수산물로서 수입 승인된 경우는 당해 중앙행정기관의 장)에게 보고하여야 한다.

나. 외화획득 미이행자에 대한 제재

중앙행정기관의 장(외화획득용원료로 수입 승인된 농림수산물을 제외한 분은 기술표준원장)은 사후관리기관으로부터 보고된 다음 외화획득 미이행자에 대하여는 3년 이하의 징역 또는 3천만 원 이하의 벌금에 처하는 제재 조치를 한다.

① 승인된 수입에 대응하는 외화획득을 하지 아니한 자
② 승인을 얻지 아니하고 목적 외의 용도로 원료・기재 또는 그 원료・기재로 제조된 물품을 사용하는 자
③ 승인을 얻지 아니하고 원료・기재 또는 그 원료・기재로 제조된 물품을 양도한 자

6 소요량제도

1) 소요량제도의 의의

대외무역법상 **소요량**이란 외화획득용물품 등의 전량을 생산하는데 소요된 원재료의 실량과 손모량을 합한 양을 말한다. 여기에서 **실량**이란 수출품을 형성하고 있는 원자재의 양을 의미하고, **손모량**이란 수출품을 생산하는 과정에서 생기는 원자재의 손실량 및 불량품 생산에 소요된 원자재의 양을 의미한다. 외화획득용원료・기재는 수입이 제한되는 품목에 대하여 예외적인 우대조치로서 수입을 허용하는 것이므로 일정한 수출품을 생산하는데 소요되는 원재료의 양을 적정하게 산출하여야 수입의 승인 및 사후관리 또한 적정히 이루어질 수 있다. 이러한 소요량을 특정 기관이 계산하고 서류로서 동 내용을 확인한 것이 **소요량증명서**이고, 외화획득용원료를 수입하는 기업이 자체적으로 소요량을 계산한 서류가 **소요량계산서**이다.

종전에는 대외무역법에 의한 소요량증명서(또는 소요량계산서)가 관세환급에도 사용되었으나, 1996년의 환급특례법 개정으로 관세등의 환급시는 환급특례법의 규정에 따라 계산한 소요량계산서를 사용하도록 함에 따라 대외무역법에 의한 소요량증명서(또는 소요량계산서)의 용도는 크게 제한되었다. 이러한 변화에 따라 기존의 소요량증명제도의 필요성이 감소되어 소요량증명서 발급제도를 폐지하고 관련 제도에 부합하는 자율소요량제도로 전환하게 되었다. 지속적인 소요량관리가 요구되는 품목은 사후관리기관 또는 수출업체의 요구에 의하여 기준소요량을 고시하도록 하고 있으며, 이를 제외한 사후관리대상품목을 외화획득용 원료 등으로 사용하거나 공급한 업체는 원자재의 양을 스스로 계산하는 자율소요량제도를 도입하였다.

2) 소요량 관련 용어의 정의

① **평균손모량** : 외화획득용 물품 등을 생산하는 과정에서 생기는 원자재의 손모량(손실량 및 불량품 생산에 소요된 원자재의 양을 포함한다)의 평균량을 말한다.
② **손모율** : 평균손모량을 백분율로 표시한 값을 말한다.
③ **단위실량** : 외화획득용 물품 등 1단위를 형성하고 있는 원자재의 양을 말한다.
④ **기준소요량** : 외화획득용 물품 등의 1단위를 생산하는데 소요되는 원자재의 양을 고시하기 위한 것으로서 단위실량과 평균손모량을 합한 양을 말한다.

⑤ **단위자율소요량** : 기준소요량이 고시되지 아니한 품목에 대하여 외화획득용물품 등 1 단위를 생산하는데 소요된 원자재의 양을 당해기업이 자율적으로 산출한 것으로서 단위실량과 평균손모량을 합한 양을 말한다.

⑥ **소요량** : 외화획득용 물품 등의 전량을 생산하는데 소요된 원자재의 실량과 손모량을 합한 양을 말한다.

⑦ **자율소요량계산서** : 외화획득을 이행하는데 소요된 원자재의 양을 해당 기업이 자체 계산한 서류를 말한다.

3) 기준소요량의 고시

외화획득용 물품 등의 생산을 관장하는 중앙행정기관의 장(산업통상자원부장관이 관장하는 품목 중 목제가구에 대하여는 임업연구원장, 기타의 품목에 대하여는 기술표준원장)은 소관 품목 중 사후관리대상 원료 등에 대하여 **기준소요량**을 고시할 수 있다. 사후관리대상 품목에 대한 기준소요량을 고시할 경우 수출물품 등의 생산을 관장하는 중앙행정기관의 장(임업연구원장 및 기술표준원장 포함)은 기준소요량을 고시하는데 필요한 자료를 해당 외화획득행위를 하는 자로 하여금 제출하도록 할 수 있다.

4) 자율소요량계산서의 작성

자율소요량계산서는 외화획득을 이행하는데 소요된 원자재의 양을 해당 기업이 자체 계산하는 서류이므로 그 계산서를 작성하는 주체는 사후관리대상품목을 외화획득용 원료 등으로 사용하거나 공급한 해당 업체가 주체가 된다. 자율소요량계산서의 작성방법은 그 계산서의 서식에 따라 자율적으로 작성하되 단위자율소요량 또는 기준소요량에 외화획득용 물품 등의 수량을 곱한 물량으로 표시하며 단위자율소요량의 산출근거를 품목 및 규격별로 명확히 표시하여야 한다. 그리고 기준소요량이 고시된 품목이라 하더라도 수출계약서 등의 관련서류에 소요원료의 품명·규격 및 수량 등이 표시된 경우에는 이에 따라 자율소요량계산서를 작성할 수 있다.

7 외화획득용 제품의 수입과 사후관리

1) 외화획득용 제품의 적용범위와 수입승인기관

수출입공고에 의해 수입이 제한되는 물품일지라도 외화획득용제품은 예외적으로 수입이 허용될 수 있다. 외화획득용 제품의 적용대상은 ① 주식회사 한국관광용품센터(약칭하여 관광용품센터라 한다)가 수입하는 식자재 및 부대용품, ② 항만운송사업법에 의하여 수입물품공급업의 등록을 하고 세관장에 등록한자(약칭하여 수입물품공급업자라 한다)가 수입하는 선용품, ③ 군납업자가 수입하는 군납용 물품 등이다. 수출입공고에 의해 수입이 제한되는 물품을 외화획득용 제품으로서 수입하기 위하여는 다음 기관에서 수입승인을 받아야 한다.

① 관광용품센터가 관광호텔 등에 공급하기 위하여 수입하는 물품 중 수입승인 대상 물품으로서 주방용품, 소모성기계, 기자재류 및 객실 또는 부대업장용 소모성 물품 : 문화체육관광부장관

② 군납업자가 주한 국제연합군 그 밖에 외국군기관에 공급하는 군납용 물품 : 수출입공고에 규정된 수입승인기관의 장

2) 관광호텔용 물품의 공급과 사후관리

관광용품센터는 관광호텔용 물품을 다음 각호의 어느 하나에 해당하는 자에 한하여 공급할 수 있다. 이때의 물품 공급은 당해 구매자의 시설규모와 식자재 구입실적 등을 감안하여 적정량을 공급하여야 한다.

① 관광숙박업 중 관광진흥법에 의하여 등록된 호텔업 및 명의이용 허가를 받은 식음료업장

② 문화체육관광부장관의 허가를 받아 설립된 외신기자클럽, 서울클럽 및 한국언론회관 내 멤버스클럽과 기자클럽

③ 외화획득 및 관광진흥에 기여도가 높은 관광시설 중 문화체육관광부장관의 추천에 의하여 산업통상자원부장관이 지정한 관광업소

④ 청소년기본법에 의하여 문화체육관광부장관에 신고된 서울올림픽 파크텔

⑤ 올림픽, 아시안게임 등 대규모 국제대회의 선수촌, 기자촌, 프레스센터 등 관련시설로서 산업통상자원부장관의 협의를 거쳐 문화체육관광부장관이 기간을 정하여 지정하는 급식장. 이 경우 문화체육관광부장관이 정하는 기간 이후의 잔여 물량에 대하

여는 한국관광용품센터 또는 판매대상업소에 동기간 종료 후부터 30일 이내에 양도하고 문화체육관광부장관에게 이를 보고하여야 한다.

⑥ 관세법에 의하여 보세판매장 설영 특허를 받은 외교관면세점

3) 선용품의 수입과 사후관리

선용품의 경우 대외무역법상으로는 수입이 이루어진다 하더라도 관세법상으로는 보세상태에서 외국항행 선박에 공급될 수 있기 때문에 대외무역법에서 별도의 수입승인절차를 요구하지 않는다. 그러나 수입물품의 공급업자는 선용품수입에 따른 관리를 위해 선용품의 수입, 재고 및 공급현황에 대한 대장을 비치하고 기록・보관하여야 한다(대외무역관리규정 제67조). 아울러 선용품의 수입, 공급(외화 및 국내통화 구분) 및 재고현황을 작성하여 매분기 종료 후 10일 이내에 관세청장에게 제출하여야 한다. 수입물품 공급업자는 수입선용품을 국내항에 정박중인 외항선박(원양어선을 포함한다)이나 신조선박 및 수리선박 이외의 자에게 공급하거나 유출하여서는 아니된다. 수입물품 공급업자가 수입하는 선용품의 사후관리는 관세청장이 수행한다.

4) 군납용 물품의 수입과 사후관리

군납업자가 군납용으로 수입하는 물품에 대한 사후관리는 수입승인기관의 장이 행한다. 군납업자는 수입된 군납용물품에 의한 군납계약 이행 후 15일 이내에 외화획득상황을 군납대금회수증명서를 첨부하여 승인기관의 장에게 보고하여야 한다. 군납업자의 경우에도 수입되는 물품을 군납외의 용도에 사용하거나 유출할 수 없으며, 만일 수입되는 물품을 양도 또는 폐기하고자 할 때는 미리 수입승인기관의 장에게 승인을 얻어야 한다. 만일 군납업자가 수입되는 물품을 군납 외의 용도에 사용하거나 유출하였을 경우 수입승인기관의 장은 대외무역법 제55조 제3호 내지 제5호 위반으로서 제재를 요청하여야 한다.

제2절 전략물자의 관리

1 전략물자의 통제체제

1) 전략물자 통제의 의의

대량살상무기에 대한 우려는 이미 20세기 중반부터 심각하게 제기된 바 있으나 2001년 미국에서 발생한 9·11 테러와 2003년 이라크 전쟁 이후 국제사회는 국제평화와 안보유지를 위해 **대량파괴무기**(Weapons of Mass Destruction : **WMD**)의 비확산과 테러방지를 위한 더욱 다양한 조치를 취하게 되었다. WMD 비확산조치의 정당성과 합법성을 확보하기 위하여 국제사회는 국제조약, 국제관습법, UN 결의 등을 국제법적 근거로 제시하고 있으며, 이외에도 다자간 수출통제 체제를 비롯한 여타의 비확산체제를 활용하여 WMD의 확산을 통제하고 있다. 특히 2001년 미국에서 발생한 9·11 테러로 국제사회는 국가에 대한 직접적인 제재 및 통제를 통한 WMD 확산방지를 목적으로 하는 기존의 국제규범들의 한계를 인식하는 계기가 되었다.

이처럼 비국가행위자들(non-state actors)이 국제평화와 안보에 새로운 위협요인으로 등장하게 되자 국제사회에서는 보다 강화된 통제의 필요성을 적극 논의하였다. 그 결과 'UN 안전보장이사회 결의 1540호'가 2004년도에 채택되었으며, 이후 WMD 확산에 기여하는 물품, 기술, 서비스의 이전 및 제공행위를 통제할 뿐만 아니라 이와 관련되는 자금이전 및 지원행위까지도 통제하여 WMD 개발시도를 차단하는 공급망 통제가 보편적인 방식으로 자리잡게 되었다. 최근에는 공급망 통제를 보다 강화하여 생산단계부터 전략물자를 엄격히 관리하기 위한 **물류보안** 제도의 도입이 활발하게 진행되고 있다.[5)]

자유무역과 공정무역의 실현을 기본이념으로 하는 WTO 체제에서도 국가안보 예외 조항을 두어 일정한 요건 하에서 국가의 중대한 안보이익이 침해되는 경우에는 당사국이 예외적인 조치를 취할 수 있도록 하고 있다. WTO 협정에서 허용하는 안보예외는 다자간 상품무역협정인 '1994년 관세와 무역에 관한 일반협정(GATT)' 제21조, '서비스무역일반협정(GATS)' 제14조의2, '무역관련지적재산권협정(TRIPs)' 제73조에서 규정되어 있다. 국제통상규범에서 안보와 관련한 예외의 허용은 자국의 국가안보가 그 무엇과도 바꿀 수 없는 최

5) 박언경, '국제통상규범의 측면에서 본 전략물자 수출통제', 전략물자 Focus(2009.12.), pp. 24~31.

우선적 가치이자 해당국가의 고유한 권리임을 확인하고 있는 것으로 볼 수 있다.

이들 조항에서 공통적으로 허용하고 있는 국가안보상의 예외조치는 (i) 자국의 중대한 안보이익에 반하는 것으로 간주되는 정보의 비공개 조치, (ii) 자국의 중대한 안보이익을 보호하기 위하여 ① 핵분열물질이나 이로부터 추출된 물질에 관한 조치, ② 무기·탄약·전쟁장비의 거래 및 군사시설에 대한 보급목적을 위하여 직접 또는 간접으로 행해지는 거래에 관한 조치, ③ 전시 또는 기타국제관계상의 비상시에 취하는 조치, (iii) 국제평화와 안전을 유지하기 위한 UN 헌장상의 의무를 준수하기 위한 조치 등이다.

WTO 협정의 안보 예외조항은 안보 예외조치의 허용요건을 구체적으로 명시하여 일방적이고 자의적인 통상규제를 제한하는 기준과 허용한계를 제시하고 있고, 국가간 통상분쟁이 발생하는 경우 WTO 분쟁해결기구를 통한 해결이 가능하므로 전략물자수출통제가 국가안보라는 명목 하에 남용될 가능성을 차단하는 역할도 기대할 수 있다. 전략물자수출통제에 있어 안보 예외조항을 적용하면 이것은 국제조약에 근거한 수출통제이므로 규범성을 확보할 수 있을 뿐만 아니라, 구속력이 없는 다자간 수출통제체제의 근거규범의 역할을 수행함으로써 상호 보완하는 효과를 누릴 수 있다. 또한 국가의 관할권이 미치는 범위 내에서는 직접적으로 통제를 실시할 수 있으므로 실질적인 집행력을 확보하는 효과도 있다.

2) 전략물자 통제체제

전략물자(strategic items)란 대량살상무기(WMD)와 그 운반수단인 미사일 및 재래식 무기의 제조·개발·사용 등에 이용될 수 있는 물품, 소프트웨어 및 기술을 말한다. 대외무역법령에서는 구체적으로 '전략물자'란 산업통상자원부장관이 고시한 전략물자수출입고시의 [별표 2](이중용도품목) 및 [별표 3](군용물자품목)에 해당하는 물품 등을 말하고, '전략물자등'이란 전략물자 또는 대외무역법에 따른 '상황허가' 대상인 물품 등을 말한다.[6] 전략물자수출통제제도는 이런 전략물자등이 불량국가 또는 테러조직에 이전되어 국제평화와 안전을 위협하는 용도로 전용되는 것을 방지하기 위해 관리하는 제도다.

전략물자는 다자간국제수출통제체제에 의해 관리된다. 대외무역법시행령(제32조)으로 정한 다자간 국제수출통제체제 및 이에 가입한 국가현황은 〈표 4-1〉과 같다.

---

6) 전략물자수출입고시 제2조.

〈표 4-1〉 다자간 국제수출통제체제와 가입현황

구분	화학무기 금지협약 (CWC)	생물무기금지협약 (BWC)	바세나르 체제(WA)	핵공급국 그룹(NSG)	미사일기술 수출통제체제 (MTCR)	호주그룹 (AG)	무기거래조약 (ATT)
설립	1993	1972	1996	1978	1987	1985	2014
한국 가입	1993	1972	1996	1995	2001	1996	2014
회원국	184	176	40	46	34	41	154
통제 대상	생물작용제/ 독소	독성화확물질/ 원료	재래식무기/ 상황품목	원자력전용/ 상황품목	미사일・무인 항공기/상황품목	생・화학물질 /상황품목	재래식무기

* 상황품목 : 군수용 또는 민수용으로 모두 사용가능한 품목

[다자간 국제수출통제체제]

(1) 화학무기의 개발・생산・비축・사용 금지 및 폐기에 관한 협약(CWC : Chemical Weapon Convention)에서 화학무기(Chemical Weapon)란 독가스와 같이 유독화학물질을 사용하여 인원을 살상하거나 초목을 고사(枯死)시키는 무기로, 이에는 신경가스, 질식가스(염소), 혈액가스(청산), 재채기가스(애덤사이트), 최루가스(CS), 정신착란가스(BZ) 등이 있다.

(2) 생물무기 및 독소무기의 개발・생산・비축 금지 및 폐기에 관한 협약(BWC : Biological Weapons Convention)에서 생물무기란 세균, 바이러스, 리케치아, 곰팡이 등의 미생물이나 독소를 이용하여 제조한 것들을 폭탄・포탄・살포장비 등에 충전하여 인간이나 동식물을 감염시키는 무기이다. 핵무기에 비해 상대적으로 제조비용이 저렴하고 기술적으로 생산이 용이하며, 소량 운용을 통해서도 높은 효과를 달성할 수 있기 때문에 대량살상무기로 활용된다.

(3) 바세나르체제(WA : Wassenaar Arrangement)는 재래식 무기와 전략물자 및 기술이 적성국가나 테러지원국에 수출되는 것을 막기 위한 국제조직을 말한다. 바세나르체제(WA)는 기존의 대량파괴무기 확산금지체제를 보완하는 체제로, 1994년 대공산권수출조정위원회(COCOM)가 폐지되자 1996년 7월 네덜란드 바세나르에 본부를 설치하고 결성되었다. 대공산권수출조정위원회가 수출금지 대상국을 명시하고 있는데 비하여 이 체제는 대상국을 명시하지 않으며, 국제조약이 아니므로 이를 집행하는 감독기구도 존재하지 않고 체제를 이행하기 위한 자체적인 수출통제 규정을 회원국들이 국내법으로 만들어 적용한다. 특정 물품에 대한 수출 여부의 결정은 전적으로 회원국의 책임과 재량하에 이루어진다는 점이 특징이다.

(4) 핵공급그룹(NSG : Nuclear Suppliers Group)은 핵기술 보유국가들의 모임으로, 핵확산금지조약(NPT : Nuclear nonproliferation treaty)을 중심으로 핵무기의 개발, 확산을 방지하려는 목적으로 결성되었다. 핵확산금지조약(NPT)의 비가맹국인 인도가 캐나다에서 제공한 원자로에서 생긴 플루토늄을 사용하여 1974년에 핵실험을 실시한 것이 계기가 되어 원자력 관련(전용) 기

자재와 기술의 공급 능력을 갖춘 원자력 공급국이 협조적 수출 관리를 실시하기 위하여 작성한 지침이다. 원자력공급국그룹(NSG)은 런던에서 회합을 하였기 때문에 '런던 클럽(본래 7개국, 2016년 1월 현재 40개국)'이라고도 한다. 또한 이 그룹의 지침을 '런던가이드라인'이라고 흔히 일컫는다. 현재의 지침으로는 부속서에 열거된 핵물질과 원자로 등과 같은 품목을 비핵국으로 이전할 때는 수령국이 핵폭발 장치에 이용하지 않는다는 공식 공증을 하고, 또 국제원자력기구(IAEA)의 전면적 보장조치를 적용할 것을 조건으로 해야 한다는 등의 조건을 정하고 있다. 핵확산금지조약(NTP)의 내용은 핵무기 보유국은 핵무기나 기폭장치 또는 그에 대한 관리를 제3국에 양도하지 않을 것을 약속하고, 비보유국은 핵무기나 기폭장치를 제조하거나 획득하지 않을 것을 약속하며, 비보유국은 원자력을 핵무기나 기폭장치로 전용하는 것을 방지하기 위하여 국제원자력기구(IAEA)의 사찰을 비롯한 안전 조치를 받아들이는 것을 골자로 한다. 2016년 1월 현재 가맹국은 미국 · 러시아 · 중국 · 영국 · 프랑스 등 핵보유국을 비롯한 189개국이다. 한국은 1975년 4월 23일 정식 비준국이 되었으며, 북한은 1985년 12월 12일 가입했으나 1993년 3월 12일 탈퇴를 선언하였다. 그러나 탈퇴 요건을 충족시키지 못해 보류되었으며, 2003년 다시 탈퇴를 선언하였다. 미국의 군축협회(ACA)와 핵위협구상(NTI)에 따르면 전세계에서 미국 · 러시아 · 프랑스 · 중국 · 영국 등 5개국은 핵무기 보유의 기득권을 공인받아 핵무기 보유국으로 공식 인정받은 나라다. 모두 유엔안보리 상임이사국이다. 이들 5개국은 새로운 핵국가의 출현을 막고자 IAEA(국제원자력기구)를 창설하여 핵무기 비보유국의 핵물질 관리실태를 점검하고 현지에서 직접 사찰할 수 있도록 했다. 또 NPT(핵확산금지조약) 등을 체결해 비핵국가의 새로운 핵무기 보유 · 개발금지 등을 통해 핵개발 기회를 봉쇄하고 있다. 그러나 핵보유를 공식적으로 허용받지 못한 나라들은 핵보유에 따른 군비 불평등 구조를 꼬집으면서 비공식적으로 핵무기를 보유하기 위한 노력을 끊임없이 하고 있다. 그 예로 인도, 파키스탄, 이스라엘 등은 이미 핵무기 보유가 기정사실화 된 국가이며, 이들은 NPT에 가입하지 않은 국가이다. 남아프리카공화국도 1980년대 6기의 핵무기를 갖고 있었으나 1990년대초 이를 폐기해 지금은 핵 보유국이 아니다. 옛 소련에서 독립한 카자흐스탄 우즈베키스탄 벨로루시는 소련군이 보유했던 핵무기를 모두 러시아에 반납한 뒤 국제적 감시를 받고 있다. 북한은 핵무기 보유 가능성이 있는 국가로 꼽힌다.

(5) 미사일기술통제체제(MTCR : Missile Technology Control Regime)는 미사일의 확산을 막기 위해 미국 주도로 서방 7개국이 1987년 4월 16일 설립한 비공식 협정이다. 사정거리 300km 이상, 탄두 중량 500kg 이상의 미사일 완제품과 그 부품 및 기술 등에 대한 외국 수출을 통제하고 있으며, 대량파괴무기의 발사 시스템인 경우에는 사정거리와 탄두무게에 관계없이 역시 통제대상에 두고 있다.

(6) 오스트레일리아 그룹(AG : Australia Group)은 1984년 이라크의 생물학 무기 사용을 계기로 1985년 6월에 만들어진 국가간 비공식 기구다. 생물학 무기와 화학 무기의 감시, 무기개발에 쓰이는 물질과 기술의 통제에 힘쓴다. 이를 위해 수출 관리 대상 품목 리스트를 공동으로 작성해 교환하고 참가국 간 정보 교류도 활발히 하고 있다. 수출이 제한되는 기술은 다자간 국제수출통제체제에서 정하는 물품의 제조 · 개발 또는 사용 등에 관한 기술로 산업통상자원부장관이 관계 행정기관의 장과 협의해 고시하는 기술을 말한다(대외무역법시행령 제32조 및 제32조의2).

(7) 무기거래조약(ATT : Arms Trade Treaty)은 재래식무기가 테러와 민간인 학살 등에 사용되지

못하도록 국가간 거래를 규제하는 조약이다. 2013년 UN총회에서 193개 회원국 중 154개국이 찬성하여 조약안이 통과되었고, 50개국 이상 비준이 완료된 2014년 12월 발효되었다. 재래식 무기로 지정된 것은 탱크와 장갑차, 대구경 대포, 전투기, 공격용 헬기, 전함, 마사일과 미사일 발사체, 소형화기와 경화기 등이다. ATT는 우리나라에서 2017년 1월 현재 발효된 것이 아니기 때문에 대외무역법 시행령(제32조 제7호)의 이 조항은 시행일이 정해지지 않았다.

2 전략물자통제기관과 통제품목

1) 관련법령 및 소관부처

우리나라는 1987년 대외무역법시행령에 전략물자 수출허가제도의 법적 근거를 마련했다.[7] 1992년 대외무역법에 전략물자 수출통제제도를 도입했으며, 2003년부터는 **상황허가제도(Catch-all)**[8]를 시행하고 있다. 이후 UN 안보리결의 1540호 이행을 위한 중개·환적·통과 및 무형기술이전(ITT) 등에 대한 수출통제제도도 운영하고 있다. 우리나라는 품목과 관련 법령에 따라 소관부처가 다르다. 일반 산업용 품목과 일반 방산물자는 산업통상자원부 소관으로, 대외무역법에 근거하여 수출통제를 이행하고 있다. 품목에 따른 전략물자 수출통제 관련 법령 및 소관부처는 〈표 4-2〉와 같다.

〈표 4-2〉 전략물자 수출통제 관련법령 및 소관부처[9]

품목 구분	관련법령		소관부처(허가기관)
일반산업용 품목 (물품, 기술, 소프트웨어)	대외무역법	대외무역법시행령 전략물자수출입고시	산업통상자원부
일반 방산물자			

7) 전략물자관리에 대한 보다 자세한 내용은 산업통상자원부장관이 고시한 '전략물자수출입고시'를 참조. 전략물자관리업무를 주로 하는 조직은 전략물자관리원(www.yestrade.go.kr)이다.

8) 상황허가(Catch-all)제도란 수출품목이 통제목록에는 없는 품목이나 우려용도로 전용될 것을 알았거나(Know), 의심되는 경우(Suspect) 또는 정부기관으로부터 통보받은 경우(Inform)에 수출허가를 받도록 하는 제도를 말한다.

9) 화학무기금지협약, 생물무기금지협약에 대한 우리 정부의 이행책임과 관련한 내용은 '화학·생물무기의 금지 및 특정화학물질·생물작용제 등의 제조·수출입규제 등에 관한 법률'에 규정하고 있다.

주요 방산물자	대외무역법 방위사업법	방위사업법시행령 및 시행규칙	방위사업청
원자력전용 품목	대외무역법 원자력안전법	원자력안전법 시행령 및 시행규칙	원자력안전위원회
대북 반출입물자	남북교류협력에 관한 법률	남북교류협력에 관한 법률 시행령 및 시행규칙	통일부

2) 수출통제품목

우리나라는 국제수출통제체제(WA, MTCR, NSG, AG) 및 화학무기금지협약(CWC)에서 지정한 품목을 **수출통제품목**으로 하고 있다. 수출통제품목은 전략물자수출입고시 [별표 2]와 [별표 3]에 수록되어 있으며, [별표 2]는 이중용도품목, [별표 3]은 바세나르체제에서 지정한 군용물자품목으로 구성되어 있다.

가. 통제리스트의 구성체계

[별표 2]에 수록된 이중용도 품목은 5자리로 구성된 통제번호를 통해 해당 품목이 어떠한 품목군에 속하는지, 어떠한 수출통제체제에 의해 통제되는지를 한눈에 알아볼 수 있다. 통제번호의 첫 번째 자리는 품목군을 나누는 것으로서 1번은 재료, 화학물질, 미생물 및 독소, 2번은 소재가공을 하는 기계류, 3번은 전자, 4번은 컴퓨터, 5번은 통신 및 정보보안, 6번은 센서 및 레이저, 7번은 항법 및 항공전자, 8번은 해양, 9번은 항공우주 및 추진, 0번은 원자력 전용품목의 순으로 이루어져 있다. 두 번째 자리는 알파벳으로 표시되며 A는 장비, 조립품 및 부품, B는 생산 및 테스트장비, C는 소재, D는 소프트웨어, E는 기술을 나타낸다. 세 번째 자리는 통제품목의 해당되는 통제체제를 표시하는데 0은 바세나르체제(WA), 1은 미사일기술통제체제(MTCR), 2는 핵공급국그룹(NSG), 3은 호주그룹(AG), 4는 화학무기금지협약(CWC)를 나타낸다.

[별표 3]의 군용물자는 크게 22종으로 구분되며, 총기류, 대포류, 탄약 및 신관장치, 군전용으로 설계된 폭탄, 어뢰, 로켓, 미사일, 기타 폭발장치와 관련 장비 및 부속품 등이 있다. [별표 3]의 군용물자는 방위사업법에 의해 지정되는 방산물자와는 다른 개념이나 대부분의 방산물자를 포괄하고 있다.

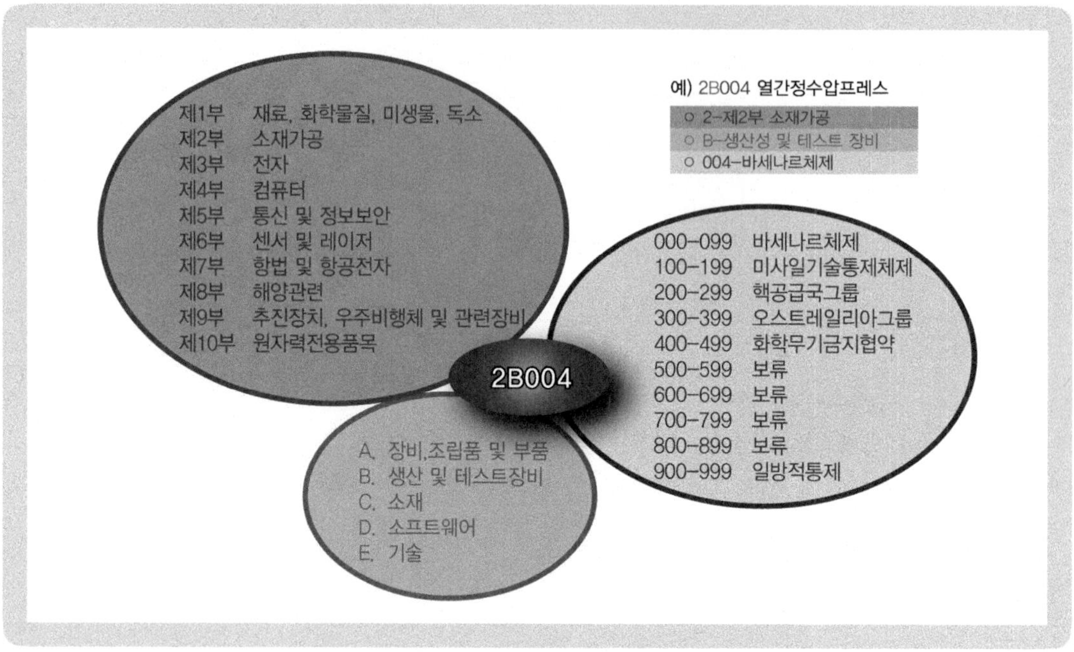

[그림 4-1] 수출통제품목의 통제번호 체계]

나. 국제체제별 주요 통제품목

WA는 분야별 이중용도품목 리스트(Dual-use list)와 군용물자품목 리스트(Munition list)를 포함하고 있다. 이중용도 품목으로는 재래식 무기의 개발·제조·이용을 위한 소재, 소재가공, 전자, 컴퓨터, 통신 및 정보보안, 센서 및 레이저, 항법 및 항공전자, 해양, 항공 추진장치 등이 있다. 군용물자품목으로는 폭탄, 탱크, 항공기, 군함, 총기 및 그와 관련 기술 등을 포함한다. NSG에서 통제하는 이중용도 품목으로는 산업용 장비(공작기계 등), 소재(알루미늄 합금 등) 우라늄 동위원소 분리(펌프 등), 핵무기 기폭 및 측정장치 등이 있다. 원자력 전용품목으로는 핵물질, 원자로, 중수 생산시설, 우라늄 농축 및 재처리 시설 등이 통제되고 있다.

MTCR 통제리스트는 Cat Ⅰ(WMD 운반 가능한 미사일 및 관련 기술)과 Cat Ⅱ(Cat Ⅰ 구성품인 이중용도 물자)로 나뉜다. Cat Ⅰ에서는 완성로켓시스템(탄도미사일, 우주발사체), 무인항공시스템(순항미사일)이 있으며 사거리 300km 이상, 탑재중량 500kg 이상인 것이 통제대상이다. Cat Ⅰ에 포함된 품목은 원칙적으로 수출이 금지되며(제조설비포함) 수출 허가 시 수입국의 확약서가 필요하다. Cat Ⅱ에서는 완성로켓시스템 및 무인항공시스템(사거리 300km 이상, 탑재중량 500kg 미만), 터보제트엔진, 추진제, 항법장치, 비행제어, 환경 챔버, 레이더 등이 통제 대상이다. AG 주요 통제품목은 화학작용제 및 전구체, 생물작용제(바이러스, 박테리아 등), 식물성 병원균 및 동물성 병원균, 이중용도 화학제조 시설, 장비 및 기술(열교환기, 증류탑, 펌프 등), 이중용도 생물장비 및 관련기술(발효조, 동결건조기 등) 등이다.

3 전략물자 여부의 판정

1) 전략물자의 판정의 개요

수출하려는 품목이 전략물자에 해당되면, 사전에 정부의 허가를 받아야 하므로 전략물자 해당여부를 판정하는 것은 전략물자 수출관리의 핵심절차이다. 전략물자를 판정하는 방법은 무역거래자 스스로 판정하는 '자가판정'과 전략물자관리원 등 판정전문기관에 공식적으로 신청하여 판정하는 '사전판정'이 있다. 수출 품목에 대한 기술적 사양에 대한 지식이 있거나, 이미 판정된 품목의 경우(통제번호를 알고 있을 경우)에는 자가판정이 유용하다. 그 밖의 경우에는 전략물자관리원 등과 같은 판정전문기관에 의뢰하는 것이 바람직하다. 전략물자에 해당으로 판정된 경우에는 대외무역법 제19조(전략물자의 고시 및 수출허가 등) 의거 수출 시에 수출허가를 받은 후 관세법에 의한 통관절차를 진행해야 한다. 비해당으로 판정된 경우는 수출 시에 상황허가 대상이 되는지 확인하여야 한다. 또한 전략물자관리시스템(YesTrade)상의 거래상대방의 우려대상자(Denial List) 여부도 확인해보는 것이 바람직하다.

2) 자가판정

자가판정이란 무역거래자가 취급하는 물품과 기술이 전략물자수출입고시에서 정하는 전략물자에 해당하는지 여부를 스스로 판단하는 것을 말한다.

물품등의 무역거래자(기술이전 행위의 전부 또는 일부를 위임하거나 기술이전 행위를 하는 자를 포함한다.)는 산업통상자원부장관이 고시하는 교육을 이수한 경우에는 물품등이 전략물자 또는 상황허가 대상인 물품등에 해당하는지에 대한 자가판정을 할 수 있다. 이 경우 물품등의 무역거래자는 판정대상 물품의 성능과 용도 등 정보를 전략물자 수출입관리 정보시스템에 등록하여야 하며, 다음은 자가판정 대상에서 제외된다(대외무역법 제20조).

1. 기술
2. 그 밖에 산업통상자원부장관이 자가판정 대상이 아닌 것으로 고시하는 물품등

전략물자 자가판정을 위해 전략물자관리시스템(www.yestrade.go.kr)상의 자가판정 도구를 이용하는 것이 좋다. 자가판정시스템은 HS 코드와 통제번호를 연계한 'HS 연계표', 품목키워드와 통제번호를 연계한 '품목키워드 연계표' 등을 활용하여 업체가 자가판정을 손쉽게 할 수 있도록 지원하고 있다.

자가판정을 하기 위해서는 먼저 판정에 필요한 근거자료(품목의 기술사양서, 카탈로그 등)를 준비하고 Yestrade 홈〉〉산업용 판정/허가〉〉자가판정 메뉴를 선택하여 HS번호 또는 품목키워드를 통하여 관련 통제번호를 확인한다. 기존에 통제번호를 알고 있다면 '통제번호 추가'를 이용하여 판정할 수 있다. 동일(유사)품목은 기존의 판정사례를 참고하여 자가판정하는 것도 하나의 방법이 될 수 있다.

3) 사전판정

전략물자 또는 기술의 사전판정이란 기업 또는 개인 스스로 수출하고자 하는 제품 또는 기술이 전략물자에 해당되는지 여부를 알기 어려운 경우 이에 대한 판정을 전략물자관리원에 의뢰하여 판정받는 것을 의미한다. 전략물자의 사전판정기관인 전략물자관리원의 분야별 전문가는 전략물자수출입고시 [별표 2] 내지 [별표 3]의 전략물자 또는 기술에 해당하는지 여부를 판정한 후 그 결과를 업체에 회신한다. 사전판정의 법적 처리기간은 신청서를 접수한 날로부터 15일이다.

4 전략물자 수출허가

전략물자를 수출하고자 하는 개인 또는 업체는 수출전에 반드시 관련 허가기관으로부터 수출허가를 받아야 한다. 전략물자가 아니라도 우려용도로 전용될 위험이 있을 경우 역시 관련기관의 상황허가를 받아야 수출이 가능하다. 전략물자 수출허가는 수출허가, 중개허가, 상황허가, 경유·환적허가로 구분한다. 수출허가는 다시 개별수출허가, 포괄수출허가 및 원자력플랜트기술수출허가로 구분되고, 포괄수출허가는 사용자포괄수출허가와 품목포괄수출허가로 구분한다. 요약하면 〈표 4-3〉과 같다.

〈표 4-3〉 전략물자의 허가

허가종류	수출허가				중개허가	상황허가	경유・환적허가
	개별	포괄허가		원자력플랜트기술			
		사용자 포괄	품목 포괄				
신청자격	누구나	자율준수 거래자	자율준수 거래자	플랜트 수출자	누구나	누구나	운송사업자
수출품	전략물자	전략물자	전략물자	원자력 플랜트	전략물자	非전략물자	전략물자, 상황허가 품목
신청기준	계약 건별	수출계획	수출계획	수출계획	계약 건별	계약 건별	계약 건별
허가 유효기간	1년	2~3년	3년	사업 기간	1년	1년	1년

1) 개별수출허가와 포괄수출허가

개별수출허가는 당해 전략물자의 수출허가기관의 장이 전략물자의 수출신청에 대해 개별적으로 허가하는 것으로서 확인된 수량의 품목들에 대하여 수출허가 하는 것을 말한다. 반면 포괄수출허가는 자율준수무역거래자로 지정된 자에 한해 특정조건 내에서 일정기한을 정하여 일괄 허가하는 것을 말한다. 포괄수출허가 중 사용자포괄수출허가는 자율준수무역거래자에게 전략물자수출입고시 [별표 8]에 속하는 품목을 그 구매자, 목적지국가, 최종수하인을 지정하여 일정한 기간 동안 수출하도록 허가하는 것으로서, 그 기간 동안 해당 품목의 수출여부 및 수출수량은 수출자가 최종사용자의 사용용도를 고려하여 자율적으로 결정할 수 있는 것을 말한다.

품목포괄수출허가란 허가기관의 장이 자율준수무역거래자에게 전략물자수출입고시 [별표 8]에 속하는 품목을 특정한 구매자, 최종목적지 국가, 최종수하인, 최종사용자, 최종사용용도에 따라 일정한 기간 동안 수출하도록 허가하는 것으로서, 그 기간 동안 수출자가 대상 품목 및 그 수출여부와 수출량을 자율적으로 결정할 수 있도록 한 것을 말한다.

원자력플랜트기술수출허가란 원자력플랜트 수출사업에 대하여 원자력안전위원회 위원장이 전략물자수출입고시에서 정한 기술의 수출을 사업 기간 동안 일괄하여 허가하는 것을 말한다. 전략물자수출입고시에는 [별표 6]으로 전략물자 수출지역을 〈표 4-4〉와 같이 구분하고 있다.

〈표 4-4〉 전략물자 수출지역

구분	국가
"가" 지역	아르헨티나, 호주, 오스트리아, 불가리아, 벨기에, 캐나다, 체코, 덴마크, 핀란드, 프랑스, 독일, 그리스, 헝가리, 아일랜드, 이탈리아, 일본, 룩셈부르크, 네덜란드, 뉴질랜드, 노르웨이, 우크라이나, 폴란드, 포르투갈, 스페인, 스웨덴, 스위스, 터키, 영국, 미국(29개국) * 상기 국가들은 바세나르체제(Wassenaar Arrangement : WA), 핵공급국그룹(Nuclear Suppliers Group : NSG), 오스트레일리아그룹(Australia Group : AG) 및 미사일기술통제체제(Missile Technology Control Regime : MTCR) 등 4개 국제수출통제체제에 모두 가입한 국가
"나" 지역	북한(제3국을 경유하여 재수출되는 경우에 한함), 나우루, 네팔, 말레이시아, 몰디브, 몽골, 바누아투, 방글라데시, 베트남, 스리랑카, 싱가포르, 아프가니스탄, 인도네시아, 인도, 중국, 대만, 마카오, 홍콩, 태국, 파키스탄, 파푸아뉴기니, 라오스, 캄보디아, 브루나이, 필리핀, 동티모르, 마샬군도, 미얀마, 미크로네시아, 부탄, 서사모아, 솔로몬, 키리바시, 통가, 투발루, 휘지, 팔라우, 가이아나, 그레나다, 니카라과, 도미니카(연), 멕시코, 바베이도스, 바하마, 베네수엘라, 벨리즈, 세인트루시아, 세인트 빈센트, 세인트 키츠 네비스, 안티구아바브다, 자메이카, 칠레, 콜롬비아, 트리니다드 토바고, 페루, 수리남, 브라질, 과테말라, 도미니카(공), 볼리비아, 아이티, 에콰도르, 엘살바도르, 온두라스, 우루과이, 코스타리카, 파나마, 파라과이, 쿠바, 라트비아, 러시아, 루마니아, 리투아니아, 몰도바, 몰타, 벨로루시, 슬로바키아, 슬로베니아, 아르메니아, 아이슬란드, 아제르바이잔, 알바니아, 우즈베키스탄, 세르비아-몬테네그로, 카자흐스탄, 크로아티아, 키르기스스탄, 타지키스탄, 투르크메니스탄, 그루지야, 사이프러스, 보스니아, 리히텐슈타인, 교황청, 에스토니아, 안도라, 산마리노, 마케도니아, 모나코, 레바논, 수단, 예멘, 오만, 요르단, 이란, 카타르, 이집트, 쿠웨이트, 바레인, 사우디아라비아, 아랍에미리트, 이라크, 이스라엘, 시리아, 가나, 가봉, 감비아, 기네, 기네비소, 나미비아, 나이지리아, 니제르, 라이베리아, 지부티, 르완다, 리비아, 마다가 스칼, 말라위, 말리, 모로코, 모리셔스, 모리타니와, 베냉, 보츠와나, 부룬디, 부르키나파소, 상투메프린시페, 세네갈, 소말리아, 시에라리온, 알제리, 앙골라, 에리트레아, 우간다, 에티오피아, 콩고민주(구자이리), 잠비아, 적도기니, 중앙아프리카공화국, 차드, 카메룬, 케냐, 코모로, 코트디부아르, 콩고, 토고, 탄자니아, 튀니지, 카보베르데, 모잠비크, 짐바브웨, 세이셸, 남아공, 레소토, 스와질란드 등 "가"지역에 해당하지 않는 국가 및 지역

['가' 지역과 '나' 지역의 구분]

'가' 지역 국가란 4대 국제수출통제체제(바세나르체제, 핵공급국그룹, 미사일기술통제체제, 호주그룹에 모두 가입한 국가인 미국, 영국, 일본 등 총 29개국을 말한다. 이들 '가' 지역 이외의 국가를 '나' 지역 국가라 한다. '가' 지역 국가는 대체로 전략물자 수출관리제도를 잘 이행하고 있다고 국제적으로 인정받고 있는 국가들의 그룹이다. 최종목적지가 '가'

지역이라 하더라도 '나' 지역을 경유하는 경우에는 '나' 지역으로 전략물자를 수출하는 것으로 간주된다. '가' 지역으로 수출하는 경우에는, 수출허가 신청서류의 일부를 면제하고 수출허가 처리 기간도 단축하는 등 '나' 지역으로 수출하는 경우보다 조금 더 간편하고 빠르게 허가를 받도록 차별화하고 있다.

2) 상황허가

전략물자에는 해당되지 않으나 수출하고자 하는 품목이 [별표 6]의 '나' 지역으로 수출되며 대량파괴무기와 그 운반수단인 미사일 및 재래식부기(이하 "대량파괴무기등"이라 한다)의 제조 및 개발, 사용 또는 보관 등에 전용될 가능성이 있다고 판단되는 경우 신청하여 허가받는 것을 말한다. 대량파괴무기관련물품등을 [별표 6]의 '가' 지역으로 수출하고자 하는 자는 해당물품의 구매자, 최종 수하인 또는 최종 사용자가 그 물품등을 대량 파괴무기 등의 제조·개발·사용 또는 보관 등의 용도로 전용할 의도가 있음을 사전에 인지한 경우에는 상황허가를 신청하여야 한다. 상황허가 신청은 ① 거래상대방이 우려거래대상자 목록(Denial List)[10]에 등재된 경우, ② 수출품목이 전략물자수출입고시 [별표 2-2] 상황허가 대상품목에 해당하는 경우, ③ 기타 상황허가 신청이 필요한 경우(대외무역법 제19조)이며, 그 세부 내용은 〈표 4-5〉와 같다.

〈표 4-5〉 상황허가 신청이 필요한 상황(전략물자수출입고시 제19조)

1. 수입자가 해당 물품등의 최종 용도에 관하여 필요한 정보제공을 기피하는 경우
2. 수출하고자 하는 물품등이 최종 사용자의 사업분야에 해당되지 아니하는 경우
3. 수출하고자 하는 물품등이 수입국가의 기술수준과 현저한 격차가 있는 경우
4. 최종 사용자가 해당 물품등이 활용될 분야의 사업경력이 없는 경우
5. 최종 사용자가 해당 물품등에 대한 전문적 지식이 없음에도 불구하고 해당 물품등의 수출을 요구하는 경우
6. 최종 사용자가 해당 물품등에 대한 설치·보수 또는 교육훈련 서비스를 거부하는 경우
7. 해당 물품등의 최종 수하인이 운송업자인 경우
8. 해당 물품등에 대한 가격 및 지불 조건이 통상적인 범위를 벗어나는 경우
9. 특별한 이유 없이 해당 물품등의 납기일이 통상적인 기간을 벗어난 경우

---

10) 우려대상자란 UN안전보장이사회에서 지정한 제재대상 단체 또는 개인의 목록을 의미하며, 해당 목록에 등재된 자와 거래할 경우 반드시 정부의 허가가 필요하다.

10. 해당 물품등의 수송경로가 통상적인 경로를 벗어난 경우
11. 해당 물품등의 수입국내 사용 또는 재수출 여부가 명백하지 아니한 경우
12. 해당 물품등에 대한 정보 또는 목적지 등에 대하여 통상적인 범위를 벗어나는 보안을 요구하는 경우
13. 수입자 또는 최종사용자 등이 국제연합에서 지정한 우려거래자('국제평화 및 안전유지 등 의무이행을 위한 무역에 관한 특별조치'상의 특별조치 관련 우려거래자는 해당 특별조치에 따른다.)로서 대외무역법(제28조)에 따른 전략물자수출입관리정보시스템(www.yestrade.go.kr)을 통해 게시된 자
14. 「대외무역법」 제19조 제3항 제13호에 따라 허가기관의 장이 허가를 받도록 별도 지정한 별표 2의 2에 해당되는 품목
15. 산업통상자원부장관 또는 관계행정기관의 장으로부터 대량파괴 무기 등의 제조・개발・사용 또는 보관의 용도로 전용될 우려가 있어 수출허가가 필요하다는 내용의 서면통보를 받은 경우

---

3) 중개허가 및 경유・환적허가

중개허가는 전략물자를 제3국에서 또 다른 제3국으로 중개 하고자 할 경우 매 중개시마다 허가하는 것을 말한다. 경유・환적허가란 전략물자 등을 국내 항만이나 공항을 경유하거나 국내에서 환적(換積)하려는 자에게 해당 허가기관이 허가하는 것을 말한다. 경유・환적허가의 신청을 받은 경우 산업통상자원부장관은 다음 기준에 따라 허가할 수 있다(대외무역법 제23조 제4항 및 동법시행령 제40조의3).

① 해당 전략물자 등의 평화적 목적에 사용될 것
② 해당 전략물자 등의 경유 또는 환적이 국제평화 및 안전유지와 국가안보에 영향을 미치지 아니할 것
③ 해당 전략물자 등의 수출자, 수입자, 최종사용자 등이 거래에 적합한 자격을 가지고 있고, 그 전략물자 등의 사용용도를 신뢰할 수 있을 것
④ 그 밖에 국제수출통제 체제의 원칙 중 산업통상자원부장관이 정하여 고시하는 사항을 지킬 것

5 허가의 면제

전략물자를 수출하더라도 〈표 4-6〉의 면제사유에 해당하는 경우 수출허가가 면제되된다. 이때는 수출 후 7일 이내 수출거래보고서를 해당 허가기관에 제출하여야 한다.

〈표 4-6〉 수출허가 면제(전략물자수출입고시 제26조)

1. 국내에 있는 외국선박 또는 항공기가 자체목적으로 사용하는 조선기자재 또는 항공기용품을 공급하는 경우
2. 선박 또는 항공기의 안전운항을 위하여 긴급 수리용으로 사용되는 기계, 기구, 부분품을 무상으로 수출할 경우
3. 재외공관(대한무역투자진흥공사의 해외무역관을 포함한다), 해외에 파견된 우리나라 군대 또는 외교사절 등에 송부하기 위하여 반출하는 공용물품
4. 국제기관에 발송하는 물품으로서 우리 정부가 체결한 조약 또는 국제적 약속에 따라 수출허가가 면제되는 품목
5. 수입한 전략물자를 그 제조업체 또는 당초 수출자에게 반송하는 경우
6. 전략물자 수출허가서를 발급받아 수출한 전략물자를 수리, 성능미달, 대체 등의 사유로 재수입하여 수리한 해당 전략물자 또는 대체한 전략물자를 수출허가서상의 같은 최종사용자에게 다시 수출하는 경우(같은 사유로 긴급한 필요가 있어 동일한 전략물자를 수출허가서 상의 같은 최종사용자에게 다시 수출하고 당초 수출했던 전략물자를 다시 수출통관을 한 날로부터 6개월 이내에 재반입하는 경우를 포함한다)
7. 별표 4의 바세나르체제 이중용도품목(민감품목, 초민감품목, 소프트웨어 및 여타 국제수출통제체제에서 통제하는 품목은 제외한다)에 해당되는 전략물자의 수출로서 해당 품목의 수출가액의 합계가 미화 8천불 이하인 경우(다만, 동일 구매자에 대한 최종 수출통관일을 기준으로 그 이전 1년간 미화 3만불을 초과하여 전략물자를 수출한 경우 및 해당 전략물자가 대량파괴무기등으로 전용될 가능성이 있는 경우는 제외한다)
8. 박람회, 견본회 또는 전시회 등에 출품할 목적으로 수출한 후 1년 이내에 재반입하는 조건인 경우 또는 해외 현지에서 폐기하는 조건인 경우. 다만, 바세나르체제 이중용도품목의 민감품목, 초민감품목, 미사일기술통제체제 이중용도품목의 CAT1, 제5조 제1항 제3호에 해당하는 품목, 제18조 제4항 및 제5항에 해당하는 품목은 적용하지 아니한다.
9. 우리나라에서 개최하는 박람회, 견본회 또는 전시회 등에 출품할 목적으로 수입한 후 1년 이내에 당초 수출자에게 수출할 경우. 다만 제5조 제1항 제2호에 해당하는 품목의 경우에는 적용하지 아니한다.
10. 암호화 품목(5A002.a.1,2,5,6,9, 5B002, 5D002)을 민간기업의 내부시스템 구축·운영 용도 혹은 민간기업의 민수용 제품 개발·생산 용도로 수출하는 경우로서 최종목적지 국가가 바세나르체제 가입국인 경우
11. 시스템관리전용 암호화기능(SNMP, SSH)으로 인하여 전략물자로 분류된 암호화품목(통제번호 : 5A002.a.1,2,5,6,9, 5B002, 5D002)을 수출하는 경우(다만, 해당 품목이 다른 통제번호에 해당하는 경우는 제외한다)
12. 소프트웨어 사용기간을 연장하거나, 소프트웨어 프로그램의 문제(버그)만을 해결하기 위하여 동일한 최종 수하인 또는 사용자에게 문제해결 프로그램(패치프로그램)을 수출하는 경우 다만, 새로운 기능이 추가되는 경우는 제외한다.
13. 제10조 제1호의 가 지역에서 최종사용자 확인을 받아 재수출허가를 받은 경우. 다만, 제5조 제1항 제2호에 해당하는 품목은 제외한다.

14. 「대외무역관리규정」제2조에 따른 중계무역이나 외국인도수출을 하는 경우로써, 제10조 제1호의 가 지역에서 최종사용자 확인을 받아 수출허가를 받은 경우 다만, 제5조 제1항 제2호에 해당하는 품목은 제외한다.
15. 별표 2(이중용도품목)의 제1부부터 제9부까지에 해당되는 물품등을 검사, 시험, 보정, 수리를 받을 목적으로 수출한 후 1년 이내에 재반입하는 조건인 경우 또는 해외 현지에서 폐기하는 조건인 경우. 다만, 바세나르체제 이중용도품목의 민감품목, 초민감품목, 미사일기술통제체제 이중용도품목의 CAT1, 제5조 제1항 제3호에 해당하는 품목, 제18조 제4항 및 제5항에 해당하는 품목은 적용하지 아니한다.

6 전략물자 수출입의 관리

1) 전략물자등에 대한 이동중지 명령

산업통상자원부장관과 관계 행정기관의 장은 전략물자나 상황허가 대상인 물품 등이 허가를 받지 아니하고 수출되거나 거짓이나 그 밖의 부정한 방법으로 허가를 받아 수출되는 것(무허가수출)을 막기 위하여 필요하면 적법한 수출이라는 사실이 확인될 때까지 전략물자 등의 이동중지명령 권한을 가진다. 특히 전략물자 등의 무허가수출을 막기 위하여 긴급하게 그 이동을 제한할 필요가 있는 경우에는 적법한 수출이라는 사실이 확인될 때까지 직접 그 이동을 중지시킬 수 있다(대외무역법 제23조).

전략물자 등을 국내 항만이나 공항을 경유하거나 국내에서 환적(換積)하려는 자는 대통령령으로 정하는 바에 따라 산업통상자원부장관이나 관계 행정기관의 장의 허가를 받아야 한다. 산업통상자원부장관과 관계 행정기관의 장은 경유 또는 환적 허가의 신청을 받은 경우 국제평화, 안전유지 및 국가안보 등의 기준에 따라 허가할 수 있다. 산업통상자원부장관 또는 관계 행정기관의 장은 이동중지조치나 경유 또는 환적의 허가를 하기가 적절하지 아니하면 다른 행정기관에 협조를 요청할 수 있다. 이 경우 협조를 요청받은 행정기관은 국내 또는 외국의 전략물자등의 국가 간 무허가수출을 막을 수 있도록 협조하여야 한다. 그리고 이동중지조치를 하는 공무원은 그 권한을 표시하는 증표를 지니고 이를 관계인에게 내보여야 하며, 이동중지명령 및 이동중지조치의 기간과 방법은 전략물자등의 국가 간 무허가수출을 막기 위하여 필요한 최소한도에 그쳐야 한다.

2) 전략물자 중개의 허가

국내에 거주하는 대한민국 국민(국내법에 따라 설립된 법인을 포함한다)이 전략물자를 제3

국에서 다른 제3국으로 이전하거나 매매하기 위한 중개를 하려면 대통령령으로 정하는 바에 따라 산업통상자원부장관이나 관계 행정기관의 장의 허가를 받아야 한다. 이에 따라 전략물자를 중개하려는 자는 전략물자 중개허가신청서에 다음 각 호의 서류를 첨부하여 산업통상자원부장관이나 관계 행정기관의 장에게 제출하여야 한다.

① 거래계약서, 거래가계약서(去來假契約書) 또는 이에 준하는 서류
② 해당 중개에 관련된 수출자, 수입자, 중개자 등에 관한 서류
③ 중개하는 전략물자의 용도와 성능을 표시하는 서류
④ 중개하는 전략물자의 기술적 특성에 관한 서류
⑤ 그 밖에 전략물자의 중개허가에 필요한 서류로서 산업통상자원부장관이 정하여 고시하는 서류

만일 전략물자의 이전·매매가 수출국으로부터 다자간 국제수출통제체제의 원칙에 따른 수출허가를 받은 때 또는 산업통상자원부장관이 고시하는 지역에서 중개에 따른 수출이나 수입이 이루어지는 때에 해당된다면 전략물자 중개허가는 받을 필요가 없다. 중개허가 신청을 받은 산업통상자원부장관이나 관계 행정기관의 장은 15일 이내에 중개허가 여부를 결정하고 그 결과를 신청인에게 알려야 한다. 산업통상자원부장관과 관계 행정기관의 장은 중개허가의 신청을 받으면 국제평화 및 안전유지와 국가안보 등 대통령령으로 정하는 기준에 따라 중개허가를 할 수 있는데 "대통령령으로 정하는 기준"이란 다음 각 호의 기준을 말한다(대외무역법시행령 제42조).

① 해당 물품 등이 평화적 목적에 사용되는지 여부
② 해당 물품 등의 중개가 안전유지와 국가안보에 영향을 미치는지 여부
③ 해당 물품 등의 수출자, 수입자, 최종 사용자 등이 거래에 적합한 자격을 가졌는지 여부 및 그 사용 용도를 믿을 수 있는지 여부
④ 그 밖에 다자간 국제수출통제체제의 원칙 중 산업통상자원부장관이 정하여 고시하는 사항을 지키는지 여부

3) 전략물자수입증명서의 발급과 관리

외국의 전략물자수출자의 요구가 있어 수입증명서를 발급받으려는 자는 전략물자수입증명서 4부(수출자용, 수출국정부용, 세관용, 수입증명서발급기관용)에 전략물자 등 수입내역신고서 및 기타 수입증명서 발급기관의 장이 필요하다고 인정하는 서류를 첨부하여 당해품목을 관장하는 수출허가기관의 장에게 신청하여야 한다. 수입증명서발급기관의 장은 필요하

다고 인정하는 경우, 수입사유서 및 수입자와 최종수하인의 매매관계를 나타내는 서류 등 추가적인 서류의 제출을 요구할 수 있다. 수입증명서 발급신청은 신청일로부터 7일[11] 이내에 처리하여야 한다. 수입증명서의 유효기간은 발급일로부터 1년 이내로 한다.

> 발급받은 수입증명서가 분실 또는 훼손된 경우에는 수입증명서 발급기관의 장에게 수입증명서의 재발급을 신청할 수 있다. 수입증명서의 재발급을 신청하는 자는 이미 발급된 수입증명서(훼손된 경우에 한한다) 및 ① 분실 또는 훼손된 사유, ② 수출자 및 수입자의 성명, 주소, ③ 분실 또는 훼손된 수입증명서의 증명번호, 발급일자, ④ 분실된 수입증명서의 발견 시 이를 즉시 반환한다는 서약서 등이 기재된 사유서를 제출하여야 한다.

수입증명서를 발급받은 후 사정의 변화에 따라 기재된 내용과 다른 사실이 발생한 경우 수입증명서를 발급받은 자는 즉시 수입증명서 발급기관의 장에게 새로운 수입증명서의 발급을 신청하여야 한다. 새로운 수입증명서의 발급을 신청하는 자는 이미 발급받은 수입증명서를 반환하여야 한다. 또한 수입증명서를 발급받은 자가 거래가 완결되지 않은 등의 이유로 전략물자를 수입하지 아니한 경우에는 반환사유서와 함께 당해 수입증명서를 수입증명서 발급기관의 장에게 즉시 반환하여야 한다. 그런데 수입증명서를 발급받은 자가 불가피한 사유로 수입증명서를 발급받은 전략물자 등을 국내로 수입하지 않고 외국으로 전송, 환적 또는 재수출(유상여부를 불문한다)하고자 할 경우에는 수입증명서 발급기관의 장의 수출허가를 받아야 한다. 수출허가의 신청 등은 전략물자통합공고상 개별수출허가 규정을 준용하되, 이 경우에는 국내로 수입하지 않은 데 대한 사유서를 추가로 제출하여야 한다. 수출허가기관의 장은 필요하다고 인정하는 경우 수출자에게 일정한 기간을 정하여 당해물품의 최종목적지 국가의 정부가 발행하는 전략물자통관증명서(이하 통관증명서라 한다)의 제출을 요구할 수 있다.

전략물자를 분할 선적하고자 하는 수출자가 통관증명서의 제출을 요구받은 경우, 수출자는 매 분할선적에 대해 통관증명서를 발급받은 후 이를 일괄해서 수출허가기관의 장에게 제출하여야 한다. 다만, 수출허가기관의 장은 특히 필요하다고 인정하는 경우, 이미 수출된 물품에 대하여만 통관증명서를 제출하게 할 수 있다. 그리고 전략물자의 수출자가 수입자로부터 필요한 통관증명서를 획득할 수 없는 경우에는 그 사유서와 이를 입증할 수 있는 서류를 첨부하여 즉시 수출허가기관의 장에게 보고하여야 한다. 또한 수입증명서가

11) 전략물자수입증명서의 발급을 신청한 물품 등에 대하여 별도의 기술심사 또는 관계행정기관과의 협의가 필요한 경우 이에 소요되는 일수는 7일의 기간에 산입하지 아니한다.

요구되는 물품을 수입통관한 후 수출자의 요구에 따라 통관증명서를 발급받고자 하는 자는 전략물자 통관증명(신청)서 3부(신청자용, 수출자용, 세관용)에 전략물자수입증명서를 첨부하여 당해 물품을 통관한 세관장에게 통관증명서의 발급을 신청하여야 한다. 통관증명서의 신청은 신청일로부터 7일 이내에 처리하여야 한다.[12)]

수입증명서를 발급받아 전략물자를 수입한 자는 수입증명서(사본), 수입계약서, 별표 13의 내용이 포함된 각서(국내 판매의 경우에 한한다) 등 전략물자의 수입에 관련된 서류를 수입일로부터 5년간 보관하여야 한다. 수입된 전략물자는 국내에서는 정부의 허가없이 자유롭게 판매할 수 있다. 다만, 이 경우 매도인은 매수인으로부터 [별표 13]의 내용이 포함된 각서를 받아야 한다. 재매도의 경우에도 또한 같다. 수입 전략물자 등의 매도인과 매수인은 수입증명서 사본, 각서 등을 수입일로부터 5년간 보관하여야 한다. 수입증명서 발급기관의 장은 필요하다고 인정하는 경우 수입증명서를 발급받은 전략물자의 유출 및 불법수출여부를 점검할 수 있다.

4) 전략물자수출입질서 위반자에 대한 제재

산업통상자원부장관 또는 관계 행정기관의 장은 다음 각 호의 어느 하나에 해당하는 자에게 3년 이내의 범위에서 일정 기간 동안 전략물자의 전부 또는 일부의 수출이나 수입을 제한할 수 있다.

① 대외무역법에 따른 수출허가를 받지 아니하고 전략물자를 수출한 자
② 대외무역법에 따른 상황허가를 받지 아니하고 상황허가 대상인 물품 등을 수출한 자
③ 전략물자의 수출이나 수입에 관한 제19조 제1항의 다자간 국제 수출통제체제의 원칙을 위반한 자로서 대통령령으로 정하는 자

관계 행정기관의 장은 전술한 각 호의 어느 하나에 해당하는 자가 있음을 알게 되면 즉시 산업통상자원부장관에게 통보하여야 한다. 그리고 산업통상자원부장관 또는 관계 행정기관의 장은 전략물자의 수출입을 제한한 자와 외국 정부가 자국의 법령에 따라 전략물자의 수출입을 제한한 자의 명단과 제한 내용을 공고할 수 있다.

---

12) 통관증명서를 발급받은 자는 통관증명서가 분실 또는 훼손된 경우, ① 분실 또는 훼손된 사유, ② 분실 또는 훼손된 통관증명서의 증명번호, 발급일자 등이 기재된 사유서를 첨부하여 당해 물품을 통관한 세관장에게 통관증명서의 재발급을 신청할 수 있다.

5) 전략물자수출입통제협의회

산업통상자원부장관과 관계 행정기관의 장은 전략물자 수출입통제와 관련된 부처간의 협의를 위해 공동으로 **전략물자수출입통제협의회**를 구성할 수 있다. 전략물자수출입통제협의회의 위원장은 다음 각 호의 사항별로 소관 행정기관의 장이 되고, 소관 사항별로 참석 행정기관의 범위를 정하여 협의회를 소집한다.

① **교육부** : 교육부장관과 산업통상자원부장관이 공동으로 정하여 고시하는 원자력 전용 품목의 수출입통제에 관한 사항

② **통일부** : 남북교류협력에 관한 법률에 따른 반출·반입 승인 대상 품목 중 전략물자에 관한 사항 및 남북 교류·협력에 영향을 미치는 사항

③ **외교부** : 외교·통상교섭에 영향을 주는 사항 및 전략물자의 수출입통제와 관련된 국제규범에 관한 사항

④ **국방부** : 방위사업법에 따른 방위산업물자·국방과학기술의 수출입통제에 관한 사항 및 국가안보에 영향을 미치는 사항

⑤ **산업통상자원부** : 대외무역법에 따른 전략물자(교육부장관과 산업통상자원부장관이 공동으로 정하여 고시하는 원자력 전용 품목은 제외한다)의 수출입통제에 관한 사항

⑥ **원자력안전위원회** : 전략물자 중 원자력전용품목의 수출입통제에 관한 사항

⑦ **관세청** : 전략물자 등의 통관 및 통관과정 중 전략물자 등의 불법수출입에 관한 사항

⑧ **정보수사기관** : 국내외전략물자 등과 관련한 정보협력, 국가안보에 영향을 미치는 전략물자 등의 수출입, 불법수출입에 관한 사항

6) 수출통제의 자율관리

가. 자율준수무역거래자의 지정

산업통상자원부장관은 기업의 자율적인 전략물자 관리능력을 높이기 위하여 전략물자 여부에 대해 다음과 같은 능력을 갖춘 무역거래자를 자율준수무역거래자로 지정할 수 있다.

① 전략물자 해당 여부에 대한 판정능력 보유여부

② 구매자, 최종수하인, 최종사용자 및 사용용도에 대한 분석능력 보유여부

③ 자율관리조직의 구축 및 운용 능력

④ 허가기관과의 협조체계 구축여부

⑤ 전략물자 불법수출에 의한 수출제한 여부

자율준수무역거래자로 지정받으려는 자는 자율준수무역거래자 지정신청서를 산업통상자원부장관에게 제출하여야 한다. 자율준수무역거래자 지정 신청을 받은 산업통상자원부장관은 자율무역거래자심의위원회의 심의를 거쳐 40일 이내에 그 지정 여부를 신청인에게 알려야 한다. 지정유효기간은 지정된 날로부터 3년이다.

나. 자율준수무역거래자의 자율관리 업무 범위

산업통상자원부장관은 지정을 받은 자율준수무역거래자에게 대통령령으로 정하는 바에 따라 전략물자에 대한 수출통제업무의 일부를 자율적으로 관리하게 할 수 있다. 이에 따라 산업통상자원부장관은 자율준수무역거래자에게 전략물자의 수출허가에 관하여 다음 각 호의 수출 통제업무를 자율적으로 관리하게 할 수 있다.

① 수출허가의 신청에 필요한 첨부서류의 제출(수출 후 7일 이내에 제출하는 경우만 해당한다)
② 그 밖에 전략물자 수출허가 제도를 효율적으로 운용하기 위하여 산업통상자원부장관이 정하여 고시하는 업무

자율준수무역거래자는 자율적으로 관리하는 전략물자의 수출실적 등을 대통령령으로 정하는 바에 따라 산업통상자원부장관에게 보고하여야 한다. 이에 따라 자율준수무역거래자는 다음 각 호의 사항별로 해당 기간 내에 그 현황이나 실적을 산업통상자원부장관에게 보고하여야 한다.

① 전략물자 수출허가의 반기별(半期別) 실적 : 다음 반기의 1개월 이내
② 자율준수무역거래자의 지정요건 관련 연간 현황 : 다음 해의 1개월 이내

다. 자율준수무역거래자의 지정취소

산업통상자원부장관은 다음 각 호의 어느 하나에 해당하는 경우에는 자율준수무역거래자의 지정을 취소할 수 있다.

① 대통령령으로 정하는 능력을 유지하지 못하는 경우
② 고의나 중대한 과실로 수출허가를 받지 아니하고 전략물자를 수출한 경우
③ 고의나 중대한 과실로 상황허가를 받지 아니하고 상황허가 대상인 물품 등을 수출한 경우
④ 고의나 중대한 과실로 중개허가를 받지 않고 전략물자를 중개하거나, 경유·환적허가를 받지 않고 전략물자를 경유 또는 환적한 경우

⑤ 자유무역거래자 지정 이후 전략물자 불법수출에 따른 행정처분으로 수출제한을 받은 경우
⑥ 보고의무를 정당한 사유없이 이행하지 아니한 경우
⑦ 그 밖에 자율수출관리규정을 준수하지 아니한 경우

제3절 국제평화와 안전 등을 위한 무역거래의 제한

1 분쟁지역 등에 대한 수출제한의 의의

국제사회의 일원으로 국제평화와 안전 등에 대한 의무이행과 관련해 대외무역법은 다음과 같은 규정을 두고 있다.

> **대외무역법 제5조(무역에 관한 제한 등 특별 조치)** 산업통상자원부장관은 다음 각 호의 어느 하나에 해당하는 경우에는 대통령령으로 정하는 바에 따라 물품 등의 수출과 수입을 제한하거나 금지할 수 있다.
> 1.~3. 생략
> 4. 헌법에 따라 체결·공포된 무역에 관한 조약과 일반적으로 승인된 국제법규에서 정한 국제평화와 안전유지 등의 의무를 이행하기 위하여 필요할 경우
> **제11조(수출입의 제한 등)** ① 산업통상자원부장관은 다음 각 호의 어느 하나에 해당하는 이행 등을 위하여 필요하다고 인정하여 지정·고시하는 물품등의 수출 또는 수입을 제한하거나 금지할 수 있다.

1. 헌법에 따라 체결·공포된 조약과 일반적으로 승인된 국제법규에 따른 의무의 이행
2. 생물자원의 보호
3. 교역상대국과의 경제협력 증진
4. 국방상 원활한 물자 수급
5. 과학기술의 발전
6. 그 밖에 통상·산업정책에 필요한 사항으로서 대통령령으로 정하는 사항

> ② 제1항에 따라 수출 또는 수입이 제한되는 물품등을 수출하거나 수입하려는 자는 대통령령으로 정하는 바에 따라 산업통상자원부장관의 승인을 받아야 한다. 다만, 긴급히 처리하여야 하는 물품등과 그 밖에 수출 또는 수입 절차를 간소화하기 위한 물품등으로서 대통령령으로 정하는 기준에 해당하는 물품등의 수출 또는 수입은 그러하지 아니하다.

이 규정에 따라 산업통상자원부장관은 '국제평화 및 안전유지등 의무이행을 위한 무역에 관한 특별조치 고시'를 정해 국제조약 또는 유엔이 정한 국제평화 또는 안전을 위한 물품의 거래를 제한하고 있다. 이는 국제평화가 위협받는 분쟁지역과 관련된 물품의 거래를 차단해 국제평화에 기여하기 위한 것이다. 현재 고시되어 있는 것은 킴벌리프로세스에 의한 다이아몬드 원석의 거래와 유엔이 정한 일부 분쟁지역과의 거래에 대해서다.

2 킴벌리 프로세스 관련 다이아몬드 원석에 대한 특별조치

1) 특별조치의 내용

킴벌리 프로세스의 정확한 명칭은 '**킴벌리 프로세스 인증체계**(Kimberly Process Certification Scheme, KPCS)'이다. 분쟁지역의 무기 구입 자금원이 되는 일명 블러드 다이아몬드(blood diamond : 피의 다이아몬드)가 국제시장에 유통되는 것을 차단하기 위하여 다이아몬드 원산지를 추적할 수 있도록 하는 것을 골자로 하는 협의체이다. KPCS 참가국은 원산지를 자세히 기록한 증명서를 다이아몬드와 함께 유통시키게 되며, 법적으로 바이어들은 증명서가 첨부되지 않은 다이아몬드는 구매할 수 없다. 서아프리카의 시에라리온, 앙골라, 라이베리아, 콩고, 짐바브웨 등의 국가들은 내전 기간 동안 다이아몬드 밀거래를 통하여 전쟁자금을 충당하였고, 다이아몬드 채굴을 위한 강제노역과 아동노동을 포함한 각종 인권유린, 환경파괴 등 숱한 문제를 일으켰다. 이에 대한 비난 여론이 거세지면서 다국적 다이아몬드 업계를 중심으로 블러드 다이아몬드(분쟁지역 다이아몬드라고도 함)의 생산과 유통을 막기 위한 자정 노력이 시작되었는데 그 결과가 바로 킴벌리 프로세스이다. 2000년 5월 남아프리카공화국의 다이아몬드 광산 밀집지역인 킴벌리(Kimberly)에서 다이아몬드 거래 투명성을 확보하는 방안이 협의되었는데 이에 따라 킴벌리 프로세스라는 이름이 붙었다. 2002년 킴벌리 프로세스가 구축되었고, 2003년 1월부터 협약이 공식적으로 발효되었다. 우리나라 역시 2003년부터 킴벌리 프로세스에 참가하고 있다.

킴벌리 프로세스 회원국[13]에 해당하지 않는 국가에 대한 다이아몬드 원석의 수출과 수입이 금지된다. 이들 회원국으로 다이아몬드 원석을 수출하고자 하는 자는 수출허가를 받아야 한다. 또한 이들 회원국으로부터 다이아몬드 원석을 수입하는 경우에는 상대 회원국에서 발행한 킴벌리 프로세스 증명서가 수입하는 다이아몬드 원석과 함께 동봉되지 않으면 수입할 수 없다. 다만, 중계무역 또는 환적등을 목적으로 다이아몬드 원석을 수입하여 관세법의 규정에 의한 보세구역 및 '보세구역외 장치'의 허가를 받은 장소 이외의 국내에 반입하지 아니하고 다시 수출하는 경우에는 이 규정이 적용되지 않는다.

2) 다이아몬드 원석의 수출입절차

다이아몬드 원석의 수출허가를 받고자 하는 자는 다음 각 호의 서류를 우편, 방문, 모사전송 또는 인터넷 등의 방법으로 ① 다이아몬드 원석 수출신청서, ② 수출계약서, ③ 수출신용장 등 거래사실을 입증할 수 있는 서류, ④ 원산지증명서 등 기타 산업통상자원부장관이 필요하다고 인정하는 서류를 산업통상자원부장관에게 제출하여야 한다. 수출허가의 유효기간은 증명서 발급일로부터 60일 이내다. 다만 물품의 인도조건, 대금결제기간, 기타 거래상의 특성 등에 의하여 필요하다고 인정하는 경우에는 수출자의 요청에 따라 산업통상자원부장관이 필요한 범위 안에서 따로 유효기간을 정할 수 있다.

산업통상자원부장관은 다음 각 호의 1에 해당하는 경우에는 증명서의 발급을 하지 않거나 발급한 증명서의 효력을 정지 또는 취소할 수 있다.

① 킴벌리프로세스 회원국에 해당하지 않는 국가로 유출될 가능성이 있는 경우
② 수출허가 신청서류가 허위로 판명되는 경우
③ 증명서를 발급한 이후 거래하려는 다이아몬드 원석이 분쟁 지역 다이아몬드로 판명되는 등 국제정세 변화 및 안보상 산업통상자원부장관이 특별히 필요하다고 인정하는 경우

증명서를 발급받은 무역거래자는 다이아몬드 원석과 증명서를 동봉하여 선적하여야 한다. 이 경우, 수출하는 용기 안에 다이아몬드 원석 외 다른 물품 등을 함께 동봉해서는 안된다. 한편 세관장은 다이아몬드 원석의 수출 통관시에 증명서의 유무 및 수출물품과 증명서의 기재내용이 일치하는 지를 확인하여야 한다. 세관장은 증명서가 없거나 수출물품과 증명서의 기재내용이 일치하지 않는 경우에는 수출물품을 통관시켜서는 안되며, 수출

13) 여기에 해당하는 국가는 '국제평화 및 안전유지 등 의무이행을 위한 무역에 관한 특별조치 고시' [별표 2-1]에 열거되어 있다.

물품과 증명서의 기재내용이 일치하는 경우 증명서가 동봉된 용기에 별도 서식에 의한 확인증을 포장이음새에 붙여서 봉인하여야 한다. 수입의 경우에도 세관장은 수입물품에 상대 회원국이 발급한 증명서가 동봉되지 않았거나 수입물품과 상대회원국이 발급한 증명서의 기재내용이 일치하지 않는 경우에는 수입물품을 통관시켜서는 안된다. 만일 세관장이 다이아몬드 원석을 통관시킨 경우 통관일로부터 7일 이내에 상대 회원국에서 발행한 증명서 원본을 관세청장을 경유하여 산업통상자원부장관에게 송부해야 한다.

다이아몬드 원석을 수출하거나 수입하는 무역거래자는 ① 상대 회원국 무역거래자의 상호 및 주소, ② 수출, 수입하는 다이아몬드 원석의 가격 및 수량, ③ 수출하는 경우 증명서, ④ 수입한 다이아몬드 원석을 국내 유통할 경우 거래자 상호, 주소, 거래량 및 거래금액 등에 관한 자료를 3년간 보관해야 한다.

3 국제평화를 위한 특정국과의 거래에 대한 특별조치

국제평화와 안전유지를 위해 필요하다고 인정된 이라크 등 13개국에 대한 수출 또는 수입은 〈표 4-7〉과 같이 제한된다.

〈표 4-7〉 국제평화를 위한 특정국과의 거래에 대한 특별조치의 내용

대상국가	특별조치의 내용
이라크 	① 다음 각 호의 1에 해당하는 물품 등은 이라크를 도착항으로 하는 수출 또는 제공을 할 수 없다. 다만, 이라크정부 및 이라크에 주재하는 미국, 영국 등 연합당국에 대한 물품 등은 제외한다. 가. 무기, 탄약, 군용차량 및 장비, 준군용장비 및 군용관련 부품 및 이의 제작·보수·사용과 관련한 기술 및 훈련제공 나. WMD(핵무기, 생물무기, 화학무기 등 대량파괴무기)·미사일 및 이의 제작·보수·사용과 관련한 기술 및 훈련제공 ② 제1항의 단서에도 불구하고 제1항 '나'의 물품 등은 이라크정부에 수출 및 제공할 수 없다. ③ 이라크를 원산지 또는 선적항으로 하는 예술품·수집품과 골동품(HS 97류)은 수입할 수 없다.

<table>
<tr><td>라이베리아
</td><td>다음 각 호의 1에 해당하는 물품 등은 라이베리아를 도착항으로 하는 수출 또는 제공을 할 수 없다.
가. 무기, 탄약, 군용차량 및 장비, 준군용장비 및 군용관련 부품(다만, UN이 인정하는 기관·단체에서 일시적으로 사용하기 위한 방탄복, 군용헬맷 등의 방어용 의류는 예외적으로 산업통상자원부장관의 허가를 받아 수출할 수 있다.)
나. '가'호와 관련된 군용품의 설비, 생산, 유지, 사용과 관련된 기술적 자문, 훈련제공</td></tr>
<tr><td>소말리아
</td><td>다음 각 호의 1에 해당하는 물품 등은 소말리아에 수출할 수 없다.
가. 무기, 탄약, 군용차량 및 장비, 준군용장비 및 군용관련 부품
나. '가'호와 관련된 군용품의 설비, 생산, 유지, 사용과 관련된 기술적 자문, 훈련제공</td></tr>
<tr><td>코트디부아르
</td><td>① 다음 각 호의 1에 해당하는 물품 등은 코트디부아르에 수출할 수 없다.
가. 무기, 탄약, 군용차량 및 장비, 준군용장비 및 군용관련 부품
나. '가'호와 관련된 군용품의 설비, 생산, 유지, 사용과 관련된 기술적 자문, 훈련제공
② 다이아몬드 원석은 코트디부아르가 원산지이거나 코트디부아르를 선적항으로 하는 수입을 할 수 없다</td></tr>
<tr><td>콩고민주공화국
</td><td>다음 각 호의 1에 해당하는 물품 등은 「Global and All-inclusive 협정」당사자 이외의 그룹에 수출할 수 없다.
가. 무기, 탄약, 군용차량 및 장비, 준군용장비 및 군용관련 부품
나. '가'호와 관련된 군용품의 설비, 생산, 유지, 사용과 관련된 기술적 자문, 훈련제공</td></tr>
<tr><td>수단공화국
</td><td>① 다음 각 호의 1에 해당하는 물품 등은 수단정부 및 Darfur지역내 모든 무장집단에 대하여 수출할 수 없다. 다만, UN의 평화활동 또는 UN등의 동의하에 진행되는 평화활동과 수단 남북평화협정 이행을 위한 지원 및 공급의 경우에는 산업통상자원부장관의 허가를 받아야 한다.
가. 무기, 탄약, 군용차량 및 장비, 준군용장비 및 군용관련 부품
나. '가'호와 관련된 군용품의 설비, 생산, 유지, 사용과 관련된 기술적 자문, 훈련제공
② 단서조항에 의해 산업통상자원부장관의 허가를 받으려고 하는 자는 계약서 등 거래사실을 입증할 수 있는 서류 및 UN의 평화활동 또는 수단 남북평화협정 이행을 위한 지원 및 공급하는 것임을 확인하는 서류를 첨부하여 신청하여야 한다.</td></tr>
<tr><td>에리트리아
</td><td>다음 각 호의 어느 하나에 해당하는 물품 등은 수출·수입 및 제공 또는 이전할 수 없다.
가. 무기, 탄약, 군용차량 및 장비, 준 군용장비 및 군용관련 부품
나. '가'항과 관련된 군용품의 설비, 생산, 유지, 사용과 관련된 기술적자문, 훈련제공</td></tr>
</table>

레바논 	다음 각 호의 어느 하나에 해당하는 물품 등은 레마논 내 개인 또는 단체에 수출 및 제공 또는 이전할 수 없다. 가. 무기, 탄약, 군용차량 및 장비, 준 군용장비 및 군용관련 부품 나. '가'항과 관련된 군용품의 설비, 생산, 유지, 사용과 관련된 기술적자문, 훈련제공
리비아 	다음 각 호의 어느 하나에 해당하는 물품 등은 수출·수입 및 제공 또는 이전할 수 없다. 가. 무기, 탄약, 군용차량 및 장비, 준 군용장비 및 군용관련 부품 나. '가'항과 관련된 군용품의 설비, 생산, 유지, 사용과 관련된 기술적자문, 훈련제공, 무장용병 등
시리아 	다음 각 호의 어느 하나에 해당하는 물품 등은 시리아로부터 수입할 수 없다. 가. 화학무기 나. 화학무기 관련 장비, 제품, 기술지원
북한 	다음 각 호의 어느 하나에 해당하는 물품 등은 수출·수입 및 제공 또는 이전할 수 없다. 가. 모든 무기 및 관련 물품 나. 핵, 미사일, 생물·화학무기에 이용가능한 물품으로 지정된 물품 다. 기타 대량 파괴무기 등의 제조·개발·사용 또는 보관 등의 용도로 전용할 가능성이 높은 물품 등 라. 항공유 마. '가'항 내지 '다'항에 명시된 물품 등의 비축, 제조, 유지, 사용 등에 도움이 될 수 있는 기술훈련, 자문, 서비스, 지원 등 바. 그외 진주, 보석, 고급자동차, 고급시계 등 따로 정한 물품은 수출할 수 없으며, 석탄이나 철, 금, 희토류 등 따로 정한 물품은 수입할 수 없다.
중앙아프리카공화국 	다음 각 호의 어느 하나에 해당하는 물품은 중앙아프리카공화국으로 수출할 수 없다. 가. 무기, 탄약, 군용차량 및 장비, 준 군용장비 및 이와 관련된 부품 나. 무장 용병 제공 포함 군사활동 또는 무기 및 관련 물품의 제공·유지보수·사용과 관련된 기술지원, 훈련 및 여타지원
예멘 	별도로 지정한 개인, 단체 및 예멘 내에서 이들을 대리하거나 지시받아 행동하는 자들에 다음 각 호의 어느 하나에 해당하는 물품 등은 수출할 수 없다. 가. 무기, 탄약, 군용차량 및 장비, 준 군용장비 및 이와 관련된 부품 나. 무장 용병 제공 포함 군사활동 또는 무기 및 관련 물품의 제공·유지보수·사용과 관련된 기술지원, 훈련 및 여타지원

기 출 문 제

1 다음은 구매확인서의 신청 및 발급 등에 대한 설명이다. 올바른 것을 모두 기재한 것은?
[국제무역사 35회 1교시 5번]

A. 구매확인서는 외화획득용 원료, 기재를 구매하려는 경우 반드시 사전에 외국환은행의 장 또는 전자무역기반사업자가 내국신용장에 준하여 발급하는 증서를 말한다.
B. 구매확인서를 발급한 후 근거서류의 내용 변경 등으로 이미 발급받은 구매확인서와 내용이 상이하여 재발급을 요청하는 경우에는 새로운 구매확인서를 발급할 수 있다.
C. 구매확인서는 외화획득용 원료 기재를 세금계산서를 발급받아 이미 구매한 자도 사후신청 발급 받을 수 있다.
D. 해외에서 위탁가공하기 위해 국내에서 물품을 조달하여 무환으로 외국에 수출한 경우에도 구매확인서 발급대상이 된다.

① A, B, D ② B, C, D ③ A, C, D ④ A, B, C

2 다음은 우리나라의 대외무역법령에서 규정하고 있는 외화획득의 범위 및 그에 준하는 행위의 종류를 기재한 것이다. 올바른 것을 모두 기재한 것은? [국제무역사 36회 1교시 5번]

A. 대외무역법령을 근거로 한 수출
B. 주한 국제연합군이나 그 밖의 외국군 기관에 대한 물품 등의 매도
C. 관광, 용역 및 건설의 해외 진출
D. 국내에서 물품 등을 매도하는 것으로서 산업통상자원부장관이 정하여 고시하는 기준에 해당되는 것
E. 무역거래자가 외국의 수입업자로부터 수수료를 받고 행한 수출 알선

① A, B, C ② A, B, C, D ③ A, C, D, E ④ A, B, C, D, E

3 다음 설명 중 대외무역법령에서 규정한 외화획득용 원료의 범위에 해당되지 않는 것은?
[국제무역사 39회 1교시 3번]

① 수출실적으로 인정되는 수출물품 등을 생산하는 데에 소요되는 원료(포장재, 1회용 파렛트는 제외한다.)
② 해외에서의 건설 및 용역사업용 원료
③ 외화가득율이 30퍼센트 이상인 군납용 물품 등을 생산하는 데에 소요되는 원료
④ 관련 법령에서 규정하고 있는 외화획득용 물품 등을 생산하는 데에 소요되는 원료

정답 1. ② 2.④ 3.①

4 다음 중 우리나라의 대외무역법령에서 규정하고 있는 구매확인서 발급업무에 대한 설명 중 잘못된 것은? [국제무역사 36회 1교시 6번]

① 국내에서 외화획득용 원료 기재를 구매하려는 경우, 외국환은행의 장 또는 전자무역기반사업자에게 구매확인서의 발급을 신청할 수 있다.
② 구매확인서를 발급받으려는 자는 구매확인신청서를 종이 또는 전자무역문서 중에서 하나를 선택하여 작성한 후, 외국환은행의 장 또는 전자무역기반사업자에게 제출하여야 한다.
③ 구매확인서를 발급한 후 외화획득용 원료 기재의 내용변경 등으로 이미 발급받은 구매확인서와 내용이 상이하여 재발급을 요청하는 경우에는 새로운 구매확인서를 발급받을 수 있다.
④ 외국환은행의 장 또는 전자무역기반사업자는 구매확인서에 의하여 2차 구매확인서를 발급할 수 있으며 외화획득용 원료 기대의 제조 가공 유통과정이 여러 단계인 경우에는 각 단계별로 순차로 발급할 수 있다.

5 다음 무역거래 예시에 대한 설명 중 잘못된 것은? [국제무역사 36회 1교시 8번]

> 차량용 네비게이션에 장착되는 GPS를 제조하는 중견기업 신입직원 김무역씨는 중국으로 수출하는 GPS에 대한 수출업무를 맡게 되었다. 입사 전 대외무역법을 공부한 김씨는 GPS가 전략물자에 분류될 수 있다는 생각이 들어 전략물자 판정을 신청하고자 하였으나, 판정에 약 15일가량이 소요된다는 사실을 확인하고 수출이 지연되지 않을까 우려하고 있다.

① 전략물자의 판단은 전략물자관리원(KOSTI)이 한다.
② 수출 GPS에 대한 정확한 HS코드를 이용하여 자가판정을 이용할 수도 있다.
③ 전략물자 판정의 신청과 통보를 위한 웹사이트는 www.yestrade.go.kr이다.
④ 전략물자의 관리대상은 유형재인 수출입 물품에 해당되며, 기술은 포함되지 않는다.

6 다음은 대외무역법령에서 규정하고 있는 구매확인서 발급업무에 관한 설명이다. 잘못된 것은? [국제무역사 39회 1교시 6번]

① 구매확인서를 전자적으로 발급받으려는 자가 전자문서를 작성하지 못하는 때에는 전자무역기반사업자에게 위탁하여 신청할 수 있다.
② 외화획득용 원료 기대를 구매한 자는 구매확인신청서에 세금계산서 번호, 작성일자, 공급가액 등을 기재하고, 재화나 용역의 공급시기가 속하는 과세기간 기한 내에 전자무역문서로 작성하여 제출하여야 한다.
③ 이미 발급받은 구매확인서와 내용이 상이하여 재발급은 요청하는 경우에는 새로운 구매확인서를 발급할 수 있다.

정답 4.② 5.④ 6.②

④ 구매확인서를 발급하고, 신청한 자에게 발급사실을 알릴 때 승인번호, 개설 및 통지일자, 발신기간 전자서명 등 최소한의 사항만 알릴 수 있다.

7 다음은 우리나라의 대외무역법령에서 규정하고 있는 외화획득용 원료 기재의 수입과 구매 등에 관한 설명이다. 올바른 것을 모두 기재한 것은? [국제무역사 37회 1교시 5번]

A. '외화획득용 원료 기재의 수량'은 외화획득을 위한 물품 등의 1단위를 생산하기 위하여 제공되는 외화획득용 원료 기재의 기준 소요량을 말한다.
B. '외화획득의 범위'에는 수출, 관광, 용역 및 건설의 해외 진출뿐만 아니라 무역거래자가 외국의 수입업자로부터 수수료를 받고 행한 수출 알선도 외화획득행위에 준하는 행위로 본다.
C. '외화획득용 원료'에는 수출물품 등을 생산하는 데에 소요되는 원료(포장재, 1회용 파렛트 포함), 해외에서의 건설 및 용역사업용 원료, 외화획득용 물품 등을 생산하는 데에 소요되는 원료 등이 포함된다.
D. 외화획득용 원료 기재를 수입한 자가 직접 외화획득을 이행하는 경우의 '외화획득 이행기간'은 수입통관일 또는 공급일로부터 2년이다.

① A, B ② C, D ③ A, C, D ④ A, B, C, D,

8 다음 중 우리나라의 대외무역법령에서 규정하고 있는 전략물자의 수출입에 관한 설명이 잘못된 것은? [국제무역사 37회 1교시 6번]

① 전략물자는 국제수출통제체제의 원칙에 다라 국제평화 및 안전유지와 국가안보를 위하여 수출허가 등 제한이 필요한 물품 등을 말하는 것으로 대통령령으로 정하는 기술도 포함된다.
② 전략물자에 해당되는 기술의 이전방식에는 전화, 팩스, 이메일 등 정보통신망을 통한 이전과 기록매체나 컴퓨터 등 정보처리장치를 통한 이전 등이 있으며 지시, 교육, 훈련, 실연 등 구두나 행위를 통한 이전은 제외된다.
③ 전략물자의 판정을 신청하고자 할 경우 물품 등의 용도와 성능을 표시하는 서류, 물품 등의 기술적 특성에 관한 서류, 그 밖에 전략물자 또는 상황허가 대상인 물품 등의 판정에 필요한 서류를 구비하여야 한다.
④ 전략물자관리원은 전략물자 수출입관리에 관한 조사 연구 및 홍보 지원업무, 전략물자 수출입통제와 관련된 국제협력 지원 업무, 전략물자 자율준수 무역거래자의 지정 및 관리에 대한 지원 업무 등을 수행한다.

정답 7.④ 8.②

5

원산지 제도

학 습 목 표

제품의 원산지는 소비자에게 제품이 만들어진 국가의 기술수준과 생산 환경과 같이 다양한 정보를 내포하고 있어 구매 결정에 영향을 준다. 수출입이 증가하면서 원산지 정보를 정확히 알려야 할 필요성도 증가하고 있다. 대외무역법에서는 이렇게 소비자들에게 원산지정보를 알리는 원산지표시 방법에 대해 정하고 있다. 이 장에서는 대외무역법의 원산지제도에 대해 다음 내용을 바탕으로 이해해 보자

1. 원산지제도의 근간이 되는 국제협정
2. 원산지의 판단기준
3. 원산지 표시의 원칙
4. 원산지 표시 위반

들어가기 전에

중국산에서 수입한 재료로 한국에서 만들면 한국산이라고 표시해도 될까?

- 원산지 표시 상습 위반자 첫 과징금 '철퇴'

김치제조업체 대표 A씨는 2015년 국내산보다 가격이 싼 중국산 고춧가루로 배추김치를 만들고, 국내산으로 거짓표시해 팔다가 국립농산물품질관리원에 적발됐다. 이 업체는 올해 7월에도 같은 수법으로 김치를 판매하다 또다시 덜미를 잡혔다. 이 업체의 판매금액은 1·2차 적발 합계 5,700만원. 농림축산식품부는 최근 이 업체에 판매금액의 3배인 약 1억7000만원의 과징금을 부과했다. (중략)

세계일보 이정우 기자. 2017년 12월 19일 원산지 표시 상습 위반자 첫 과징금 '철퇴'
기사전문 http://www.segye.com/newsView/20171219005820#csidx5696eb2b0c9f002a2d93109540aee4b

위 김치제조업체는 중국산 재료로 만든 김치를 국내산으로 표기했다가 원산지표시 위반으로 적발됐다. 주요 재료인 배추와 중국산 고춧가루를 사용했기 때문에 중국산이라고 해야 했던 것일까? 그럼 고춧가루만 중국산을 써도 중국산이라고 표시해야 할까? 원산지는 어떻게 정하는 것일까? 이 장에서는 대외무역법에 따라 수출입 물품의 원산지를 정하는 기준과 이 기준에 따라 정해진 원산지를 물품에 표시하는 방법에 대해 이해해 보자.

Chapter

5 원산지 제도

제1절 원산지제도의 개요

1 원산지제도의 의의

1) 원산지의 개념

원산지(Country of Origin : C/O)란 상품이 생산 또는 제조된 국가(또는 지역. 이하 이 장에서 같은 의미로 사용한다)을 말한다.[1] 상품의 생산은 한 국가에서 완전히 생산될 수도 있지만, 대부분의 공산품은 여러 국가가 관련되면서 생산 또는 제조되는 것이 일반적이다. 기초원자재에서부터 중간재, 완제품 단계로 가공이 여러 나라에서 진행될 수 있고, 매 단계마다 여러 나라에서 생산된 원자재를 사용하여 물품을 생산하는 것이다. 이때 생산된 물품에 대해 어떤 나라를 해당 물품의 생산지로 볼 것인가 하는 것이 원산지의 문제다. 원산지 판단은 간단하지 않다. 원산지를 판정하는 기준은 여러 가지가 있는데 그 기준에 따라 원산지가 달라질 수 있기 때문이다.

2) 원산지제도 운영의 이유

생산에 여러 국가가 관련되는 상품의 원산지에 관하여는 이미 오래전부터 각국의 관심이 증가해 왔다. 1947년의 GATT에도 원산지에 관한 규정이 포함된 것도 그 때문이다. 그 이유는 크게 보아 차별적인 무역정책효과의 확보와 소비자 보호문제 때문이다.

---

1) 대외무역법의 원산지규정에 따르면 특정국가뿐 아니라 Hong Kong, Macao, Guam, Samoa Islands 등 독립된 관세영역이나 자치권을 행사하는 특별구역도 원산지가 될 수 있다. 그러나 EU, NAFTA, ASEAN 등의 경제통합체는 원산지로 인정하지 않는다. 이는 한-EU FTA에서 EU를 원산지로 인정하고 있는 것과 대비된다.

가. 차별적인 무역정책효과의 확보

한 나라가 관세와 비관세상의 특혜를 부여하거나 규제를 행할 때 무차별원칙을 적용하는 경우도 있지만, 수입상품의 원산지에 따라 차별적인 조치를 하는 경우도 많다. 선진국이 개발도상국에 부여하는 일반특혜관세제도(GSP)나 WTO 개발도상국간 양허관세(TNDC), 아시아태평양무역협정 양허관세(APTA), UNCTAD 특혜무역제도에 관한 협정의 양허관세(GSTP), 그리고 우리나라의 북한산 물품에 대한 무관세 적용, FTA에 의한 협정관세 적용물품 등은 모두 상품의 원산국에 따라 특혜 적용여부가 결정된다.

> WTO 개발도상국간 양허관세(TNDC)는 방글라데시 등 13개 개발도상국에서 생산된 상품으로 양허된 품목에 대해 적용하고, 아시아태평양무역협정 양허관세(APTA)는 중국, 인도, 스리랑카, 라오스, 방글라데시 등 5개국에서 생산된 상품으로서 양허된 품목에 대해 적용한다. 또한 UNCTAD 특혜무역제도에 관한 협정의 양허관세(GSTP)는 42개 개발도상국에서 생산된 상품으로 양허된 품목에 대해 적용한다. TNDC, APTA, GSTP를 PTA(Preferential Trade Agreement)라 한다.

최근 증가하고 있는 FTA에 따라 역외국들이 관세상의 혜택을 목적으로 역내에 생산·조립공장의 설립 등 직접 투자를 증대시키거나, 제3국을 통한 우회수출을 도모함에 따라 경제통합 가맹국들은 통합의 효과증대를 위해 원산지에 대한 판단을 엄격하게 하고 있다. 그 외에 쿼터의 적용이나 덤핑방지관세, 상계관세의 부과 등에 있어서도 원산지 확인은 무역정책의 효과를 확보하는 데 필요하다. 원산지규정은 그 목적에 따라 관세상 혜택 부여를 위한 것을 '특혜(preferential)규정'이라 하고, 그 외의 다른 목적을 위한 것을 '비특혜(non-preferential)규정'이라 한다. 어느 경우나 원산지가 정확하게 파악되지 않으면 이러한 차별적인 무역정책 집행은 불가능하다.

나. 소비자의 '알권리' 보호

소비자의 상품 구매에 영향을 미치는 요소는 다양하다. 그 중에는 상품이 생산된 원산지가 어디냐 하는 점도 주요한 요소가운데 하나이다. 같은 브랜드의, 동일한 성능과 품질을 가진 상품이라 할지라도 생산국이 어디인가에 따라소비자의 선호도는 달라진다. 이를 원산지효과라 한다. 우리나라 국민들이 농축산물이나 수산물의 거래에서 국산을 선호하는 현상도 일종의 **원산지효과**라 할 수 있다. 이러한 원산지효과를 고려하여 **'소비자의 알권리'**를 보호하고 상거래의 공정성을 제고하기 위해 원산지에 대한 관심이 높아지게 된 것이다. 소비와 관련하여 원산지에 대한 관심이 높아짐에 따라 각국은 상품에 대한 원산지의 표시와 관련한 각종 규정을 만들어 운용해 왔다.

> 시장경제체제를 근간으로 하는 자본주의 사회에서는 본래 생산·판매자 측에는 상품과 서비스의 자유로운 생산·판매에 관한 권리가, 소비자 측에는 상품과 서비스에 대한 자유로운 선택에 관한 권리가 전제되어 있다. 현대의 경제구조 아래서는 이러한 권리보장을 위한 적극적인 정책이 요구된다. 소비자 보호 정책의 지도원리로서 소비자는 ① 안전의 권리, ② 알권리, ③ 선택의 권리, ④ 의견을 말할 권리 등을 갖는다고 본다.

3) 무역과 원산지규정

원산지규정은 그 자체로서는 무역에 영향을 미칠 목적을 가지는 것이 아니라 할지라도 결과적으로 무역에 상당한 영향을 미친다. FTA와 같은 지역경제통합체에서 특혜목적의 원산지규정은 협정관세율의 결정, FTA의 활용도, 산업피해 등과도 상당한 연관이 있다고 알려져 있다.[2] 원산지표시 목적 등으로 행해지는 비특혜목적의 원산지규정도 무역에 장애요인이 되는 경우가 많다. 또한 각국의 원산지 규정이 서로 상이하여 분쟁의 원인이 되고, 원산지 규정을 규제적인 무역정책의 목적을 달성하기 위한 방편으로 간주하여 차별적으로 원산지를 판정하는 사례도 늘어났다. UR에서 '통일원산지 규정'(Harmonized Rules of Origin)의 제정을 위한 협상은 이러한 배경하에 이루어졌다. WTO 협정에서 다자간협정의 하나로 비특혜목적의 원산지규정과 관련한 '원산지 규정에 관한 협정'이 포함되어 있다는 것은 적정한 원산지의 관리가 국제무역의 발전에 그만큼 중요하게 되었다는 것을 시사하는 것이다.

2 원산지제도의 법적체계

현재 적용되고 있는 국제규범과 국내법체계상 원산지관리규정은 〈표 5-1〉과 같다. 원산지규정도 국제규범이 있기는 하지만 현재 FTA에 의한 특혜관세의 적용이나 원산지표시와 관련해서는 국제규범으로 직접 규율하는 바가 없기 때문에 FTA와 같은 개별 조약 또는 국내법체계에 따라 처리된다.

2) 정재완, 관세특혜를 위한 PSR 규정시 고려할 관세율에 대한 연구, 조세연구 제14권 제3집, 한국조세연구포럼(2014.12.) 참조.

〈표 5-1〉 원산지관리에 관한 국제규범과 국내법체계

구 분	협정	하위규정
국제규범	WTO 원산지협정	
	Kyoto 협약	
조약	FTA, PTA	
국내법	대외무역법	• 대외무역법/동법시행령/대외무역관리규정 • 수출물품원산지증명서 발급규정(산업통상자원부고시)
	FTA관세특례법	• FTA관세특례법/동법시행령/동법시행규칙/자유무역협정 이행을 위한 관세법의 특례에 관한 법률사무처리에 관한 고시(관세청고시)
	관세법	• 관세법/동법시행령/동법시행규칙/원산지제도 운영에 관한 고시(관세청고시)
	남북교류협력에 관한 법률	• 남북교류협력에 관한 법률/동법시행령/동법시행규칙/남북교역물품 통관 관리에 관한 고시(관세청고시)
	농수산물의 원산지표시에 관한 법률	• 농수산물의 원산지표시에 관한 법률/동법시행령/동법시행규칙

1) WTO 협정

1947년의 GATT 협정문 제9조에는 원산지표시에 관한 규정이 있다. 동 규정에 따르면 체약국은 원산지표시에 관한 법률을 제정 또는 실시함에 있어 허위의 표시 또는 오해의 우려가 있는 표시로부터 소비자를 보호하기 위해 적절한 배려를 하는 동시에 동 법규가 수출국의 상업과 산업에 미칠 곤란과 불편을 최소화해야 됨을 인정하도록 규정하였다.[3]

GATT에는 원산지 표시방법에 대해 자세한 규정을 두고 있지 않고 다만 수입산품의 표시에 관한 체약국의 법규는 동 산품의 현저한 손상이나 가치의 실질적인 감소 또는 관련 비용의 부당한 증대 없이 시행될 수 있는 것으로 하도록 하고, 정정의 표시가 부당하게 지연되거나, 허위의 표시가 붙여졌거나, 또는 소정의 표시를 고의로 생략한 경우를 제외하고는 표시요건을 이행하지 않는다 하여 수입전에 특별세 또는 범칙금을 과할 수 없도록 규정하였다. GATT는 제1조에서 **최혜국대우의 원칙**(MFN)[4]을, 제3조에서 **내국민대우**(NT)**의 원칙**[5]을 적용할 것을 규정하고 있다. 그러나 제9조의 원산지표시에 대해서 최혜국대우 원

3) GATT 1947 Article 9
4) 특정국가에 대해 다른 국가보다 불리한 교역조건을 부여해서는 안 된다는 원칙이다.

칙은 규정하고 있지만 내국민대우원칙을 적용하도록 규정하고 있지는 않다. 따라서 일찍부터 국제사회에서는 GATT 제9조의 원산지표시는 내국민대우원칙이 적용되지 않는다고 해석해 왔다.[6] 현재의 '원산지규정에 관한 협정'에 규정되어 있는 원산지규정 적용상 주요 원칙은 다음과 같이 정리된다.

① **무역장벽화의 지양** : 원산지규정 자체가 교역상의 목적을 달성하기 위한 직・간접적인 수단으로 사용되어서는 안 되며 원산지규정의 부당한 적용으로 세계교역을 제한하거나 왜곡 또는 교란해서는 아니 된다.

② **무차별의 원칙** : 수출입물품에 적용되는 원산지규정은 국내물품 판정에 적용되는 원산지규정보다 엄격해서는 안 되며, 해당 물품 제조업자들간의 제휴여부에 관계없이 모든 회원국에 무차별적으로 적용되어야 한다.

③ **명료성의 보장** : 회원국이 행정적 결정을 내릴 경우 그 요건은 명료하게 규정되어야 하며, 원산지규정과 관련된 법률, 규정, 사법적 또는 행정적 결정은 공표되어야 한다.[7]

④ **원산지판정 및 구제절차의 운영** : 수출입업자 또는 정당한 사유를 지닌 자가 사전에 원산지판정을 요청할 경우 회원국 당국은 이에 응하여야 하며, 이 경우 당해 물품에 대한 원산지 판정은 모든 필요한 요소가 제출된 후 가능한 한 조속히, 늦어도 판정 요청이 있은 후 150일 이내에 내려져야 한다.[8]

⑤ **불소급의 원칙과 비밀의 보장** : 원산지규정을 개정하거나 새로운 원산지규정을 도입할 경우 소급적용은 불가하다. 아울러 원산지규정 적용을 위해 제출된 모든 정보에 대해서는 비밀이 보장되어야 한다.[9]

우루과이라운드(UR)협상 과정에서 다자간협정에 의한 원산지규정의 적용범위를 특혜원산지와 비특혜원산지를 모두 포함할 것인지 여부에 대해 협상참가국의 입장이 첨예하게 대립되었으나 최종적으로 비특혜부문에 한정하기로 합의하였다.[10] 그러나 원산지에 관한

---

5) 내국민대우의 원칙이란 외국인과 내국인, 외국물품과 내국물품을 차별 없이 대우한다는 원칙이다.
6) Jackson, John H., World Trade and the Law of GATT, The Michie Company, 1969, p.460
7) Agreement on Rules of Origin, Article 2 (f), Article 3(e)
8) Agreement on Rules of Origin, Article 2 (h), Article 3(f)
9) Agreement on Rules of Origin, Article 2 (i), Article 3(g)
10) 따라서 원산지표시의 전제가 되는 원산지판정에 대해서는 WTO의 원산지규정에 관한 협정이 규범으로서 적용된다.

규정의 설정에 있어 각국간의 이해가 첨예하게 대립됨에 따라 UR에서는 세계무역기구가 발효된 다음 가능한 조속히 원산지규정의 조화를 위한 협상을 재개하여 이를 3년 이내에 완결하기로 하고 WTO의 원산지규정에 관한 협정을 타결하였다.

WTO, Agreement on Rules of Origin, PART Ⅳ Article 9.2. WTO가 출범한 후 곧 통일원산지규정 제정을 위한 협상이 시작되었으나 이 협상은 2015년 현재까지 타결되지 못하였다. 통일원산지규정은 일반기준과 HS 6단위의 품목별원산지기준으로 구성되는데, 품목별원산지기준의 타결률은 60%에도 미치지 못하고 있다.

2) 개정 KYOTO 협약

관세협력이사회(Customs Cooperation Council : CCC)[11]는 1973년 통관절차의 간소화 및 국제적 조화를 통해 국제무역의 창달을 목적으로 하는 '세관절차의 간소화 및 조화에 관한 국제협약(약칭하여 교토협약 : Kyoto Convention)'을 제정하였고 1998년 6월 개정의정서가 채택되었다.[12] 동 협약은 2006년 3월 우리나라에서도 정식 조약으로 발효되었다. 개정교토협약 부속서 K에는 원산지에 관한 규정이 있다. 그러나 원산지표시에 대한 직접적 규정은 두지 않고 그 전제가 되는 원산지의 결정과 증명방법에 대해서만 규정하였다. 이 원산지의 결정과 증명방법은 따로 특혜목적이나 비특혜 목적을 구분하여 어디에 적용될 것인지를 명시하고 있지 않기 때문에 양쪽 모두에서 적용되는 것으로 해석된다. 개정 Kyoto 협약상 원산지의 결정기준은 완전생산기준과 실질적변형기준을 규정하고 있고, 실질적변형기준으로 세번변경기준과 부가가치기준, 그리고 가공공정기준을 두고 보충적기준으로 직접운송원칙 등을 정하고 있는 것[13] 등은 WTO의 경우와 동일하다. 그러나 Kyoto 협약도 WTO 원산지규정과 마찬가지로 자세한 원산지결정기준을 마련해 두고 있는 것은 아니다. 다만, 원산지와 관련해 원산지 규정이나 그 적용절차의 변경은 수출시장과 공급국의 이해관계자가 새로운 규정을 검토할 수 있도록 충분한 통보가 이루어진 후에만 효력이 발생하

11) 이 기구는 1995년 WTO 출범과 함께 그 명칭을 세계관세기구(WCO)로 변경하였다. 이 기구는 현재 WTO와 긴밀한 연관을 맺고 활동하고 있다.

12) 개정의정서의 정식명칭은 Protocol of Amendment to the International Convention on the Simplification and Harmonization of Customs Procedures.

13) Protocol of Amendment to the International Convention on the Simplification and Harmonization of Customs Procedures, Specific Annex K Rules of Origin 2~12

도록 규정하였고,[14] 원산지증명서는 수입국 관세당국이 부정을 의심할만한 이유가 있을 때에만 원산지국의 권한 있는 당국이 발행한 증명서를 요구할 수 있도록 하였다.[15]

3) 대외무역법령

대외무역법 제33조 내지 제38조, 동법 시행령 제55조 내지 제67조, 대외무역관리규정 제73조 내지 제93조에는 수출입물품에 대한 원산지의 판정과 수입물품의 원산지 증명서의 제출, 그리고 수출입물품에 대한 원산지 표시등과 관련한 규정이 있다. 수출물품의 원산지 증명서 발급과 관련해서는 '수출물품원산지증명서 발급규정'[16]을 산업통상자원부고시로서 별도 운영한다. 대외무역법령상의 원산지 관련 규정은 WTO의 원산지 규정에 관한 협정과 상치되지 아니하는 범위내에서 이루어진다. 산업통상자원부장관은 대외무역법령상의 원산지제도와 관련된 업무를 〈표 5-2〉와 같이 위탁하고 있다.

〈표 5-2〉 원산지제도 관련 업무의 위탁(대외무역법시행령 제91조)

<table>
<tr><th>관련규정</th><th>업무내용</th><th>위탁기관</th></tr>
<tr><td>영 제57조 제4항</td><td>원산지 표시의 확인에 관한 권한</td><td rowspan="6">세관장</td></tr>
<tr><td>법 제33조 제5항</td><td>수입한 물품 등과 관련 서류의 검사에 관한 권한</td></tr>
<tr><td>법 제33조의2 제1항</td><td>시정조치 명령</td></tr>
<tr><td>법 제33조의2 제2항 및 영 제59조의2</td><td>과징금 부과 및 과징금 납부기한의 연장, 분할납부 및 그 결정의 취소에 관한 권한</td></tr>
<tr><td>영 제65조</td><td>원산지증명서의 제출 명령에 관한 권한</td></tr>
<tr><td>영 제66조 제2항 및 제3항</td><td>원산지증명서 발급 업무 중 관세양허(關稅讓許)를 받기 위한 원산지증명서 발급 업무에 관한 권한</td></tr>
</table>

14) Protocol of Amendment to the International Convention on the Simplification and Harmonization of Customs Procedures, Specific Annex K Rules of Origin 13

15) Protocol of Amendment to the International Convention on the Simplification and Harmonization of Customs Procedures, Specific Annex K Chapter 2 Principle 2

16) 대외무역법에 의한 수출물품의 원산지증명서는 GSP나 APTA, GSTP, TNDC와 같이 수입국에서 관세특혜를 받기 위해 발급되는 경우가 포함된다. 이들에 대한 원산지규정은 대외무역법이 아니라 GSP 공여규정이나 APTA 등의 조약에 별도로 정하고 있는데, 대외무역법에서 이들과 관련된 원산지증명서 발급규정을 두고 있는 것이다.

법 제59조 제2항 제2호 및 제3호	과태료의 부과·징수에 관한 권한	
법 제56조 제3항	산업통상자원부장관이 정하는 원산지 표시방법의 범위에서 그 표시방법에 관한 세부적인 사항을 정하는 권한	관세청장
영 제57조 제1항 및 제2항	원산지 표시방법의 확인 및 이의제기에 대한 처리 권한	
영 제62조 및 제63조	원산지의 사전 판정 및 이의제기의 처리에 관한 권한	
영 제91조	세관장에게 위탁된 사무에 대한 지휘·감독 및 자료의 제출 요청에 관한 권한	
법 제52조 제1항 및 영 제66조 제2항	원산지증명서 발급 업무(관세양허를 받기 위한 원산지증명서 발급 업무를 포함)	상공회의소

4) 관세법령

관세법 제229조 내지 233조의2에는 원산지에 관한 규정이 있다. 제229조에는 원산지확인기준을 두어 관세법이나 조약·협정 등에 의하여 관세를 부과·징수하기 위한 원산지를 확인하는 때의 원산지기준을 정해 두었고, 제230조에는 원산지증명서의 제출과 원산지 허위표시물품에 대한 통관제한 규정을 두었다. 제231조에는 우리나라로 수입되는 물품은 아니지만 우리나라에서 환적되는 외국물품중 원산지가 우리나라로 허위표시된 물품은 이를 유치하여 시정 조치할 수 있게 하였다. 제232조와 제233조는 관세법이나 조약·협정 등에 의하여 원산지확인이 필요한 물품을 수입하는 경우의 원산지증명서 제출 및 확인에 대해 규정하였다. 제233조의 2에는 관세청장이 관세법과 '자유무역협정의 이행을 위한 관세법의 특례에 관한 법률' 및 조약·협정 등에 따라 수출입물품의 원산지 확인·결정 또는 검증 등의 업무에 필요한 정보를 수집·분석할 수 있도록 하였고 필요한 경우 수출입물품의 원산지정보 수집·분석을 다른 법인 또는 단체의 장(국제원산지 정보원)에게 위탁할 수 있게 하였다.

관세법령상에도 원산지의 판정기준은 대체로 대외무역법령상의 그것과 차이가 없다. 원산지 관리와 관련하여 관세법상 규정의 특징은 원산지 허위표시물품 등에 대한 엄격한 관리이다. 즉, 관세법에는 세관장은 법령의 규정에 의하여 원산지를 표시하여야 하는 물품이 다음 각 호의 1에 해당하는 때에는 당해 물품의 통관을 허용할 수 없도록 하였다. 다만, 그 위반사항이 경미한 때에는 이를 보완·정정하도록 한 후 통관을 허용할 수 있다.

① 원산지표시가 법령에서 정하는 기준과 방법에 부합되지 아니하게 표시된 경우
② 부정한 방법으로 원산지표시가 사실과 다르게 표시된 경우
③ 원산지표시가 되어 있지 아니한 경우

일시적으로 양륙되거나 다른 선박으로 이적(移積)되는 외국물품 중 원산지가 우리나라로 허위 표시된 물품에 대하여는 이를 유치(留置)한다.[17] 유치된 물품에 대하여는 이행기간을 정하여 원산지 표시의 수정명령 등 필요한 조치를 취하는데, 만일 지정한 이행기간 내에 명령을 이행하지 아니하면 당해 물품은 보세구역 장치기간 경과물품의 매각 경우에 준하여 매각 처분될 수 있다. '원산지제도 운영에 관한 고시'는 관세청고시로서 관세법의 규정과 대외무역법령에 의하여 관세청장 및 세관장에게 위탁된 원산지관련 업무의 집행에 필요한 사항을 정하고 있다. 여기에는 원산지 확인에 필요한 서류와 그 절차, 원산지의 표시방법, 원산지 표시의 사전확인과 이의제기 절차, 원산지 허위표시 환적물품에 대한 처리절차 등이 규정되어 있다.

5) 그 밖의 법령

자유무역협정의 이행을 위한 관세법의 특례에 관한 법령에도 원산지에 관한 규정들이 있으나 이는 대부분 FTA 협정관세의 적용과 관련된 것들이다. 남북간의 교류를 촉진하기 위해 제정된 남북교류협력에 관한 법률에도 원산지에 대한 규정이 일부 있다. 세부적인 사항은 관세청의 '남북교역물품 통관관리에 관한 고시'로 정하고 있다. '농수산물의 원산지표시에 관한 법률'에도 농수산물의 원산지표시와 관련한 규정들이 있지만 외국으로 수입된 물품에 대한 표시규정은 대부분 대외무역법의 범위를 벗어나지 않는다.

> 표시광고 공정화에 관한 법률에는 표시광고 시에 원산지 허위표시 금지 규정이 있고, 불공정무역행위 및 산업피해조사법에는 무역행위 중 원산지위반 금지 규정이 있으며, 품질경영 및 공산품안전관리법에는 품질표시란에 제조국명 표기시 대외무역법령상 표시방법에 따르도록 규정하고 있다. 따라서 이들 법률도 원산지와 관련된다.

17) 유치는 세관장이 관리하는 장소에 보관하는 것을 말한다. 그러나 필요하다고 인정되는 때에는 세관장이 관리하는 장소에 보관하지 않을 수 있다.

제2절 원산지의 판정

1 원산지판정의 의의

산업통상자원부장관은 필요하다고 인정하는 경우 수출 또는 수입물품의 원산지 판정을 할 수 있다. 원산지의 판정은 그 상품을 생산 또는 제조한 국가가 어디인가를 판단하여 결정하는 것을 말한다. 원산지의 판단에서 상품의 전부가 하나의 국가에서 채취되거나 생산된 물품(이를 '완전생산물품'이라 한다)의 경우는 그 판단이 비교적 쉽다. 그러나 상품의 생산과정에 2개국 이상의 국가가 관련된 경우, 즉, 불완전생산물품의 경우는 판단이 쉽지 않다. 생산과정에 2개국 이상의 국가가 관련될 경우 원산지의 판단의 기준은 원재료의 공급국가, 주요공정이 행해진 국가, 일정수준 이상의 부가가치를 부여한 국가 등을 복합적으로 적용하는데, 어떤 기준을 적용하는가에 따라 원산지가 다르게 판단될 수 있기 때문이다.

2 원산지판정의 기준

대외무역법에서 규정하고 있는 원산지 판정기준은 다음과 같다(대외무역법 제34조, 동법시행령 제61조).

① 수입물품의 전부가 하나의 국가에서 채취 또는 생산된 물품(이를 '완전생산물품'이라 한다)인 경우에는 그 국가를 그 물품의 원산지로 한다.

② 수입물품의 생산・제조・가공과정에 둘 이상의 국가가 관련된 경우에는 최종적으로 실질적 변형을 가하여 그 물품에 본질적 특성을 부여하는 활동(이를 '실질적 변형'이라 한다)을 한 국가를 그 물품의 원산지로 한다.

③ 수입물품의 생산・제조・가공과정에 둘 이상의 국가가 관련된 경우 단순한 가공활동을 하는 국가를 원산지로 하지 아니한다.

원산지판정의 기준에 관한 구체적인 사항은 관계 중앙행정기관의 장과 협의하여 산업통상자원부장관이 고시한다. 산업통상자원부장관이 정한 기준은 아래에서 살펴보는 바와 같다(대외무역관리규정 제85조).

1) 완전생산물품 기준

① 해당국 영역에서 생산한 광산물, 농산물 및 식물성 생산물
② 해당국 영역에서 번식, 사육한 산 동물과 이들로부터 채취한 물품
③ 해당국 영역에서 수렵, 어로로 채포(採捕)한 물품
④ 해당국 선박에 의하여 해당국 이외 국가의 영해나 배타적 경제수역이 아닌 곳에서 채포(採捕)한 어획물, 그 밖의 물품
⑤ 해당국에서 제조, 가공공정 중에 발생한 잔여물
⑥ 해당국 또는 해당국의 선박에서 ①호부터 ⑤호까지의 물품을 원재료로 하여 제조·가공한 물품

2) 실질적 변형기준

실질적 변형기준의 적용원칙은 해당국에서 제조·가공과정을 통하여 원재료의 세번과 상이한 HS 6단위 세번의 제품을 생산하는 것을 말한다. 산업통상자원부 장관은 관세율표상에 해당 물품과 그 원재료의 세번이 구분되어 있지 아니하여 제조·가공 과정을 통해 그 물품의 본질적 특성을 부여하는 활동을 가하더라도 세번(HS 6단위 기준)이 변경되지 아니하는 경우에는 관계기관의 의견을 들은 후 해당 물품 생산에서 발생한 부가가치와 주요 공정 등 종합적인 특성을 감안하여 실질적 변형에 대한 기준을 제시할 수 있다. 관세율표 해석에 관한 통칙 제2호 '가'목은 불완전 또는 미완성 물품에 대한 품목분류의 원칙으로, '관세율표에 열거된 물품에는 불완전 또는 미완성의 물품이 제시된 상태에서 완전 또는 완성된 물품의 본질적인 특성을 지니고 있으면 해당 불완전 또는 미완성의 물품이 포함되는 것으로 보며, 미조립 또는 분해된 상태로 제시된 물품도 완전 또는 완성된 물품에 포함되는 것으로 본다.'라는 규정이다.

3) 특정물품의 원산지 판정기준

산업통상자원부장관은 일부 특정품목에 대해서는 세번변경이란 실질적변형기준의 예외를 적용해 부가가치, 주요 부품 또는 주요 공정 등을 해당 물품의 원산지 판정기준으로 삼게 하였다. 이는 대외무역관리규정 [별표 9]로 규정되어 있는데 그 내용은 〈표 5-3〉과 같다.

〈표 5-3〉 특정품목의 예외적 원산지 판정기준(대외무역관리규정 별표 9)

<table>
<tr><th colspan="2">품목명</th><th>원산지판정 기준</th></tr>
<tr><td colspan="2">• HS 9006.51 : 렌즈를 통하여 볼 수 있는 파인더(싱글 렌즈 레플렉스)를 갖춘 사진기(폭이 35밀리미터 이하의 롤필름용인 것에 한하며 특수용도사진기 또는 일회용 사진기는 제외)
• HS 9006.53 : 기타의 사진기(폭이 35밀리미터의 롤필름용인 것에 한하며 특수용도 사진기 또는 일회용 사진기는 제외)</td><td>다음 각 호의 기준을 순차적으로 적용
1. 해당 물품에 사용된 원료 및 부품의 부가가치가 완제품 부가가치의 35%이상인 경우 해당 원료 및 부품을 생산 또는 최초로 공급한 국가
2. 제1호의 국가가 없거나 2개국 이상인 경우는 주요부품(셔터, 렌즈, 줌경통, 파인더)이 차지하는 부가가치의 비율이 높은 국가</td></tr>
<tr><td colspan="2">HS 0102 : 소</td><td>출생국. 다만, 출생국과 사육국이 다른 경우에는 해당 국가에서 6개월 이상 사육된 경우에는 당해 사육국을 원산지로 하고, 6개월 미만 사육된 경우에는 출생국을 원산지로 한다.</td></tr>
<tr><td colspan="2">HS 0103 : 돼지</td><td>출생국. 다만, 출생국과 사육국이 다른 경우에는 해당 국가에서 2개월 이상 사육된 경우에는 해당 사육국을 원산지로 하고, 2개월 미만 사육된 경우에는 출생국을 원산지로 한다.</td></tr>
<tr><td colspan="2">소와 돼지 이외의 그 밖의 가축으로서 HS 01류의 것[18]</td><td>출생국. 다만, 출생국과 사육국이 다른 경우에는 해당 국가에서 1개월 이상 사육된 경우에는 해당 사육국을 원산지로 하고, 1개월 미만 사육된 경우에는 출생국을 원산지로 한다.</td></tr>
<tr><td rowspan="5">HS 6101–6117 (편직된 의류와 그 부속품)</td><td>1) 제품형태로 편물(knit to shape) 되는 의류(부품과 부속품 포함) : HS 6101–6117의 것</td><td>편직공정 수행국(knit shape)</td></tr>
<tr><td>2) 부품형태로 편물된 부품을 봉제하여 생산되는 의류 : HS 6101–6115의 것</td><td>봉제공정 수행국</td></tr>
<tr><td>3) 재단된 부품을 봉제하여 생산되는 의류 : HS 6101–6115의 것</td><td>봉제공정 수행국</td></tr>
<tr><td>4) 자수된 편평제품 (손수건, 쇼울, 스카프, 머플러, 만틸라, 베일 및 이와 유사한 물품) : HS 6117. 10.6117.80의 것</td><td>편직공정 수행국. 단, 기포원단의 공장도 가격의 50%를 초과하는 자수공정을 수행할 경우 자수공정 수행국</td></tr>
<tr><td>5) 그 밖의 편평제품 (손수건, 쇼울, 스카, 머플러, 만틸라, 베일 및 이와 유사한</td><td>편직공정 수행국</td></tr>
</table>

	물품) : HS 6117. 10.6117.80의 것	
	6) 부품형태로 편물된 부품을 봉제하여 생산되는 부속품(넥타이류, 장갑류 및 이와 유사한 물품) : HS 6116, 6117.20, 6117.80의 것	부품의 편직공정 수행국 (형태를 갖게 knit된 곳)
	7) 재단된 부품을 봉제하여 생산되는 부속품(넥타이류, 장갑류 및 이와 유사한 물품) : HS 6116, 6117.20, 6117.80의 것	봉제공정 수행국
	8) 부품형태로 편물된 부품을 봉제하여 생산된 부품 : HS 6117.90의 것	부품 편직공정 수행국
	9) 재단된 부품을 봉제하여 생산되는 부품 : HS 6117.90의 것	재단공정 수행국
	10) 자수되었으나 봉제되지 아니한 부품 : HS 6101~6117의 것	편직공정 수행국. 단, 기포원단의 공장도 가격의 50%를 초과하는 자수공정을 수행할 경우 자수공정 수행국
	11) 그 밖에 봉제되지 아니한 부품 : HS 6101~6107의 것	편직공정 수행국
HS 6201－6217 (편직을 제외한 의류와 그 부속품)	1) 부품을 봉제하여 생산되는 물품(HS 6209의 기저귀를 제외한다) : HS 6201 ~6212	봉제공정 수행국
	2) 기저귀 : 6209의 것	제직공정 수행국
	3) 자수된 편평제품(손수건, 쇼울, 스카프, 머플러, 만틸라, 베일 및 이와 유사한 물품) : HS 6213, 6214, 6217.10의 것	제직공정 수행국. 단, 기포원단의 공장도 가격의 50%를 초과하는 자수공정을 수행할 경우 자수공정 수행국
	4) 그 밖의 편평제품(손수건, 쇼울, 스카프, 머플러, 만틸라, 베일 및 이와 유사한 물품) : HS 6213, 6214, 6217.10의 것	제직공정 수행국
	5) 부품을 봉제하여 생산된 부속품(넥타이류, 장갑류 및 이와 유사한 물품) : HS 6215, 6216, 6217.10의 것	봉제공정 수행국
	6) 봉제된 부품 : HS 6217.90의 것	재단공정 수행국
	7) 자수된 부품 : HS 6201~6217의 것	제직공정 수행국. 단 기포원단의 공장도 가격의 50%를 초과하는 자수공정을 수행할 경우 자수공정 수행국

	8) 그 밖의 부품 : HS 6201~6217의 것	제직공정 수행국
HS 6301-6308 (제품으로 된 방직용 섬유제품)	1) 부품을 봉제하여 생산되는 물품 : HS 6303, 6304, 6306, 6307.20의 것	제단공정 수행국
	2) 자수된 물품 : HS 6301~6308의 것 (HS6301.10 제외)	제직(또는 편직)공정 수행국. 단 기포원단의 공장도 가격의 50%를 초과하는 자수공정을 수행할 경우 자수공정 수행국
	3) 부분품으로 구성된 물품 : HS 6308의 것	Set의 본질적 특성을 구성하는 물품 제조국
	4) 그 밖의 제품 : HS 6301, 6302, 6305, 6307.10, 6307.90(6301. 10 제외)	제직(또는 편직)공정 수행국
HS 7411.22 구리-니켈 합금으로 만든 것(백동)이나 구리-니켈-아연 합금으로 만든 것(양백)		냉간인발공정(인발, 열처리, 확관) 수행국

〈표 5-3〉의 품목에 대한 원산지를 판정할 때 다음 원칙이 적용된다.

① 부가가치의 비율은 해당 물품의 제조·생산에 사용된 원료 및 구성품의 원산지별 가격 누계가 해당 물품의 수입가격(FOB 기준)에서 점하는 비율로 한다.

② 주요 부품에 대해서는 원산지를 다음과 같이 판정한다.

㉮ 해당 주요 부품의 원료 및 구성품의 부가가치생산에 최대로 기여한 국가가 해당 완제품의 부가가치비율 기준 상위 2개국 중 어느 하나에 해당하는 경우는 해당 국가

㉯ 해당 주요 부품의 원료 및 구성품의 부가가치생산에 최대로 기여한 국가가 해당 완제품의 부가가치비율 기준 상위 2개국 중 어느 하나에 해당하지 아니하는 경우는 해당 완제품을 최종적으로 제조한 국가

③ 부가가치의 비율을 산정할 때 해당 물품의 제조·생산에 사용된 원료 및 구성품의 가격은 다음의 각호의 어느 하나에서 정하는 가격으로 한다.

㉮ 해당 제조·생산국에서 외국으로부터 수입조달한 원료 및 구성품의 가격은 각기 수입단위별 FOB 가격

㉯ 해당 제조·생산국에서 국내적으로 공급된 원료 및 구성품의 가격은 각기 구매단위별 공장도 가격

18) 집에서 기르는 짐승을 '가축'이라 한다. HS 01류에는 순회공연용 동물을 제외한 살아있는 모든 동물이 포함된다.

원산지결정기준으로 부가가치기준이 적용될 때의 '가격'은 특혜원산지규정이나 비특혜(일반) 원산지규정 모두 WTO 관세평가협정에 따라 결정되는 관세의 과세가격이 적용된다. 특혜목적으로 FTA에서 사용되는 부가가치기준에는 RVC(Regional Value Contents)와 MC(iMport Contents), NC(Net Cost)의 3가지가 있다. RVC에는 상품가격중 원산지재료의 비율이 일정수준 이상일 것을 원산지 인정요건으로 하는 집적법과, 상품가격에서 비원산지재료비를 뺀 금액의 비율이 일정수준 이상일 것을 원산지 인정요건으로 하는 공제법이 있다. MC는 상품가격중 비원산지재료비의 비율이 일정수준 이상일 것을 원산지인정 요건으로 하고, NC는 상품가격(순원가)에서 비원산지재료비를 뺀 금액이 상품가격(순원가)의 일정비율 이상일 것을 원산지 인정의 요건으로 한다.

4) 단순가공 물품에 대한 예외적 원산지판정

단순가공이란 다음 각 호에 규정된 활동을 의미하며, 이러한 단순한 가공활동을 수행한 물품에 대해서는 그러한 가공이 이루어진 국가를 원산지로 보지 않는다.

① 운송 또는 보관 목적으로 물품을 양호한 상태로 보존하기 위해 행하는 가공활동
② 선적 또는 운송을 용이하게 하기 위한 가공활동
③ 판매목적으로 물품의 포장 등과 관련된 활동
④ 제조·가공 결과 HS 6단위가 변경되는 경우라도 다음의 어느 하나에 해당되는 가공과 이들이 결합되는 가공은 단순한 가공활동의 범위에 포함된다.
  ㉮ 통풍
  ㉯ 건조 또는 단순가열(볶거나 굽는 것 포함)
  ㉰ 냉동, 냉장
  ㉱ 손상부위의 제거, 이물질 제거, 세척
  ㉲ 기름칠, 녹방지 또는 보호를 위한 도색, 도장
  ㉳ 거르기 또는 선별(sifting or screening)
  ㉴ 정리(sorting), 분류 또는 등급선정(classing, or grading)
  ㉵ 시험 또는 측정
  ㉶ 표시나 라벨의 수정 또는 선명화
  ㉷ 가수(加水), 희석, 흡습, 가염(加鹽) 또는 가당(加糖), 전리(ionizing)
  ㉸ 각피(husking), 탈각(shelling or unshelling), 씨 제거 및 신선 또는 냉장 육류의 냉동, 단순 절단 및 단순 혼합

㉲ 대외무역관리규정 [별표 9]에서 정한 HS 01류의 가축을 수입하여 국내에서 도축하는 경우 같은 별표에서 정한 품목별 사유기간 미만 동안 국내에서 사육한 가축의 도축

㉳ 펴기(spreading out), 압착(crushing)

㉴ 상기 각호에 준하는 가공으로서 산업통상자원부장관이 별도로 판정하는 단순한 가공활동

5) 수입원료를 사용한 국내생산물품의 원산지 판정

수입원료를 사용한 국내생산물품의 원산지판정 기준 적용대상 물품은 수입물품 원산지 표시대상물품 중 국내수입 후 단순한 가공활동을 한 물품과 1류~24류(농수산물·식품), 30류(의료용품), 33류(향료·화장품), 48류(지와 판지), 49류(서적·신문·인쇄물), 50류~58류(섬유), 70류(유리), 72류(철강), 87류(8701~8708의 일반차량), 89류(선박)에 해당되지 않는 물품이다. 이러한 물품이 다음 각 호의 어느 하나에 해당하는 경우 우리나라를 원산지로 하는 물품으로 본다.

① 우리나라에서 제조·가공과정을 통해 수입원료의 세번과 상이한 세번(HS 6단위 기준)의 물품을 생산하거나, 세번 HS 4단위에 해당하는 물품의 세번이 HS 6단위에서 전혀 분류되지 아니한 물품으로 해당 물품의 총 제조원가 중 수입원료의 수입가격(CIF가격 기준)을 공제한 금액이 총 제조원가의 51퍼센트 이상인 경우

② 우리나라에서 단순한 가공활동이 아닌 제조·가공과정을 통해 제1호의 세번 변경이 안된 물품을 최종적으로 생산하고, 해당 물품의 총 제조원가 중 수입원료의 수입가격(CIF가격 기준)을 공제한 금액이 총 제조원가의 85퍼센트 이상인 경우. 다만, 이 경우에도 천일염은 외국산 원재료가 사용되지 않고 제조되어야 우리나라를 원산지로 본다.

6) 부속품·포장용품 등에 대한 원산지판정의 특례

기계·기구·장치 또는 차량에 사용되는 부속품이나 예비부분품, 공구, 포장용품 등에 대해 〈표 5-4〉와 같은 원산지판정 특례가 있다(대외무역관리규정 제87조).

〈표 5-4〉 원산지 판정의 특례

대상물품	원산지판정
기계・기구・장치 또는 차량에 사용되는 부속품・예비부분품 및 공구. 단, 기계 등과 함께 수입되어 동시에 판매되고 그 종류 및 수량으로 보아 정상적인 부속품, 예비부분품 및 공구라고 인정되는 물품	해당 기계・기구・장치 또는 차량의 원산지와 동일하게 원산지를 판정
포장용품	해당 포장된 내용품의 원산지와 동일한 것으로 판정. 다만, 법령에 따라 포장용품과 내용품을 각각 별개로 구분하여 수입신고하도록 규정된 경우 포장용품의 원산지는 내용품의 원산지와 구분하여 결정
촬영된 영화용 필름	영화제작자[19]가 속하는 나라를 원산지로 판정

〈표 5-4〉에서 법령에 따라 포장용품과 내용품을 각각 별개로 구분하여 수입신고하도록 규정된 경우란 포장용품이 반복적으로 사용될 수 있는 경우와 같이 품목분류 [통칙 5]에서 정한 경우를 말한다.

3 원산지의 사전판정과 이의제기

1) 원산지의 사전판정

물품을 수입하기 전에도 수입물품의 원산지에 관하여 산업통상자원부장관의 판정을 받을 수 있다. 이를 원산지의 사전판정이라 한다. 이 원산지 사전판정 권한은 대외무역법시행령에 따라 관세청장에게 위탁되어 있다. 원산지에 대해 사전판정을 받고자 하는 자는 대상물품의 관세・통계통합품목분류표상의 품목번호, 품목명(모델명을 포함한다), 요청사유, 요청자가 주장하는 원산지 등을 기재한 요청서에 견본 1개, 기타 원산지 판정에 필요한 자료를 첨부하여 관세청장에게 제출하여야 한다. 원산지 사전판정 요청을 받은 관세청장은

19) 영화제작자는 각종 소설 또는 대본(시나리오)을 검토하여 흥행에 성공할 수 있는 작품을 선정하고, 작품에 적합한 영화감독과 제작진을 선정하며, 출연 배우, 제작일정 등을 협의하는 자를 말한다. 일일 제작상황을 검토하고 촬영영상을 영화감독과 협의하며 완성된 영화의 시사회를 개최하고, 개봉일 및 극장상영 일정을 확정한다. 또한 각 매체를 통한 영화의 홍보계획을 수립하고 영화제작, 홍보, 상영에 필요한 제반비용을 지원한다. 경우에 따라서는 영화감독이 제작자를 겸하기도 한다.

60일 이내에 판정을 하고 그 결과를 문서로 요청인에게 통보하여야 한다. 이 60일의 기간에는 당해 판정과 관련된 자료수집 등을 위하여 필요한 기간은 산입하지 않는다.

2) 원산지의 판정에 대한 이의제기

관세청장으로부터 원산지 판정(또는 원산지표시방법)에 대한 통보를 받은 자가 그 판정에 대하여 불복이 있는 경우에는 통보를 받은 날부터 30일 이내에 관세청장에게 이의를 제기할 수 있다. 이의제기를 하고자 하는 자는 대상물품의 관세·통계통합품목분류표상의 품목번호, 품목명(모델명을 포함), 이의제기의 사유, 신청자가 주장하는 원산지 등을 기재한 이의신청서에 원산지판정에 필요한 자료를 첨부하여 관세청장에게 제출하여야 한다. 관세청장은 제출된 신청서 등이 미비하여 이의제기에 대한 결정을 하기 곤란한 경우에는 기간을 정하여 자료의 보정(補正)을 요구할 수 있으며, 동 기간내에 보정을 하지 않을 때는 신청서 등을 반려할 수 있다. 이 경우 보정의 기간은 이의제기 결정기간에 산입하지 않는다. 이의제기를 받은 경우 관세청장은 이의제기를 받은 날부터 150일 이내에 이의제기에 대한 결정을 통보해야 한다.

제3절 원산지표시

1 원산지표시제도의 개요

1) 원산지표시의 개념

국제무역에서 원산지는 FTA의 확대에 따라 관세상 특혜를 부여하기 위한 원산지의 판정과 이의 입증이 중요한 과제로 관심의 대상이 되고 있으나 원산지의 표시문제도 해당 물품과 경쟁관계에 있는 국내산업과 소비자에게 피해가 발생한다는 측면에서 많은 관심을 받고 있다. 원산지표시는 원산지를 상품에 보기 쉽고 견고하게 표시하는 것을 말하며, 원산지표시제도란 생산자는 물론 소비자의 권익을 위해 공정한 거래를 통해 상품의 원산지를 누구나 인지할 수 있도록 상품에 원산지를 표시하는 방법과 확인 또는 판정할 수 있도록 실정법으로 규범화한 것을 말한다. 원산지규정의 일부라 할 수 있다. 각국의 원산지표시제도는 통상 국내법 규정으로 존재한다. 원산지표시제도의 가장 큰 목적은 원산지규정에 따라 수입물품에 물품의 생산국 또는 제조국가를 표시하거나 부착할 것을 의무화함으로써 최종소비자에게 해당물품의 원산지에 대한 정확한 정보를 쉽게 알려주어 물품구매시 공정한 선택의 기회를 보장하는데 있다. 원산지표시 물품과 그 나라의 산업사정 등 여러 요인이 복합적으로 작용하므로 획일적으로 단정할 수는 없으나 원산지표시제도의 영향과 효과를 고려하면 원산지표시제도는 일반적으로 공정한 무역거래질서의 확립과 소비자의 보호 등을 위해 필요한 것으로 인정되고 있다. 또한 다수의 국가에서 외국산제품과 국내산제품간의 차별화를 도모하여 건전한 유통질서를 확립하고, 불공정한 무역거래로부터 국내 산업의 피해를 방지하며 올바른 소비문화를 조성하는데도 원산지의 정확한 표시가 필요한 것으로 인식되고 있다.[20]

2) 원산지표시의 기능과 역할

원산지표시제도는 생산자의 입장에서는 원산지가 상표권 등 지적재산권과 같은 일종의 무형의 권리로 인정되어 생산자의 권익을 보호해 주고, 선진국 제품의 경우 국가의 수출경쟁력을 강화시키는 기능과 역할을 한다. 원산지표시는 해당상품이 특정지역 또는 원산지국가의 생산기술이나 특성을 소비자에게 확인시켜주기 때문에 소비자가 해당상품을 선택하는 중요한 요인으로 인식된다. 그 결과 국가 브랜드가치가 높은 국가 상품에 대해서는 소비자의 수요증가로 해당상품의 생산국은 수출경쟁력을 강화시켜 수출을 증대시킨다. 한편, 국적불명 물품의 국내유통은 국내외상거래 유통질서를 혼란 또는 파괴하는 결과를 초래하므로 상품의 원산지표시를 정당하게 함으로써 불법우회수입을 방지하는 등 수출입상품의 상거래 질서를 확립시키는 기능을 한다. 또한 물품의 원산지 허위나 오인표시, 손상변경 또는 미표시로 야기되는 국가간의 통상마찰을 사전에 어느 정도 예방할 뿐만 아니라 소모적인 분쟁해결에도 기여하며, 여기에서 발생되는 불로(不勞) 소득을 차단하고 이로 인한 소비자의 물적 피해를 방지하는 기능이 있다. 수입국의 소비자에게 유사상품이나 모방상품으로 인한 혼란과 오인에 따른 피해를 예방할 수 있어 소비자에게 상품에 대한 시장정보제공 기능과 알권리를 충족시켜주는 기능과 역할을 하는 것이다.

20) 문종삼・송민규(1999), '의류제품의 내국물품에 대한 원산지표시제도 도입방안', 한국의류산업학회지 제1권 제3호, p. 210.

2 원산지의 표시대상

1) 원산지표시 대상의 지정

물품을 수입할 때 어느 경우에 원산지표시를 하여야 하는지는 나라에 따라 규정이 다르고 엄격성에도 차이가 있다. 미국이나 우리나라, 그리고 일본은 비교적 엄격한 편이나 EU의 경우에는 허위표시만을 금지할 뿐 일반적인 상품에 대해 원산지표시를 요구하지 않는다. 대외무역법에는 수입물품을 HS 분류원칙에 따라 분류하고, HS 4단위 1,225개 품목의 55%인 674개 품목을 원산지표시 대상으로 정하였다(대외무역관리규정 제75조).[21] 그러므로 HS 4단위의 나머지 551개에 분류되는 물품이 수입될 때는 그 물품을 누가, 어떤 용도에 사용하기 위해 수입하든 일단 원산지표시 대상에서 제외된다. 원산지표시 대상 수입물품은 〈표 5-5〉와 같다(대외무역관리규정 별표 8).

〈표 5-5〉 원산지표시대상 수입물품

HS	품목코드(Heading)
01류	0102, 0106(자라에 한함)
02류	0201, 0202, 0203, 0204, 0205, 0206, 0207, 0208, 0209, 0210
03류	0301, 0302, 0303, 0304, 0305, 0306, 0307, 0308
04류	0401, 0402, 0403, 0404, 0405, 0406, 0407, 0408, 0409, 0410
05류	0504, 0506, 0507, 0510
06류	0601, 0602, 0603, 0604
07류	0701, 0702, 0703, 0704, 0705, 0706, 0707, 0708, 0709, 0710, 0711, 0712, 0713, 0714
08류	0801, 0802, 0803, 0804, 0805, 0806, 0807, 0808, 0809, 0810, 0811, 0812, 0813, 0814
09류	0901, 0902, 0903, 0904, 0906, 0907, 0908, 0910
10류	1001, 1002, 1003, 1004, 1005, 1006, 1007, 1008
11류	1101, 1102, 1103, 1104, 1105, 1106, 1107, 1108, 1109
12류	1201, 1202, 1203, 1204, 1205, 1206, 1207, 1208, 1209, 1211,1212

21) 각 품목이 동일한 규모로 수입되는 것은 아니기 때문에 실제 수입물품의 55.2%가 원산지표시 대상인 것은 아니다. 관세청 통계를 보면 2015년의 경우 연간 전체 수입건수의 88%, 총 수입금액의 42%에 해당하는 물품이 원산지표시 대상이었다.

13류	1302
15류	1501, 1502, 1503, 1504, 1507, 1508, 1509, 1510, 1511, 1512,1513, 1514, 1515, 1516, 1517, 1520, 1521, 1522
16류	1601, 1602, 1603, 1604, 1605
17류	1701, 1702, 1703, 1704
18류	1801, 1802, 1803, 1804, 1805, 1806
19류	1901, 1902, 1903, 1904, 1905
20류	2001, 2002, 2003, 2004, 2005, 2006, 2007, 2008, 2009
21류	2101, 2102, 2103, 2104, 2105, 2106
22류	2201, 2202, 2203, 2204, 2205, 2206, 2207, 2208, 2209
23류	2301, 2303, 2308, 2309
24류	2401, 2402, 2403
25류	2501
28류	2815.11, 2853
30류	3003, 3004. 3005, 3006
31류	3101
32류	3201, 3202, 3203, 3204, 3205, 3206, 3207, 3208, 3209, 3210, 3211, 3212, 3213, 3214, 3215
33류	3301, 3302, 3303, 3304, 3305, 3306, 3307
34류	3401, 3402, 3403, 3404, 3405, 3406, 3407
35류	3504, 3505, 3506
36류	3604, 3605, 3606
37류	3702, 3703, 3704, 3707
38류	3808, 3814, 3820, 3824, 3826
39류	3916, 3917, 3918, 3919, 3920, 3921, 3922, 3923, 3924, 3925, 3926
40류	4006, 4007, 4008, 4009, 4010, 4011, 4012, 4013, 4014, 4015, 4016, 4017
41류	4114, 4115
42류	4202, 4203, 4205, 4206
43류	4303, 4304
44류	4402, 4409, 4410, 4411, 4412, 4413, 4414, 4415, 4416, 4417, 4418, 4419, 4420, 4421
46류	4601, 4602

48류	4802, 4803, 4804, 4805, 4806, 4807, 4808, 4809, 4810, 4811, 4813, 4814, 4816, 4817, 4818, 4819, 4820, 4821, 4823
49류	4905, 4909
50류	5006, 5007
51류	5109, 5110, 5111, 5112, 5113
52류	5204, 5207, 5208, 5209, 5210, 5211, 5212
53류	5309, 5310, 5311
54류	5401, 5406, 5407, 5408
55류	5502, 5508, 5511, 5512, 5513, 5514, 5515, 5516
56류	5601, 5602, 5603, 5604
57류	5701, 5702, 5703, 5704, 5705
58류	5801, 5802, 5803, 5804, 5805, 5806, 5807, 5808, 5809, 5810, 5811
59류	5909(소방호스에 한함)
60류	6001, 6002
61류	6101, 6102, 6103, 6104, 6105, 6106, 6107, 6108, 6109, 6110, 6111, 6112, 6113, 6114, 6115, 6116, 6117
62류	6201, 6202, 6203, 6204, 6205, 6206, 6207, 6208, 6209, 6210, 6211, 6212, 6213, 6214, 6215, 6216, 6217
63류	6301, 6302, 6303, 6304, 6305, 6306, 6307, 6308, 6309, 6310
64류	6401, 6402, 6403, 6404, 6405, 6406
65류	6501, 6502, 6504, 6505, 6506, 6507
66류	6601, 6602, 6603
67류	6704
68류	6801, 6802, 6804, 6806, 6809, 6810, 6815
69류	6902, 6903, 6906, 6907, 6908, 6910, 6911, 6912, 6913, 6914
70류	7003, 7004, 7005, 7006, 7007, 7008, 7009, 7010, 7013, 7014, 7015, 7018, 7019, 7020
71류	7113, 7114, 7116, 7117
72류	7208, 7210(전기, 용융, 착색 아연 도금강판에 한함), 7214, 7216, 7219, 7225, 7226, 7228
73류	7307(플랜지에 한함), 7311, 7315, 7317, 7318, 7319, 7320, 7321, 7322, 7323, 7324, 7325, 7326
74류	7415, 7418, 7419

75류	7508
76류	7607, 7612, 7613, 7615, 7616
78류	7806
79류	7907
80류	8007
82류	8201, 8202, 8203, 8204, 8205, 8206, 8207, 8208, 8209, 8210, 8211, 8212, 8213, 8214, 8215
83류	8301, 8302, 8303, 8304, 8305, 8306
84류	8407, 8408, 8409, 8413, 8414, 8415, 8416, 8417, 8418, 8419, 8421, 8422, 8423, 8424, 8425, 8431, 8432, 8433, 8434, 8435, 8436, 8437, 8438, 8440, 8441, 8442, 8443, 8448, 8450, 8451, 8452, 8453, 8456, 8465, 8466, 8467, 8468, 8469, 8470, 8471, 8472, 8473, 8476, 8479, 8481, 8482, 8483, 8484, 8487
85류	8501, 8502, 8503, 8504, 8505, 8506, 8507, 8508, 8509, 8510, 8511, 8512, 8513, 8514, 8515, 8516, 8517, 8518, 8519, 8521, 8522, 8523, 8525, 8526, 8527, 8528, 8529, 8531, 8532, 8533, 8534, 8535, 8536, 8537, 8538, 8539, 8540, 8541, 8542, 8543, 8544, 8545, 8546, 8547, 8548
87류	8701, 8702, 8703, 8704, 8705, 8706, 8707, 8708, 8711, 8712, 8713, 8715, 8716
89류	8903
90류	9001, 9002, 9003, 9004, 9005, 9006, 9010, 9011, 9012, 9013, 9015, 9016, 9017, 9018, 9019, 9021, 9024, 9025, 9026, 9027, 9028, 9029, 9031, 9032, 9033
91류	9101, 9102, 9103, 9104, 9105, 9106, 9107, 9108, 9109, 9110, 9111, 9112, 9113, 9114
92류	9201, 9202, 9205, 9206, 9207, 9208, 9209
94류	9401, 9402, 9403, 9404, 9405
95류	9503, 9504, 9505, 9506, 9507, 9508
96류	9603, 9604, 9605, 9607, 9608, 9609, 9610, 9611, 9612, 9613, 9614, 9615, 9616, 9617, 9618, 9619

2) 원산지표시의 면제

원산지표시 대상물품이지만 그 표시가 면제될 수 있는 경우가 있다. 면제 대상은 산업통상자원부장관이 고시한 대외무역관리규정과, 관세청장이 정한 원산지제도운영에관한고시에 지정되어 있다. 이들 규정에 의한 원산지표시 면제대상을 성격별로 구분하면 생산에 투입되는 원재료에 대한 면제, 자가(自家)사용물품에 대한 면제, 상거래에 부수되는 물품에 대한 면제, 수입이라 보기 어려운 물품에 대한 면제 등으로 나누어진다. 즉, 거래물품의 특성과 거래형태, 수입목적 등에 따라 원산지표시 면제여부가 결정된다. 구체적인 표시의 면제대상은 〈표 5-6〉과 같다.

〈표 5-6〉 수입물품 원산지표시 제외 또는 면제대상

<table>
<tr><th colspan="2">구분</th><th>원산지표시 제외 및 면제대상</th><th>근거</th></tr>
<tr><td colspan="2">비원산지 표시대상</td><td>원산지 표시대상으로 열거된 HS 4단위 674개 품목을 제외한 나머지 551품목</td><td>대외무역관리규정 [별표 8]</td></tr>
<tr><td rowspan="10">면제 대상</td><td rowspan="3">생산에 직접 투입되는 물품</td><td>① 대외무역법시행령 제2조 제6호 및 제7호에 의한 외화획득용 원료 및 시설기재로 수입되는 물품. 하자 및 유지보수에 필요한 부품 및 구성품을 포함한다.</td><td>대외무역관리규정 제82조</td></tr>
<tr><td>② 수입후 실질적 변형을 일으키는 제조공정에 투입되는 부품 및 원재료로서 실수요자가 직접 수입하는 경우(실수요자를 위한 수입 대행도 포함)</td><td>대외무역관리규정 제82조</td></tr>
<tr><td>③ 판매 또는 임대목적이 아닌 물품 제조에 사용할 목적으로 수입되는 제조용 시설 및 기자재로서 실수요자가 직접 수입하는 경우와 실수요자를 위해 수입을 대행하는 자가 수입하는 경우(부분품 및 예비 부분품도 포함)</td><td>대외무역관리규정 제82조</td></tr>
<tr><td>연구개발 용품</td><td>④ 연구개발용품으로서 실수요자가 수입하는 경우(실수요자를 위해 수입을 대행한 경우를 포함)</td><td>대외무역관리규정 제82조</td></tr>
<tr><td rowspan="2">개인용 물품</td><td>⑤ 개인에게 무상으로 송부된 탁송품, 별송품, 여행자휴대품</td><td>대외무역관리규정 제82조</td></tr>
<tr><td>⑥ 개인이 자가소비용으로 수입하는 물품으로서 세관장이 타당하다고 인정하는 물품.</td><td>원산지제도운영에관한고시 제9조</td></tr>
<tr><td rowspan="4">상거래에 부수되는 물품</td><td>⑦ 견본품 및 수입된 물품의 하자보수용 물품. 단, 견본품은 진열이나 판매용이 아니어야 한다.</td><td>대외무역관리규정 제82조</td></tr>
<tr><td>⑧ 우리나라에서 수출된 후 재수입되는 물품</td><td>대외무역관리규정 제82조</td></tr>
<tr><td>⑨ 수입자의 상호・상표 등이 인쇄되어 전시용으로만 사용하는 물품</td><td>원산지제도운영에관한고시 제9조</td></tr>
<tr><td>⑩ 기계류 등의 본 제품과 같이 세트로 포장되어 수입되는 부분품・부속품 및 공구류</td><td>원산지제도운영에관한고시 제9조</td></tr>
</table>

수입이라 보기 어려운 물품	⑪ 보세운송, 환적 등에 의하여 우리나라를 단순히 경유하는 통과화물	대외무역관리규정 第82조
	⑫ 재수출조건부 면세대상 물품 등 일시 수입물품	대외무역관리규정 第82조
	⑬ 보세구역에서 국내로 반입되지 않고 외국으로 반송(중계무역 및 환적포함)되는 물품	원산지제도운영에관한고시 제9조
기타 특정 물품	⑭ 외교관면세물품	대외무역관리규정 第82조
	⑮ 판매목적이 아닌 자선목적의 기부물품	원산지제도운영에관한고시 제9조
	⑯ 우리나라로 수입되기 20년 이전에 생산된 물품	원산지제도운영에관한고시제9조

〈표 5-6〉의 면제대상 ①에서 외화획득용 원료란 외화획득에 제공되는 물품과 대외무역법시행령 제3조에 규정한 용역, 전자적 형태의 무체물을 생산(제조·가공·조립·수리·재생 또는 개조하는 것)하는데 필요한 원자재, 부자재, 부품 및 구성품을 말하고, 외화획득용 시설기재는 외화획득에 제공되는 물품 등을 생산하는데 사용되는 시설, 기계, 장치, 부품, 구성품을 말한다(대외무역법시행령 제2조). 이러한 외화획득용 원료와 시설기재의 범위는 사실 상당히 모호하다. 단지 외화획득용 물품 생산에 직접 투입되는 원재료거나 생산에 사용되는 시설기계라 할 때 현실적으로 전적으로 외화획득용에만 사용되는 물품이란 찾아보기 어렵다. 대개 수출용 및 내수용물품을 동시에 생산하기 때문이다.

대외무역법에서 외화획득용원료·기재의 개념을 정의해 두고 법령에 여러 가지 규정을 둔 주된 이유는 대외무역법 제11조 규정에 의한 수출입 제한의 예외로서 이들 물품은 수출입을 허용하기 위함이다. 이에 따라 동법 제16조와 동법시행령 제24조에는 수출입제한의 예외로서 외화획득용 원료·기재의 수입허용 규정을 두었고, 이와 같이 예외적으로 수입이 허용된 물품에 대해서는 대응수출이 완료될 때까지 사후관리를 하도록 하였다. 따라서 여기에서 말하는 원산지표시의 면제대상이란 이와같이 수출입이 제한되는 물품 중 외화획득용 원료·기재임을 이유로 예외적 수입이 허용된 물품으로 이해함이 타당하다.

②의 부품 및 원재료는 실수요자를 위하여 수입을 대행하는 경우를 포함하나 최종구매자가 원산지를 알 수 있도록 거래계약서에 '원산지'가 나타나 있어야 한다. ③의 경우 구매하여 실수요자에게 판매하는 경우는 원산지표시를 하여야 한다. 이때 실수요자를 위하여 수입을 대행하는 경우에는 수입자 자신의 비용으로 당해 물품을 수입하여 실수요자에게

직접 납품하는 경우를 포함한다. 이 경우 수입자는 납품계약서 등 증빙서류를 제출하여야 하고, 세관장은 사실여부를 확인한 후 그 신고를 수리한다.

개인용 물품인 ⑤와 ⑥에서는 이사물품도 포함되는 것으로 해석되는데, 어느 경우나 개인이 수입하더라도 식당 등에서 영업용으로 사용될 물품은 원산지표시 면제대상에서 제외되므로 원산지표시가 필요하다. 표시면제는 자기 또는 가족을 위한 소위 '자가용(自家用)물품'으로 국한되는 것이다. 개인이 B2C인터넷거래를 통해 자신의 사업처에서 사용할 물품을 해외에서 직접 구매하는 경우가 적지 않다. 이렇게 수입되는 물품은 원산지표시 면제대상이 아니다.

⑪에서 ⑬에 해당하는 물품은 우리나라에서 소비되지 않는다는 점을 고려하여 원산지표시 대상에서 제외되었다. 하지만 우리나라를 통과하는 물품일지라도 허위로 원산지를 표시한 경우에는 대외무역법 위반으로 처벌의 대상이 된다. 예를 들어 환적물품이 중국산임에도 Made in Korea와 같이 허위 원산지표시가 있을 경우 대외무역법 제54조 내지 제56조에 의해 처벌되는 것이다. 물론 〈표 5-6〉의 다른 항에 해당하는 물품도 원산지를 허위로 표시한 경우 마찬가지로 처벌대상이 된다. ⑭의 외교관면세물품이란 성격상 관세법 제88조에 따라 관세가 면제되는 물품을 의미한다.

3) 원산지표시 대상여부의 판단

원산지표시 대상으로 지정된 품목에 해당하더라도 그 물품의 용도, 수입형태, 수입주체 등에 따라 일정한 경우 원산지표시가 면제될 수 있으므로 무역계약을 체결하기 전에 수입자는 다음 [그림 5-1]과 같이 원산지표시 문제에 대한 의사결정을 하고, 그 결과를 무역계약시 활용하는 것이 바람직하다.

[그림 5-1]에서 ①의 판단은 대외무역관리규정 [별표 8]에 열거된 HS 4단위에 해당하는지 여부를 확인하는 것으로 가능하다. 이 단계에서는 먼저 품목분류가 정확하게 이루어져야 한다. 품목분류결과 원산지표시 대상이 아닌 것으로 판정되면 적어도 원산지표시와 관련해서는 아무런 제약 없이 수입통관이 이루어진다고 기대해도 좋다. 이때 원산지표시 대상 여부의 판정과, 원산지증명서를 제출하고 특혜관세를 적용하는 것은 별개 문제이므로 혼동하지 않아야 한다.

① 원산지표시대상인 HS 4단위물품인가?

▽ YES → ② 원산지표시 면제에 해당하는 사유가 있는가?

▽ NO ⇒ 원산지표시 불요

② 원산지표시 면제에 해당하는 사유가 있는가?

▽ NO → ③ 원산지는 어디며, 어떻게 표시할 것인가?

▽ YES ⇒ 원산지표시 불요

③ 원산지는 어디며, 어떻게 표시할 것인가?

【 그림 5-1 수입물품 원산지표시와 관련한 의사결정 과정 】

원산지표시 대상물품을 수입하려는 자는 해당 물품의 통관시 원산지표시 여부에 대하여 세관장의 확인을 받아야 한다(대외무역관리규정 제83조). 이 과정에서 세관장은 수출·수입되는 물품이 원산지표시규정에 위반되는 것으로 인정되는 경우에는 원산지의 표시·정정·말소 등 적절한 조사를 지시할 수 있다. 통관이 종료된 이후일지라도 해당물품이 원산지표시규정에 위반되는 것임이 확인되면 이와 같은 조치를 할 수 있다.

대외무역법

사례 모음(3) – 원산지판정

[질의 1]

한국의 회사가 OEM 방식으로 중국에서 물품을 생산하였다. 이 물품의 원산지를 한국으로 표시할 수 있는가?

[산업통상자원부 유권해석] 원산지는 주요 원재료의 공급국 및 주요한 공정 수행국을 기준으로 결정될 뿐 자본의 투자국, 디자인 수행국, 기술의 제공국, 상표의 소유국 등과는 무관한 개념이다. 귀사가 OEM방식으로 중국에서 생산한 물품은 원산지가 중국으로 표시되어야 한다.

[질의 2]

공산품 표시사항 중 '제조국'이라는 표현이 있는데, 이는 원산지와 동일한 개념인가?

[산업통상자원부 유권해석] 일반적으로 품질경영 및 공산품안전관리법에 의한 품질표시, 전기용품안전관리법에 의한 안전인증표시 등에 '제조국'이란 표현이 사용되고 있다. 품질표시에서 제조국은 수입물품에 대해서는 대외무역법상 원산지규정에 따르도록 규정하고 있으므로 원산지와

동일한 개념이다. 그러나 안전인증표시에서 '제조국'은 해당 전기제품을 최종적으로 조립·생산한 제조업체가 소재한 국가를 의미하므로, 반드시 대외무역법에 의한 원산지와 일치하는 것은 아니다.

[질의 3]

중국 어선이 러시아 및 북한 영역(배타적 경제수역 내)에서 조업 허가를 받아 채포한 물품(수산물)을 반입하였다. 수산물의 원산지는 어디로 봐야 하나?

[산업통상자원부 유권해석] 대외무역관리규정상 수입물품의 원산지판정 기준은 해당국 영역에서 어로로 채포한 물품, 해당국 선박에 의하여 해당국 이외 국가의 영해나 배타적경제수역이 아닌 곳에서 채포(採捕)한 어획물, 그 밖의 물품에 대하여 해당국에 원산지를 인정하고 있다. 따라서 질의의 경우 원산지는 당초 물품이 어획된 북한, 러시아가 된다. 대외무역법상 원산지 국가 판정에 있어 조업허가 획득 여부 등은 원산지 판정에 영향을 미치지 않는다.

[질의 4]

당사는 영상관련 제품을 국내에 공급하고 있는 회사로 VTR 테이프를 수입한다. 수입되는 VTR 테이프의 조립은 중국에서 하고 있지만 그 원단은 독일에서 생산되어 중국으로 공급한다. 원단과 테이프의 HS는 다같이 8523.13에 분류되고, 원단의 가격은 테이프 전체가격의 52% 수준이다. 이 경우 수입되는 VTR 테이프의 원산지는 중국과 독일중 어디로 판정되는가?

[산업통상자원부 유권해석] 질의한 물품은 HS에 변화가 없었으므로 비록 2개국에 걸쳐 생산됐지만 그 원산지는 독일로 판정된다.

[질의 5]

한국에서 모든 부품을 제작하여 중국으로 수출한 후, 중국공장에서 조립만 하여 완제품으로 국내 수입한 경우 원산지는?

[산업통상자원부 유권해석] 해외 임가공시 HS 6단위의 변경은 없으나, 국내 부품 전부를 수출할 경우 HS 코드를 완제품으로 미리 부여하는 HS분류 규정(관세율표 해석에 관한 통칙 2호 가목)을 적용하지 않는다. 따라서 원산지를 중국으로 표기해야 한다(대외무역관리규정 제85조 제2항 단서 참조).

[판례]

HS관세율표 해설서 등에 의할 때, 당초 중국에서 제조되어 북한으로 보내진 미완성 면타올은 위 분류에 의하면 테리타올지 직물로서 세번 HS 5802에 해당하고 북한에서 이 미완성 면타올에 테두리 봉제작업을 함으로써 세번 HS 6302에 해당하는 완제품이 된 결과, 세번의 변경을 가져오는 실질적 변형이 북한에서 이루어졌다고 볼 것이며, 한편 이러한 북한에서의 테두리 봉제작업은 산업자원부고시 대외무역관리규정 제6-3-1조 제7항 소정의 최소가공에도 해당하지 아니한다고 보아, 위 면타올의 원산지를 북한으로 정확히 표시하여 수입한 피고인들이 원산지를 허위로 표시하였다거나 관세율 등에 관한 허위신고를 한 것이라고 할 수 없다.

〈대법원 2002.7.26. 선고 2001도4245 판결 참조〉

[질의 6]

중국산 물품을 국내로 수입하여 단순한 가공활동을 거친 후 동 물품을 수출할 때 해당 수출국 원산지 판정 기준에 따라 한국산 판정을 받은 경우 물품에도 한국산 표시가 가능한지?

[산업통상자원부 유권해석] 대외무역법상 수출물품에 대한 원산지 판정은 수입 물품 원산지 판정을 준용하여 판정하되, 그 물품에 대한 원산지 판정 기준이 수입국의 원산지 판정 기준과 다른 경우에는 수입국의 원산지 판정 기준에 따라 원산지를 판정할 수 있도록 하고 있다. 이는 국제 무역거래에 있어 국가별 원산지 기준이 통일 되어 있지 않으므로 수출의 경우 교역 상대국 기준에 따르는 것이 수입 통관 등 국제 무역의 신속성을 위해서 필요하다고 보기 때문이다. 다만, 원산지는 해당 수입국 기준에 의거 판단하되, 물품에 표시하는 경우에는 국내에서 단순한 가공활동만을 거친 경우 한국산으로 표시하는 것을 금하고 있다. 따라서 질의물품에 대해서는 한국산표시가 불가능하다.

[질의 7]

자메이카산, 콜롬비아산, 브라질산 커피 원두를 영국으로 수입하여 로스팅(roasting : 볶음)하고 동 로스팅 커피를 영국에서 국내로 수입하는 경우 원산지 국가는?

[산업통상자원부 유권해석] 종전과 달리 현재는 로스팅공정 수행을 대외무역관리규정상 단순한 가공활동에 해당되지 않는 것으로 보아 커피 볶음공정 수행국에 원산지를 부여하고 있으므로 영국이 원산지가 된다.

[질의 8]

중국에서 수입한 면장갑을 국내에서 회사 로고를 프린트하고 재포장하여 이를 수출할 경우 동 물품에 한국산 표시를 할 수 있는지?

[산업통상자원부 유권해석] 국내에서 행하는 추가공정(회사 로고를 인쇄하고 재포장하는 과정)은 대외무역관리규정상 단순한 가공활동에 해당되어 국내 가공 후에도 수입물품의 상태를 그대로 유지한다. 국산 물품에 한국산으로 원산지를 표시하여 수출하는 경우 대외무역법 제38조의 외국산물품 한국산 가장 수출행위 금지위반에 해당되고, 대외무역법 제33조의 원산지 허위표시에도 해당 된다.

[질의 9]

냉동된 골뱅이의 해동, 껍질 제거, 가열 등 골뱅이를 가공하는 공정은 대외무역관리규정에서 정하고 있는 단순한 가공활동에 해당되는지?

[산업통상자원부 유권해석] 골뱅이의 제조공정은 '해동', '가열', '껍질제거' 등이 주된 공정으로 보여지며, 이와 같은 공정은 별도의 특수한 공법이 사용되지 않는 이상 대외무역관리규정상 단순한 가공활동에 해당되는 것으로 판단된다.

[질의 10]

수입부품을 사용하여 국내에서 최종 물품을 생산하였으나 동 물품이 대외무역법상 원산지표시 대상물품이 아닌 경우에도 한국산으로 표시 가능한지?

[산업통상자원부 유권해석] 외국에서 반제품인 부품을 수입한 후, 동 부품과 국내 다른 부품을 혼합하여 최종 완제품을 생산하는 경우 국내에서의 가공활동이 대외무역관리규정에서 정하고 있는 단순한 가공활동을 초과하는 경우 원산지 표시 의무가 없어지고, 일정 요건을 충족하는 경우 한국산 표시를 할 수도 있다. 다만, 국내에서 최종적으로 생산한 물품이 대외무역관리규정 [별표 8]에 게기된 수입물품에 해당되지 않을 경우에는 한국산으로 판정 하지 않는다.

[판례]

수입 단계에서 제시된 미완성 물품이 완성된 물품 자체는 아니라 하더라도 이미 그 완성된 물품의 '본질적 특성'을 지닌 물품으로 평가되는 경우에는 완성된 물품과 동일한 호에 분류하여야 할 것이지만, 제시된 미완성 물품이 아직 완성된 물품의 본질적 특성을 갖추지 못한 상태에서 수입 후 국내에서의 가공과정을 통하여 그 물품의 세번과 상이한 세번인 완성된 물품이 생산되는 경우, 즉 '실질적 변형'을 일으키는 제조공정에 투입되는 부품으로서 실수요자가 직접 수입하는 경우, 그 미완성 물품은 완성된 물품이 아닌 부분품의 호에 분류되어야 하며 관련 규정에 따라 원산지표시 대상물품인 경우라 하더라도 그 원산지 표시를 하지 아니할 수 있다고 보아야 한다.

〈대법원 2014.2.13. 선고 2011도10727 판결〉

[질의 11]

온라인 거래 사이트(인터넷)상에도 원산지 표시를 의무적으로 해야 하는가?

[산업통상자원부 유권해석] 대외무역법령에서는 수입물품 중 원산지 표시대상 물품에 대해 무역거래자가 해당 현품에 직접 원산지를 표시하도록 규정하고 있으나, 온라인 거래 사이트상에서 거래되는 수입물품에 대한 원산지 표시는 대외무역법령상 의무사항이 아니다. 즉, 원산지표시 대상 수입물품 그 자체에 원산지표시가 되어있지 않을 경우 이는 대외무역법 제33조 위반에 해당되나, 해당 물품이 거래되는 온라인사이트상에 원산지를 표시할 의무는 없는 관계로 온라인사이트상에 원산지가 표시되지 않았을 경우 대외무역법 위반은 아니다. 만일 사이트에 원산지를 허위로 게시하는 경우에는 '전자상거래등에서의 소비자보호에 관한 법률'에 저촉될 수 있다.

3 원산지의 표시방법

1) 원산지표시의 일반원칙

원산지표시는 확정된 원산지를 어떻게 표현할 것인가 하는 원산지의 표시형태, 어디에다 원산지를 표시할 것인가 하는 원산지의 표시위치, 그리고 원산지표시를 어떤 방법으로 나타나게 할 것인가 하는 원산지의 표시방식 등 세 가지 모두가 적정하여야 한다. 우리나라에 수입되는 물품에 대한 원산지표시의 원칙은 다음과 같다.

대외무역법시행령 제56조(수출입 물품의 원산지 표시방법) ① 원산지표시대상물품을 수입하려는 자는 다음 각 호의 방법에 따라 해당 물품에 원산지를 표시하여야 한다.
1. 한글·한문 또는 영문으로 표시할 것
2. 최종 구매자가 쉽게 판독할 수 있는 활자체로 표시할 것
3. 식별하기 쉬운 위치에 표시할 것
4. 표시된 원산지가 쉽게 지워지거나 떨어지지 아니하는 방법으로 표시할 것
②~④ 생략
⑤수출 물품에 대하여 원산지를 표시하는 경우에는 제1항 각 호에서 정한 방법에 따라 원산지를 표시하되, 그 물품에 대한 수입국의 원산지 표시규정이 이와 다르게 표시하도록 되어 있으면 그 규정에 따라 원산지를 표시할 수 있다. 다만, 수입한 물품에 대하여 국내에서 단순한 가공활동을 거쳐 수출하는 경우에는 우리나라를 원산지로 표시하여서는 아니 된다.

위의 원칙을 보면 수입물품과 수출물품의 원산표시 방법이 서로 다를 수 있는데, 특히 문자에 있어 수출대상국 언어가 사용될 수 있다는 점에서 차이가 난다.

2) 수입물품의 원산지의 표시형태

수입물품에 대한 원산지표시는 그 물품이 어디에서 생산되었거나, 그리고 그 생산국가가 어떤 언어와 문자를 사용하는가를 불문하고 한글, 한자 또는 영문으로 〈표 5-7〉과 같이 표시하여야 한다. 그러므로 원산지가 일본인 물품에 일본어로 된 원산지표시는 적정한 원산지표시로 인정되지 않고, 프랑스가 원산인 물품에 불어로 된 원산지표시도 역시 적정한 표시로 인정되지 않는다. 원산지표시 대상물품으로 이와같이 표시된 것을 수입할 경우 부적정한 원산지표시로 간주되어 시정조치 및 과징금 부과대상이 된다(대외무역법 제30조, 동법시행령 제60조). 수입물품의 원산지표시에서 중요한 것은 우리나라 소비자들이 그 물품의 원산지를 쉽게 알게 하는데 있기 때문이다.

〈표 5-7〉 원산지 국명의 표시방법

표시 형태	비고
① '원산지 : 국명', '국명 산(産)', 'Made in 국명', 'Product of 국명', 'Country of Origin : 국명'	'Made in EU'와 같은 것은 원산지를 알 수 없으므로 불가
② 'Made by 물품제조자의 회사명, 주소, 국명'	
③ 위의 ①과 ②방식으로 원산지표시가 어려운 소형 물품의 경우 : '국명'	시계, 볼펜, 연필, 소형IC, 소형베어링 등

③ 'Brewed in 국명', 'Distilled in 국명'	최종구매자가 원산지를 오인할 우려가 없어야 함
④ 'Manufactured by…', 'Producted in…', 'Fabricated in…'	'Assembled in Indonesia'와 같은 것은 원산지를 알 수 없으므로 불가

〈표 5-7〉에서 국명의 표기방법 인정범위는 다음과 같다.

① 영문으로 국가명을 표시하는 경우에는 약어(예 : Great Britain을 "Gt Britain"으로 표기) 또는 변형된 표기(예 : Italy를 "Italie"로 표기)를 표시할 수 있으나, 국가명 또는 국가명의 형용사적 표현이 다른 단어와 결합되어 특정상품의 상표로 최종구매자에게 오인될 우려가 있는 경우(예 : Brazil Nuts)에는 원산지표시로 인정하지 아니한다.

② 식민지 및 국가로부터 자치권을 행사하는 특별구역은 별도의 원산지국가로 표시하여야 한다(예 : Hong Kong, Macao, Guam, Samoa Islands, Virgin Islands).

③ 각각의 개별 국가가 아닌 지역통합체나 경제적연합체는 이를 원산지로 표시할 수 없다(예 : EU, NAFTA, ASEAN, MERCOSUR, COMESA).

④ 최종구매자가 수입 물품의 원산지를 오인할 우려가 없는 경우에는 통상적으로 널리 사용되고 있는 국가명이나 지역명 등을 사용하여 원산지를 표시할 수 있다(예 : United States of America를 USA 또는 US 또는 America로, Switzerland를 Swiss로, Netherlands를 Holland로, United Kingdom of Great Britain and Northern Ireland를 UK 또는 GB로, UK의 England, Scotland, Wales, Northern Ireland).

⑤ 국제관행상 국가명만 표시하는 것으로 인정되는 물품의 경우에는 국가명만 표시 할 수 있다(예 : 시계, 볼펜, 사인펜, 연필, 색연필 등).

⑥ 국제상거래 관행상 정착된 표시방법은 적정한 원산지표시로 인정할 수 있다(예 : "Manufactured by 물품 제조자 회사명,주소,국가명", "Manufactured in 국가명", "Produced in 국가명", "국가명 Made", "Country of Origin : 국가명").

⑦ 품질경영 및 공산품안전관리법, 식품위생법 등 다른 법령에서 원산지표시방법 등을 정하고 있는 경우에는 이를 적용할 수 있다.

3) 원산지의 표시위치

원산지는 수입하고자 하는 당해 물품(현품)에 표시하여야 함이 원칙이다. 다만 다음 〈표 5-8〉의 어느 하나에 해당하는 경우에는 당해 물품에 원산지를 표시하지 않고 당해 물품의 최소포장, 용기 등에 원산지표시를 할 수 있다(대외무역관리규정 제75조).

〈표 5-8〉 현품이 아닌 최소포장이나 용기에 원산지표시가 가능한 경우

구 분	비 고
① 당해 물품에 원산지를 표시하는 것이 불가능한 경우	
② 원산지표시로 인하여 당해 물품이 크게 훼손되는 경우	당구공, 콘텍트 렌즈, 포장하지 않은 IC 등이 해당
③ 원산지표시로 인하여 당해 물품의 가치가 실질적으로 저하되는 경우	
④ 원산지표시의 비용이 당해 물품의 수입을 막을 정도로 과도한 경우	물품값보다 표시비용이 더 많이 드는 경우를 의미
⑤ 상거래 관행상 최종구매자에게 포장, 용기에 봉인되어 판매되는 물품. 또는 봉인되지는 않았으나 포장, 용기를 뜯지 않고 판매되는 물품	비누, 칫솔, 비디오 테이프 등이 해당
⑥ 실질적 변형을 일으키는 제조공정에 투입되는 부품 및 원재료를 수입 후 실수요자에게 직접 공급하는 경우	
⑦ 물품의 외관상 원산지의 오인 가능성이 적은 경우	두리안, 오렌지, 바나나 등
⑧ 관세청장이 산업통상자원부장관과 협의해 타당하다고 인정하는 물품	

주문자상표부착생산방식(OEM)으로 수입되는 물품으로서 최종구매자가 원산지를 오인할 우려가 있는 물품은 원산지표시를 해당 물품 또는 포장용기의 전면에 표시해야 한다. 특히 OEM 수입물품중 식품류는 다음과 같이 원산지표시를 하여야 한다.

① 해당 물품 또는 포장용기의 전면에 원산지 표시
② 원산지표시는 한글로만 표시
③ 원산지표시 크기는 상표명 크기의 1/2 이상 또는 포장면적(표시면)에 따라 글자크기를 달리하여 표시

> 관세청장의 원산지제도운영에 관한 고시(제4조)에 의하면 포장면적에 따라 12포인트에서 36포인트 이상 크기로 표시하여야 한다.

한편, 원산지가 다른 2종 이상의 원재료를 단순 혼합하는 등 대외무역법령에 따른 단순한 가공활동을 한 물품의 원산지는 원재료의 원산지별로 구분하여 표시한다. 원산지를 표시하여야 하는 위치는 최종구매자가 식별하기 용이한 곳이다. 식별하기 용이한 곳이라 함은 최종구매자가 정상적인 물품구매과정에서 표시된 원산지를 용이하게 발견할 수 있는

물품의 전면, 박스는 개봉부분 등을 의미한다. 물품이나 박스의 하단부에 표시하는 것은 '부적정한 표시'로 간주된다. 그러나 구체적인 물품에서 어디가 식별하기 용이한 곳이냐 하는 것은 '건전한 상식'에 따라 판단될 수밖에 없다.

4) 외국산 물품 등의 국산품 가장행위 금지

누구든지 원산지증명서를 위조 또는 변조하거나 거짓된 내용으로 원산지증명서를 발급받거나 물품 등에 원산지를 거짓으로 표시하는 등의 방법으로 외국에서 생산된 물품 등(외국에서 생산되어 국내에서 단순한 가공활동을 거친 물품 등을 포함)의 원산지가 우리나라인 것처럼 가장(假裝)하여 그 물품 등을 수출하거나 외국에서 판매하여서는 아니 된다(대외무역법 제38조).

5) 세부적인 원산지의 표시방식

가. 활자체의 표시

원산지표시에 있어 활자체는 식별하기 쉬운 것이어야 한다. 필기체, 아트체 등 소비자가 알기 어렵도록 표시한 것은 '부적정한 원산지 표시'로 간주되어 인정되지 않는다. 원산지표시는 쉽게 지워지거나 떨어지지 않는 방식으로 표시되어야 한다. 따라서 제조단계에서 인쇄(printing), 등사(stenciling), 낙인(branding), 주조(molding), 식각(etching), 박음질(stitching) 또는 이와 유사한 방식으로 표시함이 원칙이다(대외무역관리규정 제76조). 주조, 식각, 낙인, 박음질 등의 경우는 확실한 방식으로 표시되기 때문에 문제가 없으나, 인쇄나 등사방식에 의해 표시한 경우 스탬프잉크 등과 같이 대상물품의 재질에 따라 쉽게 제거될 수 있는 것이면 부적정한 원산지표시로 간주된다. 물품의 특성상 이와 같은 원칙적 방식으로 표시하는 것이 부적합하거나 물품의 훼손우려가 있는 경우, 예외적인 방법으로도 견고하게 원산지를 표시할 수 있는 경우 및 이미 건전한 상거래 관행상으로 굳어진 경우에는 라벨(label), 스티커(sticker), 꼬리표(tag) 등을 사용하여 원산지를 표시할 수 있다.[22]

나. 수입물품의 크기가 작은 경우의 표시

수입 물품의 크기가 작아 주조 등의 방식으로 해당 물품의 원산지를 표시할 수 없을 경

22) 원산지제도 운영에 관한 고시 제3-2조 제2항

우에는 국명만을 표시할 수 있다. 또한 최종구매자가 수입물품의 원산지를 오인할 우려가 없도록 표시하는 전제하에 원산지표시와 병기하여 물품별 제조공정상의 다양한 특성을 반영할 수 있도록 "Designed in 국명", "Fashioned in 국명", "Moded in 국명", "styled in 국명", "Licensed by 국명", "Finished in 국명"....으로 표시하거나 관세청장이 이에 준하여 타당하다고 인정한 다음 방식으로 표시할 수 있다.

〈표 5-9〉 예외적인 원산지표시 방식

1. 원칙적인 방식에 의한 표시가 부적합한 경우 – 가는 대나무 가지나 등나무 줄기 등을 가공하지 않고 그대로 엮어서 만든 바구니 〈견고한 스티커, 꼬리표 표시 인정〉
2. 원칙적인 방식으로 표시하면 물품을 훼손할 우려가 있는 경우 – 표시공간이 없거나 가는 그물망 형태의 초소형 목걸이·귀걸이 등 정밀세공 장식품 〈양면접착식 스티커, 꼬리표 표시 인정〉 – 모든 면을 인쇄하여 사용하는 어린이용 목각완구로서 세트포장 판매되는 경우 〈박스표시와 동시 현품상 라미네이팅 스티커 인정〉 – 로봇 등의 조립완구로서 세트 포장으로만 판매하는 경우〈박스상에 원산지표시 인정〉
3. 예외적 방식으로도 원칙적인 방식과 같은 정도로 견고하게 표시할 수 있는 경우 – 표면처리가 되지 않은 목제품〈잉크가 스며들도록 한 스탬프 날인 인정〉
4. 예외적인 표시방식이 이미 건전한 상거래관행으로 일반화되어 있는 경우 – 컴퓨터, 전화기, 계산기, TV 등 가전제품〈윗면을 코팅 처리한 스티커표시 인정〉 – 의류 등 섬유제품·가방·신발〈천으로 재봉된 라벨표시 인정〉 – 비누, 칫솔, 비디오테이프, 칼날면도기, 건전지 등 상거래관행상 밀봉 포장·봉인되어 판매되는 물품 〈포장상에 원산지표시 인정〉

다. 단순조립 또는 혼합물품이나 중고물품 등에 대한 표시

수출국에서의 주요 부분품의 단순 결합물품, 원재료의 단순 혼합물품, 중고물품으로 원산지를 특정하기 어려운 물품은 다음과 같이 원산지를 표시할 수 있다.

① 단순 조립물품 : "Organized in 국명(부분품별 원산지 나열)"

② 단순 혼합물품 : "Mixed in 국명(원재료별 원산지 나열)"

③ 중고물품 : "Imported from 국명"

라. 다른 법률에 따른 품명등의 표시가 있는 경우의 표시

다른 법률 즉 약사법, 식품위생법, 동식물검역법, 전기용품안전관리법 및 품질경영 및 공산품안전관리법 등에 의하여 품명·성분·규격 및 수입자 등을 표시할 때 원산지가 동일한 경우 원산지를 함께 표시할 수 있다. 다만, 다음 각 호의 어느 하나에 해당하는 경우는 제외한다.[23)]

① OEM 수입식품류와 같이 원산지오인을 초래할 우려가 있는 경우
② 원산지표시가 견고하지 않거나 쉽게 제거가 가능한 경우
③ 수입자, 주소, 연락처 등의 표시사항이 수입신고서류와 일치하지 않는 경우
④ 관세청장이 따로 정한 예외적인 원산지 표시 방법을 인정하지 않은 경우
⑤ 표시의 크기가 최소 글자 크기보다 작은 경우

마. 수입후 단순한 가공활동을 수행한 물품 등의 원산지표시

농산물을 수입후 소매용으로 포장해 판매하는 것과 같이 수입 후 단순한 가공활동을 수행한 물품등의 원산지 표시는 다음 각 호의 어느 하나의 방법에 따라 원산지를 표시해야 한다. 다만, 다음 각 호에서 달리 규정하지 아니한 사항에 대하여는 위에서 설명한 원산지 표시 규정을 준용한다(대외무역관리규정 제78조).

① 원산지표시대상물품이 수입된 후, 최종구매자가 구매하기 이전에 국내에서 단순 제조나 가공 처리되어 수입 물품의 원산지가 은폐·제거되거나 은폐·제거될 우려가 있는 물품의 경우에는 제조·가공업자(수입자가 제조업자인 경우를 포함한다)는 완성 가공품에 수입 물품의 원산지가 분명하게 나타나도록 원산지를 표시하여야 한다.
② 원산지표시대상물품이 대형 포장 형태로 수입된 후에 최종구매자가 구매하기 이전에 국내에서 소매단위로 재포장되어 판매되는 물품인 경우에는 재포장 판매업자(수입자가 판매업자인 경우를 포함한다)는 재포장 용기에 수입 물품의 원산지가 분명하게 나타나도록 원산지를 표시하여야 한다. 재포장되지 않고 낱개 또는 산물로 판매되는 경우에도 물품 또는 판매용기·판매장소에 스티커 부착, 푯말부착 등의 방법으로 수입품의 원산지를 표시하여야 한다.
③ 원산지표시대상물품이 수입된 후에 최종구매자가 구매하기 이전에 다른 물품과 결합되어 판매되는 경우(예 : 바이올린과 바이올린케이스, 라이터와 라이터케이스 등)에는 제조·가공업자(수입자가 제조업자인 경우를 포함한다)는 수입된 해당 물품의 원산지가 분명

23) 원산지제도 운영에 관한 고시 제6조.

하게 나타나도록 '(해당 물품명)의 원산지 : 국명'의 형태로 원산지를 표시하여야 한다.

이런 사항에 해당되는 경우에는 세관장이 수입자에게 수입 통관 후 법령에 따른 원산지 표시를 준수하도록 의무이행을 명할 수 있다.[24] 만일 이러한 물품을 수입하는 자가 같은 물품을 제3자(중간 구매업자 또는 판매자 등)에게 양도(제3자가 재양도하는 경우를 포함한다)하는 경우에는 양수인에게 서면으로 법령에 따른 원산지 표시의무를 준수하여야 할 것을 알려야 한다.

바. 세트로 수입되는 물품의 원산지 표시

세트로 수입되는 물품은 여러 종류의 물품이 한 세트를 이루므로 원산지표시에 특수성이 있다. 세트물품의 원산지 표시방법은 당해 세트를 구성하는 개별물품의 원산지가 동일한 경우에는 개별물품과 세트물품의 포장·용기에 원산지를 표시하고, 세트를 구성하는 개별물품의 원산지가 2개국 이상일 경우에는 개별물품에 원산지를 각각 표시한다. 포장·용기에도 개별물품의 원산지를 모두 나열하여 표시한다. 이런 규정이 적용되는 세트물품은 대외무역관리규정에서 〈표 5-10〉과 같이 규정하였다.

〈표 5-10〉 원산지표시의 특례가 적용되는 세트물품

HS	품목
3006.50	구급상자와 구급대
3407.00.20.00	치과용 왁스 또는 치과용 인상 재료 중 세트의 것
6103.21~6103.29	남자 또는 소년용의 앙상블(메리야스 편물 또는 뜨개질 편물의 것)
6104.21~6104.29	여자 또는 소녀용의 앙상블(메리야스 편물 또는 뜨개질 편물의 것)
6203.21~6203.29	남자 또는 소년용의 앙상블(메리야스 편물 또는 뜨개질 편물의 것은 제외)
6204.21~6204.29	여자 또는 소녀용의 앙상블(메리야스 편물 또는 뜨개질 편물의 것은 제외)
6308	HS 6308 중 러그, 테피스트리, 자수한 테이블보 또는 서비에트용 직물 및 실로 구성된 세트

24) 의무이행 명령 대상은 재포장되는 물품, 분할포장되는 물품, 단순가공을 거치거나 다른 물품과 결합되는 물품, 현품에 원산지표시를 할 수 없는 물품으로서 낱개 포장되어 판매되는 물품, 산물 등이다.

8206	HS 8202 내지 8205에 해당하는 둘 이상의 공구가 소매용으로 세트가 되어 있는 것
8214.20	HS 8214.20 중 매니큐어 또는 페디큐어 세트
8215.10-8215.20	스푼, 포크, 국자, 스키머, 케이크 서버, 생선용 칼, 버터용 칼, 설탕 집게 및 이와 유사한 부엌 또는 식탁용품이 조합된 세트
8518.30.30.00	마이크로폰·스피커 복합 세트
8518.50	음향증폭세트
9017	HS 9017 중 제도세트(Drawing Set)
9503	HS 9503 중 세트 제품
9605	개인용의 여행세트

사. 용기에 대한 원산지 표시방법

무역상품의 용기는 HS 분류시 통상 본 상품과 동일하게 취급되어 세번이 분류된다. 그러나 용기가 전체 물품에 본질적인 특성을 부여하거나, 포장재료 또는 포장용기가 명백히 반복적으로 사용하기에 적합한 경우에는 그 용기나 포장을 본 상품과는 별개의 물품으로 보아 별도의 세번으로 분류한다.[25] 이런 용기에는 '(용기명)의 원산지 : (국명)'에 상응하는 표시를 하여야 한다(예 : 'Bottle made in 국명'). 1회 사용으로 폐기되는 용기의 경우에는 최소 판매단위의 포장에 용기의 원산지를 표시할 수 있다. 실수요자가 직접 수입하는 경우에는 용기의 원산지를 표시하지 않아도 무방하다

아. 북한산 물품의 원산지 표시방법

북한산 물품에 대해서는 관세청의 '남북교역물품의 원산지확인에 관한 고시'에 따라 〈표 5-11〉과 같이 원산지를 표시해야 한다.

〈표 5-11〉 북한에서 반입하는 물품의 원산지표시 방법

구 분	표시방법
반입물품의 원산지가 북한인 경우	'Made in D.P.R.K' 또는 '북한산'으로 표시
반입물품의 원산지가 남한산으로 인정된 경우	'Made in Korea' 또는 '한국산'으로 표시
원산지가 제3국인 경우	제3국산으로 표시

25) 관세율표 해석에 관한 통칙 5 참조.

개성공단에서 반입하는 물품 또는 원산지가 남한산으로 결정된 물품	'Made in Korea', 'Made in Korea(Gaesung)', '한국산', '한국산(개성 또는 개성공단)' 등의 방법으로 표시
개성공단으로부터 반입하는 물품으로 원산지가 북한으로 결정된 물품	'Made in D.P.R.K(Gaesung)' 또는 '북한산(개성 또는 개성공단)'등의 방법으로 표시

6) 개별품목에 대한 적정 원산지표시 방법의 고시

관세청장은 산업통상자원부장관과 사전협의를 거쳐 대외무역법령에 규정된 원산지 표시 방법에 따라 물품의 특성을 감안한 세부적인 표시방법을 정할 수 있다. 관세청장이 정하여 고시한 품목별 적정 원산지표시방법은 원산지제도 운영에 관한 고시 [별표 2]에 〈표 5-12〉와 같은 형태로 규정되어 있다.

〈표 5-12〉 품목별 적정 원산지 표시방법(예시)

HS	물품명	적정 표시방법	비 고
0207	닭고기	• 포장상자, 용기 등에 원산지 표시 • 비닐로 내포장이 되어 있는 경우 비닐에도 원산지 표시	원산지표시 의무이행 요구
0301, 0306, 0307	활어	• 보관시설(수족관, 활어차량 등)에 푯말 또는 표시판 등으로 표시	원산지표시 의무이행 요구
0803	바나나	• 소매용 최소포장에 원산지표시 • 포장상자, 자루, 용기 등에 원산지표시	원산지표시 의무이행 요구
6116	장갑	• 현품에 원산지표시 • 작업용 면장갑은 10족까지 소매용 최소포장에 원산지표시 허용	
8506	건전지	• 현품에 원산지표시 • 밀봉된 것은 소매용 최소포장에 원산지 표시 허용	
9619	위생용품	• 소매용 최소포장에 원산지 표시	원산지표시 의무이행 요구

7) 원산지표시방법 사전확인제도

가. 사전확인의 신청

수입물품에 대해 원산지표시를 어떻게 할 것인가와 관련하여 의문이 있을 경우 그 원산지표시의 적정성 여부를 관세청장에게 수입되기 전에 확인하여 줄 것을 신청할 수 있다. 이를 '원산지표시방법의 사전확인제도'라 한다. 수출물품은 해당 물품을 수입하는 국가의 원산지표시규정을 따라야 하므로 여기에서 말하는 원산지표시사전확인대상이 될 수 없다. 원산지표시방법의 사전확인제도는 관세청장으로부터 '원산지'가 어디인지를 사전에 판정받는 '원산지사전판정제도'와는 다르다. 원산지표시방법의 사전확인을 받고자 할 때는 원칙적으로 원산지표시방법 사전확인신청서와 신청 대상물품의 견본을 관세청장에게 제출해야 한다.

나. 사전확인 결과의 통보와 이의제기

신청을 받은 관세청장은 7일 이내에 원산지표시의 적정성을 확인하여 그 결과를 원산지표시 사전확인서로 신청인에게 회신하고, 통관예정지 세관장에게는 사본 1부와 봉인된 견본을 송부한다. 세관장은 수입신고 된 물품의 원산지표시가 사전확인서와 같이 이루어져 있음이 확인된 경우 원산지표시가 적정하게 이루어진 것으로 보아 수입신고를 수리해야 한다. 만일 원산지표시사전확인 내용에 대해 이의가 있을 때는 사전확인 통보를 받은 날부터 30일 이내에 이의를 제기할 수 있다. 이의제기가 있으면 관세청장은 이를 민·관의 전문가로 공동 구성되는 원산지확인위원회에 회부하거나 원산지 관계부처의 의견을 참고하여 심사하고, 이의제기일부터 60일 이내에 판정결과와 그 사유를 서면으로 이의제기를 한 당사자에게 통보한다.

대외무역법

사례 모음(4) - 수입물품의 원산지표시

[질의 1]

수입 물품이 아닌 국내에서 생산된 물품도 반드시 원산지 표시를 해야 하는가?

[산업통상자원부 유권해석] 국내에서 완제품으로 생산되고 국내에서 유통되는 물품의 경우 대외무역법상 원산지 표시 의무는 없으나 농수산물의 경우 관련법에서 특정 물품에 대하여 원산지 표시 의무를 부과하고 있다.

[질의 2]

중국에서 담요 원단을 수입하여 국내에서 가공, 봉제하여 동 물품을 사우디아라비아 등 국외로 수출하는 경우 원산지 표시는?

[산업통상자원부 유권해석] 대외무역법령상 수출하는 물품에 대한 원산지 표시는 임의사항이나, 원산지를 표시하고자 하는 경우에는 해당 물품을 수입하는 수입국의 원산지 표시규정에 따라 표시할 수 있다. 수출하는 물품의 원산지 판정은 수입물품에 대한 원산지 판정 기준을 준용하여 판정하되, 그 물품에(수출물품)에 대한 원산지 판정기준이 그 물품의 수입국 판정기준과 다른 경우에는 수입국의 원산지 판정기준에 따라 원산지를 판정 할 수 있다. 따라서 담요를 수출하는 해당 수입국(사우디 등)의 원산지 규정을 먼저 확인하고 이에 따라 원산지 표시를 하면 적정한 표시가 된다.

[판례]

원산지표시와 관련된 고시 규정 등을 종합하여 보면, '부적정표시물품'이란 규정에 따른 적정 원산지표시방법대로 원산지표시를 하기는 하였으나 그 이행의 방법이 부적절한 경우를 의미하는 반면, 위 고시 규정에 따른 적정 원산지표시방법대로 원산지표시를 하지 않은 경우에는 위 고시 규정에서 달리 정하고 있는 경우를 제외하고는 '미표시물품'에 해당한다고 볼 것이다. 대법원 2011. 2.24. 선고 2010도15724 판결 참조.

[질의 3]

물품의 구성 부분품이 국산과 수입산이 결합되어 있는 경우 원산지 표시 방법은?

[산업통상자원부 유권해석] 현행대외무역법상 원산지 표시 대상 수입물품에 대하여 원산지표시 의무가 있으며, 국내 물품에 대한 원산지 표시 규정이 없으므로 수입물품과 국내생산 물품이 결합되어 판매된다면 당초의 물품(수입물품)에 대한 원산지 표시는 유지되어야 한다.

[판례]

식당을 운영하는 피고인이 매운탕 등의 조리 재료로 사용할 쏘가리 중 중국산은 갑 수족관에, 국내산은 을 수족관에 각 보관하면서 갑 수족관 외부에만 '중국내산'이라고 표시하여 '농수산물의 원산지 표시에 관한 법률'을 위반하였다는 내용으로 기소된 사안에서, 갑 수족관에 부착된 원산지 표시판에 쏘가리의 원산지가 '중국내산'('국내산'이라고 적어놓은 상태에서 앞에 '중'자를 적고 '내'자를 삭제한 것)으로 기재되어 있었던 점, 피고인이 쏘가리의 원산지를 '중국내산'으로 변경한 방법, 그 표시 형태 및 내용 등에 의하면 일반인의 입장에서 위 표시를 보고 갑 수족관 안에 보관되어 있는 쏘가리의 원산지가 중국산임을 쉽게 알 수 있는 점 등 제반 사정을 종합할 때, 피고인이 쏘가리의 원산지를 혼동하게 할 우려가 있는 표시를 하였다거나 원산지를 위장하여 판매할 목적으로 농수산물의 원산지 표시를 손상・변경하여 보관・진열하였다고 단정할 수 없다. 청주지법 2014. 11.21. 선고 2014노416 판결(확정)

4 원산지표시 위반 사례

대외무역법에 규정된 원산지표시를 위반할 경우 그 행위자와 물품은 법령에 따라 징역·벌금 등의 처벌, 시정조치와 같은 조치가 있게 된다. 여기서 원산지표시를 위반한 경우란 원산지 결정기준에 따라 판정되는 원산지를 허위로 표시한 경우, 오인할 수 있게 표시한 경우, 부적정하게 표시한 경우, 원산지표시 대상임에도 이를 표시하지 아니한 경우, 그리고 적정하게 표시된 원산지를 손상 혹은 제거하거나 종전의 표시내용과 다른 내용으로 변경하는 행위를 말한다.

1) 원산지의 허위표시 판정사례

원산지 허위표시란 원산지로 인정되지 않는 국가에서 그 물품이 생산된 것인 양 허위로 원산지를 표시하는 것을 말한다. 원산지의 허위표시는 위법이다. 따라서 관계자가 처벌대상이 되고, 해당 물품에는 시정조치가 따른다. 관세청장이 고시하고 있는 원산지 허위표시 판정사례는 〈표 5-13〉과 같다(원산지제도 운영에 관한 고시 [별표 4]).

〈표 5-13〉 원산지 허위표시 판정사례

1. 원산지가 아닌 국가명(지역명 포함)를 「대외무역관리규정」제76조의 원산지표시 일반원칙에 따라 표시한 경우 • 원산지가 중국인 물품에 「Made in Japan」으로 표시 • 인도네시아가 원산지인 물품에 「Product of California」로 표시 • 중국산 우산제품에 「원산지 : 독일(OEM 중국)」으로 표시 • 현품(또는 최소포장)에는 「Made in China」로 실제 원산지표시를 하였으나, 포장판매 하면서 그 포장에 「Made in Taiwan」표시(소비자가 구매시 현품을 확인할 수 없는 경우에만 적용)
2. 케이스·부분품을 수입하면서 국내 제조를 고려하여 「한국산」으로 표시한 경우 • 신발갑피를 수입하면서 안쪽에 제품규격과 함께 「Made in Korea」로 표시

2) 원산지 오인표시 판정사례

원산지의 오인표시물품이란 원산지표시를 한 경우로서 허위표시에는 해당되지 않으나, 객관적으로 보아 최종구매자로 하여금 원산지의 오인을 유발할 수 있도록 표시한 경우를 말한다. 원산지를 오인할 수 있게 표시한 경우에도 해당 물품에 대한 시정조치는 물론 관계자가 처벌의 대상이 된다. 다만, 다음 각 호의 요건을 충족하는 경우에는 오인표시로 보지 않는다.

① 당해 오인표시 이외에 진정한 원산지를 나타내는 명확한 표시가 그 아랫줄 또는 윗줄 등 근처에 현저하게 있는 경우

② 오인표시의 크기, 위치, 선명도, 견고성 등과 비교하여 이보다 더 나은 방법으로 명확하게 진정한 원산지 표시가 되어 있는 경우

오인표시의 경우 특별한 범죄의사를 갖지 않고 있더라도 이러한 사례가 발생할 수 있기 때문에 유의하여야 한다. 관세청장이 예시하고 있는 원산지오인표시 판정사례는 〈표 5-14〉와 같다(원산지제도 운영에 관한 고시 [별표 5]).

〈표 5-14〉 원산지의 오인표시 판정사례

1. 원산지표시 이외에 원산지 인식에 혼동을 줄 수 있는 용어를 원산지표시와 다른 위치에 표시한 경우 등 • 「Italian Mode」, 「Brand by Korea」, 「Licensed by 회사명 Japan」 등으로 표시 • 원산지가 중국산인 의류의 목부분 라벨에 상표와 함께 「France」로 표시 • 벨기에산 돼지고기에 「토종돼지」를 표시 • 중국산 골프가방 겉면에 상표권자 국적인 「Australia」를 상표와 함께 크게 표시
2. 원산지표시 없이 비원산지 국가언어 · 국가명 · 지역명 · 상표 등으로 원산지를 오인하도록 표시한 경우 등 • 중국산 물품에 상표, 국내 업체명, 제품설명 등을 한글로만 표시 • 중국에서 생산된 물품에 단지 「ITALY」만을 표시 • 베트남산 의류에 「Italian Mode」 또는 「Brand by Korea」 표시 • 대만산 치즈에 「Swiss Cheese」로 표시 • 태국산 새우에 「대한민국 대표새우」로 표시
3. KS, JAS, UL 등 비원산지 국가의 품질표준합격증명표시를 그 권한이 없는 자가 원산지를 오인하게끔 현저하게 표시 • 중국산 철강제품에 국내산인 것처럼 「KS」 표시를 한 경우
4. 완제품의 원산지를 표시하지 않고 완제품의 원산지와 상이한 재료의 원산지만 표시한 경우 • 국산 원재료를 사용하여 중국에서 제조한 물품에 「재료 원산지 : 한국」으로 표시

3) 원산지의 부적정표시 판정사례

원산지의 부적정표시란 원산지의 표시위치, 표시의 견고성, 활자의 크기, 색상, 선명도, 글씨체, 국가명의 약어표시 부적정 등으로 인하여 최종구매자가 원산지를 식별하기가 곤란하거나 쉽게 제거될 수 있는 경우 등을 말한다. 이와 관련하여 관세청장이 예시하고 있는 원산지부적정표시 판정사례는 〈표 5-15〉와 같다. 원산지를 부적정하게 표시한 경우에도 당해 물품에 대한 시정조치는 물론 관계자가 처벌의 대상이 될 수 있다(원산지제도 운영에 관한 고시 [별표 6]).

〈표 5-15〉 원산지의 부적정표시 판정사례

1. 쉽게 보이지 않거나 확인이 어려운 위치에 원산지를 표시한 경우
   - 선풍기, 소형스피커의 밑바닥에 표시
   - 가방 안쪽의 주머니에 표시
   - 가구, 냉장고, 전자렌지의 밑바닥에 표시
   - 위생도기(소변기, 변기, 세면대 등)의 안쪽 깊숙한 곳 또는 밑바닥 또는 뒷면에 표시

2. 아래와 같은 표시행위 때문에 원산지를 제대로 식별, 인지하기 어려운 경우 등
   - 제품의 바탕색과 같거나 비슷한 색으로 인쇄하여 원산지를 표시
   - 글자를 흘림체・그래픽체・필기체(직접 필기한 경우를 포함한다) 등으로 표시
   - 원산지표시와 같은 줄에 다른 표시를 하여 원산지를 쉽게 인지하기 어렵도록 표시
   - 불어, 포르투갈어, 스페인어, 일본어 또는 중국의 백화[26]문자 등으로 표시
   - 국가가 아닌 지역공동체 또는 도시명을 기재한 경우(Made in EU, NAFTA 등)
   - 국가명을 통상적으로 사용하지 않는 약자로 표시한 경우(Made in P.R.C, JPN 등)
   - 괌에서 만든 물품에 「Made in USA」로 표시
   - 제품크기, 상표명・모델명・규격 표시 등을 감안할 때 8point 이상으로 원산지표시가 충분히 가능함에도 8point 미만으로 원산지표시

3. 제거하기 용이하게 표시한 경우
   - 의류라벨을 길게 한 후 끝부분에 원산지를 표시하여 자르기 쉽게 한 경우
   - 품질표시 라벨이 부착되어 있음에도 이 품질표시 라벨에는 원산지표시를 하지 않고 별도로 부착한 라벨에 원산지를 표시한 경우
   - 잘 떨어지는 스티커 또는 원산지만을 표시한 스티커로 표시한 경우
     예) 라미네이팅 스티커 또는 접착력이 약한 스티커로 부착한 시계 등 기기
   - 문질러 지워지는 잉크로 인쇄한 경우
     예) 손톱으로 지워지는 골프채 원산지표시, 물로 지워지는 시계뒷면 인쇄

26) 백화문자(白話文字)란 중국어의 구어(口語)대화에 쓰이는 문자를 말한다.

4) 원산지의 미표시 판정사례

원산지 미표시란 원산지표시 대상물품에 원산지를 표시하지 아니하였거나, 전시 및 판매시 구매자에게 보여지지 않는 겉포장에만 표시하는 행위를 말한다. 이와 관련하여 관세청장이 예시하고 있는 원산지미표시 판정사례는 〈표 5-16〉과 같다. 원산지미표시의 경우에도 당해 물품에 대한 시정조치는 물론 관계자가 처벌의 대상이 될 수 있다(원산지제도 운영에 관한 고시 [별표 7]).

〈표 5-16〉 원산지의 미표시 판정사례
1. 원산지 국가의 언어를 사용하여 제품명, 규격 등만 표시하고, 「대외무역관리규정」 제76조에 따른 원산지표시가 없는 경우 • 일본산 자전거에 일본어로 제품명, 규격 등만 표시하고, 원산지표시는 없는 경우
2. 현품(또는 최소포장) 원산지표시 대상물품의 현품(또는 최소포장)에는 원산지표시를 하지 않고 포장에만 표시하는 경우 • 전시용 물품으로서 포장상자에만 원산지표시가 되어있고 현품에는 미표시 • 런닝머신 등 중량물품으로서 현품에 원산지를 표시하지 않고 포장박스에만 표시 • 청바지에는 원산지를 표시하지 않고 비닐포장에만 표시한 경우 • 김치, 돼지고기 등 비닐 내포장 후 박스 포장한 물품으로서, 박스에는 원산지표시가 되었으나 최소포장인 비닐 내포장에는 미표시 • 중국산 자동차 디스크브레이크를 수입하면서 현품에는 원산지표시를 하지 않고, 제품 박스에만 원산지를 표시한 경우

5) 원산지의 손상 또는 변경사례

원산지표시 손상 또는 변경이란 원산지표시 일반원칙에 따라 적정하게 표시한 원산지를 손상·제거하거나 종전의 표시내용과 다른 내용으로 변경하는 행위를 말한다. 이와 관련하여 관세청장이 예시하고 있는 판정사례는 〈표 5-17〉과 같다. 적정하게 표시된 원산지를 손상 또는 변경한 경우에도 당해 물품에 대한 시정조치는 물론 관계자가 처벌의 대상이 될 수 있다(원산지제도 운영에 관한고시 [별표 8]).

〈표 5-17〉 원산지의 손상 또는 변경 판정사례

1. 원산지판정 및 표시원칙에 따라 적정하게 표시된 원산지를 손상 또는 변경하는 경우
   - 인도네시아산 커피 제품의 'Product of Indonesia' 원산지표시를 스티커 등으로 가리는 행위
   - 중국산 제품의 'Made in China' 표시를 훼손하거나 덧붙여서 'Made in Taiwan'으로 변경하는 행위

대외무역법

사례 모음(5) – 원산지표시위반

[행정심판결정례]

청구인이 2010년 12월부터 2011년 12월까지 총 12건으로 호주로부터 건강식품 오메가쓰리(OMEGA-3)를 수입하여 판매하면서 실제 이 사건 물품의 원산지가 콜롬비아임에도 호주로 허위표시하여 원산지표시기준을 위반하였다는 이유로 2012년 12월 피청구인은 청구인에게 2억1천만원의 과징금을 부과하였다. 청구인은 수출자를 신뢰하여 수출자가 알려주는데로 원산지를 표시하였다고는 하나 그렇다고 행정법규위반에 대한 제재가 면책될 수는 없고, 위반횟수 등을 고려할 때 과징금 액수가 과다하다고 보기도 어렵다. 〈국민권익위원회 중앙행심. 2013-06694, 2013.6.25. 결정〉

[행정심판결정례]

당초 이 사건 수입물품의 포장에 표시된 것은 공장도형(그림)과 제조사명, 제조사의 주소, 국가명(FINLAND), 제조사 홈페이지 주소로서 Made by, Made in 등의 표시는 없었으나 이 공장도형은 유럽표준화위원회(CEN)의 규정상 'MANUFACTURER'을 상징하는 것으로 제조업체의 이름, 주소와 함께 제조국인 FINLAND가 표시되어 있으므로 원산지를 표시하고 있다고 볼 여지가 있고, 이 사건 수입물품의 최종소비자는 일반소비자가 아니라 병·의원의 의사로서 이들은 쟁점제품이 핀란드에서 제조된 것을 널리 알고 있으므로 최종구매자가 원산지를 오인할 우려가 있다고 보기 어렵다. 따라서 수입물품의 원산지표시가 고시에서 일반적으로 예시하고 있는 원산지표시방법과 완전히 일치하지 않는다고 하여 대외무역법의 입법취지에 반한다고 보기 어려우므로 피청구인이 청구인에게 한 1,168만원의 과징금처분은 이를 취소한다.

〈중앙행정심판위원회 2011-10765, 2011.7.26. 결정〉

[판례]

대외무역법령에 의해 수입업자로 하여금 수입물품 양수인에게 원산지표시의무를 서면으로 알릴 의무로 규정한 것이 법률의 위임 범위를 벗어난 것으로 포괄위임입법금지원칙을 위배하였다는 청구인의 주장은 일리가 없다. 그러나 이 사건에서 수입자가 자신의 의무이행을 위반한 것으로 판단함은 합당하고, 그 범죄가 인정됨을 전제로 기소유예처분을 한 것이 청구인의 기본권을 침해한 것이라 볼 여지도 없다. 〈헌법재판소 2013.2.28. 2012헌마427 결정〉

[판례]

피고인들은 2007년 9월 인천항으로 반입된 중국산 남성용 재킷 24,442점 등에 대해 허위의 송품장 및 포장명세서를 작성한 후 서울세관에서 해당물품이 한국산인 것처럼 허위의 수출신고필증을 받는 등 3회에 걸쳐 시가 4억3천만원 상당의 물품을 원산지가 한국인 것처럼 가장하여 수출하였다. 이는 대외무역법의 원산지표시 관련규정을 위반한 것이며, 아울러 관세법상 허위로 수출신고를 한 것으로 관세법도 위반한 것이 된다. 따라서 피고인들을 각 벌금 2천만원에 처하고, 피고인들이 위 벌금을 납입하지 아니하는 경우 10만원을 1일로 환산한 기간동안 노역장에 유치한다. 〈서울중앙지방법원 2008.7.10. 선고 2008고단3145 판결〉

5 원산지표시 위반에 대한 제재

1) 위반에 대한 조치의 내용

대외무역법은 무역거래자나 물품 등의 판매업자가 다음 각호의 1에 해당하는 행위를 하는 것을 금하고 있다. 다만, 제3호의 경우에는 무역거래자의 경우에 한한다(대외무역법 제33조 및 제38조).

① 원산지를 허위로 표시하거나 이를 오인하게 하는 표시를 하는 행위
② 원산지 표시를 손상하거나 변경하는 행위
③ 원산지표시대상물품에 대하여 원산지 표시를 하지 아니하는 행위
④ 제1호부터 제3호까지의 규정에 위반되는 원산지표시대상물품을 국내에서 거래하는 행위

수출입물품이 원산지표시를 위반한 경우 그 행위에 대해서는 행위자에게 대외무역법 또는 관세법에 의해 벌금, 징역 등의 처벌이나 과태료 처분 또는 과징금을 부과하고, 현품에 대해서는 시정요구 하는 조치가 따른다. 이 내용을 정리하면 [그림 5-2]와 같다.

[그림 5-2]에서 미통관물품은 수입신고 이전이거나, 수입신고 후 그 신고가 수리되기 전까지의 물품이다. 시정요구조치의 내용은 ① 원산지표시의 원상복구 · 정정 · 말소 또는 원산지 표시 명령, ② 위반물품의 거래 또는 판매행위 중지 등 두 가지다. 시정조치 명령은 ① 당해 위반행위의 내용, ② 시정조치명령의 사유 및 내용, ③ 시정기한을 명시한 서면으로 한다.

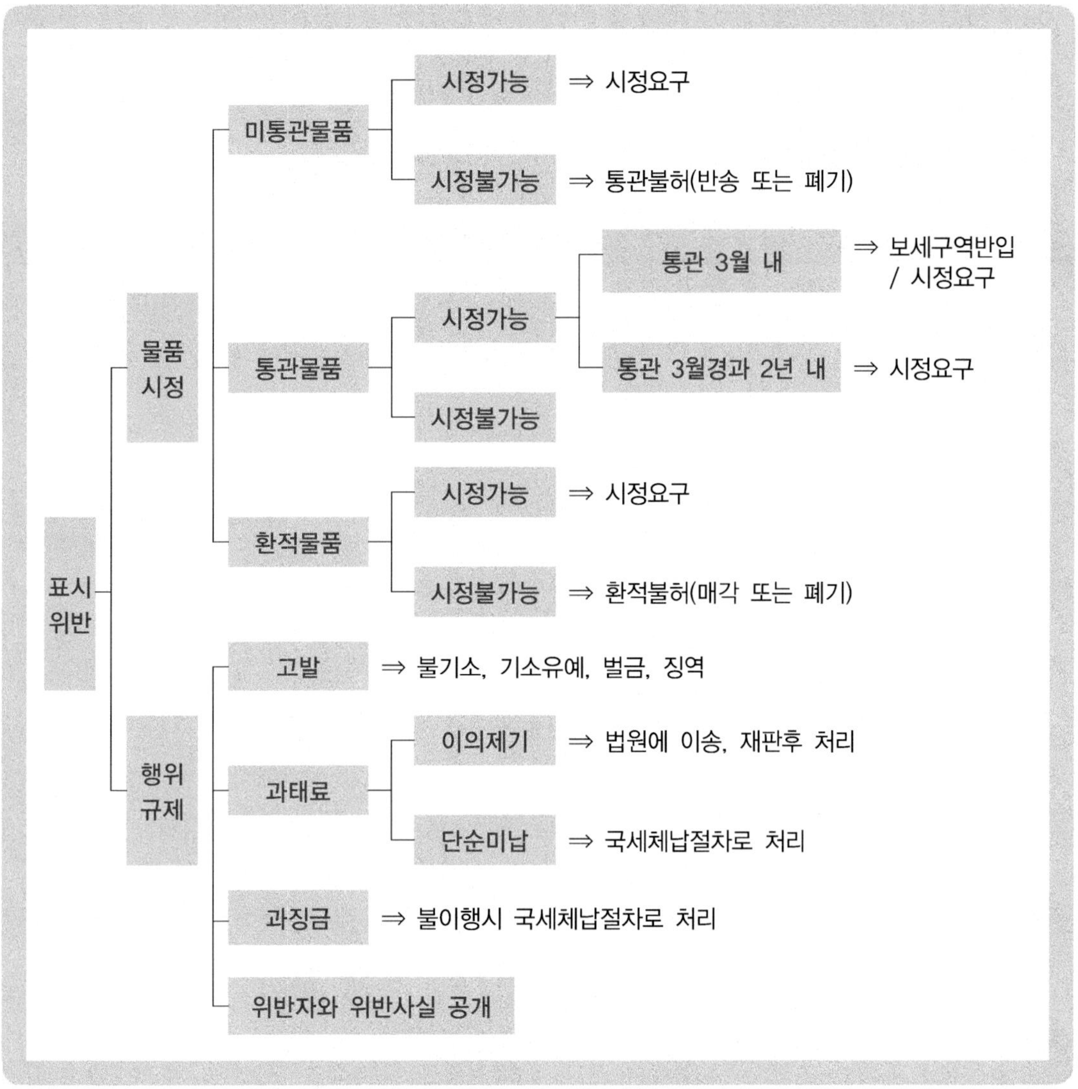

【 그림 5-2 원산지표시 위반에 대한 조치 】

2) 원산지표시 위반자에 대한 제재

가. 벌금 또는 징역처벌

원산지표시위반자에 대해서는 〈표 5-18〉과 같이 처벌한다(대외무역법 제53조의2).

〈표 5-18〉 원산지표시위반자에 대한 처벌

처벌대상자	처벌내용
① 원산지를 거짓으로 표시하거나 원산지를 오인(誤認)하게 하는 표시를 하는 행위를 한 무역거래자 또는 물품 등의 판매업자	5년 이하의 징역 또는 1억 원 이하의 벌금. 이 경우 징역과 벌금은 병과(倂科) 가능
② 원산지의 표시를 손상하거나 변경하는 행위를 한 무역거래자 또는 물품 등의 판매업자	
③ 원산지표시대상물품에 대하여 원산지 표시를 하지 아니한 무역거래자	
④ 원산지표시 위반물품에 대한 원상복구, 정정, 말소 또는 원산지표시, 위반물품의 거래 또는 판매 행위의 중지 명령을 위반한 자	
⑤ 외국산 물품등의 국산 물품등으로의 가장 금지 의무를 위반한 자	

〈표 5-18〉의 ①, ②, ③, ⑤에 해당하는 행위를 하고자 하였으나 미수에 그친 자에 대해서는 미수범으로서 각각 해당하는 본죄에 준하여 처벌한다(대외무역법 제55조). 중대한 과실로 ①, ②, ③에 해당하는 행위를 한 자는 2천만원 이하의 벌금에 처한다(대외무역법 제56조). 법인의 대표자나 법인 또는 개인의 대리인, 사용인, 그 밖의 종업원이 그 법인 또는 개인의 업무에 관하여 〈표 5-18〉의 어느 하나에 해당하는 위반행위를 하면 그 행위자를 벌하는 외에 그 법인 또는 개인에게도 해당 조문의 벌금형을 과(科)하는 양벌규정을 적용한다. 다만, 법인 또는 개인이 그 위반행위를 방지하기 위하여 해당 업무에 관하여 상당한 주의와 감독을 게을리하지 아니한 경우에는 제외된다(대외무역법 제57조).

나. 과태료 처분

산업통상자원부장관 또는 세관장 등이 원산지표시 규정을 위반하였는지를 확인하기 위하여 필요하다고 인정하면 수입한 물품 등의 무역거래자 및 판매업자의 정보에 관한 서류, 수입한 물품등의 가격, 수량, 품질 및 제조 또는 가공 공정에 관한 서류, 그 밖에 원산지의 표시에 대한 위반 여부를 확인하기 위하여 산업통상자원부장관이 필요하다고 인정하는 서류를 검사할 수 있다(대외무역법 제33조). 이러한 검사를 거부, 방해 또는 기피한 자에게는 2천만원 이하의 과태료를 부과한다.

다. 과징금부과

원산지표시 위반한 자에게는 3억원 이하의 과징금을 부과할 수 있다. 현재 이 과징금 부과에 관한 권한은 세관장에게 위탁되어 있다. 과징금 부과대상과 부과기준은 〈표 5-19〉와 같다(대외무역법시행령 제60조).

〈표 5-19〉 원산지표시 위반자에 대한 과징금 부과

위반행위	과징금 금액
대외무역법 제33조 제2항을 위반하여 단순한 가공활동을 거침으로써 해당 물품의 원산지 표시를 손상하거나 변형한 자(무역거래자 또는 물품 등의 판매업자에 대하여 적용되는 경우는 제외)가 그 단순가공한 물품 등에 당초의 원산지를 표시하지 않거나 다르게 표시한 행위	해당 위반물품 등의 수출입 신고 금액(판매업자의 경우에는 판매한 물품 등과 판매하지 아니한 물품 등을 구분하여 판매한 물품 등의 판매가액과 판매하지 아니한 물품 등의 매입가액을 합한 금액을 말한다)의 100분의 10에 해당하는 금액이나 1억원 중 적은 금액
대외무역법 제33조 제3항에 따른 원산지의 표시방법을 위반한 행위	해당 위반물품 등의 수출입신고금액의 100분의 10에 해당하는 금액이나 2억원 중 적은 금액
무역거래자 또는 물품등의 판매업자가 물품등의 원산지를 거짓으로 표시하거나 원산지를 오인(誤認)하게 하는 표시를 하는 행위	해당 위반물품의 수출입 신고 금액(판매업자의 경우에는 판매한 물품과 판매하지 아니한 물품을 구분하여 판매한 물품의 매출가액과 판매하지 아니한 물품 등의 판매가액과 매입가액을 합한 금액을 말한다)의 100분의 10에 해당하는 금액이나 3억 원 중 적은 금액
무역거래자 또는 물품등의 판매업자가 물품등의 원산지 표시를 손상하거나 변경한 행위	해당 위반물품의 수출입 신고 금액(판매업자의 경우에는 판매한 물품과 판매하지 아니한 물품을 구분하여 판매한 물품의 매출가액과 판매하지 아니한 물품의 매입가액을 합한 금액을 말한다)의 100분의 10에 해당하는 금액이나 3억 원 중 적은 금액
무역거래자가 원산지표시대상물품에 대하여 원산지 표시를 하지 아니하는 행위	해당 위반물품의 수출입 신고 금액의 100분의 10에 해당하는 금액이나 2억 원 중 적은 금액

산업통상자원부장관은 과징금을 부과하고자 할 때에는 그 위반행위의 종별과 과징금의 금액을 명시하여 이를 납부할 것을 서면으로 통지하여야 한다. 과징금 납부의 통보를 받은 자는 납부통지일부터 20일 이내에 과징금을 산업통상자원부장관이 정하는 수납기관에

납부하여야 한다. 다만, 천재지변 기타 부득이한 사유로 인해 그 기간 내에 과징금을 납부할 수 없는 때에는 그 사유가 없어진 날부터 7일 이내에 납부하여야 한다. 과징금의 금액이 1억원 이상인 경우로서 다음 각 호의 어느 하나에 해당하는 사유로 인해 과징금 전액을 한꺼번에 내기 어렵다고 인정되는 경우에는 1년의 범위 내에서 납부기한을 연장하거나 3회 이내로 분할하여 납부할 수 있다(대외무역법시행령 제59조의2).

① 재해나 천재지변, 화재 등으로 재산에 현저한 손실을 입은 경우
② 경제여건이나 사업여건의 악화로 사업이 중대한 위기에 있는 경우
③ 과징금을 한꺼번에 내면 자금사정에 현저한 어려움이 예상되는 경우
④ 그 밖에 1호부터 3호까지의 규정에 준하는 사유가 있는 경우

과징금을 부과받은 자가 납부기한 내에 납부하지 아니한 때에는 국세체납처분의 예에 의하여 이를 징수할 수 있다. 과징금을 납부받은 수납기관은 과징금을 납부한 자에게 영수증을 교부해야 한다. 과징금의 납부를 받은 수납기관은 과징금을 수납한 때에는 지체없이 그 사실을 산업통상자원부장관에게 통보한다. 이와같은 산업통상자원부장관의 시정조치 명령 또는 과징금 부과에 관한 권한은 세관장에게 위탁되어 있다.

라. 원산지표시 의무 위반자의 공개

산업통상자원부장관은 과징금 부과처분이 확정된 자에 대해서는 대통령령으로 정하는 바에 따라 그 위반자 및 위반자의 소재지와 물품등의 명칭, 품목, 위반내용 등 처분과 관련된 사항을 공표할 수 있다(대외무역법 제33조의2). 공표 대상자는 과징금 부과처분이 확정된 자로서 다음 각 호의 어느 하나에 해당하는 자로 한다.

① 해당 위반물품등의 수출입 신고 금액(판매업자의 경우에는 판매한 물품등과 판매하지 아니한 물품등을 구분하여 판매한 물품등의 매출가액과 판매하지 아니한 물품등의 매입가액을 합한 금액을 말하며, 이하 이 항에서 "원산지 표시 위반물품등의 가액"이라 한다)이 10억원(관세법 [별표]에 따른 품목 중 제1류부터 제24류까지의 품목 및 소금의 경우에는 5억원을 말한다) 이상인 자
② 관세법 [별표]에 따른 품목 중 제1류부터 제24류까지의 품목 및 소금에 대한 원산지 표시 위반물품등의 가액 중 다음 각 목의 위반행위로 인한 가액을 합산한 금액이 5천만원 이상인 자
  가. 원산지를 국내산으로 거짓 표시하거나 원산지를 국내산으로 오인하게 하는 표시를 하는 행위

나. 원산지 표시를 국내산으로 변경하는 행위

③ 다음 각 목의 요건을 모두 갖춘 자

가. 과징금 부과처분을 받은 날부터 과거 2년 이내의 기간(초일을 산입한다) 동안 과징금 부과처분을 받은 횟수가 3회 이상일 것

나. 가목에 따른 과징금 부과처분 중 확정된 처분이 3회 이상일 것

다. 나목에 따른 확정된 과징금 부과처분의 사유가 된 원산지 표시 위반물품등의 가액을 합산한 금액이 5천만원 이상일 것

④ 관세법 [별표]에 따른 품목 중HS 제1류부터 제24류까지의 품목 및 소금에 대한 원산지 표시의무를 위반한 경우로서 다음 각 목의 요건을 모두 갖춘 자

가. 과징금 부과처분을 받은 날부터 과거 2년 이내의 기간(초일을 산입한다) 동안 과징금 부과처분을 받은 횟수가 3회 이상일 것

나. 가목에 따른 과징금 부과처분 중 확정된 처분이 3회 이상일 것

산업통상자원부장관은 공표 대상자에 대해 다음 각 호의 사항을 홈페이지에 공표하여야 한다.

① 대외무역법에 따른 '원산지 표시의무 위반사실의 공표'라는 표제

② 위반자의 성명 또는 명칭(법인의 경우에는 대표자의 성명을 포함한다) 및 주소(법인의 경우 주된 영업소의 주소와 원산지 표시의무 위반행위를 한 사업장 주소를 말한다)

③ 원산지 표시 위반물품 등의 종류, 명칭 및 위반내용

④ 원산지 표시 위반행위에 대한 처분권자, 처분일, 처분 내용

제4절 원산지의 확인과 증명

1 수입물품의 원산지확인

1) 원산지 확인을 위한 증빙서류의 제출 요구

수입물품을 통관할 때 세관장이 특혜관세 적용이나 비특혜 목적의 확인을 위해 원산지증명서나 그 밖의 원산지증빙자료 제출을 요구하는 경우가 있다. 대외무역법에도 산업통

상자원부장관은 원산지의 확인을 위하여 필요하다고 인정하는 경우에는 물품을 수입하고자 하는 자에 대하여 당해 물품의 원산지국 또는 물품을 선적한 국가의 정부 등이 발행하는 원산지증명서를 제출하게 할 수 있다(대외무역법 제36조). 수입시 원산지증명서 등 관계자료 제출이 요구되는 경우는 다음과 같다(대외무역관리규정 제91조). 여기서 수입시란 수입통관시를 의미한다.

① 통합공고에 의하여 특정지역으로부터 수입이 제한되는 물품
② 원산지 허위표시, 오인·혼동표시 등을 확인하기 위하여 세관장이 필요하다고 인정하는 물품
③ 기타 법령에 의하여 원산지 확인이 필요한 물품

2) 원산지증명서 등의 제출 면제

원산지확인 대상일지라도 소액의 비 상업용물품 등에 대해서는 원산지증명서 제출이 면제된다. 해당하는 것은 다음과 같다(대외무역관리규정 제92조).

① 과세가격(종량세의 경우에는 이를 관세법의 규정에 준하여 산출한 가격)이 15만 원 이하인 물품
② 우편물(관세법 제258조 제2항에 의해 정식 수입신고가 필요한 것을 제외)
③ 개인에게 무상 송부된 탁송품·별송품 또는 여행자의 휴대품
④ 재수출조건부 면세대상물품 등 일시 수입물품
⑤ 보세운송, 환적 등에 의하여 우리나라를 단순히 경유하는 통과화물
⑥ 물품의 종류, 성질, 형상 또는 그 상표, 생산국명, 제조자 등에 의하여 원산지가 인정되는 물품
⑦ 그 밖에 관세청장이 산업통상자원부장관과 협의하여 타당하다고 인정하는 물품

이러한 원산지증명서의 제출면제는 대외무역법에 의해 원산지증명이 요구되는 경우에 고려될 수 있는 것이고, 관세법이나 FTA 관세특례법 등에 따라 원산지증명이 요구되는 경우로서 증명서 제출이 면제되는 경우는 해당 법령에 따라 결정된다.

2 수출물품에 대한 원산지증명서의 발급

1) 원산지증명서의 발급대상

수출하는 물품으로서 교역상대국의 수입통관단계에서 비 관세적인 이유에서 원산지 확인이 필요하거나 관세양허를 받기 위해서는 당해 수출상품이 우리나라에서 재배, 사육, 제조 또는 가공된 것임을 증명하는 원산지증명서를 수입국에서 통관시 해당국 세관에 제출하여야 함이 원칙이다. 비 관세적인 목적에서 필요한 원산지증명서를 '일반수출물품 원산지증명서'라 하고, 관세특혜목적의 원산지증명서를 '관세양허대상 수출물품 원산지증명서'라 한다. 우리나라 수출물품으로서 원산지증명서에 의해 교역상대국의 관세상 혜택을 받을 수 있는 경우는 선진국의 일반특혜관세제도(GSP)[27], WTO 개발도상국간 관세양허협정(TNDC), 아시아태평양무역협정(APTA), UNCTAD 개발도상국간 특혜무역제도(GSTP)에 관한 협정, FTA 협정 등이 적용될 때이다.

2) 원산지증명서 발급기관

원산지증명서의 발급은 수출자나 생산자가 자율적으로 발급하는 자율발급 방식, 정부에 의해 인증된 기업이 자율적으로 발급하는 인증발급방식, 세관 또는 상공회의소가 발급하는 기관발급방식의 3가지가 있다. 자율발급이나 인증발급은 자유무역협정과 관련해서 적용되며, 대외무역법에 의한 원산지증명 즉, 일반원산지증명과 FTA 외의 다른 근거에 의한 관세특혜목적의 원산지증명은 기관발급에 의한다. 원산지증명기관인 세관이란 전국에 있는 세관을 모두 지칭하며, 상공회의소 또한 전국에 있는 모든 상공회의소를 의미한다.

3 원산지인정을 위한 직접운송 원칙

원산지를 확인해야 하는 물품의 경우 대개 직접운송원칙을 적용한다. 원산국에서부터 수입국으로 직접 운송된 경우에만 그 원산지를 인정하는 것이다. 대외무역법에도 수입물품의 원산지는 그 물품이 원산지국가 이외의 국가(이를 '비원산국'이라 한다)를 경유하지 아

27) 우리나라에서 수출되는 물품으로 GSP 혜택을 받을 수 있는 경우는 노르웨이, 캐나다, 뉴질랜드 등으로 수출되는 물품 중 일부이다.

니하고 원산지국가로부터 직접 우리나라로 운송반입된 물품에 한하여 당해물품의 원산지를 인정한다고 규정하고 있다. 다만, 지리적 또는 운송상의 이유로 비원산국에서 환적 또는 일시장치가 이루어진 물품의 경우나 박람회, 전시회 기타 이에 준하는 행사에 전시하기 위하여 비원산국으로 수출하였던 물품으로서 당해 물품의 전시목적에 사용한 후 우리나라로 수출한 물품의 경우로서 당해 물품이 비원산국의 보세구역 등에서 세관 감시하에 환적 또는 일시장치 등이 이루어지고, 이들 이외의 다른 행위가 없었음이 인정되는 경우에 한하여 이를 우리나라로 직접 운송된 것으로 본다(대외무역관리규정 제93조 제1항). 필요시 세관장은 비원산국에서 환적, 일시장치 또는 박람회 등에 전시하였음을 당해국의 세관 또는 권한 있는 관공서가 발급한 증명서, 기타 확인이 필요하다고 인정하는 서류로서 제출할 것을 요청할 수 있다.

기 | 출 | 문 | 제

1 다음은 대외무역법령에서 규정하는 수입물품의 원산지표시와 관련된 설명이다. 올바른 것을 모두 기재한 것은? [국제무역사 35회 1교시 8번]

> 〈수입물품의 원산지표시 대상물품은 원칙적으로 해당 물품에 원산지를 표시하여야 하나, 다음 사항의 하나에 해당되는 경우에는 최소포장, 용기 등에 수입물품의 원산지를 표시할 수 있다.
> A. 원산지표시의 비용이 해당 물품의 수입을 막을 정도로 과도한 경우(물품 값보다 표시비용이 더 많이 드는 경우)
> B. 원산지표시로 인하여 해당 물품이 크게 훼손되는 경우(당구공, 콘텍트렌즈, 포장하지 않은 직접회로 등)
> C. 물품의 외관상 원산지의 오인 가능성이 적은 경우(두리안, 바나나, 오렌지 등)
> D. 원산지표시로 인하여 해당 물품의 가치가 실질적으로 저하되는 경우
> E. 실질적 변형을 일으키는 제조공정에 투입되는 부품 및 원재료를 수입 후 내수시장에서 유통상에게 공급하는 경우

① A, B, D
② B, C, D, E
③ A, B, C, D
④ A, B, D, E

2 다음 중 대외무역법령상 수입물품에 대한 원산지표시 방법으로 가장 옳은 것은? [국제무역사 39회 1교시 9번]

① 소비자에게 낱개로 판매되는 물품을 벌크포장 외부에만 원산지를 표시한 경우
② 중국산 물품에 별도 원산지표시 없이 「경주특산품」이라고 표시한 경우
③ 물품에 「Country of Origin : China」라고 표시한 후, 그 아래에 「Designed in Korea」라고 보조표시를 한 경우
④ 가방 안주머니 속에 작은 원산지표시 라벨을 부착한 경우

정답 1. 1.③ 2.③

3 다음은 우리나라의 대외무역법령에서 규정하고 있는 수출입물품 등의 원산지의 표시 기준 및 위반물품에 대한 시정조치에 관한 설명이다. 잘못된 것은? [국제무역사 36회 1교시 10번]

① 무역거래자 또는 물품 등의 판매업자는 원산지를 거짓으로 표시하거나 오인하게 표시를 하는 행위와 함께 원산지의 표시를 손상하거나 변경하는 행위를 해서는 아니 된다.
② 무역거래자는 원산지 표시대상 물품에 대하여 원산지 표시를 하지 아니하는 행위를 해서는 아니 된다.
③ 원산지표시 위반물품에 대한 시정조치는 원산지표시의 원상 복구, 정정, 말소 또는 원산지 표시명령과 함께 위반물품의 거래 또는 판매행위의 중지 등이 있다.
④ 원산지표시 위반물품에 대한 시정도치 명령은 위반행위의 내용과 시정도치명령의 사유 및 내용을 명시하여 서면으로 하여야 하며, 시정기한은 무역거래자 또는 물품 등의 판매업자의 재량사항이다.

4 다음 중 우리나라에 대외무역법령에서 규정하고 있는 수출입물품의 원산지 표시방법과 원칙에 대한 설명이 잘못된 것은? [국제무역사 37회 1교시 8번]

① 원산지 표시대상 물품을 수입하려는 자는 해당 물품의 원산지를 한글 한문 또는 영문을 표시하여야 한다.
② 수입물품의 원산지는 최종 구매자가 쉽게 판독할 수 있는 활자체로 식별하기 쉬운 위치에 표시하여야 한다.
③ 수입한 물품에 대하여 국내에서 단순한 가공활동을 거쳐 수출하는 경우에도 우리나라를 원산지로 표시할 수 있다.
④ 해당 물품에 원산지를 표시하는 것이 곤란하거나 원산지를 표시할 필요가 없다고 인정하여 산업통상자원부장관이 정하여 고시하는 기준에 해당되는 경우에는 고시하는 바에 따라 원산지를 표시하거나 원산지 표시를 생략할 수 있다.

정답 3.④ 4.③

5 다음은 대외무역법령에서 규정하고 있는 수입물품 원산지표시의 일반원칙에 대한 설명이다. 올바른 것을 모두 기재한 것은? [국제무역사 35회 1교시 9번]

수입물품의 원산지는 '국명' 또는 '국명 산(産)', 'Made in 국명' 또는 'Product of 국명', 'Made by 물품 제조사의 회사명, 주소, 국명' 등에 대해 한글, 한자 또는 영문을 표시할 수 있다.
수입물품의 원산지는 최종구매자가 해당 물품의 원산지를 용이하게 판독할 수 있는 크기의 활자체로 표시하여야 한다.
수입물품의 원산지는 최종구매자가 정상적인 물품구매과정에서 원산지표시를 발견할 수 있도록 식별이 용이한 곳에 표시하여야 한다.
수입물품의 원산지는 제조단계에서 인쇄(printing), 낙인(branding), 주조(molding), 박음질(stiching) 등으로 표시하는 것이 원칙이나 물품의 특성상 이러한 방식으로 표시하는 것이 불가능할 경우 날인(stamping), 라벨(label), 스티커(sticker) 등으로 사용하여 표시할 수 있다.
최종구매자가 수입물품의 원산지를 오인할 우려가 없는 경우에는 United States of America를 USA로, Netherlands를 Holland 등 통상적으로 널리 사용되고 있는 국가명이나 지역명을 사용하여 원산지를 표시할 수 있다.

① A, B, C ② A, C, D
③ B, C, D, E ④ A, B, C, D, E

6 다음 중 우리나라의 대외무역법령에서 규정하고 있는 수출입물품의 원산지판정기준에 대한 설명 중에서 올바른 것을 모두 기재한 것은? [국제무역사 37회 1교시 9번]

A. "완전생산물품"이란 해당국 영역에서 생산한 광산물, 농산물 및 식물성 생산물과 산동물, 채취한 물품, 채포한 물품 등이 포함된다.
B. 수입 물품의 생산 제조 가공 과정에 둥 이상의 국가가 관련된 경우에는 최초 생산국가와 실질적 변형이 이루어진 국가를 동시에 원산지로 한다.
C. "단순 가공활동"에는 운송 또는 보관 목적으로 물품을 양호한 상태로 보존하기 위해 행하는 가공활동과 선적 또는 운송을 용이하게 하기 위한 가공활동, 판매목적으로 물품의 포장 등과 관련된 활동 등이 포함된다.
D. 포장물품의 원산지는 해당 포장된 내용품의 원산지와 동일한 것으로 본다. 다만, 법령에 따라 포장용품과 내용품을 각각 별개로 구분하여 수입신고 하도록 규정된 경우에는 구분하여 결정한다.

① A, B, C ② A, C, D
③ B, C, D ④ A, B, D

7 다음은 우리나라의 대외무역법령에서 규정하고 있는 원산지제도에 대한 설명이다. 올바른 것을 모두 기재한 것은? [국제무역사 38회 1교시 7번]

> A. 수출입 물품의 원산지 표시방법은 한글 한문 또는 영문으로 식별하기 쉬운 위치에 쉽게 지워지거나 떨어지지 않는 방법으로 표시하고, 최종 구매자가 쉽게 판독할 수 있는 활자체로 표시하여야 한다.
> B. 무역거래자 또는 물품의 판매업자는 원산지를 거짓으로 표시하거나 원산지를 오인(誤認)하게 하는 표시를 하는 행위, 원산지의 표시를 손상하거나 변경하는 행위, 원산지표시대상물품에 대하여 원산지 표시를 하지 아니하는 행위를 해서는 안 된다.
> C. 원산지표시 위반 물품에 대한 시정도치 명령은 위반행위의 내용, 시정조치 명령의 사유 및 내용, 시정기한 등을 명시하여 서면으로 해야 한다.
> D. 수출입 물품의 원산지 판정기준에서 수입물품의 생산 제조 가공 과정에 둘 이상의 국가가 관련된 경우에는 최종적으로 실질적 변형을 가하여 그 물품에 본질적 특성을 부여하는 활동을 한 국가를 원산지로 한다.
> E. 원산지표시 위반행위에 대한 과징금을 서면으로 통보받은 자는 원칙적으로 납부통지일로부터 20일 이내에 과징금을 산업통상자원부장관 또는 시 도지사가 정하는 수납기관에 내야 한다.

① A, B, E
② B, C, D
③ A, C, D, E
④ A, B, C, D, E

8 다음은 우리나라의 대외무역법령에 규정된 원산지판정제도에 대한 설명이다. 다음 설명 중에서 잘못된 것은? [국제무역사 38회 1교시 8번]

① 실질적 변형기준은 물품의 생산 제조 가공과정이 2개 이상의 국가와 관련된 경우, 최종적으로 실질적 변형이 수행된 국가를 원산국으로 하는 것으로써 세번변경기준, 부가가치기준, 주요공정기준으로 판정한다.
② 세번변경기준으로 할 경우, A국으로부터 부품을 수입하여 B국에서 완제품을 제작했을 때 B국에서 HS 6단위 변형이 일어났으므로 B국이 원산지가 된다.
③ 원칙적으로 수입물품의 원산지판정기준은 부가가치기준을 적용하고, 예외적으로 세번변경기준과 주요공정기준을 적용하고 있다.
④ 일반원산지 증명서를 발급받은 경우에 FTA에 따른 관세혜택을 받을 수 없고, FTA원산지 증명서를 발급받은 경우라도 물품에 원산지표시를 못할 경우도 있다.

정답 7.④ 8.③

9 다음 중 대외무역법령상 수입물품의 원산지표시방법으로 잘못된 것은?

[국제무역사 39회 1교시 10번]

① 원산지표시 대상물품은 해당물품에 원산지를 표시하는 것이 원칙이나, 해당물품에 표시가 불가능하거나, 원산지표시로 해당물품이 크게 훼손되는 경우 물품의 포장 및 용기 등에 표시할 수 있다.

② 「원산지 : 국명」, 「국명 산(産)」, 「Product of 국명」, 「Made in 국명」 등의 방법으로 한글, 한자, 영문으로 표시할 수 있다.

③ 최종구매자가 해당 물품의 원산지를 용이하게 판독할 수 있는 크기의 활자체로 표시하여야 하며, 식별하기 용이한 곳에 표시하여야 한다.

④ 원산지표시는 원칙적으로 날인(stamping), 라벨(label), 스티커(sticker), 꼬리표(tag)등을 사용하여야 한다.

10 다음 중 대외무역법령의 수입물품 원산지 표시의 일반원칙에 대한 설명으로 잘못된 것은?

[국제무역사 41회 1교시 9번]

① 수입 물품의 원산지는 '원산지 : 국명', 'Made in 국명', 'Made by 물품 제조자의 회사명, 주소, 국명', 'Country of Origin : 국명' 등을 표시할 수 있다.

② 수입 물품의 원산지는 최종구매자가 해당 물품의 원산지를 용이하게 판독할 수 있는 크기의 활자체로 식별하기 용이한 곳에 표시하여야 한다.

③ 최종구매자가 수입 물품의 원산지를 오인할 우려가 없는 경우에는 "United States of America를 USA로", "Switzerland를 Swiss로", "Netherlands를 Holland로" 등으로 통상적으로 널리 사용되고 있는 국가명이나 지역명 등을 사용하여 원산지를 표시할 수 있다.

④ 수입 물품의 원산지는 제조단계에서 날인, 라벨, 스티커, 꼬리표 등을 사용하거나 이와 유사한 방식으로 원산지를 표시하는 것을 원칙으로 한다.

정답 9.④ 10.④

11 다음 중 대외무역법령의 수출입물품 원산지 판정기준에 대한 설명으로 올바른 것은?

[국제무역사 41회 1교시 10번]

① 수입 물품의 생산 제조 가공 과정에 둘 이상의 국가가 관련된 경우에는 최종적으로 실질적 변형을 가하여 그 물품에 본질적 특성을 부여하는 활동을 한 국가를 그 물품의 원산지로 한다.

② 수출 물품에 대한 원산지 판정은 수입물품에 대한 원산지 판정 기준을 준용하여 판정하되, 그 물품에 대한 원산지 판정기준이 수입국의 원산지 판정기준과 다른 경우에는 세계관세기구(WCO)의 원산지 판정기준을 적용한다.

③ 기계 기구 장치 또는 차량에 사용되는 부속품 예비부분품 및 공구로서 기계 등과 함께 수입되어 동시에 판매되고 그 종류 및 수량으로 보아 정상적인 부속품, 예비 부분품 및 공구라고 인정되는 물품의 원산지는 해당 기계 기구 장치 또는 차량의 원산지와 별도로 판정한다.

④ 천일염은 외국산 원재료가 30% 미만으로 사용되었을 경우에 한해 우리나라를 원산지로 본다.

정답 11.①

6

산업보호를 위한 수량제한과 수출입질서유지

학 습 목 표

대외무역법에서는 국가 간 교역에 있어서나 무역업자들의 일상적인 수출입에 있어서 공정한 무역이 보장될 수 있도록 하는 제도들을 갖고 있다. 자유무역을 지지하는 WTO 체제에서도 불공정한 무역에 대해서는 이러한 제제를 허용한다. 대외무역법에서 정한 내용을 위반한 무역업자의 경우도 제재가 가해지는데 이러한 제제는 법이 실효성을 갖고 이행될 수 있도록 하는 중요한 장치다. 이 장에서는 대외무역법이 실효성을 갖고 이행될 수 있도록 하는 제제에 대해 다음 내용을 중심으로 이해해 보자.

1. 산업피해보호를 위한 비관세조치의 의의와 부과절차
2. 무역분쟁을 막고 공정한 무역을 유도하기 위한 제도
3. 대외무역법에 의한 행정형벌 처벌대상과 처벌절차

들어가기 전에

세이프가드는 어떻게 발동되는 걸까? – 미 “한국 세탁기 수입 탓 피해”…한해 1조원 대미 수출 비상

미국 국제무역위원회(ITC)가 삼성전자와 엘지(LG)전자가 수출한 세탁기로 인해 자국산업이 심각한 피해를 보고 있다고 판정해 연간 약 1조원에 이르는 우리나라 세탁기의 대미 수출에 비상이 걸렸다. 한국산 태양광 패널 제품에 이은 두 번째 산업피해 판정으로, 도널드 트럼프 정부의 한국산 제품에 대한 ‘세이프가드’(긴급수입제한조치) 발동 압박이 한층 거세지고 있다. (중략)

세이프가드는 수출가격덤핑 같은 불공정 무역행위가 아니라도 특정 품목의 수입이 ‘최근에 갑자기 뚜렷하고 현저하게 급증해’ 자국산업이 심각한 피해를 볼 경우 수입을 긴급제한하는 조치다. 긴급수입제한 조치로는 해당 품목에 대한 △수입관세 부과・인상 △수입수량(쿼터) 제한 △저율관세할당(TRQ・일정한 수입물량까지는 낮은 관세를 부과하고 이를 초과하는 물량에는 높은 관세를 부과) 등이 있다. (중략)

산업부와 외교부 등 관계부처는 미 국제무역위의 ‘피해’ 공청회에서 이번 판정이 세이프가드 발동 요건에 해당하지 않는다고 주장했다. 삼성과 엘지도 미국의 세탁기 산업이 심각한 피해를 보지 않았다며 산업피해 주장은 근거가 없다고 주장했다. (중략)

* 한겨레신문 조계완 기자. 2017년 10월 6일. ‘미 “한국 세탁기 수입 탓 피해”…한해 1조원 대미 수출 비상’.
기사전문http://www.hani.co.kr/arti/economy/economy_general/813510.html#csidx4d66b20f4c3c55d8d417e09629fa8e3

미국은 WTO 체제에서 인정이 되고 있는 세이프가드 제도를 통해 자국산업의 피해를 막고자 우리 세탁기 생산 업체에 대한 세이프가드를 발동하려고 한다. 그러나 WTO에서는 세이프가드의 발동이 무역장벽이 되지 않도록 세이프가드 발동에 대한 여러 조건을 규정하고 있다. 이 장에서는 우리 대외무역법에 있는 산업피해보호를 위한 제도에 대한 이해를 바탕으로 최근 이슈가 되고 있는 미국의 세이프가드 발동의 의미에 대해 생각해 보자.

Chapter 6

산업보호를 위한 수량제한과 수출입질서유지

제1절 산업보호를 위한 수량제한

1 수입수량제한

1) 수입수량제한조치의 의의

산업보호 등을 이유로 무역을 제한하는 방법은 [그림 6-1]과 같이 크게 관세에 의하는 경우와 비관세적 수량제한에 의하는 경우로 나누어진다.

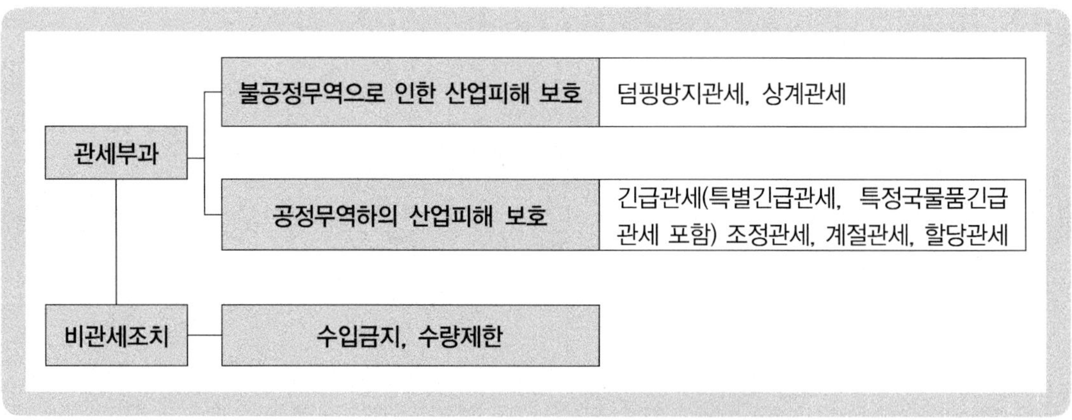

【 그림 6-1 산업보호 등을 이유로 한 무역의 제한방법 】

[그림 6-1]에서 관세를 인상하여 수입을 제한하는 것은 무역거래 가격을 높여 무역업자 또는 유통업자의 마진을 축소시킴으로서 거래에 부담을 준다는 것을 의미한다. 그러므로 인상하는 관세율의 정도가 무역업자 또는 유통업자의 마진을 초과할 정도가 아니라면 그와 같은 관세를 부담하고서라도 무역은 계속될 수 있다. 비관세조치로서 수량제한은 불공

정무역과는 무관하게 산업보호 등을 이유로 무역거래에 제한을 가하는 것이다. 이때 거래금액은 고려하지 않고 수량자체를 제한한다. 통상 수량제한은 수입에서만 적용된다. 이 경우 수입될 수 있는 수량을 제한하므로 국내에 아무리 많은 수요가 있다 하더라도 허용되는 수량 이외의 물품은 수입될 수 없다. 따라서 무역에 미치는 영향이 관세보다 더 강력하고, 그로 인한 보호효과 또는 시장왜곡효과도 더욱 크게 나타날 수 있다.

오늘날 무역장벽을 이루는 관세부과 또는 비관세적 조치는 전반적으로 WTO협정이라는 국제규범의 틀 속에서 가능하다. 사실상 WTO협정이 인정한 범위를 벗어나서 조치하기가 불가능한 것이다. 수입에 따른 산업피해구제와 관련한 국내법체계를 보면 관세부과와 관련한 사항에 대해서는 관세법에, 수입수량제한조치에 관해서는 대외무역법(제30조~제40조)에 근거규정이 있으나 관세부과나 수입수량제한을 위한 구체적인 수입사실이나 불공정행위의 존재여부 확인, 산업피해여부의 확인 기타 절차에 대해서는 '불공정무역행위 조사 및 산업피해구제에 관한 법률'에 자세하게 규정해 두고 있다. 동 법률에 따라 이러한 조사, 확인 등의 업무를 주로 담당하는 것이 무역위원회이다.

> '불공정무역행위 조사 및 산업피해구제에관한법률'은 불공정무역행위 및 수입의 증가로 인한 국내산업의 피해를 조사하고 구제하는 절차를 정하고 '세계무역기구설립을 위한 마라케쉬협정 등 무역에 관한 국제협약'의 이행을 위하여 필요한 사항을 규정하기 위해 2001년 2월 대외무역법에서 분리되어 제정되었다.
>
> 불공정무역행위란 다음 어느 하나의 행위를 말한다. ① 지식재산권침해물품 등을 수입하거나 수입된 지식재산권침해물품 등을 국내에서 판매하는 행위 및 지식재산권침해물품 등을 수출하거나 수출을 목적으로 국내에서 제조하는 행위, ② 원산지표시위반(허위표시, 오인표시, 미표시, 표시의 손상) 물품을 수출하거나 수입하는 행위, ③ 그밖에 수출입질서를 해칠 우려가 있다고 대통령령으로 정한 행위

2) 수입수량 제한조치에 대한 국제규범

대외무역법의 수입수량제한조치는 WTO 다자간협정의 하나인 긴급수입제한조치 협정(Agreement on Safeguards)의 국내법적 규정이다. WTO는 자유로운 무역을 지향하면서 관세와 비관세적 장벽제거를 주요 목표로 하고 있음에도 예외적으로 이러한 장벽을 허용하는 경우가 몇 가지 있다. 그 중 하나가 조약규정의 일시적 면제를 허용하는 세이프가드 조항(safeguard clause)이다. 이러한 세이프가드 조항은 협정이 정한 일정한 사유가 발생한 경우 체약국으로 하여금 자신의 협정상 의무에서 벗어날 수 있게 허용해 주는 규정이라는 점에

서 흔히 '도피조항'(escape clause) 또는 '면책조항'이라고도 불린다. 이와 같은 세이프가드 조항은 이미 1947년의 GATT 제19조에도 규정하고 있었다.

GATT 제19조는 체약국들로 하여금 수입이 특정한 국내 산업에 심각한 피해를 초래하는 경우 GATT에 따른 의무를 일탈하여 수입제한조치를 하는 것을 허용한 것이다. 이 조항으로 실시되는 조치는 '불공정 무역행위'(unfair trade practices)를 대상으로 하는 것이 아니다. 따라서 이의 발동은 엄격하게 규제될 필요가 있으므로 일정한 요건을 정해 두었는데 심각한 피해를 방지하기 위해서만 행사되어야 하고, 임시적 성격을 가지며, 발동국은 당해 조치로 인해 영향을 받는 수출대상국과 협의를 해야 한다. 또한 수출대상국에 다른 물품의 관세인하와 같은 보상을 제공하도록 하였다.

일반적으로 GATT상 의무에 대한 도피조항이라 하면 제19조를 의미하지만 GATT에는 그 외에도 국제수지상 어려움을 겪고 있는 국가의 재정사정을 보호하는데 필요할 경우 수량제한을 허용하는 제12조와 저개발국가에 있어 경제개발의 이유상 필요한 경우 GATT상의 일정한 의무로부터 일탈을 허용하는 제18조, 공중도덕 및 생명의 보호 등을 위한 조치를 허용하는 제20조, 국가안보를 이유로 제한을 허용하는 제21조, 특별한 상황에 있어 특히 최혜국대우(MFN) 조항과 일치하지 않는 방식으로 양허를 철회하고자 하는 경우에 제19조를 대신하여 이용할 수 있는 무효화 및 침해에 관한 제23조 등을 두었다. 우루과이라운드에서 타결되어 WTO 다자간협정의 하나로 포함된 긴급수입제한조치 협정은 1947년 GATT의 제19조를 보다 명확하고 상세하게 규정함으로써 제19조의 적용에 통일성을 증대시키고 나아가 다자간의 통제를 강화하고자 한 'GATT 제19조의 이행협정'이라 볼 수 있다.

3) WTO 협정상 세이프가드 발동의 요건과 한계

WTO 긴급수입제한조치협정에 의하면 회원국이 어느 수입물품에 대해 세이프가드 조치를 적용할 수 있기 위해서는 〈표 6-1〉과 같은 요건이 충족되어야 한다.

〈표 6-1〉 WTO의 세이프가드 조치 요건

① 당해 물품이 국내생산에 비해 절대적 또는 상대적으로 증가된 수량으로 수입되었을 것
② 이러한 수입의 증가가 예견하지 못한 사태발전 및 관세양허를 포함하여 GATT하에서 체약당사자가 부담하는 의무의 효과에 기인하는 것일 것
③ 이로 인해 동종물품이나 직접적인 경쟁물품을 생산하는 국내산업에 심각한 피해를 야기하거나 야기할 위험이 있을 것

이러한 요건을 정해 둔 것은 회원국들의 세이프가드 조치 남용을 막기 위한 것으로, 요건이 충족되어 세이프가드 조치가 행해지더라도 그 조치는 심각한 피해를 방지하거나 구제하고 구조조정을 촉진하는데 필요한 범위내에서만 실시할 수 있다. 수량제한이 사용되는 경우 원칙적으로 당해 조치는 통계자료의 이용이 가능한, 과거 대표적인 3년간에 있어 수입의 평균에 해당되는 수준 미만으로 수입수량을 감축할 수 없다. 조치 기간은 4년을 초과하지 못한다. 다만 심각한 피해를 방지하거나 구제하는데 세이프가드 조치의 지속이 필요하다거나 또는 당해 산업이 구조조정중이라는 증거가 있다고 판단하는 경우에 한해 예외적으로 그 기간을 연장할 수 있다. 그렇다해도 잠정조치 적용기간과 연장기간을 포함한 세이프가드 조치의 총 적용기간은 어떤 경우에도 8년을 초과할 수 없다. 이와 같은 발동요건과 한계 등은 대외무역법에 그대로 반영되어 있다.

2 수입수량제한의 방법

1) 수입수량제한조치의 대상

산업통상자원부장관은 특정 물품의 수입 증가로 인하여 같은 종류의 물품 또는 직접적인 경쟁 관계에 있는 물품을 생산하는 국내산업이 심각한 피해를 입고 있거나 입을 우려가 있음이 무역위원회의 조사를 통하여 확인되고, 그 국내산업을 보호할 필요가 있다고 인정되면 그 물품의 국내산업에 대한 심각한 피해 등을 방지하거나 치유하고 조정을 촉진하기 위하여 필요한 범위에서 물품의 수입수량을 제한하는 조치를 시행할 수 있다(대외무역법 제39조). 산업통상자원부장관은 무역위원회의 건의, 해당 국내산업 보호의 필요성, 국제통상 관계, 수입수량제한조치의 시행에 따른 보상수준 및 국민경제에 미치는 영향 등을 검토하여 수입수량제한조치의 시행 여부와 내용을 결정한다. 이때 수입수량제한조치의 시행 여부를 결정하기 위하여 필요하다고 인정하면 관계 행정기관의 장 및 이해관계인 등에게 관련 자료의 제출 등 필요한 협조를 요청할 수 있다. 정부 수입수량제한조치를 시행하려면 이해당사국과 수입수량제한조치와 관련한 적절한 무역보상에 관하여 협의할 수 있다.

2) 산업피해구제조치의 요청과 조사

특정한 물품의 수입 증가로 같은 종류의 물품 또는 직접적인 경쟁관계에 있는 물품을 생산하는 국내산업이 심각한 피해를 입고 있거나 입을 우려가 있으면 ① 해당 국내산업에 이해관계가 있는 자나, ② 그 국내산업을 관장하는 관계 중앙행정기관의 장이 무역위원회에 해당 특정 물품의 수입이 국내산업에 미치는 피해를 조사하여 줄 것을 신청할 수 있다(불공정무역행위 조사 및 산업피해구제에 관한 법률 제15조). 신청을 받은 무역위원회는 관계 중앙행정기관의 장의 의견을 들어 신청일부터 30일 이내에 조사의 개시 여부를 결정하고, 그 결과를 신청인과 관계 중앙행정기관의 장에게 알려야 한다.

무역위원회가 조사 개시를 결정한 때에는 그 결정일부터 4개월 이내에 특정 물품의 수입이 해당 국내산업에 심각한 피해를 미치거나 미칠 우려가 있는지를 종합적으로 판정하여야 한다. 다만, 그 조사내용이 복잡하거나 신청인이 정당한 사유를 제시하여 조사기간의 연장을 신청한 경우에는 2개월의 범위에서 그 기간을 연장할 수 있다. 무역위원회는 특정한 물품의 수입 증가로 국내산업이 심각한 피해를 입고 있거나 입을 우려가 있다고 판단되면 직권으로 조사할 수도 있다.

3) 구제의 건의

무역위원회는 조사 결과 국내산업이 심각한 피해를 입고 있거나 입을 우려가 있다고 판정하면 그 판정일부터 1개월 이내에 ① 관세율의 조정이나 ② 수입물품 수량의 제한 중 어느 하나에 해당하는 조치(세이프가드조치) 및 그 기간을 결정하여 관계 중앙행정기관의 장에게 시행을 건의할 수 있다. 아울러 관계 중앙행정기관의 장에게 국내산업의 구조조정을 촉진하기 위한 조치(구조조정 촉진조치)의 시행을 건의할 수 있다. 무역위원회가 세이프가드조치 및 그 기간을 정해서 건의할 때는 해당 세이프가드조치가 관련 산업, 국내 물가, 소비자의 이익, 통상관계 등에 미치는 영향을 종합적으로 고려해야 한다. 무역위원회가 조사기간 중에 조사신청인으로부터 조사신청 물품에 대하여 잠정적인 조치를 신청받은 경우로서 그 조사기간 중에 발생하는 피해 등을 방지하지 아니하면 해당 물품의 수입 증가로 같은 종류의 물품 또는 직접적인 경쟁관계에 있는 물품을 생산하는 국내산업이 회복하기 어려울 정도로 심각한 피해를 입거나 입을 우려가 있다는 명백한 증거가 있다고 판정되면 관계 중앙행정기관의 장에게 잠정세이프가드조치의 시행을 건의할 수 있다. 잠정세이프가드조치 기간은 200일을 초과할 수 없다.

4) 수량제한 방법

중앙행정기관의 장은 무역위원회로부터 세이프가드조치·잠정세이프가드조치 또는 구조조정촉진조치의 시행을 건의받으면 1개월 이내에 해당 조치의 시행 여부, 조치내용 및 조치기간을 결정하고 무역위원회에 통보하여야 한다. 이 경우 세이프가드조치·잠정세이프가드조치 또는 구조조정촉진조치를 시행하기 위하여 주요 이해당사국과의 협의, 법령의 개정 등의 준비가 필요하면 그 준비에 걸리는 기간은 앞의 1개월에 포함하지 아니한다.

산업통상자원부장관이 수입수량을 제한하는 경우 그 제한수량은 최근의 대표적인 3년간의 수입량을 연평균수입량으로 환산한 수량(기준 수량) 이상으로 하여야 한다. 이 경우 최근의 대표적인 연도를 정할 때에는 통상적인 수입량과 비교하여 수입량이 급증하거나 급감한 연도는 제외한다(대외무역법시행령 제68조). 이때 기준수량 이상으로 수입수량 제한조치를 하는 경우 해당 산업의 심각한 피해를 방지하거나 구제하기 어렵다고 명백하게 인정되는 경우에는 제1항에도 불구하고 기준수량 미만으로 수입수량을 제한할 수 있다. 수입수량은 각 국가별로 할당될 수도 있는데, 모든 수입수량제한조치는 당해 조치 시행일 이후 수입되는 물품에만 적용한다. 수입수량제한조치를 할 때 산업통상자원부장관은 대상 물품, 수량, 적용기간 등을 공고해야 한다.

5) 수입수량제한조치의 제한과 연장

산업통상자원부장관은 수입수량제한조치의 대상이었거나 관세법 제65조에 따른 긴급관세 또는 같은 법 제66조에 따른 잠정 긴급관세의 대상이었던 물품에 대하여는 그 수입수량제한조치의 적용기간, 긴급관세의 부과기간 또는 잠정긴급관세의 부과기간이 끝난 날부터 그 적용 기간 또는 부과기간에 해당하는 기간(적용기간 또는 부과기간이 2년 미만인 경우에는 2년)이 지나기 전까지는 다시 수입수량제한조치를 시행할 수 없다. 다만, 다음 각 호의 요건을 모두 충족하는 경우에는 180일 이내의 수입수량제한조치를 시행할 수 있다.

① 해당 물품에 대한 수입수량제한조치가 시행되거나 긴급관세 또는 잠정긴급관세가 부과된 후 1년이 지날 것

② 수입수량제한조치를 다시 시행하는 날부터 소급하여 5년 안에 그 물품에 대한 수입수량제한조치의 시행 또는 긴급관세의 부과가 2회 이내일 것

> 2001년 이후 세계무역기구에 가입하는 회원국 중 대통령령으로 정하는 국가(중화인민공화국)를 원산지로 하는 물품에 대해 특별세이프가드조치를 시행할 수 있는 조항(대외무역법 제22조의2)이 있으나, 이러한 특별수입수량 제한조치는 2013년 12월 10일까지 수입신고된 물품에만 적용할 수 있었다. 대외무역법시행령 제70조. 한편, 불공정무역행위 조사 및 산업피해구제에 관한 법률에는 외국과의 자유무역협정에 따른 세이프가드조치 조항도 규정하고 있다(동법 제22조의3조 참조).

산업통상자원부장관은 시행 중인 수입수량제한조치에 대하여 무역위원회가 그 조치 내용의 변경이나 적용기간의 연장을 건의하면 그 건의가 접수된 날부터 1개월 이내(연장의 경우 대외무역법 제39조 제1항에 따른 수입수량 제한조치의 적용기간이 끝나는 날 이전)에 그 조치의 변경이나 조치 기간의 연장 여부를 결정하고 그 내용을 무역위원회에 통보하여야 한다(대외무역법시행령 제69조). 이 경우 변경되는 조치 내용 및 연장되는 적용기간 이내에 변경되는 조치 내용은 최초의 조치 내용보다 완화되어야 한다. 수입수량제한조치의 적용기간을 연장하는 때에도 수입수량제한조치의 적용기간과 긴급관세 또는 잠정긴급관세의 부과기간 및 그 연장기간을 전부 합산한 기간이 8년을 넘을 수 없다(대외무역법 제40조 및 불공정무역행위조사및산업피해구제에관한법률 제20조의2).

제2절 수출입의 질서유지

1 수출입질서 유지의 의무

1) 수출입물품의 가격조작 금지의무

무역거래자는 외화도피의 목적으로 물품 등의 수출 또는 수입 가격을 조작(造作)하여서는 아니 된다(대외무역법 제43조). 이를 위반하여 물품 등의 수출과 수입의 가격을 조작한 자는 5년 이하의 징역 또는 수출·수입하는 물품등의 가격의 3배에 해당하는 금액 이하의 벌금에 처한다(대외무역법 제53조). 무역거래자가 외화도피 목적으로 수출입가격을 조작하는 방법은 수입가격을 실제 거래가격보다 높이거나 수출가격을 낮추어 서류를 작성하는 방법을 사용한다. 외화를 도피하고자 하는 이유는 경영상의 이유도 있을 수 있고, 재산도피와 같은 개인적 사정일 수도 있는데, 어느 경우나 무역을 악용하는 것이므로 대외무역법 위반이 된다. 수출 또는 수입가격을 조작한 경우 관세법상으로도 허위신고죄(관세법 제276조)가 성립하고, 관세가 부과되는 물품의 경우 관세포탈죄(관세법 제270조)도 성립하며, 외국환거래법상의 대금 지급 및 수령과 관련한 의무위반 범죄도 성립(외국환거래법 제27조)한다.

2) 무역분쟁의 신속한 해결의무

대외무역법은 무역거래자가 그 상호 간이나 교역상대국의 무역거래자와 물품등의 수출·수입과 관련하여 분쟁이 발생한 경우에는 정당한 사유 없이 그 분쟁의 해결을 지연시켜서는 아니 된다고 규정하고 있다(대외무역법 제44조). 무역에서 분쟁은 클레임을 통해 제기되는데, 클레임을 해결하는 방법은 당사자간 타협, 알선, 조정, 중재, 소송 등 여러 가지가 있다. 대외무역법은 그 해결 방법은 당사자들의 자율에 맡기되 클레임 당사자가 분쟁 해결에 성실하지 않을 경우 국내 무역업자 전반에 대한 국제적 신뢰도가 저하된다는 점을 고려하여 이와 같이 분쟁 해결에 성실하게 임하도록 규정한 것이다. 분쟁이 발생한 경우 산업통상자원부장관은 무역거래자에게 분쟁의 해결에 관한 의견을 진술하게 하거나 그 분쟁과 관련되는 서류의 제출을 요구할 수 있으며, 서류를 제출받거나 의견을 들은 후에 필요하다고 인정하면 그 분쟁에 관하여 사실 조사를 할 수 있다.

산업통상자원부장관으로부터 무역분쟁 관련 서류의 제출을 요구받은 무역거래자는 ① 무역분쟁의 당사자, ② 무역분쟁의 발생경위 및 내용, ③ 그 밖에 필요한 서류를 산업통상자원부장관에게 제출하여야 한다. 서류제출을 요구받고도 이를 제출하지 아니한 자나 사실조사를 거부, 방해 또는 기피한 자에게는 2천만원 이하의 과태료를 부과한다(대외무역법 제59조). 산업통상자원부장관은 분쟁을 신속하고 공정하게 처리하는 것이 필요하다고 인정하거나 무역분쟁 당사자의 신청을 받으면 분쟁을 조정하거나 분쟁의 해결을 위한 중재(仲裁) 계약의 체결을 권고할 수 있다. 일반적으로 개별기업의 무역분쟁에 산업통상자원부장관이 관여하는 것은 아니지만 그 분쟁이 국가간의 통상마찰 등으로 비화될 가능성이 있을 때는 이 규정에 의해 산업통상자원부장관이 개입할 수 있는 것이다.

3) 무역분쟁에 대한 보고의무

우리나라 재외공관의 장이 교역상대국의 무역거래자 및 무역분쟁해결기관의 장으로부터 무역분쟁 사실의 신고를 받거나 업무를 수행하면서 무역분쟁 사실을 알게된 경우에는 지체 없이 그 사실을 산업통상자원부장관에게 알려야 한다. 대한무역투자진흥공사, 수출입조합, 그 밖에 수출·수입과 관련된 기관의 경우에도 또한 같다(대외무역법시행령 제75조). 이러한 무역분쟁 사실의 통지를 받은 경우 산업통상자원부장관은 그 분쟁을 신속하게 해결하기 위하여 필요하다고 인정할 때에는 조정(調停) 또는 알선을 할 수 있다. 물론 분쟁당사자가 능동적으로 분쟁의 조정을 신청할 수도 있다(대외무역법시행령 제80조).

조정과 알선은 법적 강제력이 있는 게 아니기 때문에 분쟁당사자들이 모두 동의하지 않는 한 효력을 발생할 수 없다. 건전한 무역거래질서의 유지와 우리나라 업체의 대외무역 활동에 대한 신뢰감 유지를 위해 무역분쟁의 신속한 해결에 대해 대외무역법에 규정을 두고는 있으나 정부가 민사상 거래인 무역에서의 분쟁을 강제로 조정 또는 알선할 수는 없는 한계가 있다. 무역분쟁에 대한 조정 또는 알선에 관한 산업통상자원부장관의 권한은 대한상사중재원에 위탁되어 있다. 대부분의 무역클레임은 당사자간 타협이나, 대한무역투자진흥공사 등의 알선, 그리고 클레임당사자들의 신청에 따라 대한상사중재원이 이를 조정 또는 중재판정으로 처리하고 있다.

2 선적전검사에 대한 규율

1) 선적전검사의 의의와 WTO 협정

선적전검사(PSI : Pre Shipment Inspection)[1]는 외국정부나 무역거래 당사자를 위하여 그들에게 수출되는 상품의 품질과 수량을 조사하고 상품의 거래가치가 상품원산국에서 일반적으로 통용되는 수출시장 가격에 일치하는지 여부를 평가하는 활동을 말한다. 이것은 국제매매시의 상품검사의 일종으로 민간 검사회사 또는 검정회사에 의해 행해진다. 수입시의 품질 및 수량검사와 가격비교를 수행하는 것을 목적으로 여러 개발도상국들이 이용한다. 개발도상국들이 선적전검사제도를 이용하는 이유는 수입의 규제나 관세 등 조세의 포탈, 외화 유출방지 등을 위해서다. 무역에서 거래상품의 품질 또는 수량조건의 충족여부를 확인하게 위해 선적전이나 수입항 도착후에 상품을 검사하는 것은 오래된 관행이다. 검사를 행하는 주체는 매도인, 매수인, 매도인과 매수인 합동, 제3자인 민간검정업자[2] 등이 될 수 있는데 누가 검사를 실시할 것인가는 거래당사자간의 계약에 따라 결정된다. 문제가 되는

---

1) 이 PSI는 '대량살상무기 확산방지구상'(Weapons of Mass Destruction Proliferation Security Initiative)의 약자인 PSI와는 다르다. 대량살상무기 확산방지구상은 무기나 무기 관련 물자의 이동을 제한하는 정책으로 핵무기, 화학무기, 생물학무기 등 대량살상무기와 관련 물자들이 확산되는 것을 막으려는 목적으로 도입되었다. 줄여서 확산방지구상(Proliferation Security Initiative)이라 부른다.

2) 국제적으로 지명도가 높은 선적전 검사회사로는 제네바의 수베일런스사(Société Générale de Surveillance S.A.) 파리의 베리타스사(Bureau Véritas), 런던의 로이드사(Lloyds Register of Shipping) 등이 있다. 이들 검사회사들은 1982년 런던에서 국제검사기관연합(IFIA : International Federation of Inspection Agency)을 설립하고 동 연합의 보통약관을 사용한다.

것은 무역거래 당사자간에 품질 또는 수량조건의 충족여부를 확인하기 위한 검사가 아니라 수입국 정부기관에 의해 요구되어 수출국에서 제3의 민간검정업자에 의해 행해지는 선적전검사다. 이러한 검사와 수출국 정부가 수출통관 과정에서, 또는 수입국 정부가 수입통관 과정에서 실시하는 통관물품의 요건확인을 위한 검사와는 별개다.

선적전검사는 비관세장벽으로서 무역의 왜곡현상을 초래할 수 있다. 선적전검사와 관련하여 발생할 수 있는 무역왜곡현상은 일반적으로 다음과 같은 것들이 지적된다.

① 선적의 지연 및 행정비용 증가
② 비밀영업정보의 유출
③ 불명료한 가격검증 및 가격비교
④ 이의 또는 분쟁해결절차의 흠결

①의 선적지연은 검사를 위한 선적 지체를 의미하며, 행정비용 증가는 선적전검사를 위해 필요한 문서작업의 증가와 검사기간으로 인한 추가비용 발생을 말한다. ②의 비밀영업정보의 유출문제는 선적전검사회사가 수출업자에게 요구하여 입수한 가격관련 자료나 기타 비밀영업정보를 누설하는 경우다. 불명료한 가격검증 및 가격 비교는 선적전검사회사가 수출업자가 과세회피 또는 환거래 규제를 회피하기 위해 송품장에 거래금액을 실제보다 과다 혹은 과소기재하지 않았다는 것을 검증함에 있어 명백한 증거의 존재와 관계없이 일정한 범위를 벗어나는 모든 가격을 거부할 때 발생한다. 이의 또는 분쟁해결절차의 흠결은 선적전검사와 관련해 수출업자가 선적전검사회사에 이의제기를 제기할 수 있는가의 문제다. 대개의 경우 선적전검사회사는 이러한 이의제기 절차를 허용하지 않았다. 이러한 문제점이 제기되자 우루과이라운드에서 선적전검사 문제에 관한 협상이 진행되었고 WTO 다자간협정의 하나로 선적전검사에 관한 협정이 체결되었다. WTO협정에는 선적전검사제도 사용국과 수출국 모두의 의무를 〈표 6-2〉와 같이 규정하고 있다.

〈표 6-2〉에서 사용국의 의무중 무차별 보장의무란 선적전검사활동이 무차별적인 방식 즉, 관련된 실행절차와 기준이 객관적이고 이러한 활동에 영향을 받는 모든 수출자에게 동등하게 적용하는 방식으로 실시되도록 보장해야 한다는 것을 의미한다. 수출국 의무에서 무차별 보장의무란 선적전검사 활동과 관련되는 자국의 법률 및 규칙이 무차별적으로 적용되도록 보장해야 된다는 의미다. 또 수입국의 명료성 보장의무란 사용국은 검사기관이 수출자의 요청이 있는 경우 수출자에게 검사요건의 충족에 필요한 모든 정보의 목록을 제공하도록 보장해야 한다는 것이고, 수출국의 명료성 보장 의무란 다른 나라의 정부 및 무역업자들이 인지할 수 있도록 선적전검사와 관련되는 모든 적용 가능한 법률 및 규칙을

즉시 공표하여야 하는 의무를 말한다. 우리나라는 수입물품에 대해 선적전검사를 요구하지 않는다. 그러나 수출물품의 경우 수입국쪽에서 선적전검사를 요구하는 경우가 있으므로 물품의 선적전에 선적전검사가 실시될 수 있다.[3)]

〈표 6-2〉 선적전검사협정에 규정된 선적전검사제도 사용국과 물품 수출국의 의무

선적전검사제도 사용국의 의무	물품 수출국의 의무
① 무차별 보장의무	① 무차별 보장의무
② 명료성 보장의무	② 명료성 보장의무
③ 영업비밀정보의 보호의무	③ 기술적지원 제공의무
④ 이해상충회피 보장의무	
⑤ 지연방지의무	
⑥ 가격검증 보장의무	
⑦ 이의절차 보장의무	
⑧ 소액선적의 예외보장의무	

2) 선적전검사와 관련한 분쟁조정

수입국 정부와의 계약 체결 또는 수입국 정부의 위임을 받아 기업이 수출하는 물품등에 대하여 국내에서 선적 전에 검사를 실시하는 기관 즉, 선적전검사기관은 WTO의 선적전검사에 관한 협정을 지켜야 한다. 선적전검사기관은 선적전 검사가 기업의 수출에 대한 무역장벽으로 작용하도록 하여서는 안 된다(대외무역법 제45조). 산업통상자원부장관은 선적전검사와 관련하여 수출자와 선적전검사기관 간에 분쟁이 발생하였을 경우에는 그 해결을 위하여 필요한 조정(調整)을 할 수 있다. 이 분쟁에 관한 중재(仲裁)를 담당할 수 있도록 독립적인 중재기관을 설치할 수 있도록 했는데, 현재 **대한상사중재원**이 그 기관으로 지정되어 있다.

3) INCOTERMS(2010)를 보면 매매당사자간 11가지 거래규칙 중 어떤 거래규칙을 적용하더라도 선적전검사비용은 어느 경우나 매수인이 부담하도록 규정하고 있다.

대한상사중재원에는 대외무역법 제75조 제2항에 의한 무역분쟁에 대한 조정 또는 알선에 관한 권한과 동 시행령 제80조부터 제84조까지의 규정에 따른 선적전검사와 관련된 분쟁의 조정, 조정비용 부담 등에 관한 권한도 위탁되어 있다. 대한상사중재원은 중재법(법률1767)을 제정·공포하면서 1966년 3월 22일 대한상공회의소 내에 국제상사중재위원회가 설립된 것이 시초이다. 1970년 3월 21일 사단법인으로 독립하면서 대한상사중재협회로 바뀌었으며, 1980년 9월 2일 지금의 이름으로 다시 변경되었다. 중재법(제40조)에 의하면 산업통상자원부장관이 지정하는 상사중재(商事仲裁)를 하는 사단법인에 대해 정부는 필요한 경비의 전부 또는 일부를 보조할 수 있다.

대한상사중재원이 중재를 할 때는 중재법을 적용한다(대외무역법시행령 제85조). 선적전검사기관이 선적전검사를 하면서 WTO 선적전검사에 관한 협정 제2조를 위반하여 수출 이행에 장애를 초래하면 그 선적전검사는 무역장벽으로 작용한 것으로 본다(대외무역법시행령 제76조). 선적전검사와 관련한 분쟁이 발생한 경우에도 무역분쟁이 발생한 경우와 마찬가지로 당사자의 일방 또는 쌍방은 분쟁의 조정을 신청할 수 있다(대외무역법시행령 제80조).

3 무역분쟁의 해결을 위한 조정

대외무역법은 무역거래 또는 선적전검사와 관련한 분쟁이 발생한 경우 당사자의 일방 또는 쌍방이 제기하는 분쟁에 대한 조정절차에 대해 자세하게 규정해 두고 있다. 중재의 경우는 중재법에 별도로 그 절차가 자세히 규정되어 있으나, 조정에 대한 절차는 대외무역법령에 두고 있는 것이다. 성격상 무역분쟁에 대한 조정의 시도는 무역계약에 분쟁해결과 관련한 규정을 두고 있는지 여부와 무관하게 가능하다. 조정안에 대해 양자의 동의가 있어야 조정은 그 효과를 발휘하기 때문이다.

1) 분쟁에 대한 조정 신청

무역분쟁이 발생한 경우 당사자의 일방 또는 쌍방은 산업통상자원부장관(대한상사중재원장에게 위탁. 이하 이 장에서 '중재원장'으로 표기)에게 분쟁의 조정을 신청할 수 있다(대외무역법 제80조). 조정을 신청하려는 자(신청인)는 조정비용의 예납과 함께 다음 각 호의 사항을 기재한 조정신청서 5부를 중재원장에게 제출하여야 한다(대외무역관리규정 제98조).

① 당사자의 성명 및 주소(다만, 법인인 경우는 법인의 명칭 및 주소와 그 대표자의 성명 및 주소를 병기)
② 조정을 구하는 취지 및 이유
③ 그 밖에 분쟁조정을 위한 참고자료

조정신청을 할 때 미리 납부(예납)해야 하는 조정비용은 〈표 6-3〉과 같다.[4]

〈표 6-3〉 조정비용(대외무역관리규정 별표 12)

구 분	수수료
조정사건당	50,000원
조정위원 수당 조정안 작성수당	100,000원 50,000원

조정신청인의 예납액이 부족한 경우 중재원장은 신청인에게 추가예납을 요청할 수 있다. 당사자가 조정비용의 예납요청을 받은 날부터 3일 이내에 이를 이행하지 않는 때에는 중재원장은 조정절차를 정지하거나 끝낼 수 있다. 다만, 일방의 당사자가 다른 당사자가 지급하여야 할 조정비용을 지급한 경우에는 그러하지 아니하다. 중재원장은 조정이 끝난 때에는 예납된 조정비용을 정산하고 잔액이 있는 경우는 이를 당사자에게 반환한다. 중재원장은 조정의 신청을 접수한 경우에는 이를 당사자에게 서면으로 알린다. 접수된 사항의 추가 또는 변경하려는 경우에도 또한 같다. 다만, 경미한 사항은 그러하지 아니하다. 조정신청통지를 받은 피신청인은 3일 이내에 중재원에 서면으로 이에 대한 의견을 제출할 수 있다(대외무역관리규정 제99조). 피신청인은 조정신청 통지를 받은 날부터 3일 이내에 반대신청을 할 수 있다(대외무역관리규정 제100조). 다만, 반대신청이 정상적인 조정절차를 방해한다고 인정되는 경우 중재원장은 직권으로 이를 허가하지 아니할 수 있다. 피신청인의 반대신청은 신청인의 조정신청과 병합하여 심리한다.

4) 당사자의 신청에 의한 조정의 경우 조정위원 및 간사의 소요경비, 증인 또는 감정인의 소요경비, 검사 또는 조사경비, 통역 또는 번역경비 등 조정에 소요되는 일체의 경비는 해당 당사자가 부담한다. 다만 그 경비가 중재원장의 요청에 의한 것일 경우에는 당사자간에 따로 정함이 없는 경우 신청인이 부담한다(대외무역관리규정 제101조).

2) 조정안의 작성과 조정종료

중재원장은 조정신청을 받은 때에는 30일 이내에 다음 각호의 사항이 포함된 조정안을 작성하여 당사자에게 제시하여야 한다(대외무역법시행령 제81조).

① 조정 사건의 표시
② 조정의 일시 및 장소
③ 당사자의 성명 또는 명칭
④ 조정안의 주요 내용

중재원장은 조정안이 작성된 경우에는 당사자에게 알려야 한다. 조정안을 통지받은 분쟁 당사자는 7일 이내에 조정안에 대한 수락 여부를 서면으로 중재원장에게 알려야 한다(대외무역법시행령 제82조). 중재원장은 다음 각 호의 어느 하나에 해당하는 경우에는 해당 조정 사건을 끝낼 수 있다. 중재원장은 조정이 끝난 경우에는 당사자에게 알려야 한다.

① 당사자 간에 합의가 이루어지거나 조정안이 수락된 경우
② 조정신청인이나 당사자가 조정신청을 철회한 경우
③ 당사자가 조정안을 거부한 경우
④ 당사자 간에 합의가 성립될 가능성이 없다고 인정되는 경우나 그 밖에 조정할 필요가 없다고 판단되는 경우

4 조정명령제도

1) 조정명령의 대상

무역거래대상자간의 분쟁과 관련하여 중재원이 행하는 조정과는 별개로 산업통상자원부장관은 다음과 같이 무역거래자에게 수출하는 물품 등의 가격, 수량, 품질, 그 밖에 거래조건 또는 그 대상지역 등에 관하여 필요한 조정(調整)을 명할 수 있다.

대외무역법 제46조(조정명령) ① 산업통상자원부장관은 다음 각 호의 어느 하나에 해당하는 경우에는 무역거래자에게 수출하는 물품등의 가격, 수량, 품질, 그 밖에 거래조건 또는 그 대상지역 등에 관하여 필요한 조정(調整)을 명할 수 있다.
1. 헌법에 따라 체결·공포된 조약과 일반적으로 승인된 국제법규에 따른 의무 이행을 위하여 필요한 경우

2. 우리나라 또는 교역상대국의 관련 법령에 위반되는 경우
3. 그 밖에 물품등의 수출의 공정한 경쟁을 교란할 우려가 있거나 대외 신용을 손상하는 행위를 방지하기 위한 것으로서 다음 각 목의 어느 하나에 해당하는 경우
   가. 물품등의 수출과 관련하여 부당하게 다른 무역거래자를 제외하는 경우
   나. 물품등의 수출과 관련하여 부당하게 다른 무역거래자의 상대방에 대하여 다른 무역 거래자와 거래하지 아니하도록 유인하거나 강제하는 경우
   다. 물품등의 수출과 관련하여 부당하게 다른 무역거래자의 해외에서의 사업활동을 방해하는 경우

이와 같은 조정명령에 관한 권한은 그 대상 물품 등의 품목에 따라 그 물품 등을 관장하는 중앙행정기관장에게 위탁되어 있다. 다만, 산업통상자원부장관이 관장하는 물품 등에 대한 권한은 산업통상자원부장관이 행사한다.

2) 조정명령에서 고려할 사항과 청문

산업통상자원부장관 또는 그 권한의 위탁을 받은 중앙행정기관의 장은 조정을 명하기 위하여 관계 전문가에게 자문하거나 이해관계자 등의 의견을 들을 수 있다. 의견을 들을 수 있다함은 필수적 절차가 아니라 임의적이고 재량적인 절차라는 의미다. 산업통상자원부장관이 조정을 명하는 경우에는 다음사항을 고려하여야 한다(대외무역법 제46조 제2항).

① 수출기반의 안정, 새로운 상품의 개발 또는 새로운 해외시장의 개척에 기여할 것
② 다른 무역거래자의 권익을 부당하게 침해하거나 차별하지 아니할 것
③ 물품 등의 수출·수입의 질서 유지를 위한 목적에 필요한 정도를 넘지 아니할 것

이와 같은 고려사항을 둔 것은 조정을 이유로 민간의 무역거래에 정부가 지나치게 개입하는 사례를 방지하기 위한 것이다. 산업통상자원부장관은 조정명령에 앞서 당사자에게 의견을 묻는 **청문**을 실시하여야 한다(대외무역법 제47조). 조정명령에서 청문절차는 임의적이고 재량적 절차가 아니라 필수불가결한 절차에 해당한다.

청문이란 행정기관이 규칙제정이나 행정처분 또는 재결(裁決) 등을 행하는데 그 필요성·타당성을 판단하기 위하여 상대방·이해관계인·증인·감정인 등의 변명이나 의견 등을 청취하고 증거를 제출하게 함으로써 사실을 조사하는 절차다. 청문은 행정운영에 있어 적법·타당성을 확보하는데 도움이 되고, 경우에 따라서는 부당한 정치적 영향에서 행정의 독자성을 유지하는 데도 이바지한다.

3) 조정명령의 기준

조정명령을 할 때 적용되는 기준은 〈표 6-4〉와 같다(대외무역관리규정 제103조).

〈표 6-4〉 조정명령 대상의 결정기준

부당하게 다른 무역거래사를 제외하는 경우 (대외무역법 제46조 제1항 제3호 가목)	물품 등을 수출할 때에 정당한 이유 없이 그 수출에 소요되는 비용보다 낮은 가격으로 수출함으로써 다른 무역거래자를 제외시킬 우려가 있는 경우를 의미
부당하게 다른 무역거래자의 상대방에 대해 다른 무역거래자와 거래하지 않도록 유인하거나 강제하는 경우 (대외무역법 제46조 제1항 제3호 나목)	정상적인 거래관행에 비추어 부당한 이익을 제공 또는 제공할 제의를 하여 다른 무역거래자의 상대방을 자기와 거래하도록 유인하는 행위를 의미
부당하게 다른 무역거래자의 해외에서의 사업활동을 방해하는 경우 (대외무역법 제46조 제1항 제3호 다목)	가. 기술, 영업정보의 부당사용 : 다른 무역거래자의 기술 또는 영업정보를 부당하게 이용하여 다른 무역거래자의 해외에서의 사업활동을 곤란하게 할 정도로 방해하는 행위 나. 인력의 부당유인·채용 : 다른 무역거래자의 인력을 부당하게 유인·채용하여 다른 무역거래자의 해외에서의 사업활동을 곤란하게 할 정도로 방해하는 행위

4) 조정명령과 다른 법률과의 관계

산업통상자원부장관 또는 그 권한의 위탁을 받은 중앙행정기관의 장이 행한 조정명령의 이행에 대하여는 독점규제 및 공정거래에 관한 법률을 적용하지 않는다(대외무역법 제50조). 만일 그 조정명령이 독점규제 및 공정거래에 관한 법률(제2조 제1호)에 따른 사업자 간의 국내 시장에서의 경쟁을 제한하는 것이면 공정거래위원회와 미리 협의해야 한다.

5 교육명령

대외무역법(제49조)에는 산업통상자원부장관 또는 관계 행정기관의 장은 다음 각 호의 어느 하나에 해당하는 자에게 8시간 이내로 **교육명령**을 부과할 수 있도록 규정하고 있다.

① 수출허가 또는 상황허가를 받지 아니하고 수출한 자

② 거짓이나 그 밖의 부정한 방법으로 수출허가 또는 상황허가를 받은 자

③ 전략물자 등을 국내 항만이나 공항을 경유하거나 국내에서 환적(換積)하려는 자나 전략물자등을 제3국에서 다른 제3국으로 이전하거나 매매를 위하여 중개하려는 자는 허가를 받아야 함에도 그 허가를 받지 아니하고 경유・환적・중개한 자
④ 거짓이나 그 밖의 부정한 방법으로 전략물자 등의 경유 또는 환적 허가 및 중개허가를 받은 자

산업통상자원부장관 또는 관계 행정기관의 장은 대외무역법 제29조에 따른 전략물자관리원, 대외무역법 제37조에 따른 한국원자력통제기술원, 그 밖에 산업통상자원부장관이 정하여 고시하는 기관에서 교육을 실시하도록 할 수 있다.

6 서류보관 의무의 부여

대외무역법은 무역거래자에게 다음 각 호의 서류를 5년간 보관하도록 의무를 부여하고 있다(대외무역법 제24조의2). 이는 거래가 있은 후 상당기간이 경과된 후에 무역거래자에게 부여된 의무를 위반하였는지 여부를 확인할 필요가 있다는 점을 고려한 것이다. 만일 해당 서류를 보관하지 않으면 과태료 처분 대상이 된다.
① 대외무역법 제20조 제2항에 따라 전략물자 판정을 신청한 경우에는 그 판정에 관한 서류
② 전략물자 등을 수출・경유・환적・중개한 자의 경우 그 수출허가, 상황허가, 제23조 제3항에 따른 경유 또는 환적 허가, 제24조에 따른 중개허가에 관한 서류
③ 그 밖에 산업통상자원부장관이나 관계 행정기관의 장이 정하여 고시하는 서류

제3절 대외무역법 위반행위에 대한 처벌

행정벌이란 행정법상의 의무위반(행정법상 명령・금지의 위반)에 대하여 일반통치권에 의거하여 과하는 제재로서 처벌을 말한다. 행정벌이 과하여질 수 있는 비행을 '행정범'이라 한다. 행정법규는 행정목적의 실현을 위하여 국민에게 각종 의무를 과하는 동시에 국민이

그 의무를 위반한 때에는 제재를 과할 것을 규정함으로써 행정법규의 실효성을 확보하고 있다. 같은 취지로 대외무역법에서도 몇 가지 행정벌을 규정하고 있다. 대외무역법상 행정벌을 그 처벌의 내용에 따라 구분해 보면 크게 징역 및 벌금을 과하는 행정형벌과 과태료 처분 등의 제재를 가하는 행정질서벌로 나누어진다. 대외무역법은 행정벌은 아니나 원산지표시위반행위에 대한 의무이행의 불이행에 대해 과징금을 부과하는 제도도 별도로 두고 있다.

1 행정형벌

1) 처벌대상

대외무역법에 의한 징역 또는 벌금을 과하는 행정형벌은 형사소송법에 의하여 법원의 판결에 따라 과해진다. 따라서 관세법의 규정에 따라 관세범에 대한 세관장의 통고처분과 같은 행정기관에 의한 처분은 인정되지 아니한다. 징역 또는 벌금형이 과해지기 위해서는 검사가 기소해야 하며, 사법부의 판결이 있어야 한다. 따라서 세관장이나 시・도지사 등에 근무하는 공무원 중 사법경찰관리로 지명된 자가 대외무역위반사범을 발견한 경우 조사를 한 다음 범죄행위가 있다고 판단되면 검찰에 송치하여야 한다. 처벌규정은 다음과 같다(대외무역법 제53조).

가. 고의적인 전략물자의 불법수출 등에 대한 처벌

전략물자 등의 국제적 확산을 꾀할 목적으로 수출허가를 받지 아니하고 전략물자를 수출하거나, 상황허가, 경유 또는 환적 허가를 받지 아니하거나, 중개허가를 받지 아니하고 대상인 물품 등을 수출・경유・환적・중개한 경우, 7년 이하의 징역 또는 수출・경유・환적・중개하는 물품등의 가격의 5배에 해당하는 금액 이하의 벌금을 부과한다. 이 경우 미수범도 본죄에 준하여 처벌한다.

나. 수출입제한 위반 등에 대한 처벌

수출 또는 수입의 제한이나 금지조치를 위반하거나, 수출허가를 받지 않고 전략물자를 수출하거나, 상황허가, 경유 또는 환적 허가, 중개허가를 받지 아니하고 수출, 경유, 환적, 중개하거나, 거짓이나 그 밖의 부정한 방법으로 수출, 상황, 경유 또는 환적, 중개 허가를 받은 경우, 수출과 수입의 가격을 조작하거나 조정명령을 위반한 경우 5년 이하의 징역 또는 수출·경유·환적·중개하는 물품등의 가격의 3배에 해당하는 금액 이하의 벌금을 부과한다. 수출허가를 받지 않고 전략물자를 수출하거나, 상황허가, 경유 또는 환적 허가, 중개허가를 받지 아니하고 수출, 경유, 환적, 중개한 경우에 대해서는 미수범은 본죄에 준하여 처벌한다.

다. 원산지표시 위반자 등의 처벌

전략물자의 이동중지명령을 위반한 자, 원산지표시와 관련된 의무 등을 위반한 경우 5년 이하의 징역 또는 1억원 이하의 벌금에 처해진다.

라. 직무상 습득한 기업정보 누설자 등의 처벌

직무상 습득한 기업정보를 타인에게 제공 또는 누설하거나 사용 목적 외의 용도로 사용한 자, 수출 또는 수입 승인과 관련된 의무를 위반한 경우 3년 이하의 징역 또는 3천만원 이하의 벌금이 부과된다.

2) 양벌규정

양벌규정이란 범죄를 지은 행위자뿐 아니라 그 행위에 대해 관리감독의 책임이 있는 주체에 대해서도 그 책임을 물어 함께 처벌하는 것을 말한다. 대외무역법은 법인의 대표자나 법인 또는 개인의 대리인, 사용인, 그 밖의 종업원이 그 법인 또는 개인의 업무에 관해 대외무역법 제53조 내지 제56조까지의 어느 하나, 즉 앞서 설명한 징역 또는 벌금형에 해당하는 위반행위를 하면 그 행위자를 벌하는 외에 그 행위자가 소속된 법인 또는 개인에게도 해당 조문의 벌금형을 과하도록 하였다. 미수범이나 과실범에 대해 처벌할 때도 마찬가지다. 다만, 법인 또는 개인이 그 위반행위를 방지하고 위해 해당 업무에 관해 상당한 주의와 감독을 게을리 하지 아니한 경우에는 양벌규정을 적용하지 않는다(대외무역법 제57조).

3) 벌칙적용시의 공무원 의제

대외무역법 제29조 제5항의 업무를 수행하는 전략물자관리원의 임직원과 산업통상자원부장관이 대외무역법 제52조에 따라 위탁한 사무에 종사하는 한국은행, 한국수출입은행,

외국환은행, 그 밖에 대통령령으로 정하는 법인 또는 단체의 임직원은 형법 제129조부터 제132조까지의 벌칙을 적용할 때에는 공무원으로 본다(대외무역법 제58조). 그 밖에 대통령령으로 정한 법인 또는 단체는 다음과 같다(대외무역법시행령 제93조).

① 한국무역협회
② 한국소프트웨어산업협회
③ 한국선주협회
④ 한국관광협회중앙회 및 업종별 관광협회
⑤ 대외무역법시행령 제91조 제7항에 따라 수출입승인 대상물품등에 대한 수출 또는 수입의 승인, 승인의 유효기간 설정 및 연장, 변경승인 및 변경사항 신고의 수리에 관한 권한을 위탁받은 단체
⑥ 한국기계산업진흥회
⑦ 대한상사중재원
⑧ 대한상공회의소
⑨ 대외무역법시행령 제91조 제10항에 따라 원산지증명서 발급 업무를 위탁받은 법인

2 행정질서벌

행정질서벌은 행정법상의 의무위반에 대한 제재로 과태료를 과하는 행정벌을 의미한다. 행정상의 질서를 문란하게 하는 행위에 대한 제재이다. 처분기관의 과태료처분에 대해 처분을 받은 자는 60일 이내에 이의를 제기할 수 있다. 이의가 제기되면 질서위반행위규제법에 따라 해당 사안은 자동으로 법원에 이송되어 재판을 통해 처리된다. 대외무역법에 규정된 분쟁과 관련된 서류제출 요구에 대한 서류제출의무를 위반하거나, 조사 거부, 방해 또는 기피하는 경우 등에 2천만원 이하, 서류보관의무 또는 교육명령 위반 등의 경우에 1천만원 이하의 과태료를 부과하고 있다. 또 교육을 이수하지 않고 전략물자 자가판정을 한 자 또는 전략물자 수출입관리정보시스템에 정보를 등록하지 않은 경우 500만원 이하의 과태료를 부과한다.

기 출 문 제

1 다음 중 대외무역법상의 「수입수량제한조치」에 대한 설명으로 가장 잘못된 것은?

[국제무역사 39회 1교시 11번]

① 정부는 특정물품의 수입증가로 인하여 국내산업이 심각한 피해를 입고 있고, 그 국내산업을 보호할 필요가 있다고 인정되면 수입수량제한조치를 시행할 수 있다.
② 실제 수입수량제한조치는 무역위원회가 시행한다.
③ 동 조치의 대표적인 국제법적 근거는 WTO Safe Guard 협정이다.
④ 조치의 내용은 주로 해당물품에 대한 수량제한 또는 관세인상 등이다.

2 다음 대외무역법 「수입수량제한조치」에 대한 설명 중에서 잘못된 것은?

[국제무역사 38회 1교시 10번]

① 특정물품의 급격한 수입증가로 인한 국내산업의 피해를 구제하기 위한 조치이다.
② 국제적으로 세이프가드(safeguard)라고도 한다.
③ 덤핑방지관세나 상계관세보다 발동이 용이하다.
④ 무역위원회는 국내산업의 피해에 대한 조사 및 세이프가드 조치를 건의한다.

3 다음 중 대외무역법의 벌칙 규정에 대한 설명으로 잘못된 것은? [국제무역사 38회 1교시 12번]

① 수출허가를 받지 아니하고 전략물자를 수출한 자는 징역 또는 벌금에 처한다.
② 원산지표시대상물품에 대하여 원산지표시를 하지 아니한 자는 징역 또는 벌금에 처한다.
③ 대외무역법의 벌칙에는 징역과 벌금형을 동시에 처하는 병과규정이 있다.
④ 대외무역법의 벌칙은 위반행위자의 소속법인까지 처벌하는 양벌규정은 적용되지 않는다.

4 다음 중 우리나라의 대외무역법령에서 규정하고 있는 분쟁조정에 대한 설명이 잘못된 것은?

[국제무역사 38회 1교시 9번]

① 산업통상자원부장관은 무역거래 또는 선적 전 검사와 관련한 분쟁이 발생하여 당사자의 일방 또는 쌍방이 조정신청을 할 경우 30일 이내에 조정안을 작성하여 당사자에게 제시하여야 한다.

정답 1. ② 2.③ 3.④ 4.②

② 선적 전 검사기관이 선적 전 검사를 하면서 「세계무역기구 선적 전 검사에 관한 협정」 제2조를 위반하여 수출 이행에 장애를 초래하였을 때에 그 선적 전 검사는 무역장벽으로 작용한 것으로 간주하며, 중재기관은 대한민국 법원으로 한다.
③ 대한민국 재외공관의 장이나 대한무역투자진흥공사, 수출입조합 등이 무역분쟁 사실을 통지할 경우 그 분쟁을 신속하게 해결하기 위하여 필요하다고 인정할 때에는 조정(調停) 또는 알선을 할 수 있다.
④ 무역분쟁의 조정은 당사자 간의 합의 또는 조정안의 수락, 조정신청인 또는 당사자의 조정신청 철회, 당사자의 조정안 거부, 당사자 간의 합의 가능성이 없거나 조정할 필요가 없다고 판단되는 경우 종료될 수 있다.

5 **다음은 대외무역법령에서 규정하고 있는 수출입의 질서유지에 관한 설명이다. 잘못된 것은?**

[국제무역사 39회 1교시 8번]

① 산업통상자원부장관은 선적전 검사와 관련하여 수출자와 선적전 검사기관 간에 분쟁이 발생하였을 경우에는 그 해결을 위하여 필요한 조정을 할 수 있다.
② 산업통상자원부장관은 분쟁을 신속하게 처리하는 것이 필요하다고 인정하거나, 무역분쟁 당사자의 신청을 받으면 직권으로 조정할 수 있다.
③ 무역거래 또는 선적전 검사와 관련한 조정을 위하여 산업통상자원부장관은 관계 전문가에게 자문하거나 이해관계자 등의 의견을 들을 수 있다.
④ 산업통상자원부장관은 조정신청을 받은 때에는 30일 이내에 조정안을 작성하여 당사자에게 제시하여야 한다.

6 **다음 중 대한상사중재원의 「무역분쟁조정」에 대한 설명으로 잘못된 것은?**

[국제무역사 39회 1교시 12번]

① 대외무역법에 근거하여 무역거래자와 외국업체간의 수출 수입과 관련한 분쟁을 조정하는 절차이다.
② 조정대상은 대금미지급 선적불이행 및 기타 계약과 관련한 분쟁과 수출자와 선적전 검사기관과의 분쟁 등이다.
③ 소송에 비하여 신속한 조정진행이 가능하며 비용이 저렴하다.
④ 조정절차가 일반에 공개되므로 투명하고 공정한 결과를 기대할 수 있다.

정답 5.② 6.④

7 다음 중 대외무역법상 수입수량제한조치에 대한 설명으로 잘못된 것은?

[국제무역사 40회 1교시 5번]

① 수입수량제한조치를 위한 조사기관은 무역위원회이다.
② 수입수량제한조치는 조치 시행일 1년 이전부터 수입된 물품의 수량을 계산하여 적용한다.
③ 수입수량제한조치의 적용기간은 4년을 넘어서는 안 된다.
④ 정부는 수입수량제한조치를 시행하려면 이해당사국과 수입수량제한조치의 부정적 효과에 대한 적절한 무역보상에 관하여 협의할 수 있다.

8 다음 중 대외무역법에서 규정하고 있는 수출입의 질서유지에 대한 설명으로 잘못된 것은?

[국제무역사 40회 1교시 7번]

① 산업통상자원부장관은 선적 전 검사와 관련하여 수출자와 선적전검사기관 간에 분쟁이 발생하였을 경우에는 그 해결을 위하여 필요한 조정을 할 수 있다.
② 국내에서 선적 전에 검사를 실시하는 기관은 「세계관세기구(WCO)의 선적 전 검사에 관한 협정」을 지켜야 한다.
③ 산업통상자원부장관은 무역분쟁 사실의 통지를 받은 경우 그 분쟁을 신속하게 해결하기 위하여 필요하다고 인정할 때에는 조정 또는 알선을 할 수 있다.
④ 무역거래자는 외화도피를 목적으로 물품 등의 수출 또는 수입가격을 조작하여서는 아니된다.

9 다음 중 대외무역법령의 수입수량 제한조치에 대한 설명으로 잘못된 것은?

[국제무역사 41회 1교시 11번]

① 정부가 수입수량제한조치를 시행하려면 이해 당사국과 수입수량제한조치의 부정적 효과에 대한 적절한 무역보상에 관하여 협의할 수 있으며, 수입수량제한조치는 조치 시행일 1년 전부터 수입된 물품에 적용된다.
② 수입수량제한조치의 적용 기간은 4년이며, 산업통상자원부장관은 수입수량제한조치의 대상 물품, 수량, 적용기간 등을 공고하여야 한다.
③ 산업통상자원부장관은 무역위원회의 건의가 있고 필요하다고 인정하면 수입수량제한조치의 내용을 변경하거나 적용기간을 연장할 수 있다. 이 경우 변경되는 조치내용 및 연장되는 적용기간 이내에 변경되는 조치 내용은 최초의 조치 내용보다 완화되어야 한다.
④ 수입수량제한조치의 적용기간을 연장하는 때에는 수입수량제한조치의 적용기간과 긴급관세 또는 잠정긴급관세의 부과기간 및 그 연장기간을 전부 합산한 기간이 8년을 넘어서는 아니 된다.

정답 7.② 8.② 9.①

PART 2

외국환거래법

7

외국환거래법 총론

학 습 목 표

외국환거래법은 무역거래에 따른 대금결제에 필요한 외국환의 거래를 위해 꼭 숙지해야 하는 법이다. 외국환의 자유로운 이동을 보장하면서도 불법거래에 대해 모니터링하고 기록해 금융감독원, 관세청과 국세청과 같은 감시기관에서 사용할 수 있도록 하는 외국환거래법은 다른 법과 다른 중요한 특징들이 있다. 이 장에서는 다음을 중심으로 외국환거래법의 전체적인 운영체계에 대해 이해해 보자.

1. 속인주의와 속지주의의 동시 채용과 법적용 대상
2. 거주자와 비거주자의 개념
3. 외국환거래정보 집중기관의 운영과 의의

들어가기 전에

외국환거래법에서 제재하는 외국환 거래는 어떤 것일까?

- 특검, 정유라 외국환거래법 위반도 조준

(중략) 특검팀은 정씨가 2015년 12월 최씨의 예금 3억원 및 정씨와 최씨가 공동 소유한 강원 평창군 임야 23만 1400㎡(감정가 5억 1700만원)를 담보로 OO은행에서 보증신용장을 발급받았다. 정씨는 이 신용장으로 2016년 OO은행 독일 현지법인에서 38만 5000 유로(약 4억 7500만원)를 금리 연 0.98%로 대출받은 것으로 알려졌다. (중략)

서울신문 박재홍 기자. 2017년 1월 23일. '특검, 정유라 외국환거래법 위반도 조준'. 기사전문
http://www.seoul.co.kr/news/newsView.php?id=20170124012049&wlog_tag3=naver#csidx5c5e22355300a4cb39dc7e9d869d50c

2016년과 2017년을 떠들썩하게 했던 최순실 게이트에서 외국환거래법이 자주 등장했다. 위 사례의 대출거래에서 최씨의 딸 정씨는 외국환거래법상 비거주자로 신고하고 대출을 받았다. 이 대출은 왜 외국환거래법의 적용대상이 됐고 정씨는 왜 외국환거래법상 비거주자로 신고한 것일까? 이 장에서 외국환거래법 총론을 통해 외국환거래법의 적용대상과 위 사례에 대해 이해해 보자.

Chapter 7

외국환거래법 총론

제 1 절 외국환거래법의 개요

1 외국환거래와 외환시장의 의의

오늘날 지구상 어디에도 완전한 폐쇄경제로 고립된 국가는 없다. 정도의 차이는 있지만 다른 나라들과 상품과 서비스 등의 재화를 교류하기 마련이다. 우리나라와 같이 개방경제체제에서는 이러한 교류가 더욱 빈번하고, 그 교류가 경제에 미치는 영향도 심대하다. 국제적인 재화의 거래와 직접 또는 간접적으로 밀접한 관련이 있는 것이 외국환의 지급 또는 영수다.

> 환(換)이란 서로 멀리 떨어진 곳에 있는 사람들끼리 현금을 보내는 불편과 위험을 피하기 위해 은행을 이용하여 지급위탁방식으로 결제하는 수단을 말한다. 환은 국내에 있는 사람들간의 거래를 결제하기 위해 사용하는 내국환과 서로 다른 국가에 있는 사람들이 국제거래의 채권과 채무를 결제하는 외국환으로 구분된다. 외국환을 외환이라고도 한다.

어느 한쪽이 재화를 판매하면 이를 구매하는 다른 한쪽은 그 대가를 지급하기 마련인데, 그 거래상대가 외국일 경우 대개 외국환으로서 지급 또는 영수가 이루어지기 때문이다. 외국환의 지급 또는 영수는 이와 같이 재화의 거래에 수반하여 일어나는 것 말고도 해외투자와 같은 자본거래, 해외여행 경비의 지급 등 여러 원인에 의해 이루어진다.

한편, 국내에서 외국환거래가 이루어지는 시장을 외국환시장 또는 줄여서 **외환시장**이라 한다. 외환시장은 외국환은행・무역업자・일반 거래업자(개인)・환중개업자 등으로 구성된다. 외환거래는 크게 나누어 대(對)고객거래와 은행간 거래가 있는데, 일반적으로는 좁은 뜻으로 해석하여 외국환은행간의 외국환거래가 행하여지는 곳을 외환시장이라 한다. 외환시장의 형태는 구체적인 장소나 건물을 가지지 않고 당사자가 전화나 텔렉스를 통해 거래하는 영미식의 일반시장(open market)과, 일정한 시각・장소에 당사자가 매일 모여서 거래를 성립시키는 대륙식의 환거래소(exchange bourse)방식이 있다.

2 외국환거래법의 개요

1) 외국환거래법의 목적

외국환거래법은 다음과 같이 동법의 목적을 규정하고 있다.

> **외국환거래법 제1조(목적)** 이 법은 외국환거래와 그 밖의 대외거래의 자유를 보장하고 시장기능을 활성화하여 대외거래의 원활화 및 국제수지의 균형과 통화가치의 안정을 도모함으로써 국민경제의 건전한 발전에 이바지함을 목적으로 한다.

외국환거래법 제1조를 보면 [그림 7-1]과 같이 동법의 궁극적인 목적은 국민경제의 건전한 발전에 이바지하는 것이다. 이를 위한 중간단계 목적은 대외거래의 원활화와 국제수지의 균형과 통화가치의 안정이고, 그 수단은 외국환거래 및 대외거래의 자유 보장과 시장기능의 활성화다.

최종 목적	국민경제의 건전한 발전		
△			
중간 목적	대외거래의 원활화	국제수지의 균형	통화가치의 안정
△			
수단과 방법	외환거래 자유보장	대외거래 자유보장	시장기능 활성화

【 그림 7-1 외국환거래법의 목적 】

2) 외국환거래법의 적용대상

외국환거래법은 대한민국 내에서의 외환거래에 대해 적용하는 '속지주의'와 거주자의 외국에서의 외환거래에 대해 적용하는 '속인주의', 대한민국의 이익과 관련되는 외환거래에 대해 적용하는 '보호주의'를 병행하고 있다. 동법의 적용을 받는 행위대상은 대한민국 내에서 행하는 외국환 거래, 대한민국과 외국간의 거래 또는 지급·수령 및 그 밖에 이와 관련되는 행위, 비거주자의 원화거래, 거주자의 외국에서의 거래행위 등이다. 동법의 인적대상은 거주자와 비거주자로 구분되며 그 구분에 따라 달리 규정하고 있다. 외국환거래법은 다음 각호 어느 하나에 해당하는 경우 적용된다고 명시하고 있다(외국환거래법 제2조).

① 대한민국에서의 외국환과 대한민국에서 하는 외국환거래 및 그 밖에 이와 관련되는 행위
② 대한민국과 외국 간의 거래 또는 지급·수령, 그 밖에 이와 관련되는 행위. 여기에는 외국에서 하는 행위로서 대한민국에서 그 효과가 발생하는 것도 포함된다.
③ 외국에 주소 또는 거소를 둔 개인과 외국에 주된 사무소를 둔 법인이 하는 거래로서 대한민국 통화(通貨)로 표시되거나 지급받을 수 있는 거래와 그 밖에 이와 관련되는 행위
④ 대한민국에 주소 또는 거소를 둔 개인 또는 그 대리인, 사용인, 그 밖의 종업원이 외국에서 그 개인의 재산 또는 업무에 관하여 한 행위
⑤ 대한민국에 주된 사무소를 둔 법인의 대표자, 대리인, 사용인, 그 밖의 종업원이 외국에서 그 법인의 재산 또는 업무에 관하여 한 행위

위의 ① 내지 ③에서 규정하는 '그 밖에 이와 관련되는 행위'는 같은 항의 규정에 따른 거래·지급 또는 수령과 직접 관련하여 행하여지는 지급수단·귀금속·증권 등의 취득·보유·송금·추심·수출·수입 등을 말한다(외국환거래법시행령 제2조). 이 규정을 정리해 보면 외국환거래법의 적용대상은 [그림 7-2]와 같다.

행위지	행위의 주체(인적대상)	행위의 내용(행위대상)
국 내	거주자, 비거주자 불문	외국환의 거래, 지급 또는 수령과 직접 관련하여 행하여지는 지급수단·귀금속·증권 등의 취득·보유·송금·추심·수출·수입
불 문	거주자, 비거주자 불문	대한민국과 외국 간의 거래 또는 지급·수령, 그리고 이러한 거래·지급 또는 수령과 직접 관련하여 행하여지는 지급수단·귀금속·증권 등의 취득·보유·송금·추심·수출·수입
불 문	외국에 주소 또는 거소를 둔 개인과 외국에 주된 사무소를 둔 법인(비거주자)	대한민국 통화(通貨)로 표시되거나 지급받을 수 있는 거래와 그 거래·지급 또는 수령과 직접 관련하여 행하여지는 지급수단·귀금속·증권 등의 취득·보유·송금·추심·수출·수입
외 국	우리나라에 주소 또는 거소를 둔 개인 또는 그 대리인, 사용인, 그 밖의 종업원(거주자)	그 개인의 재산 또는 업무에 관하여 한 행위
외 국	우리나라에 주된 사무소를 둔 법인의 대표자, 대리인, 사용인, 그 밖의 종업원(거주자)	그 법인의 재산 또는 업무에 관하여 한 행위

【 그림 7-2 외국환거래법의 적용대상 】

3) 외국환거래법의 체계

외국환거래 관련법규는 직접적인 외환거래와 관련된 사항에 대해 정하고 있는 기본법규와 외국환거래와 간접적으로 관련되는 관련법규로 구분된다. [그림 7-3]과 같이 전자에 속하는 것으로는 외국환거래법, 외국환거래법시행령, 외국환거래규정 등이 있고, 후자에 속하는 것으로서는 대외무역법, 외국인투자촉진법, 한미행정협정 등이 있다.

> 한미행정협정
> 정식명칭은 '대한민국과 아메리카합중국간의 상호방위조약 제4조에 의한 시설과 구역 및 대한민국에서의 합중국군대의 지위에 관한 협정'(The ROK-US Agreement on Status of Force in Korea)으로 이를 'SOFA', '한미행정협정' 또는 '주둔군지위협정'이라 한다. 1950년 7월 12일 전시 임시수도 대전에서 한국정부와 주한 미국대사간에 서한교환에 의하여 '재한 미국군대의 관할권에 관한 한미협정', 이른바 '대전협정'이 맺어졌는데, 그 뒤 1966년 7월 9일 대전협정의 불평등성을 제거하고, 그 내용에 있어 1951년 '나토(NATO)협정'으로 접근하기 위해 서울에서 새로운 군대지위협정을 체결하였다.

	법 률	대통령령	부령 · 고시	유관기관 규정
기본법규	외국환거래법	외국환거래법시행령	외국환거래규정	한국은행 제규정 은행연합회 외국환업무지침 금융위원회 제규정
관련법규	대외무역법	대외무역법시행령	대외무역관리규정	
	외국인투자촉진법	외국인투자촉진법 시행령	외국인투자 및 기술도입에 관한 규정	
	한국은행법, 자본시장과 금융투자업에 관한 법률, 한미행정협정 등			

【 그림 7-3 외국환거래법령의 체계 】

우리나라의 외환거래에 있어서 기본법규인 현행 외국환거래법은 1998년 9월에 종전의 외국환관리법을 대체하여 법률 제550호로 제정·공포되어 1999년 4월부터 시행되었다. 동법은 외환거래에 관련되는 모든 대외거래를 대상으로 한 극히 포괄적인 법률로서 일반적인 규정만을 두고 있고, 구체적인 세부사항은 시행령 및 외국환거래규정에서 정하고 있다.

법령에서 위임받은 사항을 규정하고 있는 외국환거래규정은 외국환거래법의 내용을 구체화하여 개별 외국환거래에 대한 신고사항 등을 자세하게 정하고 있는데, 특히 대외지급과 수령에 관해 그 절차 등을 자세하게 규정하고 있다.

외국환거래를 포함한 대외거래에 대한 법률적 규정은 단일체계에 의하는 것이 바람직하다고 볼 수 있으나 법률제도의 생성과 발전의 역사적 특수성 및 기타 경제적 여건으로 인하여 무역거래나 외국인직·간접투자 등에 관하여는 외국환거래법과는 다른 별도의 법률을 제정하여 적용하고 있다. 외국환거래법과 연관성이 높은 관련법규를 간략히 살펴보자.

먼저 대외무역법은 수출입의 허가와 승인,수출입거래의 질서유지 등 주로 재화의 국제적 이동에 관한 사항을 규정하고 있다. 외국인투자촉진법은 외국인투자에 대한 지원과 편의제공을 통하여 외국인투자유치를 촉진함으로써 국민경제의 건전한 발전에 이바지함을 그 목적으로 하고 있다. 외국인투자촉진법에 따르면 외국인의 직접투자와 관련된 국내증권의 취득, 국내기업에 대한 장기차관의 공여 등 외국환 및 대외거래에 관하여 동법에 특별한 규정이 있는 경우에는 이를 외국환거래법에 우선하여 적용한다.

한편, 한미행정협정은 한국과 미국간의 국제조약으로서 한국에 주둔하고 있는 미군과 그 구성원, 군속과 그 가족 및 초청계약자 등의 신분과 법적지위를 규율함과 동시에 이들의 출입국 및 외환관리, 재판권 등에 있어 한국법률의 적용범위 등을 규정하고 있다. 따라서 동 조약은 주한미군 등에 대한 외환관리의 근거법규인 동시에 외국환거래법에 대한 특별법적인 성격을 가진다.

3 우리나라 외환제도의 특징

1) 외환거래의 원칙적인 자유와 예외적 규제

외국환거래법 이전에 운영되었던 외국환관리법은 국내외 자금이동을 수반하는 자본거래등을 원칙적으로 금지하고 외국환관리법의 목적에 비추어 필요하다고 인정되는 부분만 예외적으로 허용하는 방식(positive system)이었다. 그러나 현행 외국환거래법은 대외거래 원활화를 위한 기획재정부장관의 의무를 명시하는 등 원칙적으로 자본거래를 포함한 모든 외환거래를 자유롭게 허용하되, 규제가 필요한 부분에 대해서만 예외적으로 규제하는 방식(negative system)을 채택하였다. 특히 경상적인 무역과 무역외 거래에 대해서는 제한을 최소화하여 상계방법의 지급이나, 기간초과 지급, 제3자 지급 등 일부에 대해서만 신고제도를 유지하고 있다. 자본거래의 경우도 금전대차, 채무보증 등 일부 사안에 대해서만 신고 등의 제도를 유지하고 있다.

2) 위임 · 위탁에 의한 권한행사

외국환거래법에 규정된 권한은 기획재정부장관에게 전속되는 것이나, 기획재정부장관은 그 권한의 대부분을 대통령령이 정하는 바에 따라 한국은행총재, 금융감독원장, 금융위원회 위원장, 외국환업무취급기관의 장, 관세청장, 세관장 등에게 위임 또는 위탁하여 행사하고 있다. 그러나 궁극적인 권한과 책임은 여전히 기획재정부장관에게 있다. 금융감독원의 직원과 같이 공무원이 아닌 사람으로 위임 또는 위탁에 의해 외환검사업무를 담당하는 사람과 그 소속 임원 및 직원(공무원 및 다른 법률에서 공무원으로 보도록 하는 사람은 제외한다)은 형법이나 그 밖의 법률에 따른 벌칙을 적용할 때에는 공무원으로 본다(외국환거래법 제23조 제2항).

3) 외국환업무취급기관 중심의 운영

현행 제도에서는 외환거래의 효율화를 위해 일정요건을 갖춘 금융기관에 대해 먼저 등록을 한 다음 외국환의 발행과 매매, 대한민국과 외국간의 지급·추심 및 수령 등과 같은 외국환업무를 취급할 수 있도록 하고 있다. 외국환업무취급기관 중 은행법, 한국산업은행법, 한국정책금융공사법, 한국수출입은행법, 중소기업은행법, 농업협동조합법 및 수산업협동조합법에 의한 금융기관을 외국환은행으로 정하여 대부분의 외환거래가 외국환은행을 통해 이루어지도록 하고 있으며 자본시장과 금융투자업에 관한 법률에 따른 종합금융회사, 투자매매업자, 투자중개업자등에 대하여도 기관별 외국환업무취급기관으로서의 업무를 규정하고 있다. 또한 외환거래관리의 실효성확보를 위해 외국환은행의 장에게 일부 지급신고 및 자본거래에 대해 신고받을 수 있는 권한을 위탁하고 있다.

4) 속인주의 및 속지주의의 동시채택

형에 관한 법을 적용함에 있어 국적을 기준으로 법을 적용하는 것을 속인주의, 영역을 기준으로 법을 적용하는 것을 속지주의라 한다. 외국환거래법은 우리나라에 주된 사무소를 가지고 있는 법인 또는 자연인의 대리인 등이 외국에서 행하는 재산 또는 업무에 관한 행위에도 외국환거래법을 적용하게 하여 속인주의를 채택하였다. 아울러 우리나라 내에서 거주자와 비거주자 상호간의 채권·채무관계가 발생하는 경우에도 외국환거래법을 적용하도록 하여 속지주의도 채택하고 있다.

5) 국제적 성격

외국환거래법은 외국환거래라는 국제거래를 대상으로 하는 것으로 자연히 법의 내용은 국제적 성격을 전제로 한다. 외국환거래법은 **국제통화기금**(IMF)이나 세계무역기구(WTO), 경제협력개발기구(OECD) 등의 원칙과 규범을 존중하고 있다. 또한 법령에서는 국제적으로 통일된 용어를 사용하고 있으며, 용어의 정의도 이에 따르고 있다. 이는 국제간 거래에 대한 규율을 국제적으로 투명화(transparency)함에 그 목적이 있다.

> 국제통화기금(IMF)
> 우리나라는 1955년 8월 IMF에 58번째로 가입하였다. 당시 우리나라는 외국환거래에 대한 제한이 가능한 제14조국 입장이었으나 국제수지가 어느 정도 균형에 이른 1988년 11월부터 제8조국으로의 이행을 수락하였다. IMF 제8조국은 ① 경상지급 제한의 금지, ② 차별적 통화조치의 금지, ③ 자국통화의 교환성 보장 등에 대한 의무를 진다.

6) 유사시의 안전장치 및 상시 모니터링 체제 구축

현행 외국환거래법은 외환거래의 자유화에 따른 단기투기성자금의 빈번한 유출입 등으로 거시경제정책에 심각한 어려움을 초래할 경우에 대비하기 위하여 환율에 대한 제한(제5조), 자본거래허가 및 외국환거래 정지와 지급수단 집중의무 부과(제6조) 등 유사시에 대응할 안전장치의 제도적 근거를 마련하고 있다. 또한 외국환은행 등 외국환업무 취급기관에 대해 외환전산망을 통해 외환거래 정보를 한국은행에 집중하도록 하고, 한국은행은 이를 종합하여 기획재정부 등 이용기관에 제공하는 등 효과적인 사후관리 및 모니터링 체제를 구축・운영하고 있다.

4 외국환거래법과 다른 법률과의 관계

외국환의 거래에 대해서는 원칙적으로 외국환거래법이 적용된다. 그러나 외국환거래법은 대외무역법, 외국인투자촉진법 등 다른 여러 법률과도 밀접한 관련이 있다.

1) 대외무역법과의 관계

외국환거래법에서 규정하는 외환거래는 크게 경상거래와 자본거래로 나누어진다. 이 중 경상거래의 원인인 무역에 대해 규율하는 법이 대외무역법이다. 외국환거래법은 경상거래의 경우 재화나 용역 등을 수출입할 때 그와 관련된 지급 또는 수령과 관련하여 거래 증빙서류만 외국환은행에 제시하여 확인을 받도록 할 뿐 원인이 되는 거래 자체에 대해서는 관여하지 않는다. 경상거래의 원인행위(수출입승인, 신고 등)에 대해서는 대외무역법을 일반법으로 적용하며, 원인행위 이후 결제행위(지급 및 수령)에 있어서는 외국환거래법을 일반법으로 적용하는 것이다. 그러나 자본거래의 경우는 원인행위(신고, 신고수리 등)와 결제행위(인정된 거래로 확인되면 지급증빙서류 확인 후 지급 또는 수령) 모두 외국환거래법이 일반법으로 적용된다.

2) 외국인투자촉진법과의 관계

외국인투자촉진법은 외국인투자와 관련해 외국환거래법에 대해 특별법적 위치에 있다. 외국인의 직접투자와 관련된 국내 증권의 취득, 국내기업에 대한 장기 차관의 공여 등 외국환 및 대외거래에 관한 사항에 대해서는 외국인투자촉진법에 특별한 규정이 있는 경우 외국환거래법보다 동 법이 우선 적용된다(외국인투자촉진법 제30조).

3) 금융실명거래 및 비밀보장에 관한 법률과의 관계

자금세탁을 방지하기 위해 제정된 금융실명거래 및 비밀보장에 관한 법률은 실제 명의에 의한 금융거래를 하고, 그 비밀을 보장하여 금융거래의 정상화를 기하고자 한다. 동법에서는 실명거래대상 금융거래의 범위를 정하고, 실명확인 증명의 확인서류를 규정하여 실제 명의자가 아닌 다른 명의나 차명거래를 허용하지 않으므로 금융거래를 통한 자금세탁을 방지하도록 하였다. 아울러 금융거래 정보를 본인 이외의 경우에는 범죄자금의 의심거래, 탈세혐의거래 및 감독상 필요한 거래 등에 대해서만 외부에 제공할 수 있도록 규정하였다(제4조 금융거래의 비밀보장). 그러나 외국환거래법에서는 다음 경우에는 외국환거래법이 금융실명거래 및 비밀보장에 관한 법률 제4조규정에 우선하여 적용됨을 명시하고 있다(외국환거래법 제26조). 따라서 이 경우에는 거래당사자로부터 거래정보제공에 대한 사전동의나 사후통보의 의무가 없다.

① 외국환거래법의 실효성을 위한 보고 및 검사업무 관련 사항인 경우
② 외환전산망 등으로 전자문서에 의한 통보나 자료송부의 경우

4) 특정금융거래정보의 보고 및 이용 등에 관한 법률과의 관계

외국환거래법은 동 법에 따른 허가・인가・등록・신고・보고・통보・중개(仲介)・중계(中繼)・집중(集中)・교환 등의 업무에 종사하는 사람은 그 업무와 관련하여 알게 된 정보를 금융실명거래 및 비밀보장에 관한 법률 제4조에서 정하는 경우를 제외하고는 외국환거래법에서 정하는 용도가 아닌 용도로 사용하거나 다른 사람에게 누설하여서는 아니 됨을 명시하고 있다(외국환거래법 제22조). 그러나 금융거래정보의 보고 및 이용등에 관한 법률은 자금세탁 혐의자 추적을 용이하게 하기 위해 이에 대한 예외로 '혐의거래보고제도'와 '고액현금거래보고제도'를 두어 외국환거래와 관련된 정보를 관련 기관에 제공하도록 하였다(금융거래정보의 보고 및 이용등에 관한 법률 제12조).

> 혐의거래 보고제도(STR : Suspicious Transaction Report)는 금융기관이 고객과의 거래에서 자금세탁 등 의심스러운 사항을 발견하는 경우 이를 금융정보분석원(FIU)에 보고하는 제도이다. 혐의거래보고제도는 고액현금거래보고제도 등 객관적기준에 따른 보고제도의 실효성이 낮음에 따라 1990년대 이후 미국, 유럽을 중심으로 도입되어 현재 FIU를 설치한 대부분 나라에서 시행하고 있다. 보고대상에 금액의 다소는 불문한다. 의심스러운지 여부는 금융기관 직원의 업무지식이나 전문성, 경험 등을 바탕으로 고객의 평소 거래상황, 직업, 사업내용 등 전반적인 거래 정황을 감안하여 판단한다.
>
> 고액현금거래보고제도(CTR : Currency Transaction Reportion System)은 하루 2천만원 이상 현금 지급등의 거래내용이 있을 때 이를 금융정보분석원으로 자동으로 보고하는 제도이다. 특정금융거래정보의 보고 및 이용등에 관한 법률 제4조 및 제4조의2. FIU는 STR 및 CTR로 보고된 내용을 국세청과 관세청에 통보하며, 국세청과 관세청은 이를 과세나 범죄수사 등의 자료로 활용한다.

5) 특정경제범죄가중처벌등에 관한 법률 및 범죄수익은닉의 규제 및 처벌 등에 관한 법률과의 관계

외국환거래법을 위반하여 국내재산을 해외에 몰래 이동시키거나 국내로 반입하여야 할

재산을 국외에서 몰래 은닉 또는 처분하여 도피시켰을 때는 외국환거래법 위반뿐 아니라 특정경제범죄가중처벌 등에 관한 법률 제4조에 의거 재산국외도피죄로 처벌될 수 있다.

5 외국환거래제도의 변천 1)

우리나라의 외환제도는 1946년 1월 미군정령 제9호로 된 대외무역규칙이 제정된 이후 부족한 외환의 효율적 사용에 중점을 두고 운영되어 왔다. 이후 경제개발계획의 착수와 함께 정부의 적극적인 수출증진 노력으로 수출업자의 외화획득이 늘어나면서 1961년 12월 외국환관리법을 제정하여 외화획득과 사용에 대한 관리를 시작함으로써 외환관리의 제도적인 체제가 갖추어지기 시작하였다.

1980년대 이후 무역규모가 확대되고 개방압력이 증대되는 등 경제여건이 변화함에 따라 외환거래에 대한 제한을 일부 완화하기 시작하였으며, 1988년 11월 경상지급에 대한 제한을 폐지함으로써 IMF 8조국으로 이행하였다. 1990년대에 들어서도 외환자유화를 지속적으로 추진하여 1996년 12월 OECD에 가입하였다. 그러나 1997년 12월 외환위기를 계기로 대내외적으로 우리나라의 외환제도를 개선할 필요성이 제기됨에 따라 1999년 4월 외국환관리법을 폐지하고 외국환거래법을 시행하였다. 외국환거래법 시행과 함께 실시된 제1단계 자유화조치에서는 기업 및 외국환은행의 대외거래를 대부분 자유화하였으며 2001년 1월 제2단계 자유화조치에서는 외환송금 한도를 폐지하는 등 주로 개인의 외환거래를 자유화하였다.

또한 2002년 4월에는 우리나라를 동아시아 국제금융의 중추(financial hub)로 육성하기 위해 일부 남아있는 외환규제를 3단계로 나누어 완전 자유화토록 하는 '외환시장 중장기 발전방향'을 발표하였다. 2006년 5월에는 '외환시장 중장기 발전방향'을 시행하기 위해 2단계에 걸친 자유화를 내용으로 하는 외환자유화 추진방안을 발표하여 그 중 제1단계 자유화조치인 원화국제화, 내국인의 해외투자 등 외환거래자유화, 외환시장선진화 등을 추진하였다. 2009년 2월에는 '자본시장과 금융투자업에 관한 법률' 도입에 따라 동 법률과 외국환거래법령의 용어를 일치시켰으며, 글로벌금융위기 이후 외환부문의 거시건전성 제고 필요성이 증대됨에 따라 2010년 7월 자본유출입 변동 완화 방안의 일환으로 외국환은행에 대해 선물환 포지션한도제도 등을 도입하였다.

1) 이 부분은 한국은행이 발간한 '우리나라의 외환제도와 외환시장'(2010) pp. 7~13을 주로 인용하였다.

1) 엄격한 통제기(1945~1960)

우리나라 외환관리에 관한 법규의 효시라 할 수 있는 '대외무역규칙(미군정령 제9호)과 그 후의 '외국과의 교역 통제'(미군정령 제3호) 제정으로 외국무역 및 국내 외환거래는 물론 대외채권 및 대외채무와 관련한 모든 거래에 대해 엄격한 면허가 실시되었다. 이러한 외환거래의 엄격한 통제는 군정당시의 혼란과 우리나라 국민의 대외교역에 대한 경험 부족, 그리고 군정당국의 군사적 및 정치적 목적에 기인하였다. 정부가 수립된 이후에도 군정령 제3호를 대체할 법률이 제정되지 않았기 때문에 계속 외환거래에 관한 기본적인 법규가 되었다.

이후 1947년 6월에 군정령 제45호가 제정되어 조선환금은행이 창설되었는데 동 은행은 유일한 외환업무 취급은행으로서 민간무역에 부수되는 외환업무를 담당하였다. 정부가 수립되고 민간무역과 외환거래가 점차 활발해짐에 따라 과거 군정당시의 단편적이고도 비합리적인 외환거래 법규를 정비・통합하는 동시에 보다 현실에 부합되는 외환정책을 수립하고자 1949년 6월 대통령령 제32호로 '대외무역거래 및 외국환취급규칙'이 제정・공포되었다. 이에 따르면 대외무역에 의하여 취득한 외환은 모두 조선환금은행에 매각하여야 하며 동 은행으로부터 외환을 매입할 수 있는 자는 상공부장관의 사전수입허가를 받은 자나 재무부장관의 외환매입허가를 받은 자로 제한하였다.

또한 환율은 정부보유외환의 환금에만 적용되는 공정환금률과 일반시세를 참작하여 재무부장관이 수시 정하는 일반환금률로 이원화된 **복수환율제**[2]를 채택하였다. 그러나 대통령령 제32호에서 규정된 공정환율과 일반환율의 복수환율제도가 국내 경제실정에 부적합해 짐에 따라 1950년 4월 동 대통령령을 폐지하고 대신 대통령령 제24호로 '외국환관리규정' 및 '외국환매매규정'을 제정하여 경매에 의한 은행율이라는 단일환율을 채택하였다. 그 후 1950년 5월 제정된 법률 제38호 '한국은행법'의 시행을 계기로 조선환금은행은 창업 후 3년만에 폐쇄되고 한국은행이 일체의 외환업무를 승계하였다.

2) 외환관리의 다원화기(1960~1980)

제1차 경제개발계획의 착수와 함께 정부의 적극적인 수출증진 노력으로 수출업자의 외화획득이 늘어나면서 외환제도도 과거 외환지급을 중점적으로 관리하던 체제에서 외환의

2) 당시 공정환율은 미화 1달러당 450圓(현재 원화기준 0.45원), 일반환율은 900圓(현재 원화기준 0.9원으로 공정환율과 일반환율의 비가 1 : 2였다.

획득과 사용에 대한 관리체제로 변경되었다. 이와 더불어 종전 외환제도를 규율하던 군정령, 대통령령, 한국은행법, 재무부령, 재무부고시 및 금융통화위원회규정 등 복잡다기한 여러 법규를 1961년 12월 외국환관리법으로 흡수·통합하면서 일원적인 법체계가 구축되었다. 그 동안 외환업무는 한국은행만 취급하였으나 1962년 4월 5개 시중은행이 정부의 승인을 얻어 외국환업무를 개시하였으며, 1967년 1월 특수법인인 한국외환은행이 설립되었다.

1973년 중동전을 계기로 촉발된 제1차 석유파동과 국제원자재 가격폭등으로 무역수지 적자가 심화됨에 따라 외환제도 운영은 불요불급한 수입을 억제하고, 외화자금을 최대한 확보하는 데 중점을 두게 되었다. 이에 따라 외국환은행의 외화예금유치와 차관도입을 촉진하고 수출선수금 영수의 허용범위를 확대하는 한편 수입억제를 위해 수입담보금제도를 강화하였다. 이러한 외환규제 강화조치로 어려웠던 외환사정을 극복하였으며, 1976년 하반기 이후에는 중동지역에 대한 해외건설수주 급증과 세계경기 회복에 따른 수출증대에 힘입어 국제수지가 급격히 개선되기 시작하였다.

3) 점진적 자유화이행기(1980~1997)

1980년대에는 무역규모가 확대되고 개방압력이 증대되는 등 대내외 경제여건 변화에 능동적으로 대응할 필요성이 높아졌다. 이에따라 1980년 2월 환율제도를 종전의 고정환율제도에서 주요국 통화시세에 연동시키는 복수통화바스켓 페그제도로 변경하고 외국투자전용회사를 통한 외국인의 국내증권투자를 허용하여 국내자본시장을 개방하였다. 1986년 중반 이후에는 경상수지가 흑자로 전환되고, 해외로부터의 외자유입이 증가함에 따라 해외여행경비 등 경상적인 외환지급과 해외직접투자 등 자본거래와 관련된 외환유출에 대한 제한도 완화하였다. 1988년 11월에는 우리나라가 경상지급에 대한 제한철폐 등의 의무를 규정한 IMF 8조국으로 이행하였다.

1990년대 들어서는 외환 및 자본자유화를 본격적으로 추진하였다. 1990년 3월에는 환율이 기본적으로 외환시장에서의 수급에 의해 결정되도록 하되 일일 변동제한폭을 설정한 **시장평균환율제도**를 도입하였다. 또한 1992년 1월에는 외국인이 국내에 상장된 주식을 직접 취득할 수 있도록 허용하였으며, 9월에는 경상거래에 대한 규제를 종전의 '원칙규제·예외허용체계(positive system)'에서 '원칙자유·예외규제체계(negative system)'로 개편하였다. 1996년 6월에는 경상거래의 지급·수령에 대해 외국환은행신고제를 도입하는 한편 외국환은행의 설치와 업무를 자유화하였으며, 1996년 12월에는 OECD에 가입하였다.

4) 급격한 자유화추진기(1998~2004)

1997년 말 외환위기를 거치면서 외환부문의 자유화가 더욱 급속히 진전되었다. 1997년 12월에는 환율의 일일변동 제한폭을 폐지함으로써 자유변동환율제도로 이행하였고, 상장채권에 대한 외국인투자를 허용하였다. 이어 1998년 5월에는 상장주식 및 단기금융상품에 대한 외국인투자를 자유화하였다. 또한 1998년 7월에는 기업의 1년 이상 중장기외화차입 및 해외증권 발행을 자유화하고, 외국인의 비상장주식 및 채권에 대한 투자를 허용함으로써 국내 증권투자와 관련된 거의 모든 외환거래를 자유화하였다.

1998년 6월에는 외환거래를 2단계에 걸쳐 전면 자유화하는 계획을 발표하였으며, 1998년 9월에는 외환거래에 대한 사후보고 및 건전성 감독위주의 사후관리에 중점을 둔 외환관리체계를 구축하기 위해 새로이 외국환거래법을 제정하여 이를 1999년 4월 외국환관리법 폐지와 함께 시행하였다. 외국환거래법의 시행과 함께 실시된 제1단계 자유화조치에서는 기업 및 금융기관의 대외 영업활동과 관련된 대부분의 외환거래를 자유화하고 자본거래에 대한 규제를 '원칙규제·예외허용체계(positive system)'에서 '원칙자유·예외규제체계(negative system)'로 개편하였다. 한편 자본거래 규제완화로 인해 급격한 자본유출입이 발생할 가능성이 높아짐에 따라 유사시에 대비하여 가변예치의무제도, 외환집중제 등의 안전장치를 운용할 수 있는 제도적 근거를 마련하였다.

2001년 1월 시행된 제2단계 자유화조치에서는 제1단계 자유화조치에서 유보 되었던 여행경비, 해외이주비 및 해외예금 등의 한도를 폐지하는등 개인의 외환거래를 자유화하였다. 또한 2002년 4월에는 1999년부터 2001년까지 이루어졌던 제1, 2단계 외환자유화조치 이후에도 남아 있는 외환규제를 3단계에 걸쳐 추가로 완화하기 위한 '외환시장중장기발전방향'을 발표하였다.

5) 외환거래의 완전자유화기(2005~현재)

2005년 6월에는 국제수지 흑자가 지속됨에 따라 외환의 공급과잉 현상을 해소하고 여유외환을 활용하여 국내기업의 해외진출을 촉진하기 위해 '해외투자활성화방안'을 마련하였다. 2006년부터는 외국환거래법 부칙의 일몰조항 적용시한에 의해 자본거래 중 허가사항이 모두 신고사항으로 전환되었으며 해외투자를 활성화하기 위한 조치가 추가적으로 실시되었다. 개인의 해외직접투자 및 거주자의 해외부동산취득 규제를 완화하고, 일반투자가의 투자대상 외화증권의 범위를 확대하였으며, 대외채권 회수의무 면제금액을 상향 조정하는 한편 외환시장의 선진화를 위한 방안으로 우선 외국환은행의 외국환포지션한도를 확대하였다. 2006년 5월에는 '외환시장중장기발전방향'을 시행하기 위해 2단계에 걸친 자유화를 내용으로 하는 '외환자유화추진방안'을 발표하여 그 중 제1단계 자유화조치인 원화국제화, 내국인의 해외투자등 외환거래자유화 및 외환시장선진화 등을 추진하였다.

제2절 외국환거래법의 용어 정의

1 외국환

'**외국환**'이란 대외지급수단, 외화증권, 외화파생상품 및 외화채권을 말한다. 이들은 각각 다음과 같은 의미를 갖는다.

외국환	① 대외지급수단	외국통화, 외국통화로 표시된 지급수단, 그 밖에 표시통화에 관계없이 외국에서 사용할 수 있는 지급수단
	② 외화증권	외국통화로 표시된 증권 또는 외국에서 지급받을 수 있는 증권
	③ 외화파생상품	외국통화로 표시된 파생상품 또는 외국에서 지급받을 수 있는 파생상품
	④ 외화채권	외국통화로 표시된 채권 또는 외국에서 지급받을 수 있는 채권

위 ①에서 **외국통화**란 대한민국의 법정통화인 원화(貨) 이외의 모든 통화를 말하는 것이며, 지급수단은 정부지폐・은행권・주화・수표(Check・T/C・D/D)・우편환・신용장과 **환어음**[3]・약속어음・여행자카드・상품권・기타 지급받을 수 있는 내용이 표시된 우편 또는 전신에 의한 지급지시 등을 말한다. 다만, 액면가격을 초과하여 매매되는 금화 등은 주화에서 제외한다. 대외지급수단 외의 지급수단을 **내국지급수단**이라 한다. ②에서 **증권**이란 무기명양도성예금증서(certificate of deposit, CD), 그 밖에 재산적 가치가 있는 권리가 표시된

3) 환어음은 발행인이 지급인에게 일정금액을 지급할 것을 제3자(주로 은행)에게 위탁하는 형식의 어음으로 격지자간의 채권채무를 결제하는 데 주로 사용되므로 외국환의 주요 수단이 된다. 외국환은 어음법(제1조 어음의 요건)이 규정한 사항이 기재되어 있어야 지급수단이 된다.

증권 또는 증서로서 투자의 대상으로 유통될 수 있는 것을 말한다. ③에서 **파생상품**이란 '자본시장과 금융투자업에 관한 법률' 제5조에 따른 파생상품과 상품의 구성이 복잡하고 향후 수익을 예측하기 어려워 대규모 외환유출입을 야기할 우려가 있는 금융상품으로서 기획재정부장관이 고시하는 것을 말한다. ④에서 **채권**이란 모든 종류의 예금・신탁・보증・대차(貸借) 등으로 생기는 금전 등의 지급을 청구할 수 있는 권리로서 통화, 지급수단, 귀금속, 증권, 파생상품에 해당되지 아니하는 것을 말한다.

> 증권(證券)
> ① 채무증권 : 국채・지방채・특수채・사채・기업어음・기타의 채권(債券)
> ② 지분증권 : 주권, 법인의 출자증권, 신주인수권이 표시된 것, 민심법상의 출자지분(합자, 유한회사, 익명조합 등)
> ③ 수익증권 및 이권(利權)
> ④ 투자계약증권, 파생결합증권, 증권예탁증권
> ⑤ 무기명양도성예금증서(CD), 유동화증권(ABS), 기타 재산적 가치가 있는 권리가 표시된 증권 또는 증서로서 투자의 대상으로 유통될 수 있는 것
>
> 파생상품은 "다음 계약상의 권리를 말하는데, 금융투자상품의 유통 가능성, 계약당사자, 발행사유 등을 고려하여 증권으로 규제하는 것이 타당한 것으로서 대통령령으로 정하는 금융투자상품은 제외한다"고 규정하고 있다.
> ① 기초자산이나 기초자산의 가격・이자율・지표・단위 또는 이를 기초로 하는 지수 등에 의하여 산출된 금전 등을 장래의 특정 시점에 인도할 것을 약정하는 계약
> ② 당사자 어느 한쪽의 의사표시에 의하여 기초자산이나 기초자산의 가격・이자율・지표・단위 또는 이를 기초로 하는 지수 등에 의하여 산출된 금전 등을 수수하는 거래를 성립시킬 수 있는 권리를 부여하는 것을 약정하는 계약
> ③ 장래의 일정기간 동안 미리 정한 가격으로 기초자산이나 기초자산의 가격・이자율・지표・단위 또는 이를 기초로 하는 지수 등에 의하여 산출된 금전 등을 교환할 것을 약정하는 계약
> ④ 제1호부터 제3호까지의 규정에 따른 계약과 유사한 것으로서 대통령령으로 정하는 계약

2 거주자와 비거주자

외국환거래법상 '**거주자**'와 '**비거주자**'의 구분 정의, 즉 거주성의 판단은 규정과 절차의 적용에 있어서 중요한 의미를 갖는다. 거주자와 비거주자는 다음과 같이 정의된다(외국환거래법 제3조, 외국환거래법 시행령 제10조).

거주자	대한민국에 주소 또는 거소를 둔 개인과 대한민국에 주된 사무소를 둔 법인
비거주자	거주자 외의 개인 및 법인. 다만, 비거주자의 대한민국에 있는 지점, 출장소, 그 밖의 사무소는 법률상 대리권의 유무에 상관없이 거주자로 간주

여기에서 **거소(居所)**란 주소지 이외의 장소 중 상당기간에 걸쳐 거주하는 장소로서 주소와 같이 밀접한 일반적 생활관계가 발생하지 아니하는 장소를 말한다.[4] **법인**은 자연인에 의해서는 목적을 달성하기 어려운 사업을 수행할 수 있게 하기 위해 사람의 결합이나 특정한 재산에 대해 자연인과 마찬가지로 법률관계의 주체로서의 지위를 인정한 것이다. 그럼에도 불구하고 거주자와 비거주자의 구분이 명백하지 아니한 경우가 있으므로 외국환거래법시행령(제10조)은 이를 다음과 같이 구체적으로 구분하였다. 이 외에도 거주성 확인함에 있어서 거주자 또는 비거주자에 의하여 주로 생계를 유지하는 동거가족은 그 거주자 또는 비거주자의 구분에 따라 거주자 또는 비거주자로 구분한다. 또 외국인과 재외동포가 출입국관리사무소로부터 국내거소신고증을 발급받은 경우에는 외국환거래법 상 거주자로 분류한다.

거주자	① 대한민국 재외공관 ② 국내에 주된 사무소가 있는 단체・기관, 그 밖에 이에 준하는 조직체 ③ 다음 각 목의 어느 하나에 해당하는 대한민국 국민 가. 대한민국 재외공관에서 근무할 목적으로 외국에 파견되어 체재하고 있는 자 나. 비거주자이었던 자로서 입국하여 국내에 3개월 이상 체재하고 있는 자 다. 그 밖에 영업 양태, 주요 체재지 등을 고려하여 거주자로 판단할 필요성이 인정되는 자로서 기획재정부장관이 정하는 자 ④ 다음 각 목의 어느 하나에 해당하는 외국인(주한미군 및 그 관련자와 국내에 있는 외국정부의 공관이나 국제기구에서 근무하는 외교관・영사 또는 그 수행원이나 사용인, 외국정부나 국제기구의 공무로 입국하는 자는 제외) 가. 국내에서 영업활동에 종사하고 있는 자 나. 6개월 이상 국내에서 체재하고 있는 자
비거주자	① 국내에 있는 외국정부의 공관과 국제기구

4) 민법에서는 주소를 알 수 없으면 거소를 주소로 보고(제19조) 국내에 주소 없는 자에 대하여는 국내에 있는 거소를 주소로 본다고 규정하고 있다(제20조).

② 주한미군, 주한미군의 구성원·군속·초청계약자와 미군 등의 비세출자금기관·군사우편국 및 군용은행시설
③ 외국에 있는 국내법인 등의 영업소 및 그 밖의 사무소
④ 외국에 있는 주된 사무소가 있는 단체·기관, 그 밖에 이에 준하는 조직체
⑤ 다음 각 목의 어느 하나에 해당하는 대한민국 국민
  가. 외국에서 영업활동에 종사하고 있는 자
  나. 외국에 있는 국제기구에서 근무하고 있는 자
  다. 2년 이상 외국에 체재하고 있는 자. 이 경우 일시 귀국의 목적으로 귀국하여 3개월 이내의 기간 동안 체재한 경우 그 체재기간은 2년에 포함되는 것으로 본다.
  라. 그 밖에 영업양태, 주요 체재지 등을 고려하여 비거주자로 판단할 필요성이 인정되는 자로서 기획재정부장관이 정하는 자
⑥ 다음 각 목의 어느 하나에 해당하는 외국인
  가. 국내에 있는 외국정부의 공관 또는 국제기구에서 근무하는 외교관·영사 또는 그 수행원이나 사용인
  나. 외국정부 또는 국제기구의 공무로 입국하는 자
  다. 거주자였던 외국인으로서 출국하여 외국에서 3개월 이상 체재 중인 자

3 외국환업무

외국환거래법에서 '**외국환업무**'란 다음 각 호의 어느 하나를 말한다.
① 외국환의 발행 또는 매매
② 대한민국과 외국 간의 지급·추심(推尋) 및 수령
③ 외국통화로 표시되거나 지급되는 거주자와의 예금, 금전의 대차 또는 보증
④ 비거주자와의 예금, 금전의 대차 또는 보증
⑤ 그 밖에 위 규정과 유사한 업무로서 다음 각 목의 업무
  가. 비거주자와의 내국통화로 표시되거나 지급되는 증권 또는 채권의 매매
  나. 거주자 간의 신탁·보험 및 파생상품거래(외국환과 관련된 경우에 한정) 또는 거주자와 비거주자 간의 신탁·보험 및 파생상품거래
  다. 외국통화로 표시된 시설대여(여신전문금융업법에 따른 시설대여를 말함)
⑥ 그 밖에 위에서 열거한 업무에 딸린 업무

4 해외체재자와 해외여행자 등

해외 체재자	상용, 문화, 공무, 기술훈련, 국외연수(6월 미만의 경우에 한한다)를 목적으로 외국에 30일을 초과하여 체재하는 자. 다만, 국내거주기간이 5년 미만인 외국인거주자는 제외
	국내기업 및 연구기관 등에 근무하는 자로서 그 근무기관의 업무를 위하여 외국에 30일을 초과하여 체재하는 국내거주기간 5년 미만인 외국인거주자와 외국의 영주권 또는 장기체류자격을 취득한 재외국민
해외 유학생	해외유학생 : 다음의 어느 하나에 해당하는 자로서 외국의 교육기관・연구기관 또는 연수기관에서 6월 이상의 기간에 걸쳐 수학하거나 학문・기술을 연구 또는 연수할 목적으로 외국에 체재하는 자 ① 영주권자가 아닌 국민 또는 국내 거주기간 5년 이상인 외국인인 경우 ② 위의 ①)에 해당되지 않은 자로서, 유학경비를 지급하는 부모가 영주권자가 아닌 국민인 거주자인 경우
일반 해외여행자	해외체재자와 해외유학생이 아닌 거주자인 해외여행자

5 그 밖에 외국환거래법령에 규정된 주요 용어의 정의

귀금속	금, 금합금의 지금(地金), 유통되지 아니하는 금화, 그 밖에 금을 주재료로 하는 제품 및 가공품
금융회사 등	① 은행법에 따른 인가를 받아 설립된 은행, ② 자본시장과 금융투자업에 관한 법률에 따른 금융투자업자, ③ 증권금융회사, ④ 종합금융회사 및 명의개서대행회사(名義改書代行會社), ⑤ 보험업법에 따른 보험회사, ⑥ 상호저축은행법에 따른 상호저축은행과 그 중앙회, ⑦ 신용협동조합법에 따른 신용협동조합 및 그 중앙회, ⑧ 여신전문금융업법에 따른 여신전문금융회사 및 겸영여신업자(兼營與信業者), ⑨ 농업협동조합법에 따른 농협은행, ⑩ 수산업협동조합법에 따른 수산업협동조합중앙회의 신용사업부문, ⑪ 한국산업은행법에 따른 한국산업은행, ⑫ 한국정책금융공사법에 따른 한국정책금융공사, ⑬ 한국수출입은행법에 따른 한국수출입은행, ⑭ 중소기업은행법에 따른 중소기업은행, ⑮ 미래창조과학부장관이 지정하는 체신관서

용어	정의
단기외화자금	① 상환기간이 자금인출일로부터 기산하여 1년 이내인 외화자금(증권발행의 경우에는 1년 미만을 말하며, 주식예탁증서는 제외) ② 상환기간이 1년을 초과하는 외화자금차입 중 자금인출일로부터 1년 이내에 분할·중도상환하거나 조기상환할 수 있는 권리가 있는 외화자금(평균차입기간이 1년을 초과하고 1년 이내의 상환금액이 총 차입금액의 100분의 20 이하인 경우는 제외)
물품	지급수단 및 증권 기타 채권을 표시하는 서류 이외의 동산
용역	기술원조, 뉴스나 정보의 제공, 흥행(필름상영권의 제공을 포함한다), 항만작업, 항만시설의 제공, 선박 및 항공기의 수리, 대리업무, 은행업무, 보험, 보관, 운수, 기타 타인을 위한 노무, 편의 또는 오락의 제공
매매 기준율	최근 거래일의 외국환중개회사를 통하여 거래가 이루어진 미화의 현물환매매중 익일영업일 결제거래에서 형성되는 율과 그 거래량을 가중 평균하여 산출되는 시장평균환율
재정된 매매기준율	최근 주요 국제금융시장에서 형성된 미화 이외의 통화와 미화와의 매매중간율을 시장평균환율로 재정한 율
본지사간 거래	국내에 본점을 둔 국내기업과 동 기업의 해외지사나 현지법인과의 거래
선물환 거래	대외지급수단의 매매계약일의 제3영업일 이후 장래의 약정한 시기에 거래당사자간에 매매계약시 미리 약정한 환율에 의하여 대외지급수단을 매매하고 그 대금을 결제하는 거래로서 자본시장과 금융투자업에 관한 법률에 따른 파생상품시장 또는 해외파생상품시장에서 이루어지는 거래를 제외한 거래
무역, 수출입, 수출입실적	대외무역법에서 정하는 바에 의한 무역, 수입, 수입실적, 수출 및 수출실적
역외 금융회사	직접 또는 자회사 등을 통하여 증권, 채권 및 파생상품에 투자하여 수익을 얻는 것을 주된 목적으로 외국법에 따라 설립된 회사(설립중인 회사 및 계약형태를 포함한다)로서 설립준거법령지역에 실질적인 경영활동을 위한 영업소를 설치하지 않은 회사
영주권 등	외국의 영주권, 시민권, 비이민투자비자, 은퇴비자

재외동포	해외이주법에 의한 해외이주자로서 외국 국적을 취득한 자 또는 대한민국 국민으로서 외국의 영주권 또는 이에 준하는 자격을 취득한 자
외국환은행	금융회사 등의 외국환업무를 영위하는 국내영업소
외국환은행을 통한 지급 등	외국환은행을 통하여 지급·추심 또는 수령을 하거나 외국환은행에 개설된 계정간의 이체에 의한 방법으로 지급 등을 하는 것
외화 획득실적	다음 각 호의 1에 해당하는 방법에 의한 외화획득실적 ① 대외무역법에서 정하는 바에 의하여 인정된 수출실적 ② 주한미군에 대한 물품의 매각, 공사의 수급 및 용역의 제공에 의한 외화획득실적 ③ 관광진흥법에서 규정하고 있는 관광사업으로 인한 외화획득실적 ④ 해외건설 및 용역사업에 의한 외화획득실적 ⑤ 외항운송사업에 의한 외화획득실적 ⑥ 기타 인정된 거래에 의한 외화획득실적
원양 어업자	외국의 항구를 주로 어업의 근거지로 하거나 모선식어업 또는 국내항구를 근거지로 하는 독항 식어업 등을 영위하는 자로서 수산업법에 의하여 해양수산부장관이 인정하는 자

제3절 외국환거래법의 운용원칙과 예외적 조치

1 외국환거래법의 운용원칙

외국환거래법은 외국환거래에 관한 규제와 관리를 기본성격으로 한다. 그러나 외국환거래법 제4조는 이러한 외국환거래법을 운용함에 있어 기본 원칙을 다음과 같이 제한 최소화의 원칙으로 규정하고 있다.

> **외국환거래법 제4조(대외거래의 원활화 촉진 등)** ① 기획재정부장관은 이 법에 따른 제한을 필요한 최소한의 범위에서 함으로써 외국환거래나 그 밖의 대외거래가 원활하게 이루어질 수 있도록 노력하여야 한다.

② 기획재정부장관은 안정적인 외국환수급(需給)의 기반 조성과 외환시장의 안정을 위하여 노력하여야 하며, 이를 위한 시책을 마련하여야 한다.

이러한 원칙은 제1조에 규정된 외국환거래법의 목적과 같은 취지를 담고 있다. 즉, 외국환거래법에 따른 제한을 필요한 범위내에서 최소한에 그치도록 함으로써 외국환거래와 그 밖의 대외거래에 있어 자유를 최대한 보장한다는 것이다. '그 밖의 대외거래'는 결국 대외무역법에 의한 무역거래(물품과 용역, 전자적형태의 무체물 거래)와 자본거래 등이 될 것이다.

2 안정적인 외국환 수급과 외환시장 안정을 위한 제한

1) 환율에 대한 제한

무역거래나 자본거래에서 서로 다른 통화간 거래를 위해서는 통화의 교환이 발생한다. 이때 통화간의 교환비율이 **환율**이다. 기획재정부장관은 원활하고 질서 있는 외국환거래를 위하여 필요하면 외국환거래에 관한 기준환율, 외국환의 매도율·매입률 및 재정환율을 정할 수 있다(외국환거래법 제5조). 기획재정부장관이 기준환율 등을 정한 경우에는 거주자와 비거주자는 그 기준환율 등에 따라 거래하여야 한다.

기준환율이란 '**매매기준율**'이라고도 하며, 이는 외국환중개회사를 통하여 거래된 미국 달러화의 현물환(SP : 익익영업일 결제물) 거래량을 가중평균하여 산출하는 시장평균환율(MAR : Market Average Rate)을 말한다. 현재 기준환율과 재정된 매매기준율은 서울외국환중개주식회사에서 매일 고시하고 있다.

> 서울외국환중개주식회사는 기획재정부장관으로부터 환율고시업무 인가를 받은, 공공기관인 금융결제원이 전액 출자해 설립한 외국환중개회사다. 이 회사는 한국은행이 정한 '외국환거래업무취급세칙'(제4-3조)에 따라 매매기준율과 재정된 매매기준율을 산출하고 매일 영업개시 30분전까지 기획재정부장관, 한국은행총재 및 각 외국환업무취급기관의 장에게 통보하여야 한다. 한국은행이 정한 '외국환거래업무취급절차'와 '외국환거래업무취급세칙'은 한국은행 홈페이지의 외환·국제금융/외환거래법규안내 사이트에서 확인할 수 있다. 한국은행은 기획재정부장관으로부터 외국환중개회사에 대한 감독권을 위탁받아 행사한다.

매도율과 매입률은 외국환은행이 기준환율을 조정하여 고객과의 거래에서 실제 적용하는 환율을 말한다. 이 환율은 순수하게 수요와 공급의 원리에 따라 결정되기 때문에 하루에도 여러 차례씩 변화된다. 이 환율을 정부가 인위적으로 통제할 수는 없다. 외환시장에서 환율은 일반적으로 매입환율(bid rate 또는 buying rate)과 매도환율(asked rate 또는 offered rate)의 두 가지 환율로 동시에 고시된다. **매입환율**이란 은행이 외환을 매입할 의사가 있는 가격, 즉 환율을 뜻하며, 반대로 **매도율**은 팔 의사가 있는 환율이다. 외환거래 당사자에 따라 은행과 고객거래에 적용하는 대고객환율과 은행간 거래에 적용하는 은행간 환율로 나뉘어 고시된다.

은행간환율은 기본적으로 전신환매매율 한 가지밖에 없으나 외국환은행의 대고객환율에는 외환의 결제방법에 따라 전신환매매율, 현찰매매율, 여행자수표 매매율 등 여러 가지 종류가 있다. '재정된 매매기준율'이란 최근 주요 국제금융시장에서 형성된 미국 달러화 이외의 통화와 미국 달러화와의 매매중간율을 매매기준율로 재정하여 산출한 환율을 말한다. 이것은 국내 외환시장에서 직접 거래되지 않는 통화의 환율을 결정할 때 국제금융시장에서 형성되는 환율을 이용하여 산출하는 환율이다.

2) 외국환거래의 제한

기획재정부장관은 천재지변, 전시·사변, 국내외 경제사정의 중대하고도 급격한 변동, 그 밖에 부득이한 사태가 발생할 때 다음과 같은 외국환거래를 제한하는 조치를 할 수 있다(외국환거래법 제6조).

① 외국환거래법을 적용받는 지급 또는 수령, 거래의 전부 또는 일부에 대한 일시 정지
② 지급수단 또는 귀금속을 한국은행·정부기관·외국환평형기금·금융회사등에 보관·예치 또는 매각하도록 하는 의무의 부과
③ 비거주자에 대한 채권을 보유하고 있는 거주자로 하여금 그 채권을 추심하여 국내로 회수하도록 하는 의무의 부과

이 외에도 기획재정부장관은 자본거래에 대해서도 다음의 경우 자본거래를 하려는 자에게 허가를 받도록 하는 의무를 부과하거나, 자본거래를 하는 자에게 그 거래와 관련하여 취득하는 지급수단의 일부를 한국은행·외국환평형기금 또는 금융회사등에 예치하도록 하는 의무를 부과하는 조치를 할 수 있다.

① 국제수지 및 국제금융상 심각한 어려움에 처하거나 처할 우려가 있는 경우
② 대한민국과 외국 간의 자본 이동으로 통화정책, 환율정책, 그 밖의 거시경제정책을 수행하는 데에 심각한 지장을 주거나 줄 우려가 있는 경우

그러나 이러한 조치는 특별한 사유가 없으면 6개월의 범위에서 할 수 있으며, 그 조치 사유가 소멸된 경우에는 그 조치를 즉시 해제하여야 한다. 이러한 조치는 「외국인투자 촉진법」 제2조 제1항 제4호에 따른 외국인투자에는 적용되지 않는다. 또 이 조치를 위하여 필요한 경우 해당 거주자의 관할 세무관서의 장에게 해외금융계좌정보의 제공을 요청할 수 있다.

3 외국환평형기금의 조성과 운용

1) 외국환평형기금의 조성

통화의 안정을 유지하고 투기적인 외화의 유출입에 따른 악영향을 피하기 위하여 정부가 직접 혹은 간접으로 외환시장에 개입하기 위해 보유·운용되는 자금을 **외국환평형기금**이라 한다.

> 외국환평형기금 : 한 나라의 정부와 중앙은행이 대외지급 준비자산으로 보유하고 있는 외화자산을 외환보유고라고 한다. 이 자산은 통화당국이 필요로 하는 경우 언제라도 사용할 수 있는 유동성이 있어야 하고, 가치의 안정성이 보장되어야 하며 일반적인 교환 가능성이 있어야 한다. 따라서 외환보유액은 금, SDR, IMF포지션, 달러를 비롯한 주요국 통화로 구성된다. 외국환평형기금도 외환보유고의 일부가 된다.

이러한 성격의 기금은 대부분의 국가에서 활용되는데, 미국에서는 외환안정기금(exchange stabilization fund), 영국에서는 외환평형기금(exchange equalization fund)이라 한다. 우리나라도 외국환거래법에서 외국환거래를 원활하게 하기 위하여 국가재정법 제5조에 따른 기금으로서 외국환평형기금을 설치하도록 규정하였다.

> 국가재정법 제5조는 각종 기금의 설치에 대한 법적근거를 규정한 것이다. 이에 따르면 "기금은 국가가 특정한 목적을 위하여 특정한 자금을 신축적으로 운용할 필요가 있을 때에 한하여 법률로써 설치하되, 정부의 출연금 또는 법률에 따른 민간부담금을 재원으로 하는 기금은 제5조 별표 2에 규정된 기금설치 근거 법률에 의하지 아니하고는 이를 설치할 수 없다."고 명시하였다. 이와 같이 설치된 기금은 세입세출예산에 의하지 아니하고 운용할 수 있다. 즉, 국회가 정하는 세입세출예산 밖에서 운용되는 것이다.

이 기금의 조성 및 운용은 내국지급수단 또는 대외지급수단으로 할 수 있다. 이에 따라 외국환평형기금이 원화기금 계정과 외화기금 계정으로 구분되어 한국은행에 설치되었으며, 재정경제부장관이 외환수급상 필요하다고 인정할 경우 이 기금을 쓸 수 있다. 원화값이 급등할 경우 외환시장안정을 위해 외국환(주로 달러)을 사들이는데 사용하는 경우가 많다. 외국환평형기금을 조성하는 재원(財源)은 다음 각 호의 1과 같다.

① 정부로부터의 출연금 및 예수금
② 외국환평형기금채권의 발행으로 조성된 자금
③ 외국정부, 외국중앙은행, 그 밖의 거주자 또는 비거주자로부터의 예수금 또는 일시차입금
④ 외국환거래법 제6조 제1항 제2호(지급수단 또는 귀금속을 한국은행・정부기관・외국환평형기금・금융회사등에 보관・예치 또는 매각하도록 하는 의무의 부과) 및 같은 조 제2항(자본거래를 하려는 자에게 허가를 받도록 하는 의무를 부과하거나, 자본거래를 하는 자에게 그 거래와 관련하여 취득하는 지급수단의 일부를 한국은행・외국환평형기금 또는 금융회사등에 예치하도록 하는 의무의 부과)에 따른 예수금
⑤ 외국환거래법 제11조의2에 따른 외환건전성부담금 및 제11조의3 제3항에 따른 가산금
⑥ 그 밖에 외국환거래의 원활화를 위하여 필요한 자금 등 대통령령으로 정하는 자금

> 예수금이란 통상 거래에 관계된 자금 등을 미리 받아두는 것을 말한다. 회계에서는 거래를 위해 임시로 미리 받아두고 나중에 지급하는 것을 말하고, 증권에서는 주식 거래를 위해 계좌에 넣어둔 돈이 이에 해당된다. 여기에서 말하는 예수금이란 비상사태에서 제한대상이 된 외국환거래대금 또는 자본거래 대금을 한국은행・정부기관・외국환평형기금・금융회사 등에 보관・예치한 금액을 말한다.
> 외환건전성부담금이란 외화자금의 급격한 유입・유출에 따른 금융시장의 불안을 최소화하고 국민경제의 건전한 발전을 위하여 금융시장에서의 역할, 취급 외국환업무 및 외국통화 표시 부채의 규모 등을 종합적으로 고려하여 대통령령으로 정하는 금융회사 등에 부과・징수하도록 한 부담금이다.

외국환평형기금이 보유하는 외화자금의 가액은 환율에 의하여 평가하되, 이로 인한 손익은 해당 손익이 발생한 이후 최초로 도래하는 결산기에 평가익 또는 평가손으로 처리하여야 한다. 기획재정부장관은 외국환평형기금에 예치된 자금에 대해 예치증서를 발행할 수 있다. 이 경우 기획재정부장관은 그 예치증서의 사용 용도를 정할 수 있다. 예치증서를 발행받으려는 자는 예치금액, 사용용도 등을 적은 신청 서류를 기획재정부장관에게 제출

하여야 한다(외국환거래법시행령 제28조). 기획재정부장관은 신청이 있는 경우 예치증서의 발행이 필요하다고 인정되면 신청일부터 7일 이내에 예치증서를 발행・교부하여야 한다.

2) 외국환평형기금채권의 발행

기획재정부장관은 **외국환평형기금채권**(이를 약칭하여 '외평채'라 한다)을 발행할 수 있다. 이것은 외국환평형기금의 재원조달을 위해 정부가 지급보증형식으로 발행하는 채권을 가리킨다. 외화매입을 위한 원화자금이 부족할 경우 발행된다. 외국환평형기금채권은 원화와 외화표시 두 가지로 발행할 수 있다. 해외시장에서 발행할 경우 기준금리에 발행국가의 신용도와 유통물량을 고려하여 가산금리가 붙는다.

> 외평채는 원화표시 외평채와 외화표시 외평채 두 가지로 발행할 수 있는데, 과거에는 원화표시로만 발행되었으나 1997년의 IMF 구제금융 지원 이후 부족한 외환으로 인한 위기를 극복하기 위해 외화표시 증권을 발행하기 시작하였다. 해외시장에서 발행할 경우 기준금리에 발행국가의 신용도와 유통물량을 고려하여 가산금리가 붙는다. 이것이 바로 외평채 가산금리이다. 외평채는 환율안정 외에 해외 시장에서 한국물 채권의 기준금리 역할을 수행, 금리동향에 따라 우리나라의 국가 신용도를 측정할 수 있는 중요한 지표로 활용된다.

외국환평형기금채권의 발행으로 인한 원리금은 국가재정법(제90조 제6항)에 따른 절차에 따라 일반회계 **세계잉여금**으로 상환할 수 있다(외국환거래법 제14조). 일반회계 세계잉여금으로 상환할 수 있는 금액은 외국환평형기금 채권의 이자에 그 이자 외의 외국환평형기금 운용손익을 더하거나 뺀 금액으로 한다.

> 세계잉여금(歲計剩餘金)이란 재정 운용 결과 당초 예산상 목표로 잡았던 세수액(稅收額)을 초과해 징수되었거나 지출이 세출예산보다 적어 사용하지 않은 금액이 발생한 경우, 이 초과 징수된 세입과 쓰지 않은 세출불용액(歲出不用額)을 합한 금액을 말한다. 재정을 운용하다 보면 세금이 예상보다 더 걷힐 수도 있고, 지출이 당초의 세출예산보다 적어 돈이 남는 경우도 발생한다. 한국의 경우 '예산회계법'에 따라 정부의 모든 지출은 예산에 계상되어야만 가능하지만, 이 세계잉여금은 예산에 계상하지 않고도 쓸 수 있다는 특징을 가지고 있다. 그러나 국회의 동의 없이도 쓸 수 있는 대신, 국채의 원리금이나 차입금 상환 등 정부의 채무변제에 우선 충당해야 한다.

외국환평형기금 조성을 위해 외국환평형기금채권을 발행하는 경우에는 국채법 제4조를 적용하지 아니한다(외국환거래법 제13조 제10항). 국채법 제4조에는 '외국에서 원화 또는 외국통화로 표시하는 국채를 발행하거나 국내에서 외국통화로 표시하는 국채를 발행할 때에는 따로 국회의 의결을 받아야 한다.'고 규정하고 있는데, 이의 예외를 인정한 것이다. 외국환평형기금채권의 발행은 모집, 매출 또는 입찰의 방법으로 한다. 기획재정부장관은 기금채권의 원활한 발행을 위하여 필요하다고 인정되는 경우에는 다음 각 호의 기관으로 하여금 기금채권을 인수하게 할 수 있다.

① 한국은행
② 외국환업무취급기관
③ 자본시장과 금융투자업에 관한 법률에 따른 투자매매업자, 투자중개업자, 집합투자업자, 신탁업자 및 증권금융회사
④ 보험업법에 따른 보험회사

한편, 기획재정부장관은 기금채권의 원활한 발행을 위하여 기금채권의 발행에 관련된 업무를 다음 각 호의 구분에 따라 대행기관에게 대행하게 할 수 있다.

① **금융회사** : 기금채권의 발행전략의 수립 지원 및 기금채권의 모집·매출의 알선 등에 관한 업무
② **법무법인** : 기금채권 발행과 관련한 신고서류 및 투자계약서의 작성, 법률자문 등에 관한 업무
③ **회계법인** : 기금채권 발행과 관련된 회계업무

기획재정부장관은 외국통화로 표시하는 외국환평형기금채권 발행액의 변경 범위가 해당 회계연도의 외국환평형기금 기금운용계획에 따른 외국통화 표시 외국환평형기금 채권 발행액의 10분의 2를 초과한 경우에는 변경명세서를 국회 소관 상임위원회 및 예산결산특별위원회에 제출해야 한다. 이 경우 변경명세서에는 외국환평형기금 채권의 발행 및 상환내역과 변경 사유 등이 포함되어야 한다(외국환거래법 제13조 제11항).

3) 외국환평형기금의 운용

외국환평형기금은 기획재정부장관이 운용·관리한다. 기획재정부장관은 외국환평형기금의 수입과 지출을 명확하게 하기 위하여 한국은행에 외국환평형기금계정을 설치하여야 한

다. 외국환평형기금은 원화자금 및 외화자금으로 운용할 수 있다. 운용 방법은 다음 각 호와 같다. 다만, 외환건전성부담금 및 가산금으로 조성된 외국환평형기금의 경우에는 제2호의 방법 또는 제4호 중 금융회사 등에 대한 외화유동성 공급을 위한 거래에 한하여 운용한다.

① 외국환의 매매

② 한국은행 · 외국정부 · 외국중앙은행 또는 국내외 금융회사 등에의 예치 · 예탁 또는 대여

③ 외국환업무취급기관의 외화채무로서 국가가 보증한 채무를 상환하기 위하여 국가가 예비비 또는 추가경정예산으로 지급하기 전까지 국가를 대신하여 일시적으로 하는 지급.

④ 그 밖에 외국환거래의 원활화를 위하여 필요하다고 인정되어 대통령령으로 정하는 다음 각 목의 방법. 다만, 외환건전성부담금 및 가산금으로 조성된 외국환평형기금의 경우에는 나)목의 방법 중 금융회사등과의 자본시장과 금융투자업에 관한 법률(제5조 제1항 제3호)에 따른 파생상품에 대한 거래만을 말한다.

가) 한국은행 · 외국환업무취급기관 또는 외국금융기관의 외국환거래에 따른 채무의 보증

나) 파생상품에 대한 거래

다) 외국환업무취급기관 등에 대한 위탁을 통한 운용

기출문제

1 다음 중 외국환거래법의 목적이 아닌 것은?

① 외국환거래의 자유보장
② 국제수지의 균형
③ 통화가치의 안정
④ 공정한 거래질서 확립

2 다음이 설명하는 외국환은행의 대고객 매매율로 옳은 것은?

- 외국환은행이 고객의 원화를 대가로 외화현찰이 아닌 외화를 매도할 때 적용되는 환율
- 전신환으로 해외 외화송금 시 적용함

① 전신환매도율
② 전신환매입율
③ 현찰매도율
④ 여행자수표매도율

3 다음 중 지급수단에 해당되지 않는 것은?

① 정부지폐
② 환어음
③ 금
④ 여행자카드

4 다음 중 외국환거래법령의 거주성 구분 상 비거주자는?

① 국내에서 영업활동에 종사하고 있는 외국인
② 6개월 이상 국내에서 체재하고 있는 외국인
③ 외국에서 영업활동에 종사하고 있는 대한민국 국민
④ 대한민국 재외공관에 근무하고 있는 대한민국 국민

5 다음 외국환거래법이 적용되지 않는 거래행위는?

① 대한민국에서 하는 외국환거래
② 외국에 주소를 둔 개인과 외국에 본사가 있는 법인이 하는 외화표시 거래

정답 1. ④ 2.① 3.③ 4.③ 5.②

③ 외국에서 거래되었으나 대한민국에 그 효과가 발생하는 대한민국과 외국 간 거래
④ 국내에 있는 개인이 외국에서 그 개인의 재산 또는 업무에 관하여 한 행위

6 다음 중 외국환거래법의 적용대상에 대한 설명으로 옳지 않은 것은?

① 외국환에는 대외지급수단, 외화증권, 외화파생상품, 외화채권이 포함된다.
② 지급수단은 정부지폐, 은행권, 주화 등이 있으며, 액면가격을 초과하여 매매되는 금화 등은 주화에서 제외한다.
③ 외국에서 비거주자 간에 대한민국 원화를 거래하는 경우에는 외국환거래법이 적용되지 않는다.
④ 금과 같은 귀금속은 외국환에 해당하지 않는다.

7 다음 중 대외지급수단이 아닌 것은?

① 우편환
② 신용장과 환어음
③ 전신 지급지시
④ 무기명양도성예금증서(CD)

8 다음 외국환거래법 상 해외체제자에 대한 설명이다. 괄호에 알맞은 말은?

> 상용, (가), 공무를 목적으로 외국에 체재하는 자 또는 (나) 미만의 기간에 걸쳐 국외연수를 목적으로 외국에 체재하는 자를 말한다. 다만, 국내 거주기간이 (다) 미만인 거주자는 제외한다.

	가	나	다
①	문화	3월	3년
②	연수	6월	5년
③	기술	4월	3년
④	문화	6월	5년

9 다음 중 대외무역법 상 '금융회사 등'에 해당하지 않는 것은?

① 체신관서
② 종합금융회사
③ 외국환중개회사
④ 여신전문금융회사

정답 6.③ 7.④ 8.④ 9.③

8

외국환업무 취급기관과 수행업무

학 습 목 표

외국환거래법은 외국환정보집중기관(한국은행)을 운영하는 근거 법령이다. 외국환거래법은 외국환의 거래정보를 외국환정보집중기관에 모아 관리하고 감독하도록 구성돼 있다. 정보를 집중시키기 위해서는 외국환 거래 업무를 수행하는 기관들이 법에서 정한 절차에 따라 정보를 전달할 수 있어야 한다. 8장에서는 외국환거래법에서 외국환정보집중기관을 통해 외국환업무를 취급하는 기관을 관리하는 체계에 대해서 아래 내용을 중심으로 이해해 보자.

1. 외국환업무취급기관의 범위
2. 외국환업무취급기관 등의 등록과 등록 요건
3. 환전영업자의 의의와 환전업무의 범위

들어가기 전에

환치기가 문제가 되는 이유는 뭘까? – 2800억원대 환치기 … 중국・네팔인 조직 적발

중국과 네팔인들을 상대로 한 2,800억원대 환치기 조직이 적발됐다. (중략) 손씨 등은 2013년 4월부터 서울, 수원 등지서 환전소와 여행사를 운영하며 최근까지 6만4,800여 차례에 걸쳐 2,700억원 상당을 '환치기' 수법을 통해 중국 등으로 불법 송금한 혐의를 받고 있다. 환치기는 한 국가의 계좌로 돈을 입금하면 상대방 국가에 있는 환전상이 환율에 따라 금액을 계산해 현지 화폐로 건네는 불법 외환거래 수법이다. (중략) 손씨가 의뢰받은 돈은 대부분 한국에서 일하는 중국 동포들이 가족에게 보내는 돈이었으나 지난해 3월에는 전화금융사기(보이스피싱) 조직의 의뢰로 2억5,000만원이 송금된 정황도 포착됐다.

한국일보 유명식 기자. 2017년 12월 21일. '2800억원대 환치기…중국・네팔인 조직 적발'. 기사전문
http://www.hankookilbo.com/v/800af55c2fdd42b88af8e31726e1caf6

환치기는 은행 등을 거치지 않고 환거래를 하는 방법으로 외국환거래정보집중기관인, 한국은행에 거래정보가 전달되지 않는다는 점에서 특정 경우를 제외하고는 외국환거래법 위반에 해당한다. 한국은행에 환거래 정보를 집중시키는 이유는 무엇일까? 이 정보가 없다면 위 사례의 보이스피싱과 같이 불법적인 방법으로 얻어진 대금이 해외로 유출된다고 하더라도 관리와 감독이 힘들기 때문이다. 이 장에서는 외국환의 거래정보를 모으고 관리하기 위해 외국환업무를 취급하는 기관들이 외국환거래법에 의해 어떠한 절차로 관리되는지 그 체계에 대해 살펴보자.

Chapter 8

외국환업무 취급기관과 수행업무

제1절 외국환거래 관련기관과 수행업무

1 기획재정부

기획재정부는 외국환관리기관으로 아래와 같이 외환정책과 외국환평형기금, 외국환거래에 대한 권한과 위임, 위탁기관에 대한 관리 및 감독 업무를 수행한다.

① 외환정책의 수립 및 집행
② 외국환업무 취급기관의 등록 및 감독
③ 외국환평형기금의 운용 및 관리
④ 외환거래에 대한 제한 및 허가
⑤ 권한의 위임·위탁 : 관세청장, 금융위원회(금융감독원), 증권선물위원회, 한국은행총재, 외국환업무취급기관 등.
⑥ 외환거래정보의 상시모니터링, 외환거래의 사후관리 및 정보교환 등을 위한 외환시장 안정협의회의 운영

2 한국은행

한국은행은 외국환관리기관으로 외국환업무와 외국환관리, 기획재정부로부터 위탁받은 업무를 수행한다(외국환거래규정 제2-25조).

1) 외국환업무

① 외국환의 매매 및 파생상품거래
② 외화자금 및 외국환의 보유와 운용

③ 정부 및 그 대행기관, 국내금융기관으로부터의 외화예금의 수입
④ 외국의 금융기관, 국제금융기구, 외국정부와 그 대행기관 또는 국제연합기구로부터의 예금의 수입
⑤ 외국에 있는 금융기관 또는 외국정부로부터의 외화자금의 차입
⑥ 채무의 인수 및 보증
⑦ 국제금융기구에 대한 출자 및 융자
⑧ 외국환은행에 대한 외화자금의 융자
⑨ 귀금속의 매매
⑩ 외국 중앙은행으로부터의 원화예금의 수입
⑪ 대외환거래 계약 체결
⑫ 기타 제1호 내지 제11호의 업무에 부대되는 업무

2) 외국환관리

① **외국환업무의 중계의뢰** : 한국은행은 외국환업무를 영위함에 있어서 필요한 경우 외국환은행에 대하여 당해 외국환업무의 중계를 의뢰하거나 사무의 처리를 위탁할 수 있다.
② **외환시장개입 및 보유외환의 운용** : 한국은행총재는 외환시장의 안정을 위하여 필요하다고 인정될 때에는 한국은행 및 외국환평형기금의 자금으로 외환시장에 개입할 수 있으며 기획재정부장관은 외환시장 개입, 외화자금의 조달 및 운용에 대하여 필요한 지시를 할 수 있다.

3) 외환정보의 집중 · 교환

한국은행은 기획재정부의 '외환정보집중기관의 운영에 관한규정'과 '외환전산망 운영위원회' 및 한국은행의 '외환정보집중기관 운영세칙' 및 '외환전산망 운영협외회'에 의거하여 구축된 외환전산망을 통해 각 외국환업무취급기관으로부터 모든 외국환거래정보를 집중하고 있으며, 이 정보를 토대로 외환시장분석, 국제수지동향과 각종 외환통계 작성을 통해 정부의 외환정책 기초자료로 활용토록 하고 있다.

또한 국세청, 관세청, 금융정보분석원, 금융감독원, 예금보험공사, 국제금융센터 등 이용기관에 필요정보를 제공하여 밀수, 탈세, 자금세탁, 증권투자자금과 단기자금의 유출입 동향, 외환건전성감독 등 해당부처의 각종 모니터링 자료로 이용토록 하고 있다.

3 위임 또는 위탁업무 기관

1) 외국환업무의 권한 위임 · 위탁

기획재정부장관은 외국환거래법에 따른 권한의 일부를 대통령령으로 정하는 바에 따라 금융위원회, 증권선물위원회, 관계 행정기관의 장, 한국은행총재, 금융감독원장, 외국환업무취급기관등의 장, 그 밖에 대통령령으로 정하는 자에게 위임하거나 위탁할 수 있다(외국환거래법 제23조 1항 동법시행령 제35조 및 제37조).

〈표 8-1〉 관세청장, 금융위원회, 한국은행총재 위임 · 위탁 업무 및 검사

위임 · 위탁기관	구분	업무내용
관세청장	위임업무	• 지급수단 등의 수출입(휴대)신고 • 행정처분/과태료 부과 · 징수 • 환전영업자 등록/감독
	검사업무	• 수출입/용역 거래당사자 및 관계인에 대한 검사 • 환전영업자
금융위원회 (금융감독원)	위탁업무	• 외국환업무취급기관 감독, 외화건전성규제, 외국환계리기준 • 외국환업무취급기관의 국내 및 해외 영업소 신설 · 폐지 신고 • 행정처분/과징금부과/과태료부과 · 징수
	검사업무	• 외국환업무취급기관과 그 거래당사자 및 관계인에 대한 검사
한국은행총재	위탁업무	• 외국환중개회사 감독, 외환통계작성 • 외화지급준비금, 외환건전성부담금, 외국환평형기금운용 • 신고등(허가, 지급등방법 신고, 자본거래신고, 해외채권회수)
	검사업무	• 외국환중개회사, 외환통계보고자 • 한국은행신고당사자, 외국환업무취급기관(금융감독원 공동검사)

2) 외국환업무의 검사

기획재정부장관은 외국환거래법을 시행하기 위하여 필요하다고 인정되는 경우에는 국세청, 한국은행, 금융감독원, 외국환업무취급기관등 외국환거래법을 적용받는 거래 당사자 또는 관계인의 업무에 관하여 검사하게 할 수 있다. 효율적인 검사를 위하여 필요하다고 인정되는 경우에는 외국환업무취급기관등이나 그 밖에 외국환거래법을 적용받는 거래 당

사자 또는 관계인의 업무와 재산에 관한 자료의 제출을 요구할 수 있다(외국환거래법 제20조 4항).

관세청장, 금융위원회(금융감독원), 한국은행총재에게 위임·위탁된 업무 및 검사업무는 〈표 8-1〉과 같이 정리해 볼 수 있다(외국환거래법 제23조 1항 동법시행령 제35조 및 제37조).

3) 한국은행

한국은행은 기획재정부로부터 위탁받은 업무의 수행을 위해 지급등의 신고절차, 각종 보고업무에 대한 절차인 '외국환업무취급세칙및절차'를 제정하여 업무를 수행한다.

① 지급등의 신고업무
② 지급등의 방법의 신고업무
③ 외국환포지션 관리 및 예금의 종류결정
④ 외국환중개회사에 대한 감독 및 명령
⑤ 금융감독원과 공동검사 참여

4) 금융위원회 및 금융감독원

금융위원회[1] 및 금융감독원은 기획재정부장관의 위탁을 받아 금융기관의 해외직접투자 및 해외지사설치 신고업무, 외국환업무취급기관에 대한 국내영업소의 신설·폐지에 관한 업무, 감독·명령 및 업무제한, 외국환업무의 건전성 규제(외화자산과 부채의 범위 및 기준, 외국환계정의 계리기준과 방법, 위험관리기준) 등의 업무를 수행하고 있으며, 법규를 위반한 거래 당사자에 대한 경고, 과태료 부과 또는 일정기간 거래제한이나 거래정지를 명하는 행정처분 업무를 수행한다. 금융위원회 위원장은 기획재정부장관의 승인을 받아 위탁받은 권한의 일부를 금융감독원장에게 재위탁할 수 있다(외국환거래법 제23조 및 동법시행령 제37조 제2항).

1) 금융위원회는 '금융위원회의 설치 등에 관한 법률'에 의해 설치된 금융정책, 외국환업무 취급기관의 건전성 감독 및 금융감독에 관한 업무를 수행하게 하기 위한 기관으로, 국무총리 소속이다. 같은 법률에 의해 설치된 금융감독원은 금융위원회나 증권선물위원회의 지도·감독을 받아 금융기관에 대한 검사·감독 업무 등을 수행하는 기관이다.

5) 관세청

관세청은 수출입물품에 대한 통관을 담당하는 전국의 세관을 지휘감독하며, 관세법에 근거해 수출입과 관련된 화물을 통제한다. 따라서 관세청은 수출입업체와 출입국자에 대한 관리가 가능한 입장에 있으므로 기획재정부장관은 외국환거래법의 일부 업무를 관세청장에게 위임하고 있다(외국환거래법 제23조 및 동법시행령 제37조 제1항).

위임받은 업무로서 지급수단·증권을 수출 또는 수입하고자 하는 자는 관세청장에게 신고하도록 규정하고 있으며, 수출입 및 이와 직접 관련된 영업거래·자본거래의 당사자 및 관계인의 외국환거래에 대한 검사 및 제재 관련 업무를 수행하고 있다. 2016년 4월 1일부터는 환전영업자의 등록·변경·폐지·감독·검사 등의 업무를 한국은행으로부터 이관받아 수행하고 있다.

6) 외국환업무취급기관

법령에 규정된 금융회사 등으로서 외국환업무를 수행할 수 있는 요건을 갖추고, 외국환업무를 업(業)으로 하고자 기획재정부장관에게 등록한 기관이 **외국환업무취급기관**이다. 현행 외국환거래법은 외환거래는 원칙적으로 외국환은행을 통해 이루어지도록 하는 한편 외환거래에 대한 확인, 신고접수 및 사후관리등 외환관리 행정권한의 일부를 이들 외국환업무취급기관의 장에게 위탁하고 있다(외국환거래법 제23조 및 동법시행령 제37조 제5항). 외국환취급기관장에게 위탁된 업무는 〈표 8-2〉와 같다.

〈표 8-2〉 외국환취급기관장에게 위탁된 업무

	위탁업무	업무근거
①	상계 등의 방법으로 채권·채무를 소멸시키거나 상쇄시키는 방법으로 지급하는 경우 및 제3자 지급 또는 수령의 신고(기획재정부장관이 고시하는 것에 한정)	법 제16조 제1호 또는 제3호
②	자본거래의 신고(기획재정부장관이 고시하는 것에 한정)	법 제18조
③	허가를 받거나 신고를 한 경우 허가사항 또는 신고사항에 정하여진 기한이 지난 후에 거래 또는 행위를 한 경우의 경고나 관련 외국환거래 또는 지급 또는 수령의 정지 또는 제한(여신전문금융업법에 따른 신용카드업자가 카드회원에 대하여 행하는 경우에 한정)	법 제19조
④	외국환거래법의 실효성 확보를 위한 보고의 요구(위탁받은 사무를 처리하기 위한 경우로 한정)	법 제20조 제1항

4 외국환업무취급기관 등

1) 외국환업무취급기관 (외국환은행)

외국환업무는 외국환업무취급기관 등만 할 수 있으며, 대통령령으로 지정된 외국환업무와 직접 관련되는 범위에서 외국환업무를 할 수 있다. 은행법에 따른 은행, 농협은행, 수협은행, 한국산업은행, 한국수출입은행, 중소기업은행 등이 외국환은행의 범위에 속한다.

2) 기타 외국환업무취급기관

기타 외국환업무취급기관에는 종합금융회사, 체신관서, 투자매매업자, 투자중개업자, 외국환중개회사, 집합투자업자, 투자일임업자, 신탁업자, 증권금융회사, 보험사업자, 상호저축은행 및 신용협동조합, 여신전문금융업자(시설대여업자, 신용카드업자, 신기술사업금융업자, 할부금융업자), 새마을금고 등이 포함된다(금융기관에 포함되는 금융투자업자 중 투자자문업자는 제외함).

3) 전문외국환업무취급업자

전문외국환업무취급업자는 외국통화의 매입 및 매도 또는 외국에서 발행한 여행자수표의 매입을 업으로 영위하는 자를 말한다. 따라서 외국통화 및 여행자수표 이외의 외화송금수표, 환어음 등은 매입할 수 없다. 전문외국환업무취급업자는 통상 외환매입만 가능하고 외환매도는 금지되어 있다. 다만 비거주자에 대해서는 비거주자가 외국환업무취급기관 또는 전문외국환업무취급업자에게 매각한 실적 범위 내에서의 매도는 가능하며, 카지노 전문외국환업무취급업자는 비거주자 및 외국인 거주자가 카지노에서 획득한 금액 또는 미사용한 금액에 대하여도 매도가 가능하다.

① **환전영업자** : 소재지가 있는 영업장과 명칭을 갖추어 관세청(소재지관할세관)에 등록하고 외국통화의 매입과 매도, 여행자수표의 매입업무를 할 수 있다.
관세청(관할세관)으로부터 신설·폐지신고 및 업무의 관리감독을 받는다.

② **소액해외송금업자**(2017.7.18. 신설) : 소액으로 해외송금업을 하는 자. 업무수행에 필요한 자기자본, 재무건전성기준, 전산시설 및 전문인력 요건 등을 갖추어 금융감독원

장(외환감독국)을 경유하여 기획재정부장관에게 등록하여야 한다. 금융회사등에 개설된 전용계좌를 통해 소액 송금을 대행할 수 있다.

③ **기타전문외국환업무취급업자**(PG사 : Payment Gateway, 2015.7.1. 신설 2017.7.18. 개정) : 전자금융거래법에 따른 전자지급결제대행과 직접 관련된 외국환업무를 하고자 하는 자는 금융위원회(금융감독원)에 전자금융업자로 등록된 자로서 기획재정부에 기타전문외국환업무취급업자로 등록하여야 한다.

4) 외국환중개회사

외국환중개회사는 외화증권을 제외한 외국환의 매매・교환・대여의 중개, 파생금융거래의 중개 또는 이와 관련된 업무를 영위하는 자를 말한다. 현재 외국환중개업무를 인가받은 기관으로는 서울외국환중개(주), 한국자금중개(주), ICAP, Tullet Prebon, GFI, Nittan Capital, Tradition 및 BGC 등의 회사가 있다. 외국환 중개업무를 영위하고자 하는 자는 자본・시설 및 전문인력에 관한 증빙서류 등을 기획재정부장관에게 제출하여 인가를 받아야 한다. 기획재정부장관은 외국환중개회사에 대한 업무상의 감독 및 감독상 필요한 명령, 법령위반시 업무의 제한 및 정지등에 관한 권한을 한국은행총재에게 위탁하고 있다.

5 그 밖의 관련 기관

1) 국세청

국세청장은 한국은행총재, 외국환업무취급기관등의 장, 세관의 장, 외환정보집중기관의 장과 여신전문금융업법에 따른 여신전문금융업협회의 장등으로부터 외국환거래와 관련된 다양한 자료를 통보받아 과세에 활용한다. 그러나 국세청장에게 외국환거래법상의 기획재정부장관의 권한이 별도로 국세청장에게 위임된 것은 없다.

2) 금융정보분석원

2001년 9월 미국 항공기테러사건을 계기로 테러자금 차단을 위한 국제공조 노력이 활발해짐에 따라 우리나라도 테러자금을 포함한 불법자금의 조달을 예방 및 적발하기 위한 제도적 장치로 2001년 11월 **금융정보분석원**(FIU : Financial Intelligence Unit)[2)]을 설립하였다.

이 기관은 금융기관을 이용한 범죄자금의 세탁행위와 외화의 불법유출을 방지하는 것을 주요 과제로 한다. 외국환은행은 기획재정부장관의 국제평화 및 안전유지 등의 의무이행을 위한 지급 및 수령 허가 지침에 따라 테러 관련자 및 지원단체 자금 등의 경우 한국은행총재의 허가를 받은 사항에 대해서만 지급 및 수령업무를 취급할 수 있다. 이와 함께 특정금융거래정보의 보고 및 이용 등에 관한 법률에 따라 금융기관은 원화표시 및 외화표시금융거래로서 일정금액 이상의 현금 등의 거래와, 의심스러운 거래에 대해 금융정보분석원에 보고해야 한다.

3) 외환정보분석기관

기획재정부장관은 외환거래 또는 지급등에 관한 자료를 분석하는 기관을 운영할 수 있다. 이를 위해 **국제금융센터**[3]를 설립하고, 동 기관을 외환정보분석기관으로 지정하였다. 국제금융센터는 1997년 외환위기 이후 국제금융시장에 대한 신속한 대처를 위해 1999년에 설립되었다. 이 기관은 국제금융시장의 심층분석과 우리 경제의 위기가능성에 대한 조기경보시스템의 운영, 공공 및 민간부분의 국제금융업무 지원을 주요 과제로 하고 있다. 외환정보분석기관은 외환정보집중기관으로부터 외환거래정보를 제공받는다.

제2절 외국환업무취급기관 등의 등록/인가와 수행업무

1 등록(인가)제도의 의의

외국환업무는 통화를 달리하는 국가간 자금의 이동과 관련되기 때문에 국제수지와 통화가치에 영향을 미친다. 따라서 외국환거래법은 국제수지의 균형과 통화가치의 안정에 대한 위험을 사전에 방지하기 위한 경제감독의 한 수단으로 외국환업무를 영위하려는 자에

2) http://www.kofiu.go.kr
3) http://www.kcif.or.kr

게 업무수행에 앞서 먼저 일정한 요건을 구비한 다음 등록 또는 인가를 받도록 의무를 부여하고 있다. 등록이란 넓은 의미로는 등기를 포함하는 개념이나 보통은 일정한 사실이나 법률관계를 행정관청 등에 비치되어 있는 공부에 기재하는 것을 말한다. 외국환업무의 등록도 같은 의미다. 이러한 등록으로 외국환업무라는 행위를 하기 위한 요건이 충족된다. 인가는 당사자의 법률행위를 보충하여 그 법률상의 효력을 완성시키는 행정관청의 행정행위를 말한다. 인가는 공익과 중요한 관계가 있는 행위에 대해 행정주체가 이에 관여하는 의미에서 행정주체의 동의에 그 법률적 효력 발생이 매인다.

2 외국환업무취급기관의 등록

1) 등록 대상

외국환업무를 업으로 하려는 자는 외국환업무를 하는 데에 충분한 자본·시설 및 전문인력을 갖추어 미리 기획재정부장관에게 등록하여야 한다. 등록을 마친 기관을 외국환업무취급기관이라 한다. 외국환업무는 정해진 금융회사 등만 할 수 있으므로(외국환거래법 제8조 제2항), 등록을 할 수 있는 금융회사 등도 다음에 열거된 금융회사 등으로 그 요건을 갖춘 자이다.

① 금융위원회의 설치 등에 관한 법률 제38조에 따른 기관
  가. 은행법에 따른 인가를 받아 설립된 은행
  나. 자본시장과 금융투자업에 관한 법률에 따른 금융투자업자, 증권금융회사, 종합금융회사 및 명의개서대행회사(名義改書代行會社)
  다. 보험업법에 따른 보험회사
  라. 상호저축은행법에 따른 상호저축은행과 그 중앙회
  마. 신용협동조합법에 따른 신용협동조합 및 그 중앙회
  바. 신용협동조합법에 따른 신용협동조합 및 그 중앙회
  사. 여신전문금융업법에 따른 여신전문금융회사 및 겸영여신업자(兼營與信業者)
  아. 농업협동조합법에 따른 농협은행
  자. 수산업협동조합법에 따른 수산업협동조합중앙회의 신용사업부문

② 그 밖에 금융업 및 금융 관련 업무를 하는 자로서 대통령령으로 정한 다음의 자

가. 한국산업은행법에 따른 한국산업은행
나. 한국정책금융공사법에 따른 한국정책금융공사
다. 한국수출입은행법에 따른 한국수출입은행
라. 중소기업은행법에 따른 중소기업은행
마. 과학기술정보통신부장관이 지정하는 체신관서. 그러나 체신관서는 기획재정부장관이 업무의 내용을 고려해 등록이 필요하지 아니하다고 인정하여 대통령령으로 등록대상에서 제외하였다(외국환거래법시행령 제13조 제6항).

2) 등록요건

외국환업무취급기관으로 등록하려면 〈표 8-3〉과 같은 자본요건, 시설요건, 인력요건의 세 가지가 충족되어야 한다(외국환거래법 시행령 제13조 제2항).

〈표 8-3〉 외국환업무취급기관의 등록요건

구 분	요 건
자본요건	금융위원회 새마을금고법에 따른 새마을금고는 행정자치부장관이 정하는 해당 금융회사 등에 적용되는 재무건전성 기준에 비추어 자본 규모와 재무구조가 적정할 것
시설요건	① 외국환거래법 제25조 제2항에 따라 외국환거래, 지급 또는 수령에 관한 자료를 중계・집중・교환하는 기관으로 지정된 기관(외환정보집중기관)과 전산망이 연결되어 있을 것 ② 외국환업무 및 그에 따른 사후관리를 원활하게 수행할 수 있는 전산설비를 갖출 것
인력요건	외국환업무에 2년 이상 종사한 경력이 있는 자 또는 기획재정부장관이 정하는 교육을 이수한 자를 영업소별로 2명 이상 확보할 것

3) 등록절차

외국환업무를 업으로 하려는 자는 다음 각 호의 사항을 적은 신청서에 대차대조표・손익계산서 등 기획재정부장관이 정하여 고시하는 서류를 첨부하여 기획재정부장관에게 등록을 신청하여야 한다(외국환거래법시행령 제13조 제1항).

① 명칭
② 본점 및 국내영업소의 소재지

③ 외국환업무의 취급 범위
④ 자본·시설 및 전문인력에 관한 사항
⑤ 임원에 관한 사항

등록신청이 있을 경우 기획재정부장관은 금융감독원장 및 외환정보집중기관의 장에게 등록을 신청한 자가 〈표 8-5〉의 요건을 갖추었는지의 여부에 대한 확인을 요청할 수 있다. 이 경우 금융감독원장 및 외환정보집중기관의 장은 확인 요청을 받은 날부터 10일(토요일 및 공휴일은 기간에 산입하지 아니한다) 이내에 기획재정부장관에게 확인 결과를 통보하여야 한다(외국환거래법시행령 제13조 제3항). 기획재정부장관은 등록 신청이 다음 각 호의 어느 하나에 해당하는 경우를 제외하고는 등록을 해 주고 신청인에게 등록증을 발급하여야 한다.

① 등록을 신청한 자가 금융회사등이 아닌 경우
② 등록 요건을 갖추지 못한 경우
③ 제출받은 서류에 흠이 있다고 인정되는 경우
④ 그 밖에 외국환거래법 또는 다른 법령에 따른 제한에 위반되는 경우

4) 외국환업무취급기관의 업무

외국환업무취급기관의 외국환업무의 취급 범위는 〈표 8-4〉와 같다.

〈표 8-4〉 외국환업무취급기관의 업무범위

취급기관	업무 범위
은행, 농협은행, 수산업협동조합 중앙회의 신용사업 부문, 한국산업은행, 한국정책금융공사, 한국수출입은행, 중소기업은행	가. 외국환의 발행 또는 매매 나. 대한민국과 외국 간의 지급·추심(推尋) 및 수령 다. 외국통화로 표시되거나 지급되는 거주자와의 예금, 금전의 대차 또는 보증 라. 비거주자와의 예금, 금전의 대차 또는 보증 마. 비거주자와의 내국통화로 표시되거나 지급되는 증권 또는 채권의 매매 바. 거주자 간의 신탁·보험 및 파생상품거래(외국환과 관련된 경우에 한정한다) 또는 거주자와 비거주자 간의 신탁·보험 및 파생상품거래 사. 외국통화로 표시된 시설대여(여신전문금융업법에 따른 시설대여를 말한다. 이하 같다) 아. 그 밖에 위의 업무에 딸린 업무

종합금융회사	은행 등의 업무 중 다음을 제외한 업무 가. 예금(다른 외국환업무취급기관과 외국금융기관의 외국통화로 표시되거나 지급받을 수 있는 예금은 제외한다) 나. 자본시장과 금융투자업에 관한 법률에 규정된 업무와 직접 관련되지 아니하는 수입신용장의 발행과 대한민국과 외국 간의 지급
체신관서	가. 외국통화표시 우편환(우편 또는 전신에 의한 지급지시를 포함)의 매입 나. 외국통화표시 우편환의 발행 및 대외지급수단의 발행 및 매매로서 기획재정부장관이 인정하는 업무
그 밖의 금융회사 등	다음 각 목의 업무 중 해당 금융회사등의 업무와 직접 관련되는 업무로서 기획재정부장관이 정하여 고시하는 업무 가. 외화채권의 매매 나. 외화증권의 발행 및 매매 다. 비거주자와의 내국통화로 표시되거나 지급되는 증권·채권의 매매 라. 대한민국과 외국간의 지급·추심 및 수령 마. 거주자와의 외국통화로 표시되거나 지급받을 수 있는 예금·금전의 대차 또는 보증 바. 비거주자와의 예금·금전의 대차 또는 보증 사. 대외지급수단의 발행 및 매매 아. 파생상품거래 자 거주자와의 외국통화로 표시된 보험거래 또는 비거주자와의 보험 거래 차. 외국통화로 표시된 시설대여 카. 투자판단을 일임받아 투자자별로 구분하여 운용하는 업무 타. 신탁업무 파. 그 밖에 자본시장과 금융투자업에 관한 법률, 보험업법, 상호저축은행법, 신용협동조합법, 새마을금고법, 여신전문금융업법, 전자금융거래법에 따른 업무

5) 등록내용의 변경

외국환업무취급기관이 다음 사항을 변경하려 하거나 외국환업무를 폐지하려는 경우에는 변경이나 폐지하려는 날의 7일 전까지 기획재정부장관에게 미리 그 사실을 신고하여야 한다.

① 명칭
② 본점 및 국내영업소의 소재지
③ 외국환업무의 취급 범위

6) 업무수행의 기준

외국환업무취급기관은 다음 각 호의 기준에 따라 업무를 수행하여야 한다(외국환거래법시행령 제17조).

① 거래 내용을 기록하고 관련 서류를 보존할 것
② 외국환업무와 그 밖의 업무를 겸영하는 경우에는 해당 외국환업무와 다른 업무를 구분하여 관리할 것
③ 외국환업무취급 관련위험을 효율적으로 관리하기 위하여 종합적인 위험관리 체제를 구축·운용할 것

3 전문외국환업무취급업자의 등록

1) 등록대상

외국환업무 중 외국통화의 매입 또는 매도나 외국에서 발행한 여행자수표의 매입, 대한민국과 외국 간의 지급 및 수령과 이에 수반되는 외국통화의 매입 또는 매도 그 밖에 외국환거래의 편의 증진을 위하여 필요하다고 인정하여 금융회사 등이 아닌 자가 대통령령으로 정하는 외국환업무 중 어느 하나에 해당하는 '외국환업무'를 업으로 하려는 경우에는 요건을 갖추어 미리 기획재정부장관에게 등록하여야 한다. 환전업무의 등록은 관세청장에게 위임되어 있다. 환전업무 등록을 한 자를 전문외국환업무취급업자라 한다.

2) 등록요건과 등록절차

전문외국환업무취급업자가 등록하고자 할 때는 환전업무를 하는 데에 필요한 시설을 갖추면 충분하고, 다른 요건은 요구되지 않는다. 환전업무를 업으로 하려는 자는 다음 각 호의 사항을 적은 신청서에 기획재정부장관이 정하여 고시하는 서류를 첨부하여 관세청장에게 등록을 신청하여야 한다.

① 명칭
② 영업소의 소재지
③ 환전업무의 취급 범위

관세청장은 이러한 등록 신청이 다음 각 호의 어느 하나에 해당하는 경우를 제외하고는 등록을 해 주고, 등록증을 발급하여야 한다(외국환거래법시행령 제15조).

① 환전업무를 하는 데에 필요한 영업장을 갖추지 못한 경우
② 제출받은 서류에 흠이 있다고 인정되는 경우
③ 그 밖에 외국환거래법 또는 다른 법령에 따른 제한에 위반되는 경우

3) 등록내용의 변경

전문외국환업무취급업자가 그 등록사항 중 명칭, 영업소의 소재지, 환전업무의 취급 범위를 변경하려 하거나 외국환업무를 폐지하려는 경우에는 관세청장에게 미리 그 사실을 신고하여야 한다. 이때는 기획재정부장관이 정하여 고시하는 서류를 변경 또는 폐지하려는 날의 7일 전까지 관세청장에게 제출하여야 한다(외국환거래법시행령 제16조).

4) 업무수행의 기준

전문외국환업무취급업자는 다음 각 호의 기준에 따라 업무를 수행하여야 한다.

① 거래 내용을 기록하고 관련 서류를 해당연도 이후 5년간 보존할 것
② 환전업무와 그 밖의 업무를 겸영하는 경우에는 해당 환전업무와 다른 업무를 구분하여 관리할 것

5) 전문외국환업무취급업자의 업무

전문외국환업무취급업자는 다음 각 호의 1에 정하는 바에 의하여 거주자 또는 비거주자로부터 내국지급수단을 대가로 외국통화 및 여행자수표를 매입할 수 있다(외국환거래규정 제3-2조).

① 외국통화등을 매입하는 경우 외국환매각신청서를 제출받아 주민등록증, 여권, 사업자등록증 등 실명확인증표에 의하여 인적사항을 확인하여야 한다. 다만, 전문외국환업무취급업자가 자동동전교환기를 설치하여 외국통화를 매입하는 경우에는 그러하지 아니하다.
② 외국통화등을 매입하는 경우에는 당해 외국통화등의 취득이 신고등의 대상인지 여부를 확인(동일가, 동일인 기준 미화 2만불을 초과하는 경우에 한한다)하여야 하며, 외국환

매각신청서 사본을 익월 10일 이내에 국세청장 및 관세청장에게 통보하여야 한다.

③ 외국인거주자 또는 비거주자로부터 외국통화등을 매입하는 경우에는 1회에 한하여 외국환매입증명서를 발행·교부하여야 한다. 다만, 전문외국환업무취급업자가 자동동전교환기를 설치하여 외국통화를 매입하는 경우에는 그러하지 아니하다.

6) 보증금의 예탁

기획재정부장관은 외국환업무의 성실한 이행을 위하여 전문외국환업무취급업자로 등록한 자에게 보증금을 예탁하게 하거나 보험 또는 공제에 가입하게 하는 등 필요한 조치를 할 수 있다.

4 외국환중개회사의 인가

1) 인가대상

외국환업무취급기관은 '국민경제의 건전한 발전, 국제 평화와 안전의 유지 등을 위하여 필요하다고 인정하여 대통령령으로 정하는 경우'에 해당하는 '급격한 국제금융시장의 불안정 및 외환시장의 변동성 확대로 인하여 국민경제에 심각한 지장을 초래할 우려가 있어 외환의 유입 및 유출에 대한 자세한 주의가 필요한 경우로서 기획재정부장관이 인정하는 경우'에는 외국환거래법을 적용받는 업무에 관하여 외국금융기관과 계약을 체결할 때 기획재정부장관의 인가를 받아야 한다.

> 인가(認可)란 당사자의 법률행위를 보충하여 그 법률상의 효력을 완성시키는 행정관청의 행정행위를 말한다. 인가는 법률행위의 효력발생 요건으로서 인가가 나지 않은 행위는 원칙적으로 무효이나 허가처럼 행정상 강제집행이나 처벌의 대상이 되지는 않는 것이 통례이다. 인가는 보충적 의사표시로서 인가되는 법률적 행위의 내용은 당사자의 신청에 의하여 결정되고, 행정청은 이를 동의하느냐의 여부만을 결정한다. 실제는 허가·승인 등의 용어와 혼용된다.

한편, 외국환중개업무를 업으로 하려는 자는 대통령령으로 정하는 요건을 갖추어 기획재정부장관의 인가를 받아야 한다. 이 경우 인가사항 중 대통령령으로 정한 중요 사항을 변경하려면 기획재정부장관에게 신고하여야 한다. 외국환중개업무 인가를 받은 자를 **외국**

환중개회사라 한다. 외국환중개회사가 합병 또는 해산하거나 영업의 전부 또는 일부의 폐지·양도·양수 행위를 하려는 경우에는 대통령령으로 정하는 구분에 따라 기획재정부장관의 인가를 받거나 기획재정부장관에게 신고하여야 한다. 외국환중개회사가 외국에서 외국환중개업무를 하려는 경우에는 대통령령으로 정하는 바에 따라 기획재정부장관의 인가를 받아야 한다.

> 외국환중개업무란 외국통화의 매매·교환·대여의 중개와 외국통화를 기초자산으로 하는 파생상품거래의 중개, 그리고 이들과 관련된 업무를 말한다(외국환거래법 제9조 제1항).

2) 인가의 요건

외국환중개회사로 인가를 받으려면 〈표 8-5〉와 같은 자본요건, 시설요건, 인력요건의 세 가지가 충족되어야 한다.

〈표 8-5〉 외국환중개회사의 인가요건

구 분	요 건
자본요건	납입자본금이 40억원 이상일 것. 다만, 외국통화의 매매(선물환은 제외한다)의 중개 및 그와 관련된 업무를 수행하려는 자는 50억원 이상이어야 한다.
시설요건	외국환중개업무 및 이에 관한 보고 등을 수행할 수 있는 전산시설을 갖출 것
인력요건	외국환중개업무에 관한 지식·경험 등 업무 수행에 필요한 능력을 가진 전문인력을 2명 이상 갖출 것

외국환중개회사는 인가를 받은 후 자본금이 〈표 8-5〉에서 정한 납입자본금 기준의 100분의 70에 미달하지 아니하도록 운용해야 한다. 이를 충족하지 못하는 경우 기획재정부장관은 다음 회계연도 말일까지 자본금을 확충하도록 요구할 수 있다. 이 경우 자본금 기준은 매 회계연도 말일을 기준으로 적용한다.

외국환중개회사가 합병 또는 영업의 전부 또는 일부를 양도·양수하려는 경우에는 신청서에 대차대조표·손익계산서 등 기획재정부장관이 정하여 고시하는 서류를 첨부해 기획재정부장관에게 인가를 신청하여야 한다. 기획재정부장관은 인가신청을 받은 때에는 신청일부터 30일 이내에 인가 여부를 결정하고 신청인에게 알려야 한다. 외국환중개회사는 인가받은 사항을 변경하거나, 해산 또는 영업의 전부나 일부를 폐지하려는 경우에는 7일 전까지 기획재정부장관이 정하여 고시하는 신고 서류를 기획재정부장관에게 제출하여야 한다.

3) 인가절차와 인가내용의 변경

외국환중개업무를 업으로 하려는 자는 다음 각 호의 사항을 적은 신청서에 기획재정부장관이 정하여 고시하는 서류를 첨부하여 기획재정부장관에게 인가를 신청하여야 한다. 이와 같은 본인가를 신청하고자 하는 자는 기획재정부장관에게 예비인가를 신청할 수 있다.

① 명칭
② 영업소의 소재지
③ 자본·시설 및 전문인력에 관한 사항

기획재정부장관이 인가신청을 받은 때에는 신청일부터 30일 이내에 인가 여부를 결정하고 신청인에게 알려야 한다. 외국환중개회사가 합병 또는 영업의 전부 또는 일부를 양도·양수하려는 경우에는 신청서에 대차대조표·손익계산서 등 기획재정부장관이 정하여 고시하는 서류를 첨부하여 기획재정부장관에게 인가를 신청하여야 한다. 외국환중개회사는 인가받은 사항을 변경하거나, 해산 또는 영업의 전부나 일부를 폐지하려는 경우에는 7일 전까지 기획재정부장관이 정하여 고시하는 신고 서류를 기획재정부장관에게 제출하여야 한다.

4) 보증금의 예탁

기획재정부장관은 외국환중개회사로 하여금 납입자본금의 100분의 20의 범위에서 기획재정부장관이 정하여 고시하는 비율에 해당하는 금액을 기획재정부장관이 지정하는 금융회사등에 예탁하게 할 수 있다. 이 경우 예탁절차, 예탁금의 운용 및 관리방법 등은 기획재정부장관이 정한다. 기획재정부장관은 외국환중개회사가 외국환중개업무를 폐지하거나 인가가 취소되어 그 잔무를 종결한 경우에는 외국환중개회사의 신청에 의하여 예탁한 보증금을 반환한다.

5) 외국환중개업무의 상대방

외국환중개업무의 상대방은 다음 각 호와 같다(외국환거래법시행령 제18조 제4항).

① 한국은행
② 정부(외국환평형기금을 운용·관리하는 경우에 한정한다)

③ 체신관서를 제외한 외국환업무취급기관
④ 자본시장과 금융투자업에 관한 법률에 따른 투자매매업자 및 투자중개업자
⑤ 보험업법에 따른 보험회사
⑥ 외국 금융기관(외국통화의 매매에 대한 중개는 제외한다)

6) 외국에서의 외국환중개업무 수행

외국환중개회사는 인가를 받아 외국에서 외국환중개업무를 할 수도 있다. 인가를 받으려는 경우에는 기획재정부장관이 정하여 고시하는 신청 서류를 첨부하여 기획재정부장관에게 제출하여야 한다. 인가받은 내용을 변경하려는 경우에도 또한 같다. 외국에서의 외국환중개업무는 다음 각 호의 어느 하나에 해당하는 방법에 따른다.

① 지점 및 사무소를 설치하는 방법
② 외국환중개업무를 하는 외국법인의 주식 또는 출자지분을 취득하여 해당 법인의 경영에 참가하는 방법
③ 해당 외국환중개회사가 사실상 경영권을 지배하고 있는 외국법인으로 하여금 외국환중개업무를 하는 다른 외국법인의 주식 또는 출자지분을 취득하게 하여 그 경영에 참가하는 방법

7) 외국환중개회사의 업무수행 기준

외국환중개업무에 관하여는 자본시장과 금융투자업에 관한 법률[4]을 적용하지 아니한다. 다만, 같은 법 제37조(신의성실의무 등), 제39조(명의대여의 금지), 제44조(이해상충의 관리), 제54조(직무관련 정보의 이용금지)는 준용할 수 있다. 이 경우 '금융투자업자'는 '외국환중개회사'로, '금융투자업'은 '외국환중개업무'로 본다. 외국환중개회사가 외국통화를 기초자산으로 하는 파생상품거래의 중개를 할 때는 자본시장과 금융투자업에 관한 법률 제38조(상호), 제55조(손실보전 등의 금지) 및 제71조(불건전영업행위의 금지)를 준용한다. 외국환중개회사는 다음 각 호의 기준에 따라 업무를 수행하여야 한다(외국환거래법시행령 제20조).

① 거래 내용을 기록하고 관련 서류를 보존할 것

4) 이 법률은 '자본시장에서의 금융혁신과 공정한 경쟁을 촉진하고 투자자를 보호하며 금융투자업을 건전하게 육성함으로써 자본시장의 공정성·신뢰성 및 효율성을 높여 국민경제의 발전에 이바지함을 목적'으로 2007.8.3. 법률 제8635호로 제정되어 2009.2.4.부터 시행되었다.

② 외국환업무와 그 밖의 업무를 겸영하는 경우에는 해당 외국환업무와 다른 업무를 구분하여 관리할 것

8) 외국환중개회사에 대한 감독

한국은행총재는 외국환중개회사의 업무를 감독하고 업무감독에 필요한 명령을 할 수 있으며, 외국환중개회사가 중대한 위반을 한 경우에는 기획재정부장관에게 인가취소를 건의할 수 있다(외국환거래규정 제3-4조). 한국은행총재는 외국환중개업무의 보고, 검사, 사후관리 및 제재 등에 관하여 필요한 사항을 정할 수 있다.

제3절 외국환업무취급기관 등의 건전성규제 등

1 외환건전성 정책

건전성이란 위험이 현실화하였을 때 이를 극복할 수 있는 역량을 포괄적으로 의미하는 용어다. 각국의 외환과 관련한 정책에서 **외환건전성**은 미시건전성 정책과 거시건전성 정책으로 구분된다. 미시건전성 정책에서는 개별 금융기관의 리스크를 독립적으로 인식하여 개별기관의 건전성을 확보하는 데 초점을 둔다. 반면 거시건전성 정책에서는 개별 기관의 측면에서는 바람직한 행위가 시스템 전체적으로는 바람직하지 않은 결과를 초래할 수도 있다고 본다. 따라서 거시건전성 정책에서는 개별기관의 리스크뿐만 아니라 시스템 전체의 리스크 관리에 중점을 두며 개별 금융부문 리스크의 상호연관성과 리스크의 경기순응성(pro-cyclicality) 문제를 중시하는 특성을 보인다. 거시건전성 정책은 중앙은행의 통화정책과 밀접한 관계가 있다. 외환부문의 거시건전성 제고를 위한 정책수단에는 외국환포지션 한도 설정, 외화유동성비율 규제, 외화지급준비금 제도, 외화조달자금의 운용 제한 등이 있다.

외국환포지션은 은행이 환리스크에 노출된 정도를 나타내는 지표다. 각국 정책당국은 은행의 과도한 환리스크 부담을 방지하여 건전경영을 유도할 목적으로 은행의 종합포지션한도를 설정해 운영하는 것이 일반적이다. 우리나라의 경우도 외국환은행의 과도한 환리스크부담을 방지하여 건전경영을 유도하고, 외환의 과도한 매입 또는 매도를 억제하여 외환시장교란을 방지하며, 외자 유출입이 국내유동성에 미치는 영향을 조절하는 것을 목적으로 외국환포지션관리를 한다.
외화유동성비율은 은행의 외환건전성을 높이기 위해 설정된 지도비율 중 하나로, '잔존만기 3개월 이내 외화자산/잔존만기 3개월 이내 외화부채)×100'으로 계산되고, 현재 85% 이상을 유지하도록 지도하고 있다.
지급준비율이란 고객의 예금인출에 대비, 은행들이 예금의 일정부분을 한국은행에 맡겨두는 지급준비금의 적립비율(이를 '지준율'이라 한다)을 말한다. 지급준비율제도는 원래 예금자보호제도에서 출발했으나 오늘날에 와서는 통화량을 조절하는 중앙은행의 금융정책수단으로서 큰 의미를 갖는다.

2 건전성 유지를 위한 규제

기획재정부장관은 외환시장의 안정과 외국환업무취급기관 등의 건전성을 유지하기 위하여 필요하다고 인정되는 경우에는 외국환업무취급기관 등의 외국통화 자산·부채비율을 정하는 등 외국통화의 조달·운용에 필요한 제한을 할 수 있다. 이 경우 제한의 기준은 다음과 같다(외국환거래법시행령 제21조).

① 특정 외화부채에 대한 지급준비금의 최저한도를 설정하는 경우에는 외화부채의 범위, 지급준비금의 대상통화·적립시기 및 최저한도를 정할 것
② 외국환매입초과액과 매각초과액의 한도를 설정하는 경우에는 외국환의 매입초과액과 매각초과액의 구분 및 한도, 그 산정기준이 되는 자산 및 부채의 범위, 산정방법, 시기 및 기간을 정할 것
③ 외화자금의 조달 및 운용방법을 지정하는 경우에는 조달·운용항목과 항목별 조달·운용방법을 정할 것
④ 외화자산 및 외화부채의 비율을 설정하는 경우에는 만기별 자금의 조달 및 운용방법과 자산 및 부채의 범위 및 기준을 정할 것
⑤ 비거주자로부터 자금을 조달하여 비거주자를 대상으로 운용하는 계정을 설정하게 하

는 경우에는 설치대상 외국환업무취급기관의 범위, 자금의 조달·운용방법과 회계처리방법의 기준을 정할 것
⑥ 외국환업무취급기관의 외국환계정의 회계처리기준을 정하는 경우에는 계정과목과 회계처리방법을 정할 것
⑦ 외국환업무에 따른 위험관리기준을 설정하는 경우에는 대상 업무 및 기준을 정할 것
⑧ 외국환중개업무에 대한 기준을 설정하는 경우에는 대상 업무 및 운용방법을 정할 것
⑨ 전문외국환업무취급업자에 대한 외국환업무기준을 설정하는 경우에는 외국통화의 매도에 대한 제한 대상 및 기준을 정할 것

3 외환건전성부담금

1) 외환건전성부담금의 의의

외환건전성부담금(약칭하여 부담금)은 외화자금의 급격한 유입·유출에 따른 금융시장의 불안을 최소화하고, 국민경제의 건전한 발전을 위하여 금융시장에서의 역할, 취급 외국환업무 및 외국통화 표시 부채의 규모 등을 종합적으로 고려해 기획재정부장관이 특정 '금융회사 등'에 부과·징수하는 것이다(외국환거래법 제11조의2 제1항). 이는 외환시장의 안정과 외국환업무취급기관 등의 건전성을 유지하기 위한 것으로 2011년 8월부터 부과·징수하기 시작하였다. 부담금은 미국 달러화로 징수 후 외국환평형기금에 귀속되는데, 기존 재원과 구분 계리하여 적립한다. 적립된 부담금은 위기시 금융기관에 대한 예치·대여 또는 스왑(swap)방식으로 외화유동성 지원에 사용된다.

2) 부담금의 납부의무자

부담금을 납부의무를 지는 '금융회사 등'은 다음 어느 하나에 해당하는 기관이다(외국환거래법시행령 제21조의2).
① 은행법에 따른 인가를 받아 설립된 은행
② 농업협동조합법에 따른 농협은행
③ 수산업협동조합법에 따른 수산업협동조합중앙회의 신용사업부문
④ 한국산업은행법에 따른 한국산업은행
⑤ 한국수출입은행법에 따른 한국수출입은행

⑥ 중소기업은행법에 따른 중소기업은행
⑦ 한국정책금융공사법에 따른 한국정책금융공사

3) 부담금의 산정

금융기관 등에 부과되는 부담금은 비예금성외화부채등의 잔액에 1천분의 5 이내의 범위에서 금융회사등의 영업구역, 비예금성외화부채등의 만기 등을 고려하여 대통령령으로 정하는 부과요율을 곱하여 계산한 금액으로 하는데 다음과 같이 구분하여 요율을 적용한다. 단, 은행법에 따른 지방은행이 부담금납부의무자에 대해 보유한 비예금성외화부채등의 잔액에 대해서는 해당 호에서 정한 요율의 100분의 50을 적용한다.

① 만기가 1년 이하인 경우 : 1만분의 20
② 만기가 1년 초과 3년 이하인 경우 : 1만분의 10
③ 만기가 3년 초과 5년 이하인 경우 : 1만분의 5
④ 만기가 5년 초과인 경우 : 1만분의 2

만일 국제금융시장의 불안정, 외화자금의 급격한 유출·유입 등으로 금융시장과 국민경제의 안정을 현저히 해칠 우려가 있다고 인정되는 경우에는 6개월 이내의 기간을 정하여 다음 각 호의 어느 하나에 해당하는 금액을 부담금으로 부과·징수할 수 있다.

① 해당 기간의 비예금성외화부채등 잔액에 대하여 제2항에 따른 부과요율 대신에 기획재정부장관이 하향하여 고시하는 부과요율을 곱하여 계산한 금액
② 해당 기간의 비예금성외화부채등 잔액 증가분에 대하여 기획재정부장관이 제2항에 따른 부과요율보다 상향하여 고시하는 부과요율(이하 이 호에서 "추가부과요율"이라 한다)을 적용하여 계산한 금액을 제2항에 따라 산정한 부담금 금액에 더한 금액. 이 경우 추가부과요율은 제2항에 따른 부과요율을 더하여 1천분의 10을 넘지 아니하도록 하여야 한다.

4) 부담금의 납부절차

기획재정부장관은 부담금의 부과·징수를 위하여 필요하다고 인정되는 경우에는 해당 금융회사등에 관련 자료의 제출을 요구할 수 있다. 이 경우 자료의 제출을 요구받은 금융회사등은 특별한 사유가 없으면 요구에 따라야 한다. 기획재정부장관은 사업연도 종료 후

4개월 이내에 부담금의 납부금액, 납부기한 등을 명시하여 부담금납부의무자에게 납부고지를 하여야 한다(외국환거래법시행령 제21조의6). 이때 납부기한은 사업연도 종료 후 5개월이 되는 날로 한다. 만일 부담금납부의무자가 경영상 어려움 등으로 부담금을 한꺼번에 낼 수 없다고 인정되는 경우에는 1년 이내의 기간 동안 2회에 걸쳐 나누어 내게 할 수 있다. 부담금을 나누어 내려는 부담금납부의무자는 납부고지를 받은 날부터 15일 이내에 기획재정부장관에게 분할납부 신청을 하여야 한다. 분할납부 신청을 받은 기획재정부장관은 신청을 받은 날부터 10일 이내에 분할납부 여부를 서면으로 신청인에게 통지하여야 하며, 분할납부를 하도록 한 경우에는 분할납부 금액, 분할납부 기간, 그 밖에 분할납부에 필요한 사항을 함께 통지하여야 한다.

5) 부담금 미납시의 조치

기획재정부장관은 금융회사 등이 부담금을 납부기한까지 내지 아니하면 납부기한이 지난 후 10일 이내에 10일 이상의 기간을 정하여 독촉장을 발급하여야 한다. 독촉장을 받은 금융회사 등이 정하여진 기한까지 납부하지 아니할 때에는 국세 체납처분의 예에 따라 부담금과 가산금을 징수한다. 한편, 체납된 부담금에 대하여는 다음과 같이 계산한 가산금을 징수한다.

① **체납기간(부담금 납부기한의 다음 날부터 납부일 전날까지의 기간)이 1개월 이하인 경우** : 체납된 부담금의 1천분의 30에 해당하는 금액

② **체납기간이 1개월을 초과하는 경우** : 제1호의 금액에 1개월이 지날 때마다 체납된 부담금의 1천분의 10을 더한 금액. 이 경우 가산하는 기간은 6개월을 초과하지 못한다.

6) 이의신청과 부담금 금액의 조정

부담금 납부고지를 받은 부담금납부의무자가 부담금 납부 대상자가 잘못된 경우나, 납부고지된 부담금 금액에 이의가 있는 경우에는 납부고지를 받은 날부터 15일 이내에 이의신청을 할 수 있다. 이의신청을 받은 기획재정부장관은 15일 이내에 그 처리결과를 신청인 또는 적법한 납부 대상자에게 통지하여야 한다. 이 경우 이의신청 처리 결과 부담금 금액을 조정한 경우에는 조정된 금액을 다시 부과·징수하여야 하며, 부담금을 이미 납부한 경우에는 납부한 금액과 조정된 금액과의 차액을 다시 부과·징수하거나 환급하여야 한다. 이의신청은 부담금의 납부기한에 영향을 미치지 않는다. 기획재정부장관은 이미 납

부고지하거나 납부한 부담금 금액을 조정할 필요가 있다고 인정하는 경우에는 이미 납부고지하거나 납부한 금액과 조정된 금액과의 차액을 다시 부과·징수하거나 환급할 수 있다. 적법한 부담금 납부 대상자에게 부담금을 다시 부과·징수하거나 조정된 부담금 또는 차액을 다시 부과·징수하는 경우 그 납부기한은 납부고지한 날의 다음 달 말일까지다.

4 업무상의 확인의무와 감독

외국환업무취급기관, 전문외국환업무취급업자 및 외국환중개회사(이들을 '외국환업무취급기관등'이라 한다)는 그 고객과 이 법을 적용받는 거래를 할 때에는 고객의 거래나 지급 또는 수령이 이 법에 따른 허가를 받았거나 신고를 한 것인지를 확인하여야 한다(외국환거래법 제10조). 다만, 외국환수급 안정과 대외거래 원활화를 위하여 기획재정부장관이 정하여 고시하는 경우에는 그러하지 아니하다. 기획재정부장관은 외국환업무취급기관등(외국환업무취급기관등의 외국에 있는 영업소를 포함)의 업무를 감독하고 감독상 필요한 명령을 할 수 있다. 외국환업무취급기관등은 외국환업무와 관련하여 부당한 이익을 얻거나 제3자에게 부당한 이익을 얻게 할 목적으로 다음 하나에 해당하는 행위를 하여서는 아니 된다.

① 외국환의 시세를 변동 또는 고정시키는 행위
② 위와 유사한 행위로서 건전한 거래질서를 해치는 행위

5 의무위반에 대한 제재

1) 인가의 취소

기획재정부장관은 외국환업무취급기관 등이 다음 각 호의 어느 하나에 해당하는 경우에는 등록 또는 인가를 취소하거나, 6개월 이내의 기간을 정하여 외국환업무취급기관 등(영업소를 포함)의 업무를 제한하거나, 업무의 전부 또는 일부를 정지할 수 있다(외국환거래법 제12조).[5)]

① 거짓이나 그 밖의 부정한 방법으로 등록을 하거나 인가를 받은 경우
② 업무의 제한 또는 정지 기간에 그 업무를 한 경우

5) 구체적인 등록·인가취소·영업정지 기준은 외국환거래법시행령 제22조 [별표 2]에 규정되어 있다.

③ 등록 또는 인가의 내용이나 조건을 위반한 경우
④ 외국환거래법(제8조)에 정한 바에 따라 등록하지 않고 외국환업무를 한 경우
⑤ 외국환거래법(제8조 제4항 또는 제9조 제3항)에 따른 인가를 받지 아니한 경우 또는 신고를 하지 아니하거나 거짓으로 신고를 한 경우
⑤의2. 제8조 제6항에 따른 외국환업무취급기관 및 전문외국환업무취급업자의 업무 수행에 필요한 사항을 따르지 아니한 경우
⑤의3. 제8조 제7항에 따른 보증금 예탁 등 필요한 조치를 따르지 아니한 경우
⑤의4. 제8조 제7항에 따른 조치에도 불구하고 전문외국환업무취급업자의 파산 또는 지급불능 우려 사유가 발생한 경우
⑥ 외국환거래법(제9조 제2항)에 정한 바에 따라 인가를 받지 않고 외국환을 거래한 경우 또는 보증금 예탁 명령을 따르지 아니한 경우
⑦ 외국환업무취급기관 등이 고객과 거래를 할 때에는 고객의 거래나 지급 또는 수령이 외국환거래법에 따른 허가를 받았거나 신고를 한 것인지를 확인하여야 의무를 위반한 경우
⑧ 외국환거래법(제11조 제1항)에 따른 감독상의 명령 또는 업무상 제한을 위반한 경우
⑨ 외국환거래법(제20조 제1항 또는 제2항)에 따른 보고 또는 자료·정보 제출을 하지 아니하거나 거짓 보고 또는 거짓 자료·정보를 제출한 경우
⑩ 외국환거래법(제20조 제3항 또는 제6항)에 따른 검사에 응하지 아니하거나 이 검사를 거부·방해 또는 기피한 경우
⑪ 외국환거래법(제20조 제4항 또는 제6항)에 따른 자료의 제출을 거부하거나 거짓 자료를 제출한 경우
⑫ 외국환거래법(제20조 제5항 또는 제6항)에 따른 시정명령에 따르지 아니한 경우
⑬ 외국환거래법(제21조)에 따른 기획재정부장관의 명령을 위반하여 통보 또는 제공을 하지 아니하거나 거짓으로 통보 또는 제공한 경우
⑭ 외국환거래법(제24조 제2항)에 따른 기획재정부장관의 명령을 위반하여 신고, 신청, 보고, 자료의 통보 및 제출을 전자문서의 방법으로 하지 아니한 경우

기획재정부장관이 외국환업무취급기관의 등록 또는 인가를 취소하려는 경우에는 청문을 하여야 한다. 등록 또는 인가가 취소된 자(제1항에 따라 등록 또는 인가가 취소된 자의 임직원이었던 자로서 그 취소 사유의 발생에 직접 또는 이에 상응하는 책임이 있는 자를 포함한다)는 등록 또는 인가가 취소된 날부터 3년이 경과하지 아니한 경우에는 해당 외국환업무를 다시 등록하거나 인가받을 수 없다.

2) 과징금의 부과

기획재정부장관은 등록 또는 인가의 취소 사유 중 어느 하나에 해당하는 위반행위를 한 자에 대하여 업무를 제한하거나 업무의 전부 또는 일부를 정지할 수 있는 경우에는 이를 갈음하여 그 위반행위로 취득한 이익의 범위에서 과징금을 부과할 수 있다(외국환거래법 제12조의2). 과징금을 부과하는 경우에는 위반행위의 내용 및 정도, 위반행위의 기간 및 횟수, 위반행위로 취득한 이익의 규모 등을 고려하여야 한다.[6] 과징금의 부과, 과징금 납부기한의 연장, 분할납부, 담보 그 밖에 과징금의 징수에 필요한 사항은 외국환거래법시행령(제23조 및 제24조)으로 정하고 있다. 기획재정부장관은 과징금 납부 의무자가 납부기한까지 과징금을 납부하지 아니한 경우에는 국세 체납처분의 예에 따라 징수할 수 있다.

3) 처벌과 과태료처분

등록을 하지 않거나 거짓이나 그 밖의 부정한 방법으로 등록을 하고 외국환업무나 외국환업무를 한 자나, 인가를 받지 않거나 거짓이나 그 밖의 부정한 방법으로 인가를 받고 외국환중개업무를 한 자 등에 대해서는 징역이나 벌금으로 처벌한다. 아울러 위법과 관련된 내국지급수단은 몰수하며, 몰수할 수 없는 경우에는 그 가액을 추징한다. 또한 기획재정부장관이 부담금의 부과·징수를 위하여 필요하다고 인정하여 해당 금융회사등에 관련 자료의 제출을 요구하였으나 자료를 제출하지 아니하거나 거짓으로 제출한 자 등에 대해서는 과태료를 부과한다(처벌과 과태료처분에 대해서는 제12장 참조).

제4절 외환거래관련 자료의 통보와 활용

1 통보의무자와 통보대상자

한국은행총재, 외국환업무취급기관의 장, 여신협회장 및 전문외국환업무취급업자등은 외

6) 구체적인 과징금의 부과기준은 외국환거래법시행령 제23조 [별표 3]에 규정되어 있다.

국환업무와 관련해 주기적으로 그 내용을 국세청장, 관세청장, 그리고 금융감독원장에게 통보 또는 열람하도록 하여야 한다.

2 통보내용

한국은행총재, 외국환업무취급기관의 장 등이 국세청장, 관세청장 등에게 통보하는 내용은 외국환거래규정에서 정하는 바에 따르고, 통보시기는 매월별로 익월 10일 이내인데, 이 또한 규정에서 따로 정하는 경우에는 그 정하는 바에 의한다.

기 출 문 제

1 기획재정부장관은 외국환거래법에 따른 권한의 일부를 대통령령으로 정하는 바에 따라 위임하거나 위탁할 수 있다. 다음 중 기획재정부장관이 그 권한을 위임 또는 위탁할 수 없는 기관은?

① 한국은행총재
② 금융위원회 (금융감독원)
③ 관세청장
④ 국세청장

2 다음의 업무를 담당하는 기관은?

- 외국환업무취급기관의 등록 및 감독
- 외국환평형기금의 운용 및 관리
- 외국환거래의 정지 등 긴급조치

① 기획재정부
② 한국은행
③ 외국환은행
④ 금융감독원

3 다음 환전영업자의 등록 및 변경업무를 담당하는 기관은?

① 기획재정부
② 관세청
③ 외국환은행
④ 금융감독원

4 다음 한국은행의 업무로만 묶인 것은?

가. 외환정책의 수립 및 집행
나. 외국환 매매 및 파생상품거래
다. 외국환의 발행
라. 채무의 인수 및 보증
마. 외국환포지션 관리

① 가, 나, 다
② 나, 다, 라
③ 다, 라, 마
④ 나, 라, 마

정답 1. ④ 2.① 3.② 4.④

5 다음 아래 '이것'이 가르키는 것은?

> '이것'은 은행이 환리스크에 노출된 정도를 나타내는 지표다. 각국의 정책당국은 은행의 과도한 환리스크 부담을 방지하여 건전경영을 유도할 목적으로 은행의 '이것'의 한도를 설정해 운영하는 것이 일반적이다. 우리나라의 경우도 외국환은행의 과도한 환리스크부담을 방지하여 건전경영을 유도하고, 외환의 과도한 매입 또는 매도를 억제하여 외환시장교란을 방지하며, 외자유출입이 국내유동성에 미치는 영향을 조절하는 것을 목적으로 '이것'을 관리한다.

① 지급준비율
② 외화조달자금
③ 외화유동성비율
④ 외국환포지션

6 다음 전문외국환업무취급업자에 대한 설명으로 맞지 않은 것은?

① 외국통화의 매입 및 매도 또는 외국 발행 여행자수표의 매입을 업으로 영위한다.
② 외화송금수표, 환어음 등은 매입할 있다.
③ 통상 외환매입만 가능하고 외환매도는 금지되어 있다.
④ 비거주자에 대해서는 비거주자가 매각한 실적 범위 내에서의 매도는 가능하다.

정답 5.④ 6.②

9

외국환의 지급과 수령

학 습 목 표

외국환거래법에서 원칙적으로 외국환의 지급과 수령이 자유롭게 이뤄지도록 허용한다. 이 바탕에는 외국환업무취급기관을 통해 지급과 수령에 대한 정보를 관리할 수 있다는 전제가 있다. 따라서 외국환의 지급과 수령에 대한 정보가 외국환업무취급기관을 통해 수집되지 않는 경우 따로 그 지급과 수령방법에 대해 신고하도록 하고 있다. 이 장에서는 아래 내용을 중심으로 신고가 필요한 지급과 수령에 대해 알아보자.

1. 외국환거래의 입증책임과 입증책임의 면제
2. 외국환 거래에 대한 신고의무와 신고면제

들어가기 전에

특정 외국환거래는 왜 신고해야 하는 것일까?

- '90억대' 해외 재산도피 혐의 의류 수입업체 전 대표 재판에 -

해외 유령회사를 세우고 수십억원의 거래대금을 빼돌린 혐의로 유명 여성의류 수입·판매업체 K사 전 대표 등이 재판에 넘겨졌다. 정씨 등은 홍콩에 세운 페이퍼컴퍼니를 이용해 2004년 12월부터 2010년 4월까지 국내 면세점 등에 대한 상품 공급 대금인 812만1000달러(약 97억3000만원)를 지정거래외국환은행장에게 신고하지 않고 빼돌린 혐의를 받고 있다.(중략)

이들은 2008년 12월부터 2009년 1월까지 빼돌린 돈 가운데 84만달러(약 11억3000만원)를 정상적인 무역대금이나 해외투자금으로 속여 국내로 반입, K사 주식을 사들이는 데 사용한 것으로 조사됐다.(중략)

아시아투데이 김승모 기자. 2015년 6월 4일. '한국일보 유명식 기자. '90억대' 해외 재산도피 혐의 의류 수입업체 전 대표 재판에' 기사전문 http://www.asiatoday.co.kr/view.php?key=20150604010002881

외국환거래법에서 외국환의 지급과 수령은 원칙적으로 자유롭게 이뤄지도록 허용하고 있지만 상계의 방법이나 거래당사자가 아닌 제3자에게 지급이나 수령이 이뤄지는 경우에는 지급이나 수령방법에 대한 '신고'를 하도록 하고 있다. 이렇게 특정한 방법의 외국환거래에 대해 신고를 의무화 하는 이유가 무엇일까? 이러한 방법으로 지급이나 수령을 하면 외국환업무취급기관에 환거래 정보가 남지 않고 위 사례와 같이 불법적인 외화유출이 일어날 가능성이 높아지기 때문이다. 이 장에서는 외국환거래법에서 '신고'의무를 부과하는 취지를 바탕으로 외국환의 지급과 수령 절차를 살펴보자.

Chapter 9

외국환의 지급과 수령

제1절 외국환의 거래의 구분

외국환거래법에서는 거주성에 따른 당사자들의 거래형태를 기준으로 규정과 절차를 정하고 있고, 거래형태에 따른 계약관계를 확인하고 이를 뒷받침하는 증빙서류 확인을 요구하고 있다. 따라서 외국환거래법에서 요구하는 규정과 절차를 파악하기 위해서는 제7장 외국환거래법 총론에서 다룬 거래 당사자들의 거주성 확인과 이 절에서 다루고 있는 거래형태에 대한 이해가 필수적이다.

외국환거래를 거래형태나 종류별로 규정하지 않는다. 국제수지표로 집계되는, 일반적인 측면에서 외국환거래를 살펴보면 **경상거래**와 **자본거래**로 구분되며, 경상거래는 다시 **무역거래**와 서비스거래, 이전거래 등의 **무역외거래**로 구분된다.

1 경상거래

1) 무역거래

물품을 수출입하는 경우에는 그 대금을 지급과 영수에 대한 채무와 채권을 갖게 된다. 경상거래의 무역거래는 이와같이 물품의 수출입을 말한다. 우리나라의 경우 상품무역거래에 따른 대금의 지급과 수령에 사용되는 방법과 그 종류별 활용률은 〈표 9-1〉과 같았다. 〈표 9-1〉에서 신용장거래는 at sight 조건의 것과 usance 조건의 것을 합친 것이다.

〈표 9-1〉 무역거래대금의 결제형태별 비중 (표시단위 : %)

	1997년		2000년		2005년		2014년	
	수출	수입	수출	수입	수출	수입	수출	수입
COD, CAD	10.6	0.7	14.9	4.7	16.6	12.2	10.2	9.8
추심(D/P, D/A)	24.9	7.7	22.6	10.2	11.3	5.2	9.4	2.2

신용장(L/C)	43.2	76.1	27.8	54.3	20.0	35.1	12.2	19.7
송금(T/T, M/T)	18.7	9.7	28.1	23.8	37.6	40.1	54.3	61.4
기 타	2.6	5.8	6.6	7.0	14.5	7.4	13.9	6.9

자료 : 한국무역협회

2) 서비스거래

무역 외 거래에는 서비스거래 및 이전거래가 포함된다. **서비스거래**는 여행, 운수, 보험, 통신, 건설, 금융, 지식재산권사용, 컴퓨터 및 정보, 기타, 개인 문화 및 오락 서비스, 기타 정부서비스및 지사경비 등을 말한다. 서비스거래는 무역거래와 직·간접적으로 연관해 이루어지기도 하지만 그와 관련이 없이 이뤄지는 경우도 많다. 서비스거래에 따른 대가의 지급과 수령은 서비스수지로 나타난다.

3) 이전거래

무역 외 거래에 속하는 **이전거래**란 일반적으로 거주자와 비거주자 사이에 무상으로 주고받는 거래를 말한다. 이전거래에는 소득이전거래와 경상이전거래가 있다. **소득이전거래**는 거주자와 비거주자간에 발생하는 소득의 이전거래를 말한다. 이에는 근로자의 보수와 투자소득의 이전이 포함된다. 근로자의 보수는 외국에서 근로활동을 해서 얻은 소득을 본국에 송금할 때 발생하는 외국환거래다. 투자소득의 이전거래는 대외금융자산이나 부채와 관련해 발생하는 이자소득 등의 지급과 수령이 포함된다. **경상이전거래**는 거주자와 비거주자간에 아무런 경제적 가치를 대가로 받지 않고 한 쪽이 다른 쪽에게 실물자산이나 금융자산 등을 제공하는 거래다. 예를 들어 대가없이 제공하는 송금, 구호식량 제공, 의약품의 무상원조, 유·무상 경제원조, 국제기구에 대한 출연금의 지급 등이다.

2 자본거래

자본거래는 거주자와 비거주자간에 이루어지는 직접투자와 간접투자, 차관의 제공 또는 차관의 상환 등을 말한다. 흔히 만기가 1년 이상인 경우를 **장기자본거래**라 하고, 1년 미만인 거래를 **단기자본거래**라 한다. 외국환결제가 발생하는 자본거래에는 다음과 같은 거래가 포함된다.

① 거주자의 해외직접 또는 합작투자
② 거주자의 해외증권투자
③ 외국인의 우리나라에 대한 직접 또는 합작투자
④ 외국인의 국내증권 투자
⑤ 거주자와 비거주자간의 예금·신탁계약
⑥ 거주자와 비거주자간의 채무보증계약
⑦ 차관의 도입 또는 제공(상환포함)
⑧ 은행차관(bank loan)
⑨ 은행 본지점계정거래
⑩ IMF신용인출
⑪ 현지금융
⑫ 파생금융거래
⑬ 부동산 거래

제2절 외국환거래의 관리

외국환거래법에서는 법이 적용되는 외국환거래에 대하여 외국환거래 당사자와 외국환업무취급기관등에 대해 사전적으로 이행해야 할 절차와 사후적인 보고절차를 정해 두고 있다. 즉, 이 사전 신고등의 절차와 사후 보고 절차의 방법과 처리기간에 따라 외국환거래의 당사자와 외국환업무취급기관등은 업무범위 안에서 외국환거래를 수행하도록 외국환거래법이 규정하고 있다.

1 사전적 관리

1) 신고등

확인, 신고, 신고수리, 허가, 인정(이하 '신고등'이라 함)과 같은 사전적인 관리절차는 모든 외국환거래에 적용된다. 즉, 외환시장에서 관리의 실익이 없거나 필요성이 낮은 거래는 허가신고 예외사항으로 규정하여 관리의 대상에서 배제하지만, 시장에 미치는 영향이 경미하고 자본시장 전략에 따라 우선적으로 자유화할 거래부터 확인사항, 신고사항, 신고수리사항, 허가사항, 인정사항으로 분류하고 있다. 따라서 기획재정부장관 고시인 외국환거래규정의 모든 업무는 신고등의 절차에 따라 이뤄진다. 이 업무는 제8장 제1절 외국환거래 관련기관과 수행업무에서 학습한 바와 같이 위임·위탁규정에 따라 한국은행총재, 외국환은행장, 관세청장 등이 대신하여 수행하고 있다. 이번 장과 다음 장에서 학습하게 될 외국환거래법령에서 다루는 신고등의 의무는 〈표 9-2〉와 같이 요약할 수 있다.

〈표 9-2〉 외국환거래법에 따른 신고등의 의무

관련 조항		신고등의 의무	행정담당기관
제15조	지급절차 등	지급·수령시 즉, 환전, 송금, 재산반출 시 원인거래 입증 책임또는 행위 이전에 이 법 및 타법령에 따른 신고 의무 이행	외국환은행, 한국은행
제16조	지급 또는 수령의 방법의 신고	상계, 기간초과결제, 제3자지급, 은행을 통하지 않는 지급의 경우 지급등의 방법에 대한 신고 의무	외국환은행, 한국은행
제17조	지급수단등의 수출입신고	지급수단등을 수출입하는 경우 그 신고등 이행 의무	관세청장
제18조	자본거래의 신고등	예금, 금전대차, 채무보증, 증권, 파생금융, 해외직접투자, 해외부동산투자 등 자본거래 시 신고등 이행 의무	외국환은행, 한국은행, 기획재정부, 금융위원회(금감원)

2) 지정거래 외국환은행 제도

지정거래외국환은행은 외국환거래법령의 적용을 받는 행위 또는 거래의 당사자가 대외거래 및 사후관리를 위하여 지정한 외국환은행으로 정의된다. 외국환거래법령에서는 신고등 절차에 따른 사전적인 관리 후에도 외국환거래 중에 지속적으로 한도관리나 모니터링이 필요한 다음 박스와 같은 경우 외국환거래법에서는 거래당사자로 하여금 하나의 외국환은행을 통해서만 거래하도록 지정거래 외국환은행 제도를 시행하고 있다.

지정거래 외국환은행 제도의 대상 거래

거주자(외국인 제외)의 지급증빙서류 미제출 지급(1); 해외체재비(2);
외국인 또는 비거주자의국내보수, 소득 또는 연금 등의 금액 지급 및 연간 미화 5만불 이하의 지급(8);
거주자의 대북투자(9); 현지금융을 받고자 하는 자(13);
해외지사설치, 영업기금, 설치비, 유지활동비 지급 및 사후관리(14); 환전영업자(16);
국내지사의 설치 영업자금 도입 및 영업수익의 대외송금(32); 상호계산 실시업체(33);
거주자의 외화증권 발행(53); 해외교포 등에 대한 여신관련 원리금 상환 보증, 담보제공(57);
해외직접투자를 하고자 하는 자(59); 거주자의 해외예금(61); 비거주자의 국내증권 발행(62);
재외동포 국내재산반출(63); 거주자의 외화자금 차입 및 처분(71);
북한에 관광비용을 지급할 관광사업자(72); 단체해외여행경비 등(74); 해외이주비(75);
거주자의 자금통합관리(76); 거주자의 원화자금 차입 및 처분(77);
거주자의 해외 부동산 취득 및 매각(78); 거주자의 연간 미화 5만불이하 자본거래 영수(79)

2 사후적 관리 - 보고

외국환거래법에서는 외국환거래의 당사자와 외국환업무취급기관등은 외국환거래업무를 수행한 사후에 정해진 내용에 대해 외국환업무 관리기관에 보고하도록 하고 있다. 보고된 자료는 정부가 외국환거래를 모니터링하는 기본정보로 사용되어 외환시장의 안정을 위한 각종 조치를 하는 바탕이 된다. 또한 외국환업무를 관리하는 기관들은 이 정보를 바탕으로 외환조사와 검사를 실시하고, 법규의 위반여부를 판단한다.

제3절 지급과 수령의 절차

1 지급 또는 수령의 허가가 필요한 예외적 경우

외국환의 거래나 대외 지급 또는 외국으로부터 영수에 대해 기획재정부장관은 다음과 같이 그 절차를 정하거나 필요한 경우 허가를 받도록 할 수 있다.

외국환거래법 제15조(지급절차 등) ① 기획재정부장관은 이 법을 적용받는 지급 또는 수령과 관련하여 환전절차, 송금절차, 재산반출절차 등 필요한 사항을 정할 수 있다.
② 기획재정부장관은 다음 각 호의 어느 하나에 해당한다고 인정되는 경우에는 국내로부터 외국에 지급하려는 거주자·비거주자, 비거주자에게 지급하거나 비거주자로부터 수령하려는 거주자에게 그 지급 또는 수령을 할 때 대통령령으로 정하는 바에 따라 허가를 받도록 할 수 있다.
1. 우리나라가 체결한 조약 및 일반적으로 승인된 국제법규를 성실하게 이행하기 위하여 불가피한 경우
2. 국제 평화 및 안전을 유지하기 위한 국제적 노력에 특히 기여할 필요가 있는 경우

기획재정부장관은 지급 또는 수령의 허가를 받도록 하는 경우에는 허가를 받아야 하는 사유와 지급 또는 수령의 종류 및 범위를 정하여 고시하여야 한다. 만일 지급 또는 수령에 대하여 허가를 받도록 조치한 사유가 소멸하게 된 때에는 해당 조치를 지체 없이 해제하여야 한다. 고시에 따른 지급 또는 수령의 허가를 받으려는 자는 허가신청 서류를 기획재정부장관에게 제출하여야 한다. 기획재정부장관이 지급 또는 수령의 허가신청을 받은 때에는 다음 각 호의 사항을 심사하여 허가 여부를 결정하고 신청인에게 통지하여야 한다.

① 해당 지급 또는 수령이 허가 대상인지의 여부
② 해당 지급 또는 수령의 사유와 금액
③ 해당 지급 또는 수령의 원인이 되는 거래 또는 행위의 내용

이 조항과 관련해 기획재정부장관은 현재 '조약 및 일반적으로 승인된 국제법규와 국내 법령에 반하는 행위와 관련한 지급이나 수령을 해서는 안 된다'라고만 규정하고 있을 뿐 (외국환거래규정 제4-1조 제2항) 외국환의 지급 또는 수령에 허가를 받아야 하는 경우를 따로 고시해 둔 것은 없다.

2 일반적인 지급 또는 수령의 절차

기획재정부장관은 외국환거래법을 적용받는 일반적인 외국환의 지급 또는 수령과 관련하여 환전절차, 송금절차, 재산반출절차 등 필요한 사항을 정할 수 있다. 이에 근거해 기획재정부장관이 정해둔 지급 또는 수령절차는 다음과 같다.

1) 외국환의 지급 및 수령의 전제

외국환의 지급이나 수령을 하고자 하는 자는 당해 지급이나 수령을 하기에 앞서 당해 지급이나 수령 또는 그 원인이 되는 거래, 행위가 외국환거래법령 및 타법령 등에 의하여 신고 등을 하여야 하는 경우에는 그 신고 등을 먼저 하여야 한다. 지급이나 수령을 하고자 하는 자가 당해 지급등과 관련하여 필요한 신고 등을 이행하지 않는 등 외국환거래법령을 위반한 경우에는 당해 위반사실을 감독기관의 장(금융감독원장을 포함)에게 보고하고 필요한 신고절차를 사후적으로 완료한 후 지급을 할 수 있다. 이 경우 수령을 하고자 하는 경우에는 외국환은행을 경유하여 위반사실을 감독기관의 장에게 보고한 후 수령할 수 있다. 위반사실을 보고받은 감독기관의 장은 위반한 당사자가 제재를 받을 우려가 있거나 기타 제재의 실효성 확보를 위하여 필요하다고 인정되는 경우 제재처분 확정시까지 지급이나 수령을 중단시킬 수 있다. 외국환거래규정에 따라 거래외국환은행을 지정한 경우에는 당해 외국환은행을 통하여 지급이나 수령(휴대수출입을 위한 환전을 포함)을 하여야 한다.

2) 지급 및 수령의 사유와 금액의 입증

가. 원칙적인 입증책임

건당 미화 2천불을 초과하는 지급 또는 수령을 하고자 하는 자는 외국환은행의 장에게 지급·수령의 사유와 금액을 입증하는 서류(이를 '지급등의 증빙서류'라 한다)를 제출하여야 한다(외국환거래규정 제4-2조 제1항). 단, 외국환거래규정에 따른 신고를 요하지 않는 거래로서 비거주자 또는 외국인거주자가 외국에 있는 자금을 국내로 반입하기 위하여 수령하는 경우에는 증빙서류의 제출이 요구되지 않는다.

나. 예외적인 입증책임의 면제

지급과 수령에 대한 입증책임의 예외로 거주자(외국인거주자는 제외)가 다음에 해당하는 경우 지급이나 수령의 증빙서류를 제출하지 않고 지급·수령을 할 수 있다(외국환거래규정 제4-3조).[1)]

① 외국환거래규정에 따른 신고를 필요로 하지 않는 거래로서 다음에 해당하는 지급.

---

1) 증빙서류를 제출하지 않는 경우에도 지급이나 수령을 하고자 하는 자는 외국환은행의 장에게 당해 거래의 내용을 설명하고 절차에 따라 확인을 받아야 한다.

이 경우 지급을 하고자 하는 자는 거래외국환은행을 지정해야 한다.

가. 연간 누계금액이 미화 5만불 이내(자본거래에 따른 지급금액을 포함)인 경우

나. 연간 누계금액이 미화 5만불을 초과하는 지급으로서 당해 거래의 내용과 금액을 서류를 통해 외국환은행의 장이 확인할 수 있는 경우

② 외국환거래규정에 따른 신고를 필요로 하지 않는 수령. 다만, 동일자·동일인 기준 미화 2만불을 초과하는 경우에는 서면에 의하여 외국환은행의 장으로부터 수령사유를 확인받아야 한다.

③ 정부 또는 지방자치단체의 지급이나 수령

④ 해외여행경비지급, 해외이주비의 지급, 재외동포의 국내재산반출에 의한 지급을 제외하고 거래 또는 행위가 발생하기 전에 하는 지급. 이 경우 거래 또는 행위발생 후 일정한 기간내에 지급 증빙서류를 제출하여 정산해야 한다. 단, 그 지급금액의 100분의 10 이내에서는 정산의무를 면제할 수 있다.

⑤ 전년도 수출실적이 미화 5천만불 이상인 기업의 송금방식 수출대금의 수령 및 전년도 수입실적이 미화 5천만불 이상인 기업의 송금방식 수입대금의 지급(새만금사업지역내에 소재한 기업의 경우는 전년도 수출 또는 수입실적이 미화 1천만불 이상인 경우로 한정). 다만, 지급 등의 증빙서류 제출을 면제받은 기업은 관련 지급이나 수령의 증빙서류를 5년간 보관하여야 한다.

⑥ 외국인투자촉진법상 외국인투자기업 및 외국기업 국내지사의 설립을 위하여 비거주자가 지출한 비용의 반환을 위한 지급. 다만, 지출비용을 수령한 외국환은행을 통하여 지급하여야 한다.

⑦ 해외여행경비지급, 해외이주비의 지급, 재외동포의 국내재산반출로서 지급 등의 증빙서류를 제출하지 않고 지급할 수 있도록 별도로 정한 자금의 지급

다. 비거주자 또는 외국인거주자의 지급과 수령

비거주자 및 외국인거주자는 다음에 해당하는 자금의 취득경위를 입증하는 서류(이를 '취득경위 입증서류'라 한다)를 제출하여 외국환은행 장의 확인을 받은 경우에 한하여 지급할 수 있다.

① 비거주자 또는 외국인거주자(배우자와 직계존비속을 포함)가 외국으로부터 이 규정에서 정한 바에 따라 수령 또는 휴대수입한 대외지급수단 범위 이내의 경우. 다만, 비거주자의 경우 최근 입국일 이후 수령 또는 휴대수입한 대외지급수단에 한한다.

② 외국환의 매각관련 규정에 의하여 한국은행총재에게 신고한 범위 이내의 경우

③ 국내에서의 고용, 근무에 따라 취득한 국내보수 또는 자유업 영위에 따른 소득 및 국내로부터 지급받는 사회보험 및 보장급부 또는 연금 기타 이와 유사한 소득범위 이내에서 지정거래외국환은행을 통해 지급하는 경우
④ 주한 외교기관이 징수한 영사수입 기타 수수료의 지급
⑤ 외국환의 매입 규정에 의한 매각실적 범위내의 지급
⑥ 비거주자인 국내에 있는 외국정부의 공관과 국제기구 및 그에 근무하는 외국인의 지급
⑦ 기타 외국환거래규정 제7장 내지 제9장의 규정에 따라 대외지급이 인정된 자금의 지급

위 각 호의 사유에 해당되지 않는 경우 비거주자와 외국인거주자는 연간 미화 5만불(해외여행경비를 포함) 범위 내에서 지정거래외국환은행을 통해 지급할 수 있다. 이러한 규정에도 불구하고 비거주자와 외국인거주자는 거주자계정 및 거주자외화신탁계정에의 예치를 위하여 매각한 외화금액과, 외국인거주자의 미화 1만불 이내의 해외여행경비는 지급할 수 있다.

3 해외여행경비의 지급

1) 해외여행자의 구분

'해외여행경비'란 해외여행자가 지급할 수 있는 해외여행에 필요한 경비를 말한다. 해외여행자는 〈표 9-3〉과 같이 구분된다(외국환거래규정 제1-2조).

〈표 9-3〉 외국환거래법상 해외여행자의 구분

구분	내용
해외체재자	다음에 해당하는 자로서 체재기간이 30일을 초과하여 외국에 체재하는 자 가. 상용, 문화, 공무, 기술훈련, 국외연수(6개월 미만의 경우에 한한다)를 목적 으로 외국에 체재하는 자. 다만, 국내거주기간이 5년 미만인 외국인거주 자는 제외한다. 나. 국내기업 및 연구기관 등에 근무하는 자로서 그 근무기관의 업무를 위 하여 외국에 체재하는 국내거주기간 5년 미만인 외국인거주자와 외국의 영주권 또는 장기체류자격을 취득한 재외국민
해외유학생	다음의 어느 하나에 해당하는 자로서 외국의 교육기관・연구기관 또는 연수기관에서 6월 이상의 기간에 걸쳐 수학하거나 학문・기술을 연구 또는 연수할 목적으로 외국에 체재하는 자 가. 영주권자가 아닌 국민 또는 국내 거주기간 5년 이상인 외국인인 경우 나. 위 '가'항에 해당되지 않은 자로서, 유학경비를 지급하는 부모가 영주권 자가 아닌 국민인 거주자인 경우

일반 해외여행자	해외체재자와 해외유학생이 아닌 거주자인 해외여행자

2) 해외여행경비의 지급절차

가. 지급방법

해외여행자는 해외여행경비를 외국환은행을 통하여 지급하거나 휴대수출할 수 있다. 다만, 일반해외여행자가 외국환은행을 통하여 외국에 지급할 수 있는 경우는 다음 각 호의 1에 한한다(외국환거래규정 제4-5조).

① 다음 각목의 1에 해당하는 기관의 예산으로 지급되는 금액
  가. 정부, 지방자치단체
  나. 공공기관의 운영에 관한 법률에 따라 지정된 공공기관
  다. 한국은행, 외국환은행
  라. 한국무역협회・중소기업협동조합중앙회・언론기관(국내 신문사, 통신사, 방송국에 한함)・대한체육회・전국경제인연합회・대한상공회의소

② 다음 각목의 1에 해당하는 자에 대하여 주무부장관 또는 한국무역협회의 장이 필요성을 인정하여 추천하는 금액
  가. 수출・해외건설 등 외화획득을 위한 여행자
  나. 방위산업체 근무자
  다. 기술・연구목적 여행자

③ 외국에서의 치료비

④ 당해 수학기관에 지급하는 등록금, 연수비와 교재대금 등 교육관련 경비

⑤ 외국에 소재한 여행업자, 숙박업자, 운수업자에 대한 해외여행경비의 지급(소속 임직원의 일반해외여행경비에 대해서 당해 법인이 지급하는 경우를 포함한다)

나. 해외체재자 및 해외유학생의 해외여행경비지급

해외체재자 및 해외유학생이 해외여행경비를 지급하고자 하는 경우에는 거래외국환은행을 지정하여야 하며, 해외체재 또는 해외유학을 입증할 수 있는 서류를 제출하여야 한다. 다만, 해외유학생은 이후에도 매연도별로 외국교육기관의 장이 발급하는 재학증명서 등 재학사실을 입증할 수 있는 서류를 제출하여야 한다.

다. 여행업자 또는 교육기관 등의 해외여행경비지급

여행업자 또는 교육기관등(국내 해외연수알선업체를 포함)과의 계약에 의하여 해외여행을 하고자 하는 해외여행자는 해외여행경비의 전부 또는 일부를 당해 여행업자 또는 교육기관 등에게 외국환은행을 통하여 지급할 수 있다. 여행업자 또는 교육기관등은 동 경비를 외국의 숙박업자·여행사 또는 해외연수기관(외국의 연수알선업체를 포함)에 지정거래외국환은행을 통하여 지급하거나 휴대수출하여 지급할 수 있다. 여행업자 또는 교육기관 등이 해외여행자와의 계약에 의한 필요외화 소요경비를 환전하고자 하는 경우에는 지정거래외국환은행의 장으로부터 환전금액이 해외여행자와의 계약에 따른 필요 외화 소요경비임을 확인받아야 한다. 이때 지정거래외국환은행장은 해외여행자가 외국인거주자인 경우에는 당해 해외여행자의 여권에 매각금액을 표시해야 한다. 다만, 1백만원 이하에 상당하는 외국통화를 매각하는 경우에는 제외한다.

라. 신용카드 등을 사용한 해외여행경비의 지급

해외여행자는 해외여행경비를 신용카드 등(여행자카드 포함)으로 지급(현지에서의 외국통화 인출을 포함하며, 이하 이 항에서 같다)할 수 있다. 다만, 외국인거주자의 경우 한국은행총재에게 신고한 금액범위 이내에서 해외여행경비를 신용카드 등으로 지정거래외국환은행을 통하여 지급할 수 있다. 법인은 당해 법인의 예산으로 소속 임직원(일반해외여행자에 한함)에게 해외여행경비 지급할 경우 법인명의로 환전하여 지급하거나, 법인명의의 신용카드 등(여행자카드 포함)으로 지급할 수 있다.

4 해외이주비의 지급

1) 해외이주비의 개념

해외이주비라 함은 해외이주자(해외이주법 등 관련 법령에 의하여 해외이주가 인정된 자를 말한다) 및 해외이주예정자(영주권등을 취득하려고 하는 자)가 지급할 수 있는 경비를 말한다. **'해외이주자'**란 생업에 종사하기 위하여 외국에 이주하는 사람과 그 가족(민법 제779조에 따른 관계에 있는 사람을 말함) 또는 외국인과의 혼인(외국에서 영주권을 취득한 대한민국 국민과 혼인하는 경우를 포함) 및 연고(緣故) 관계로 인하여 이주하는 사람을 말한다(해외이주법 제2조). 해외이주의 종류는 연고이주와 무연고이주 그리고 현지이주로 구분된다. 연고이주는 혼인·약혼 또는 친족 관계를 기초로 하여 이주하는 것을 말하고, 무연고이주는 외국기업과의 고용계약에 따른 취업이주, 해외이주알선업자가 이주대상국의 정부기관·이주알선기관 또는 사업주와의 계약에 따르거나 이주대상국 정부기관의 허가를 받아 행하는 사업이주 등의 사유로 이주하는 것이다. 현지이주는 해외이주 이외의 목적으로 출국하여 영주권 또는 그에 준하는 장기체류 자격을 취득하고 이에 근거하여 거주여권을 발급받은 사람의 이주를 말한다(해외이주법 제4조).

2) 해외이주비의 지급절차

해외이주자가 해외이주비를 지급하고자 하는 경우에는 다음 각 호의 1에서 정하는 날부터 3년 이내에 지정거래외국환은행을 통하여 지급하거나 휴대수출할 수 있다(외국환거래규정 제4-6조).

① **국내로부터 이주하는 자** : 외교부로 부터 해외이주신고확인서를 발급받은 날

② **현지 이주하는 자** : 재외공관으로부터 최초로 거주여권을 발급받은 날

해외이주예정자가 영주권등을 취득하기 위한 자금을 지급하고자 하는 경우에는 지정거래외국환은행을 통하여 지급하거나 제5-11조의 규정에 의하여 휴대수출할 수 있다. 해외이주자(해외이주예정자를 포함)는 세대별 해외이주비 지급누계금액이 미화 10만불을 초과하는 경우에는 해외이주자의 관할세무서장이 발급하는 해외이주비 전체금액에 대한 자금출처확인서를 지정거래외국환은행의 장에게 제출하여야 한다. 해외이주예정자는 해외이주비의 지급 후 1년 이내에 영주권 등을 취득하였음을 입증하는 서류를 지정거래외국환은행의 장에게 제출하거나, 지급한 자금을 국내로 회수하여야 한다. 다만, 영주권 등을 1년 이내에 취득하는 것이 불가능하다는 사실을 입증할 경우, 영주권 등을 취득하였음을 입증하는 서류의 제출기한을 연장할 수 있으며, 이 경우 매년 영주권 등 취득현황을 통보하여야 한다. 해외이주비의 지급규정에 해당하는 경우 재외동포재산반출절차는 적용하지 않는다.

5 재외동포의 재산반출

1) 재외동포의 범위와 반출가능 재산

재외동포란 해외이주법에 의한 해외이주자로서 외국 국적을 취득한 자 또는 대한민국

국민으로서 외국의 영주권 또는 이에 준하는 자격을 취득한 자를 말한다. 재외동포가 본인 명의로 보유하고 있는 다음에 해당하는 국내재산(재외동포 자격 취득후 형성된 재산을 포함한다)은 국외로 반출할 수 있다(외국환거래규정 제4-7조).

① 부동산 처분대금(부동산을 매각하여 금융자산으로 보유하고 있는 경우를 포함)
② 국내예금·신탁계정관련 원리금, 증권매각대금
③ 본인명의 예금 또는 부동산을 담보로 하여 외국환은행으로부터 취득한 원화대출금
④ 본인명의 부동산의 임대보증금

2) 재외동포재산의 반출절차

재외동포가 자금을 반출하고자 하는 경우에는 거래외국환은행을 지정하여야 한다. 아울러 다음에 해당하는 취득경위 입증서류를 지정거래외국환은행의 장에게 제출하여야 한다.

① 부동산처분대금의 경우 부동산소재지 또는 신청자의 최종주소지 관할세무서장이 발행한 부동산매각자금확인서. 다만, 확인서 신청일 현재 부동산 처분일로부터 5년이 경과하지 아니한 부동산 처분대금에 한한다.
② 지급누계금액이 미화 10만불을 초과하는 경우 지정거래외국환은행의 주소지 또는 신청자의 최종주소지 관할세무서장이 발행한 전체 금액에 대한 자금출처확인서 등

재외동포재산의 반출자금은 지정거래외국환은행을 통하여 지급하거나 휴대수출할 수 있으며, 해외이주자계정에 예치할 경우에는 담보활용이 가능하다. 다만, 담보권실행에 의한 예치금의 해외지급은 당해 신청자의 국내재산이 반출된 것으로 간주한다.

6 국세청장 등에 대한 통보

외국환거래법에서는 법을 적용받는 거래, 지급, 수령, 자금의 이동 등에 관한 자료를 국세청장, 관세청장, 금융감독원장 등 통보하도록 하고 있다(외국환거래법 제21조). 이 규정은 외국환거래의 사후모니터링과 제재를 위한 규정으로 외국환거래규정(제4-8조)에 보다 자세히 규정돼있다. 이에 따라 다음의 지급 내용을 외국환은행의 장은 매월 익월 10일까지 관세청장에게 통보한다. 그러나 정부 또는 지방자치단체의 지급은 통보하지 않는다.

1) 국세청장 통보 대상

① 거주자 지급등의 금액이 지급인 및 수령인별로 연간 미화 1만불을 초과하는 경우 및 거주자가 해외에서 비거주자와 외화예금거래에 따른 지급금액이 지급인별로 연간 미화 1만불을 초과하는 경우
② 해외여행경비 지급절차에 의한 해외유학생 및 해외체재자의 해외여행경비 지급금액이 연간 미화 10만불을 초과하는 경우
③ 위 경우를 제외하고 건당 미화 1만불을 초과하는 금액을 외국환은행을 통하여 지급등(송금수표에 의한 지급등을 포함한다)하는 경우

2) 관세청장 통보 대상

① 수출입대금의 지급 또는 수령
② 외국환은행을 통한 용역대가의 지급 또는 수령
③ 건당 3천불 초과 증빙서류 미제출 송금, 신고예외사항의 수령
④ 건당 미화 1만불을 초과하는 해외이주비의 지급
⑤ 기타 건당 미화 1만불을 초과하는 금액을 외국환은행을 통하여 지급 및 수령(송금수표에 의한 지급을 포함한다)을 하는 경우

3) 금융감독원장 통보 대상

① 건당 3천불 초과 증빙서류미제출송금 및 해외예금송금액이 지급인별로 연간 미화 1만불을 초과하는 경우
② 해외유학생 및 해외체재자의 해외여행경비 지급금액이 연간 미화 10만불을 초과하는 경우
③ 기타 건당 미화 1만불을 초과의 이주비, 재산반출, 현지금융상환, 지사경비, 용역대가 등의 금액을 외국환은행을 통하여 지급(송금수표에 의한 지급 포함) 및 영수하는 경우

제4절 외국환의 지급과 수령의 방법

1 외국환의 지급 · 수령방법에 대한 신고의무

1) 신고대상

일반적인 외국환의 지급이나 수령은 자유롭게 허용된다. 그러나 외국환거래법이 별도로 정해 둔 다음의 예외적인 방법으로 외국환을 지급하거나 수령할 때는 그 지급 또는 수령의 방법을 기획재정부장관에게 미리 신고해야 한다.

> **외국환거래법 제16조(지급 또는 수령의 방법의 신고)** 거주자 간, 거주자와 비거주자 간 또는 비거주자 상호 간의 거래나 행위에 따른 채권·채무를 결제할 때 거주자가 다음 각 호의 어느 하나에 해당하면(제18조에 따라 신고를 한 자가 그 신고된 방법으로 지급 또는 수령을 하는 경우는 제외한다) 대통령령으로 정하는 바에 따라 그 지급 또는 수령의 방법을 기획재정부장관에게 미리 신고하여야 한다. 다만, 외국환수급 안정과 대외거래 원활화를 위하여 대통령령으로 정하는 거래의 경우에는 사후에 보고하거나 신고하지 아니할 수 있다.
> 1. 상계 등의 방법으로 채권·채무를 소멸시키거나 상쇄시키는 방법으로 결제하는 경우
> 2. 기획재정부장관이 정하는 기간을 넘겨 결제하는 경우
> 3. 거주자가 해당 거래의 당사자가 아닌 자와 지급 또는 수령을 하거나 해당 거래의 당사자가 아닌 거주자가 그 거래의 당사자인 비거주자와 지급 또는 수령을 하는 경우
> 4. 외국환업무취급기관등을 통하지 아니하고 지급 또는 수령을 하는 경우

2) 신고의무의 면제

외국환거래법 제16조 단서규정에 따라 외국환의 지급 또는 수령이 다음 각호에 해당하는 경우 신고의무는 면제된다(외국환거래법시행령 제30조 제2항).

① 거주자와 비거주자가 상계의 방법으로 결제할 때 기획재정부장관이 정하여 고시하는 방법으로 일정한 외국환은행을 통하여 주기적으로 결제하는 경우

② 기획재정부장관에게 신고한 방법에 따라 채권을 매매, 양도 또는 인수하는 경우

③ 계약 건당 미화 5만달러 이내의 수출대금을 기획재정부장관이 정하여 고시하는 기간을 초과하여 수령하는 경우

④ 거주자가 건당 미화 1만달러 이하의 경상거래에 따른 대가를 외국환업무취급기관을

통하지 아니하고 직접 지급하는 경우

⑤ 그 밖에 기획재정부장관이 정하여 고시한 다음의 경우(외국환거래규정 제5-2조)

가. 자본거래의 신고를 한 자(단, 외국환은행의 장에게 신고를 한 경우는 제외)가 그 신고 내용에 포함된 지급 등의 방법으로 지급이나 수령을 하는 경우

나. 한국은행, 외국환은행 및 종합금융회사가 외국환업무와 관련하여 지급이나 수령을 하는 경우

다. 체신관서가 국제우편환업무와 관련하여 외국의 우편기관과 지급이나 수령을 하는 경우

라. 조약 또는 일반적으로 승인된 국제법규에서 정하는 지급 등의 방법으로 지급이나 수령을 하는 경우

마. 거래당사자의 일방이 신고한 경우

바. 정부 또는 지방자치단체가 수입대금을 지급하는 경우

사. 공공차관의 도입 및 관리에 관한 법률에 의한 차관자금으로 수입대금을 지급하는 경우

아. 대외무역관리규정 [별표 3] 및 [별표 4]에서 정한 물품[2)]의 수출입대금을 지급 또는 수령하는 경우

2 상계 등의 방법에 의한 결제의 신고

1) 상계방법에 의한 결제

가. 신고의무의 발생

상계(相計, set-off)란 채권자와 채무자가 서로 동종의 채권(債權), 채무(債務)를 가지는 경우에 그 채권과 채무를 대등액(對等額)에 있어서 소멸케 하는 일방적 의사표시이다(민법 제492조). 광의로는 당사자사이의 계약에 의한 상계(상계계약)를 포함하지만 협의로는 일방적인 의사표시에 의한 상계만을 가리킨다. 거주자가 수출입, 용역거래, 자본거래 등 대외거래를 함에 있어서 계정의 대기 또는 차기에 의하여 결제하는 등 비거주자에 대한 채권 또는 채무를 비거주자에 대한 채무 또는 채권으로 상계를 하고자 하는 경우에는 외국환은행의 장에게 신고해야 한다. 만일 다국적 기업의 상계센터를 통하여 상계하거나 다수의 당

2) 대외무역관리규정 [별표 3]은 수출승인 면제대상, [별표 4]는 수입승인 면제대상을 규정하고 있다.

사자의 채권 또는 채무를 상계하고자 하는 경우에는 한국은행총재에게 신고하여야 한다. 상계를 실시하는 자는 관계증빙서류를 5년간 보관하여야 한다(외국환거래법 제16조, 동법 시행령 제30조, 외국환거래규정 제5-4조).

나. 신고의무의 면제

상계에 의한 지급이나 영수가 다음 각호의 1에 해당하는 경우에는 신고를 요하지 아니한다(외국환거래규정 제5-4조).

① 일방의 금액(분할하여 지급등을 하는 경우에는 각각의 지급 등의 금액을 합산한 금액을 말한다)이 미화 2천불 이하인 채권 또는 채무를 상계하고자 하는 경우
② 거주자가 거주자와 비거주자간의 거래 또는 행위에 따른 채권 또는 채무를 (이 절 제2관의 규정에 의한) 상호계산계정을 통하여 당해 거래의 당사자인 비거주자에 대한 채무 또는 채권으로 상계하고자 하는 경우
③ 신용카드발행업자가 외국에 있는 신용카드발행업자로부터 수령할 금액과 당해 외국에 있는 신용카드발행업자에게 지급할 금액(거주자의 신용카드 대외지급대금, 사용수수료 및 회비)을 상계하거나 그 상계한 잔액을 지급 또는 수령하는 경우
④ 보험업법에 의한 보험사업자 및 특정보험사업자(신용협동조합법, 수산업협동조합법 및 새마을금고법에 따른 공제사업자를 포함한다)가 외국의 보험사업자와의 재보험계약에 의하여 재보험료, 재보험금, 대행중개수수료, 대행업무비용, 공탁금 및 공탁금 이자 등을 지급 또는 수령함에 있어서 그 대차를 차감한 잔액을 지급 또는 수령하는 경우
⑤ 거주자가 파생상품거래에 의하여 취득하는 채권 또는 채무를 당해 거래상대방과의 반대거래 또는 당해 장내파생상품시장에서 동종의 파생상품거래에 의하여 취득하는 채무 또는 채권과 상계하거나 그 상계한 잔액을 지급 또는 수령하는 경우
⑥ 연계무역, 위탁가공무역 및 수탁가공무역에 의하여 수출대금과 관련 수입대금을 상계하고자 하는 경우
⑦ 물품의 수출입대금과 당해 수출입거래에 직접 수반되는 중개 또는 대리점 수수료 등을 상계하고자 하는 경우
⑧ 외국항로에 취항하는 국내의 항공 또는 선박회사가 외국에서 취득하는 외국항로의 항공임 또는 선박임과 경상운항경비를 상계하거나 그 상계한 잔액을 지급 또는 수령하는 경우
⑨ 외국항로에 취항하고 있는 국내선박회사가 외국선박회사와 공동운항계약을 체결하고 선복 및 장비의 상호사용에 따른 채권과 채무를 상계하고자 하는 경우

⑩ 국내외철도승차권 등(선박, 항공기 또는 교통수단 등의 이용권을 포함한다)의 판매대금과 당해 거래에 직접 수반되는 수수료를 상계하고자 하는 경우
⑪ 거주자간에 외화표시 채권 또는 채무를 상계하고자 하는 경우
⑫ 국내 통신사업자가 외국에 있는 통신사업자로부터 수령할 통신망 사용대가와 당해 통신사업자에게 지급할 통신망 사용대가를 상계하거나 그 상계한 잔액을 지급 또는 수령하는 경우
⑬ 조세에 관한 법률등에 따라 거주자가 비거주자간 소득에 대한 원천징수 후 잔액을 지급 또는 수령하는 경우

2) 상호계산방법에 의한 결제

가. 신고의무의 발생

일반적으로 동일한 거래처와 계속 거래를 할 경우 그 거래에 의해 생기는 채권·채무 총액을 상계하여 그 차액만 결제하는 방법을 **상호계산**이라 한다. 상대방과의 거래가 빈번하여 상호계산방법으로 지급이나 영수를 하고자 하는 자는 상호계산신고서를 지정거래외국환은행의 장에게 제출하여야 한다. 상호계산방법을 폐쇄하고자 하는 경우에도 신고하여야 한다. 지정거래외국환은행의 장은 상호계산을 실시하는 자가 법·영·규정 및 기타 법령에 규정하는 사항을 위반하거나 그 거래실적·거래내용이나 기타 사정에 비추어 상호계산계정의 존속이 필요없다고 인정되는 경우에는 그 상호계산계정을 폐쇄할 수 있다.

나. 계정의 운용

상호계산계정을 통하여 대기 또는 차기할 수 있는 항목은 상호계산상대방과의 채권 또는 채무다. 상호계산계정의 기장은 당해 거래가 물품의 수출입 또는 용역의 제공을 수반하는 경우에는 그 수출입 또는 용역제공의 완료 후 30일 이내, 기타의 경우에는 당해 거래에 따른 채권·채무의 확정 후 30일 이내에 행하여야 한다. 상호계산계정의 결산은 회계기간의 범위내에서 월단위로 결산주기를 정하여 실시하여야 한다. 다만, 필요한 경우 회계기간의 범위 내에서 결산주기를 달리 정할 수 있다. 상호계산계정의 결산에 있어서의 대기 및 차기잔액은 각 상대방별 계정의 대차기잔액을 합산한 금액으로 한다.

상호계산계정의 대차기잔액은 매 결산기간 종료 후 3월 이내에 지정거래외국환은행의 장에게 신고한 후 지급하거나 수령하여야 한다. 상호계산을 실시하는 자는 결산보고서 등 지정거래외국환은행의 장이 정하는 보고서를 지정거래외국환은행의 장에게 제출하여야 한

다. 상호계산을 실시하는 자는 장부 및 관계증빙서류를 5년간 보관하여야 한다. 상호계산과 관련된 신고를 받은 지정거래외국환은행의 장은 동 신고사실을 국세청장 및 관세청장에게 통보하여야 한다.

3 지정된 기간을 초과하는 결제에 대한 신고

1) 신고의무의 발생

거주자가 수출입대금의 지급등을 하고자 하는 경우에는 신고를 요하지 않는다. 다만, 다음 각호의 1에 해당하는 방법으로 지급등을 하고자 하는 자는 한국은행총재에게 신고하여야 한다(외국환거래규정 제5-8조). 신고를 받은 한국은행총재는 매월별로 익월 10일 이내에 동 신고사실을 국세청장 및 관세청장에게 통보하여야 한다.

① 계약건당 미화 5만불을 초과하는 수출대금을 다음 각목의 1에 해당하는 방법으로 수령하고자 하는 경우
  가. 본지사간의 수출거래로서 무신용장 인수인도조건방식(D/P) 또는 외상수출채권매입방식(D/A)에 의하여 결제기간이 물품의 선적 후 또는 수출환어음의 일람 후 3년을 초과하는 경우
  나. 본지사간의 수출거래로서 수출대금을 물품의 선적 전에 수령하고자 하는 경우
  다. 본지사간이 아닌 수출거래로서 수출대금을 물품의 선적 전 1년을 초과하여 수령하고자 하는 경우. 다만, 선박, 철도차량, 항공기, 대외무역법에 의한 산업설비의 경우는 제외한다.

② 다음 각목의 1에 해당하는 방법으로 수입대금을 지급하고자 하는 경우
  가. 계약건당 미화 5만불을 초과하는 미가공 재수출할 목적으로 금을 수입하는 경우로서 수입대금을 선적서류 또는 물품의 수령일부터 30일을 초과하여 지급하거나 내수용으로 30일을 초과하여 연지급수입한 금을 미가공 재수출하고자 하는 경우
  나. 계약건당 미화 2만불을 초과하는 수입대금을 선적서류 또는 물품의 수령 전 1년을 초과하여 송금방식에 의하여 지급하고자 하는 경우. 다만, 선박, 철도차량, 항공기, 대외무역법에 따른 산업설비에 대한 미화 2백만불 이내의 수입대금을 지급하는 경우는 제외한다.

신고는 사전신고가 원칙이나 ①의 다목 및 ②의 나목 본문 중 불가피한 사유로 인정되

는 경우에는 1년을 초과한 날로부터 3월 이내에 사후신고를 할 수 있다.

2) 대응수출입을 이행할 의무

건당 미화 5만불을 초과하는 수출대금을 물품의 선적 전에 수령한 자는 동 대금을 반환하거나 대응수출을 이행하여야 한다. 또한 선적서류 또는 물품의 수령 전에 송금방식에 의하여 건당 미화 2만불을 초과하는 수입대금을 지급한 자는 동 대금을 반환받거나 대응수입을 이행하여야 한다(외국환거래규정 제5-9조).

4 제3자와의 지급 또는 수령의 신고

1) 신고의무의 발생

어떤 법률관계에 있어서 그 관계에 직접 참여하는 자를 당사자라 하고, 그 이외의 자를 **제3자**라고 한다. 따라서 제3자지급 또는 제3자영수란 외국환의 지급 또는 영수가 발생하는 거래의 당사자가 아닌 자가 당사자간의 거래와 관련해 외국환의 지급 또는 영수에 관여하는 경우를 의미한다. 채권자인 A와 채무자인 B의 거래에서 C가 A의 채권금액을 B로부터 수령하거나, D가 B대신 A에게 B의 채무액을 지급하는 경우가 그것이다. 외국환거래법에서는 당사자인 거주자가 해당 거래의 당사자가 아닌 자와 지급 또는 수령을 하거나, 해당 거래의 당사자가 아닌 거주자가 그 거래의 당사자인 비거주자와 지급 또는 수령을 하는 경우로서, 그 금액이 미화 2천불을 초과하고 미화 1만불 이내의 금액(분할하여 지급등을 하는 경우에는 각각의 지급등의 금액을 합산한 금액)일 경우에는 외국환은행의 장에게 신고하도록 하였다(외국환거래법 제16조 및 외국환거래규정 제5-10조). 즉, 위 사례의 A 또는 B가 거주자이거나, C 또는 D가 거주자인 경우 지급 또는 영수금액이 미화 2천불 내지 1만불 이내일 경우 외국환은행장에게 신고해야 하는 것이다. 만일 1만불을 초과하는 금액일 때는 한국은행총재에게 신고하여야 한다. 신고를 받은 외국환은행의 장 또는 한국은행총재는 매월별로 익월 10일 이내에 동 신고사실을 국세청장 및 관세청장에게 통보하여야 한다.

2) 신고의무의 면제

제3자에 대한 지급 또는 수령일지라도 다음 각 호의 어느 하나에 해당하는 경우에는 신고가 면제된다.

① 미화 2천불 이하의 금액을 제3자 지급 또는 영수 하는 경우(분할하여 지급등을 하는 경우에는 각각의 지급 또는 수령 금액을 합산한 금액을 말한다)

② 거주자간 또는 거주자와 비거주자간 거래의 결제를 위하여 당해 거래의 당사자인 거주자가 당해 거래의 당사자가 아닌 비거주자로부터 수령하는 경우

③ 비거주자간 또는 거주자와 비거주자간 거래의 결제를 위하여 당해 거래의 당사자가 아닌 거주자가 당해 거래의 당사자인 비거주자로부터 수령하는 경우(당해 거래의 당사자인 거주자가 당해 거래의 당사자가 아닌 거주자로부터 결제대금을 수령하는 경우를 포함한다).

④ 외국환은행이 당해 외국환은행의 해외지점 및 현지법인의 여신과 관련하여 차주, 담보제공자 또는 보증인으로부터 여신원리금을 회수하여 지급하고자 하는 경우

⑤ 거주자인 예탁결제원이 예탁기관으로서 법·영 및 이 규정에서 정하는 바에 따라 비거주자가 발행한 주식예탁증서의 권리행사 및 의무이행과 관련된 내국지급수단 또는 대외지급수단을 지급 또는 수령하는 경우

⑥ 거래당사자가 회원으로 가입된 국제적인 결제기구와 지급 또는 수령하는 경우

⑦ 인정된 거래에 따른 채권의 매매 및 양도, 채무의 인수가 이루어진 경우(비거주자간의 외화채권의 이전을 포함한다)

⑧ 인정된 거래에 따라 외국에 있는 부동산 또는 이에 관한 권리를 취득하고자 하는 거주자가 동 취득대금을 당해 부동산 소재지 국가에서 부동산계약 중개·대리업무를 영위하는 자에게 지급하는 경우

⑨ 인정된 거래에 따라 외국에서 외화증권을 발행한 거주자가 원리금상환 및 매입소각 등을 위하여 자금관리위탁계약을 맺은 자에게 지급하고자 하는 경우

⑩ 인정된 거래에 따라 외화증권을 취득하고자 하는 자가 관련자금을 예탁결제원에게 지급하는 경우

⑪ 주식 또는 지분을 취득하는 경우 동 취득대금을 외국인투자촉진법에 의한 외국인투자기업(국내자회사를 포함한다), 외국기업국내지사, 외국은행국내지점 또는 사무소가 본사(본사의 지주회사나 방계회사를 포함)에게 직접 지급하는 경우

⑫ 해외현지법인을 설립하거나 해외지사를 설치하고자 하는 거주자가 동 자금을 해외직접투자와 관련된 대리관계가 확인된 거주자 또는 비거주자에게 지급하는 경우

⑬ 외교부의 신속 해외송금 지원제도 운영 지침에 따라 대한민국 재외공관이 국민인비거주자에게 긴급경비를 지급하는 경우

⑭ 수입대행업체(거주자)에게 단순수입대행을 위탁한 거주자(납세의무자)가 수입대행계약 시 미리 정한 바에 따라 수입대금을 수출자인 비거주자에게 지급하는 경우

⑮ 거주자가 인터넷으로 물품 수입을 하고 수입대금은 국내 구매대행업체를 통하여 지급하는 경우 및 수입대금을 받은 구매대행업체가 수출자에게 지급하는 경우

⑯ 비거주자가 인터넷으로 판매자인 다른 비거주자로부터 물품을 구매하고 구매대금을 거주자인 구매대행업체를 통하여 지급하는 경우 및 구매대금을 받은 거주자인 구매대행업체가 판매자인 다른 비거주자에게 지급하는 경우

⑰ 거주자인 정유회사 및 원유, 액화천연가스 또는 액화석유가스 수입업자가 외국정부 또는 외국정부가 운영하는 기업으로부터 원유, 액화천연가스 또는 액화석유가스를 수입함에 있어 당해 수출국의 법률이 정한 바에 따라 수입대금을 수출국의 중앙은행에 지급하는 경우

⑱ 해운대리점 또는 선박관리업자가 비거주자인 선주(운항사업자를 포함한다)로부터 수령한 자금으로 국내에 입항 또는 국내에서 건조중인 선박(이하 '외항선박')의 외항선원 급여 등 해상운항경비를 외항선박의 선장 등 관리책임자에게 지급하는 경우

⑲ 거주자간 거래의 결제를 위하여 당해 거래의 당사자인 거주자가 당해 거래의 당사자가 아닌 거주자와 지급 또는 수령을 하는 경우

⑳ 거주자인 통신사업자와 비거주자인 통신사업자간 통신망 사용대가의 결제를 위하여 당해 거래의 당사자인 거주자가 당사자가 아닌 비거주자와 지급 또는 수령을 하는 경우

㉑ 정보통신망 이용촉진 및 정보보호 등에 관한 법률 또는 전자금융거래법에 따라 등록된 통신과금서비스제공자 또는 전자지급결제대행업자가 거주자 또는 비거주자의 전자적 방법에 의한 재화의 구입 또는 용역의 이용에 있어 그 대가의 정산을 대행하기 위해 지급 또는 수령을 하는 경우

㉒ 거주자가 외국환은행 또는 이에 상응하는 외국 금융기관 명의로 개설된 에스크로 계좌(상거래의 안정성을 확보하기 위하여 중립적인 제3자로 하여금 거래대금을 일시적으로 예치하였다가 일정 조건이 충족되면 당초 약정한 대로 자금의 집행이 이루어지는 계좌를 말한다)를 통해 비거주자와 지급 또는 수령을 하는 경우

㉓ 해외광고 및 선박관리 대리대행계약에 따라 동 업무를 대리대행하는 자가 지급 또는 수령을 하는 경우

㉔ 국제개발협력기본법에 따른 국제개발협력과 관련한 자금을 거래당사자가 아닌 자에게 지급하는 경우

㉕ 다국적 기업의 상계센터를 통한 상계로서 한국은행총재에게 상계 신고를 이행한 후 상계잔액을 해당 센터에 지급하는 경우

5 외국환은행을 통하지 않는 지급 또는 수령의 신고

1) 신고의무의 발생

거주자가 외국환은행을 통하지 아니하고 지급 또는 수령을 하고자 하는 경우(물품 또는 용역의 제공, 권리의 이전 등으로 비거주자와의 채권・채무를 결제하는 경우를 포함한다)에는 한국은행총재에게 신고하여야 한다(외국환거래법 제16조 및 외국환거래규정 제5-11조).

2) 신고의무의 면제

거주자가 외국환은행을 통하지 아니하고 지급수단을 수령하고자 하는 경우와, 다음 각 호의 1에 해당하는 방법으로 지급하고자 하는 경우에는 신고를 요하지 아니한다.

① 외항운송업자와 승객간에 외국항로에 취항하는 항공기 또는 선박안에서 매입, 매각한 물품대금을 직접 지급 또는 수령하는 경우

② 해외여행자(여행업자 및 교육기관등을 포함한다) 또는 해외이주자(해외이주예정자를 포함한다) 및 재외동포가 해외여행경비, 해외이주비 및 국내재산을 외국에서 직접 지급하는 경우. 다만, 미화 1만불을 초과하는 대외지급수단을 휴대수출하여 지급하는 경우는 다음 각목의 1에 한해 신고가 면제된다.

가. 해외체재자, 해외유학생 및 여행업자(교육기관 등을 포함한다), 해외이주자, 해외이주예정자 및 재외동포가 대외지급수단을 휴대수출하여 지급하는 경우로서 지정거래외국환은행장이 확인한 경우

나. 일반해외여행자(외국인거주자는 제외한다)가 대외지급수단을 관할세관의 장에게 신고한 후 휴대수출하여 지급하는 경우

다. 정부, 지방자치단체, 공공기관 등에 해당하는 기관의 예산으로 지급되는 해외여행경비를 휴대수출하여 지급하는 경우

라. 해외체재자 및 해외유학생이 지정거래외국환은행의 장이 확인한 금액을 초과하여 관할세관의 장에게 신고한 후 휴대수출하여 지급하는 경우. 다만, 초과금액이 미화 1만불 이하의 경우에는 신고를 요하지 아니한다.

③ 거주자가 인정된 거래에 따른 지급을 위하여 송금수표, 우편환 또는 유네스코쿠폰으로 지급하는 경우

④ 거주자가 외국에서 보유가 인정된 대외지급수단으로 인정된 거래에 따른 대가를 외국에서 직접 지급하는 경우

⑤ 거주자와 비거주자간에 국내에서 내국통화로 표시된 거래를 함에 따라 내국지급수단으로 지급하고자 하는 경우

⑥ 외국환거래규정 제4-2조의 규정에 의한 절차(건당 미화 2천불을 초과하는 지급이나 영수를 하기 위해 외국환은행장에게 지급등의 증빙서류를 제출한 경우)를 거친 후 당해 외국환은행의 장의 확인을 받은 다음에 해당하는 경우

가. 대외무역관리규정에서 정한 수출 또는 수입승인면제 물품을 외국에서 수리 또는 검사를 위하여 출국하는 자가 외국통화 및 여행자수표를 휴대수출하여 당해 수리 또는 검사비를 외국에서 직접 지급하는 경우

나. 외국항로에 취항하는 항공 또는 선박회사가 외국통화를 휴대수출하여 외국에서 운항경비를 직접 지급하는 경우

다. 원양어업자가 어업규정준수 여부 확인 등을 위하여 승선하는 상대국의 감독관 등에게 지급하여야 할 경비를 휴대수출하여 지급하는 경우

라. 영화, 음반, 방송물 및 광고물을 외국에서 제작함에 필요한 경비를 당해 거주자가 대외지급수단을 휴대수출하여 외국에서 직접 지급하는 경우

마. 스포츠경기, 현상광고 등과 관련한 상금을 당해 입상자에게 직접 지급하는 경우

바. 외국인거주자(비거주자를 포함한다)가 정해진 절차에 따라 지정거래외국환은행으로부터 매입한 대외지급수단을 휴대수출하여 지급하는 경우

사. 해외여행경비를 휴대수출하여 지급하는 경우

아. 외국인거주자(비거주자를 포함한다)가 취득한 대외지급수단을 정해진 절차에 따라 휴대수출하여 지급하는 경우

자. 해운대리점 또는 선박관리업자가 비거주자인 선주(운항사업자를 포함한다)로부터 수령한 자금으로 국내에 입항 또는 국내에서 건조중인 선박(이하 '외항선박')의 외항선원 급여등 해상운항경비를 외항선박의 선장 등 관리책임자에게 지급하는 경우

⑦ 인정된 외화자금을 직접 예치·처분하는 경우 및 인정된 거래에 따른 대가를 당해 예금기관이 발행한 외화수표 또는 신용카드 등으로 국내에서 직접 지급하는 경우

⑧ 거주자와 비거주자간 또는 거주자와 다른 거주자간의 건당 미화 1만불 이하의 경상거래에 따른 대가를 대외지급수단으로 직접 지급하는 경우

⑨ 본인명의의 신용카드등(여행자카드 포함)으로 다음에 해당하는 지급을 하고자 하는 경우
가. 외국에서의 해외여행경비 지급(외국통화를 인출하여 지급하는 것을 포함한다)
나. 거주자가 국제기구, 국제단체, 국제회의에 대한 가입비, 회비 및 분담금을 지급하는 경우
다. 거주자의 외국간행물에 연구논문, 창작 작품 등의 발표, 기고에 따른 게재료 및 별책대금 등 제경비 지급
라. 기타 비거주자와의 인정된 거래(자본거래를 제외한다)에 따른 결제대금을 국내에서 지급(국내계정에서 지급하는 것을 의미한다)하는 경우
⑩ 외국인관광객 등에 대한 부가가치세 및 개별소비세 특례규정에 의한 환급창구운영사업자가 환급금을 직접 지급하는 경우
⑪ 법인의 예산으로 해외여행을 하고자 하는 법인소속의 해외여행자(일반해외여행자에 한함)가 당해 법인명의로 환전한 해외여행경비를 휴대수출하여 지급하는 경우
⑫ 거주자가 외국환거래규정에 의한 건당 미화 1만불 이하 대외지급수단을 직접 지급하는 경우
⑬ 원양어업자가 원양어로자금 조달을 위한 현지금융의 원리금 또는 어로경비 및 해외지사의 유지활동비를 외국에서 직접 수출하는 어획물의 판매대금으로 상환하거나 지급하는 경우

3) 신고내용의 통보

일반해외여행자로부터 대외지급수단의 휴대수출을 신고받은 세관장과 지급 또는 수령방법(변경)신고필증을 교부한 한국은행총재는 매월별로 익월 10일 이내에 동 신고사실을 국세청장과 관세청장에게 통보하여야 한다.

제5절 지급수단과 증권에 대한 수출입의 신고

1 신고대상과 신고방법

거주자 또는 비거주자가 지급수단등을 수출입하고자 하는 경우에는 관할세관의 장에게 신고하여야 한다(외국환거래규정 제6-3조). 신고를 하고자 하는 자는 지급수단 등의 수출입(변경)신고서[3]에 다음 각호의 1에 해당하는 서류를 첨부하여 당해 신고기관에 제출하여야 한다. 신고한 내용을 변경하고자 하는 경우에도 같다.

① 당해 지급수단 등의 수출입사유나 원인이 되는 거래 또는 행위의 증빙서류
② 정상적인 거래관행에 부합하는지 여부 등 수출입의 필요성을 입증하는 서류

2 신고의 면제

거주자 또는 비거주자가 다음 각호의 1에 해당하는 지급수단 등을 수출입하는 경우에는 신고를 요하지 아니한다(외국환거래규정 제6-2조).

① 미화 1만불 이하의 지급수단 등을 수입하는 경우. 다만, 내국통화, 원화표시여행자수표 및 원화표시자기앞수표 이외의 내국지급수단을 제외한다.
② 약속어음・환어음・신용장을 수입하는 경우
③ 미화 1만불 이하의 지급수단(대외지급수단, 내국통화, 원화표시자기앞수표 및 원화표시여행자수표를 말한다) 및 비거주자가 미화 1만불을 초과하는 대외지급수단을 국내에서 취득하면서 그 취득사실에 대해 외국환은행장의 확인을 받은 대외지급수단을 수출하는 경우
④ 국내에 있는 외국정부의 공관과 국제기구, 주한미군 및 국내에 있는 외국정부의 공관 또는 국제기구에서 근무하는 외교관・영사 또는 그 수행원이나 사용인이나 외국정부 또는 국제기구의 공무로 입국하는 자가 대외지급수단을 수출입하는 경우
⑤ 다음 각목의 1에 해당하는 지급수단 등을 수출하는 경우
  가. 외국환거래규정에 의하여 인정된 대외지급수단을 수출하는 경우

3) 외국환거래규정 [별지] 제6-2호 서식.

나. 비거주자가 다음에 해당하는 대외지급수단을 수출하는 경우
(1) 인정된 거래에 따른 대외지급을 위하여 송금수표 또는 우편환을 수출하는 경우
(2) 최근 입국시 휴대수입한 범위내 또는 국내에서 인정된 거래에 의하여 취득한 대외지급수단을 수출하는 경우
(3) 외국환거래법의 적용을 받지 않는 거래에 의하여 취득한 채권을 처분하고자 발행한 수표를 수출하는 경우
(4) 주한 미군이 한미행정협정과 관련한 근무 또는 고용에 따라 취득하거나 외국의 원천으로부터 취득한 대외지급수단 또는 당해 국가의 공금인 대외지급수단을 수출하는 경우
다. 외국인거주자가 이 법의 적용을 받지 않는 거래에 의하여 취득한 대외지급수단을 수출하는 경우
라. 다음에 해당하는 내국지급수단을 수출하는 경우
(1) 수출물품에 포함 또는 가공되어 대외무역법에서 정하는 바에 의해 내국지급수단을 수출하는 경우
(2) 비거주자가 입국시 휴대수입하거나 국내에서 매입한 원화표시여행자수표를 수출하는 경우
⑥ 외국환은행이 외국환은행해외지점, 외국환은행현지법인 또는 외국금융기관(외국전문외국환업무취급업자를 포함한다)과 내국통화를 수출입하는 경우
⑦ 다음 각목의 1에 해당하는 지급수단등을 수출입하는 경우
가. 다음에 해당하는 무기명식증권이나 기명식증권을 수출입하는 경우
(1) 자본거래의 신고를 한 자가 신고한 바에 따라 기명식증권을 수출입하는 경우
(2) 외국인투자촉진법에 의하여 취득한 기명식증권을 수출입하는 경우
(3) 거주자가 취득한 본사의 주식이나 국제수익증권 등을 수출입하는 경우
나. 거주자가 미화 5만불 상당액 이내의 외국통화 또는 내국통화를 지급수단으로 사용하지 아니하고 자가화폐수집용・기념용・자동판매기시험용・외국전시용 또는 화폐수집가 등에 대한 판매를 위하여 수출입하고자 하는 경우
다. 한국은행・외국환은행 또는 체신관서가 인정된 업무를 영위함에 있어 대외지급수단을 수출입하는 경우
라. 거주자가 수출대금의 수령을 위하여 외국통화표시수표를 휴대수입 이외의 방법으로 수입하는 경우

위 경우를 제외하고 다음 각호의 1에 해당하는 경우에는 관할세관의 장에게 신고하여야 한다.

① 거주자 또는 비거주자가 미화 1만불을 초과하는 지급수단(대외지급수단과 내국통화, 원화표시여행자수표 및 원화표시자기앞수표를 말한다)을 휴대수입하는 경우

② 국민인거주자가 미화 1만불을 초과하는 지급수단(대외지급수단, 내국통화, 원화표시여행자수표 및 원화표시자기앞수표를 말한다)을 휴대수출하는 경우

3 외국환은행장에게 확인을 받아야 하는 경우

다음 각호의 1에 해당하는 자가 미화 1만불을 초과하는 대외지급수단을 국내에서 취득하는 경우에는 당해 취득사실에 대하여 외국환은행의 장의 확인을 받아야 한다.

① 국내에 있는 외국정부의 공관과 국제기구, 미합중국군대와 미합중국군대 등의 구성원・군속・초청계약자와 미합중국군대 등의 비세출자금기관・군사우편국 및 군용은행시설, 국내에 있는 외국정부의 공관 또는 국제기구에서 근무하는 외교관・영사 또는 그 수행원이나 사용인이나 외국정부 또는 국제기구의 공무로 입국하는 자를 제외한 비거주자가 다음 각목의 1에 해당하는 방법으로 취득하는 경우

가. 대외지급수단을 대외계정 및 비거주자외화신탁계정의 인출 등으로 취득하거나 송금을 수령하는 경우

나. 비거주자 또는 외국인거주자(배우자와 직계존비속을 포함)가 외국으로부터 외국환거래규정에서 정한 바에 따라 수령 또는 휴대수입한 대외지급수단 범위 이내에서 취득하는 경우

② 외국인거주자가 다음 각목의 1에 해당하는 방법으로 취득하는 경우

가. 대외지급수단을 대외계정 및 비거주자외화신탁계정의 인출 등으로 취득하거나 송금을 수령하는 경우

나. 비거주자 또는 외국인거주자(배우자와 직계존비속을 포함한다)가 외국으로부터 외국환거래규정에서 정한 바에 따라 수령 또는 휴대수입한 대외지급수단 범위 이내에서 취득하는 경우

다. 해외여행경비 지급을 위하여 취득하는 경우. 다만, 해외체재자 및 해외유학생은 외국환거래규정 제5-11조(외국환은행을 통하지 아니하는 지급등의 방법)의 규정에 따른다.

4 외국환신고필증의 교부

신고를 받거나 확인요청을 받은 관할세관장 또는 외국환은행장은 지급수단의 신고 및 취득사실을 확인하고 당해 거주자 또는 비거주자에게 외국환신고(확인)필증을 발행・교부하여야 한다. 외국환신고(확인)필증을 발행・교부한 세관장은 매월별로 익월 10일 이내에 동 신고사실을 국세청장에게 통보하여야 한다. 한편, 내국통화를 수출입한 외국환은행의 장은 매분기 내국통화수출입실적을 종합하여 다음분기 첫째달 10일까지 한국은행총재에게 보고하여야 한다.

기 출 문 제

1 다음 대외거래형태 중 경상거래에 해당하지 않는 것은?

① 이전거래 ② 투자수익
③ 컨설팅용역 ④ 해외직접투자

2 거래외국환은행 지정대상이 아닌 것은?

① 해외지사설치비 ② 비거주자의 국내보수
③ 거주자의 해외예금 ④ 거주자의 국내증권발행

3 외국환거래법령상 신고대상과 신고기관이 잘못 짝지어진 것은?

① 개인의 해외차입 - 한국은행 총재
② 상호계산 - 외국환은행장
③ 지급수단등의 수출입 - 외국환은행장
④ 대외지급수단매매 - 한국은행 총재

4 다음 중 외국환 매입 시 국세청 통보 기준금액은?

① 동일자 1만불 이상 ② 동일자 1만불 초과
③ 동일자 2만불 이상 ④ 동일자 2만불 초과

5 다음 중 관세청장 통보대상이 아닌 것은?

① 건당 3천불 초과 증빙서류미제출 송금
② 해외체재자의 여행경비 지급
③ 각종 용역대가 지급 및 영수
④ 수출입대금의 지급 또는 영수

정답 1. ④ 2.④ 3.③ 4.② 5.②

6 다음 중 외국환거래법상 지급 또는 수령의 사유와 입증책임에 대한 설명으로 옳지 않은 것은?

① 건당 미화 2천불을 초과하는 지급 또는 수령에 대해 외국환은행의 장에게 '지급등의 증빙서류'를 제출하여야 한다

② 외국환거래규정에 따른 신고를 필요로 하지 않는 거래로서 연간 누계금액이 미화 5만불 이내 지급에 대해서는 입증책임이 면제된다.

③ 외국환거래규정에 따른 신고를 필요로 하지 않는 지급에 대해서는 입증책임이 면제된다.

④ 해외여행경비지급, 해외이주비의 지급, 재외동포의 국내재산반출에 의한 지급을 제외하고 거래 또는 행위가 발생하기 전에 하는 지급에 대해서도 입증책임이 면제된다.

7 다음 중 해외여행경비 지급에 대한 설명으로 잘못된 것은?

① 외국환은행을 통하여 지급하거나 휴대수출로 지급할 수 있다.

② 등록금, 연수비와 교재대금 등 교육관련비는 일반여행자도 외국환은행을 통해 지급할 수 있다.

③ 외국에서 치료비는 일반여행자도 외국환은행을 통해 지급할 수 없다.

④ 여행사에 지급하는 여행경비의 지급은 일반여행자도 외국환은행을 통해 지급할 수 있다.

8 다음 중 해외이주비 지급에 대한 설명으로 잘못된 것은?

① 이주 사유 발생일부터 3년 이내에 지정거래외국환은행을 통하여 지급하거나 휴대수출할 수 있다

② 세대별 해외이주비 지급누계금액이 미화 10만불을 초과하는 경우 관할세무서장이 발급하는 해외이주비 전체금액에 대한 자금출처확인서를 지정거래외국환은행의 장에게 제출하여야 한다.

③ 해외이주예정자는 해외이주비의 지급 후 1년 이내에 영주권 등을 취득하였음을 입증하는 서류를 지정거래외국환은행의 장에게 제출하거나, 지급한 자금을 국내로 회수하여야 한다.

④ 해외이주비 지급절차는 재외동포재산반출절차에도 동일하게 적용된다.

정답 6.③ 7.③ 8.④

9 다음 중 재외동포 재산반출 절차로 잘못된 것은?

① 부동산 처분대금과 임대보증금, 국내예금, 원리금, 증권매각대금, 원화 대출금은 반출 가능하다.
② 거래외국환은행을 지정하는 절차는 요구되지 않는다.
③ 재외동포는 해외이주자로 외국의 영주권을 취득한 사람을 말한다.
④ 관할세무서장이 발행한 부동산매각자금확인서나 지급누계금액이 10만불 초과 시 자금출처확인서를 제출해야 한다.

10 다음 중 지급이나 수령 방법에 대한 신고 대상에 해당하지 않는 것은?

① 상계 등의 방법으로 채권·채무를 소멸시키거나 상쇄시키는 방법으로 결제하는 경우
② 기획재정부장관이 정하는 기간을 넘겨 결제하는 경우
③ 거주자가 해당 거래의 당사자가 아닌 자와 지급 또는 수령을 하거나 해당 거래의 당사자가 아닌 거주자가 그 거래의 당사자인 비거주자와 지급 또는 수령을 하는 경우
④ 거주자와 비거주자가 상계의 방법으로 결제할 때 일정한 외국환은행을 통하여 주기적으로 결제하는 경우

11 다음 중 지급이나 수령 방법에 대한 신고 면제 대상으로 부적절한 것은?

① 신고한 방법에 따라 채권을 매매, 양도 또는 인수하는 경우
② 계약 건당 미화 10만달러 이내의 수출대금을 정해진 기간을 초과하여 수령하는 경우
③ 거주자가 건당 미화 1만달러 이하의 경상거래에 따른 대가를 외국환업무취급기관을 통하지 아니하고 직접 지급하는 경우
④ 한국은행, 외국환은행 등이 외국환업무와 관련하여 지급/수령 하는 경우

12 다음 중 상호계산에 대한 업무절차 중 잘못된 것은?

① 상계가 빈번한 경우 적용한다
② 한국은행 신고대상이다.
③ 거래외국환은행을 지정해야 한다.
④ 정해진 주기에 따라 결산과 정산해야 한다.

정답 9.② 10.④ 11.② 12.②

13 다음 중 제3자 지급등의 방법 중 신고예외 거래대상으로 부적절한 것은?

① 거주자인 당사자가 비거주자인 제3자로부터 수령하는 경우
② 제3자인 거자주가 비거주자인 당사자로부터 수령하는 경우
③ 제3자인 거주자가 비거주자인 당사자에게 지급하는 경우
④ 미화 2천불 이하의 금액을 제3자 지급 또는 수령하는 경우

14 다음 중 사전송금방식 수입시 대응수입 이행의무가 발생되는 기준금액은?

① 1만불 초과
② 2만불 초과
③ 3만불 초과
④ 4만불 초과

15 다음 중 지급수단 수출입 시 신고예외에 해당하지 않는 거래는?

① 미화 1만불 이하 지급수단 수입
② 신용장의 수입
③ 미화 5만불 상당 기념화폐
④ 미화 2만불 상당 원화자기앞수표

정답 13.③ 14.② 15.④

10

자본거래

학 습 목 표

자본거래가 자유화된 이후 자본거래에 의한 외국환 거래량이 경상거래에 따른 거래량을 뛰어 넘었다. 외국환거래법에서 자본거래는 원칙적으로 신고해야 하고 외국환은행을 통해 지급 또는 수령해야 하는데, 이러한 절차를 정한 것도 자본거래에 따른 대규모 외환의 움직임이 외환시장에 큰 영향을 미칠 수 있기 때문이다. 이 장은 자본거래의 범위에 대해 이해하고 자본거래의 유형에 따른 신고절차를 아래 내용을 중심으로 학습해 이해하는 것을 목표로 한다.

1. 자본거래의 개념과 관리의 의의
2. 자본거래에 따른 외환거래에 대한 원칙적인 절차

들어가기 전에

어떤 규정을 위반한 것일까?

- 금감원, 재벌가·연예인 등 39명 외환거래법 위반 제재

재벌가와 연예인 등이 불법 외환거래 혐의로 당국의 제재를 받게 됐다.(중략)

금감원은 앞서 부동산 취득과 해외 직접투자 과정에서 44명이 1300억원대 불법 외환거래를 한 혐의를 포착, 조사를 벌여 왔다. 외국환거래법에 따르면 외국환 자본거래 시 당국에 신고해야 하는데 이들은 해외에서 부동산 등 자산을 취득하는 과정에서 이를 제대로 신고하지 않은 혐의를 받고 있다. 금감원은 남은 조사 결과도 조만간 확정해 제재할 방침이다.(중략)

국민일보 백상진 기자. 2015년 3월 13일. '금감원, 재벌가·연예인 등 39명 외환거래법 위반 제재'.
기사전문 http://news.kmib.co.kr/article/view.asp?arcid=0922993778&code=11151100&cp=nv

위 사례에서 해외 부동산 취득은 왜 외국환거래법을 위반하게 된 것일까? 외국환 거래법에서 정한 자본거래는 외국환과 관련된 예금, 신탁 금전대차, 채무보증, 증권, 파생상품거래 그리고 거주자에 의한 외국 부동산에 대한 권리 취득 등을 포함한다. 이러한 거래가 적법하기 위해서는 어떤 절차가 필요했을까? 자본거래를 적법하게 하는 절차에 대해서 이 사례를 중심으로 이 장에서 다뤄 보자.

Chapter

10 자본거래

제1절 자본거래의 총칙

1 자본거래의 개념정의

'**자본거래**'란 다음 어느 하나에 해당하는 거래 또는 행위를 말한다(외국환거래법 제3조 제1항 및 동법시행령 제9조).

가. 예금계약, 신탁[1]계약, 금전대차계약, 채무보증계약, 대외지급수단·채권 등의 매매계약(파생상품거래는 제외)에 따른 채권의 발생·변경 또는 소멸에 관한 거래(거주자 간 거래는 외국환과 관련된 경우로 한정한다)
나. 증권의 발행·모집, 증권 또는 이에 관한 권리의 취득(파생상품거래는 제외하며, 거주자 간 거래는 외국환과 관련된 경우로 한정한다)
다. 파생상품거래(거주자 간의 파생상품거래는 외국환과 관련된 경우로 한정한다)
라. 거주자에 의한 외국에 있는 부동산이나 이에 관한 권리의 취득 또는 비거주자에 의한 국내에 있는 부동산이나 이에 관한 권리의 취득
마. 가의 경우를 제외하고 법인의 국내에 있는 본점, 지점, 출장소, 그 밖의 사무소(이하 이 목에서 '사무소'라 한다)와 외국에 있는 사무소 사이에 이루어지는 사무소의 설치·확장 또는 운영 등과 관련된 행위와 그에 따른 자금의 수수(授受). 다만, 사무소를 유지하는 데에 필요한 경비나 경상적 거래와 관련된 자금의 수수로서 대통령령으로 정한 다음의 것은 제외한다.
  (1) 집기구매대금, 사무실 임대비용 등 사무소를 유지하는 데에 직접 필요한 경비의 지급 또는 수령

---

1) 신탁이란 위탁자가 특정한 재산권을 수탁자에게 이전하거나 기타의 처분을 하고 수탁자로 하여금 수익자의 이익 또는 특정한 목적을 위하여 그 재산권을 관리·처분하게 하는 법률관계를 말한다.

(2) 물품의 수출입대금과 이에 직접 딸린 운임·보험료, 그 밖의 비용의 지급 또는 수령
(3) 용역거래의 대가와 이에 직접 딸린 비용의 지급 또는 수령

바. 그 밖에 가부터 마까지의 규정과 유사한 형태로서 대통령령으로 정한 다음 거래 또는 행위

(1) 가에 해당하지 아니하는 거래로서 거주자와 비거주자 간 또는 거주자 간의 임대차·담보제공·보험·조합, 그 밖에 이와 유사한 계약에 따른 채권의 발생·변경 또는 소멸에 관한 거래. 다만, 거주자 간의 거래인 경우에는 외국통화로 표시되거나 지급받을 수 있는 채권의 발생·변경 또는 소멸에 관한 거래에 한정한다.
(2) 거주자와 비거주자 간 또는 거주자 간의 상속·유증 또는 증여에 따른 채권의 발생·변경 또는 소멸에 관한 거래. 다만, 거주자 간의 거래인 경우에는 외국통화로 표시되거나 지급받을 수 있는 채권의 발생·변경 또는 소멸에 관한 거래에 한정한다.
(3) 비거주자 간의 거래로서 내국통화로 표시되거나 지급받을 수 있는 채권의 발생·변경 또는 소멸에 관한 거래
(4) 거주자에 의한 다른 거주자로부터의 외화증권 또는 이에 관한 권리의 취득
(5) 비거주자에 의한 다른 비거주자로부터의 내국통화로 표시되거나 지급받을 수 있는 증권 또는 이에 관한 권리의 취득
(6) 개인의 국내에 있는 영업소 및 그 밖의 사무소와 외국에 있는 영업소 및 그 밖의 사무소 간의 마목에 해당하는 행위 및 그에 따른 자금의 수수(授受)
(7) 거주자와 외국에 있는 학교 또는 병원 간의 학교 또는 병원의 설립·운영 등과 관련된 행위 및 그에 따른 자금의 수수
(8) 그 밖에 거주자와 비거주자 간의 채권의 발생·변경 또는 소멸에 관한 거래(물품의 수출·수입 및 용역거래는 제외한다)나 거주자 간의 외국통화로 표시되거나 지급받을 수 있는 채권의 발생·변경 또는 소멸에 관한 거래로서 기획재정부장관이 인정하는 거래

2 자본거래에 대한 신고의무

1) 신고의무의 발생과 신고절차

자본거래를 하려는 자는 기획재정부장관에게 신고하여야 한다(외국환거래법 제18조). 다만 외국환수급 안정과 대외거래 원활화를 위하여 대통령령으로 정하는 자본거래는 사후에 보고하거나 신고하지 않을 수 있다. 신고는 기획재정부장관이 정하여 고시하는 서류를 기획

재정부장관에게 제출하는 것으로 한다. 그러나 이러한 신고처는 사안에 따라 기획재정부장관에게 하는 것도 있지만 한국은행총재, 외국환은행장, 세관장 등에게 신고하도록 위임 또는 위탁되어 있다. 신고의 절차 및 방법 등에 관한 세부 사항은 외국환거래규정(제7-1조 내지 제7-5조)에서 정한 바에 따른다. 이러한 신고와 그 신고의 수리는 지급 또는 수령과 관련한 환전절차, 송금절차, 재산반출절차 이전에 완료해야 한다.

기획재정부장관 등은 거주자의 해외직접투자와 해외부동산 또는 이에 관한 권리의 취득의 경우에는 투자자 적격성 여부, 투자가격 적정성 여부 등의 타당성을 검토하여 신고수리 여부를 결정할 수 있다. 신고가 있을 경우 기획재정부장관 등은 30일 이내에 신고의 수리나 수리 거부, 또는 거래 내용의 변경 권고를 하여 신고인에게 통지한다. 기획재정부장관 등이 신고수리 거부 결정을 한 경우 그 신고를 한 거주자는 해당 거래를 할 수 없다. 거래내용의 변경 권고 통지를 받은 자가 해당 권고를 수락한 경우에는 그 수락한 바에 따라 그 거래를 할 수 있다. 신고후 30일 이내에 기획재정부장관 등의 통지가 없으면 그 기간이 지난 날에 해당 신고가 수리된 것으로 본다.

2) 신고의 면제

다음 각호의 1에 해당하는 자본거래를 하고자 하는 경우에는 신고등을 요하지 아니한다(외국환거래규정 제7-2조).

① 한국은행이 외국환업무로서 행하는 거래
② 외국환업무취급기관이 외국환업무로서 행하는 거래 및 동 외국환업무취급기관을 거래상대방으로 하는 거래(별도 규정으로 신고하도록 한 경우는 예외)
③ 전문외국환업무취급업자가 외국환업무로서 행하는 거래
④ 외국환평형기금이 법·영 및 이 규정에 의하여 행하는 거래
⑤ 거래당사자의 일방이 신고 등을 한 거래(다만, 신고인이 정해진 경우 해당 신고인이 신고 등을 한 거래)
⑥ 신고한 거주자가 자금통합관리를 위하여 미화 3천만불 이내에서 지정거래외국환은행을 통하여 비거주자와 행하는 해외예금, 금전대차, 담보제공거래 및 외국환은행에 대한 담보제공
⑦ 자본거래로서 거래 건당 지급등의 금액(분할하여 지급등을 하는 경우에는 각각의 지급등의 금액을 합산한 금액을 말한다)이 미화 2천불 이내인 경우
⑧ 자본거래로서 거주자(외국인거주자를 제외한다)의 거래 건당 지급금액이 미화 2천불 초과 5만불 이내이고, 연간 지급누계금액이 미화 5만불을 초과하지 않는 경우. 다만,

지급시 지정거래외국환은행의 장으로부터 거래의 내용을 확인받아야 한다.

⑨ 자본거래로서 거주자의 거래 건당 수령금액이 미화 2천불 초과 5만불 이내이고, 연간 수령 누계금액이 미화 5만불을 초과하지 않는 경우. 다만, 지정거래외국환은행장으로부터 거래내용을 확인받아야 하며 정해진 절차에 따라 수령하여야 한다.

3 자본거래의 지급 또는 수령절차

거주자간 자본거래 또는 행위에 따른 대금의 지급이나 수령은 외국환은행을 통하여야 한다. 만일 외국환은행을 통하지 아니하고 대금을 지급·수령하고자 하는 경우에는 한국은행총재에게 신고하여야 한다. 다만, 건당 지급·수령금액이 미화 2천불 이하인 경우와 다음 각호의 1에 해당하는 경우에는 외국환은행을 통하지 않고도 지급 또는 수령할 수 있다(외국환거래규정 제7-3조).

① 외국에 체재하고 있는 거주자간 금전대차거래의 경우

② 특정보험사업자가 국내의 거주자와 외국통화표시 보험계약을 체결하는 경우

③ 거주자가 해외여행경비의 지급에 충당하기 위하여 외국인거주자로부터 대외지급수단을 증여받는 경우. 외국에서 발행된 항공권, 선표, 여객운임선급통지서(P.T.A), 항공권교환증을 포함한다.

④ 거주자가 다른 거주자로부터 자본시장과 금융투자업에 관한 법률에 의한 증권시장에 상장된 외화증권을 한국거래소를 통하여 취득하는 경우

제2절 자본거래 종류별 관리내용

1 국내예금 및 국내신탁에 따른 자본거래

1) 거래절차

거주자 또는 비거주자가 거주자와 국내에서 예금거래 및 신탁거래를 하고자 하는 경우

에는 외국환거래규정에 따로 정한 경우를 제외하고는 한국은행총재에게 신고해야 한다. 거주자 또는 비거주자가 국내에서 다음 각호의 1에 해당하는 예금거래 및 신탁거래를 하고자 하는 경우에는 신고를 요하지 아니한다(외국환거래규정 제7-6조).

① 거주자 또는 비거주자가 외국환거래규정에서 정하는 예치 및 처분사유에 따라 외국환은행 및 종합금융회사(이를 '외국환은행 등'이라 한다)와 예금거래 및 금전신탁거래를 하는 경우

② 국민인 비거주자가 국내에서 사용하기 위하여 내국통화로 예금거래 및 신탁거래를 하는 경우

거주자와 국내에서 신탁거래(거주자간의 원화신탁거래를 포함한다)를 하는 자가 신탁계약이 만료됨에 따라 금전이 아닌 자산 또는 이에 대한 권리를 취득하고자 하는 경우에는 외국환거래규정에서 정하는 바에 따라 신고 등을 하여야 한다.

2) 계정의 성격과 구분

국내예금은 크게 외화예금과 원화예금으로 나뉜다. 외화예금은 거주성을 기준으로 거주자(국내 일반 국민이나 국내 소재 기업)가 개설하는 거주자계정과 외국인이나 비거주자가 개설하는 대외계정, 해외이주비 지급이나, 재외동포 재산반출용으로 만들어지는 해외이주자계정으로 나뉜다. 원화예금은 비거주자인 경우에만 외국환거래법이 적용되므로 보통 비거주자 원화예금으로 분류하고 비거주자 자유원계정 및 비거주자 원화계정으로 나뉜다. 비거주자의 원화적금은 허용되어 있지 않다. 다만 국민인 비거주자 및 외국 공관원과 주둔군인은 양도성예금증서를 제외하고 국내에서 사용하기 위한 경우에 한해 예금과목에 제한없이 예치할 수 있도록 우대하고 있는데, 이 경우에는 비거주자의 적금도 허용된다. 국내신탁계정은 거주자 외화신탁계정과 비거주자 외화신탁계정, 비거주자 원화신탁계정으로 나뉜다. 이들은 각각 거주자계정, 대외계정, 비거주자 자유원계정과 개설 대상 및 예치와 처분과 관련된 성격이 동일하다.

① **외화예금**

외화예금은 거주성을 기준으로 계정이 나뉘고, 계정에 따라 〈표 10-1〉에서 보는 바와 같이 자금 예치와 처분에 대한 제한 정도가 차이가 있다. 외국인의 경우 거주성 여부와 상관없이 보통 대외계정으로 개설하는데 비상대권발동으로 대외채무를 동결하지 않는 이상 자유로운 처분이 가능하기 때문이다. 다만, 예치 시에는 자금의 원천에 대한 증빙이 필요하다.

〈표 10-1〉 국내 외화예금 구분과 성격

계정 구분	거주성	예치 · 처분
거주자계정	거주자(외국인 거주자 개인사업자 포함)	• 외화자금 및 원화재원으로 자유롭게 예치. 외화자금으로 동일자 2만불 초과 예치 시 취득경위 입증 서류 제시 의무 • 서류 미제출시 이전거래로 간주. • 동일자 1만불 초과 예치 시 국세청 통보 • 입금재원 불문 처분에 제약 없음. • 단, 대외지급의 경우 인정된 대외지급에 따른 절차를 따라야 함. • 동일자 1만불 초과 인출 시 국세청 통보
대외계정	외국인, 비거주자	• 외국에서 타발송금된 외화자금, 대외지급이 인정되 외화자금에 한해 예치 • 자금 출처 확인 • 외화현찰 등 휴대자금인 경우 동일자 2만불 초과 시 외국환신고필증이나 한국은행 신고필증 제출 • 외화현찰이 동일자 2만불 이하이고 외국환신고필증이 없는 경우 연간 5만불 내에서 예치 가능 • 대외 송금에 제약 없음 • 외화현찰 등으로 1만불 초과 인출 시 외국환신고필증 발행 · 교부해야 함. • 동일자 2만불 초과 인출 시 처분사유 확인. • 처분사유 미확인 경우 해외재산반입자금으로 간주. • 동일자 1만불 초과 처분 시 국세청 통보
해외이주자계정	해외이주자 재외동포	• 다른 외화예금계정과 구분 관리 • 해외이주비의 경우 예치금 합계가 10만불 초과하는 경우 관할 세무서장이 발급한 자금출처확인서 제출하여야 함. • 처분의 경우 해외이주비나 재외동포 재산반출절차에 의한 대외지급으로 처리 • 부동산매각자금확인서 또는 예금등 자금출처 확인서 요구됨.

② 원화예금

비거주자 자유원계정은 원화표시이고 대외계정은 외화표시되지만 두 계정은 비거주자인 국민을 포함해 비거주자나 외국인거주자가 개설할 수 있다는 점에서 서로 상당히 유사하다. 또한 예치 시에 제약이 있는 반면, 대외송금이 자유롭다는 점에서도 유사하다.

반면 비거주자 원화계정은 예치 시에는 자금출처를 불문하고 자유로운 반면 처분 시에는 인정된 거래 또는 한은총재신고 후 송금할 수 있도록 제한하고 있다.

〈표 10-2〉 국내 원화예금 구분과 성격

계정 구분	예치 · 처분
비거주자 원화계정	• 해외에서 송금된 자금, 휴대수입 자금 및 본인 명의 대외계정 자금이나 국내에서 수령한 내국통화표시 경상거래자금(수출입거래와 관련된 운임, 보험료 포함)인 경우 예치가능 • 해외로 외화송금 목적으로 외화 매각하거나 본인 명의 다른 비거주자 자유원계정 또는 투자전용 비거주자 원화계정으로 이체 가능. • 내국통화표시 경상거래대금을 국내 거주자에게 지급하는 경우 처분 가능 • 인정된 거래가 아닌 자본거래대금의 경우 처분에 제한
비거주자 자유원계정	• 비거주자가 국내에서 취득한 원화자금은 모두 자유롭게 예치 • 내국지급수단으로 인출 및 다른 원화계정으로의 이체 가능 • 해외 송금의 경우 발생이자를 제외하고는 한국은행 사전신고 및 신고필증을 교부받은 경우에만 가능한 등 대외송금에 제한

3) 계정의 종류와 예치할 수 있는 지급수단

국내 예금 및 국내신탁과 관련된 계정의 종류와 각 계정에 예치할 수 있는 지급수단은 〈표 10-3〉과 같다.

〈표 10-3〉 국내예금 및 국내신탁 계정의 종류와 예치대상 지급수단

계정의 종류	예치대상
거주자계정 및 거주자외화신탁계정	① 취득 또는 보유가 인정된 대외지급수단 ② 내국지급수단을 대가로 하여 외국환은행등으로부터 매입한 대외지급수단
대외계정 및 비거주자외화신탁계정	① 외국으로부터 송금되어 온 대외지급수단 ② 인정된 거래에 따라 대외지급이 인정된 대외지급수단 ③ 국내금융기관과 외국환은행해외지점, 외국환은행현지법인, 외국금융기관(외국환은행해외지점 등)간 또는 외국환은행해외지점등간 외화결제에 따라 취득한 대외지급수단 ④ 국내에서 증권의 발행으로 조달한 자금
해외이주자계정	① 해외이주자 및 해외이주예정자의 자기명의 재산 ② 재외동포의 자기명의 국내재산
비거주자원화계정	① 비거주자가 국내에서 취득한 내국지급수단(외국으로부터 수입 또는 수령한 대외지급수단을 대가로 하여 취득한 내국지급수단을 포함한다) ② 비거주자가 대외경제협력기금법시행령에 의한 차관공여계약서에 따라 지급받은 내국지급수단

비거주자자유원계정 및 비거주자원화신탁계정	① 비거주자(외국인거주자를 포함하며, 제2호를 제외하고 이하 이 항에서 같다)가 외국으로부터 송금하거나 휴대반입한 외화자금 또는 본인 명의의 대외계정 및 비거주자외화신탁계정에 예치된 외화자금을 내국지급수단을 대가로 매각한 자금 ② 비거주자(경상거래대금의 추심·결제업무를 수행하는 외국환은행해외지점, 외국환은행현지법인, 외국금융기관을 포함한다)가 내국통화표시 경상거래대금(수출입거래와 관련된 운임, 보험료를 포함한다) 또는 내국통화표시 재보험거래대금으로 취득한 내국지급수단 ③ 비거주자 본인 명의의 다른 비거주자자유원계정, 투자전용비거주자원화계정 및 비거주자원화신탁계정으로부터의 이체 ④ 국제금융기구의 경우 한국은행내에 있는 본인 명의의 비거주자원화계정으로부터의 이체(대외지급이 인정된 자금에 한한다) ⑤ 인정된 자본거래에 따라 국내에서 취득한 자금으로서 대외지급이 인정된 자금 ⑥ 비거주자(자금의 수령을 지시받은 외국에 있는 금융기관 포함)가 외환동시결제시스템을 통한 결제 또는 이와 관련된 거래에 따라 취득한 내국지급수단 ⑦ 차입한 원화자금(다만, 거주자로부터 보증 또는 담보제공을 받아 차입한 원화자금은 제외한다) ⑧ 외국에 소재한 공인된 거래소에서 거래되는 증권·장내파생상품의 원화결제에 따라 취득한 자금 ⑨ 국내에서 증권의 발행으로 조달한 자금 ⑩ 외국인투자자가 국채 또는 한국은행법 제69조에 따른 통화안정증권의 매매를 국제예탁결제기구에 위탁하여 투자하는 경우로서, 국제예탁결제기구 명의의 투자전용비거주자원화계정으로부터 이체되어온 자금. 다만, 국제예탁결제기구 명의의 투자전용비거주자원화계정내 본인 명의의 고객계좌에 예치된 자금에 한한다. ⑪ 한국은행과 외국 중앙은행간 통화스왑자금을 활용한 비거주자간 내국통화표시 금전대차 계약과 관련하여 취득한 내국지급수단(외국환은행해외지점, 외국환은행현지법인 명의의 계정의 경우 당해 외국환은행해외지점 및 현지법인이 금전대차 관련 대금의 결제업무를 수행하는 경우를 포함한다) ⑫ 외국환은행해외지점, 외국환은행현지법인 또는 외국금융기관이 외국환은행에 내국통화를 수출한 대가로 취득한 내국지급수단(외국환은행해외지점, 외국환은행현지법인 명의의 계정의 경우 당해 외국환은행해외지점 및 현지법인이 내국통화 수출 관련 대금의 결제업무를 수행하는 경우를 포함한다) ⑬ 한국거래소가 개설한 금현물시장에서 거래되는 금현물의 매매와 관련하여 취득한 내국지급수단

2 해외예금 및 해외신탁에 따른 자본거래

1) 외국환은행의 장에게 신고

거주자가 해외에서 비거주자와 외화예금거래를 하고자 하는 경우에는 지정거래외국환은행의 장에게 신고하여야 한다. 이때, 국내에서 송금한 자금으로 예치하고자 하는 경우에는 지정거래외국환은행을 통하여 송금하여야 한다. 그러나 거주자가 비거주자와 해외에서 다음 각호의 1에 해당하는 예금거래 및 신탁거래를 하고자 하는 경우에는 신고를 요하지 아니한다(외국환거래규정 제7-11조 제1항).

① 외국에 체재하고 있는 거주자가 외화예금 또는 외화신탁거래를 하는 경우
② 거주자가 공공차관의 도입 및 관리에 관한 법률 또는 이 규정에 의한 비거주자로부터의 외화자금차입과 관련하여 외화예금거래를 하는 경우
③ 해외장내파생상품거래를 하고자 하는 거주자가 당해 거래와 관련하여 외국에 있는 금융기관과 외화예금거래를 하는 경우
④ 국민인 거주자가 그 거주자가 되기 이전에 외국에 있는 금융기관에 예치한 외화예금 또는 외화신탁계정을 처분하는 경우
⑤ 거주자가 외국에서의 증권발행과 관련하여 예금거래를 하는 경우
⑥ 거주자가 외국환거래규정에 의한 증권투자, 현지금융, 해외직접투자 및 해외지사와 관련하여 외화예금거래를 하는 경우
⑦ 예탁결제원이 거주자가 취득한 외화증권을 외국에 있는 증권예탁기관 또는 금융기관에 예탁・보관하고 동 예탁・보관증권의 권리행사를 위하여 외화예금거래를 하는 경우
⑧ 인정된 거래에 따른 지급을 위하여 외화예금 및 외화신탁계정을 처분하는 경우
⑨ 외환동시결제시스템을 통한 결제와 관련하여 외국환업무취급기관이 CLS은행[2] 또는 외환동시결제시스템의 비거주자 회원은행과 복수통화(원화 포함)예금 또는 원화예금거래를 하는 경우
⑩ 인정된 거래에 따라 외국에 있는 부동산 또는 이에 관한 권리를 취득하고자 하거나 이미 취득한 거주자가 신고한 내용에 따라 당해 부동산 취득과 관련하여 국내에서 송금한 자금으로 외화예금거래를 하는 경우

---

2) CLS은행(Continuous Linked Settlement Bank)은 국제결제은행(BIS)의 권고에 따라 외환매매거래의 국가간 시차 때문에 발생하는 금융기관들의 외환결제리스크를 줄이기 위해 1999년 6월 설립된 외환결제전문 민간은행이다. 미국 뉴욕시에 소재한다.

⑪ 예탁결제원, 증권금융회사 또는 증권대차거래의 중개업무를 영위하는 투자매매업자 또는 투자중개업자가 증권대차거래와 관련하여 외화예금거래를 하는 경우
⑫ 외화예금거래 신고를 한 거주자가 인정된 거래에 따라 해외에서 취득한 자금을 예치하는 경우
⑬ 국내에 본점을 둔 외국환은행해외지점 또는 현지법인 금융기관, 외국 금융기관에 예치하는 경우

2) 한국은행총재에게 신고

거주자가 해외에서 비거주자와 다음에 해당하는 예금거래 및 신탁거래를 하고자 하는 경우에는 한국은행총재에게 신고하여야 한다(외국환거래규정 제7-11조 제3항).

① 거주자가 건당(동일자, 동일인 기준) 미화 5만불을 초과하여 국내에서 송금한 자금으로 예치하고자 하는 경우. 이 경우에도 지정거래외국환은행을 통하여 송금하여야 한다. 단, 다음 각목의 1에 해당하는 자를 제외한다.
  가. 기관투자가
  나. 전년도 수출입 실적이 미화 5백만불 이상인 자
  다. 해외건설촉진법에 의한 해외건설업자
  라. 외국항로에 취항하고 있는 국내의 항공 또는 선박회사
  마. 원양어업자

② 거주자가 해외에서 비거주자와 신탁거래를 하고자 하는 경우. 단, 다음의 경우에는 외국환은행장에게 신고해야 한다.
  가. 외국에 체재하고 있는 거주자가 외화예금 또는 외화신탁거래를 하는 경우
  나. 국민인거주자가 거주자가 되기 이전에 외국에 있는 금융기관에 예치한 외화예금 또는 외화신탁계정을 처분하는 경우
  다. 인정된 거래에 따른 지급을 위하여 외화예금 및 외화신탁계정을 처분하는 경우

3) 입금 관련 보고의무

해외에서 예금거래를 하는 자(기관투자가는 제외)가 해외에서 건당 미화 1만불을 초과하여 입금한 경우 또는 국내로 회수하여야 하는 대외채권을 회수하지 않고 해외에서 입금한 경우에는 입금일부터 30일 이내에 해외입금보고서를 지정거래외국환은행의 장에게 제출하여

야 하며, 지정거래외국환은행의 장은 다음 연도 첫째달 말일까지 한국은행총재에게 보고하여야 한다. 해외에서 예금거래를 하는 자(기관투자가는 제외) 및 해외에서 신탁거래를 하는 자(기관투자가는 제외) 중 다음 각호의 1에 해당하는 자는 지정거래외국환은행을 경유하여 다음 연도 첫째달 말일까지 잔액현황보고서를 한국은행총재에게 제출하여야 한다. 한국은행총재는 보고된 다음의 해외입금 및 잔액현황을 국세청장 및 관세청장에게 통보하여야 한다.

① **법인** : 연간 입금액 또는 연말 잔액이 미화 50만불을 초과하는 경우

② **법인이외의 자** : 연간입금액 또는 연말 잔액이 미화 10만불을 초과하는 경우

3 금전의 대차계약 등에 따른 자본거래

1) 금전의 대차계약에 따른 신고

거주자가 금전의 대차계약에 따른 채권의 발생 등에 관한 거래를 하고자 하는 경우에는 원칙적으로 신고를 해야 한다. 그러나 예외로서 다음 각호의 1에 해당하는 경우에는 신고를 요하지 아니한다(외국환거래규정 제7-13조).

① 거주자가 다른 거주자와 금전의 대차계약에 따른 외국통화로 표시되거나 지급을 받을 수 있는 채권의 발생 등에 관한 거래를 하고자 하는 경우

② 거주자가 비거주자와 외국인투자촉진법에 의한 차관계약을 체결하거나 공공차관의 도입 및 관리에 관한 법률에 의한 공공차관협약을 체결하는 경우

③ 거주자가 비거주자와 대외경제협력기금법에 의한 차관공여계약을 체결하는 경우

④ 국민인 거주자와 국민인 비거주자간에 국내에서 내국통화로 표시되고 지급되는 금전의 대차계약을 하는 경우

⑤ 대한민국정부의 재외공관근무자, 그 동거가족 또는 해외체재자 및 해외유학생이 그 체재함에 필요한 생활비 및 학자금 등의 지급을 위하여 비거주자와 금전의 대차계약을 하는 경우

⑥ 국제유가증권결제기구에 가입한 거주자가 유가증권거래의 결제와 관련하여 비거주자로부터 일중대출(intra-day credit) 또는 일일대출(over-night credit)을 받는 경우

⑦ 인정된 거래에 따라 부동산을 취득하면서 취득자금에 충당하기 위해 취득부동산을 담보로 비거주자로부터 외화자금을 차입하는 경우

⑧ 외환동시결제시스템을 통한 결제와 관련하여 거주자 회원은행이 CLS은행으로부터 CLS은행이 정한 일정 한도의 원화 지급포지션(Short Position)을 받거나 비거주자에게 일중 원화신용공여(Intra-day Credit) 또는 일일 원화신용공여(Over-night Credit)를 하는 경우

⑨ 외환동시결제시스템을 통한 결제와 관련하여 외국환업무취급기관이 비거주자 회원은행으로부터 일중 신용공여

2) 지방자치단체 등의 외화자금차입에 대한 신고

원칙적으로 다음 각호의 1에 해당하는 거주자가 비거주자로부터 외화자금을 차입(외화증권 및 원화연계외화증권 발행을 포함한다)하고자 하는 경우에는 지정거래외국환은행의 장에게 신고하여야 한다. 다만, 미화 3천만불(차입신고시점으로부터 과거 1년간의 누적차입금액을 포함하며 이하 이 조에서 같다)을 초과하여 차입하고자 하는 경우에는 지정거래외국환은행을 경유하여 기획재정부장관에게 신고하여야 한다(외국환거래규정 제7-14조).

① 지방자치단체, 공공기관

② 공공목적의 달성을 위해 정부 또는 제1호의 기관이 설립하거나 출자·출연한 법인 또는 정부업무수탁법인

③ 영리법인

3) 거주자의 원화자금 차입에 대한 신고

거주자가 비거주자로부터 원화자금을 차입하고자 하는 경우에는 지정거래외국환은행의 장에게 신고하여야 한다. 다만, 10억원(차입신고시점으로부터 과거 1년간의 누적차입금액을 포함한다)을 초과하여 차입하고자 하는 경우에는 지정거래외국환은행을 경유하여 기획재정부장관에게 신고하여야 한다(외국환거래규정 제7-15조). 거주자가 비거주자로부터 원화자금을 차입하는 경우에는 비거주자자유원계정에 예치된 내국지급수단에 한한다.

4) 거주자의 비거주자에 대한 대출의 신고

거주자가 비거주자에게 대출을 하고자 하는 경우(외국환업무취급기관의 외국환업무로서 허용된 경우 제외)에는 한국은행총재에게 신고하여야 한다. 다만, 이 항에 의한 신고사항 중

다른 거주자의 보증 또는 담보를 제공받아 대출하는 경우 및 10억원을 초과하는 원화자금을 대출하고자 하는 경우에는 대출을 받고자 하는 비거주자가 신고하여야 한다. 한국은행총재는 제1항에 의한 신고 중 법인이 아닌 거주자의 비거주자에 대한 대출에 대해서는 동 신고내용을 매월별로 익월 20일까지 국세청장에게 통보하여야 한다.

4 채무의 보증계약에 따른 자본거래

1) 신고 대상

거주자가 비거주자와 채무의 보증계약에 따른 채권의 발생 등에 관한 거래를 하고자 하는 경우로서 다음 각 호의 1에 해당하는 경우에는 외국환은행의 장에게 신고하여야 한다. 그 외에 거주자가 비거주자와 채무의 보증계약에 따른 채권의 발생등에 관한 거래를 하고자 하는 경우에는 한국은행총재에게 신고하여야 한다(외국환거래규정 제7-18조 및 제7-19조).

① 국내에 본점을 둔 투자매매업자투자중개업자가 당해 투자매매업자투자중개업자 현지법인의 인정된 업무에 수반되는 현지차입에 대하여 보증을 하는 경우. 다만, 보증금액은 당해 현지법인에 대한 거주자의 출자금액의 300% 이내에 한한다.
② 거주자의 현지법인이 외국의 시설대여회사로부터 인정된 사업수행에 필요한 시설재를 임차함에 있어서 당해 현지법인이 부담하는 채무의 이행을 당해 거주자 또는 계열관계에 있는 거주자가 보증하는 경우
③ 국내에 본점을 둔 시설대여회사가 당해 시설대여회사 현지법인의 인정된 업무에 수반되는 현지차입에 대하여 본사의 출자금액 범위 내에서 보증을 하는 경우

주채무계열 소속 상위 30대 계열기업체의 상환기간이 1년을 초과하는 장기외화자금차입계약과 관련하여 동 계열 소속 다른 기업체가 보증하고자 하는 경우에는 보증하고자 하는 자가 차입자의 지정거래외국환은행의 장에게 신고하여야 한다. 이 경우 차입에 관한 신고를 하는 자가 보증하는 자를 대신하여 신고할 수 있다.

교포 등에 대한 여신과 관련하여 거주자 또는 당해 여신을 받는 비거주자가 국내에 있는 금융기관에 미화 20만불 이내에서 원리금의 상환을 보증하고자 하는 경우에는 지정거래외국환은행의 장에게 신고하여야 한다. 이 경우 거래외국환은행의 지정은 여신을 받는 자의 명의로 하고, 해외에서도 하나의 외국환은행해외지점 또는 현지법인금융기관등을 거래금융기관으로 지정하여야 한다. 이때 보증을 제공한 자가 대지급을 하고자 하는 경우에

는 지정거래외국환은행을 통하여 송금하여야 한다. 다만, 외국환은행이 대지급 하는 경우에는 그러하지 아니하다.

2) 신고의 예외

거주자가 비거주자와 채무의 보증계약에 따른 채권의 발생등에 관한 거래를 하더라도 다음 각호의 1에 해당하는 경우에는 신고를 요하지 아니한다(외국환거래규정 제7-17조).

① 거주자(채권자)와 거주자(채무자)의 거래에 대하여 거주자가 외국통화표시 보증을 하는 경우

② 거주자의 수출거래와 관련하여 외국의 수입업자가 외국환은행으로부터 역외금융대출을 받음에 있어 당해 거주자가 그 역외금융대출에 대하여 당해 외국환은행에 외국통화표시 보증을 하는 경우(당해 외국환은행은 수출관련 역외금융대출보증에 관한 보고서를 매분기별로 익월 20일까지 한국은행총재에게 제출하여야 한다)

③ 국내에 본점을 둔 시설대여회사가 당해 시설대여회사 현지법인에 대한 외국환은행의 역외금융대출에 대하여 본사의 출자금액 범위내에서 외국통화표시 보증을 하는 경우

④ 거주자가 이 규정에 의해 인정된 거래를 함에 따라 비거주자로부터 보증을 받는 경우

⑤ 거주자가 다음 각목의 1에 해당하는 보증을 하는 경우

가. 자금차입계약에 관하여 거주자가 비거주자에게 보증을 하는 경우. 다만, 주채무계열 소속 상위 30대 계열기업체의 외화자금차입계약에 관하여 동 계열 소속 다른 기업체가 보증하고자 하는 경우에는 그러하지 아니하다.

나. 거주자가 외국환거래규정 제4장(일반적인 지급과 수령에 대한 규정)에서 규정한 지급(단, 해외여행경비지급절차, 해외이주비지급절차, 재외동포의 국내재산 반출절차에 의한 경우는 제외한다)을 위한 외국통화표시 보증을 하는 경우

다. 거주자가 외국환거래규정에 의하여 인정된 임차계약을 함에 따라 국내의 다른 거주자가 외국통화표시 보증을 하거나 시설대여회사가 외국의 시설대여회사와 국내의 실수요자간의 인정된 시설대여계약에 대하여 외국통화표시 보증을 하는 경우

라. 거주자가 수출관련 외화채권을 비거주자에게 매각하고 동 매각자금 전액을 외국환은행을 통하여 국내로 회수하는 경우에 의한 약속어음매각과 관련하여 당해 거주자의 계열기업이 외국통화표시 대외보증을 하는 경우

마. 비거주자가 한국은행총재에게 신고하고(신고가 면제되는 경우를 포함한다) 외국환은행으로부터 대출을 받음에 있어, 거주자가 보증 또는 담보를 제공하는 경우

⑥ 거주자가 비거주자와 물품의 수출·수입 또는 용역거래를 함에 있어서 보증을 하는 경우
⑦ 거주자의 수출, 해외건설 및 용역사업 등 외화획득을 위한 국제입찰 또는 계약과 관련한 입찰보증등을 위하여 비거주자가 보증금을 지급하거나 이에 갈음하는 보증을 함에 있어서 보증 등을 하는 비거주자가 부담하는 채무의 이행을 당해 거주자 또는 계열관계에 있는 거주자가 보증 또는 부담하는 계약을 체결하는 경우
⑧ 거주자가 해외장내파생상품거래에 필요한 자금의 지급에 갈음하여 비거주자가 지급 또는 보증을 함에 있어서 지급 또는 보증을 하는 비거주자가 부담하는 채무의 이행을 당해 거주자 또는 당해 거주자의 계열기업이 보증 또는 부담하는 계약을 체결하는 경우
⑨ 국민인거주자와 국민인비거주자간에 다른 거주자를 위하여 내국통화로 표시되고 지급되는 채무의 보증계약을 하는 경우
⑩ 자본시장과 금융투자업에 관한 법률에 의한 증권금융회사가 비거주자에게 보증하는 경우
⑪ 거주자가 비거주자와 해외건설 및 용역사업, 물품수출거래를 함에 있어 당해 비거주자(입찰대행기관 및 수입대행기관을 포함한다)와 보증등을 하는 경우
⑫ 파생상품거래에 관하여 거주자가 비거주자에게 보증을 하는 경우

5 대외지급수단, 채권 기타의 매매 및 용역계약에 따른 자본거래

1) 거주자간 거래에 대한 신고

거주자가 다른 거주자와 대외지급수단의 매매계약에 따른 외국통화로 표시되거나 지급받을 수 있는 채권의 발생 등에 관한 거래를 하고자 하는 경우 한국은행총재에게 신고하여야 한다. 다음 각 호의 1에 해당하는 경우에는 신고를 요하지 아니한다.

① 거주자와 다른 거주자간 물품 기타의 매매, 용역계약에 따른 외국통화로 지급받을 수 있는 채권의 발생등에 관한 거래. 이 대금은 외국환은행을 통하여 지급 또는 수령하여야 한다.
② 거주자간에 지급수단으로 사용목적이 아닌 화폐수집용 및 기념용으로 외국통화를 매매하는 거래
③ 해외건설 및 용역사업자와 면세용물품 제조자간에 해외취업근로자에 대한 면세쿠폰을 매매하는 거래

④ 외국환은행이 거주자의 수입대금의 지급을 위하여 유네스코쿠폰을 당해 거주자에게 매각하는 거래

⑤ 거주자간 인정된 거래로 취득한 채권의 매매계약에 따른 외국통화로 표시되거나 지급받을 수 있는 채권의 발생등에 관한 거래. 이 대금은 외국환은행을 통하여 지급 또는 수령하여야 한다.

⑥ 거주자간 매매차익을 목적으로 하지 않는 거래로서 동일자에 미화 2천불 이내에서 대외지급수단을 매매하는 거래

2) 거주자와 비거주자간의 거래에 대한 신고

거주자가 거주자 또는 비거주자와 외국의 부동산·시설물 등의 이용·사용 또는 이에 관한 권리의 취득에 따른 회원권의 매입거래를 하고자 하는 경우에는 외국환은행의 장에게 신고하여야 한다. 신고를 받은 외국환은행의 장은 취득금액이 건당 미화 10만불을 초과하는 경우 국세청장 및 관세청장에게, 건당 미화 5만불을 초과하는 경우 금융감독원장에게 회원권 등의 매매내용을 익월 10일까지 통보하여야 한다. 그러나 다음 각 호의 1에 해당하는 경우에는 신고를 요하지 아니한다. 그 외에 거주자가 비거주자와 대외지급수단 및 채권의 매매계약에 따른 채권의 발생 등에 관한 거래를 하고자 하는 경우에는 한국은행총재에게 신고하여야 한다(외국환거래규정 제7-20조).

① 외국환은행해외지점, 외국환은행현지법인, 외국금융기관(외국전문외국환업무취급업자를 포함한다)이 해외에 체재하는 거주자와 원화표시여행자수표, 원화표시자기앞수표 또는 내국통화의 매매거래를 하는 경우

② 외국에 체재하는 거주자(재외공관근무자 또는 그 동거가족, 해외체재자를 포함한다)가 비거주자와 체재에 직접 필요한 대외지급수단, 채권의 매매거래를 하는 경우

③ 거주자가 외국에서 보유가 인정된 대외지급수단 또는 외화채권으로 다른 외국통화표시 대외지급수단 또는 외화채권을 매입하는 경우

④ 거주자가 수출관련 외화채권을 비거주자에게 매각하고 동 매각자금 전액을 외국환은행을 통하여 국내로 회수하는 경우

⑤ 거주자가 국내외 부동산·시설물 등의 이용·사용과 관련된 회원권, 비거주자가 발행한 약속어음 및 비거주자에 대한 외화채권 등을 비거주자에게 매각하고 동 매각자금을 외국환은행을 통하여 국내로 회수하는 경우

⑥ 거주자가 비거주자에게 매각한 국내의 부동산·시설물 등의 이용·사용과 관련된 회원권 등을 비거주자로부터 재매입하는 경우

6 증권의 발행 및 취득과 파생상품거래로 인한 자본거래

1) 증권의 발행에 대한 신고

거주자가 국내에서 외화증권[3]을 발행 또는 모집하고자 하는 경우에는 허가 및 신고를 요하지 아니한다(외국환거래규정 제7-22조). 그러나 외화증권의 발행 또는 모집 가운데 〈표 10-4〉와 같은 경우에는 신고를 하여야 한다.

〈표 10-4〉 외화증권의 발행 또는 모집 중 신고가 필요한 경우

사 유	신고처
거주자가 외국에서 외화증권을 발행 또는 모집하고자 하는 경우[거주자가 국내에서 발행한 외화증권을 비거주자가 사모(私募)로 취득하는 경우를 포함한다]	지정거래외국환은행의 장
거주자(외국환업무취급기관을 포함)가 외국에서 원화증권을 발행하고자 하는 경우	기획재정부장관
비거주자가 다음 각호의 1에 해당하는 증권을 발행하고자 하는 경우. 다만, 증권의 발행으로 조달한 자금은 신고시 명기한 용도로 사용하여야 한다. ① 비거주자가 국내에서 외화증권 또는 원화연계외화증권을 발행(외국에서 기발행된 외화증권을 증권시장에 상장하는 경우를 포함한다)하고자 하거나 원화증권을 발행하고자 하는 경우 ② 비거주자가 외국에서 원화증권 또는 원화연계외화증권을 발행하고자 하는 경우	기획재정부장관
국내증권시장과 해외증권시장간에 증권의 이동이 이루어지는 방식으로 증권을 상장하고자 하는 경우(최초 상장시점에 1회에 한함)	기획재정부장관

2) 거주자의 증권 취득에 대한 신고

거주자가 비거주자로부터 증권을 취득하고자 하는 경우에는 한국은행총재에게 신고하여

3) 증권이란 주식이나 채권 등 재산적인 가치가 있는 문서를 말한다. 주식이나 채권 등 각종 증권이 거래되는 시장인 증권시장은 유가증권을 통하여 자금이 수급되는 직접 금융방식에 의한 금융시장이다. 이 시장은 새로 발행되는 주식이나 채권의 매매가 이루어지는 발행시장과, 이미 발행된 주식이나 채권이 거래되는 유통시장이 있다. 증권발행시장에서는 자금에 대한 수요자가 증권의 발행자이고, 자금의 공급자는 증권의 매입자 또는 응모자이다.

야 한다. 한국은행총재는 필요시 동 신고내용을 국세청장에게 열람하도록 하여야 한다. 다만, 거주자가 보유증권을 대가로 하여 비거주자로부터 증권을 취득하고자 하는 경우에는 교환대상증권의 가격 적정성을 입증하여야 한다. 한국은행총재는 연도별 증권취득현황 등을 다음 연도 둘째달 말일까지 기획재정부장관에게 보고하여야 한다. 그러나 거주자가 비거주자로부터 증권을 취득하고자 하는 경우로서 다음 각 호의 1에 해당하는 경우에는 신고를 요하지 아니한다. 다만, 외국법인의 경영에 참가하기 위하여 당해 법인의 주식 또는 출자지분을 취득하고자 하는 경우에는 직접투자에 관한 규정을 따른다(외국환거래규정 제7-31조).

① 거주자가 외국환거래규정 제7-33조 내지 제7-35조(거주자의 외화증권 투자절차)의 규정에 정하는 바에 따라 외화증권에 투자하는 경우
② 거주자가 비거주자로부터 상속・유증・증여로 인하여 증권을 취득하는 경우
③ 거주자가 외국환거래규정에 따라 발행한 증권의 만기전 상환 및 매입소각 등을 위하여 증권을 취득하는 경우
④ 거주자가 인정된 거래에 따라 취득한 주식 또는 지분에 대신하여 합병 후 존속・신설된 법인의 주식 또는 지분을 비거주자로부터 취득하는 경우
⑤ 거주자가 외국의 법령에 의한 의무를 이행하기 위하여 비거주자로부터 외화증권을 취득하는 경우
⑥ 거주자가 국민인비거주자로부터 국내에서 원화증권을 내국통화로 취득하는 경우
⑦ 거주자가 인정된 거래에 따른 대부금의 대물변제, 담보권의 행사와 관련하여 비거주자로부터 외화증권을 취득하는 경우
⑧ 거주자가 외국환거래규정에 의하여 비거주자가 국내 또는 국외에서 발행한 만기 1년 이상인 원화증권을 취득하거나 비거주자가 발행한 해외판매채권을 자본시장과 금융투자업에 관한 법률 및 시행령이 정하는 바에 따라 비거주자에게 매각할 목적으로 국내인수회사가 취득하는 경우
⑨ 국내기업이 사업활동과 관련하여 외국기업과의 거래관계의 유지 또는 원활화를 위하여 미화 5만불 이하의 당해 외국기업의 주식 또는 지분을 취득하는 경우
⑩ 외국인투자촉진법에 의한 외국인투자기업(국내자회사를 포함한다), 외국기업국내지사, 외국은행국내지점 또는 사무소에 근무하는 자가 본사(본사의 지주회사나 방계회사를 포함한다)의 주식 또는 지분을 취득하는 경우
⑪ 거주자가 국내유가증권시장에 상장 또는 등록된 외화증권을 비거주자로부터 취득하거나 부여된 권리행사에 따른 주식 또는 지분을 취득하는 경우
⑫ 외국환거래규정 절차에 따라 증권을 취득한 비거주자로부터 동 증권을 취득하는 경우

3) 비거주자의 증권취득에 대한 신고

비거주자가 거주자로부터 국내법인의 비상장·비등록 내국통화표시 주식 또는 지분을 외국인투자촉진법에서 정한 출자목적물에 의해 취득하는 경우로서 외국인투자촉진법에서 정한 외국인투자에 해당하지 아니하는 경우에는 외국환은행의 장에게 신고하여야 한다. 다만, 다음 각 호의 1에 해당하는 경우에는 신고를 요하지 아니한다. 그 이외에 비거주자가 거주자로부터 증권을 취득하고자 하는 경우에는 한국은행총재에게 신고하여야 한다(외국환거래규정 제7-32조).

① 외국환거래 규정에 의하여 원화증권을 취득하는 경우, 다만, 인정된 증권대차거래를 위하여 외국금융기관에 개설한 계좌에 외화담보를 예치 및 처분하는 경우에는 제3관에 의한 거래로 간주한다.

② 외국인투자촉진법의 규정에 의하여 인정된 외국인투자를 위하여 비거주자가 거주자로부터 증권을 취득하는 경우

③ 비거주자가 거주자로부터 상속·유증으로 증권을 취득하는 경우

④ 비거주자가 국내법령에 정하는 의무의 이행을 위하여 국공채를 매입하는 경우

⑤ 거주자가 취득한 본사의 주식(지분 포함)을 비거주자가 당해 거주자로부터 매입하는 경우

⑥ 비거주자가 거주자가 외국에서 발행한 외화증권을 취득하거나 부여된 권리행사에 따른 주식 또는 지분을 취득하는 경우

⑦ 국민인비거주자가 거주자로부터 국내에서 원화증권을 취득하는 경우

⑧ 외국환거래규정에서 정하는 바에 따라 국내에서 원화증권 및 원화연계외화증권을 발행한 비거주자가 당초 허가를 받거나 신고된 바에 따라 만기전 상환 등을 위하여 증권을 취득하는 경우, 비거주자가 비거주자가 발행한 주식예탁증서를 자본시장과 금융투자업에 관한 법률 및 시행령이 정하는 바에 따라 거주자로부터 취득하거나 비거주자가 주식예탁증서의 원주를 거주자로부터 취득하는 경우 또는 해외판매채권을 자본시장과 금융투자업에 관한 법률 및 시행령이 정하는 바에 따라 인수한 국내 인수회사로부터 취득하는 경우

⑨ 비거주자가 인정된 거래에 따른 대부금의 대물변제, 담보권의 행사 및 채권의 출자전환(금융산업의 구조개선에 관한 법률, 기업구조조정촉진법, 채무자 회생 및 파산에 관한 법률에 따른 출자전환을 말한다)과 관련하여 거주자로부터 증권을 취득하는 경우

⑩ 비거주자가 국내유가증권시장에 상장 또는 등록된 외화증권 또는 국내 외국환은행이

발행한 외화 양도성예금증서를 취득하는 경우

⑪ 외국환거래규정에 의해 증권을 취득한 거주자로부터 동 증권을 취득하는 경우

4) 파생금융 상품거래에 대한 신고

거주자간 또는 거주자와 비거주자간 파생금융 상품거래로서 외국환업무취급기관이 외국환업무로서 행하는 거래는 신고를 요하지 않는다. 그러나 외국환업무취급기관이 외국환업무로서 행하는 거래가 아니거나 그에 해당한다 하더라도 다음 각호의 1에 해당하는 경우에는 거주자가 한국은행총재에게 신고하여야 한다(외국환거래규정 제7-40조). 한국은행총재는 필요시 동 신고내용을 국세청장에게 열람하도록 하여야 한다.

① 액면금액의 100분의 20 이상을 옵션프레미엄 등 선급수수료로 지급하는 거래를 하는 경우

② 기체결된 파생상품거래를 변경·취소 및 종료할 경우에 기체결된 파생상품거래에서 발생한 손실을 새로운 파생상품거래의 가격에 반영하는 거래를 하고자 하는 경우

③ 파생상품거래를 자금유출입·거주자의 비거주자에 대한 원화대출·거주자의 비거주자로부터의 자금조달 등의 거래에 있어 이 법·영 및 규정에서 정한 신고등의 절차를 회피하기 위하여 행하는 경우

④ 한국은행총재에게 신고해야 한다고 규정된 경우

> **파생금융**이란 외환·예금·채권·주식 등과 같은 기초자산으로부터 파생된 금융상품을 말한다. 경제여건 변화에 민감한 금리·환율·주가 등의 장래 가격을 예상하여 만든 상품으로, 변동에 따른 위험을 소액의 투자로 사전에 방지, 위험을 최소화하는 목적에서 개발되었다. 국제통화체제가 변동환율제로 전환되면서 환차손을 피하기 위하여 1972년 미국에서 처음 도입되었으며, 계약의 형태와 거래시장의 특성, 기초자산의 종류 등에 따라 다양한 유형으로 분류된다. 대표적인 것으로는 선물(future)·옵션(option)·스왑(swap)·선도(forward) 등이 있다.

외국환거래법
사례 모음(2) - 자본거래

[질의 1]

해외거래처에 수수료를 자주 송금하고 있는 업체로 환율이 너무 올라 자금부담이 크다. 원화로 미리 외화를 사서 외화예금을 한 후 그 외화예금에서 외화를 인출하여 해외로 송금이 가능한가?

[한국은행 유권해석] 대외송금이 가능하다. 거주자가 개설하는 외화계정인 거주자계정에는 거주자가 소지목적으로 외국환은행을부터 매입한 외국환을 예치할 수도 있고, 단순히 거주자계정의 예치를 위해 외국환은행으로부터 매입한 외국환을 예치할 수도 있으며, 인정된 거래에 따라 취득 또는 보유가 인정된 외국환을 예치할 수도 있다. 예치한 외국환은 인정된 거래에 따른 대외송금인지를 확인받은 다음 대외송금이 가능하다. 아울러 거주자계정상 외환은 원화로 다시 환전할 수도 있고, 자기 명의 다른 거주자계정으로 이체도 가능하며, 인정된 거래에 따른 다른 거주자 명의 거주자계정으로의 이체도 가능하다.

[질의 2]

당사는 원유를 수입하기 위해 해외 현지법인을 두고 산유국과 당사 사이에서 구매대행역할(payment assignee)을 하도록 한다. 당사는 해외 현지법인에 신용장을 개설해 주고, 현지법인은 이 신용장에 기초하여 발행한 수출환어음을 은행에 제시하여 이자를 할인받고 수령한 금액으로 산유국에 대금을 결제한다. 외국환거래법상 처리절차는?

[한국은행 유권해석] 질의와 같은 포페이팅 형식의 거래는 지정거래외국환은행 신고사항이나 그 차입금액이 10억원을 초과하는 경우에는 지정거래외국환은행을 경유해 기획재정부장관에게 신고해야 한다.

[질의 3]

개인이나 법인이 미국 비상장회사의 주식을 살 수 있는가? 살 수 있다면 그 절차는?

[한국은행 유권해석] 개인이나 법인 모두 미국 비상장회사의 주식을 살 수 있다. 다만 지분비율이 10% 미만의 경우 한국은행총재에게 증권취득신고를 하여야 하며, 지분비율이 10% 이상일 경우에는 일반 외국환은행에 해외직접투자신고를 하여야 한다.

7 기타의 자본거래

1) 거주자와 다른 거주자간 외국통화표시 기타 자본거래

거주자가 다른 거주자와 다음 각 호의 1에 해당하는 거래 또는 행위를 하고자 하는 경우에는 신고를 요하지 아니한다(외국환거래규정 제7-43조).

① 거주자가 다른 거주자와 외국통화로 표시되거나 지급을 받을 수 있는 임대차계약·담보·보증·보험(보험업법에 의한 보험사업자의 보험거래는 제외)·조합·사용대차·채무의 인수 기타 이와 유사한 계약에 따른 채권의 발생등에 관한 거래. 다만, 담보·보증계약에 따른 채권의 발생등에 관한 거래에 관하여는 채무의 보증계약에 관한 규정을 준용한다.

② 거주자간의 상속・유증・증여에 따른 외국통화로 지급을 받을 수 있는 채권의 발생등에 관한 거래
③ 거주자가 다른 거주자로부터 외화증권 또는 이에 관한 권리의 취득. 다만, 당해 외화증권의 취득으로 인하여 해외직접투자의 요건을 충족하게 된 경우에는 해외직접투자에 관한 규정에 따른다.

2) 거주자와 비거주자간 기타 자본거래에 대한 신고

거주자와 비거주자간에 다음 각호의 1에 해당하는 거래 또는 행위를 하는 경우에는 당해 거주자가 한국은행총재에게 신고하여야 한다(외국환거래규정 제7-46조). 다만, 거주자(외국환업무취급기관을 포함한다)가 원화증권 및 원화연계외화증권을 비거주자에게 동일인당 500억원을 초과하여 대여하는 경우에는 차입하고자 하는 비거주자가 신고하여야 하며, 거주자의 자금통합관리 및 그와 관련된 행위의 경우에는 자금통합관리 개시전에 신고하여야 한다.

① 예금계약, 신탁계약, 금전대차계약, 채무보증계약, 대외지급수단・채권 등의 매매계약에 따른 채권의 발생・변경 또는 소멸에 관한 거래를 제외한 거주자와 비거주자간의 임대차계약(비거주자의 국내부동산 임차는 제외한다)・담보・보증・보험(보험업법에 의한 보험사업자의 보험거래는 제외한다)・조합・사용대차・채무의 인수・화해 기타 이와 유사한 계약에 따른 채권의 발생등에 관한 거래
② 거주자와 비거주자간 상속・유증・증여에 따른 채권의 발생등에 관한 거래
③ 거주자가 해외에서 학교 또는 병원의 설립・운영 등과 관련된 행위 및 그에 따른 자금의 수수
④ 거주자의 자금통합관리 및 그와 관련된 행위

비거주자와 다음 각 호의 1에 해당하는 거래 또는 행위를 하고자 하는 거주자는 외국환은행의 장에게 신고하여야 한다.

① 거주자와 비거주자간에 계약 건당 미화 3천만불 이하인 경우로서 부동산 이외의 물품임대차 계약을(소유권 이전하는 경우를 포함한다) 체결하는 경우
② 소유권 이전의 경우를 제외하고 국내의 외항운송업자와 비거주자간의 선박이나 항공기를 임대차기간이 1년 이상인 조건으로 외국통화표시 임대차계약을 체결하는 경우

3) 거주자와 비거주자간 기타 자본거래에 대한 신고의 면제

거주자와 비거주자간의 다음 각 호의 1에 해당하는 거래 또는 행위를 하고자 하는 자는 허가 및 신고를 요하지 아니한다.

① 한국은행, 외국환업무취급기관이 외국환업무를 영위함에 따라 비거주자에게 담보를 제공하는 경우
② 신용카드에 의한 현금서비스거래
③ 거주자가 물품의 수출과 관련하여 외국에 있는 금융기관이 발행한 신용장을 그 신용장 조건에 따라 비거주자에게 양도하는 경우
④ 소유권 이전의 경우를 제외하고 국내의 외항운송업자와 비거주자간의 선박이나 항공기(항공기엔진 및 외국환거래업무취급지침에서 정하는 관련 주요부품을 포함하며 이하 이 관에서 같다)를 임대차기간이 1년 미만인 조건으로 외화표시 임대차계약을 체결하는 경우
⑤ 거주자가 외국환거래규정에 따라 신고수리를 받아 취득한 외국에 있는 부동산을 비거주자에게 취득신고수리시 인정된 범위 내에서 외국통화표시 임대를 하는 경우
⑥ 거주자가 비거주자로부터 부동산 이외의 물품을 무상으로 임차하는 경우
⑦ 비거주자가 이 규정에 의하여 외국으로의 원리금 송금이 허용되는 예금·신탁·증권 등을 금융기관의 자기여신에 관련된 담보로 제공하거나 제3자를 위해 담보로 제공하는 경우
⑧ 비거주자가 국내에서의 법적절차를 위해 필요한 예치금을 납입하거나 예치금에 갈음하여 내국법인이 발행한 외화증권을 제공하는 경우
⑨ 보험에 관한 법령의 규정에 의하여 인정된 바에 따라 국내의 거주자가 비거주자와 외국통화표시 보험계약을 체결하거나 외국에 있는 보험사업자와 재보험계약을 체결하는 경우
⑩ 해외건설 및 용역사업자가 해외건설 및 용역사업과 관련하여 현지에서 비거주자로부터 장비를 임차하는 계약을 체결하는 경우
⑪ 거주자와 국민인 비거주자간에 국내에서 내국통화로 표시되고 지급되는 임대차계약·담보·보증·보험·조합·사용대차·채무의 인수·화해 기타 이와 유사한 계약에 따른 채권의 발생 등에 관한 거래 및 거주자와 비거주자간 상속·유증·증여에 따른 채권의 발생등의 거래 또는 행위를 하는 경우
⑫ 거주자가 비거주자로부터 상속·유증·증여에 의한 채권의 발생등의 당사자가 되는 경우

⑬ 국제유가증권결제기구에 가입한 거주자가 일중대출과 관련하여 담보를 제공하는 경우
⑭ 기관투자가가 인정된 거래에 따라 보유한 외화증권을 외국증권대여기관 (Securities Lending Agent)을 통하여 대여하는 경우
⑮ 직전 분기말 기준 자기자본 1조원 이상의 투자매매업자 또는 투자중개업자가 외화증권을 차입대차하는 경우
⑯ 임차계약 만료 전에 수출자유지역 내에서 당해 수출자유지역 관리소장의 허가를 받아 폐기처분하는 경우
⑰ 거주자와 비거주자가 예탁결제원, 증권금융회사 또는 증권대차거래의 중개업무를 영위하는 투자매매업자 또는 투자중개업자를 통하여 원화증권 및 원화연계외화증권을 차입・대여하거나 이와 관련하여 원화증권, 외화증권 또는 현금(외국통화를 포함한다)을 담보로 제공하는 경우. 다만, 거주자가 대여하는 경우에는 비거주자 동일인당 500억원 이하인 경우에 한한다.
⑱ 거주자의 현지법인이 거주자의 보증・담보제공이 수반된 현지금융을 상환하기 위하여 국내에서 원화증권을 발행하는 경우로서 현지법인을 위하여 당해 거주자(계열회사를 포함한다)가 보증 및 담보를 제공하는 경우
⑲ 거주자가 비거주자로부터 국내부동산을 임차하는 경우. 다만, 내국통화로 지급하는 경우에 한한다.
⑳ 외환동시결제시스템을 통한 결제와 관련하여 거주자 회원은행이 CLS은행과 결제관련 약정(손실부담약정 포함)을 체결하고 동 약정에 따라 자금을 지급 또는 수령하는 경우
㉑ 외환동시결제시스템을 통한 결제와 관련하여 외국환업무취급기관이 비거주자와 결제관련 약정(손실부담에 관한 합의 포함)을 체결하고 동 약정에 따라 자금을 지급 또는 수령하는 경우
㉒ 종교단체가 해외에 선교자금을 지급하는 경우
㉓ 비영리법인이 해외에서의 구호활동에 필요한 자금을 지급하는 경우. 다만, 당해법인의 설립취지에 부합하여야 한다.
㉔ 비거주자가 거주자로부터 상속・유증을 받는 경우
㉕ 거주자가 국제기구, 국제단체 또는 외국정부에 대해 의연금, 기부금을 지급하는 경우

4) 비거주자와 다른 비거주자간 내국통화표시 자본거래

비거주자가 다른 비거주자와 다음 각호의 1에 해당하는 거래 또는 행위를 하고자 하는 경우에는 기획재정부장관에게 신고를 하여야 한다(외국환거래규정 제7-47조).

① 비거주자간 내국통화로 표시되거나 지급받을 수 있는 채권의 발생등에 관한 거래
② 비거주자가 다른 비거주자로부터 원화증권 또는 이에 관한 권리를 취득하는 경우

그러나 비거주자가 다른 비거주자와 내국통화로 표시되거나 지급받을 수 있는 거래를 하였다 하더라도 다음 각호의 1에 해당하는 거래 또는 행위를 하고자 하는 경우에는 신고를 요하지 아니한다(외국환거래규정 제7-48조).

① 외국환은행해외지점, 외국환은행현지법인이 비거주자와 내국통화표시 거래(비거주자와의 내국통화, 원화표시여행자수표 및 원화표시자기앞수표의 매매를 포함)를 하는 경우
② 국민인비거주자간에 국내에서 내국통화표시거래(자본거래를 포함한다)를 하는 경우
③ 비거주자가 대한민국내에 체재함에 수반하는 생활비, 일상품 또는 용역의 구입 등과 관련하여 다른 비거주자와 내국통화표시거래를 하거나 비거주자가 대한민국내에서 허용되는 사업의 영위와 관련하여 다른 비거주자와 내국통화표시거래를 하는 경우
④ 비거주자가 다른 비거주자로부터 인정된 거래에 따라 취득한 원화증권을 취득하는 경우
⑤ 비거주자가 외국에 있는 금융기관과 내국통화표시예금거래를 하는 경우
⑥ 비거주자간에 예탁결제원, 증권금융회사 또는 자본시장과 금융투자업에 관한 법률 시행령상 인정된 증권대차거래의 중개업무를 영위하는 투자매매업자 또는 투자중개업자를 통하여 원화증권을 차입·대여하거나 이와 관련하여 원화증권 또는 현금(외국통화를 포함한다)을 담보로 제공하는 경우
⑦ 외국인투자가가 외국인투자촉진법 또는 외국환거래규정에서 정하는 바에 따라 취득한 증권을 비거주자에게 담보로 제공하는 경우
⑧ 외국금융기관 및 외국전문외국환업무취급업자가 비거주자와 내국통화, 원화표시여행자수표 및 원화표시자기앞수표의 매매를 하는 경우
⑨ 비거주자간 상속·유증에 따른 내국통화로 표시되거나 지급받을 수 있는 채권의 발생등에 관한 거래
⑩ 비거주자간 해외에서 행하는 내국통화표시 파생상품거래로서 결제 차액을 외화로 지급하는 경우

⑪ 외환동시결제시스템을 통한 결제와 관련하여 비거주자와 다른 비거주자간의 원화가 개재된 다음 각목의 1에 해당하는 거래를 하는 경우

가. CLS은행과 외환동시결제시스템의 비거주자 회원은행간 또는 비거주자 회원은행과 다른 비거주자간의 결제관련 약정

나. 외환동시결제시스템의 비거주자 회원은행이 CLS은행으로부터 CLS은행이 정한 일정 한도의 원화 지급포지션(Short Position)을 받거나 고객인 비거주자가 비거주자 회원은행으로부터 일중(Intra-day) 또는 일일(Over-night) 원화신용공여를 받는 거래

다. 외환동시결제시스템의 비거주자 회원은행간의 결제유동성 감축을 목적으로 하는 In/Out Swap 또는 이와 유사한 거래

라. 유동성공급약정에 따른 CLS은행과 비거주자(Liquidity Provider)간의 현물환, 선물환 또는 스왑거래

마. 외환동시결제시스템의 비거주자가 CLS은행 또는 회원은행으로부터 당초 약정한 통화와 다른 통화로 수령하는 거래

바. CLS은행과 외환동시결제시스템의 비거주자 회원은행간의 손실부담약정 체결

사. 외환동시결제시스템의 비거주자 회원은행과 고객인 비거주자와의 손실부담에 관한 합의

⑫ 비거주자가 외국으로의 원리금 송금이 자유로운 원화예금 및 원화신탁을 다른 비거주자에게 담보로 제공하는 경우

⑬ 한국은행과 외국 중앙은행간의 통화스왑 자금을 활용하여 비거주자간 내국통화표시 금전대차 계약을 하는 경우

기 출 문 제

1 다음 중 외국환거래법상 자본거래에 해당하지 않는 것은(거주자 간 거래는 외국환과 관련된 경우에 한한다)?

① 예금계약, 신탁계약 및 금전대차계약 등
② 증권의 발행 또는 모집, 관련 권리의 취득
③ 파생상품거래
④ 투자소득의 이전거래

2 다음 중 외국환거래법상 자본거래에 대한 신고의무에 대한 설명으로 부적절한 것은?

① 자본거래를 하려는 자는 기획재정부 장관에게 신고하여야 한다.
② 외국환업무취급기관이 외국환업무로서 행하는 거래인 경우 신고의무가 면제된다.
③ 거주자가 미화 3천만불 내에서 지정거래외국환은행을 통해 비거주자와의 해외예금을 하는 경우에도 신고의무가 면제된다.
④ 거주자간 자본거래에 따른 대금의 지급이나 수령은 외국환은행을 통하지 않아도 된다.

3 외국환거래법령상 자본거래에 따른 지급 또는 수령절차에 대한 설명으로 부적절한 것은?

① 거주자간 자본거래 또는 행위에 따른 대금의 지급이나 수령은 외국환은행을 통하여야 한다.
② 만일 외국환은행을 통하지 아니하고 대금을 지급·수령하고자 하는 경우에는 한국은행총재에게 신고해야 한다.
③ 거주자가 외국에서 발행된 항공권 지급 경비를 충당하기 위해 외국인 거주자로부터 대외지급수단을 증여받은 경우에도 신고하여야 한다.
④ 거주자가 다른 거주자로부터 상장된 외화증권을 한국거래소를 통하여 취득하는 경우에는 외국환은행을 통하지 않아도 된다.

정답 1. ④ 2.④ 3.③

4 다음 중 국내예금 계정의 예치와 처분에 대한 설명으로 부적절한 것은?

① 거자주계정으로 외화를 예치하는 경우 2만불 초과 시 취득경위 입증서류를 제출해야 한다.
② 대외지급 포함 거주자계정의 처분에는 제한이 없다.
③ 대외계정에서 현찰 등 휴대자금인 경우 동일자 2만불 초과 시 외국환신고필증이나 한국은행 신고필증 제출해야 한다.
④ 해외이주자계정에서 해외이주비의 경우 예치금 합계가 10만불 초과하는 경우 관할 세무서장이 발급한 자금출처확인서 제출하여야 한다.

5 다음 중 외국환거래법상 증권취득 신고에 대한 설명으로 부적절한 것은?

① 외국인투자촉진법 규정에 의하여 인정된 외국인투자를 위하여 비거주자가 거주자로부터 증권을 취득하는 경우에는 신고를 요하지 않는다.
② 거주자가 국민인 비거주자로부터 국내에서 원화증권을 내국통화로 취득하는 경우에는 신고를 요하지 않는다.
③ 비거주자가 거주자로부터 상속·유증으로 증권을 취득하는 경우에는 신고를 요하지 않는다.
④ 비상장 내국통화표시 주식을 취득하는 경우로서 외국인투자촉진법에서 정한 외국인투자에 해당하지 아니하는 경우에는 지정거래 외국환은행장에게 신고해야 한다.

6 다음 중 거주자가 증권발행 시 외국환은행 신고대상인 것은?

① 국내에서 외화증권 발행
② 해외에서 외화증권 발행
③ 국내에서 원화증권 발행
④ 해외에서 원화증권 발행

7 다음 중 비거주자가 원화예금 계정에서 개설할 수 없는 계정은?

① 당좌예금
② 저축예금
③ 정기예금
④ 정기적금

정답 4.② 5.④ 6.② 7.④

8 외국환거래법 상 거주자가 해외에서 비거주자와 예금거래 및 신탁거래를 하는 경우 건당 미화 5만불을 초과하여 국내에서 송금한 자금으로 예치하고자 하는 경우 한국은행 총재에게 신고하고 지정거래외국환은행을 통해 송금해야 한다. 다음 중 이 절차의 적용이 배제되는 사람으로 보기 어려운 것은?

① 기관투자자
② 전년도 수출입 실적이 미화 5백만불 이상인자
③ 해외건설업자
④ 용역사업자

정답 8.④

11

현지금융과 직접투자

학 습 목 표

현지금융과 직접투자는 개인이 아닌 기업의 거래로 일반인들에게는 다소 낯선 개념이다. 기업이 세계화하면서 해외지사설립과 국외 기업에 대한 투자가 늘어나면서 현지금융과 직접투자에 대한 수요도 늘어나고 있으며, 이러한 활동이 국내산업, 국제수지 및 대외관계에 미치는 영향을 고려하여 현지금융과 직접투자에 대한 규제의 완화가 진행되어 왔다. 외국환거래법의 흐름에 대한 이해를 바탕으로 아래 내용을 중심으로 현지금융과 직접투자에 따른 외국환거래법의 신고절차를 학습해 보자.

1. 현지금융의 개념과 법 적용범위
2. 현지금융에 대한 신고절차
3. 해외직접투자의 개념
4. 해외직접투자에 대한 신고절차

들어가기 전에

외국환거래법의 규제완화는 왜 그리고 어떻게 일어나나?

- 외환거래시 신고의무 대폭 간소화"
- 구체적으로 어떤 의무가 없어지나.

"현행 외국환거래법은 과도한 외화유출을 막기 위해 개인과 기업에게 각종 외환거래 시 다양한 사전신고 의무를 두고 있다. (중략) 기업들이 주식투자나 대출 등 금융거래(자본거래)를 할 때도 지금은 매 건마다 은행에 사전신고를 해야 한다. 이런 의무들이 앞으로는 대규모·특이 거래를 빼면 모두 폐지되는 것이다."

- 규제를 대거 푸는 이유는 뭔가.

"최근 수년간 대규모 경상흑자가 계속되면서 원화절상(원·달러 환율 하락) 압력이 높아져 수출 경쟁력에 큰 부담이 되고 있다. 정부는 해외투자를 늘려 원화가치도 떨어뜨리고 해외투자 수익이 국내로 다시 흘러 드는 선순환 구조를 기대하고 있다."

한국일보 김용식 기자. 2015년 6월 29일 "해외 유학 자녀에 송금 때 증빙서류 안 내도 된다."
기사전문: http://www.hankookilbo.com/v/a4ca693fac0e4514b8e5f7c099cf5615

주식투자와 같은 해외직접투자는 국제수지와 환율에 영향을 미친다. 환율은 다시 수출경쟁력에 영향을 미치고 이에 따라 정부는 수출과 환율의 조정을 위해 외국환거래법에 따른 사전신고 의무를 없애거나 대상 금액의 범위를 상향조정 하여 이들 거래를 보다 활성화시키는 것이다. 이 장에서 현재 외국환거래규정에서 정하고 있는 현지금융과 해외직접투자에 대한 신고절차와 대상금액에 유의하면서 외국환거래에 대한 규제 체제에 대해 이해해 보자.

Chapter 11

현지금융과 직접투자

제1절 현지금융

1 현지금융 규정의 적용범위

현지금융이란 우리나라 기업이나 기업의 해외지점 또는 현지법인이 외국에서 영업활동 자금으로 사용하기 위해 외국에서 외화자금을 차입하거나 지급보증을 받는 것을 말한다. 우리나라는 그 동안 현지금융으로 조달한 자금이 국내로 유입되거나 다른 용도로 전용되지 않도록 하는 동시에 과다한 현지금융 의존에 따른 기업경영의 부실화를 방지하기 위해 차입자금의 용도나 한도 등을 매우 엄격하게 관리해왔다. 그러나 1990년대 들어 기업의 해외진출이 급격히 늘어남에 따라 해외 영업활동을 원활하게 지원하기 위해 현지금융에 대한 규제를 지속적으로 완화하였다. 외국환거래규정의 현지금융 규정은 금융기관(외국환거래법에 규정된 금융회사 등을 말하며 그 해외지점을 포함), 그 금융기관의 현지법인 및 비금융기관이 설립한 현지법인금융기관을 제외하고 다음 각호의 1에 해당하는 자가 현지금융을 받고자 하는 경우에는 적용한다(외국환거래규정 제8-1조).

① 거주자(개인의 경우에는 제외)
② 거주자의 해외지점(독립채산제[1]의 예외적용을 받는 해외지점을 제외)
③ 거주자의 현지법인(거주자의 현지법인이 100분의 50 이상 출자한 자회사를 포함)

현지금융으로 조달한 자금은 현지법인등과 국내 거주자간의 인정된 경상거래에 따른 결제자금의 국내 유입 경우 외에는 국내에 예치하거나 국내로 유입할 수 없다.

---

1) 독립채산제란 단일기업 또는 공장사업부 등의 기업내 경영단위가 자기의 수지(收支)에 의해 단독으로 사업을 성립시킬 수 있도록 하는 경영관리제도를 말한다.

2 현지금융에 대한 신고

1) 신고대상

거주자의 해외지점 또는 거주자의 현지법인 등이 현지금융을 받고자 하는 경우에는 다음 각호의 구분에 따라 신고하여야 한다. 이 경우 주채무계열 소속 기업체의 경우에는 부득이한 경우를 제외하고 **주채권은행**[2]을 현지금융관련 거래외국환은행으로 지정하여야 한다(외국환거래규정 제8-2조).

① 거주자가 현지금융을 받고자 하는 경우

가. 다른 거주자의 보증 및 담보(이하 '보증 등'이라 한다)제공이 없거나 당해 거주자가 본인의 담보를 제공하는 경우 또는 외국환은행(종합금융회사를 포함하며, 이하 이 장에서 같다)이 보증을 하는 경우에는 당해 거주자가 지정거래외국환은행의 장에게 신고

나. 다른 거주자가 보증등을 하는 경우에는 다른 거주자가 현지금융을 받는 거주자의 지정거래외국환은행에 신고

다. 외화증권발행방식에 의하여 미화 3천만불을 초과하는 현지금융을 받고자 하는 경우에는 지정거래외국환은행을 경유하여 기획재정부장관에게 신고

② 현지법인 등이 현지금융을 받고자 하는 경우

가. 외국환은행의 보증이 있는 경우에는 그 현지법인 등을 설치한 거주자(국내 다른 기업과 공동출자하여 현지법인 등을 설치한 경우에는 **출자지분**[3]이 가장 많은 기업, 출자지분이 같은 경우에는 자기 자본이 가장 큰 기업으로 하며, 이하 이 장에서 같다)가 지정거래외국환은행의 장에게 신고

나. 당해 현지법인 등을 설치한 거주자 또는 다른 거주자가 보증등을 하는 경우에는 보증등의 제공자가 당해 현지법인 등을 설치한 거주자의 지정거래외국환은행의 장에게 신고. 이 경우 동일 신용공여한도 제공은행으로부터 총액보증한도를 정하여 사전에 포괄신고를 할 수 있다(다만, 보증한도 제공은행으로부터 신용공여를 받는

---

2) 주채권은행이란 금융기관으로부터 거액을 대출받아 여신관리 대상으로 정해진 기업체 또는 계열기업군의 주된 거래은행을 말한다.

3) 출자지분이란 사업을 경영하기 위한 자본으로서 금전 기타 재산·노무 또는 신용을 법인 또는 조합에 제공하는 것을 출자라 하고, 전체 출자액에 대한 1출자자의 소유 또는 출자비율을 출자지분이라 한다.

현지법인의 현지금융 가능금액은 보증한도총액을 신용공여수혜 현지법인의 수로 나눈 금액의 2배 이내로 한다).

현지금융으로 조달한 자금은 현지법인 등과 국내 거주자간의 인정된 경상거래에 따른 결재자금의 국내유입의 경우를 제외하고는 국내에 예치하거나 국내로 유입할 수 없다.

2) 신고의 면제

현지법인 등이 거주자의 보증 등을 받지 아니하고 현지금융을 받고자 하는 경우에는 신고를 요하지 아니한다. 다만, 해외지점 및 다음 각호의 1에 해당하는 현지법인의 경우에는 현지법인 등을 설치한 거주자가 당해 현지법인 등의 현지금융 차입 및 상환 내역을 다음 반기 첫째달 말일까지 지정거래외국환은행의 장에게 보고하여야 한다.

① 거주자의 투자비율이 100분의 50 이상인 현지법인

② 제1호의 현지법인이 100분의 50 이상 출자한 자회사

신고한 후 차입한 자금은 그 신고한 바에 따라 사용되어야 하며, 그 사용 및 차입원리금의 정당한 상환여부에 대하여 지정거래외국환은행의 장의 사후관리를 받아야 한다. 거주자 또는 현지법인 등이 신고한 내용을 변경하고자 하는 경우 당해 신고기관의 장에게 변경신고를 하여야 한다.

3) 차입 및 상환 보고와 원리금 상환

현지금융을 받은 자(현지법인 등의 현지금융인 경우에는 당해 현지법인 등을 설치한 거주자를 포함한다)는 현지금융의 차입·상환 내역을 당해 거주자의 지정거래외국환은행의 장에게 다음 반기 첫째달 말일까지 보고하여야 한다. 보고서를 제출받은 지정거래외국환은행의 장은 현지금융 차입 및 상환 상황 내역을 다음 반기 둘째달 말일까지 한국은행총재에게 보고하여야 하며, 한국은행총재는 현지금융 차입 및 상환상황을 국세청장 및 금융감독원장에게 통보하여야 한다(외국환거래규정 제8-4조).

현지금융을 받은 자 또는 현지금융관련 보증 등을 제공한 자가 그 원금 및 이자와 부대비용을 국내에서 외국에 지급하고자 하는 경우에는 지정거래외국환은행을 통하여 송금하여야 한다. 다만, 외국환은행이 보증과 관련하여 **대지급**[4]하는 경우에는 그러하지 아니하다.

제2절 직접투자

1 해외직접투자의 개념정의

어떤 기업이 외국의 기업에 대해 경영참가 또는 기술제휴를 목적으로 자금을 대출해 주거나, 그 기업의 주식을 취득하는 등의 투자를 행하는 일을 일반적으로 **해외직접투자**라 한다. 외국환거래법에서는 '해외직접투자'를 아주 구체적으로 정의하고 있는데, 그 정의규정을 보면 거주자가 하는 다음 어느 하나에 해당하는 거래·행위 또는 지급을 말한다고 명시하고 있다(외국환거래법 제3조 제1항, 동법시행령 제8조).

> ① 외국법령에 따라 설립된 법인(설립 중인 법인을 포함한다)이 발행한 증권을 취득하거나 그 법인에 대한 금전의 대여 등을 통하여 그 법인과 지속적인 경제관계를 맺기 위하여 하는 거래 또는 행위로서 대통령령으로 정한 다음의 것
>
> 1. 외국 법령에 따라 설립된 법인(설립 중인 법인을 포함한다. 이를 '외국법인'이라 한다)의 경영에 참가하기 위하여 취득한 주식 또는 출자지분이 해당 외국법인의 발행주식총수 또는 출자총액에서 차지하는 비율(주식 또는 출자지분을 공동으로 취득하는 경우에는 그 주식 또는 출자지분 전체의 비율을 말한다. 이하 이 항에서 '투자비율'이라 한다)이 100분의 10 이상인 투자
> 2. 투자비율이 100분의 10 미만인 경우로서 해당 외국법인과 다음 각 목의 어느 하나에 해당하는 관계를 수립하는 것
>   가. 임원의 파견
>   나. 계약기간이 1년 이상인 원자재 또는 제품의 매매계약의 체결
>   다. 기술의 제공·도입 또는 공동연구개발계약의 체결
>   라. 해외건설 및 산업설비공사를 수주하는 계약의 체결
> 3. 제1호 또는 제2호에 따라 이미 투자한 외국법인의 주식 또는 출자지분을 추가로 취득하는 것
> 4. 제1호부터 제3호까지의 규정에 따라 외국법인에 투자한 거주자가 해당 외국법인에 대하여 상환기간을 1년 이상으로 하여 금전을 대여하는 것
>
> ② 외국에서 영업소를 설치·확장·운영하거나 해외사업 활동을 하기 위하여 자금을 지급하는 행위로서 대통령령으로 정한 다음의 것
>
> 1. 지점 또는 사무소의 설치비 및 영업기금
> 2. 거주자가 외국에서 법인 형태가 아닌 기업을 설치·운영하기 위한 자금

4) 대지급이란 은행 또는 정부가 지급보증으로 특정업자의 지급신용을 책임진 뒤, 그 특정업자가 기일 내에 지급을 불이행하였을 때 지급 보증은행 또는 정부에서 대신 지급하여 주는 것을 말한다.

3. 해외자원개발 사업법(제2조)에 따른 해외자원개발사업 또는 사회간접자본개발사업을 위한 자금. 다만, 해외자원개발을 위한 조사자금 및 해외자원의 구매자금은 제외

외국환거래규정은 거주자 또는 비거주자가 직접투자, 지사설치, 부동산취득(이를 '직접투자 등'이라 한다)을 하고자 하는 경우에는 외국환거래규정에 따라 신고 등을 하도록 의무를 부여하였다. 다만, 비거주자가 외국인투자촉진법의 규정에 따라 국내에 직접투자를 하고자 하는 경우에는 외국환거래규정의 자본거래에서 정한 바에 따른다. 그러나 거주자가 해외에 직접투자 등을 하고자 하는 경우에는 외국환거래규정에서 정한 신고 등의 절차를 이행하기 전에 미화 1만불 범위 내에서 지급할 수 있다. 이 경우 당해 거래의 계약이 성립한 날로부터 1년 이내에 이 장에 따른 신고 등의 절차를 이행하여야 한다. 외국환거래법상의 금융회사 등이 해외직접투자를 하거나 해외지사 설치와 관련된 사항은 금융위원회가 정한다.

2 해외직접투자 통칙

1) 해외직접투자의 수단

해외직접투자의 수단은 다음 각호의 1에 해당하는 것으로 한다(외국환거래규정 제9-1조의2).

① 지급수단
② 현지법인의 이익유보금 및 자본잉여금
③ 자본재(외국인투자촉진법 제2조 제1항 제9호의 자본재)
④ 산업재산권 기타 이에 준하는 기술과 이의 사용에 관한 권리
⑤ 해외법인 또는 해외지점·사무소를 청산한 경우의 그 잔여재산
⑥ 채권회수대상에서 제외된 대외채권
⑦ 주식
⑧ 기타 그 가치와 금액의 적정성을 입증할 수 있는 자산

2) 한국수출입은행장의 보고서 제출 의무

한국수출입은행장은 해외직접투자자 또는 신고기관으로부터 제출받은 각종 통계·보고서 등을 종합관리하고, 다음 각호의 1의 보고서를 작성하여 다음 각호의 1에서 정한 기일 내에 기획재정부장관에게 제출하여야 한다(외국환거래규정 제9-2조).

① 해외직접투자 신고 및 투자실적(월보) : 매익월 말일 이내
② 해외직접투자 동향분석(분기보 및 연보) : 매분기 익익월 10일 이내 및 매익년도 3월 이내
③ 해외직접투자 경영분석보고서 : 매익년도 10월 이내

3) 해외직접투자의 지원과 투자금의 회수

기획재정부장관은 해외직접투자가 국내산업·국제수지·대외관계 등에 미치는 영향을 고려하여 투자유형·업종 또는 지역 등에 따라 투자 및 이에 대한 각종 지원을 제한하거나 우대하게 할 수 있다(외국환거래규정 제9-3조). 해외직접투자자는 당해 신고의 내용에 따라 투자원금과 과실을 국내에 회수하여야 한다. 그러나 해외에서 외국환거래규정에 의해 인정된 자본거래를 하고자 하는 경우에는 그러하지 아니하다.

3 금융기관을 제외한 거주자 해외직접투자의 관리

1) 거주자 해외직접투자의 신고

가. 신고대상

거주자(해외이주 수속중이거나 영주권등을 취득할 목적으로 지급하고자 하는 개인 또는 개인사업자는 제외)가 해외직접투자(증액투자 포함)를 하고자 하는 경우에는 다음 각호의 1에서 정한 외국환은행의 장에게 신고하여야 한다. 이미 투자한 외국법인이 자체이익유보금 또는 자본잉여금으로 증액투자하는 경우로서 거주자가 최대주주가 아닌 경우에는 사후에 보고할 수 있으며, 누적 투자금액이 미화 50만불 이내에서의 투자의 경우에는 투자금의 지급이 있은 날로부터 1개월 이내에 사후보고할 수 있다.
① 주채무계열 소속 기업체인 경우에는 당해 기업의 주채권은행
② 거주자가 주채무계열 소속 기업체가 아닌 경우에는 여신최다은행
③ 제1호 내지 제2호에 해당하지 않는 거주자의 경우 거주자가 지정하는 은행

주채무계열이란 은행업감독규정 제79조에 따라 부채가 많은 기업집단(계열)을 주채권은행으로 하여금 통합·관리하게 하는 제도이다. 기준이 되는 신용공여는 기업의 전체 채무 중 금융회사 채무를 포함하는 개념으로 기업의 대출금을 비롯해 지급보증과 기업어음, 매입외환, 사모사채 등이 망라된 채무를 말한다. 전년도 말 은행권과 종금, 보험사 등 금융회사의 신용공여 잔액을 기준으로 1위부터 60위까지 기업집단을 선정해 지정한다. 한 기업집단이 주채무계열로 선정되면 계열사 간 지급보증을 통한 신규여신 취급이 불가능하게 되고 기존에 있었던 지급보증도 해소해야 한다.

거주자가 제1항의 규정에 의하여 신고하거나 보고한 내용을 변경하고자 하는 경우 당해 신고기관의 장에게 변경신고를 하여야 한다. 다만, 다음 각호의 경우에는 변경사유가 발생한 후 3개월 이내에 사후보고할 수 있다.

① 투자자의 상호대표자소재지, 현지법인명, 현지법인의 소재지를 변경한 경우(투자자의 합병·분할에 의한 경우를 포함한다)

② 현지법인의 자회사 또는 손자회사의 지분율이 변경된 경우

③ 현지의 예상치 못한 사정이나 경영상 급박한 사정등으로 사전에 제출한 사업계획을 사전신고 후 변경하는 것이 적절치 않은 경우로서 추가 투자금액을 필요로 하지 않는 경우

나. 신고방법

해외직접투자를 하고자 하는 자는 해외직접투자신고서(보고서)[5]에 다음 각호의 서류를 첨부하여 당해 신고기관에 제출하여야 한다. 누적 투자금액이 미화 50만불 이내에서의 투자의 경우로서 사후에 보고하는 경우에도 같다.

① 사업계획서(자금조달 및 운용계획 포함)

② 주식을 통한 해외직접투자인 경우에는 공인회계사법에 의한 회계법인의 주식평가에 관한 의견서

③ 해외직접투자를 하고자 하는 자가 신용정보의 이용 및 보호에 관한 법률에 의한 금융거래 등 상거래에 있어서 약정한 기일 내에 채무를 변제하지 아니한 자로서 종합신용정보 집중기관에 등록되어 있지 않음을 입증하는 서류. 다만, 회사정리법 또는 화의법에 의하여 정리절차가 진행되고 있는 기업체가 기존의 유휴설비나 보유기술을

5) 외국환거래규정 [별지] 제9-1호 서식.

투자하거나 관련 법령이 정한 법원 또는 채권관리단의 결정에 의한 경우에는 그러하지 아니하다.

④ 조세체납이 없음을 입증하는 서류

⑤ 기타 신고기관의 장이 필요하다고 인정하는 서류

누적 투자금액이 미화 50만불 이내에서의 투자의 경우에는 서류를 제출하여 투자자금을 사전에 송금할 수 있다. 거주자가 신고를 하지 아니하거나 신고된 내용과 다르게 해외직접투자를 한 경우에는 당해 위반사실을 제재기관의 장에게 보고하고 당해 투자에 대하여 신고기관의 장에게 사후신고를 할 수 있다. 개인투자자가 영주권, 시민권을 취득한 경우에는 투자금의 회수(제9-4조) 및 해외직접투자사업의 청산(제9-6조), 현지공관장에 대한 조사의뢰 등(제9-8조), 사후관리(제9-9)의 규정은 적용하지 아니한다. 다만, 영주권을 취득한 개인투자자가 이후 국내에 체재하여 거주자가 된 경우에는 그러하지 아니하다.

다. 해외직접투자사업의 청산

해외직접투자자가 투자사업을 청산할 때에는 분배잔여재산을 즉시 국내로 회수하고 청산관련서류를 신고기관에 보고하여야 한다(외국환거래규정 제9-6조). 다만, 청산 보고 후 해외에서 이 규정에 의해 인정된 자본거래를 하고자 하는 경우에는 청산자금을 국내로 회수하지 아니할 수 있다.

라. 현지공관장에 의한 투자환경 조사

기획재정부장관은 현지공관의 장에게 투자환경의 조사를 의뢰할 수 있으며, 현지공관의 장으로 하여금 현지국 정부의 외국인투자 관련조치 및 투자환경의 변화내용을 보고하게 할 수 있다(외국환거래규정 제9-8조).

마. 사후관리

해외직접투자자는 다음 보고서 또는 서류를 지정된 기일 내에 당해 신고기관의 장에게 제출하여야 한다. 다만, 해외직접투자자 또는 투자한 현지법인이 휴・폐업 등으로 인해 보고서 등을 제출하는 것이 불가능하다고 신고기관의 장이 인정하는 경우에는 당해 휴・폐업 등의 기간에 해당 보고서 또는 서류를 제출하지 아니할 수 있다(외국환거래규정 제9-9조).

해당 보고서	제출시한
① 외화증권(채권)취득보고서(법인 및 개인기업 설립보고서 포함)	투자금액 납입 또는 대여자금 제공 후 6월 이내. 다만, 해외자원개발사업 및 사회간접자본개발사업으로서 법인 형태가 아닌 투자의 경우에는 외화증권(채권)취득보고서 제출을 면제
② 송금(투자)보고서	송금 또는 투자 즉시(투자금액을 현지금융으로 현지에서 조달하는 경우 투자시점)
③ 연간사업실적보고서(해외자원개발사업 및 사회간접자본개발사업으로서 법인 형태가 아닌 투자의 경우는 제외)	회계기간 종료 후 5월 이내. 신고기관의 장은 부동산관련업 이외의 투자사업으로서 투자금액의 합계가 미화 50만불 이하인 경우에는 연간사업실적보고서의 제출을 면제할 수 있으며, 미화 100만불 이하인 경우에는 현지법인 투자현황표로 갈음할 수 있다.
④ 청산보고서(금전대여의 경우 원리금회수내용을 포함)	청산자금 수령 또는 원리금회수 후 즉시
⑤ 기타 신고기관의 장이 해외직접투자의 사후관리에 필요하다고 인정하여 요구하는 서류	신고기관의 장이 제출을 요구한 때

신고기관의 장은 신고를 받은 해외직접투자사업에 대한 사후관리를 위하여 해외직접투자 관리대장을 작성하여야 하며, 다음 각호의 1에서 정한 기일내에 한국수출입은행장에게 제출하여야 한다. 다만, 해외직접투자자 및 투자한 현지법인이 휴·폐업 또는 소재불명 등의 상태에 있어 신고기관의 장이 해외직접투자자 및 투자한 현지법인으로부터 관련 보고서나 서류를 제출받는 것이 불가능한 것으로 인정되는 경우에는 그러하지 아니하며 이 경우 신고기관의 장은 휴·폐업 또는 소재불명 등의 사실을 한국수출입은행장에게 보고하여야 한다.

① 해외직접투자 신고서 사본(내용변경신고서 포함), 해외직접투자 신고 및 투자실적(월보) : 매익월 15일 이내
② 연간사업실적보고서(현지법인 투자현황표) : 해외직접투자자로부터 제출받은 즉시
③ 사후관리종합내역 등 기타 통계 또는 사후관리에 필요한 서류

신고기관의 장이 신고, 송금, 사후관리(회수, 지분매각, 청산 등), 사업실적 내역을 한국수출입은행 해외직접투자 통계시스템에 입력하는 경우 정해진 서류를 제출한 것으로 본다. 한국수출입은행장은 매년 해외직접투자기업 현황을 작성하여 기획재정부장관 및 해외공관의 장에게 송부하여야 한다. 이 경우 기획재정부장관은 사실 확인 등을 위하여 추가적인 자료의 요청 및 실태 점검 등을 실시할 수 있다. 신고기관의 장은 개인, 개인사업자 또는

법인의 투자, 부동산관련업에 대한 투자 및 주식을 출자한 투자에 대하여는 다음 각호의 보고서 등을 지정된 기일내에 한국수출입은행을 경유하여 국세청장, 관세청장 및 금융감독원장에게 통보하여야 한다.

① 해외직접투자 신고내용, 송금(투자)보고 내용, 해외직접투자사업 청산 및 대부채권 회수보고 내용, 해외직접투자자 또는 투자한 현지법인의 휴·폐업, 소재불명 및 시민권의 취득 등의 사실 : 매익월 25일 이내

② 연간사업실적보고서 : 매익년도 9월 말일 이내

2) 역외금융회사 등에 대한 거주자의 해외직접투자 관리

가. 신고대상

거주자(개인 및 개인사업자는 제외한다)가 역외금융회사 등에 대한 해외직접투자를 하고자 하는 경우에는 이 조에서 정한 바에 따라 한국은행총재에게 신고하여야 한다(외국환거래규정 제9-15의2). 즉, 거주자(공동으로 동일한 역외금융회사 등에 대하여 투자하고자 하는 경우에는 투자비율이 가장 높은 자)가 역외금융회사 등에 대하여 다음 각호의 1에 해당하는 해외직접투자를 하고자 하는 경우에는 역외금융회사(현지법인금융기관)투자 신고서를 한국은행총재에게 제출하여야 하는 것이다.

① 외국환거래법시행령 제8조 제1항에 규정[6)]된 해외직접투자에 준하는 투자의 경우

② 제1호에 의한 투자금액을 포함하여 역외금융회사에 대하여 투자(부채성증권 매입, 제7장의 규정에서 정한 절차를 거친 대출·보증 및 담보제공을 말한다)한 총투자금액이 당해 역외금융회사 총자산의 100분의 10 이상인 경우(외국환업무취급기관이 투자목적이 아닌 업무로서 행하는 거래의 경우는 제외한다)

③ 역외금융회사에 대한 투자(제1호 또는 제2호에 준하는 경우를 말한다)를 목적으로 외국금융기관에 대하여 제2호에 해당하는 투자를 하는 경우

④ 역외금융회사 또는 외국금융기관에 소속된 자금운용단위에 대한 제1호 내지 제3호에 해당하는 투자인 경우

거주자의 현지법인(역외금융회사를 포함) 및 그 자회사, 손회사 또는 해외지점이 해외직접

---

6) 외국환거래법시행령 제8조 제1항 : 외국 법령에 따라 설립된 법인(설립 중인 법인을 포함한다. 이하 '외국법인'이라 한다)의 경영에 참가하기 위하여 취득한 주식 또는 출자지분이 해당 외국법인의 발행주식총수 또는 출자총액에서 차지하는 비율(주식 또는 출자지분을 공동으로 취득하는 경우에는 그 주식 또는 출자지분 전체의 비율을 말한다)이 100분의 10 이상인 투자.

투자를 하고자 하는 경우에는 역외금융회사(현지법인금융기관) 지점(자회사·손회사) 설립 신고서를 한국은행총재에게 제출하여야 한다. 역외금융회사 등에 대한 해외직접투자 신고를 한 자가 당해 신고내용을 변경하거나 역외금융회사를 폐지하고자 하는 경우에는 역외금융회사(현지법인금융기관) 등의 변경(폐지)신고서를 한국은행총재에게 제출하여야 한다.

나. 운영현황 등의 보고 및 통보

역외금융회사 등에 대한 해외직접투자 신고를 한 자는 매분기별 역외금융회사의 설립 및 운영 현황 등을 다음 분기 첫째달 20일까지 한국은행총재 및 금융감독원장에게 보고하여야 한다. 한국은행총재는 역외금융회사의 신고(수리)서 사본, 설립 및 운영현황 등을 종합하여 다음 분기 둘째달 20일(역외금융회사 신고(수리)서 사본의 경우에는 매 익월 10일)까지 기획재정부장관에게 보고하고, 국세청장에게 통보하여야 한다. 거주자가 역외금융회사 등에 대한 해외직접투자 신고 후 1년간 투자금액(또는 해외직접투자 변경신고 후 6개월간 투자금액)이 역외금융회사의 총 출자액 또는 총 자산의 100분의 10 미만인 경우에는 그 역외금융회사 등에 대한 해외직접투자 신고는 외국환거래규정에 의해 신고를 한 것으로 본다.

역외금융회사가 자본잠식 또는 투자금을 전액 회수한 상태에서 6개월 이상 존속하는 경우 한국은행총재는 해당 거주자에 대하여 역외금융회사에 대한 폐지신고를 권고할 수 있다. 한국은행총재의 폐지신고 권고 이후 1개월 이내에 투자지속의사를 밝히지 않은 역외금융회사는 폐지신고를 한 것으로 본다. 거주자가 역외금융회사 등에 대한 투자금을 회수한 경우 회수일로부터 1개월 이내에 한국은행총재에게 회수내역을 보고하여야 한다. 다만, 역외금융회사 등의 변경(폐지) 신고를 한 경우에는 그러하지 아니한다.

4 국내기업 등의 해외지사 관리

1) 해외지사의 구분

외국환거래법상 국내기업의 **해외지사**는 다음과 같이 구분된다(외국환거래규정 제9-17조).

해외지점	독립채산제를 원칙으로 하여 외국에서 영업활동을 영위하고자 설치하는 사업소
해외사무소	외국에서 영업활동을 영위하지 아니하고 업무연락, 시장조사, 연구개발활동 등의 비영업적 기능만을 수행하거나 비영리단체(종교단체를 포함한다)가 국외에서 당해 단체의 설립목적에 부합하는 활동을 수행하기 위하여 설치하는 사업소

2) 비금융기관 해외지사의 관리

가. 설치신고

다음 각 호의 1에 해당하는 비금융기관이 해외지사를 설치하고자 하는 경우에는 지정거래외국환은행의 장에게 신고하여야 한다(외국환거래규정 제9-18조).

① 해외지점을 설치하는 경우

가. 과거 1년간의 외화획득실적이 미화 1백만불 이상인 자

나. 기타 주무부장관 또는 한국무역협회장이 외화획득의 전망 등을 고려하여 해외지점의 설치가 필요하다고 인정한 자

② 해외사무소를 설치하는 경우

가. 공공기관

나. 금융감독원

다. 과거 1년간 외화획득실적이 미화 30만불 이상인 자

라. 과거 1년간 유치한 관광객 수가 8천명 이상인 국제여행 알선업자

마. 2인 이상이 공동으로 하나의 해외사무소를 설치하고자 하는 자로서 공동으로 다목 또는 라목의 요건을 충족하는 경우

바. 외화획득업자나 수출품 또는 군납품 생산업자로 구성된 협회 또는 조합 등의 법인

사. 중소기업협동조합

아. 국내의 신문사·통신사 및 방송국

자. 산업기술혁신촉진법령에 의하여 산업통상자원부장관으로부터 국외에 기업부설연구소의 설치가 필요하다고 인정받은 자

차. 대외무역법에서 정하는 바에 의하여 무역업을 영위하는 법인으로서 설립 후 1년을 경과한 자

카. 기타 주무부장관 또는 한국무역협회장이 해외사무소의 설치가 불가피하다고 인정한 자(비영리단체를 포함한다)

나. 해외지점의 영업기금

해외지점을 설치한 자가 해외지점 설치신고시 신고한 금액범위내에서 당해 해외지점에 영업기금(당해 해외지점의 설치비·유지운영비 및 영업활동을 위한 운전자금을 포함하고 현지금융 차입에 의한 자금을 제외하며, 이하 같다)을 지급하고자 하는 경우에는 지정거래외국환은행을

통하여 지급하여야 한다(외국환거래규정 제9-19조). 해외지점 설치신고시 신고한 영업기금을 초과하여 영업기금을 송금하고자 하는 경우에는 지정거래외국환은행의 장에게 신고하여야 한다.

다. 독립채산제 적용의 제한

다음 각호의 1에 해당하는 자의 해외지점은 독립채산제를 적용하지 아니하며, 이 경우 영업기금(설치비 및 유지활동비 제외)을 지급할 수 없다. 다만, 부득이한 경우 한국은행총재에게 신고하여 수리를 받은 건에 한하여 독립채산제를 적용할 수 있으며, 이 경우 매분기마다 해외지점으로의 지급내역 등에 대해 한국은행총재에게 보고하여야 한다.

① 외항운송업자 및 원양어업자

② 해외건설 및 용역사업자

라. 해외사무소의 경비

해외사무소의 설치비 및 유지활동비는 지정거래외국환은행을 통하여 지급하여야 한다(외국환거래규정 제9-20조). 해외사무소의 확장에 따른 경비를 지급하고자 하는 경우에는 지정거래외국환은행의 장에게 신고하여야 한다. 설치비를 지급함에 있어서 증빙서류에 의한 지급이 곤란한 경우에는 해외사무소의 설치계획서에 의하여 사전개산 지급을 할 수 있으며, 이 경우 설치신고일부터 1년 이내에 당해 지급을 증빙하는 서류 등을 지정거래외국환은행의 장에게 제출하여 정산하여야 한다. 지정거래외국환은행의 장은 설치비의 정산 결과 미사용잔액이 있는 경우에는 이를 유지활동비로 전용하게 할 수 있으며, 그 전용금액은 당해 사무소의 유지활동비 지급총액에 합산하여 관리하여야 한다.

마. 국내항공 또는 선박회사 해외지점의 운영경비

외국항로에 취항하는 국내항공 또는 선박회사는 그 항공 또는 선박회사의 해외지점의 주재원급여·설치비 및 유지활동비를 그 항공 또는 선박회사의 전 해외지점의 해당연도 수입금의 100분의 30 범위내에서 직접 사용할 수 있다(외국환거래규정 제9-21조). 국내항공 또는 선박회사는 매 연도별로 각 해외지점의 현지수입금 및 제1항에서 규정하는 현지수입금 사용명세서를 당해 연도 종료일부터 2월 이내에 지정거래외국환은행의 장에게 제출하고 사후관리를 받아야 한다.

바. 해외지점의 영업활동

해외지점이 다음 각호의 1에 해당하는 거래 또는 행위를 하고자 하는 경우에는 한국은행총재에게 신고하여 수리를 받아야 한다(외국환거래규정 제9-22조).

① 부동산에 관한 거래 또는 행위. 다만, 당해 해외지점의 영업기금과 이익금유보액 범위내(독립채산제의 예외적용을 받는 해외지점의 경우에는 인정된 설치비 및 유지활동비 범위내)에서 사무실 및 주재원의 주거용 부동산 등 해외에서의 영업활동에 필요한 외국에 있는 부동산의 취득 등과 관련하여 행하는 부동산 거래는 그러하지 아니하다.

② 증권에 관한 거래 또는 행위. 다만, 당해 해외지점의 영업활동과 관련하여 당해 주재국 법령에 의한 의무를 이행하기 위한 경우와 당해 주재국내의 정부기관 또는 금융기관이 발행한 증권으로서 즉시 환금이 가능하며 시장성이 있는 증권에 대한 거래는 그러하지 아니하다.

③ 비거주자에 대한 상환기한이 1년을 초과하는 대부. 다만, 거주자 또는 현지법인등이 현지금융을 받는 경우를 제외한다.

사. 해외지점의 결산 순이익금의 처분 등

독립채산을 하는 해외지점을 설치한 자는 당해 거주자의 매 회계기간별로 각 해외지점의 결산재무제표 및 그 부속서류와 결산결과 발생한 순이익금의 처분내역을 회계기간 종료후 5월 이내에 지정거래외국환은행의 장에게 제출하여야 한다(외국환거래규정 제9-23조). 결산이익금의 처분은 다음 각 호의 1에 해당하는 방법에 의하여야 한다.

① 전기이월 결손에의 충당

② 국내에 회수한 후 외국환은행에 내국지급수단을 대가로 매각하거나 거주자계정에의 예치

③ 당해 해외지점의 영업기금으로의 운용

아. 해외지사의 폐쇄 등

해외지사의 명칭 또는 위치를 변경한 자는 변경 후 3개월 이내에 지정거래외국환은행의 장에게 그 변경내용을 사후보고 하여야 한다(외국환거래규정 제9-24조). 해외지사를 폐쇄할 때는 잔여재산을 국내로 즉시 회수하고 당해 해외지사의 재산목록, 대차대조표, 재산처분명세서, 외국환매각증명서류를 지정거래외국환은행에 제출하여야 한다. 다만, 해외에서 이 규정에 의해 인정된 자본거래를 하고자 하는 경우에는 국내로 회수하지 아니할 수 있다.

자. 해외지사에 관한 사후관리 등

해외지사의 설치에 관한 신고를 한 자는 설치신고를 한 날부터 6월 이내에 현지법규에 의한 등록증 등 지사설치를 확인할 수 있는 서류를 첨부하여 그 설치신고를 한 지정거래외국환은행의 장에게 설치행위의 완료내용을 보고하여야 한다(외국환거래규정 제9-25조). 해외지사가 부동산을 취득 또는 처분하는 경우에는 그 취득 또는 처분일부터 6월 이내에 지정거래외국환은행의 장에게 그 취득 또는 처분내용을 보고하여야 한다. 해외지점(비독립채산제 해외지점을 제외한다)을 설치한 자는 당해 해외지점의 연도별 영업활동 상황(외화자금의 차입 및 대여명세표를 포함한다)을 회계기간 종료후 5월 이내에 지정거래외국환은행의 장에게 제출하여야 한다. 다만, 해외지점을 설치한 자가 휴폐업 등으로 인해 보고서를 제출하는 것이 불가능하다고 신고기관의 장이 인정하는 경우에는 당해 휴폐업의 기간에 보고서를 제출하지 아니할 수 있다.

영업기금, 설치비, 유지활동비의 지급은 해외지사의 설치신고를 한 지정거래 외국환은행을 통하여 이루어져야 하며 동 지정거래외국환은행은 부동산의 취득 및 처분, 결산, 자금의 차입 및 대여 등에 대하여 해외지사별로 종합관리카드를 작성 비치하여 사후관리를 하여야 한다.

지정거래외국환은행의 장(한국은행총재 신고내용을 포함한다)은 다음 각호의 보고서 또는 서류를 작성하여 다음 각 호의 1에서 정한 기일내에 한국수출입은행을 경유하여 한국은행총재, 국세청장 및 관세청장에게 통보하여야 한다. 다만, 해외지사를 설치한 자가 휴폐업의 상태에 있어 신고기관의 장이 해외지사를 설치한 자로부터 보고서를 제출받는 것이 불가능한 것으로 인정되는 경우에는 그러하지 아니하며 이 경우 신고기관의 장은 휴폐업의 사실을 한국수출입은행장에게 보고하여야 한다.

① 해외지사 설치(변경・폐지)신고(수리)서 사본, 해외지사 설치・현황보고서(분기보) : 매분기 익익월 10일 이내
② 연간영업활동보고서(해외사무소와 비독립채산제 해외지점은 제외한다) : 매익년도 9월말일 이내
③ 사후관리종합내역 등 기타 통계 또는 사후관리에 필요한 서류(해외지사별 영업기금・유지활동비 지급 현황 및 부동산 취득・처분 현황 포함)

지정거래외국환은행의 장이 신고(수리), 송금, 사후관리(회수, 청산, 폐지 등), 사업실적 내역을 한국수출입은행 해외직접투자 통계시스템에 입력하는 경우 제5항 본문에 의한 서류를 제출한 것으로 본다. 다만, 본문의 규정에 의한 입력기일은 제5항의 규정을 준용한다.

5 외국기업 등의 국내지사 관리

1) 국내지사의 구분

외국환거래법상 외국기업의 국내지사는 다음과 같이 구분된다(외국환거래규정 제9-17조).

지점	국내에서 수익을 발생시키는 영업활동을 영위하는 사업소
사무소	국내에서 수익을 발생시키는 영업활동을 영위하지 아니하고 업무연락, 시장조사, 연구개발 활동 등 비영업적 기능만을 수행하는 사업소

2) 외국기업 등의 국내지사의 관리

가. 설치신고

비거주자가 국내지사를 설치하고자 하는 경우에는 지정거래외국환은행의 장에게 신고하여야 한다(외국환거래규정 제9-17조). 다만, 비거주자가 다음 각호의 1에 해당하는 업무 또는 이와 관련된 업무의 영위를 목적으로 하는 국내지사를 설치하고자 하는 경우에는 기획재정부장관에게 신고하여야 한다.

① 자금의 융자, 해외금융의 알선 및 중개, 카드업무, 할부금융 등 은행업 이외의 금융관련업무

② 증권업무 및 보험업무와 관련된 업무

③ 외국인투자촉진법 등 다른 법령의 규정에 의하여 허용되지 아니하는 업무

신고를 하고자 하는 자는 외국기업국내지사설치신고서[7]에 다음 각호의 서류를 첨부하여 기획재정부장관 또는 지정거래외국환은행의 장에게 제출하여야 한다.

① 본점인 외국법인의 명칭·소재지 및 주된 영위업무의 내용을 증빙하는 서류

② 다른 법령의 규정에 의하여 그 설치에 관한 허가 등을 요하는 경우에는 그 사실을 증빙하는 서류사본

③ 국내에서 영위하고자 하는 업무의 내용과 범위에 관한 명세서

7) 외국환거래규정 [별지] 제9-8호 서식.

국내지사 설치신고를 한 자가 신고한 내용을 변경하고자 하는 경우에는 외국기업국내지사변경신고서에 변경사실 입증서류 및 사업계획서(지사의 업무내용 변경시)를 첨부하여 해당 설치신고를 받은 자에게 제출하여야 한다.

나. 영업기금 등의 도입

국내지사가 외국의 본사로부터 영업기금을 도입하고자 하는 경우에는 지정거래외국환은행을 통하여 도입하여야 한다(외국환거래규정 제9-34조). 한국은행총재는 도입된 영업기금을 매연도별로 다음 연도 2월말까지 금융감독원장에게 통보하여야 한다.

다. 결산순이익금의 대외송금

국내지사 설치신고를 한 지점이 결산순이익금을 외국에 송금하고자 하는 경우에는 지정거래외국환은행을 통하여 송금하여야 한다(외국환거래규정 제9-35조). 송금을 하고자 하는 자는 외국기업국내지사결산순이익금송금신청서[8]에 다음 각호의 서류를 첨부하여 지정거래외국환은행의 장에게 제출하여야 한다. 다만, 기획재정부장관에게 설치신고를 한 지점의 경우에는 결산순이익금 대외처분에 관한 관계법령에 의한 허가서 등으로 이를 갈음할 수 있다.

① 당해 지점의 대차대조표 및 손익계산서
② 납세증명
③ 당해 회계기간의 순이익금의 영업기금도입액에 대한 비율이 100분의 100 이상이거나 순이익금이 1억원을 초과할 경우에는 공인회계사의 감사증명서

라. 감액된 영업기금의 지급

설치신고를 한 지점(금융기관에 한함)이 관계법령에서 정한 절차에 따라 감액된 영업기금을 외국에 송금하고자 하는 경우에는 결산순이익금대외송금 규정을 준용한다(외국환거래규정 제9-36조).

마. 국내지사의 폐쇄 등

설치신고를 한 자가 국내지사를 폐쇄하고자 하는 경우에는 외국기업국내지사폐쇄신고

8) 외국환거래규정 [별지] 제9-10호 서식.

서[9]를 해당 설치신고를 받은 자에게 제출하여야 한다. 폐쇄신고를 한 자가 국내보유자산의 처분대금을 외국으로 송금하고자 하는 경우에는 지정거래 외국환은행의 장에게 당해 국내지사의 관할세무서장이 발급한 납세증명을 제출하여야 한다.

6 거주자의 외국부동산 취득

1) 신고의무의 발생

거주자가 다음 각호의 1에 해당하는 외국에 있는 부동산 또는 이에 관한 권리를 취득하고자 하는 경우에는 부동산취득신고(수리)서[10]를 작성하여 지정거래외국환은행의 장에게 신고하여 수리를 받아야 한다(외국환거래규정 제9-39조). 그 이외 부동산 또는 이에 관한 권리를 취득하고 자는 경우에는 한국은행총재에게 신고하여 수리를 받아야 한다.

① 거주자가 주거 이외의 목적으로 외국에 있는 부동산을 취득하는 경우
② 거주자 본인 또는 거주자의 배우자가 해외에서 2년 이상 체재할 목적(신고당시 2년 이상 해외에서 체재하고 있는 배우자가 체재할 목적을 포함한다)으로 주거용 주택을 취득하는 경우(거주자의 배우자 명의의 취득을 포함한다)
③ 외국에 있는 부동산을 임차하는 경우(임차보증금이 있는 경우로 한한다)

만일 거주자가 외국부동산 매매계약이 확정되기 이전에 지정거래외국환은행의 장으로부터 내신고수리를 받은 경우에는 취득 예정금액의 100분의 10 이내(최대 미화 10만불로 한한다)에서 외국부동산 취득대금을 지급할 수 있다. 이 경우 내신고수리를 받은 날로부터 3개월 이내에 제2항의 규정에 의하여 신고하여 수리를 받거나, 지급한 자금을 국내로 회수하여야 한다. 그러나 개인투자자가 영주권, 시민권을 취득한 경우에는 이와같은 규정은 적용하지 아니한다. 다만, 영주권을 취득한 개인투자자가 이후 국내에 체재하여 거주자가 된 경우에는 동 규정을 적용한다.

2) 신고수리요건의 심사

거주자의 외국에 있는 부동산 또는 이에 관한 권리의 취득과 관련하여 한국은행총재 또

9) 외국환거래규정 [별지] 제9-11호 서식.
10) 외국환거래규정 [별지] 제9-12호 서식.

는 지정거래외국환은행의 장은 외국부동산 취득 신고가 있는 경우에는 다음 각호의 1의 사항을 심사하여 수리여부를 결정하여야 한다(외국환거래규정 제9-38조).

① 외국에 있는 부동산 또는 이에 관한 물권・임차권 기타 이와 유사한 권리를 취득하고자 하는 자가 다음 각목의 1에 해당하는 자가 아닌지 여부
 가. 신용정보의 이용 및 보호에 관한 법률에 의한 금융거래 등 상거래에 있어서 약정한 기일 내에 채무를 변제하지 아니한 자로서 종합신용정보집중기관에 등록된 자
 나. 조세체납자
 다. 해외이주 수속중인 개인 또는 개인사업자

② 부동산취득금액이 현지금융기관 및 감정기관 등에서 적당하다고 인정하는 수준인지 여부

③ 부동산취득이 해외 사업활동 및 거주목적 등 실제 사용목적에 적합한지 여부

3) 신고수리절차

거주자가 외국에 있는 부동산 또는 이에 관한 권리를 취득하고자 하는 경우로서 다음 각호의 1에 해당하는 경우에는 신고를 요하지 아니한다(외국환거래규정 제9-39조).

① 외국환업무취급기관이 해외지사의 설치 및 운영에 직접 필요한 부동산의 소유권 또는 임차권을 취득하는 경우(당해 해외지점의 여신회수를 위한 담보권의 실행으로 인한 취득을 포함한다)

② 거주자가 비거주자로부터 상속・유증・증여로 인하여 부동산에 관한 권리를 취득하는 경우

③ 정부가 외국에 있는 비거주자로부터 부동산 또는 이에 관한 권리를 취득하는 경우

④ 외국인거주자와 거주자가 법 또는 영의 적용을 받는 거래 이외의 거래에 의하여 외국에 있는 부동산 또는 이에 관한 권리를 취득하는 경우

⑤ 외국환업무취급기관이 외국환업무를 영위함에 따라 해외소재 부동산을 담보로 취득하는 경우

⑥ 부동산투자회사법에 의한 부동산투자회사, 자본시장과 금융투자업에 관한 법률에 의한 금융투자업자가 당해 법령이 정한 바에 의하여 외국에 있는 부동산 또는 이에 관한 권리를 취득하는 경우

⑦ 법률에 따라 설립된 기금을 관리운용하는 법인 및 국민연금법(제102조 제5항)에 따라 국민연금기금의 관리・운용에 관한 업무를 위탁받은 법인이 당해 법령에 따라 해외자산운용목적으로 부동산을 매매 또는 임대하기 위한 경우

⑧ 다음 각목의 1에 해당하는 자가 해외자산운용목적으로 부동산을 매매 또는 임대하기 위한 경우로서 은행, 보험회사, 종합금융회사가 당해기관의 관련 법령이나 규정 등에서 정한 범위내에서 외국에 있는 부동산 또는 이에 관한 권리를 취득하는 경우
⑨ 해외체재자 및 해외유학생이 본인 거주 목적으로 외국에 있는 부동산을 임차하는 경우

4) 사후관리

한국은행총재 또는 지정거래외국환은행의 장은 거주자의 외국에 있는 부동산 또는 이에 관한 권리 취득에 대한 신고수리 내용을 매익월 20일까지 국세청장, 관세청장 및 금융감독원장에게 통보하여야 한다(외국환거래규정 제9-40조). 신고수리를 받아 외국에 있는 부동산 또는 이에 관한 권리를 취득한 자는 다음 각호의 보고서를 한국은행총재 또는 지정거래외국환은행의 장에게 제출하여야 한다. 한국은행총재 또는 지정거래외국환은행의 장은 보고서를 제출받은 날이 속하는 달의 익월 말일까지 국세청장, 관세청장 및 금융감독원장에게 제출하여야 한다. 다만, 신고인의 소재불명 등으로 다음 각호의 보고서를 제출받는 것이 불가능할 경우에는 예외로 하며, 이 경우 한국은행총재 또는 지정거래외국환은행의 장은 국세청장, 관세청장 및 금융감독원장에게 소재불명 등의 사실을 통보하여야 한다.
① 해외부동산취득보고서 : 부동산 취득대금 송금후 3월 이내
② 해외부동산처분(변경)보고서 : 부동산 처분(변경) 후 3월 이내. 다만, 3월 이내에 처분대금을 수령하는 경우에는 수령하는 시점

7 비거주자의 국내부동산 취득

1) 신고의무의 발생

비거주자가 국내부동산 또는 이에 관한 권리를 취득하고자 하는 경우로서 다음 각호의 1에 해당하는 경우에는 부동산취득신고(수리)서[11]에 당해 부동산거래를 입증할 수 있는 서류 또는 담보취득을 입증할 수 있는 서류를 첨부하여 외국환은행의 장에게 신고하여야 한다(외국환거래규정 제9-42조). 그 외에 비거주자가 국내에 있는 부동산 또는 이에 관한 권리를 취득하고자 하는 경우에는 한국은행총재에게 신고하여야 한다.

11) 외국환거래규정 [별지] 제9-12호 서식.

① 외국으로부터 휴대수입 또는 송금(대외계정에 예치된 자금을 포함한다)된 자금으로 취득하는 경우
② 거주자와의 인정된 거래에 따른 담보권을 취득하는 경우
③ 제1호에 의한 자금(외국에서 직접 결제하는 경우를 포함한다) 또는 부동산 또는 이에 관한 권리를 취득한 비거주자로부터 부동산 또는 이에 관한 권리를 취득하는 경우

2) 신고절차

비거주자가 국내에 있는 부동산 또는 이에 관한 물권·임차권 기타 이와 유사한 권리를 취득하고자 하는 경우로서 다음 각호의 1에 해당하는 경우에는 신고를 요하지 아니한다(외국환거래규정 제9-42조).

① 해저광물자원개발법의 규정에 의하여 인정된 바에 따라 비거주자인 조광권자가 국내에 있는 부동산 또는 이에 관한 권리를 취득하는 경우
② 비거주자가 본인, 친족, 종업원의 거주용으로 국내에 있는 부동산을 임차하는 경우
③ 국민인비거주자가 국내에 있는 부동산 또는 이에 관한 권리를 취득하는 경우
④ 비거주자가 국내에 있는 비거주자로부터 토지 이외의 부동산 또는 이에 관한 권리를 취득하는 경우
⑤ 외국인비거주자가 상속 또는 유증으로 인하여 국내에 있는 부동산 또는 이에 관한 권리를 취득하는 경우

3) 매각대금의 지급 등

비거주자가 취득한 국내에 있는 부동산 또는 이에 관한 권리의 매각대금을 외국으로 지급하고자 하는 경우에는 당해 부동산 또는 이에 관한 권리의 취득 및 매각을 입증할 수 있는 서류를 외국환은행의 장에게 제출하여야 한다. 다만, 재외동포의 국내재산 반출의 경우에는 재외동포의 재산반출절차 규정을 적용한다(외국환거래규정 제9-42조). 그러나, 외국환거래규정(제9-43조 제2항)에 따로 정한 경우에 해당되는 것은 한국은행총재에게 신고하여야 한다.

12

외국환관리의 실효성 확보

학 습 목 표

우리는 지금까지 외국환거래법에 대한 학습을 통해 이 법의 규제 체제에서는 '신고절차'를 적법하게 이행하고, 적법한 거래에 따른 외국환의 지급과 수령을 하는 것이 주요 의무라는 점을 알 수 있었다. 외국환거래법에서는 이 의무가 실효성을 갖고 이행될 수 있도록 다양한 처분절차를 갖고 있는데 특히 신고의무 위반의 경우 2회 이상 위반에 대해서는 외국환거래 또는 행위를 정지, 제한할 수 있다. 이 밖에도 이 장에서는 아래 내용을 중심으로 외국환거래법이 실효성 있게 이행될 수 있도록 하는 제재 방법을 살펴보자.

1. 외환조사의 개념과 절차
2. 주요 외환사범위 유형
3. 위반자에 대한 제재

들어가기 전에

외국환거래법 위반에 따른 거래정지는 어떤 영향이 있나?
- 네이버 3개월 외환거래 정지…부당외환거래로 중징계…해외 영업 타격 불가피

네이버가 부당 외환거래 혐의로 3개월 외환거래 정지라는 중징계를 받으면서 그 배경에 관심이 모아지고 있다.(중략) 당시 네이버 일본 법인이 현지 인터넷 포털 사이트 회사를 인수하고 현지법인에 투자하는 과정에서 관련 신고 절차를 일부 빠뜨리는 등 투자 과정에서 외환 신고 의무 등을 어긴 것으로 알려졌다.
특히 국내 최대 포털사이트로 활발하게 해외진출을 추진하고 있는 네이버로서는 이번 제재가 적지 않은 타격이 될 수 있다.(중략) 한편 네이버 주가는 이같은 영향으로 이틀째 급락세를 보이고 있다.

헤럴드경제 양대근 기자. 2014년 5월 9일 '네이버 3개월 외환거래 정지…부당외환거래로 중징계…해외 영업 타격 불가피'
기사전문: http://news.heraldcorp.com/view.php?ud=20140509000470&md=20140512004040_BL

지금까지 학습해 온 것과 같이 외국환거래법에서 신고의무는 외국환거래에 대한 감시와 감독을 가능하게 하는 기초적인 의무다. 따라서 법 규정을 정확히 알지 못했거나 고의성이 없었다 하더라도 위반에 대한 처벌 수위가 높을 수 있다. 거래정지의 경우는 기업의 세계화가 활발히 진행되고 있는 요즈음 기업의 해외활동을 어렵게 하고 주가에도 영향을 미치는 등 파급효과가 큰 제재라고 할 수 있다. 이러한 이해를 바탕으로 외국환거래법에 실효성을 확보해주는 체제에 대해 이 장에서 학습해 보자.

Chapter 12 외국환관리의 실효성 확보

제1절 외국환거래법의 실효성 확보

1 경고 및 거래정지 처분

기획재정부장관의 권한을 위임 위탁받은 외환검사기관은 외국환거래법을 적용받는 자가 다음 각 호의 어느 하나에 해당하는 경우에는 '경고'하는 행정처분을 할 수 있다(외국환거래법 제19조).

① 외국환거래법 제15조부터 제18조까지의 규정에 따라 허가를 받거나 신고를 한 경우 허가사항 또는 신고사항에 정하여진 기한이 지난 후에 거래 또는 행위를 한 경우

외국환거래법 제15조(지급절차 등) 위반	미화 1만 달러
외국환거래법 제16조(지급 또는 수령의 방법의 신고) 위반	미화 1만 달러
외국환거래법 제17조(지급수단 등의 수출입 신고) 위반	미화 1만 달러
외국환거래법 제18조(자본거래의 신고 등) 위반	미화 1만 달러

② 다음에 정한 금액이하의 거래 또는 행위로서 제15조부터 제18조까지의 규정에 따른 절차 준수, 허가 또는 신고의무를 위반하여 거래 또는 행위를 한 경우

경고는 일정한 행위를 하거나 하지 않음으로써 제재 기타 불이익처분을 받거나 일정한 법률상의 효과가 발생 또는 소멸하는 경우에 사전에 미리 경계하도록 알려서 주의하도록 하는 것이다. 제재 기타 불이익처분과 관련한 경고는 그러한 처분에 대한 예고의 성격을 갖는다. 만일 외국환거래법을 적용받는 자의 거래 또는 행위가 제15조부터 제18조까지의 규정에 따른 신고 등의 의무를 5년 이내에 2회 이상 위반한 경우에는 각각의 위반행위에 대하여 1년 이내의 범위에서 관련 외국환거래 또는 행위를 정지・제한하거나 허가를 취소할 수 있다. 이러한 처분을 하려는 경우에는 이해당사자를 대상으로 청문을 하여야 하고, 그 처분절차는 행정절차법에서 정하는 바에 따른다(외국환거래법 제19조 제3항).

2 보고 및 검사

1) 보고

외국환거래법의 실효성을 확보하기 위해, 거래 당사자 또는 관계인으로 하여금 필요한 보고를 하게 할 수 있으며, 비거주자에 대한 채권을 보유하고 있는 거주자로 하여금 그 보유 채권의 현황을 기획재정부장관에게 보고하게 할 수 있다(외국환거래법 제20조). 필요하다고 인정되는 경우에는 국세청, 한국은행, 금융감독원, 외국환업무취급기관등에게 관련 자료 또는 정보의 제출을 요구할 수 있다.

2) 검사

기획재정부장관은 외국환거래법을 집행함에 있어 필요하다고 인정되는 경우에는 소속 공무원으로 하여금 외국환업무취급기관등이나 그 밖에 외국환거래법을 적용받는 거래 당사자 또는 관계인의 업무에 관하여 검사하게 할 수 있다. 이러한 검사를 일반적으로 '**외환검사**' 또는 '외국환거래검사'라 한다.

외환검사의 권한은 기획재정부장관에게 귀속되어 있으나 그 권한이 한국은행총재, 금융감독원장, 그리고 관세청장에게 위임 또는 위탁되어 수행되고 있다(외국환거래법 제20조 제6항 및 동법시행령 제35조). 이와 같이 위임 또는 위탁으로 외환검사 권한을 행사하는 기관을 **외환검사기관**이라 한다. 외환검사기관은 검사의 기준, 방법, 절차와 그 밖에 검사업무에 관한 사항을 정할 수 있다. 검사업무를 수행하는 자가 검사의 기준·방법·절차·제재 등을 제정 또는 개정한 경우에는 그 내용을 지체없이 기획재정부장관에게 통보하여야 한다(외국환거래규정 제10-7조). 외환검사기관의 종류와 기관별 검사대상자는 〈표 12-1〉과 같다.

〈표 12-1〉 외환검사기관과 외환검사 대상자

기관	대상자
한국은행 총재	외국환중개회사와 그 거래 당사자 및 관계인
	한국은행총재가 위탁받아 수행하는 업무의 대상인 외국환업무취급기관 중 한국은행법 제11조에 따른 금융기관
	한국은행총재가 위탁받아 수행하는 업무와 관련되는 보고 대상자
	한국은행총재가 위탁받아 수행하는 업무의 대상인 부담금 납부의무자

금융감독원장	외국환업무취급기관과 그 거래당사자 및 관계인. 다만, 한국은행총재 및 관세청장에게 위탁 또는 위임된 업무는 제외.
관세청장	전문외국환업무취급업자와 그 거래 당사자 및 관계인
	수출입거래나 용역거래・자본거래(용역거래・자본거래의 경우 수출입거래와 관련된 거래 또는 대체송금을 목적으로 외국환거래법 제16조 제3호 및 제4호의 방법[1])으로 지급하거나 수령하는 경우로 한정)의 당사자 및 관계인

3 국세청장 등에 통보

외국환거래법의 실효성 확보를 위한 제도로서 이 법을 적용받는 거래, 지급, 수령, 자금의 이동 등에 관한 자료를 국세청장, 관세청장, 금융감독원장 또는 한국수출입은행장에게 직접 통보하거나 한국은행총재, 외국환업무취급기관등의 장, 세관의 장, 그 밖에 대통령령으로 정하는 자로 하여금 국세청장, 관세청장, 금융감독원장 또는 한국수출입은행장에게 통보하도록 하고 있다. 또한, 이에 관한 자료를 신용정보집중기관에 제공하도록 할 수 있다(외국환거래법 제21조).

4 외국환거래의 비밀보장

외국환거래법에서는 이 법에 따른 허가・인가・등록・신고・보고・통보・중개(仲介)・중계(中繼)・집중(集中)・교환 등의 업무에 종사하는 사람이 그 업무와 관련하여 알게 된 정보를 「금융실명거래 및 비밀보장에 관한 법률」 제4조에서 정하는 경우를 제외하고는 법에서 허용하는 용도 외에 다른 용도로 사용하거나 다른 사람에게 누설하지 못하도록 하고 있다(외국환거래법 제22조).

1) ① 거주자가 해당 거래의 당사자가 아닌 자와 지급 또는 수령을 하거나 해당 거래의 당사자가 아닌 거주자가 그 거래의 당사자인 비거주자와 지급 또는 수령을 하는 경우, ② 외국환업무취급기관을 통하지 아니하고 지급 또는 수령을 하는 경우

제2절 외국환거래법 위반자에 대한 제재

1 벌칙

1) 허가사항 등 위반(외국환거래법 제27조 제1항)[2)]

거주자와 비거주자가 환율과 관련된 의무(제5조 2항)를 위반하여 기준환율등에 따르지 아니하고 거래한 자, 외국환거래의 정지등(제6조 제1항 제1호 내지 제3호, 제6조 제2항)에 따른 조치를 위반하여 지급 또는 수령이나 거래를 한 자, 보관 예치 또는 매각 의무를 위반한 자, 회수의무를 위반한 자, 허가를 받지 아니하거나, 거짓이나 그 밖의 부정한 방법으로 허가를 받고 자본거래를 한 자 또는 예치의무를 위반한 자, 외국환업무취급기관등이 업무상의 의무(제10조 2항)을 위반하여 외국환업무를 한 자의 경우 **5년 이하 징역 또는 5억원 이하 벌금**에 처한다. 이 경우 징역과 벌금은 병과(併科)할 수 있다.

2) 외국환업무 등록 위반 등(외국환거래법 제27조의 2)[3)]

3년 이하의 징역 또는 3억원 이하의 벌금은 외국환업무취급기관 등이 외국환업무의 등록 등(제8조제1항 본문 또는 같은 조 제3항)과 관련된 의무에 따른 등록을 하지 아니하거나, 거짓이나 그 밖의 부정한 방법으로 등록을 하고 외국환업무를 한 자(폐지신고를 거짓으로 하고 외국환업무를 한 자 및 인가의 취소에 따른 처분을 위반하여 외국환업무를 한 자를 포함한다), 외국환중개회사가 인가(제9조 제1항)를 받지 아니하거나, 거짓이나 그 밖의 부정한 방법으로 인가를 받고 외국환중개업무를 한 자(제9조 제3항에 따른 신고를 거짓으로 하고 외국환중개업무를 한 자 및 인가의 취소에 따른 처분을 위반하여 외국환중개업무를 한 자를 포함한다)에 적용되며, 또한 거주자 또는 비거주자가 지급 또는 수령과 관련된 허가(제15조 제2항)를 받지 아니하거나, 거짓이나 그 밖의 부정한 방법으로 허가를 받고 지급 또는 수령을 한 경우에 대해 대해서도 적용된다. 징역과 벌금은 병과할 수 있다.

---

2) 단, 위반행위의 목적물 가액(價額)의 3배가 5억원을 초과하는 경우에는 그 벌금을 목적물 가액의 3배 이하로 한다.

3) 위반행위의 목적물 가액의 3배가 3억원을 초과하는 경우에는 그 벌금을 목적물 가액의 3배 이하로 한다.

3) 비밀보장 위반(외국환거래법 제28조 제1항)

2년 이하 징역 또는 2억원 이하 벌금은 외국환거래의 비밀보장(제22조)에 따른 의무를 위반하여 취득한 정보를 외국환거래법에서 정하는 용도가 아닌 용도로 사용하거나 다른 사람에게 누설한 자에게 적용된다.

4) 신고사항 등 위반(외국환거래법 제29조 제1항)[4]

외국환업무취급기관등이 외국금융기관과 계약에 따른 인가(제8조 제5항)를 받지 아니하거나, 거짓이나 그 밖의 부정한 방법으로 인가를 받고 계약을 체결한자, 부당이득과 관련된 업무상의 의무(제10조 제1항)를 위반하여 확인하지 아니한 자, 지급 또는 수령방법의 신고(제16조), 자본거래의 신고(제18조)에 따른 신고의무를 위반한 금액이 5억원 이상의 범위에서 대통령령으로 정하는 금액을 초과하는 자, 지급수단 등의 수출입 신고(제17조)에 따른 신고를 하지 아니하거나 거짓으로 신고를 하고 지급수단 또는 증권을 수출하거나 수입한 자(제17조에 따른 신고의무를 위반한 금액이 미화 2만달러 이상의 범위에서 대통령령으로 정하는 금액을 초과하는 경우로 한정한다), 거래 또는 행위의 정지·제한(제19조 제2항)을 위반하여 거래 또는 행위를 한 자, 과태료 처분(제32조 제1항)을 받은 자가 해당 처분을 받은 날부터 2년 이내에 다시 같은 항에 따른 위반행위를 한 경우에 **1년 이하의 징역 또는 1억원 이하의 벌금**에 처한다. 미수범을 처벌하고 징역과 벌금의 병과가 가능하다.

5) 징역과 벌금의 병과, 몰수, 양벌규정(외국환거래법 제30조, 제31조)

외국환거래법에 의해 처벌될 경우 징역과 벌금은 병과될 수 있다. 한편 제27조 제1항 각 호, 제27조의2 제1항, 또는 제29조 제1항 각 호의 어느 하나에 해당하는 자가 해당 행위를 하여 취득한 외국환이나 그 밖에 증권, 귀금속, 부동산 및 내국지급수단은 몰수하며, 몰수할 수 없는 경우에는 그 가액을 추징한다. 아울러 법인의 대표자나 법인 또는 개인의 대리인, 사용인, 그 밖의 종업원이 그 법인 또는 개인의 재산 또는 업무에 관하여 제27조부터 제29조까지의 어느 하나에 해당하는 위반행위를 하면 그 행위자를 벌하는 외에 그 법인 또는 개인에게도 해당 조문의 벌금형을 과(科)한다. 다만, 법인 또는 개인이 그 위반

4) 다만, 위반행위의 목적물의 가액의 3배가 1억원을 초과하는 경우 그 벌금은 목적물 가액의 3배 이하로 한다.

행위를 방지하기 위하여 해당 재산 또는 업무에 관하여 상당한 주의와 감독을 게을리하지 아니한 경우에는 그러하지 아니하다.

2 과태료

외국환거래법은 외국환거래법령을 위반한 사항 중 벌칙조항이 적용되지 않는 사항에 대해 다음과 같이 과태료를 부과할 수 있도록 하였다(외국환거래법 제32조).

과태료 부과의 구체적인 기준은 외국환거래법시행령(제41조) [별표 4]에 정해두고 있다.

1) 1억원 이하의 과태료(외국환거래법 제32조 제1항 규정)[5)]

외국환업무취급기관 등과 외국환중개회사가 변경신고(제8조 제4항, 제9조 제1항)를 하지 아니하거나 거짓으로 변경신고를 하고 외국환업무, 외국환중개업무를 한 경우, 거주자나 비거주가가 지급 또는 수령의 방법의 신고(제16조)를 하지 아니하거나 거짓으로 신고를 하고 지급 또는 수령을 한 경우, 자본거래등의 신고(제18조 제1항)를 하지 아니하거나 거짓으로 신고를 하고 자본거래를 한 경우, 신고수리가 거부(제18조 제5항)되었음에도 그 신고에 해당하는 자본거래를 한 경우, 권고내용(제18조 제6항의 위반에 따른 같은 조 제4항 제3호)과 달리 자본거래를 한 경우 1억원 이하의 과태료에 처해진다.

2) 5천만원 이하의 과태료(외국환거래법 제32조 제2항 규정)[6)]

부담금 징수(제11조의3 제5항)에 따른 자료를 제출하지 아니하거나 거짓으로 제출한 경우, 지급절차 등(제15조 제1항)을 위반하여 지급·수령을 하거나 자금을 이동시킨 경우, 지급수단 등의 수출입 신고(제17조)를 하지 아니하거나 거짓으로 신고를 하고 지급수단 또는 증권을 수출입하거나 수출입하려 한 경우 **5천만원 이하의 과태료**에 처해진다.

---

5) 다만, 제29조 벌칙에 따라 징역·벌금에 해당하는 경우를 제외한다.

6) 다만, 제29조 벌칙에 따라 징역·벌금에 해당하는 경우를 제외한다.

3) 3천만원 이하의 과태료

3천만원 이하의 과태료는 지급 또는 수령 방법의 신고(제16조) 또는 자본거래의 신고(제18조)를 갈음하는 사후 보고를 하지 아니하거나 거짓으로 사후 보고를 한 자, 이 법 시행을 위한 검사에 응하지 아니하거나 검사(제20조 제3항 또는 제6항)를 거부·방해 또는 기피한 자, 검사에 따른 시정명령(제20조 제5항 또는 제6항)에 따르지 아니한 자, 국세청장 등에게의 통보(제21조)의 명령을 위반하여 통보 또는 제공을 하지 아니하거나 거짓으로 통보 또는 제공한 자에게 적용된다.

4) 1천만원 이하의 과태료

1천만원 이하의 과태료는 외국환업무의 폐지신고(제8조 제4항)를 하지 아니한 자, 외국환중개업무(제9조 제3항)에 따른 신고를 하지 아니한 자, 경고 및 거래정지 등(제19조 제1항)에 따른 경고를 받고 2년 이내에 경고 사유에 해당하는 위반행위를 한 자, 법 실효성 확보를 위한 보고 및 검사(제20조 제1항 또는 제2항)에 따른 보고 또는 자료 제출을 하지 아니하거나 거짓으로 보고 또는 자료 제출을 한 자, 이에 따른 자료를 제출(제20조 제4항 또는 제6항)을 하지 아니하거나 거짓으로 자료 제출을 한 자, 전자문서에 의한 허가 등(제24조 제2항)에 따른 기획재정부장관의 명령을 위반하여 신고, 신청, 보고, 자료의 통보 및 제출을 전자문서의 방법으로 하지 아니한 자에게 부과된다.

기출문제

1 외국환거래법령상 비거주자의 국내 부동산 취득 시 신고예외대상이 아닌 것은?

① 외국인비거주자가 증여로 국내에 있는 부동산 또는 이에 관한 권리를 취득하는 경우
② 국민인비거주자가 국내에 있는 부동산 또는 이에 관한 권리를 취득하는 경우
③ 비거주자가 국내에 있는 비거주자로부터 토지 이외의 부동산 또는 이에 관한 권리를 취득하는 경우
④ 비거주자가 본인, 친족, 종업원의 거주용으로 국내에 있는 부동산을 임차하는 경우

2 외국환거래법령상 현지금융규정의 적용대상이 아닌 것은?

① 개인인 거주자
② 거주자인 법인
③ 거주자의 해외지점
④ 거주자의 현지법인

3 외국환거래법령상 거주자가 현지금융규정을 받고자 하는 경우 신고에 대한 설명으로 부적절한 것은?

① 거주자가 현지금융을 받고자 하는 경우 다른 거주자의 보증 및 담보 제공이 없거나 거주자 본인의 담보를 제공하는 경우 또는 외국환은행이 보증하는 경우에는 그 거주자가 지정거래외국환은행의 장에게 신고해야 한다.
② 거주자가 현지금융을 받고자 하는 경우 다른 거주자가 보증하는 경우에는 다른 거주자가 현지금융을 받는 거주자의 지정거래외국환은행에 신고해야 한다.
③ 거주자가 현지금융을 받고자 하는 경우 외화증권발행방식에 의하여 미화 3천만불을 초과하는 현지금융을 받고자 하는 경우에는 지정거래외국환은행을 경유하여 기획재정부장관에게 신고해야 한다.
④ 현지법인 등이 현지금융을 받고자 하는 경우 거주자의 보증이 없는 경우에는 그 현지법인 등을 설치한 거주자가 지정거래외국환은행의 장에게 신고

정답 1. ① 2.① 3.④

4 외국환거래법령상 해외직접투자에 대한 설명으로 부적절한 것은?

① 외국법인이 발행한 증권을 취득하여 그 법인과 지속적인 경제관계를 맺기 위해 하는 거래 또는 행위로서 투자비율이 100분의10 이상인 투자
② 외국법인에 투자비율이 100분의10 미만인 경우로서 외국법인에 임원의 파견
③ 외국법인에 투자비율이 100분의10 미만인 경우로서 외국법인에 계약기간 1년 이상인 원자재 매매계약의 체결
④ 외국에서 영업소를 설치하기 위하여 지점 또는 사무소 경비로서 자금 지급

5 외국환거래법령상 해외직접투자의 대상이 되기에 부적절한 것은?

① 수익증권
② 국내기술
③ 수출대전
④ 기계설비

6 외국환거래법령상 개인의 해외직접투자의 한도는?

① 10만불
② 100만불
③ 300만불
④ 제한 없음

7 외국환거래법령상 위반 시 징역 또는 벌금형에 처해질 수 있는 위반행위는?

① 검사불응
② 지급수단신고
③ 서류위변조
④ 허위보고

8 외국환거래법령상 금융감독원장 통보 대상이 아닌 것은?

① 건당 3천불 초과 증빙서류미제출송금
② 해외유학생 및 해외체재자의 해외여행경비 지급금액이 연간 미화 10만불을 초과하는 경우
③ 외국환은행을 통한 용역대가의 지급 또는 수령
④ 해외예금송금액이 지급인별로 연간 미화 1만불을 초과하는 경우

정답 4.④ 5.① 6.④ 7.② 8.③

PART 3

관세법

13 관세법총론

학습목표

관세법은 관세의 부과와 징수, 수출입 통관의 적정을 목표로 운영된다. 따라서 관세법은 크게 관세를 부과하기 위해 과세가격과 세율을 정해 납부세액을 결정하는 과정과 수출입 물품의 통관절차를 이행하기 위해 운송수단, 보세구역, 운송을 거쳐 통관하는 과정을 다룬다. 세관공무원과 납세의무자, 화주와 같이 이 과정을 이행하는 자들의 재량권, 의무와 책임도 함께 다룬다. 이 장에서는 관세법의 전체적인 원칙과 흐름에 대해 아래 내용을 중심으로 이해하는 것을 목표로 학습해 본다.

1. 관세법의 관리대상과 통관절차
2. 관세법의 법적특성
3. 관세법의 적용구조
4. 관세법 적용의 기본원칙
5. 기타 관세법의 적용

들어가기 전에

통관이란 무엇이고 왜 필요한 것일까?
- 관세청 통관인력 대폭 확충 … 불법 수입물품 단속 강화

수입물품의 안전성 확보를 위한 통관단계의 검사가 강화된다.(중략)
이번 조치는 최근 5년간 수입량이 연평균 10%씩 증가하는 흐름에 맞춰 안전성 확보와 정확한 수입신고를 유도하기 위해 마련됐다. 수입량은 2011년 665만 건, 2013년 746만 건, 지난해에는 1042만 건으로 폭증했다. 이에 따라 세관의 물품검사 인력이 한정돼 있어 적정 수준의 물품검사가 이뤄지지 못해 불법 물품 반입차단에 어려움이 따라 이를 보완하기 위해 내려진 조치다.

문화일보 이민종 기자. 2017년 11월 10일. '관세청 통관인력 대폭 확충… 불법 수입물품 단속 강화'
기사전문 http://www.munhwa.com/news/view.html?no=2017111001031703016001

통관은 넓은 의미로 해석하면 국경절차 전반을 의미하나, 좁은 의미로는 관세법에 의한 제반 절차를 이행하여 수출입하는 것을 말한다. 여기서 통관 즉, 관세법의 제반 절차를 이행하는 것은 쉽게 풀어 말하자면 수출입에 대한 신고가 적법하게 이뤄지고 이에 따라 관세의 징수나 불법적인 화물의 수출입이 단속될 수 있도록 하기 위해 요구된다. 이 장에서는 통관절차를 이해하기 위해 수출입 신고과정, 납세과정, 화물의 이동과정을 서로 비교하면서 관세법의 큰 틀을 이해해 보자.

Chapter

13 관세법총론

제1절 관세법의 관리대상과 통관절차

1 무역과 상품의 이동

무역은 서로 다른 국가에 소재하는 거래당사자간 재화의 매매로서 이루어진다. 거래 대상이 되는 재화는 서비스나 전자적형태의 무체물과 같은 형체가 없는 것도 있지만, 주된 거래대상은 형체가 있는 '물품'이다. 국제거래의 대상이 된 물품이거나, 혹은 위탁가공용 물품이나 위탁판매물품처럼 거래대상이 아닌 물품일지라도 국제적인 경영활동 대상이 된 물품은 필연적으로 국경을 통과하여 이동한다. 이와 같은 '물품의 국제적 이동'을 **국제물류**라 한다. 기업들의 다국적 경영활동이 증가하면서 국제물류 규모도 해마다 큰 폭으로 확대되는 추세다. 우리나라에서 수출되거나 우리나라로 수입되는 물품은 대부분이 해운에 의하나, 2010년 이후 소비자들의 해외 직접구매 급증에 따라 항공을 통해 수입되는 물품이 빠르게 증가하고 있다.

2 통관의무의 발생

국제무역은 물품이 국가간에 이동하게 되므로 어느 나라의 누구와 거래하거나를 막론하고 하나의 무역거래에서 반드시 두 번 통관과정을 거친다. 물품을 수출하는 국가에서의 수출통관과, 그 물품을 수입하는 국가에서의 수입통관이다. 통관을 넓은 의미로 해석하면 국경절차 전반을 의미하나, 좁은 의미로는 관세법에 의한 제반 절차의 이행을 의미한다. 관세법은 물품'을 수출입할 때는 그 수출 또는 수입자가 통관절차를 이행하도록 의무를 부과하고 있다. 통관대상은 수출물품과 수입물품 그리고 수입하려다 포기하고 다시 외국으로 나가는 물품인 반송물품이다.

> **관세법 제241조(수출 · 수입 또는 반송의 신고)** ① 물품을 수출 · 수입 또는 반송하려면 해당 물품의 품명 · 규격 · 수량 및 가격과 그 밖에 대통령령으로 정하는 사항을 세관장에게 신고하여야 한다.

3 관세법의 주요용어

관세법상 통관의무가 발생하는 것은 물품을 '수입'을 할 때와 '수출'을 할 때, 그리고 '반송'을 할 때이다. 이때 수입통관에서 '수입' 및 '외국물품'의 개념은 일상적으로 사용하는 개념, 또는 대외무역법 등 다른 법률의 규정과도 차이가 있다. 관세법상 **수입**은 '외국물품을 우리나라에 반입(보세구역을 경유하는 것은 보세구역으로부터 반입하는 것)하거나 우리나라에서 소비 또는 사용하는 것(우리나라의 운송수단 안에서의 소비 또는 사용을 포함한다)'을 말한다. **보세구역**은 세관장 또는 관세청장에 의해 지정되거나 특허되는 지역으로 보세창고, 보세공장, 보세건설장, 보세판매장, 보세전시장, 종합보세구역, 지정장치장, 세관검사장 등이 있다. 이들 지역에 반입된 외국물품은 동 지역에서 그 밖의 지역으로 반입될 때 수입으로 보는 것이다. 여기서 외국물품의 개념은 다음과 같이 정의된다.

> **관세법 제2조(정의)** 4. **"외국물품"**이란 다음 각 목의 어느 하나에 해당하는 물품을 말한다.
> 가. 외국으로부터 우리나라에 도착한 물품[외국의 선박 등이 공해(공해, 외국의 영해가 아닌 경제수역을 포함한다)에서 채집하거나 포획한 수산물 등을 포함한다]으로서 제241조 제1항에 따른 수입신고가 수리(受理)되기 전의 것
> 나. 제241조 제1항에 따른 수출신고가 수리된 물품

관세법상 **수출**은 '내국물품을 외국으로 반출하는 것'을 말한다. 여기에서 '수출'의 개념과 '내국물품'의 개념도 일상적으로 사용하는 개념과 차이가 있다. 내국물품은 다음과 같이 정의된다.

> **관세법 제2조(정의)** 5. **"내국물품"**이란 다음 각 목의 어느 하나에 해당하는 물품을 말한다.
> 가. 우리나라에 있는 물품으로서 외국물품이 아닌 것
> 나. 우리나라의 선박 등이 공해에서 채집하거나 포획한 수산물 등
> 다. 제244조 제1항에 따른 입항전수입신고가 수리된 물품
> 라. 제252조에 따른 수입신고수리전 반출승인을 받아 반출된 물품
> 마. 제253조 제1항에 따른 수입신고전 즉시반출신고를 하고 반출된 물품

한편, 반송통관에서 '**반송**'이란 '국내에 도착한 외국물품이 수입통관절차를 거치지 아니하고 다시 외국으로 반출되는 것'을 말한다. 반송이 일어나는 사유는 다양하다. 수입통관 이전단계에서 거래가 취소되거나, 구매자가 보세상태에서 현품을 확인한 결과 계약을 위반한 물품임이 확인된 경우, 혹은 수입통관을 시도하였으나 통관요건을 충족하지 못하여 통관이 불허되자 반송하는 경우도 있다. 보세공장이나 자유무역지역에서 외국물품인 원재료로 물품을 제조·가공하여 외국으로 반출하는 경우도 관세법상 반송에 해당한다. 우리나라를 경유하는 물품일지라도 수입을 목적으로 반입되지 않고 운송수단에 적재된 그대로, 또는 환적으로 통과하는 화물은 통관 대상이 아니다.

관세법에서 "세관공무원"이란 관세청장, 세관장 및 그 소속 공무원 그리고 그 밖에 관세청 소속기관의 장 및 그 소속 공무원(관세법 제2조 17항)을 말한다. "탁송품"(託送品)은 상업서류, 견본품, 자가사용물품, 그 밖에 이와 유사한 물품으로서 국제무역선·국제무역기 또는 국경출입차량을 이용한 물품의 송달을 업으로 하는 자(물품을 휴대하여 반출입하는 것을 업으로 하는 자는 제외한다)에게 위탁하여 우리나라에 반입하거나 외국으로 반출하는 물품을 말한다(관세법 제2조 18항).

제2절 관세법의 특성

1 행정법적 성격

관세법은 관세행정을 통해 집행되므로 행정법의 일종이다. 관세법의 행정법적 특성은 관세법이 공익(公益), 즉 공공복리를 실현하기 위해 작용한다는 점, 국가라는 공법적인 권리주체에 의해 수행된다는 점, 수출입물품에 대해 관세의 부과징수와 통관이라는 구체적인 조치에 적용된다는 점이 있다. 관세법은 관세의 부과·징수와, 수출입제한이 따를 수 있는 통관절차의 규율을 중심으로 하고 있기 때문에 권력행위로서 부담적 행정행위가 대부분의 내용을 차지한다. 따라서 행정행위를 위해 반드시 법률에 근거해야 하는 엄격한 법률유보주의를 원칙으로 하며, 행정권이 남용되지 않도록 행정작용을 사전적으로 규제하거나 사후적으로 통제하는 다양한 규정들을 두고 있다. 관세법은 기획재정부 소관법률로, 관세청과 전국에 산재하는 세관(본부세관 포함) 등에 의해 집행되고 있다.

2 조세법적 성격

관세가 조세의 일종이므로 관세법도 당연히 조세법적 성격이 있다. 관세법의 조세법적 성격은 관세법 제1조에서 동법 제정의 목적가운데 하나가 관세의 부과·징수를 목적으로 한다는 것을 선언하고 있는데서 잘 나타난다. 구체적으로는 관세법 제1장 내지 제5장(제1조 내지 제132조)에서 관세의 부과·징수 등에 관해 규정하고 있다. 관세법이 조세법적 성격을 가진다는 것은 적용에 있어 조세법의 기본원칙이 적용된다는 것을 의미한다. 일반적으로 조세의 목적은 재정수입의 확보와 부(富)의 재분배, 경제의 안정과 성장, 자원의 적정한 배분 등에 둔다.

그러나 우리나라에서 관세는 수입물품에 대해서만 부과되기 때문에 특히 국내산업의 보호, 국제수지의 균형, 공정한 무역질서의 확립(덤핑방지관세나 상계관세의 부과) 등과 같은 독특한 목적달성을 의도하는 경우가 많다. 조세로서의 관세는 과세권의 주체가 국가라는 점에서 국세, 그 부담이 납세의무자에게서 소비자 또는 수출자에게 전가된다는 점에서 간접세, 수입되는 물품에 대해 부과된다는 점에서 물품세(物品稅), 소비행위를 전제로 한다는 점에서 소비세, 조세수입의 용도를 특정화시키고 있지 않다는 점에서 보통세, 종가(從價)관세의 경우 과세표준의 크기와 관계없이 일정률의 세율을 적용한다는 점에서 비례세, 다른 조세와 상관없이 과세한다는 점에서 독립세, 수입할 때마다 부과된다는 점에서 수시세의 성격이 있다. 물품이 수입될 때는 관세와 6개의 내국소비세(부가가치세, 개별소비세, 주세, 교통·에너지·환경세, 교육세, 농어촌특별세)와 지방소비세가 부과될 수 있다.

3 국제거래법적 성격

관세법은 상품의 국제거래와 밀접한 관련이 있다. 통관 과정에서 수출입이 제한되거나, 금전적 부담인 관세가 부과되기 때문에 통관은 무역에 큰 영향을 미친다. 관세법의 국제거래법적 성격은 과세와 통관에 있어 국제무역규범 및 무역실무에 대한 깊은 이해와 조화를 필요로 함을 의미한다. 과세와 통관이 무역계약·국제운송·대금결제 등 무역의 다른 과정과 밀접한 관계가 있고, 무역거래에서 적용되는 신용장통일규칙, 추심에 관한 통일규칙, INCOTERMS 등 각종 규범과 절차 등에 대한 이해가 있어야 합리적이고 정확하게 이루어질 수 있다. 관세법에는 다수의 WTO 협정, 세계관세기구(WCO) 협약, 특정국과의 협정, 그리고 일반적으로 승인된 국제법규가 관세제도나 관세율로서 반영되어 있다. 따라서 관세행정은 WTO 및 WCO라는 국제기구와 협정에 대한 이해를 필요로 한다. 또 자유무역협정(FTA)이 확대되면서 FTA를 적용하는데에도 관세법에 대한 이해가 필수적이다.

4 실체법 및 절차법적 성격

관세법은 실체법과 절차법적 성격을 모두 가지고 있다. 관세부과에 대해 규정하고 있는 관세법 제1장 내지 제4장의 여러 조항과, 관세범에 대한 벌칙을 규정한 제11장의 각 조항은 실체법적 성격을 갖는다. 절차법적 성격은 관세징수절차(제1장 내지 제4장의 일부 조항), 행정심판 내지 행정소송절차(제5장), 통관절차(제6장 내지 제10장), 관세법 처벌절차(제12장) 등이다. 이 가운데 통관절차가 특히 절차법으로서 중요한 의미를 갖는다. 상품이 국경을 통과하여 이동하는 수출, 수입 또는 경유라는 과정에서 관세와 무관한 불법적인 물품의 차단이나 국가안보를 위태롭게 하는 폭발물이나 무기이동의 차단, 마약단속, 지식재산권침해물품의 차단, 원산지표시 위반물품의 차단, 국민의 생명과 건강 또는 동식물이나 환경을 해치는 물품의 차단 등이 중요해졌기 때문이다.

5 형사법적 성격

관세법 또는 관세법에 따른 명령을 위반하는 행위로서 관세법에 따라 형사처벌되거나 통고처분되는 것을 관세범이라 한다(관세법 제283조). 관세법 제268조의2 내지 제319조(제11장 및 제12장)에는 이러한 관세범에 대한 벌칙과 조사 및 처분에 관해 여러 규정을 두고 있다. 이들 조항은 관세의 부과·징수와 통관의 적정성을 실질적으로 확보하기 위한 것이다. 조세범처벌을 위해 조세범처벌법과 조세범처벌절차법이 제정되어 있으나, 관세법 위반자의 처벌은 이들 법의 적용을 받지 않는다(조세범처벌법 제2조). 또한 관세법에는 일반적인 형사법규인 형법이나 형사소송법을 배제하고 별도의 처벌 및 그 절차규정을 둔 경우가 많다. 처벌법으로서 이는 특별형법 또는 특별형사절차법적 지위에 있는 형사법의 성격이 있는 것이다. 관세법 제11장에는 형사법으로서 실체법에 해당되는 규정들이 있고, 제12장에는 절차법에 해당되는 규정들이 있다. 관세범에 대한 처벌규정은 조세범에 대한 처벌보다 중하게 정해져 있다. 특히 밀수입한 물품의 원가가 5억원 이상인 경우에는 무기 또는 5년 이상의 징역에 처하도록 하는 등 조세포탈범보다 훨씬 여러 종류의 관세범에 대해 특정범죄가중처벌법을 적용하여 가중 처벌하고 있다(특정범죄가중처벌법 제6조).

6 그 밖의 법적 성격

관세법 제1장에는 관세의 과세 및 통관에 관한 각종 기본원칙을 규정하고 있다. 이는 관세법이 관세의 과세와 통관에 있어 기본법적 성격을 갖고 있음을 뜻하는 것이다. 국세에 관한 기본적인 사항과 공통적인 사항을 규정한 법으로 국세기본법, 국세징수법 등이 있으나 관세의 부과 징수에는 원칙적으로 이들 법률이 적용되지 않는다(국세기본법 제2조). 한편, 관세법 제5장에는 관세와 관련한 쟁송에 대해 규정하고 있다. 이 부분은 쟁송절차법으로서 성격을 갖는다. 행정쟁송에 관해서는 행정심판법, 행정소송법 등이 있으나 이에 대한 예외규정을 관세법에 두고 있는 것이다. 그러나 일정한 사항에 대해서는 국세기본법, 국세징수법, 행정심판법, 행정소송법 등이 보충적으로 적용되므로 이들 법률은 관세법과 상호 보완관계에 있다.

제3절 관세법의 적용구조

1 관세법령의 구성

관세법령은 관세법시행령을 비롯한 여러 개의 대통령령과, 관세법시행규칙을 비롯한 여러 개의 기획재정부령, 그리고 140여개가 넘는 관세청장의 고시로 구성된다. 대통령령이 여러 개인 것은 조정관세나 할당관세, WTO양허관세, 최빈개발도상국에 대한 특혜관세 등 탄력관세율을 운영할 때 기본관세율을 인상 또는 인하하는 것으로 각각 별도의 대통령령을 정해 공포하기 때문이다.[1] 통상 조정관세 및 할당관세와 관련된 대통령령은 매년말 한 번씩 개정된다. 기획재정부령이 여러 개인 것은 덤핑방지관세를 부과하거나 농림축산물에 대한 특별긴급관세를 부과할 때 각각 기획재정부장관이 규칙을 정해 공포하기 때문이다.[2]

---

1) '관세법 제71조에 따른 할당관세의 적용에 관한 규정', '관세법 제69조에 따른 조정관세의 적용에 관한 규정', '최빈개발도상국에 대한 특혜관세 공여 규정' 등

2) '관세법 제68조에 따른 특별긴급관세 부과에 관한 규칙', '중국산 플로트판유리에 대한 덤핑방지관세 부과에 관한 규칙', '미국·말레이시아·태국 및 일본산 에탄올아민에 대한 덤핑방지관세 부과에 관한 규칙' 등

관세청장의 고시는 관세법이나 시행령, 시행규칙 등 상위법령에서 관세청장에게 위임한 사항 외에 전국 세관에서의 관세법 집행상 통일을 위해 업무내용에 따라 집행명령 성격의 행정규칙을 함께 규정하고 있다. 관세법 집행에서 관세청장의 고시는 과세와 통관절차를 직접 규율하게 되기 때문에 중요한 의미를 갖는다.

2 관세법의 특례를 규정하고 있는 법령

특례를 규정한 법률이 있을 때 특례법의 규정이 먼저 적용되어 특례법의 규정에 따라 처리된다. 관세법의 특례를 규정하고 있는 법률은 〈표 13-1〉과 같다.

〈표 13-1〉 관세법의 특례를 규정하고 있는 법률

법률명	특례내용
수출용원재료에 대한 관세등 환급에 관한 특례법(약칭 환급특례법)	수출물품에 대한 관세 등의 환급
자유무역협정의 이행을 위한 관세법의 특례에 관한 법률(약칭 FTA관세특례법)	FTA의 이행관리(협정관세 적용, 검증 등)
자유무역지역의 지정 및 운영에 관한 법률	자유무역지역의 설치와 운영
대한민국과 아메리카합중국 간의 상호방위조약 제4조에 의한 시설과 구역 및 대한민국에서의 합중국군대의 지위에 관한 협정의 실시에 따른 관세법 등의 임시특례에 관한 법률(약칭 주한미군관세법)	주한미군 및 그 가족 등이 반출입하는 물품의 통관과 과세
조세특례제한법	일부 물품에 대한 관세감면
남북교류협력에 관한 법률	북한산물품에 대한 비과세
특정범죄가중처벌법	관세범에 대한 가중처벌

3 관세법에서 준용하는 법률

법률 용어로서 **준용**이란 어떤 사항에 관한한 법에서 정한 규정을 그와 유사하지만 본질이 다른 사항에 대해 필요한 경우 조금의 수정을 가하여 다른 법에 적용시키는 것을 말한다. 이것은 입법기술상 중복규정에 따른 번잡을 피하고 간결화를 기하기 위해 이용된다.

관세법에서 다른 법률을 준용하도록 한 내용을 정리하면 〈표 13-2〉와 같다.

〈표 13-2〉 관세법에서 준용하도록 하는 법률

법 률	준용내용
민법	기간의 계산, 관세징수권과 환급청구권의 소멸시효, 공매대금 잔금의 배분
국세기본법	국세예규심사위원회 규정, 납세의무 승계, 관세의 징수와 강제징수, 관세납부, 심판청구
국세징수법	강제징수비 징수, 강제징수, 경매절차
국제조세조정에 관한 법률	국세의 정상가격과 관세 과세가격간의 조정 신청
행정심판법	과세전적부심사
중소기업기본법, 중견기업 성장촉진 및 경쟁력 강화에 관한 특별법, 독점규제 및 공정거래에 관한 법률	특허보세구역 특례 등에 있어 중소기업 및 중견기업과 상호출자제한기업집단에 속한 기업의 판단
사법경찰관리의 직무를 수행할 자와 그 직무범위에 관한 법률	관세범에 대한 사법경찰권 행사
형사소송법	관세범의 조사와 처분

4 다른 법률의 위임에 의한 집행

수출입물품의 통관과정에서 세관장은 관세법에서 정한 사항만을 집행하는 것이 아니다. 다른 법률의 규정에 의해 여러 법률에 규정된 내용을 수출 또는 수입물품의 통관에서 적용하는 것이다. 해당 법률의 규정에 따라 세관장에 의해 집행되는 것으로, 관세법 이외의 법률과 그 주요 내용은 〈표 13-3〉과 같다.

〈표 13-3〉 통관과정에서 집행되는 주요 법률

법 률	주요 집행내용
내국소비세법, 지방세법	해당 내국소비세 및 지방소비세의 징수
대외무역법	수출입 승인 면제의 확인, 수출입물품 및 시중유통 수입물품에 대한 원산지 표시의 확인과 시정조치, 과징금이나 과태료 부과, 원산지증명서 발급 등
외국환거래법	지급수단등의 수출입 신고, 수출입업체에 대한 외환조사 및 과태료의 부과 등
	다음 범죄에 관한 수사관할 : ① 소속관서 관할 구역에서 발생하는 관세법 위반사범, ② 관세사법 위반사범, ③ 환급특례법 위반사범, ④ FTA관세특례법 위반

사법경찰관리의 직무를 수행할 자와 그 직무범위에 관한 법률(약칭 사법경찰직무법)	사범, ⑤ 자유무역지역의 지정 및 운영에 관한 법률 위반사범, ⑥ 주한미군관세법 위반사범, ⑦ 대외무역법 위반사범, ⑧ 불공정무역행위 조사 및 산업피해구제에 관한 법률의 원산지표시관련 위반사범, ⑨ 수출입 물품의 통관 및 환적과 관련된 지식재산권 침해사범, ⑩ 외국환거래법 중 지급수단 또는 증권의 불법수출입사범, ⑪ 수출입 거래 및 이와 관련되거나 대체송금을 목적으로 한 외국환거래법 위반사범, ⑫ 소속 관서 관할 구역에서 발생하는 재산국외도피사범과 범죄수익은닉의 규제 및 처벌 등에 관한 법률 위반사범, ⑬ 우리나라와 외국을 왕래하는 항공기 또는 선박이 입・출항하는 공항・항만과 보세구역에서 발생하는 마약・향정신성의약품 및 대마사범, ⑭ 소속관서 관할구역에서 발생하는 관세범죄와 경합범관계에 있는 문서에 관한 죄 및 인장에 관한 죄에 해당하는 사범

제4절 관세법의 적용원칙

1 관세법 적용의 기본원칙

대법원판례는 관세법이 적용되는 원칙을 성립시켜왔다. 판례는 통관요건 또는 과세요건의 성립과 같이 어떤 '요건 사실'이 확인되면, 과세당국이나 납세자가 '관세법의 규정'을 그 요건 사실에 결부시키는 작용이라고 설명한다. 이 과정에서 과세당국과 납세자는 관세채무나 수출입에 따른 권리와 의무를 명확히 하게 된다. 따라서 관세법은 요건사실에 대한 올바른 판단이 전제되어야 올바른 권리, 의무관계에 따라 적용할 수 있다. 이러한 관세법의 적용을 위해서는 〈표 13-4〉와 같이 기본적으로는 국세기본법(제15조, 제18조 내지 제19조)의 규정과 동일한 원칙이 적용된다.

〈표 13-4〉 관세법 적용의 원칙

원 칙	주요 내용
과세의 형평과 합목적성을 고려한 관세법의 해석과 적용원칙(관세법 제5조 제1항)	납세자 재산권의 부당한 침해금지
소급과세금지의 원칙(관세법 제5조 제2항)	① 입법에 의한 소급과세의 금지 ② 행정상 소급과세의 금지

신의성실의 원칙(관세법 제6조)	① 납세자의 신의성실 원칙 준수 ② 세관공무원의 신의성실 원칙 준수
세관공무원의 재량한계 준수의 원칙(관세법 제7조)	한계범위 내에서 재량권 행사

2 과세형평과 합목적성 고려의 원칙

1) 과세의 형평

관세법은 '이 법을 해석하고 적용할 때는 과세의 형평과 해당 조항의 합목적성에 비추어 납세자의 재산권을 부당하게 침해하지 않도록 해야 한다'고 규정하였다(관세법 제5조). **과세형평**은 '과세에 있어 평등의 시현', 즉 **조세평등주의**를 의미한다. 평등은 자유와 함께 국민주권주의의 헌법에 의해 선언되고 보장된 자유민주주의의 기본질서이다. 관세는 통치단체인 국가가 사용할 경비의 조달 또는 국내 산업보호 등을 주요 목적으로 하므로, 납세의무자에게 공평해야 하는 조세평등주의 혹은 무차별의 원칙이 적용되어야 한다. 즉, 국가가 관세관련 입법뿐만 아니라, 관세법의 해석·적용에 있어서도 모든 국민을 평등하게 취급해야 할 의무를 진다.

2) 합목적성

법 적용에 있어 합목적성이란 법의 적용이 개개 사안의 구체적인 타당성을 실현시킬 수 있도록 그 법을 제정한 목적과 구체적으로 합치시키는 것을 말한다. 관세법 제1조에서는 법의 목적을 다음과 같이 밝히고 있다.

> **관세법 제1조(목적)** 이 법은 관세의 부과·징수 및 수출입물품의 통관을 적정하게 하고 관세수입을 확보함으로써 국민경제의 발전에 이바지함을 목적으로 한다.

3 소급과세금지의 원칙

소급과세금지의 원칙은 과세불소급의 원칙이라고도 한다. **소급과세**란 과거에 발생한 과세요건 사실을 이유로 새로이 과세하는 것을 의미한다. 본질적으로 소급과세는 법적 안정성을 해치고 납세자의 재산권을 침해할 가능성이 높다. 따라서 이 원칙을 통해 '관세법의 해석이나 관세행정의 관행이 납세자에게 받아들여진 후에는 그 해석이나 관행에 따른 행위 또는 계산은 정당한 것으로 보며, 새로운 해석이나 관행에 따라 소급하여 과세되지 않도록(관세법 제5호 제2항)' 하고 있다. 소급과세금지의 원칙은 조세법령의 제정 또는 개정이나 과세관청의 해석 또는 처리지침 등의 변경이 있는 경우 그 효력 발생 전에 종결한 과세요건 사실에 해당 법령 등을 적용할 수 없다는 것이다. 소급과세금지의 원칙은 '합법성의 원칙'을 희생해서라도 납세자의 신뢰를 보호함이 정의에 부합하는 경우에 한해 적용된다.

4 신의성실의 원칙

신의성실의 원칙은 법률관계의 당사자가 상대방의 이익을 배려하여 형평에 어긋나거나, 신의를 저버리는 내용 또는 방법으로 권리를 행사하거나 의무를 이행하여서는 아니된다는 추상적 규범이다.[3)]

> 신의성실원칙을 신의칙(信義則)이라고도 한다. 신의칙의 구체적인 모습이 금반언(禁反言)의 원칙이다. 금반언이란 당사자의 일방이 전에 자기가 주장하였고, 타방 당사자가 이를 신뢰한 경우 그 신뢰가 보호할 가치가 있으면 자기의 언동이 잘못되었다는 이유로 그 언동을 번복할 수 없다는 원칙이다. 이는 거래의 인정과 보호를 위해 필요한 민사상 주요 원칙의 하나이다.

관세법에서는 '납세자가 그 의무를 이행할 때에는 신의에 따라 성실하게 하여야 한다. 세관공무원이 그 직무를 수행할 때에도 또한 같다(관세법 제6조)'고 규정해 신의성실의 원칙을 납세의무자와 과세관청 모두에게 요구한다. 납세의무자에 대한 신의성실의 원칙의 적용은 극히 제한적으로 인정해야 하고 이를 확대해석해서는 안 된다는 것이 판례의 입장이다.[4)]

3) 대법원 2011.2.10. 선고 2009다68941 판결.
4) 대법원 2001.6.15. 선고 2000두2952 판결 ; 동 1997.3.20. 선고 95누18383 판결.

5 세관공무원 재량의 한계

통관이나 과세와 같은 행정은 당연히 법에 기초하여 행해져야 하는 것이지만, 행정법규가 항상 일의적(一義的)으로 명확한 것은 아니다. 구체적 사안에 유연하게 대처하기 위해 선택의 가능성을 부여하는 경우가 있다. 이를 재량이 부여되어 있다고 한다.

관세법은 '세관공무원은 그 재량(裁量)으로 직무를 수행할 때에는 과세의 형평과 관세법의 목적에 비추어 일반적으로 타당하다고 인정되는 한계를 엄수하여야 한다(관세법 제7조).'고 규정한다. 여기서 말하는 **세관공무원**이란 세관장을 비롯해 관세청 및 세관에서 관세의 부과 징수 및 통관 등과 관련된 업무를 하는 모든 공무원을 의미한다. 이 경우 담당공무원의 행정처분은 곧 세관장의 처분으로 간주되며 세관공무원의 재량은 과세의 형평과 합목적성을 기준으로 행사되어야 한다.

제5절 기타 관세법의 총칙 규정

1 기간 및 기한의 계산

1) 관세법의 기간과 기한

통관, 납세 등과 관련하여 관세법에는 기간에 관한 규정이 많다. 기간(期間)이란 일정 시점(기산점)에서 다른 시점(만료점)까지 계속된 시간을 말한다. 반면 기한(期限)이란 관세의 납부기한과 같이 법률행위의 효력이 발생·소멸하거나 권리행사 또는 의무이행을 해야 하는 일정 시점을 말한다. '관세법의 규정에 의한 기간의 계산은 관세법에 특별한 규정이 있는 것을 제외하고는 민법에 의한다(관세법 제8조 제2항).' 그러나 기한은 관세법이 정한 바에 따른다.

관세법에는 수입신고수리일을 기간이나 기한의 기산점으로 하는 경우가 적지 않다. 이 경우 기간 또는 기한을 계산함에 있어 관세법 제252조의 규정에 의한 수입신고수리전반출승인을 얻은 때는 그 승인일을 수입신고의 수리일로 보는 특례규정이 있다(관세법 제8조 제1항).

기한의 적용에 있어 관세법에 의한 기한이 공휴일(근로자의 날 제정에 관한 법률에 따른 근로자의 날 및 토요일을 포함)이나 금융기관(한국은행 국고대리점 및 국고수납대리점인 금융기관에 한한다) 또는 체신관서의 휴무, 그 밖에 부득이한 사유로 인해 정상적인 관세의 납부가 곤란하다고 관세청장이 따로 정한 날의 경우에는 그 다음날을 기한으로 한다(관세법 제8조 제3항). 여기에서 부득이한 사유는 여러 가지가 있을 수 있으나 정전, 프로그램의 오류, 한국은행(그 대리점을 포함) 또는 체신관서의 정보처리장치의 비정상적인 가동 등으로 국가관세종합정보망 또는 전산처리설비의 가동이 정지되어 관세법의 규정에 의한 신고·신청·승인·허가·수리·교부·통지·통고·납부 등을 기한 내에 할 수 없게 되었다면 그 사유가 된다. 이 경우에는 해당 국가관세종합정보망 또는 전산처리설비의 장애가 복구된 날의 다음날을 기한으로 한다(관세법 제8조 제4항).

2) 기한의 연장

천재(天災)·지변(地變)의 경우 각종 기한은 연장될 수 있다. 이와 관련해 관세법은 다음과 같이 규정하고 있다.

관세법 제10조(천재지변 등으로 인한 기한의 연장) 세관장은 천재지변이나 그 밖에 대통령령으로 정하는 사유로 이 법에 따른 신고, 신청, 청구, 그 밖의 서류의 제출, 통지, 납부 또는 징수를 정하여진 기한까지 할 수 없다고 인정되는 경우에는 1년을 넘지 아니하는 기간을 정하여 대통령령으로 정하는 바에 따라 그 기한을 연장할 수 있다. 이 경우 세관장은 납부할 관세에 상당하는 담보를 제공하게 할 수 있다.
관세법시행령 제2조(천재지변 등으로 인한 기한의 연장) ① 법 제10조에서 "대통령령으로 정하는 사유"란 다음 각 호의 어느 하나에 해당하는 경우를 말한다.
1. 전쟁·화재 등 재해나 도난으로 인하여 재산에 심한 손실을 입은 경우
2. 사업에 현저한 손실을 입은 경우
3. 사업이 중대한 위기에 처한 경우
4. 그 밖에 세관장이 제1호부터 제3호까지의 규정에 준하는 사유가 있다고 인정하는 경우

2 서류의 송달

1) 일반적인 서류의 송달방법

세관장이 관세의 납부고지서를 교부하고자 할 때는 납세의무자에게 직접 발급하는 경우를 제외하고는 인편(人便)이나 우편으로 송달한다(관세법 제288조). 관세의 납세의무자의 주소, 거소(居所), 영업소 또는 사무소가 모두 분명하지 않아 납부고지서를 송달할 수 없을 때

는 해당 세관의 게시판이나 그 밖의 적당한 장소에 납부고지사항을 공시(公示)할 수도 있다. 이 경우 공시일부터 14일이 지나면 납세의무자에게 납부고지서가 송달된 것으로 본다.

2) 전자송달방법

세관장은 관세청장이 정하는 바에 따라 국가관세종합정보망의 전산처리설비를 이용하여 전자신고 등의 승인·허가·수리 등에 대한 교부·통지·통고 등(이를 **'전자송달'**이라 한다)을 할 수 있다(관세법 제327조). 전자신고 등은 관세청장이 정하는 국가관세종합정보망의 전산처리설비에 저장된 때에 세관에 접수된 것으로 보고, 전자송달은 송달받을 자가 지정한 컴퓨터에 입력된 때(관세청장이 정하는 국가관세종합정보망의 전산처리설비에 저장하는 경우에는 저장된 때)에 그 송달을 받아야 할 자에게 도달된 것으로 본다. 전자송달은 송달을 받아야 할 자가 신청하는 경우에만 할 수 있다. 전자송달할 수 있는 서류는 납부서·납부고지서·환급통지서 및 그 밖에 관세청장이 정하는 서류다. 이들 서류를 전자송달하는 경우에는 전산처리설비에 저장하는 방식으로 이를 송달하여야 한다. 관세청장이 이들 서류 이외의 서류를 전자송달하는 경우에는 전자송달을 받고자 하는 자가 지정한 전자우편주소로 이를 송달하여야 한다.

3 서류의 보관

관세법 및 관세법의 특례를 규정한 환급특례법에서도 각종 신고, 납세, 환급 등과 관련된 서류의 보관의무를 부여하고 있다. 관세법은 가격신고, 납세신고, 수출입신고, 반송신고, 보세화물반출입신고, 보세운송신고를 하거나 적재화물목록을 제출한 자는 신고 또는 제출한 자료(신고필증을 포함)를 신고 또는 제출한 날부터 5년의 범위에서 대통령이 정하는 기간동안 보관하도록 하였다. 이들 법령에 보관의무를 규정하고 있는 서류의 종류와 기간은 〈표 13-5〉와 같다(관세법 제12조 및 동법시행령 제3조, 환급특례법 제20조 및 동법시행령 제28조). 이러한 자료는 관세청장이 정하는 바에 따라 마이크로필름·광디스크 등 자료전달 및 보관 매체에 의하여 보관할 수 있다.

〈표 13-5〉 서류의 의무적 보관기간

구 분	서류의 종류	보관기간
수입통관	① 수입신고필증 ② 수입거래관련 계약서 또는 이에 갈음하는 서류 ③ 지식재산권거래관련 계약서 또는 이에 갈음하는 서류 ④ 수입물품 가격결정에 관한 자료	5년
수출통관	① 수출 또는 반송 신고필증 ② 수출물품 또는 반송물품 가격결정에 관한 자료 ③ 수출거래 또는 반송거래 관련 계약서 또는 이에 갈음하는 서류	3년
운송 및 화물관리	① 보세화물반출입에 관한 자료 ② 적재화물목록에 관한 자료 ③ 보세운송에 관한 자료	2년
관세환급	① 수출물품별 원재료의 소요량계산근거서류 및 계산내역에 대한 서류. 다만, 중소기업자가 보관해야 하는 원재료수불대장 및 수출물품수불대장의 보관기간은 3년으로 한다.	5년
	② 내국신용장 등 수출용원재료의 거래관계서류 ③ 수출신고필증 등 환급특례법 제4조에서 정한 수출사실을 증명할 수 있는 서류 ④ 수입신고필증 등 원재료의 납부세액을 증명할 수 있는 서류 ⑤ 기타 관세청장이 정하는 서류	3년

〈표 13-5〉의 서류보관 중 수출통관과 관련된 서류는 관세법상 의무적 보관기간이 3년이지만 FTA관세특례법상 같은 서류의 보관기간은 5년(단, FTA체약상대국이 중국인 경우는 3년)이다. FTA관세특례법에서는 그 외에도 원산지증명서 등 원산지증빙관련 서류들의 의무적 보관기간도 5년으로 규정하고 있다(FTA관세특례법 제10조).

4 내국세 등의 징수

1) 관세징수의 우선

수입물품에는 관세를 징수한다. 만일 관세를 납부하여야 하는 물품에 대해 다른 조세, 그 밖의 공과금 및 채권이 있다 하더라도 우선하여 그 관세를 징수한다(관세법 제3조). 즉,

수입물품에 대해 관세를 납부할 것이 있을 경우 그 수입물품에 대해서는 비록 부가가치세 등 다른 조세나 공과금이 부과되어 있거나, 납세의무자의 개인적인 채권 등이 설정되어 있다 하더라도 관세 징수를 우선한다는 것이다. 이는 관세를 체납함에 따라 해당 물품을 매각하여 그 매각대금에서 관세를 징수하는 경우 가장 우선적으로 관세부터 징수한다는 의미다. 그러나 강제징수의 대상이 해당 관세를 납부하여야 하는 물품이 아닌 재산인 경우에는 관세의 우선순위는 국세기본법에 따른 국세와 동일하다.

2) 내국세의 징수

국가 또는 지방자치단체가 징수하는 조세는 〈표 13-6〉과 같이 여러 종류가 있다. 조세를 분류할 때 내국세와 관세를 다 국세로, 좁은 의미로는 내국세만을 국세(國稅)라 본다. 내국세는 각 세법별로 규정되어 있으나, 지방세는 모두 지방세법에 일괄 규정되어 있다.

〈표 13-6〉 조세의 종류

<table>
<tr><td rowspan="4">국 세</td><td rowspan="3">내국세
(국세)</td><td>직접세</td><td>소득세, 법인세, 상속세, 증여세, 종합부동산세</td></tr>
<tr><td>간접세</td><td>부가가치세, 개별소비세, 주세, 인지세, 증권거래세</td></tr>
<tr><td>목적세</td><td>농어촌특별세, 교육세, 교통・에너지・환경세</td></tr>
<tr><td>관 세</td><td>간접세</td><td>관세</td></tr>
<tr><td colspan="2" rowspan="2">지방세</td><td>보통세</td><td>취득세, 등록면허세, 주민세, 자동차세, 레저세, 담배소비세,
지방소득세, 지방소비세, 재산세</td></tr>
<tr><td>목적세</td><td>지역자원시설세, 지방교육세</td></tr>
</table>

〈표 13-6〉에서 수입물품에 부과되는 조세는 내국세의 간접세 가운데 부가가치세, 개별소비세, 주세 및 목적세인 농어촌특별세, 교육세, 교통・에너지・환경세, 지방세 가운데 지방소비세(이상을 '**내국세 등**'이라 한다), 그리고 관세이다. 수입물품에 부과되는 조세는 관세청과 그 소속기관인 세관에서 부과・징수한다. 그 이외의 내국세는 국세청과 그 소속기관인 세무서에서, 지방세는 지방자치단체가 부과・징수한다. 수입물품에 부과되는 내국세 등은 국내의 생산단계 또는 거래단계에서도 과세되기 때문에 결과적으로 부과・징수기관이 수입단계는 세관장, 국내생산 또는 거래단계는 세무서장으로 각각 달라진다. 지방세인 담배소비세는 수입 담배에 대해서도 부과되지만 세관장이 직접 징수하지는 않고 통관단계에서 세관장이 납세담보확인서를 확인하는 데 그친다.

3) 내국세 등의 부과 · 징수

내국세 등의 부과 · 징수 · 환급 · 결손처분 등에 관해 국세기본법, 국세징수법, 지방세법, 부가가치세법, 개별소비세법, 주세법, 교육세법, 교통 · 에너지 · 환경세법 및 농어촌특별세법의 규정과 관세법의 규정이 상충되는 경우에는 관세법의 규정을 우선하여 적용한다(관세법 제4조). 또한 관세법에 따른 가산세 및 강제징수비의 부과 · 징수 · 환급 등에 관해서는 관세법 중 관세의 부과 · 징수 · 환급 등에 관한 규정을 적용하며, 수입물품에 대하여 세관장이 부과 · 징수하는 내국세등에 대한 담보제공 요구, 국세충당, 담보해제, 담보금액 등에 관해서는 관세법 중 관세에 대한 담보 관련 규정을 적용한다. 수입물품에 대하여 세관장이 부과 · 징수하는 내국세등의 체납이 발생하였을 때에는 징수의 효율성 등을 고려하여 필요하다고 인정되는 경우 납세의무자의 주소지(법인의 경우 그 법인의 등기부에 따른 본점이나 주사무소의 소재지)를 관할하는 세무서장이 체납세액을 징수할 수 있다.

기출문제

1 다음은 관세법상 용어의 의미와 관련된 사례다. 잘못된 것은? [국제무역사 35회 1교시 25번]

① 부산항 보세구역 내 있는 물품을 경기도 성남 본사의 사업장으로 반입하기 위해서는 수입 통관 절차를 거쳐야 한다.
② 사우디아라비아로부터 인천공항 보세구역에 도착한 물품이 계약상의 'A' 제품이 아닌 'B' 제품이다. 수입상은 사우디아라비아 수출자에게 클레임을 제기하고 사우디아라비아로 되돌려 보내려 한다. 이를 위해서는 관세법상의 수출통관절차를 거쳐야 한다.
③ 관세법상 수출신고가 수리된 물품은 국내사업장 창고에 있더라도 외국물품으로 본다.
④ 수입신고 수리전 반출승인을 얻어 반출된 물품은 수입신고 수리전이라 하더라도 내국물품으로 본다.

2 다음 중 관세법상 컴퓨터 소프트웨어의 수입통관과 관련된 설명으로 잘못된 것은? [국제무역사 37회 1교시 28번]

① 컴퓨터 소프트웨어는 관세법상 기본세율은 무세이나 부가가치세법상 부가가치세는 과세가 된다.
② 온라인으로 거래되는 컴퓨터 소프트웨어는 무체물(無體物)이므로 관세법상 과세대상이 아니다.
③ 컴퓨터 소프트웨어가 시디롬에 저장되어 수입되는 경우 컴퓨터 소프트웨어에 지급되는 권리사용료는 관세법상 과세가격에 포함된다.
④ WTO 관세평가협정에서 컴퓨터 소프트웨어란 데이터 또는 명령어(data or instructions)에 한정하며, 음향·영상 또는 비디오 기록 등은 포함하지 않는다.

3 관세법령에 따라 수출입통관과 관련된 신고서류는 일정 기간 동안 반드시 보관하여야 한다. 다음 중 신고 서류의 보관 기간이 틀린 것은? [국제무역사 39회 1교시 24번]

① 수입거래관련 계약서 : 신고 수리 일부터 5년
② 반송신고필증 : 신고 수리 일부터 3년
③ 지식재산권의 거래에 관련된 계약서 : 신고수리 일부터 3년
④ 보세운송에 관한 자료 : 신고 수리 일부터 2년

정답 1. ② 2.③ 3.③

4 다음 중 관세법상 용어의 정의와 사례에 대한 설명으로 잘못된 것은? [국제무역사 40회 1교시 14번]

① 중국에서 수입된 과실주스에 대해 인천세관 내 보세구역에서 샘플링하여 식품 검사를 진행하였다. 그 결과 식중독 균 다량 검풀로 인해 부적합 통보를 받게 되었다. 수입자는 반송통관을 통해 중국으로 전량을 되돌려 보냈다.
② 울상항 보세구영 내에 있는 물품을 경기도 광주의 보세창고로 보세운송 하였다. 내륙지인 경기도 광주의 보세창고에 있는 물품은 내국물품이 아닌 외국물품이다.
③ 부산세관 관할구역 내에 입항하는 운송수단으로부터 부산세관 관할구역에서 출항하는 운송수단으로 물품을 옮겨 신는 것을 복합 환적이라고 한다.
④ 서울 삼성동에 있는 수출신고 수리된 물품은 외국물품으로 본다.

5 다음은 관세법상 용어의 정의이다. 맞게 짝지어진 것은? [국제무역사 41회 1교시 15번]

A. 국내에 도착한 외국물품이 수입통관절차를 거치지 아니하고 다시 외국으로 반출되는 것 B. 우리나라의 선박 등이 공해에서 채집하거나 포획한 수산물 등 C. 동일한 세관의 관할구역에서 입국 또는 입항하는 운송수단에서 출국 또는 출항하는 운송수단으로 물품을 옮겨 싣는 것 D. 특허보세구역의 설치·운영에 관한 특허를 받은 자

① A : 반송, B : 외국물품, C : 환적, D : 특허인
② A : 수출, B : 외국물품, C : 환승, D : 특허인
③ A : 반송, B : 내국물품, C : 환적, D : 운영인
④ A : 수출, B : 내국물품, C : 환승, D : 운영인

정답 4.③ 5.③

14

보세제도

학 습 목 표

관세의 부과가 유보되는 보세구역은 장치장, 검사장과 창고, 공장, 전시장, 건설장 및 판매장과 같이 크게 통관절차를 위해서 세관이 사용하는 구역과 통관절차의 간소화나 납세의 편의를 위해 민간이 특허받아 사용하는 구역으로 나뉘며 대부분의 선진국에서 사용되는 제도다. 이 장에서는 다음을 중심으로 우리 보세제도에 대해 이해하고 구분하는 것을 목표로 학습해 보자.

1. 보세구역의 종류와 용도
2. 보세화물의 반출입에 대한 통제
3. 보세구역의 화물장치에 대한 통제

들어가기 전에

세관검사장 운영하는 취지는 무엇일까?

- 관세청, 도난차 밀수출, 새로운 수출신고제도로 막는다.

(중략) 현재까지 중고차는 보세구역 바깥에서도 수출 신고할 수 있었다. 그러나 제도의 허점을 악용해 정상적으로 수출 신고한 후 도난 차를 컨테이너에 싣는 밀수출 범죄가 끊이지 않았다. (중략) 새로 도입된 중고차 수출신고 제도는 세관이 실제 컨테이너에 싣는 물품을 관리할 수 있어 바꿔치기가 불가능하다. (중략) 수출업체가 차량 사진과 보세구역 반입번호를 세관에 제출해 세관이 효과적으로 검사할 수 있게 된다. (중략)

아시아투데이 이상선 기자 2017년 3월 30일 '관세청, 도난차 밀수출, 새로운 수출신고제도로 막는다.' 기사전문
http://www.asiatoday.co.kr/view.php?key=20170330010020223

세관검사장은 물론 세관검사를 위한 보세구역이다. 이때 세관이 검사를 하는 것은 무엇일까? 위 사례에서처럼 화주가 신고한 내용과 실제 화물의 일치를 확인하는 것인데 이 방법을 통해 허위 신고나 불법적인 수출입을 통제할 수 있다. 세관검사장은 이러한 운영 취지에 따라 지정절차와 운영절차가 정해져 있다. 이 장에서는 보세구역별로 다양한 운영취지를 중심으로 지정, 특허, 허가, 운영절차에 대해 이해해 보자.

Chapter 14

보세제도

제1절 국제항과 국제무역선 등의 입출항

1 관세법의 운송수단

무역상품은 육로와 해상 또는 항공이나 파이프라인, 전선과 같은 시설물을 이용해 국경을 통과한다. 우리나라의 경우 해상과 항공을 통한 운송이 대부분이고, 극히 일부가 육상으로 운송된다. 수입물품의 경우 우리나라에 반입된 후 통관이 완료되기 전까지, 수출물품의 경우는 통관이 완료된 후 해당 물품이 우리나라에서 반출될 때까지 세관의 엄격한 통제가 따른다. 외국물품이 주된 통제대상인 것이다. 선박이나 항공기 등 운송수단은 통제대상이 되는 외국물품을 적재하고 있거나, 그 운송수단 자체가 외국물품인 경우도 있으므로 세관의 관리대상이다.

국경을 출입하는 **운송수단**으로는 선박과 항공기, 그리고 철도차량과 도로차량이 있다. **국제무역선**이란 무역을 위해 우리나라와 외국 간을 운항하는 선박을 말하고, **국제무역기**란 무역을 위해 우리나라와 외국 간을 운항하는 항공기를 말한다(관세법 제2조). 이들 국제무역선 또는 국제무역기는 우리나라 국적의 선박 또는 항공기도 있고 외국국적의 선박 또는 항공기도 있다. 즉, 그 운송수단의 국적과는 관계없이 국제무역선 또는 국제무역기가 될 수 있다.

국제무역선(기)에는 외국물품이 적재되어 있기 때문에 이들 선박의 국내항 출입과 물품의 하역에는 엄격한 관리가 따른다. 불법적인 외국물품의 유출 가능성이 있기 때문이다.

2 국제항

무역을 위해 우리나라와 외국 간을 운항하는 국제무역선과 국제무역기는 **국제항**에 한해 자유롭게 출입할 수 있다(관세법 제134조). 국제무역선(기)이 우리나라 관세선을 통과해 관세영역에 진입하였을 때 관세법상 부과되는 첫 번째 의무가 바로 해당 운송수단이 국제항으로 입항해야 한다는 것이다. 만일 국제항이 아닌 지역(불국제항장)에 출입하고자 할 때는 해당 지역을 관할하는 세관장의 허가를 받아야 하고, 출입허가수수료도 부담해야 한다(관세법시행규칙 제62조).

관세법에 의해 지정된 국제항은 〈표 14-1〉과 같다.

〈표 14-1〉 우리나라의 국제항

구 분	국제항명
항구(24)	인천항, 부산항, 마산항, 여수항, 목포항, 군산항, 제주항, 동해・묵호항, 울산항, 통영항, 삼천포항, 장승포항, 포항항, 장항항, 옥포항, 광양항, 평택・당진항, 대산항, 삼척항, 진해항, 완도항, 속초항, 고현항, 경인항
공항(8)	인천공항, 김포공항, 김해공항, 제주공항, 청주공항, 대구공항, 무안공항, 양양공항

3 국제무역선(기)의 입출항절차

1) 입항보고와 그에 따른 세관의 조치

국제무역선(기)이 입항한 때에는 선장 또는 기장은 ① 선박용품 또는 항공기용품의 목록, ② 여객명부, ③ 승무원명부, ④ 승무원 휴대품목록, ⑤ 관세청장이 정하는 적재화물목록을 첨부해 지체 없이 세관장에게 **입항보고**를 해야 한다(관세법 제135조). 또한 국제무역선은 선박국적증서와 최종 출발항의 출항허가증이나 이를 갈음할 서류를 제시해야 한다. 여객명부와 적재화물목록은 국제무역선(기)이 입항하기 전에 제출할 것이 예외적으로 요구된다. 이는 여객 및 적하물품에 대해 세관이 사전심사를 해 위험도가 높은 여객과 물품을 가려내고 그에 대해 집중검사를 실시함으로써 위험관리를 하기 위함이다. 대개 선사 또는 항공사나 그 대리점이 선장 또는 기장을 대리해 서류 제출업무를 수행한다.

입항보고를 받은 세관장은 제출된 서류를 기초로 필요하다고 인정되면 국제무역선(기)에 승선(기)해 신고사항과 실제사항이 일치하는지 여부를 확인하거나 선(기)용품이 입항기간 중에 불법적으로 유출되지 않도록 필요한 조치를 한다. **적재화물목록**은 선박 또는 항공기가 입항하기 전에 미리 해당 선박 또는 항공기의 입항예정지 세관장에게 전자문서로 제출되어야 한다. 이렇게 제출된 적재화물목록은 수입통관이 완료될 때까지 세관의 화물관리에서 기본자료가 되는 중요한 서류이다. 이 적재화물목록을 기초로 세관은 통관적법성을 침해할 가능성이 높은 물품을 **관리대상화물**로 선별하여 해당화물에 대해서는 하역단계에서 정밀검사를 실시한다. 또 적재화물목록에 기재된 선하증권(B/L) 등의 일련번호를 기초로 화물관리번호를 부여하고, 이 관리번호로서 화물흐름 및 통관진행 상황을 파악하는 것이다.

세관장은 범법(犯法)의 가능성이 큰 승객을 위험관리기법에 의거 미리 선별하고 있다. 또한 여행자들에 대한 검사업무를 효율적으로 하기 위해 필요한 경우에는 선박회사 또는 항공사가 운영하는 예약정보시스템의 승객 예약 자료를 해당 선박이나 항공기가 입항 또는 출항하기 전에 미리 열람하거나 제출해 줄 것을 선박회사 또는 항공사에 요청할 수 있다(관세법 제137조의2).

2) 출항허가와 그에 따른 세관의 조치

입항했던 국제무역선(기)이 출항하고자 하는 때에는 출항하기 전에 선장 또는 기장이 세관장에게 **출항허가**를 받아야 한다(관세법 제135조 내지 제139조). 이때는 그 국제항에서 적재한 물품의 목록을 제출해야 하며, 필요한 경우 세관장은 출항하는 해당 국제무역선 또는 국제무역기가 소속된 선박회사 또는 항공사로 하여금 적재물품의 목록을 출항허가 신청 전에도 요구할 수 있다. 다만, 화물운송주선업자(탁송품 운송업자로 한정)로서 요건을 갖춘 자가 작성한 적재화물목록은 해당 화물운송주선업자로 하여금 제출하게 할 수 있다(관세법 제136조 제3항).

또한 세관장은 출항절차를 신속하게 진행하기 위하여 출항허가 후 7일의 범위에서 목록을 제출하도록 할 수 있다. 세관장은 출항허가 신청을 받은 날부터 10일 이내에 허가 여부를 신청인에게 통지해야 하며, 통지하지 않은 경우에는 이 기간이 끝난 날의 다음 날 허가한 것으로 본다.

국제무역선이나 국제무역기가 국제항에 입항하여 물품(선박용품 또는 항공기용품과 승무원의 휴대품은 제외한다)을 하역하지 아니하고 입항한 때부터 24시간 이내에 출항하는 경우 세관장은 적재화물목록, 선박용품 또는 항공기용품의 목록, 여객명부, 승무원명부, 승무원 휴대품목록 또는 적재물품의 목록의 제출을 생략하게 할 수 있다. 또한 세관장은 국제무역선이나 국제무역기가 국제항에 입항하여 입항절차를 마친 후 다시 우리나라의 다른 국제항에 입항할 때에도 마찬가지로 서류제출의 생략 등 간소한 절차로 입출항하게 할 수 있다. 이를 **간이입출항절차**라 한다.

3) 임시 외국 정박 또는 착륙의 보고와 자격변경

재해 기타 부득이한 사유로 국내만을 운항하여야 하는 국내운항선 또는 국내운항기가 외국에 임시 정박하고 우리나라로 되돌아 왔을 때는 선장이나 기장은 지체 없이 그 사실을 세관장에게 보고해야 한다. 이때 외국에서 적재한 화물이 있을 때는 그 목록을 제출해야 한다. 국제무역선(기)이 국내에서 계속하여 운항하고자 국내운항선(기)으로 전환하거나, **국내운항선**(기)을 국제무역선(기)으로 자격을 변경하고자 할 때는 선장 또는 기장은 세관장의 승인을 받아야 한다(관세법 제144조 내지 제147조). 이를테면 인천공항에 착륙한 항공기가 제주공항으로 운항하고자 하거나, 부산항에 입항한 국제무역선이 인천항으로 운항하고자 할 때는 **국내운항기**(선)로 자격변경이 필요하고, 그 이후 다시 외국으로 출항하고자 할 때는 외항기(선)로 자격을 변경해야 한다. 이때 세관장은 해당 선박 또는 항공기에 적재된 물품을 검사하고, 국제무역선(기)을 국내운항선(기)으로 전환하는 경우 연료 등 과세물품이 적재되어 있으면 수입통관절차를 거치도록 한다.

4) 국제무역선(기)에 의한 내국운송

내국물품을 국제무역선(기)으로 운송하는 것을 **내국운송**이라 한다. 이것은 국제무역선(기)이 일시적으로 국내를 운항하는 경우에 이용될 수 있다. 이를테면 인천항에 입항한 국제무역선이 부산으로 운항함에 있어 내국물품을 적재하여 운송하는 경우가 그것이다. 이때 국제무역선(기)이란 자격자체가 변경되어야 하는 것은 아니다. 일시적운송이기 때문이다. 내국운송을 하고자 할 때 적용되는 운송신고 절차, 운송대상 물품의 검사, 신고의 취하 및 각하 등은 보세운송에 대한 규정들이 준용된다(관세법 제221조).

4 관세통로 지정과 육상을 통한 국경출입

육로를 통해 국경을 출입하는 차량은 **관세통로**를 경유해야 하며, 통관역이나 통관장에 정차해야 한다. 관세통로는 육상국경(陸上國境)으로부터 통관역에 이르는 철도와 육상국경으로부터 통관장에 이르는 육로 또는 수로 중에서 세관장이 지정한 길이다. 국경을 출입하려는 도로차량의 운전자는 해당 도로차량이 국경을 출입할 수 있음을 증명하는 통행차량증명서를 세관장으로부터 교부받아야 한다. 국경출입차량이 **통관역**이나 통관장에 도착한 때에는 통관역장이나 도로차량의 운전자는 차량용품목록, 여객명부, 승무원명부 및 승무원휴대품목록과 적재화물목록을 첨부해 세관장에게 **도착보고**를 하여야 한다. 여기에서 통관역과 **통관장**이란 육로(陸路)를 통해 국경을 출입하는 차량 및 그에 적재된 물품의 통제를 위해 설치되는 장소다. 통관역은 국외와 연결되고 국경에 근접한 철도역 중에서 관세청장이 지정하고, 통관장은 **관세통로**와 접속한 장소 중에서 세관장이 지정한다.

국경출입차량이 통관역 또는 통관장을 출발하고자 할 때도 통관역장 또는 도로차량의 운전자는 세관장에게 **출발보고**를 하고 출발허가를 받아야 한다(관세법 제148조 내지 제153조). 이때 그 통관역 또는 통관장에서 적재한 물품의 목록을 제출해야 한다. 모래, 자갈 등의 골재나 광물을 일정기간 반복적으로 운송하는 도로차량 운전자의 경우 **사증(査證)**을 받는 것으로 도착보고 및 출발보고와 출발허가를 대신할 수 있다. 다만, 최초 출발보고와 최초 출발허가는 제외한다.

5 선(기)용품 등의 관리

국제무역선과 국제무역기, 또는 국경을 출입하는 차량에서만 사용하는 물품을 선박용품, 항공기용품, 차량용품이라 한다. **선박용품**에는 음료, 식품, 연료, 소모품, 밧줄, 수리용 예비부분품 및 부속품, 집기 그 밖에 이와 유사한 물품으로 해당 선박에서만 사용되는 것이 포함된다. **항공기용품**은 선박용품에 준하는 물품으로 해당 항공기에서만 사용되는 것을 말하고, **차량용품**은 선박용품에 준하는 물품으로 국경을 출입하는 해당 차량에서만 사용되는 것을 말한다. 선박용품, 항공기용품, 차량용품은 외국물품을 통관절차 없이 선박 등 해당 운송수단에서 그대로 사용할 수 있다. 외국에서 구매한 물품을 외국에 체재하는 동안이나, 외국과 우리나라 간을 운항하는 도중, 또는 국내에 입항한 후 정박상태에서도 통관절차 없이 사용・소비할 수 있는 것이다. 또 외국으로부터 국내에 반입하여 보세구역에 장치한 다음 외국물품 상태로 적재허가를 받아 국제무역선 등에 적재하여 사용・소비할 수도 있다.

선박용품 및 항공기용품과 선(기)용품은 아니지만 국제무역선이나 국제무역기에서 판매할 물품을 국제무역선(기)에 적재 또는 하선(또는 하기)하거나 환적하고자 할 때는 세관장의 허가를 받아야 한다(관세법 제143조). 국제무역선(기)에서 여행자에게 판매된 물품은 해당 국제무역선(기)에서 자유롭게 사용・소비할 수 있고 외국으로 반출할 수도 있으나, 만일 국내로 반입한다면 여행자휴대품으로 통관절차를 거쳐야 한다.

제2절 보세구역

보세(保稅)란 국내에 있는 외국물품에 대해 통관 및 과세가 유보된 상태를 의미한다. 보세상태에 있는 화물, 즉 보세화물이 반입되어 장치, 사용, 판매 등이 제한적으로 허용되는 장소가 보세구역이다.

1 보세구역의 종류

보세구역은 외국물품이 반입될 수 있는 구역이다. 이 구역은 세관에 의한 외국물품 관리의 중심이 되는 장소다. 보세구역은 여러 목적으로 설치되고, 그 종류도 〈표 14-2〉와 같이 다양하다. 〈표 14-2〉에서 특허보세구역은 결격사유가 없는 민간사업자가 요건을 갖추어 신청할 경우 세관장이 특허심사위원회의 심의를 거쳐 일정기간 동안 해당 보세구역을 설치·운영할 수 있는 자격을 부여하는 것이다.

〈표 14-2〉 보세구역 및 유사보세구역의 종류

<table>
<tr><th colspan="2">구 분</th><th>설정방법</th><th>보세구역</th></tr>
<tr><td rowspan="8">보세구역</td><td rowspan="2">지정보세구역</td><td rowspan="2">세관장이 지정</td><td>지정장치장</td></tr>
<tr><td>세관검사장</td></tr>
<tr><td rowspan="5">특허보세구역</td><td rowspan="5">세관장이 특허</td><td>보세창고</td></tr>
<tr><td>보세공장</td></tr>
<tr><td>보세전시장</td></tr>
<tr><td>보세건설장</td></tr>
<tr><td>보세판매장</td></tr>
<tr><td>종합보세구역</td><td>관세청장이 지정</td><td>종합보세구역</td></tr>
<tr><td colspan="2" rowspan="2">유사보세구역</td><td>세관장이 허가</td><td>보세구역외장치장</td></tr>
<tr><td>산업통상자원부장관이 지정</td><td>자유무역지역</td></tr>
</table>

〈표 14-2〉에서 특허절차는 모든 보세구역이 비슷하게 진행되지만 보세판매장의 경우만 예외적으로 중소·중견기업과 그 밖의 기업을 구분하여 별도의 기준을 적용한다. 특허수

수료의 부과에서도 보세판매장만 차이를 두고 있다.

유사보세구역은 외국물품이 반입되어 장치될 수 있다는 점에서는 보세구역과 그 성격이 같다. 보세구역에 물품을 반입하거나 반출하려는 자는 세관장에게 신고하여야 한다. 이때 세관장은 세관공무원을 참여시킬 수 있으며, 세관공무원은 해당 물품을 검사할 수 있다. 세관장은 보세구역에 반입할 수 있는 물품의 종류를 제한할 수도 있다.

1) 지정장치장

지정장치장은 '통관하고자 하는 물품을 일시적으로 장치'할 수 있는 장소다(관세법 제169조 내지 제172조). 지정장치장에는 수출 또는 수입하고자 하는 물품이 장치될 수 있으나 주로 여행자휴대품 중 유치된 물품이나 예치물품, 특송물품, 이사화물, 그리고 일반적인 수입물품 가운데 정밀한 화물검사를 실시하는 물품이 반입되어 통관절차가 이루어진다. 지정장치장 반입물품에 대한 보관책임은 원칙적으로 화주(貨主) 또는 반입자에게 있다. 그러나 대개 세관장이 지정장치장의 질서유지와 화물의 안전관리를 위해 화주에 갈음해 보관의 책임을 지는 **화물관리인**을 지정한다. 화물관리인은 ① 직접 물품관리를 하는 국가기관의 장, ② 관세행정 또는 보세화물의 관리와 관련 있는 비영리법인, ③ 해당 시설의 보유자 또는 관리자가 요청한 자 중에서 지정한다(관세법시행령 제187조). 화물관리인은 화물의 보관책임을 지는 대신 화주로부터 화물관리에 필요한 비용을 징수한다.

2) 세관검사장

세관검사장은 '수입 또는 수출 통관을 하고자 하는 물품의 검사'를 할 수 있는 장소다(관세법 제173조 내지 제182조). 인천공항입국장이나 인천항 및 부산항의 한·중 및 한·일 여객선 터미널의 세관검사장이 대표적이다. 여기에서는 주로 여행자휴대품을 검사한다. 세관검사장에 반입되는 물품의 채취·운반 등에 소요되는 "검사비용"은 화주가 부담한다. 다만, 물품의 수출입과 관련된 법령을 위반하지 아니한 중소, 중견기업의 물품에 대해서는 예산의 범위에서 해당 검사비용을 지원할 수 있다.

3) 보세창고

보세창고는 '외국물품 또는 수출입통관을 하고자 하는 물품을 장치'할 수 있는 장소(창고

건물 또는 야적장)로, 보세구역의 대부분을 차지한다. 보세창고 등에 반입된 물품에 대한 검사는 일반적으로 세관공무원이 물품이 장치되어 있는 장소에 출장하여 검사를 실시한다. 수출의 경우 수출자의 공장이나 일반 창고에 물품을 장치한 상태에서도 수출신고를 할 수 있도록 허용하고 있기 때문에 보세창고에 장치하는 경우는 드물다.

보세창고에는 운영인이 미리 세관장에게 신고를 하면(수입신고가 수리된 물품은 신고 없이) 내국물품을 장치할 수도 있다(관세법 제183조, 관세법시행령 제197조). 단, 1년(수입신고가 수리된 물품은 6월) 이상 계속해 내국물품만을 장치하고자 할 때는 세관장의 승인을 받아야 한다. 내국물품으로 장치기간이 경과한 것은 그 기간 경과 후 10일 이내에 반출해야 한다.

4) 보세공장

보세공장은 '외국물품이나 외국물품과 내국물품을 원재료로 제조·가공 기타 이와 비슷한 작업'을 허용하는 장소다(관세법 제185조 내지 제189조). 보세공장에는 외국물품이 입항즉시 보세운송 되어 반입될 수 있고, 해당 공장에서 물품을 제조·가공하는 동안은 관세 등이 부과되지 않으며, 제조·가공된 물품을 반송한 경우에는 환급절차도 불필요하다. 보세공장은 일정한 제조공장 자체를 보세구역으로 특허 받아 운영하는 제도로 금융비용과 물류비 절감측면에서 상당히 유용한 제도다.

제조가공을 위해 보세공장에 반입된 물품을 사용하려면 물품을 사용하기 전에 세관장에게 **사용신고**를 해야 한다. 보세공장 반입물품에 대한 사용신고는 일반적인 물품의 수입신고와 유사한 성격이 있으나 과세조치는 따르지 않는다. 사용신고는 수입신고서 양식을 사용하고, 송품장, 선하증권(B/L)이나 항공화물운송장(AWB) 사본, 관세법 제226조의 규정에 의한 세관장확인이 필요한 물품의 경우에는 해당 확인서류 등을 첨부해야 한다. 세관장은 신고된 물품에 대해 필요하다고 인정하는 경우 수입신고를 하였을 때와 같이 검사를 실시한다. 사용신고가 수리된 물품은 제조·가공 등에 사용할 수 있다.

보세공장에서 내·외국물품 혼용작업을 하고자 하는 자는 사전에 세관장에게 신청해 그 승인을 받아야 하며, 작업이 종료되었을 때도 마찬가지로 세관장의 확인을 받아야 한다. 또한 내국물품만으로 생산을 하는 내국작업과, 해당 보세공장 이외의 장소에서 보세작업의 일부를 행하는 장외작업의 경우에는 세관장의 허가를 받아야 한다. 작업공정상 필요에 의해서 보세작업의 일부를 다른 보세공장에서 작업하는 경우에도 마찬가지로 세관장의 허가를 필요로 한다. 보세공장 외 작업을 허가를 할 때 세관장은 그 기간을 정하며, 세관공무원은 해당 물품이 보세공장에서 반출될 때 그 물품을 검사할 수 있다. 허가를 받아 '공장외작업장'에 반입된 외국물품은 지정된 기간이 만료될 때까지는 보세공장에 있는 것으로 본다. 세관장은 필요한 경우 보세공장외 작업 허가를 받은 보세작업에 사용될 물품을 보세공장을 경유하지 않고 공장외작업장에 직접 반입하게 할 수 있다. 만일 지정된 기간이 지나도록 작업이 끝난 물품을 보세공장에 다시 반입하지 않았을 때는 해당 물품의 허가를 받은 보세공장의 운영인으로부터 그 관세를 즉시 징수한다.

보세공장에서 제조·가공된 물품을 수입할 때 과세하는 방법은 일반적인 수입의 경우와 차이가 있다. 제품과세 또는 원료과세 방법에 의해 과세하는 것이다(관세법 제188조 및 제189조). **제품과세**는 세관장의 승인을 받아 외국물품과 내국물품을 혼용해 제조·가공한 물품에 대해 해당 제조·가공물품 중에서 외국물품의 수량 또는 가격에 상응하는 비율(종량세 물품인 경우에는 수량을 말한다)을 외국에서 우리나라에 도착된 물품으로 보고 과세하는 방법이다. 즉, 다음과 같이 제품가격 중 외국원재료의 가격비율에 해당하는 금액을 과세표준으로 삼는다. 이때 적용하는 관세율은 원재료가 아닌 해당 제품의 관세율이다.

$$\text{제품과세에 따른 관세액} = \text{제품가격} \times \frac{\text{외국원재료가격}}{\text{외국원재료가격} + \text{국산원재료가격}} \times \text{제품의 관세율}$$

만일 혼용승인을 받지 않은 경우 물품 전체의 가격 또는 수량을 기준으로 과세한다. 제품과세는 원재료에는 관세가 부과되나 완제품에는 관세율이 낮거나 감면으로 납부세액이 낮은 경우 납세자에게 유리하다. **원료과세**란 제조·가공된 물품에 대해 과세를 함에 있어 원재료의 사용신고를 한 때의 그 원재료의 성질 및 수량에 따라 관세를 부과하는 것을 말한다. 이 경우 적용하는 과세가격은 외국물품인 해당 원재료에 대해 과세가격 결정방법에 따라 결정된 과세가격이며, 관세율은 생산된 제품이 아닌 원재료의 관세율이다. 원료과세 방법으로 과세하고 통관하기 위해서는 원료의 사용신고 전에 미리 원료과세 적용신청서를 세관장에게 제출해야 한다.

$$\text{원료과세에 따른 관세액} = \text{원재료의 가격} \times \text{원재료의 관세율}$$

5) 보세전시장

보세전시장은 '박람회·전시회·견본품전시회 등을 위해 외국물품을 장치·전시하거나 사용'할 수 있는 장소다. 보세전시장제도는 일시적으로 국내에 반입되어 전시 등을 한 다음 다시 외국으로 반출되는 물품에 대해 수출입통관절차가 생략되고, 전시와 간접적으로 관련되는 각종 물품도 보세상태로 반입해 사용·소비할 수도 있기 때문에 박람회 등을 주최하는 측이나 이에 참가하는 측 모두에게 유용하다. 보세전시장은 대개 해당 박람회·전시회 등의 해당 기간 동안 특허되고, 외국물품의 장치기간도 보세전시기간 동안이다. 보세전시장에 반입될 수 있는 물품은 보세전시장 건설용품, 보세전시 관련 업무용품, 해당 보세전시장 내에서 불특정다수의 관람자에게 오락용으로 관람시키거나 사용하게 할 오락용품, 전시용품, 판매용품, 증여용 물품 등이다. 보세전시장 내에 반입된 외국물품 중 판매용품은 수입신고가 수리되기 전에는 이를 사용하지 못한다. 또 보세전시장에 장치된 전시용 외국물품을 현장에서 판매하는 경우 수입신고가 수리되기 전에는 판매자가 구매자에게 이를 인도할 수 없다.

6) 보세건설장

보세건설장은 '외국물품인 기계류·설비품이나 공사용 장비를 장치·사용해 산업시설의 건설공사'를 할 수 있는 장소다. 보세건설장에 외국물품을 반입한 때는 사용하기 전에 해당 물품에 대해 수입신고를 하고(**사용전수입신고**), 세관공무원의 검사를 받아야 한다. 보세건설물품은 세관장의 허가를 받아 보세건설장 외에서 보세작업을 할 수 있다. 보세건설장 제도는 대규모 산업설비 등의 건설에서 자금부담 완화에 도움이 된다. 보세건설장은 해당 건설공사기간을 고려해 일정기간 동안 특허되며, 외국물품의 장치·사용기간은 해당 특허기간과 같다. 보세건설장 반입물품의 법령적용 시점은 일반 수입물품이 수입신고일인 것과는 달리 수입신고가 수리된 날이다. 다만, 과세환율은 일반 수입물품과 같이 수입신고일의 과세환율을 적용한다.

7) 보세판매장

보세판매장은 '외국물품을 보세상태에서 판매'할 수 있는 장소이다.[1] 공항 출국장의 면세점이 대표적이지만 입국면세장, 시내보세판매장과 같이 면세점 운영범위가 확대되면서 보세판매에 대한 여러 가지 특례가 시행되고 있다. 이에 따라 보세판매장에서는 외국으로

1) 보세판매장은 흔히 '면세점'이라 불린다. 보세판매장 물품은 보세물품이므로 관세 및 내국소비세가 면제된 상태에서 판매된다. 이들 면세점과 달리 사후면세점은 구매자가 물품을 소지하여 출국할 때 출국장에서 내국소비세를 환급(refund)받는 것을 말하는데, 이 경우 관세는 면제되지 않는다.

반출할 때뿐만 아니라, 반출하지 않더라도 입국하는 사람에게 물품을 인도하는 경우나, 공항 및 항만 등의 입국경로에 설치된 보세판매장에서 입국하는 경우에도 물품을 판매할 수 있다(관세법 제196조). 또한 시내보세판매장에서는 외국인에게 내국물품을 판매하고 이를 판매 현장에서 인도가 가능해졌는데 세관장은 현장 인도된 물품의 외국 반출 여부를 확인하기 위하여 물품 구매자의 출입국관리기록 등을 요청하여 인도를 제한할 수 있다(관세법 제196조의2). 보세판매장에서 외국인에게는 판매한도의 제한이 없지만 내국인에게는 1인당 미화 5천 달러 한도 내에서 판매가 가능하다(관세법시행규칙 제69조의 3).

8) 종합보세구역

종합보세구역은 '보세창고, 보세공장, 보세전시장, 보세건설장, 보세판매장의 기능 중 둘 이상의 기능을 종합적으로 수행'할 수 있는 장소이다. 이 제도는 이 지역에 대한 외국인투자의 적극적인 유치와 물류원활화, 그리고 수출지원을 강화하기 위해 도입되었다. 성격은 자유무역지역과 유사하나 근거법령이 다르고, 관리의 주체나 방법, 조세상 지원에 있어서도 차이가 난다. 종합보세구역은 자유무역지역과 달리 시설·기자재 등은 수입통관을 한 다음 내국물품으로서만 반입되어 사용될 수 있다. 종합보세구역에 반입한 물품의 장치기간은 종합보세사업장의 설치·운영신고기간과 같다.

종합보세구역에서 판매가 가능한 물품은 이 구역에 입주한 종합보세사업장에서 제조·가공한 물품이다. 이 구역에서 외국인관광객 등에게 물품을 판매한 종합보세사업자는 구매자에게 **물품판매확인서**를 교부하고, 판매 물품에 대해서는 세관장에게 수입신고 및 신고납부를 해야 한다. 외국인관광객 등은 출국할 때 구매한 물품과 물품판매확인서를 출국항세관장에게 제시하고 관세 등을 환급받거나 나중에 송금받을 수 있다. 물품을 판매한 종합보세사업자는 외국인관광객 등이 물품을 구매한 날부터 3월 이내에 국외로 반출한 사실이 확인될 때는 출국장세관장이 확인한 판매확인서, 수입신고필증, 환급 또는 송금확인서 등을 갖추어 관할세관장에게 관세 등을 환급받을 수 있다.

9) 보세구역외장치장

외국물품과 내국운송의 신고를 하고자 하는 내국물품은 원칙적으로 보세구역이 아닌 장소에 장치할 수 없으나 세관장의 허가를 받으면 보세구역이 아닌 다른 장소에도 장치가 가능하다. 즉, 허가받은 장소에 외국물품을 장치할 수 있는 것이다. 이때 허가받은 장소를

보세구역외장치장이라 한다(관세법 제156조). 보세구역외장치장은 통상 선하증권(B/L)건별로 통관에 필요한 기간 동안 허가된다.

보세구역외장치허가를 받기 위해서는 반입하고자 하는 물품의 제세액에 상당하는 담보를 제공해야 하며, 18,000원의 **허가수수료**도 납부해야 한다(관세법시행규칙 제65조). 그러나 국가 또는 지방자치단체가 수입하거나 협정에 의하여 관세가 면제되는 물품을 수입하는 때에는 보세구역외 장치허가수수료를 면제한다. 이 제도는 보세창고를 특허할 만큼 무역규모가 크지 않고 입항지에서 원거리에 소재한 중소기업이나, 특수보관이 필요한 물품 수입자에게 유용하다. 보세구역외장치장에 화물을 장치하였을 때 그 보관의 책임은 화물관리인이 따로 지정되어 있을 때는 그 화물관리인이, 만일 세관장이 화물관리인을 따로 지정하지 않았을 때는 화주가 지게 된다. 따라서 보세구역외장치장에 보관도중 물품이 도난되거나 분실된 경우 납세의무자도 화물관리인 또는 화주가 된다.[2)]

10) 자유무역지역

자유무역지역은 '자유무역지역의 지정 및 운영에 관한 법률'에 의해 지정되는 특수지역이다.

> 2016년 초 기준으로 제조업중심(단지형)으로는 마산, 군산, 대불, 동해, 율촌, 울산, 김제자유무역지역이 있고, 물류중심(항만형)으로는 부산항, 광양항, 인천항, 포항항, 평택당진항자유무역지역이, 물류중심(공항형)으로는 인천국제공항자유무역지역이 각각 지정되어 있다.

이 지역은 중앙행정기관의 장이나 지방자치단체장의 요청을 받아 산업통상자원부장관이 지정한다. 자유무역지역은 도시의 특정 지역을 정하기도 하지만 부산, 인천, 광양, 마산, 인천공항과 같이 공・항만이나 그 배후지 또는 물류단지의 특정 지역을 지정해서 운영하기도 한다. 자유무역지역에 입주할 수 있는 자격은 수출을 주목적으로 하는 제조업자, 수출입거래를 주목적으로 하는 도매업자, 물품의 하역・운송・보관・국제운송주선・전시사업 등 물류관련사업자, 연료・식수・선식(船食) 및 기내식(機內食) 등 선박・항공항공기용품의 공급업자, 물류시설관련 개발업 및 임대업자, 입주기업체의 사업을 지원하는 업종으로서 금융업, 보험업, 통관업 등의 사업자, 각종 국가기관과 지방자치단체 또는 공공기관 등

2) 대법원 2004.10.15. 선고 2003두8951 판결 참조.

으로 다양하다.[3)]

자유무역지역에 입주한 업체는 외국물품을 보세상태로 사용해 물품을 제조·가공할 수 있다. 자유무역지역은 관세법에 의한 보세공장 또는 종합보세구역과 달리 이 지역에 반입된 기계·기구·설비 및 장비와 그 부분품, 원재료·윤활유·사무용 컴퓨터 및 건축자재도 보세상태로 사용할 수 있다는 점[4)]에서 혜택이 크다. 또한 이들 입주업체에 대해서는 법인세, 재산세 등의 조세감면혜택도 부여된다. 자유무역지역에서 제조·가공된 물품을 국내로 반입하고자 할 때는 보세공장에서와 마찬가지로 수입통관 절차를 필하고 관세 등의 조세를 납부해야 한다. 다만 이때 원료과세 방법은 적용할 수 없다.

2 보세구역의 성립과 효력의 상실

1) 지정보세구역과 종합보세구역의 지정과 취소

지정장치장이나 세관검사장인 지정보세구역은 그 지역을 관할하는 세관장이 공익적 목적에서 국가나 지방자치단체, 공항시설 또는 항만시설을 관리하는 법인이 소유 또는 관리하는 토지·건물 기타의 시설 가운데서 적정한 곳을 지정한다. 세관장 자신이 관리하지 않는 토지 등을 지정보세구역으로 지정할 수도 있는데 이때는 해당 토지 등의 소유자 또는 관리자의 동의를 얻고, 임차료 등을 지급한다(관세법 제166조 내지 제168조). 세관장이 수출입물량이 감소하거나 그 밖의 사유로 지정보세구역의 전부 또는 일부를 보세구역으로 존속시킬 필요가 없어졌다고 인정될 때에는 청문절차를 거쳐 그 지정을 취소한다.

종합보세구역은 세관장이 아닌 관세청장이 직권 또는 관계중앙행정기관의 장이나 지방자치단체의 장 그 밖에 종합보세구역을 운영하고자 하는 자의 요청에 의해 무역진흥에의 기여도, 외국물품의 반입·반출물량 등을 고려하여 일정한 지역을 지정한다(관세법 제197조). 관세청장은 종합보세구역에 반입·반출되는 물량이 감소하거나 그 밖에 사유로 종합보세구역을 존속시킬 필요가 없다고 인정될 때에는 청문절차를 거쳐 종합보세구역의 지정을 취소할 수 있다

3) 자유무역지역의 지정 및 운영에 관한 법률 제10 및 동법시행령 제7조.

4) 자유무역지역의 지정 및 운영에 관한 법률 제29조.

2) 특허보세구역의 특허와 특허의 취소

특허보세구역은 통상 민간의 사업자가 영리를 목적으로 하여 설치·운영(設營)의 주체가 되어 세관장으로부터 특허를 받아 설치·운영된다. 관세 및 내국세의 체납이 없고, 법 제175조의 결격사유에 해당하지 않으며, 위험물품을 장치·제조·전시 또는 판매하는 경우에는 관계행정기관의 장의 허가 또는 승인 등을 받고, 보세화물의 보관·판매 및 관리에 필요한 자본금·수출입규모·구매수요·장치면적 등에 관한 요건 등을 갖추어야 특허를 받을 수 있다.

특허보세구역의 특허기간은 10년 이내로 정하지만, 보세전시장과 보세건설장의 경우에는 세관장이 각각의 기간을 고려해 따로 정할 수 있고 부득이하다고 인정할 만한 사유가 있을 때 연장할 수 있으며, 신청에 의해 갱신될 수 있다. 특허보세구역을 신청하고자 할 때는 특허신청수수료를 납부해야 한다. 특허보세구역을 설치·운영하는 기간 중에도 매 분기단위로 특허보세구역 설치·운영에 관한 수수료(이를 **특허수수료**라 한다)를 납부한다(관세법시행규칙 제68조). 특허수수료는 연면적을 기준으로 정액으로 규정되어 있지만, 보세판매장에 대해서는 매출액을 기준으로 달리 정할 수 있다. 또한, 재난으로 인하여 보세판매장의 영업에 현저한 피해를 입은 경우 보세판매장의 특허수수료를 감경할 수 있다(관세법 제176조의2).

보세판매장의 특허에서는 중소기업을 위한 특례가 적용된다. 중소기업 등에 총 특허 수의 100분의 30 이상(2017년 12월 31일까지는 보세판매장 총 특허 수의 100분의 20 이상)을 부여하여야 하고, 독점규제 및 공정거래에 관한 법률에 따른 상호출자제한기업집단에 속한 기업에 대해서는 총 특허 수의 100분의 60 이상을 부여할 수 없도록 했다. 보세판매장에 의한 사업이 특혜성이 있다고 보아 중소기업 및 중견기업에게 일정 비율의 보세판매사업 진출을 보장하도록 하기 위함이다.

3) 물품의 반입정지 등과 특허의 효력 상실

운영의 실효성을 담보하기 위하여 특허보세구역의 운영인에 대한 제재가 규정되었다. 첫째 명의대여가 금지되어 있으며(관세법 제177조의2), 둘째 장치물품에 대한 관세를 납부할 자금능력이 없거나, 관세법령의 위반, 시설미비 등의 경우 6개월의 범위에서 해당 특허보세구역에의 물품반입을 정지시킬 수 있다. 마지막으로 거짓이나 부정한 방법으로 특허받거나, 운영인이 결격사유가 있는 경우, 1년 이내 3회 이상 반입정지 처분을 받은 경우, 2

년 이상 반입실적이 없거나 명의를 대여한 경우 특허의 취소가 가능하다(관세법 제178조). 그러나 세관장은 물품반입 등의 정지처분이 그 이용자에게 심한 불편을 주거나 공익을 해칠 우려가 있는 경우에는 특허보세구역운영인에게 물품반입 등의 정지처분에 갈음하여 해당 특허보세구역 운영에 따른 매출액의 100분의 3 이하의 **과징금**을 부과할 수 있다(관세법 제178조). 특허보세구역의 설치·운영에 관한 특허는 운영인이 특허보세구역을 운영하지 아니하게 된 경우나, 해산·사망, 특허기간 만료, 특허 취소의 경우 효력을 상실하거나 승계된다(관세법 제179조).

3 자율관리 보세구역제도와 보세사

보세구역은 세관장이 직접 통제하고 관리함이 원칙이나 보세구역중 물품의 관리 및 세관감시에 지장이 없다고 인정하여 관세청장이 정하는 바에 의하여 세관장이 지정하는 보세구역은 **자율관리보세구역**이라 하여 세관장의 직접적인 관리가 대폭 생략된다. 보세구역의 화물관리인이나 운영인이 자율관리보세구역 지정을 받으려면 세관장에게 지정을 신청해야 한다.

자율관리보세구역으로 지정을 받으려면 먼저 **보세사**를 채용하여야 한다. 보세사는 보세구역 운영인의 결격사유에 해당되지 않는 자로서 보세화물의 관리업무에 관한 시험(이하 이 조에서 "보세사 시험"이라 한다)에 합격한 사람을 말한다(관세법 제165조). 일반직공무원으로 5년 이상 관세행정에 종사한 경력이 있는 사람이 보세사 시험에 응시하는 경우에는 시험과목 수의 2분의 1의 범위에서 시험을 면제한다.[5] 보세사가 자율관리보세구역에서 보세사로 근무하고자 하는 때에는 근무하고자 하는 보세구역을 관할하는 세관장에게 등록하여야 한다. 보세사는 다른 사람에게 자신의 명의를 대여하거나 다른 사람의 성명, 상호, 자격증을 빌려서는 안되며, 이를 위반한 경우에는 1년 이하의 징역 또는 1천만원 이하의 벌금에 처한다(제165조의2 제2항·제3항 및 제275조의4). 보세사의 직무는 다음과 같다.

5) 보세사 전형과목은 ① 수출입통관절차, ② 보세구역관리, ③ 보세화물관리, ④ 자율관리 및 관세벌칙, ⑤ 수출입안전관리 등 5과목이다. 과목별로 객관식 5지선다형 문제가 25문제씩 출제되며 합격기준은 100점 만점에 매과목 40점 이상, 전과목 60점 이상 얻은 경우다. 기타 자세한 사항은 한국관세물류협회 홈페이지(www.kcla.kr) 참조.

관세법시행령 제185조(보세사의 직무 등) ① 관세법 제165조 제4항에 따른 보세사의 직무는 다음 각 호와 같다.
1. 보세화물 및 내국물품의 반입 또는 반출에 대한 입회 및 확인
2. 보세구역안에 장치된 물품의 관리 및 취급에 대한 입회 및 확인
3. 보세구역출입문의 개폐 및 열쇠관리의 감독
4. 보세구역의 출입자관리에 대한 감독
5. 견품의 반출 및 회수
6. 기타 보세화물의 관리를 위하여 필요한 업무로서 관세청장이 정하는 업무

관세청장이 보세사 자격을 부여하기 위해 전형을 실시할 때는 그 전형의 일시, 장소, 방법 및 그 밖에 필요한 사항을 전형시행일 90일 전까지 공고하여야 한다. 관세청장은 부정한 방법으로 전형에 응시한 사람이나 전형에서 부정한 행위를 한 사람에 대하여는 해당 전형을 정지시키거나 무효로 하고, 그 처분이 있는 날부터 5년간 전형응시자격을 정지한다.

제3절 보세운송제도

1 보세운송의 의의

보세운송이란 외국물품을 보세상태로 국내에서 내국운송수단으로 운송하는 것을 말한다. 외국에서 국제항에 도착한 물품을 해당 항구 또는 공항 내의 보세구역에서 수입통관한다면 하역 후 선사나 항공사가 보세구역에 반입하는 것 이외에 화주가 별도로 보세운송을 할 이유가 없다. 그러나 만일 화주의 소재지 등을 고려해 내륙지의 보세구역으로 이송해 통관하고자 한다면 도착항으로부터 내륙 목적지의 보세구역까지는 보세운송에 의해 운송해야 한다. 무역실무상 보세운송이 가능한 시기는 수입화주가 선하증권(B/L) 등을 운송회사에 제시하고, FOB 조건 등의 경우에는 운임을 지불한 다음 화물인도지시서(D/O)를 인수한 때다. 보세운송은 통관절차를 마치지 않은 외국물품을 국내에서 운송하는 것이므로 세관장은 보세물품의 불법적인 유출, 관세채권의 확보 등을 위해 여러 가지 통제를 한다.

2 보세운송절차

1) 보세운송의 목적지

외국물품을 보세운송할 수 있는 목적지는 다음과 같다. 따라서 자신의 공장 내에 보세창고를 특허받았거나 해당 물품에 대해 보세구역외장치를 허가받고 있다면 입항지에서 물품이 하역된 다음 바로 이 장소로 외국물품을 보세운송 할 수 있다. 또한 재해나 그 밖의 부득이한 사유로 선박 또는 항공기로부터 내려진 외국물품은 그 물품이 있는 장소로부터 이들 장소로 보세운송할 수 있다.

관세법 제213조(보세운송의 신고) ① 외국물품은 다음 각 호의 장소 간에 한정하여 외국물품 그대로 운송할 수 있다. 다만, 수출신고가 수리된 물품은 해당 물품이 장치된 장소에서 다음 각 호의 장소로 운송할 수 있다.
1. 국제항
2. 보세구역
3. 제156조에 따라 허가된 보세구역외장치장소
4. 세관관서
5. 통관역
6. 통관장
7. 통관우체국

2) 보세운송의 신고 또는 승인

보세운송을 신청할 수 있는 자(**보세운송인**)는 해당 외국물품의 화주, 관세사 등, 보세운송업자 등이다. 보세운송업자는 관세법 제222조에 규정에 따라 관세청장 또는 세관장에게 등록을 하고 보세운송을 업으로 하고 있는 운수업자이다. 외국물품을 보세운송 하고자 할 때는 그 물품이 소재하고 있는 지역을 관할하는 세관장에게 신고하거나 승인을 받아야 한다. 승인의 대상은 관세청장이 따로 정하고 있다. 대개 검역을 요하는 물품, 위험물품, 보세구역외장치장으로 운송하는 물품 등이다. 승인대상이 아닌 경우에는 신고만 하고 보세운송할 수 있다. 세관장이 보세운송신고를 수리하거나 승인함에 있어 별도의 수수료를 부과하지는 않는다.

3) 보세운송통로와 운송기간

보세운송 중에는 보세화물이 세관의 감시·단속을 일시 벗어나게 되므로 세관장은 운송통로와 운송기간을 제한한다. **운송통로**는 예를 들어 부산에서 서울로 운송할 때 '경부고속도로'로 지정하는 것과 같다. 보세운송의 원칙적인 허용기간은 보세운송 신고일부터 해상화물은 15일, 항공화물은 7일이다. 이 기간은 신청에 의해 연장될 수 있다. 만일 지정된 기간 내에 물품이 목적지에 도착하지 않으면 세관장은 보세운송인으로부터 해당 물품에 대해 관세를 징수한다.

4) 수출신고가 수리된 물품의 예외인정

수출신고가 수리된 경우 해당 물품은 외국물품으로 간주된다. 이러한 외국물품을 수출신고가 수리된 장소로부터 선(기)적 하고자 하는 국제항까지 운송하는 데는 원칙적으로 보세운송을 필요로 하지 않는다. 따라서 운송통로나 운송인, 운송 방법 등에 제한을 받지도 않는다. 수출신고가 수리된 물품은 그 신고가 수리된 날부터 30일 내에 선(기)적 하여야 하므로 이 기간 내에 화주의 책임아래 선(기)적항으로 운송해야 한다. 30일의 적재기간은 필요한 경우 세관장의 승인을 받아 연장할 수 있다.

제4절 보세화물에 대한 통제

외국물품은 수입의 경우 우리나라에 도착한 시점부터 수입통관절차가 완료되어 보세구역에서 반출될 때까지, 수출의 경우 신고수리 후 선(기)적이 완료되어 출항할 때까지 세관의 엄격한 관리를 받는다. 해당 물품이 국제무역선(기)에 적재된 상태로 있거나, 하역 또는 보세운송 중이거나, 보세구역 등에 장치 중이거나를 막론한다. 이와 같은 관리와 관련해 화주, 보세구역설영인, 보세운송인 등에게는 각종 신고, 승인, 허가 등의 의무가 부여된다. 이러한 의무를 이행하지 않으면 벌금처벌이나 과태료 또는 과징금 처분의 대상이 된다. 보세구역에 반입된 물품은 ① 통관(수입, 수출, 반송), ② 보세운송이나 내국운송, ③ 폐기, ④ 매각, ⑤ 견본사용이나 분석을 위한 시험 등 다양한 사유에 따라 반출된다.

국제무역선/기의 도착에서부터 이뤄지는 보세화물에 대한 통제를 정리하면 〈표 14-3〉과 같다. 표에 허가 사항에 대해서 세관장은 신청을 받은 날부터 10일 이내에 허가 여부를 신청인에게 통지하여야 하며, 이 기간 내에 통지가 없는 경우에는 기간이 끝난 날의 다음 날에 허가를 한 것으로 본다.

〈표 14-3〉 보세화물에 대한 세관의 통제

보세화물의 이동	세관의 통제
국제무역선/기의 입출항	원칙적으로 국제항에 한해 입출항
불국제항장 출입*	세관장 허가
국제무역선/기의 입항	세관장에 보고
국제무역선/기의 출항*	세관장 허가
임시 외국 정박 또는 착륙 보고	세관장에 보고
국제무역선/기로 자격변경	세관장 승인
물품(선박/항공기용품 포함)의 하역*	세관장 허가
항외하역*	세관장 허가
외국물품의 장치	원칙적으로 보세구역에 장치
보세구역에 화물 반출입	세관장에 신고
보세공장 외 작업*	세관장 허가
보세건설장 외 작업*	세관장 허가
보세운송	세관장에 신고
보세운송(검역물품, 위험물품, 보세구역외 장치장 운송물품)	세관장에 승인
견본품의 반출*	세관장 허가
물품의 보수작업	세관장 승인
해체, 절단*	세관장 허가
폐기	세관장 승인

1 물품의 하역

국제무역선이나 국제무역기는 입항절차를 마친 후가 아니면 물품을 **하역**하거나 **환적**할 수 없다. 다만, 세관장의 허가를 받은 경우에는 입항절차를 마치기 전에도 하역이 가능하다. 국제무역선이 국제항의 바깥에서 물품을 하역하거나 환적하려는 경우에는 선장은 세관장의 허가를 받아야 한다. 이를 '**항외하역**'이라 한다. 항외하역 허가를 받고자 할 때는 허가수수료를 납부하여야 한다. 국제무역선이나 국제무역기에 물품을 하역하거나 환적하려면 세관장에게 신고하고 현장에서 세관공무원의 확인을 받아야 한다. 다만, 세관공무원이 확인할 필요가 없다고 인정하는 경우에는 확인을 받지 않아도 된다.

세관장은 감시·단속을 위하여 필요할 때에는 물품을 하역하는 장소 및 통로인 하역통로와 하역기간을 제한할 수 있다. 국제무역선 또는 국제무역기에는 내국물품을 적재할 수 없으며, 국내운항선이나 국내운항기에는 외국물품을 적재할 수 없다. 그러나 세관장의 허가를 받았을 때는 가능하다. 세관장은 하역신고된 물품이 폐기물·화학물질 등 고시하는 물품으로서 하역 장소 및 통로, 기간을 제한하는 방법으로는 사회안전 또는 국민보건 피해를 방지하기 어렵다고 인정되는 경우에는 하역을 제한하고, 적절한 조치 또는 반송을 명할 수 있다.

국제무역선(기)과 관련하여 다음 각 호의 어느 하나에 해당하는 행위를 하려면 세관장에게 신고를 하고, 현장에서 세관공무원의 확인을 받아야 한다. 다만, 관세청장이 감시·단속에 지장이 없다고 인정하여 따로 정하는 경우에는 간소한 방법으로 신고 또는 확인하거나 이를 생략하게 할 수 있다.

① 외국물품을 운송수단으로부터 일시적으로 육지에 내려놓으려는 경우
② 해당 운송수단에 여객·승무원 또는 운전자가 아닌 자가 타려는 경우
③ 외국물품을 적재한 운송수단에서 다른 운송수단으로 물품을 환적 또는 복합환적하거나 사람을 이동시키는 경우

2 선박용품 및 항공기용품의 하역 등

국제무역선이나 국제무역기에서 사용 또는 판매되는 물품은 그러한 운송수단에 적재되어 운송하는 물품과는 성격이 다르다. 관세법은 선(기)용품이나 국제무역선 또는 국제무역기 안에서 판매하는 물품을 국제무역선 또는 국제무역기에 하역하거나 환적하려면 세관장

의 허가를 받도록 하였다(관세법 제143조). 이러한 물품이 외국으로부터 우리나라에 도착한 외국물품일 때에는 보세구역으로부터 국제무역선 또는 국제무역기에 적재하는 경우에 한하여 그 외국물품 그대로 적재할 수 있다. 이때 물품의 종류와 수량은 세관장이 타당하다고 인정하는 범위 내이어야 한다. 외국물품인 선박용품 또는 항공기용품과 국제무역선 또는 국제무역기 안에서 판매할 물품이 하역허가의 내용대로 운송수단에 적재되지 아니한 경우에는 당해 허가를 받은 자로부터 즉시 그 관세를 징수한다. 다만, 다음 각호의 어느 하나에 해당하는 경우에는 관세를 징수하지 않는다.

① 세관장이 지정한 기간 내에 그 물품이 다시 보세구역에 반입된 경우
② 재해나 그 밖의 부득이한 사유로 멸실된 경우
③ 미리 세관장의 승인을 받고 폐기한 경우

3 외국물품의 장치

국제무역선(기)에서 하선(기)된 외국물품은 일정한 장소에 장치한 다음 통관절차를 거치게 된다. 물론 입항전수입신고제도를 이용한 경우는 해당 물품이 도착되는 국제항에서 신고가 수리되어 내국물품이 되므로 특정 장소 장치의무가 부여되지 않는다. 관세법은 외국물품을 보세구역이 아닌 장소에 장치할 수 없도록 하였다. 이와 같이 장치장소를 제한하는 이유는 관세 등을 미납한 상태인 외국물품의 통제를 용이하게 하기 위함이다. 다만, 다음 각호의 어느 하나에 해당하는 물품은 예외가 인정되어 보세구역이 아닌 장소에 장치할 수 있다(관세법 제155조).

① 수출신고가 수리된 물품.
② 크기나 무게의 과다 기타의 사유로 보세구역에 장치하기 곤란하거나 부적당한 물품.
③ 재해 기타 부득이한 사유로 임시로 장치한 물품.
④ 검역물품.
⑤ 압수물품.
⑥ 우편물품.

4 물품의 반출입신고와 화물정보의 제공

보세구역에 물품을 반출 또는 반입하고자 하는 자는 세관장에게 신고해야 한다. 반입신

고는 보세화물이 반입된 즉시, 반출신고는 해당 물품이 반출되기 전에 신고해야 한다. 신고는 모두 세관전산망을 이용한다. 물품을 반출 또는 반입할 때 세관공무원이 감독을 위해 입회하거나, 해당 물품에 대해 검사를 할 수 있다(관세법 제157조). 이러한 검사를 화물검사라 한다. 화물검사는 수입 또는 수출신고를 하였을 때 선별적으로 실시하는 검사와는 검사목적에서 차이가 있다. 보세화물 및 통관상황에 대해서는 관세청 홈페이지의 인터넷 통관포탈(http://portal.customs.go.kr)에서 각종 정보가 실시간으로 제공된다. 화물관리번호나 선하증권(B/L) 등의 정보만 있으면 실시간으로 보세화물 및 통관 진행상황을 파악하고 물류관리에 활용할 수 있는 것이다.

5 견본품의 반출

보세구역에 장치된 외국물품은 전부 또는 일부를 견본품으로 반출할 수 있다. 이는 상거래의 원활을 도모하기 위한 것이다. 견본품 반출을 위해서는 세관장의 허가를 받아야 한다(관세법 제161조). 견본품 반출 시 별도의 통관절차를 요하지는 않는다. 세관공무원이 보세구역에 반입된 물품에 대해 검사상 필요가 있을 때는 그 물품의 일부를 견본품으로 채취할 수 있다. 통상 분석을 위해 견본품이 채취된다. 이때 채취된 물품이 사용, 소비된 때는 수입신고를 하여 관세를 납부하고 수리된 것으로 본다. 관세법이 아닌 다른 법률에 따라 실시하는 검사·검역을 위해 견본품으로 채취된 물품으로 세관장의 확인을 받은 물품도 마찬가지로 수입신고를 하고 관세를 납부한 다음 수거된 것으로 본다.

6 보수작업

보세구역에 장치된 물품은 그 현상을 유지하기 위해 필요한 보수(補修)작업과, 그 성질을 변하지 아니하는 범위 안에서 포장을 바꾸거나 구분·분할·합병 기타 비슷한 보수작업이 가능하다. 만일 화물이 장치되어 있는 보세구역에서 보수작업이 곤란하다고 세관장이 인정하는 때에는 기간 및 장소를 지정받아 보세구역 밖에서 보수작업을 하는 것도 가능하다. 보수작업을 할 때 외국물품은 수입될 물품의 보수작업 재료로 사용할 수 없다. 보수작업으로 외국물품에 부가된 내국물품은 외국물품으로 간주된다. 보수작업은 사전에 세관장의 승인을 받아야 한다(관세법 제158조). 보수작업이 가능한 구체적인 작업범위는 다음과 같다.

① 물품의 보존을 위해 필요한 작업(부패, 손상 등을 방지하기 위한 보존작업 등)

② 물품의 상품성 향상을 위한 개수작업(포장개선, 라벨표시, 단순절단 등)

③ 선적을 위한 준비작업(선별, 분류, 용기변경 등)

④ 단순한 조립작업(간단한 세팅, 완제품의 특성을 가진 구성요소의 조립 등)

⑤ 기타 ①항 내지 ④항과 유사한 작업

보수작업 중 단순한 조립작업은 외국으로부터 반입된 물품에 국내에서 생산되어 수출신고가 수리된 물품을 조립하는 것도 가능하다. 그러나 HS 품목분류에 변화를 가져오는 경우에는 보수작업으로 인정되지 않는다. 이 경우는 실질적인 제조에 해당하기 때문이다. 또 외국산 제품에 대해 한국산으로 원산지를 표시하는 작업과 같이 원산지를 거짓으로 표시하는 것은 불법적인 행위로 허용대상이 아니다. 한편, 보수작업이 아닌 보세공장외 작업이나 보세건설장외 작업의 경우는 세관장의 허가를 받아야 한다. 이 경우 허가기간에는 제한이 있으며, 그 기간이 경과하도록 작업허가를 받은 물품이 보세구역으로 반입되지 않은 경우 그 운영인으로부터 관세를 즉시 징수한다.

7 장치물품의 해체 · 절단 또는 폐기

보세구역에 장치된 물품 중 일정한 물품은 보세공장에서의 제조·가공 등 생산활동이 아니더라도 외국물품 상태에서 그 원형을 변경하거나 해체·절단 등의 작업을 하는 것이 가능하다. 이러한 작업을 하려면 먼저 세관장의 허가를 받아야 한다. 해체·절단 등의 작업을 할 수 있는 물품의 종류는 관세청장이 따로 정하고 있는데, 일반적으로 수입 고철(古鐵)이 그 대상이 된다. 보세구역에 장치된 물품이 부패하거나 손상 기타의 사유가 있을 때는 장치기간에 관계없이 해당 물품을 **폐기**할 수 있다. 이때는 세관장의 승인을 받아야 한다. 승인을 얻은 물품 가운데 폐기 후에 남아있는 부분에 경제적 가치가 있다면 폐기 후의 성질과 수량에 따라 관세 등을 징수한다. 보세구역에 장치된 외국물품이 멸실되거나 폐기된 때에는 재해 기타 부득이한 사유로 인한 것이 아닌 한 보세구역의 운영인 또는 보관인으로부터 즉시 그 관세를 징수한다(관세법 제160조). 화주가 아닌 운영인 또는 보관인에게 그 책임이 있다고 보기 때문이다. 보세구역 장치물품이 다음 각호의 어느 하나에 해당할 때 세관장은 그 물품의 화주, 보세구역 물품반입자, 화주 또는 반입자로부터 위임을 받은 자 등에게 반송 또는 폐기명령을 하거나, 이를 통고한 후 이를 직접 폐기할 수도 있다. 급박해 통고할 여유가 없는 때에는 폐기한 후 즉시 통고하기도 한다.

① 사람의 생명이나 재산에 해를 끼칠 우려가 있는 물품.

② 부패하거나 변질된 물품.

③ 유효기간이 지난 물품.
④ 상품가치가 없어진 물품.
⑤ 제1호부터 제4호까지에 준하는 물품으로서 관세청장이 정하는 물품.

세관장이 보세화물을 폐기한 경우에도 그 폐기비용은 해당 물품의 화주 등이 부담해야 한다. 이는 산업쓰레기 등을 무분별하게 수입하는 행위를 방지하기 위한 것이다.

8 보세구역 장치물품의 수입신고 의무

수입 또는 반송을 하고자 하는 물품을 지정장치장 또는 보세창고에 반입하거나 보세구역외장치장에 장치한 자는 그 반입일 또는 장치일로부터 30일 이내에 수입 또는 반송신고를 해야 한다. 만일 이 기간 내에 수입신고를 하지 아니한 경우에는 해당 물품의 과세가격의 100분의 2에 상당하는 금액의 범위 안에서 기간 경과 정도에 따라 **가산세**가 부과될 수 있다(관세법 제241조). 이 경우 가산세액의 최고한도는 500만 원이다. 가산세율은 신고기한 30일 경과 후 20일 이내(즉, 장치 후 31일~50일까지)는 0.5%, 50일 이내(즉, 장치 후 51일~80일)는 1%, 80일 이내(즉, 장치 후 81일~110일)는 1.5%, 80일 초과(즉, 장치 후 111일부터)의 경우는 2%다. 이 규정에 의해 실제 가산세가 부과되는 물품은 <표 14-4>의 보세구역에 반입된 물품으로 반입일로부터 30일 내에 수입 또는 반송신고를 아니한 경우다.

〈표 14-4〉 30일 이내 수입신고 미이행 시 가산세 부과대상

구 분	장 소
인천국제공항과 김해국제공항	하기(下機)장소 중 지정장치장 및 보세장치장
부산항과 인천항	하선장소 중 부두 내와 부두 밖의 컨테이너 CY와 CFS (지정장치장과 보세창고)
부산항 및 인천항의 재래부두	부두 내의 지정장치장

그러나 이들 장소에 반입된 물품이라 할지라도 수출용원재료나 정부 또는 지방자치단체가 직접 수입하거나 이들 기관에 기증되는 물품, 외교관면세물품, SOFA 적용대상물품, 환적화물, 여행자휴대품 등에 대해서는 가산세가 부과되지 않는다.

9 장치기간의 제한과 강제매각

1) 보세화물의 장치허용 기간과 체화

일부 보세구역은 물품을 장치할 수 있는 기간이 제한된다. 물품의 장치기간을 제한하는 것은 보세화물의 관리를 효율화하기 위한 것도 있으나 수출입화물을 장기간 보세구역에 방치함으로써 물동량이 많은 국제항에서의 화물흐름에 장애가 되지 않도록 하기 위함이다. 장치기간이 단기간으로 제한되는 보세구역은 〈표 14-5〉와 같다.

〈표 14-5〉 보세구역 반입물품의 장치기간

구 분	장치기간
세관검사장	장치기간을 따로 두지 않음
지정장치장	6월. 다만, 부산항·인천항·인천공항·김해공항 내의 지정장치장 반입 물품의 장치기간은 2월로 하며, 2개월 이내서 연장 가능
수출신고수리물품, 보세구역외장치허가물품, 재해 기타 부득이한 사유로 임시로 장치한 물품	세관장이 허가한 기간(연장한 기간을 포함)
여행자 또는 승무원의 휴대품으로서 유치 또는 예치된 물품 및 습득물	유치물품 및 습득물의 장치기간은 1월. 예치물품의 장치기간은 예치증에 기재된 출국예정시기에 1월을 가산한 기간. 다만, 1월의 범위 안에서 기간연장 가능
보세창고	- 다음 각호의 물품을 제외하고는 6월. 다만, 세관장이 필요하다고 인정할 때에는 6월의 범위 안에서 기간연장 가능 ① 인천공항 및 김해공항 항역내의 보세창고(다만, 자가용 보세창고는 제외) : 2월. 단, 2월의 범위 안에서 연장 가능 ② 부산항 및 인천항의 부두 내 보세창고와 부두 밖 컨테이너전용 보세창고(CFS[6]를 포함) : 2월. 단, 2월 이내에서 연장 가능 - 비축물품 및 국제물류 촉진을 위해 관세청장이 정한 물품은 비축에 필요한 기간
보세공장, 보세전시장, 보세건설장, 보세판매장	특허기간
종합보세구역	제한하지 않음

6) Container Freight Station. LCL(Less than Container load)화물을 컨테이너에 적입하거나 적출하는 장소.

보세화물 장치기간이 경과된 화물을 **체화**(滯貨)라 한다. 일단 체화상태가 되면 세관장이 반출을 종용하는 것과는 별개로 공매절차를 진행시킨다.

2) 체화의 매각 또는 폐기

체화는 세관장이 공고한 후 강제 매각할 수 있다.체화를 매각하는 것은 관세 및 해당 내국세를 징수하기 위한 것이므로 내국물품은 장치기간이 경과하였다 하더라도 체화로 분류해 매각대상으로 삼는 것이 아니다. 다만 장치기간 경과 후 10일 이내에 운영인의 책임으로 반출하도록 의무를 부여하고, 이를 위반할 때는 과태료 처분을 할 수 있게 하였다(관세법 제184조 및 제277조). **매각**(賣却)은 일반경쟁입찰·지명경쟁입찰·수의계약·경매 및 위탁판매에 의한다(관세법 제210조). 세관장이 장치기간 경과물품을 매각하려면 그 화주 등에게 통고일로부터 1개월 내에 해당 물품을 수출·수입 또는 반송할 것을 통고해야 한다. 화주 등이 분명하지 아니하거나 그 소재가 분명하지 아니하여 그 통고를 할 수 없을 때에는 공고로 이를 갈음할 수 있다. 매각은 대행기관에 의해 이루어질 수도 있다.

매각하는 때는 매각물건·매각수량·매각예정가격 등을 매각개시 10일 전에 공고 한다. **매각예정가격**은 원칙적으로 정상적인 수입물품의 과세가격과 동일한 방법으로 결정된다. 경쟁입찰에 의해 매각하고자 하였으나 매각되지 않았을 때는 5일 이상의 간격을 두어 다시 입찰에 붙이는데, 이때 그 예정가격은 직전 예정가격의 100분의 10 이내의 금액을 입찰에 붙일 때마다 줄일 수 있다. 예정가격의 체감은 제2회 경쟁입찰 때부터 하되, 그 체감 줄이는 한도액은 최초예정가격의 100분의 50까지다. 그러나 최초예정가격을 기초로 하여 산출하는 관세 등의 제세액 이하의 금액으로 줄이지는 않는다. 만일 줄어들 예정가격 이상의 금액을 제시하는 응찰자가 있는 때는 그 금액으로 수의계약을 체결할 수 있다.

2회 이상 경쟁입찰에 부쳐도 매각되지 않거나, 매각물품의 성질·형태·용도 등을 고려할 때 경쟁입찰의 방법에 의해 매각할 수 없는 경우 **수의계약**[7]을 체결할 수 있다.

매각절차가 진행 중일지라도 화주가 정상적인 통관절차를 이행하는 데 제한이 따르지는 않기 때문에 화주가 원할 경우 언제든지 정상적 통관이 가능하다. 그러나 매각이 완료되면 화주가 더 이상 화물에 대해 어떤 권리를 주장할 수 없다. 물품을 매각했을 때는 매각대금에서 ① 매각비용, ② 관세, ③ 제세의 순으로 충당하고, 잔금이 있으면 이를 화주에게 교부한다. 만일 매각된 물품의 질권자나 유치권자가 있을 때에는 그 잔금을 화주에게

7) 수의계약(隨意契約)이란 경쟁이나 입찰에 의하지 않고 상대편을 임의로 선택하여 체결하는 계약을 말한다.

교부하기 전에 그 질권이나 유치권에 의하여 담보된 채권의 금액을 질권자나 유치권자에게 교부한다.

> 질권(質權)이란 채권자가 채무담보로서 채무자나 제3자(물상보증인)로부터 인수한 물건을 채무변제가 있을 때까지 유치하여 채무변제를 간접적으로 강제하다가, 채무자가 변제하지 않을 경우 그물건을 현금화(환가)하여 우선적 변제를 받을 수 있는 담보물권(擔保物權)을 말한다(민법 제329조 내지 제355조). 채권자로서 질물(質物)을 받을 사람을 질권자(質權者), 질물을 제공한 사람을 질권설정자(質權設定者)라고 한다.
> 유치권(留置權)이란 타인의 물건이나 유가증권(有價證券)을 점유하고 있는 자가 그 물건 또는 유가증권에 관하여 발생한 채권의 변제를 받을 때까지 그 물건 또는 유가증권을 유치하는 권리를 말한다(민법 제320조 내지 제328조). 예컨대 자동차정비업체는 정비대금을 지급 받을 때까지 정비한 자동차의 그 반환을 거절할 수 있다.

질권자나 유치권자에게 공매대금의 잔금을 교부하는 경우 그 잔금액이 질권이나 유치권에 의하여 담보된 채권액보다 적고, 교부받을 권리자가 2인 이상인 경우에는 세관장은 민법이나 그 밖의 법령에 따라 배분할 순위와 금액을 정하여 배분하여야 한다. 관세 및 제세의 과세가격은 매각금액과 관계없이 최초 예정가격을 기초로 산출한다. 매각하고자 하였으나 매각이 되지 않은 물품에 대해서는 세관장은 화주 등에 대해 다시 한 번 장치장소로부터 지체없이 반출할 것을 통고한다. 이 통고일로부터 1월 내에 반출되지 아니한 때에는 소유권을 포기한 것으로 보고 해당 물품을 **국고귀속(國庫歸屬)**시킨다(관세법 제212조).

국고에 귀속시킨다 함은 대가의 지불 없이 그 소유권을 국가로 이전시키는 것을 말한다. 이때 경제적 가치가 없다고 판단되면 국고귀속 조치를 하는 것이 아니라 폐기명령을 한다. 국고귀속 된 물품은 위탁판매를 통해 매각되는데, 위탁판매에서도 매각되지 않을 때는 세관장의 승인을 받아 위탁판매인이 자신의 비용부담으로 폐기한다. 폐기는 소각, 매몰 등의 방법으로 그 물품을 소멸시키는 것이나, 사료화 작업이나 퇴비화 작업 또는 원상 변경 후 구호기관이나 복지시설 등에 기증하는 방법으로 재활용하기도 한다. 이 경우 활용되는 물품의 가치, 즉 잔존가치에 대해서는 과세해야 한다.

10 물품의 반출

견품이 아닌 물품은 관세법에 의해 수입신고를 하였다 하더라도 그 신고가 수리되기 전에는 원칙적으로 운송수단·관세통로·하역통로 또는 장치장소로부터 물품을 반출할 수 없다. 신고가 수리되기 전에 장치장소로부터 반출하고자 하는 자는 별도로 해당 물품과 관련하여 납부해야 할 관세에 상당하는 담보를 제공하고 세관장의 승인을 받아야 한다. 수입신고가 수리된 물품은 수입화주가 필요하다고 인정될 때 보세구역으로부터 반출할 수 있으나, 부산세관과 인천세관, 인천공항세관, 김해세관의 지정장치장에 장치된 물품은 그 수입신고가 수리된 날부터, 즉 내국물품이 된 날부터 15일 내에 해당 물품을 반출해야 한다. 다만, 기간의 연장승인을 받으면 승인기간 동안은 예외가 인정된다. 지정장치장 반입물품을 수입신고가 수리된 물품에 대해 반출의무를 부여한 것은 앞서 보세구역에 장치기간을 정한 것과 마찬가지로 신속한 물류흐름의 보장을 위해서다. 만일 이와 같은 반출의무를 이행하지 아니하면 과태료 처분 대상이 된다.

11 몰수품 및 국고귀속물품의 처분

세관장은 관세법의 규정에 의해 몰수되거나 국고에 귀속된 물품을 공매 기타의 방법에 의해 처분할 수 있다(관세법 제326조). 형사소송법에는 형사벌로서 **몰수**된 물품은 검사가 처분하도록 되어 있으나 예외적으로 관세법은 관세법 위반으로 몰수되거나 **국고귀속**된 물품을 세관장이 처분하도록 한 것이다. 몰수품 등의 공매에 관해서는 보세구역장치기간 경과물품에 대한 공매 규정(관세법 제210조)을 준용한다. 다만, 관세청장이 정하는 물품에 대해서는 경쟁입찰에 의하지 않고 수의계약 또는 위탁판매의 방법에 의해 매각할 수 있다. 세관장은 몰수품 등의 매각대금에서 매각에 소요된 비용과 보관료 및 관리비를 직접 지급할 수 있다. 예외적으로 몰수품 등이 농산물인 경우로서 국내시장의 수급조절 및 가격안정을 도모하기 위해 농림축산식품부장관이 요청하는 때에는 세관장은 해당 몰수품 등을 농림축산식품부장관에게 이관하여 처리하게 할 수 있다.

12 보세운송업자의 등록과 관리

관세법에서는 보세운송업자, 화물운송주선업자, 국제무역선/기 또는 국경출입차량 하역업자, 국제무역선/기 또는 국경출입차량 물품이나 용역 공급업자, 국제항 내 보세구역에서 물품이나 용역 공급업자, 특송업자, 구매대행업자 등을 '보세운송업자 등'으로 규정하고 있다(관세법 제222조). 보세운송업자에 대한 관리는 특허보세구역 운영인에 대한 관리 규정과 유사하다. 보세운송업자 등은 관세청장 또는 세관장에게 사전에 등록하도록 하고 있으며,

명의대여가 금지된다(관세법 제223조의2). 거짓·부정한 방법으로 등록을 하거나 특허보세구역 운영인의 결격사유(관세법 제175조)에 해당하거나, 「항만운송사업법」 등 관련 법령에 따라 면허·허가·지정·등록 등이 취소되거나 사업정지처분을 받은 경우, 관세법령을 위반한 경우, 명의대여하거나 업무와 관련하여 「개별소비세법」 등 관련법에 따라 과태료를 부과 받은 경우 업무정지 또는 등록 취소된다(관세법 제224조). 또한 업무정지가 이용자에게 심한 불편을 주거나 공익을 해칠 우려가 있을 경우에는 업무정지에 갈음하는 과징금(매출액의 100분의 3 이하)을 부과할 수 있다.

13 물품 또는 운송수단에 대한 검사 등

세관공무원은 관세법 또는 관세법에 따른 명령(우리나라가 체결한 조약 및 일반적으로 승인된 국제법규에 따른 의무를 포함한다)을 위반한 행위를 방지하기 위해 필요하다고 인정될 때에는 물품, 운송수단, 장치장소 및 관계장부와 서류를 검사 또는 봉쇄하거나 그 밖에 필요한 조치를 할 수 있다(관세법 제265조). 이러한 조치는 물론 관세법이 적용되는 영역인 '우리나라'에서만 가능한데, 우리나라 내에서라면 그 화주가 외국인인 환적물품이나 통과화물뿐 아니라 선주가 외국인이거나 선적이 외국인 선박(항공기)에 대해서도 가능한 것으로 해석된다.

14 물품의 유치 및 예치

여행자나, 우리나라와 외국 간을 왕래하는 운송수단에 종사하는 승무원이 반입하는 휴대품으로 법령에 따라 필요한 허가·승인·표시 또는 그 밖의 조건을 갖출 필요가 있는 물품이 이를 갖추지 못하였을 때, 세관장은 그 물품을 **유치(留置)**할 수 있다. 여기서 유치란 필요한 허가나 승인, 표시 또는 그 밖의 조건이 갖추어질 때까지 보세구역에 강제로 보관해 두는 것을 말한다. 이와 같이 유치된 물품은 해당 사유가 해소되었거나 반송하는 경우에만 그 유치를 해제한다. 법령에 따라 필요한 허가·승인·표시 또는 그 밖의 조건을 갖추지 못한 물품으로 이를 반입한 여행자 또는 승무원이 수입할 의사가 없는 물품은 세관장에게 신고하여 일시 예치시킬 수 있다. 즉, 세관장이 강제로 보관시키는 것이 아니라 반입자가 자발적으로 세관장의 보관 하에 맡겨 두는 것을 **예치**라 한다. 예치된 물품은 예치자가 출국할 때 휴대하여 반출할 수 있다.

기출문제

1 다음 중 외국무역선(기) 및 내항선(기)의 운항과 관련된 설명 중 관세법상 잘못된 것은?

[국제무역사 35회 1교시 36번]

① 외국무역선 및 외국무역기는 개항에 한정 하여 운항할 수 있으며 어떠한 경우에도 개항 이외의 지역은 운항할 수 없다.
② 외국무역선이나 외국무역기가 개항에 입항하였을 때에는 선장이나 기장이 선용품 또는 기용품의 목록, 승무원 휴대품목록과 적하목록 등을 첨부하여 지체 없이 세관장에게 입항보고를 하여야 한다.
③ 외국무역선이나 외국무역기가 개항을 출항하려면 선장이나 기장은 출항하기 전에 세관장에게 출항허가를 받아야 한다.
④ 재해나 그 밖의 부득이 한 사유로 내항선이나 국내운항기가 외국에 기착하고 우리나라로 되돌아왔을 때에는 선장이나 기장은 지체 없이 그 사실을 세관장에게 보고하여야 한다.

2 KITA(주)는 호주에서 꿀을 수입하여 인천공항 보세창고에 보관하고 있다. 보관 중 식약처 식품수입신고에 따른 정밀검사 결과 부적합 통보를 받았다. 이에 대한 처리 내용과 관련된 다음의 설명 중 관세법상 올바른 것은?

[국제무역사 35회 1교시 37번]

① 수입물품에 대해 호주 수출자에게 클레임을 제기하고 수입 신고한 후 다시 수출신고하여 되돌려 보낸다.
② 식약처 정밀검사 결과가 나오기 전에 먼저 세관 수입신고를 하였다면 수입신고 수리를 받아야 한다.
③ 수입물품을 호주로 반송시키기 위한 운송비 등 제반비용이 많이 발생될 경우 세관장의 승인을 받아 폐기할 수 있다.
④ 세관장은 폐기승인을 받은 외국물품 중 폐기 후에 남아 있는 부분에 대하여는 관세를 부과할 수 없다.

정답 1. ① 2.③

3 다음은 관세법상 보세구역에 대한 설명이다 틀린 것은? [국제무역사 39회 1교시 31번]

① 보세구역은 지정보세구역·특허보세구역 및 종합보세구역으로 구분하고, 지정보세구역은 지정장치장 및 세관검사장으로 구분하며, 특허보세구역은 보세창고·보세공장·보세전시장·보세건설장 및 보세판매장으로 구분한다.
② 보세구역에 물품을 반입하거나 반출하려는 자는 대통령령으로 정하는 바에 따라 세관장에게 신고하여야 하며, 관련 자료는 신고에 대한 수리일로부터 2년 동안 보관하여야 한다.
③ 보세구역에 장치된 물품은 세관장의 승인을 받아 그 성질이 변하지 않는 범위에서 포장을 바꾸거나 구분·분할·합병을 하거나 그 밖의 비슷한 보수 작업을 할 수 있다.
④ 보세구역에 장치된 외국물품이 밀실되거나 폐기되어 관세를 징수하는 물품인 경우 납세의무자는 물품의 실제 화주가 된다. 다만, 재해로 멸실된 때와 미리 세관장의 승인을 받아 폐기한 때에는 예외로 한다.

4 다음은 관세법상 보세구역에 관한 설명이다. 잘못된 것은? [국제무역사 38회 1교시 29번]

① 수입물품을 수입통관하기 전에 보세구역에서 세관장의 허가를 받아 견본품을 반출할 수 있다.
② 자율관리보세구역으로 지정을 받고자 하는 경우 보세사를 채용하여야 한다.
③ 보세구역에 보관중인 물품이 도난 된 경우 관세 등의 납세의무자는 수입화주이다.
④ 관세법상 수출신고 수리된 물품은 외국물품임에도 보세구역에 장치하지 않을 수 있다.

5 다음 중 관세법상 보세판매장에 대한 설명으로 잘못된 것은? [국제무역사 38회 1교시 30번]

① 보세판매장은 외국으로 반출할 조건으로 외국물품을 판매 할 수 있는 장소이다.
② 보세판매장은 세관장으로부터 특허를 받아야 하는 특허 보세구역의 일종으로 특허기간은 5년 이내로 한다.
③ 출국하는 내국인의 구매한도는 물품 총액 미화 3,000달러 이하이며 외국인의 경우 제한이 없다.
④ 내국인이 보세 판매상에서 구매한 물품을 다시 국내로 반입하는 경우에는 세관에 신고하여야 하며 신고하지 아니하여 과세하는 경우에는 납부할 세액(관세 및 내국제 포함)의 100분의 20에 상당하는 금액을 가산세로 징수한다.

정답 3.④ 4.③ 5.④

6 관세법상 보세구역에 장치된 물품의 관리 등과 관련한 다음 설명 증 올바른 것은?

[국제무역사 39회 1교시 17번]

① 보세창고에는 외국물품을 장치할 수 있는 기간이 정해져 있다. 이 기간을 경과한 경우 세관장은 화주의 동의를 받지 않고도 반출 통보를 거쳐 공고를 한 다음 매각 처리가 가능하다.
② 보세구역 장치 물품은 세관장 허가를 받아 보수작업을 할 수 있다. 이 때 외국물품에 부가된 내국물품은 수입 통관 시 과세대상에서 제외된다.
③ 보세구역에 장치된 물품을 부패·손상의 이유로 세관장의 승인을 받아 폐기하는 경우에는 잔존물이 남더라도 별도의 관세를 부과하지 않는다.
④ 보세구역에 장치된 외국물품의 일부를 견품으로 반출하여 사용·소비하고자 할 경우 물품의 반출자가 통관절차를 이행하고 수입신고를 하여야 한다.

7 다음은 면세점과 관련된 신문기사이다 관련된 관세법상 규정에 대한 설명 중 가장 옳지 않은 것은?

[국제무역사 37회 1교시 35번]

> **면세점 발표, 000.000000 신규 사업자로 선정**
>
> −2015. 11.140000 일보 기사발췌−
>
> 관세청 면세점 특허심사위원회는 14일 이 같은 내용의 면세점 사업자 심사 결과를 발표했다. 특허심사위원회는 지난 13일부터 1박2일 동안 충남 천안 관세국경관리연수원에서 면세점에 대한 특허 심사를 진행했다.
>
> (중략)
>
> 사업자 평가 기준은 5개 항목에서 1,000점 만점이다.
>
> 세부 항목별로 관리역량(300전), 지속가능성 재무건전성 등 경영능력(250점), 관광 인프라 등 주변 환경 요소(150점), 중소기업 제품 판매실적 등 경제 사회발전을 위한 공헌도(150점), 기업이익의 사회 환원 및 상생협력 노력 정도(150점)다.

① 면세점은 관세법상 보세판매장을 의미한다.
② 세관장은 보세 판매장에서 판매할 수 있는 물품의 종류, 수량, 장치 장소 등을 제한할 수 있다.
③ 보세판매장에서는 외국으로 반출하거나 일정한 조건에 따라 관세의 면제를 받을 수 있는 외교관 등이 사용하는 것을 조건으로 외국물품을 판매할 수 있다.
④ 보세판매장 운영인은 보세판매장에서 출국자에게 판매된 물품에 대하여 세관장에게 수입신고수리를 받아야 한다.

정답 6.① 7.④

8 **다음 중 관세법상 보세구역에 대한 설명으로 잘못된 것은?** [국제무역사 40회 1교시 33번]

① 보세구역은 지정보세구역, 특허보세구역 및 종합보세구역으로 구분하고 지정보세 구역은 지정장치장 및 세관검사장으로 구분하며, 특허보세구역은 보세창고・보세공장・보세전시장・보세건설장 및 보세판매장으로 구분한다.
② 보세구역에 물품을 반입하거나 반출하려는 자는 세관장에 신고하여야 한다.
③ 보세구역에 반입되어 수입신고가 수리된 물품은 수입신고 수리일로부터 15일 이내에 해당 물품을 보세구역으로부터 반출하여야 한다.
④ 보세구역에서 보수작업으로 외국물품에 부가된 내국물품은 내국물품으로 본다.

9 **다음 중 관세법상 보세구역에 대한 설명으로 잘못된 것은?** [국제무역사 41회 1교시 31번]

① 보세구역은 크게 지정보세구역, 특허보세구역, 종합보세구역으로 구분된다.
② 보세구역에 물품을 반입하거나 반출하려는 자는 세관장에게 신고하여야 하며, 관련 자료를 신고 수리일로부터 3년 동안 보관하여야 한다.
③ 보세구역에 장치된 외국 물품이 멸실되거나 폐기되어 관세를 징수하는 물품인 경우 납세의무자는 해당 물품의 운영인이나 보관인이 된다.
④ 보세구역에 장치된 물품은 세관장의 승인을 받아 그 성질이 변하지 않는 범위에서 포장을 바꾸거나 구분・분할・합병을 하거나 그 밖의 비슷한 보수작업을 할 수 있다.

정답 8.④ 9.②

15

관세품목분류와 관세율

학 습 목 표

물품에 적용되는 관세율은 어떻게 찾아야 할까? 관세율은 품목별로 정해져 있기 때문에 먼저 물품의 품목이 어떻게 분류되는지 알아야 하고, 품목별로 적용되는 다양한 관세율 중 어떤 세율을 적용해야 하는지 알아야 한다. 이 장에서는 아래 내용을 중심으로 적절한 관세율을 찾는 방법을 학습한다.

1. 관세부과 목적의 품목분류
2. 관세율의 종류와 적용 우선순위
3. 용도세율, 간이세율과 합의세율의 개념과 취지

들어가기 전에

품목분류가 잘못되면 잘못된 관세율이 적용되는 걸까?
- 5년째 네덜란드와 '관세분쟁' 중인 삼성전자

삼성전자가 네덜란드 관세청과 1000만유로(약 123억원) 규모의 디지털복합기 관세 환급을 놓고 5년 넘게 공방을 벌이고 있다. 네덜란드 관세청이 지난달 삼성전자에 "관세 환급 불가"를 통보하자 삼성전자는 이에 불복해 관세 환급 소송을 준비하고 있다.

이번 관세 분쟁은 2008년으로 거슬러 올라간다. 그해 미국 일본 대만 등은 디지털복합기에 관세를 부과하는 유럽연합(EU)이 정보기술협정(ITA)을 위반했다며 세계무역기구(WTO)에 제소했다. 1997년 발효된 ITA는 반도체, 컴퓨터 하드웨어, 통신장비 등 정보기술(IT) 품목 관세를 철폐하도록 규정하고 있다.

ITA에도 불구하고 유독 EU 국가들은 디지털복합기에 아날로그 복사기와 같은 6%의 관세를 매겼다. 디지털복합기도 복사 기능을 갖고 있는 만큼 아날로그 복사기와 달리 볼 수 없다는 이유에서였다. 반면 미국 등은 "디지털복합기는 엄연히 컴퓨터에 접속해 사용하는 IT 제품"이라며 "EU가 ITA 품목 분류를 잘못했다"고 지적했다.

한국경제 오형주 기자. 2017년 4월 30일 '5년째 네덜란드와 '관세분쟁' 중인 삼성전자'.
기사전문 http://news.hankyung.com/article/2017043093571?nv=o

세계적으로 통일된 품목분류가 이뤄져 무역업체들이 예상가능한 환경에서 무역을 하고 무역을 활성화시키고자 'HS 협약'이 체결되어 전세계에서 보편적으로 사용되고 있다. 그렇지만 각 국의 관세당국의 품목분류에 대한 통일된 적용은 지금까지도 쉽지 않다. 위 사례와 같이 동일한 물품에 대해서도 서로 다른 분류를 하게 되는 경우가 있고 잘못된 세율이 적용되고 관세행정당국과의 분쟁으로 이어지기도 한다. 이 장에서는 품목분류에 대한 기초적인 이해를 바탕으로 관세율의 적용에 대한 이해를 쌓아 보도록 하자.

Chapter

15 관세품목분류와 관세율

제1절 수출입물품의 품목분류와 HS

1 수출입물품 품목분류의 중요성

물품이 국경을 통과하는 통관절차에서 관세부과와 수출입제한 등 각종 법적 조치가 취해진다. 이러한 법적조치가 가능하기 위해서는 먼저 품목이 일정한 기준에 따라 정확하게 분류되어야 한다. 품목분류는 무역에서 중요한 의미가 있다. 간략한 사례를 통해 살펴본다. 다음 〈표 15-1〉의 사례를 보면 김치와 그 재료가 어떤 형태로 수입되는가에 따라 관세율에 큰 차이가 난다. 이는 무역업체의 상품거래 형태가 품목분류 및 그에 따른 관세율에 따라 전략적으로 조정될 수 있음을 의미한다.

〈표 15-1〉 [사례] 배추・고추・마늘과 김치의 품목분류와 관세율(2017년 기준)

HS	관세품목명	관세율		HS	관세품목명	관세율	
		기본 관세	WTO양허 (실행세율)			기본 관세	WTO양허 (실행세율)
0704.90	신선 또는 냉장한 배추	27%	27%	0711.90	소금에 절인 배추	27%	27%
				2005.99	김 치	20%	22.9%
0703.20	신선 또는 냉장한 마늘	50%	360% 또는 1,800원/kg중 고액(율)	0710.80	냉동한 마늘	27%	27%
0904.20	건조한 고추	50%	270% 또는 6,210원/kg중 고액(율)	0710.80	신선 또는 냉동한 고추	27%	27%
				2103.90	고추다대기	8%	54%

품목분류에 따른 관세율의 차이는 〈표 15-1〉과 같은 농산물과 조제식료품뿐 아니라 공산품에서도 그 사례가 많다. IT 제품처럼 양허를 통해 무관세화 될 경우 양허되지 않은 품목과 양허된 품목사이에 통상 8%의 관세율 차이가 발생한다. FTA에 따라 협정관세로 관세가 낮아지거나 무관세화 된 경우에도 품목분류에 따라 관세율 차이가 나기 마련이다. 따라서 품목분류 및 그 결과에 따른 부족세액 추가징수 문제를 두고 과세관청과 납세의무자간 여러 분쟁이 자주 발생한다. 품목분류는 관세부과뿐 아니라 〈표 15-2〉와 같이 다른 여러 목적을 위해 이루어지는데, 이는 과세관청이나 무역업체 모두에게 큰 관심사가 되는 것들이다.

〈표 15-2〉 수출입물품에 대한 품목분류의 목적

구분	활용목적	활용사례
상품의 연구	학문, 상용목적, 기술개발, 범죄수사 등에 활용	IT제품의 연구개발
관세 및 내국세 부과	조세정책에 활용	관세율표, 미가공식료품 구분 (부가가치세 면세)
비관세적 무역관리	수출입제한 등 무역관리에 활용	통합공고, 수출입공고
운송 및 보험요율 책정	경영활동 등에 활용	해상운임률표
원산지결정	FTA 협정관세, 개발도상국간 협정관세, 일반특혜관세 등의 적용에 활용	FTA 원산지규정
무역통계	무역정책, 산업정책, 경영전략 등에 활용	무역통계자료

2 수출입물품의 품목분류

수출입물품의 품목분류는 세계관세기구(WCO)가 제정한 국제조약인 「통일상품명 및 부호체계에 관한 국제협약」에 의한 HS(harmonized system)라는 품목분류체계에 의해 이루어진다. 이 분류체계의 핵심은 HS품목분류표다. HS품목분류표는 우리나라에서 조약으로 발효되어 있지만 관세법 [별표] 관세율표에 관세품목분류표로서도 수용되어 있다. 수출입물품의 품목을 분류하기 위해서는 HS품목분류표와 이에 따른 분류체계를 이해하여야 한다.

1) HS품목분류표와 관세율표

HS품목분류표는 품목분류표의 해석에 관한 통칙(GRI), 호(Heading), 소호(Sub-Heading),

그리고 부(部)와 류(類), 소호(小號)에 규정되어 있는 주(註, Note)로 구성된다. HS품목분류표에 부, 류, 절이란 용어도 사용하지만 법적 효력을 부여하지는 않았다. 「통일상품명 및 부호체계에 관한 국제협약」의 HS품목분류표의 내용은 〈표 15-3〉과 같다.

〈표 15-3〉 HS품목분류표와 관세율표, HSK의 내용

단위	명 칭	표시방법	개 수	법적효력
-	HS 품목분류표의 해석에 관한 통칙(GRI)	품목분류표 앞부분에 명시	6	있음
	주(註 : note)	일부 부와 류, 소호에 규정	467	있음
-	부(部 : section)	산업별, 기술제품 순으로 수평배열	21	없음
2	류(類 : chapter)	01에서 99까지. 단, 77, 98, 99는 제외	96	없음
4	호(號 : heading)	류 2단위에 다시 2단위 숫자를 추가	1,222	있음
6	소호(小號 : sub-heading)	호 4단위에 다시 2단위 숫자를 추가	5,387	있음

관세율표는 관세법 [별표]로 규정되어 있다. HS협약에 따르면 협정체약국은 그 나라의 관세율표와 통계품목분류표를 작성하여 사용할 수 있으나, 품목분류는 HS체계에 일치시켜야 한다. 이에 따라 우리나라 관세율표도 기본적으로 HS 품목분류체계에 따라 구성되어 있다. 관세법 제50조 제1항에는 다른 언급이 없이 관세율표가 이 조항의 [별표]임을 규정하고 있다. 그런데 그 내용을 보면 품목의 분류에서는 HS 품목분류표의 통칙과 류, 호, 소호, 주 등의 내용을 그대로 수용하였고, 다만 필요한 경우 소호의 품목을 세분하였다. 또한 국내 적용을 위해 필요한 내용(예를 들어 통칙 7이나 국내주)만을 일부 추가하였다.

관세율표에 구분된 하나하나의 품목을 **관세품목**이라 한다. 관세품목은 HS품목분류표의 소호 품목을 세분하여 품목별로 관세율을 달리 정할 필요가 있을 때 이를 더 세분한 것도 있기 때문에 그 수가 HS품목분류표의 호보다 좀 더 많다. 이 관세품목에 기본관세율을 하나씩 정해 둔 것이 **관세율표**인 것이다. 한편, 관세율표의 관세품목을 다음 규정을 근거로 기획재정부장관이 통계 또는 비관세목적의 무역관리나 양허관세의 규정 등의 필요성을 감안해 더욱 세분해 정한 것이 **관세·통계통합품목분류표**다. 이를 HSK라 한다.

관세법시행령 제98조(품목분류표 등) ① 기획재정부장관은 「통일상품명 및 부호체계에 관한 국제협약」(이하 이 조에서 "협약"이라 한다) 제3조 제3항의 규정에 의하여 수출입물품의 신속한 통관, 통계파악 등을 위하여 협약 및 관세법 별표 관세율표를 기초로 하여 품목을 세분한 관세·통계통합품목분류표를 고시할 수 있다.

2) HS품목분류체계

HS의 상품분류체계는 한편에서는 포괄적인 상품의 상위차원에서 구체적인 상품의 하위차원으로, 즉 수직적으로 류 → 호 → 소호로 세분해 가는 방법으로 배열하였다. 또한 다른 한편에서는 수평적으로 류를 1류~97류로, 호와 소호도 필요에 따라 나열하는 방법으로 배열하였다. 대체로 보아 HS의 류와 호의 배열은 동물성, 식물성, 광물성 생산품의 기초원재료로부터 시작하여 산업별 또는 생산단계별로 고도화 되는 상품순으로 배열되어 있다. 즉 점진적이고 계층적이다.

(예) 원료 → 미완성·반제품 → 제품

① 산 동물(제1부) → 동물의 가죽(제8부) → 구두(제12부)

② 모래(제5부) → 유리(제13부) → 렌즈(제18부)

③ 감자(제07류) → 감자분(제11류) → 감자조제품(제20류)

④ 누에고치(제5001호) → 견사(제5004호) → 견직물(제5007호)

3) 관세품목의 확정과 세번의 표시

어떤 물품을 관세·통계통합품목분류표에 따라 구분하여 그 관세품목을 확정하고, 여기에 해당되는 HS코드를 부여하는 것을 **품목분류**라 한다. 수출입물품의 품목분류는 통칙의 원칙에 따라 먼저 해당 물품이 속할 류를 구분하고, 이어서 호, 소호 및 HSK로 세분류하여 가는 방법을 택한다. 이때 해당 물품은 수입신고를 할 때 제시된 물품의 성질과 형상에 따라 객관적으로 분류할 뿐 수입자의 주관적인 사용의도 등과는 무관한 것으로 본다.

관세품목에 부여되는 HS 코드를 흔히 **세번(稅番)**이라 부른다. 우리나라에서는 세번을 다음과 같이 10단위의 아라비아 숫자로 나타낸다.

0406.90-1000

여기에서 앞의 4단위인 0406이 **호(heading)**다. 호에서 앞의 2단위는 01류부터 99류까지 구분되는 **류(chapter)**를 의미한다. 따라서 위 사례의 세번은 제4류(낙농품, 새의 알, 천연꿀, 다른 류로 분류되지 않은 식용인 동물성 생산품)의 물품에 대한 것임을 알 수 있다. 호의 나머지 두 단위는 해당 류 내에서 품목구분에 따라 01부터 순차적으로 부여한 숫자다. 호 4단위 다음에 방점이 있는데, 호와 방점 이후 2자리 숫자를 합친 6자리 숫자가 **소호(sub-**

heading)다. 소호의 마지막 두 자리도 호의 경우와 같이 01부터 99까지 99개로 품목을 세분하여 숫자가 부여될 수 있다. 그러나 호별로 평균 4개 정도씩의 소호가 구분되어 있을 뿐이다. 위 사례에서 0406.90소호의 품목명은 '그 밖의 치즈'이다. 소호에서 90은 대개 '그 밖의'(other) 소호를 의미한다. 즉, 동일 호에 해당하는 물품 중 10부터 80 사이에 분류된 물품을 제외한 '나머지 물품'이란 뜻이다. 6자리 소호까지의 코드는 HS협약에 따라 분류되지만 -이후 4단위는 우리나라에서 자체적으로 부여한 HSK다.

3 품목분류표의 통칙

품목분류 통칙은 품목분류표에 따라 물품을 분류함에 있어 일관성을 유지하고, 명확성을 부여하기 위한 기본원칙이다. 관세율표에 규정된 품목분류통칙은 〈표 15-4〉와 같이 7개로 구성된다.

〈표 15-4〉 품목분류 통칙

구 분		주요 내용
통칙 1		부・류의 표제가 아닌 호(號)와 주(註)의 적용원칙
통칙 2	(가)	불완전, 미완성, 미조립, 분해물품의 분류원칙
	(나)	혼합, 복합물품의 분류원칙
통칙 3	(가)	협의품명의 호 우선분류원칙
	(나)	본질적 특성 우선고려의 원칙
	(다)	최종호 분류원칙
통칙 4		유사물품 호의 분류원칙
통칙 5	(가)	케이스 등의 분류원칙
	(나)	포장재료, 포장용기의 분류원칙
통칙 6		소호의 분류원칙
통칙 7		HS협약 준용의 원칙

통칙 적용에서 가장 어려움이 많은 것이 통칙 2의 (가)항 및 통칙 3의 (나)항과 관련되는 '본질적인 특성'의 판단이다. HS협약을 관장하는 세계관세기구(WCO)가 제정한 'HS 품목분류해설서'에는 이에 대해 '본질적인 특성을 결정하는 요소는 물품의 상이한 종류에 따라

달리한다. 예를 들면, 이러한 요소는 그 재료 또는 구성요소의 성질, 그 용적, 수량, 중량 또는 가격에 의하여 결정되거나 그 물품을 사용할 때의 그 구성물질의 역할에 따라서 결정된다.'고 설명한다.[1] 여기서 재료나 구성요소의 '용적, 수량, 중량 등'은 보편·타당성을 지닌 자연과학에 속한다. 따라서 이로서 본질적인 특성을 판단하는 경우 정량적(定量的) 자료로서 객관적으로 판단할 수 있는 장점이 있다. 그러나 구성물질의 역할은 정량적 판단이 어려운 것이다. 물품의 본질적 특성은 품목분류에서 자주 고려 대상이 되는 중요한 사항이지만 용어에 대한 정의나 개념을 설정하는 것은 쉽지 않고, 정설이란 것도 없다. 그러다보니 구성물질의 역할로서 판단하거나 정량적 요소와 구성물질의 역할을 복합적으로 고려해 주요특성을 결정할 때 논란이 종종 발생한다.

4 품목분류표의 주(註 : Notes)

1) 주의 형식과 내용

품목분류표의 부, 류, 소호에는 주가 설정되어 있는 것이 있다. 주는 통칙, 호의 용어와 함께 법적구속력이 있는 HS 품목분류의 3대 구성요소다. 이것은 하나의 물품은 하나의 호에 분류되어야 한다는 원칙을 실현하기 위한 장치로, 다음과 같은 역할을 한다.

① 해당되는 부, 류나 호, 소호의 분류범위에 관한 일반적 지침의 명시

② 사용되는 특정용어에 대한 정의

③ 경합되는 품목의 소속명시 : 제외품목과 포함품목의 명시나 물품분류의 예시, 지정호 등에 한정 분류되는 품목의 명시

2) 주의 특징

주의 특징은 다음과 같다.

① 부·류의 주는 항상 부·류가 시작하는 부분에 위치하고 소호주가 있는 부, 류에는 소호주가 부주, 류주의 마지막 부분에 기술되어 있다.

② HS의 주는 HS품목분류표 전체 또는 특정의 부·류·호 또는 일군의 호에 포함되는 상품의 목록을 정해준다.

---

1) HS품목분류해설서 통칙 3의 Ⅷ항 참조.

③ 특정 부・류・호로부터 제외되는 물품의 목록을 정해주고 그 물품이 분류되는 적절한 부・류・호를 알려준다.

④ 모든 부와 류에 주가 있는 것은 아니다.

가. 부에 주가 있는 곳은 제1부, 제2부, 제4부, 제6부, 제7부, 제11부, 제15부, 제16부, 제17부의 9개이다.

나. 류에 주가 있는 곳은 93개류이다. 제50류, 제53류, 제88류에는 주가 없다.[2)]

⑤ 어떤 부・류에는 간단한 주가(제2부, 제8부 등), 어떤 류에는 매우 광범위한 주가 있다(제48류, 제61류, 제84류, 제85류).

⑥ 국내주는 제17류, 제20류, 제37류, 제44류, 제90류, 제91류에만 있다.

⑦ 소호주는 부에는 제11부에만 있으나, 류에는 32개의 류에 있다.

⑧ HS 품목분류표에는 총 467개의 주가 있다.

⑨ 〈표 15-5〉의 예시와 같이 이 어떤 주의 용어는 그 부나 류의 품목뿐만 아니라 품목분류표 전체에 대하여 동일하게 적용된다. 이 경우 주의 표현에는 “이 표…”란 말이 포함된다.

〈표 15-5〉 품목분류표 전체에 제한 없이 동일하게 적용되는 주(예시)

제5류 주 제3호	이 표에서 코끼리・하마・해마・일각고래・산돼지의 엄니, 서각과 모든 동물의 이는…
제51류 주 제1호	이 표에서 “양모(wool)”란 …
제54류 주 제1호	이 표에서 “인조섬유(man made fiber)”란 …
제14부 주 제6호	이 표의 귀금속에는 문맥상 달리 해석되지 않는 한 …
제14부 주 제7호	이 표에서 “귀금속을 입힌 금속”이란 …
제15부 주 제2호	이 표에서 “범용성부분품”이란 …
제15부 주 제3호	이 표에서 “비금속(base metal)”이란 철강, 동, 니켈 …

2) 제52류와 제88류에는 류주는 없지만 소호주가 1개씩 있다.

5 품목분류표의 호(Heading)

1) 호의 의의

호는 류를 품목에 따라 4단위로 세분한 것이다. 호의 용어란 4단위 코드번호와 연결하여 설정되어 있는 품목명이다. 호의 용어는 품목분류에 있어서 법적 구속력이 있는 것으로, 표준품명이라 할 수 있다. 이 표준품명은 상거래에서 사용하는 품명과 차이가 나는 경우가 있다는 점을 유의할 필요가 있다. 이러한 '호(소호포함)'의 용어는 '통칙', '부・류・소호의 주'와 함께 HS품목분류의 3대 구성요소이다.

2) 잔여호의 개념과 그 특성

품목분류에서 모든 물품을 HS 각호의 용어(품명)로 전부 세분시킬 수는 없기 때문에 무역거래상 또는 산업발전상 중요한 품목은 특게[3]시키고 그 외의 것은 포괄적으로 분류할 수 있는 호로서 '따로 분류되지 아니하는 ○○' 또는 '그 밖의 ○○', '기타' 등으로 표시된 호가 있게 된다. 이호를 **잔여호**(Residual Heading) 또는 바스켓 호라 한다. 이것은 특게되지 아니한 상품이 HS분류에서 누락되는 것을 방지하기 위한 일종의 구제 목적 호다. 각류와 각 호마다 반드시 설정되어 있다. 소호에도 잔여 소호가 있으며 0009, 0000.90 또는 0000.99 등의 코드번호와 함께 '기타'로 표시된다. 잔여호의 성격은 다음과 같이 정리된다.

① 모든 류에 반드시 존재한다. 존재하는 모든 상품 그리고 해당 류에 분류될 수 있는 물품으로 향후 존재할 모든 상품을 열거하여 규정하는 것은 불가능하므로 열린 구조로서 잔여호는 반드시 존재하게 되는 것이다.

② 류 내에서의 위치는 대체로 호 가운데 마지막이다. 대개 열거하여 특게한 호가 끝난 다음 위치에 잔여호가 존재하는 것이다. 그러나 제84류나 제90류와 같이 잔여호 이후에 특게호가 있는 경우도 있다.

③ 류에 따라 잔여호 이전에 특게되는 호의 수는 큰 차이가 있다. 예를 들어 제6류는 잔여호 이전에 3개호만 특게되어 있지만 제84류는 80개가 넘는 특게호가 있다.

④ 잔여호에는 해당 호에 분류될 수 있으나 품목분류목적상 특정이 불필요하다고 인정된 모든 품목을 일괄 분류한다.

⑤ 잔여호에는 무역거래 비중이 낮은 품목처럼 품목분류 체계를 정할 때 필요성이나 관

3) 품목분류실무에서 '특게(特揭)'란 용어를 종종 사용하는데, 이는 '특별히 따로 구분하여 규정한' 정도의 의미다.

심도가 낮은 품목들이 분류된다. 신제품의 경우도 잔여호로 분류될 가능성이 높다.

⑥ 특게호에 분류되던 물품도 기능이나 특성이 변화될 경우 잔여호로 품목분류가 변경될 수 있다.

⑦ 잔여호에 분류되는 품목은 포함되는 품목의 불특정성으로 인해 국제통상협상의 대상이 되기 어렵다. 따라서 같은 류의 특게호에 분류되는 품목들은 실행관세율이 낮더라도 잔여호에 분류되는 품목들은 실행관세율이 높은 경우가 적지 않게 된다.[4)]

⑧ 잔여호의 품목 중 거래비중이 증가하거나 기타 품목분류 목적상 필요성이 높아진 품목은 특게호를 신설하는 것으로 변경될 수 있다.

6 품목분류표의 소호(Sub-Heading)

호(4단위)를 6단위로 세분한 것이다. 동일한 호에 해당되는 상품들을 다시 더 좁은 범위로 분류하여 구분한 것이다. HS에는 총 5,387개의 소호가 있고, 소호에만 적용되는 '주(註)'가 설정되어 있는 경우도 있다. 이 경우 통상 그 주는 당해 소호에만 적용된다. 또 법적 구속력을 지닌다. 소호의 용어는 소호의 코드번호(6단위)와 연결된 품목명을 의미한다. 이 용어는 호의 용어처럼 법적 구속력이 있다.

7 관세품목분류위원회

품목분류와 관련한 쟁점사항을 심의하기 위해 관세청에 민·관 위원으로 구성되는 관세품목분류위원회를 두어 운영하고 있다. 관련된 법규정은 다음과 같다.

> **관세법 제85조(품목분류의 적용기준 등)** ② 다음 각 호의 사항을 심의하기 위하여 관세청에 관세품목분류위원회(이하 이 조에서 "분류위원회"라 한다)를 둔다.
> 1. 제1항에 따른 품목분류 적용기준의 신설 또는 변경과 관련하여 관세청장이 기획재정부장관에게 요청할 사항
> 2. 제86조에 따른 특정물품에 적용될 품목분류의 사전심사 및 재심사
> 3. 제87조에 따른 특정물품에 적용될 품목분류의 변경 및 재심사

4) 이러한 품목들은 제84류와 제85류, 제90류에 적지 않다. 1997년 국제간 체결된 정보통신기술협정으로 특게된 IT제품은 무관세화 되었으나 잔여호 품목들은 8% 기본관세가 그대로 적용되는 경우가 많기 때문이다.

4. 그 밖에 품목분류에 관하여 관세청장이 분류위원회에 부치는 사항
관세법시행령 제100조(관세품목분류위원회의 구성 등) ① 법 제85조 제2항의 규정에 의한 관세품목분류위원회는 위원장 1인과 20인 이상 30인 이하의 위원으로 구성한다.

관세품목분류위원회는 품목분류와 관련해 무역업체나 세관의 질의 등이 있을 때 이를 심의하는 기구다. 이 위원회의 결정은 일종의 유권해석으로서 의미를 갖는다. 그러므로 이 위원회의 결정에 따라 품목분류가 이루어지더라도 이러한 분류로 수입물품이 관세율이 높은 세번에 분류되어 납부세액이 증가하는 등 불이익처분을 받은 납세의무자는 이러한 품목분류의 위법 또는 부당을 이유로 행정심판을 청구할 수 있다.

8 품목분류사전심사제도

1) 제도의 개요

특정 물품의 품목분류를 과세관청이 유권해석 방법으로 처리하는 제도로서 '품목분류사전심사제도'가 있다. 이 제도는 관세법에 의해 물품을 수출입하고자 하는 자와 관세사 등이 국가기관인 관세청장(관세평가분류원장에게 업무를 위임)에게 질의해 특정 상품에 대한 HS 품목분류에 대해 유권해석을 받는 것이다. 수출입하고자 하는 물품의 품목분류가 불분명할 경우 권한 있는 기관의 유권해석으로 적용될 HS코드를 명확히 함으로써 수출입의 규제 여부와 수입 시 부과될 관세율을 미리 정확하게 파악할 수 있도록 한 것이다. 이는 품목분류와 관련해 과세관청과 납세의무자간 빈번하게 분쟁이 발생하고 있음을 감안해 이를 줄이기 위함이다.

2) 심사와 재심사의 신청

물품을 수출입하고자 하는 자, 수출할 물품의 제조자 및 관세사・관세법인・통관취급법인 등은 수출입신고를 하기 전에 해당 물품에 적용될 관세율표상의 품목분류에 관한 심사를 신청할 수 있다. 신청은 품목분류사전심사신청서에 신청대상 물품의 설명자료를 첨부해 인터넷, 우편 또는 방문 등으로 관세평가분류원에 제출하는 것으로 한다. 신청서를 접수한 관세평가분류원장은 신청서를 접수한 날부터 원칙적으로 30일(보정기간 제외) 내에 해당 물품에 적용될 품목분류를 정해 '품목분류사전심사통지서'를 신청인에게 교부한다. 또한 예외적인 사항이 아닌 한 통지내용을 관세청장이 고시 또는 공표하는 것으로 공개한다. 품목분

류사전심사 결정통지를 받은 경우 그 통지를 받은 날부터 30일 이내에 관련 서류를 갖추어 재심사를 신청할 수 있다. 이 경우 관세청장은 재심사 후 정해진 기간내에 통지하여야 하며 품목분류심사가 곤란한 경우에도 통지하여야 한다.

3) 사전심사결과의 적용

수출 또는 수입신고된 물품이 사전심사결과를 통보받은 대로 품목분류가 행해지고 신청자에게 통지된 물품과 동일한 때에는 법령의 개정 등 특히 다른 사유가 발생하지 않는 한 그 통지된 내용에 따라 품목분류가 확정된다. 즉, 무역업자는 사전에 확정된 세번을 적용해 수출입이 가능해 지는 것이다. 관세청장이 통지한 품목분류 사전심사 또는 재심사 결과의 유효기간은 3년이다.

제2절 관세율

1 관세율의 종류

관세율은 〈표 15-6〉과 같이 이를 정하는 주체와 과정을 기준으로 할 때 국회가 제정한 관세법에 규정되어 있거나, 그 법률의 위임에 의해 대통령 또는 기획재정부장관이 정하거나, 혹은 외국 또는 국제기구와 조약에 의해 정한다.

〈표 15-6〉 관세율의 종류

구분	결정형태	대상 관세율
국정관세	관세법	기본세율, 잠정세율
	대통령령	편익관세, 조정관세, 할당관세, 일반특혜관세(GSP), 보복관세
	기획재정부령	덤핑방지관세, 긴급관세, 농림축산물에 대한 특별긴급관세, 상계관세, 계절관세
협정관세	다자조약	WTO양허관세, GSTP,[5] TNDC,[6] APTA[7]
	양자조약	FTA협정관세, 특정국과의 협정에 의한 양허관세

〈표 15-6〉의 관세율 가운데 기본세율은 무역 대상이 되는 모든 물품에 관세품목별로 하나씩 정해져 있다. 그 이외의 관세는 특정한 물품에 한해 예외적으로 규정된다. 이때 예외적인 규정은 기본세율을 높이거나 낮추는 것으로 이루어진다. 협정관세율은 다자간협상이거나 양자간협상이거나를 막론하고 행정부가 주도적으로 협상을 진행해 그 합의에 따라 관세율을 정한다. 합의결과는 대통령령으로 공포하지만 경우에 따라서는 국회의 동의를 받는 조약으로 발효되기도 한다.

1) 기본관세

기본관세는 그 세율이 관세법 제50조 [별표]의 관세율표로서 정해져 있다. 관세율표는 HS품목분류표를 기초로 모든 물품을 6,457개의 관세품목으로 구분하고, 그 각각에 0~50%의 관세율을 정해 두었다. 관세율표에 규정된 기본세율을 보면 농산물과 공산품으로 대별한 다음 공산품은 다시 동일 산업 내에서 기초원자재와 중간재, 최종재로 구분해 가공단계가 높을수록 관세율도 높아지는 **경사관세구조**(TES : Tariff Escalation System)를 채택하였다. 농산물의 경우도 기본세율이 정해져 있지만 대부분의 농산물이 수입될 때 우루과이라운드 이후 시장개방에 따라 기본세율보다 크게 높게 정해진 양허세율 또는 특별긴급관세가 적용되기 때문에 기본세율이 적용되는 경우는 드물다. 2015년 현재 가장 많은 품목에 규정된 기본세율은 8% 세율이고, 약 9%의 관세품목은 0% 세율인 무관세다. 기본관세율이 50%를 초과하는 경우는 없다. 농수산물이나 그 가공품일지라도 가장 높은 기본관세율이 50%[8]다. 국제적으로 통상 고관세(高關稅)로 간주되는 15% 이상의 관세율 품목이 차지하는 비율(Tariff Peak)은 전체 기본세율의 약 8% 정도다. 고관세 품목은 마늘(50%), 밀크(40%), 담배(40%), 쇠고기(30%), 꽃(25%) 등 주로 농산물 및 그 가공품들이다.

---

5) Global System of Trade Preferences among Developing Countries.

6) Protocol Relating to Trade Negotiation among Development Countries.

7) APTA의 정식 명칭은 Amendment to the First Agreement on Trade Negotiations Among Developing Member Countries of the Economic and Social Commission for Asia and the Pacific 이다.

8) 농산물의 경우 기본관세율이 적용되기보다 시장개방에 따라 국내외 가격차이수준으로 부과하기로 양허가 된 양허세율이나 농림축산물에 대한 특별긴급관세가 적용되는 경우가 많다. 이때의 관세율은 매우 높아 과세가격의 10배가 넘기도 한다.

Tariff Peak는 고관세율의 분포비율을 의미한다. 통상 국내 TP는 평균관세율의 3배보다 높은 세율이 전체 품목 중에 차지하는 비율을, 국제 TP는 15% 이상의 세율이 전체 품목 중에 차지하는 비율을 의미한다.

2) 잠정관세

잠정관세의 세율은 국회가 제정해 기본세율과 함께 관세율표에 표시하게 되어 있다. 이는 특정 품목에 대해 기본세율과는 다른 세율을 잠정적으로 적용하기 위해 마련되어 있는 것이다. 대통령령으로 그 세율의 적용을 정지하거나 기본세율과의 차이를 좁히도록 인상 또는 인하할 수 있다. 잠정관세제도는 1973년 처음 도입된 후, 2006년 관세율 운용의 투명성 및 예측가능성 제고를 이유로 잠정세율 장기적용 품목에 대한 기본세율화가 이루어진 다음 2007년부터는 운용을 하지 않고 있다.

3) 덤핑방지관세

덤핑방지관세는 외국업체의 덤핑행위로 인한 국내산업의 피해를 막기 위해 부과하는 관세다. **덤핑**(dumping)이란 외국상품이 해당 물품의 공급국에서 소비되는 동종물품의 통상적인 거래가격을 의미하는 **정상가격** 이하로 수입되는 것을 말한다.

WTO협정은 덤핑행위를 불공정한 무역행위로 보아 이를 규제하도록 하였다. 관세법의 덤핑방지관세제도는 이 협정의 내용을 그대로 수용한 것이다. 덤핑방지관세를 부과하기 위해서는 ① 덤핑이 있고, ② 국내산업이 실질적인 피해 등이 있어야 하며, ③ 덤핑과 국내산업에 대한 실질적 피해 등이 인과관계가 있어야 하고, ④ 국내산업을 보호할 필요가 있어야 한다는 4가지 요건이 충족되어야 한다. 덤핑방지관세의 부과절차를 요약해 정리하면 [그림 15-1]과 같다.

[그림 15-1]에서 조사신청을 할 수 있는 자는 덤핑으로 인해 실질적 피해 등을 받은 국내산업에 이해관계가 있는 자 또는 해당 산업을 관장하는 주무부장관이다. 덤핑방지관세 부과를 위해서는 덤핑사실과 실질적 피해 등에 대한 사실조사가 이루어지고, 조사결과 그러한 사실이 있다고 판정되어야 한다. 조사는 산업통상자원부 소속의 무역위원회가 실시한다. 덤핑방지관세의 부과 여부를 결정하기 위해 조사가 개시된 경우로서 조사기간 중에 발생하는 피해를 방지하기 위해 필요한 때에는 그 물품의 공급자 또는 공급국, 기간을 정

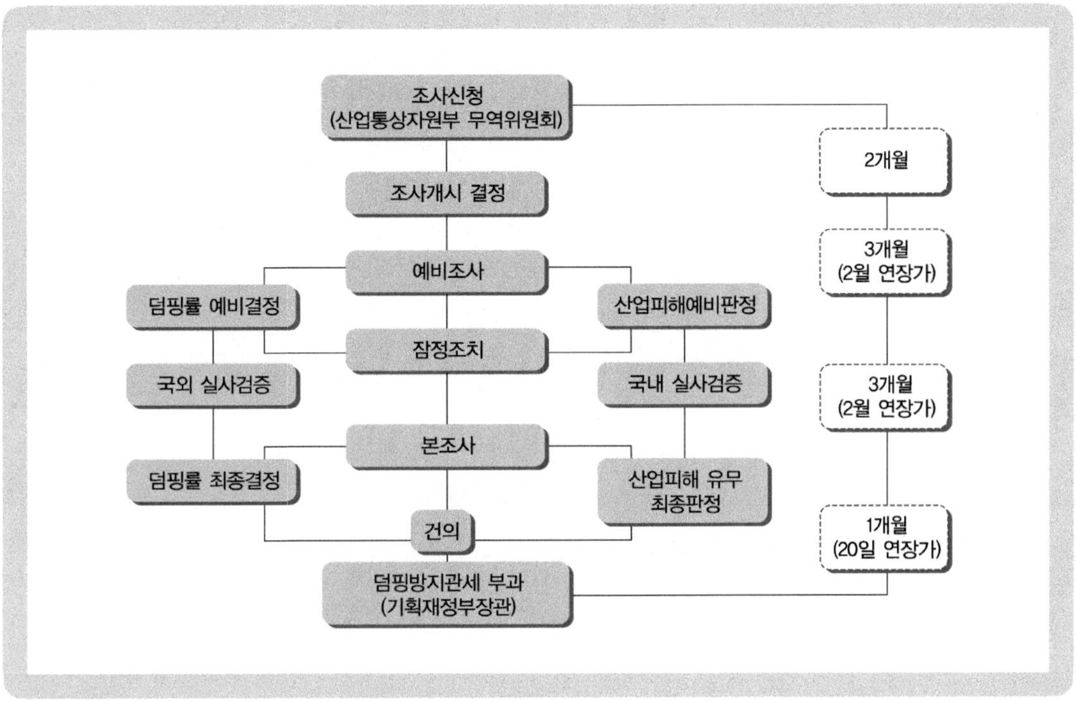

【 그림 15-1 덤핑방지관세의 부과절차 】

해 잠정적으로 추계된 덤핑차액에 상당하는 금액 이하의 잠정덤핑방지관세를 추가해 부과할 것을 명하거나 담보의 제공을 명하는 잠정조치를 할 수도 있다.

덤핑방지관세의 부과 여부를 결정하기 위한 조사가 개시되었을 때 물품의 수출자 또는 기획재정부장관은 덤핑으로 인한 피해가 제거될 정도의 가격수정이나 덤핑수출의 중지에 관한 약속을 제의할 수 있다. 약속이 수락된 경우 기획재정부장관은 잠정조치 또는 덤핑방지관세의 부과 없이 조사를 중지 또는 종결되도록 조치한다. 다만, 기획재정부장관이 필요하다고 인정하거나 수출자가 조사를 계속해 줄 것을 요청한 때에는 그 조사를 계속할 수 있다. 기획재정부장관은 필요하다고 인정되는 때에는 덤핑방지관세의 부과와 약속에 대해 재심사를 할 수 있다. 재심사 결과에 따라 덤핑방지관세의 부과, 약속내용의 변경, 환급 등 필요한 조치를 행한다. 덤핑방지관세가 확정되면 동 관세를 정상적으로 부과되는 즉, 실행관세율에 의한 관세에 추가하여 부과한다. 현재 우리나라도 여러 품목에 덤핑방지관세를 부과하고 있지만 우리나라의 여러 수출품에도 해당 물품의 수입국에서 덤핑방지관세를 부과하고 있다.

4) 상계관세

상계관세는 외국에서 제조·생산 또는 수출에 관해 직·간접으로 보조금 등을 받은 물품의 수입에 대해 부과될 수 있다. 여기에서 보조금 등이란 정부·공공기관 등이 제공하는 혜택 중 특정성이 있는 것을 말한다. 이와 같이 보조금 등을 받은 물품의 수입으로 인해 국내산업이 실질적인 피해를 받거나, 받을 우려가 있거나, 국내산업의 발전이 실질적으로 지연되는 경우에 해당 산업을 관장하는 주무부장관 또는 이해관계자가 무역위원회에 상계관세의 부과에 필요한 조사신청으로 그 부과를 요청할 수 있다. 상계관세 부과를 위한 조사에는 덤핑 여부의 조사와는 달리 지불 여부와 관련해 교역상대국의 정부나 공공기관이 그 조사대상이 된다는 특징이 있다. 이해관계자의 범위는 덤핑방지관세의 경우와 같다. 상계관세는 기획재정부령으로 그 물품과 수출자 또는 수출국을 정해 해당 보조금 또는 장려금액 이하의 금액을 정상적으로 부과되는 관세에 추가해 부과한다. 잠정조치, 약속, 재심사 등은 덤핑방지관세의 경우와 유사하다. 아직까지 우리나라는 상계관세를 부과한 실적이 없다. 상계관세와 관련한 관세법의 규정도 WTO의 '보조금 및 상계조치에 관한 협정'을 반영한 것이다.

5) 보복관세

보복관세란 문자 그대로 보복을 위한 관세이다. 이는 교역상대국이 우리나라의 수출물품 등에 대해 관세 또는 무역에 관한 국제협정이나 양자 간의 협정 등에 규정된 우리나라의 권익을 부인하거나 제한하는 행위, 기타 우리나라에 대해 부당 또는 차별적인 조치를 취하는 행위를 함으로써 우리나라의 무역이익이 침해된 때 대통령령으로서 부과될 수 있다. 부과 방법은 대상국가로부터 수입되는 물품에 대해 피해 상당액의 범위 안에서 관세를 부과한다. 그러나 보복관세는 또 다른 보복을 초래해 결과적으로 국제무역질서를 붕괴시킬 우려가 있으므로 적용에 신중을 요한다. 아직까지 우리나라는 보복관세를 부과한 실적이 없다. 보복관세 규정은 WTO의 '긴급수입제한조치에 관한 협정'을 반영한 것이다.

6) 긴급관세

긴급관세는 수입증가로 인한 피해를 이유로 부과될 수 있는 관세이다. 이는 특정 물품의 수입증가로 인해 동종물품 또는 직접적인 경쟁관계에 있는 물품을 생산하는 국내산업이 심각한 피해를 받거나, 받을 우려가 있고, 해당 국내산업을 보호할 필요가 있다고 인정될 때 부과될 수 있다. 대상물품·세율·적용기간·수량·수입관리 방안, 기타 필요한 사항은 무역위원회의 건의를 받아 기획재정부령으로 정한다. 긴급관세의 부과 여부를 결정하기 위한 조사기간 중에 발생하는 심각한 피해 등을 방지하지 아니하는 경우 회복하기 어려운 피해가 초래되거나 초래될 우려가 있다고 판단되는 때에는 조사가 종결되기 전에도 피해의 구제 등을 위해 필요한 범위 안에서 잠정긴급관세를 부과할 수 있다.

긴급관세의 부과는 4년(연장하는 경우에는 8년)을 초과해 부과할 수 없고, 잠정긴급관세는 200일을 초과해 부과할 수 없다. 긴급관세는 피해의 구제 등을 위해 필요한 범위 안에서 정상적으로 부과되는 관세에 추가해 부과한다. 긴급관세도 WTO의 '긴급수입제한조치에 관한 협정'의 내용을 수용한 것이다. 긴급관세를 부과한 경우 즉시 WTO의 긴급수입제한조치 위원회에 통보하고, 이러한 조치로 인해 부정적 효과를 받게 되는 이해당사국과 적절한 무역보상 방법에 대해 협의해야 한다. 2000년 6월부터 2002년 말까지 중국산 마늘에 대해 긴급관세를 부과한 적이 있다.

7) 국제협력관세

국제협력관세란 대외무역의 증진을 위해 필요하다고 인정되는 때 국제기구를 통한 다자간협상 또는 특정 국가와 양자간협상을 하여 관세율을 양허함으로써 설정된 관세율이다(관세법 제73조). 이를 **양허세율**이라고도 한다. 국제기구에서의 다자간협상에서는 양허수준에 제한이 없으나, 특정 국가와의 협상에서는 기본세율의 100분의 50 범위 내에서만 양허가 가능하다. 양허된 관세율은 대통령령으로 대상물품, 세율, 적용기간 등을 공포한다.

국제기구에서의 협상에 의한 양허관세로는 WTO 양허관세, TNDC, APTA, 그리고 GSTP가 있다. 이 양허관세들은 현재 다자간협상에 의한 것은 '세계무역기구협정 등에 의한 양허관세규정'으로, 양자간협상에 의한 것은 '특정 국가와의 관세협상에 따른 국제협력관세의 적용에 관한 규정'으로 공포되어 있다. 대통령령인 '세계무역기구협정 등에 의한 양허관세규정'에는 [별표 1]로 WTO 양허관세를, [별표 2]로 WTO개도국간 양허관세(TNDC)를, [별표 3]으로 아시아·태평양무역협정에 의한 양허관세(APTA)를, [별표 4]로 UNCTAD 개발도상국간 양허관세(GSTP)를 규정하고 있다.

> TNDC, GSTP, APTA 등을 부문별특혜관세(PTA : Preferential Trade Agreement)라 한다. 양자간협상으로 체결되는 국제협력관세는 WTO협정의 최혜국대우(MFN) 원칙이 적용되나, 개발도상국간 체결된 PTA와 개발도상국 여부를 막론하고 FTA에 의한 관세상의 특혜 적용에는 최혜국대우 원칙이 적용되지 않는다. TNDC는 멕시코 등 13개 개발도상국간에, GSTP는 파키스탄 등 43개 개발도상국간에, 그리고 APTA는 중국, 인도, 방글라데시, 스리랑카, 라오스 등 5개국과 체결되었다.

WTO 양허관세 적용품목은 우루과이라운드 양허당시 HSK 10단위를 기준으로 할 때 전체의 91.7%가 해당되었다. 이 양허세율은 기본세율보다 낮게 양허된 것(Binding with Reductions)도 있고, 기본세율과 같게 양허된 것(Binding without Reductions)도 있으며, 기본세율보다 더 높게 양허된 것(Up Binding)도 있다. 기본세율보다 양허세율이 낮은 경우는 해당 양허세율이 우선 적용되므로 수입장벽을 낮추는 효과가 발생한다. 기본세율과 같거나 그보다 높게 양허된 경우 이와 같은 수입장벽완화 효과는 없을지라도 국내정책 목적으로 관세율을 인상할 경우에도 양허된 세율 이상 인상하는 것이 어렵기 때문에 임의적인 수입장벽의 강화를 막는다는 면에서 국제무역상 중요한 의미를 갖는다. WTO 양허관세 중 시장개방에 따라 높은 관세를 부과하는 농산물 가운데는 일정 수량만큼 의무적으로 낮은 세율이 적용되는 **시장접근물량**(MMA : Minimum Market Access 또는 CMA : Current Market Access)이 설정된 경우가 있다.[9] 일종의 **관세할당**(TRQ : Tariff Rate Quota)이다.

통상 관세할당제도는 대표적인 수입제한조치인 관세와 수량제한조치인 쿼터가 결합된 제도로서 수입억제 수단으로 쓰인다. 그러나 여기에서는 수입제한 농산물을 내외가격차에 상당한 금액의 관세를 부과하면서 시장을 개방하되, 관세화 과정에서 수출국에게도 일정한 시장접근기회를 제공하기 위한 수단으로 운용된다. 시장접근물량으로서 양허세율을 적용받으려면 관계기관의 추천을 받아야 한다.

8) 최빈개발도상국 상품에 대한 일반특혜관세(GSP)

GATT에 제4부(제36조 내지 제38조)에는 선진국들로 하여금 개발도상국에 대해 상호주의를 요구하지 않는 무역상 각종 특혜를 부여하는 것이 명문화되어 있다. 현재 우리나라가 개

9) MMA는 기준기간(1988~1990) 동안 수입실적이 없거나 수입량이 소비량의 3% 미만인 품목이, CMA는 3% 이상인 품목이 그 대상이 되었다.

발도상국 특혜관세와 직접 관련되는 경우는 ① 우리나라가 선진국의 입장에서 다른 개발도상국에 대해 특혜관세를 허용하는 경우와, ② 우리나라가 개발도상국으로서 다른 개발도상국과 협정을 통해 상호 배타적 특혜관세를 적용하는 경우가 있다. ①은 최빈개발도상국에 대한 일반특혜관세(GSP)의 적용이고, ②는 WTO(TNDC)나 UN(GSTP, APTA)이라는 국제기구에서의 개발도상국 간 협정에 의한 양허관세의 적용이다. **일반특혜관세**(GSP : Generalized System of Preferences)란 특정 개발도상국을 원산지로 하는 물품 가운데 특정 물품에 대해 무관세의 특혜를 부여하는 것을 말한다. 이는 협정에 의한 의무로서 공여되는 것이 아니기 때문에 특혜의 철회 또는 내용의 변경에 있어서도 제한을 받지 않는다. 우리나라는 48개 최빈개발도상국에서 수입되는 물품 중 대통령령으로 정한 물품에 대해 특혜관세를 적용한다.

9) 자유무역협정(FTA)에 의한 협정관세

FTA는 궁극적으로 협정 체결국가 간 관세 및 비관세의 완전한 철폐를 이상으로 하는 것이다. 그러나 현실적으로 FTA가 발효된다 하여 일시에 모든 관세가 철폐되는 것은 아니다. FTA 상대국의 산업별(혹은 품목별) 경쟁력, 우리나라의 산업별(혹은 품목별) 경쟁력, 양국의 무역구조 등 여러 상황을 고려해 개별 품목별에 따라 점진적으로, 상당기간에 걸쳐 무관세화 되는 것이다.

> FTA에 의해 결정되는 관세율도 특혜관세인 양허관세에 해당되나 FTA 관세특례법에서는 이에 대해 협정관세라는 용어를 사용한다. 협정관세는 관세법의 양자간 협상에 의한 국제협력관세와는 달리 기본세율을 철폐하는 것으로 양허할 수도 있으며 국회의 비준동의를 받는다.

물론 어느 FTA에서나 양허대상에서 아예 제외되는 품목도 적지 않다. 우리나라의 경우 대표적인 제외품목이 쌀이다. 장기간에 걸쳐 관세가 인하되는 것도 주로 국제경쟁력이 취약한 농수산물과 관련된 것들이다. 반면 FTA 발효와 동시에 관세가 완전 폐지되는 것들은 국제경쟁력이 높은, 다시 말하자면 수출비중이 높은 품목들이 중심이 된다. 각 FTA에 의한 양허대상 품목과 양허관세율은 해당 FTA의 양허표에 실려 있다.

동일한 물품일지라도 수입되는 물품에 적용되는 협정세율은 FTA에 따라 서로 다르고, 또 매년 달라질 수 있다. 예로서 기본세율과 WTO 양허관세율이 모두 5.4%인 콘칩(HS 1904. 10-2000)의 2016년 협정세율은 한-EFTA와 한-중, 한-콜롬비아 FTA는 4.3%, 한-터키 FTA는 3.8%, 한-호주 FTA는 3%, 한-캐나다 FTA는 1.7%, 한-뉴질랜드 FTA는 1.8%, 한-인도 CEPA는 0.7%, 그리고 한-아세안·한-미·한-EU·한-칠레·한-싱가포르·한-페루 FTA 등은 0%다.

10) 농림축산물에 대한 특별긴급관세

농림축산물에 대한 **특별긴급관세**(SSG : Special Safeguard)는 우루과이라운드에서 기본관세율보다 크게 높은 국내외의 가격 차이에 상당하는 율로 양허(TE : Tariff Equivalent)한 농림축산물의 수입량이 급증하거나 수입가격이 하락할 때 당초 양허한 세율을 초과해 부과하는 관세다. 특별긴급관세를 부과해야 하는 대상물품·세율·적용시한·수량 등은 기획재정부령으로 정한다(「관세법 제68조에 따른 특별긴급관세부과에 관한 규칙」을 말함). 관세법의 특별긴급관세에 관한 규정은 WTO의 '농업에 관한 협정' 제5조(특별긴급수입제한 규정)를 구체화 한 것이다. 특별긴급관세는 국내외 가격차로 양허한 118개 농림축산물 중 수입물량이 급증하거나 수입가격이 급락할 우려가 있다고 판단된 품목을 지정해 **기준물량**(최근 3년간의 평균수입량에 수입물품의 국내시장점유율 등을 고려해 산출한 물량)을 초과해 수입되거나(물량기준), 또는 **기준가격**(UR이 진행되었던 1988~1990년의 평균수입가격)보다 낮게 수입되는 물품(가격기준)에 부과한다. 양자를 모두 활용해 관세율을 정하기도 한다.

11) 조정관세

조정관세는 ① 산업구조의 변동 등으로 물품 간의 세율이 현저히 불균형하여 이를 시정할 필요가 있는 경우, ② 공중도덕보호, 인간·동물·식물의 생명 및 건강보호, 환경보전, 유한천연자원 보존 및 국제평화와 안전보장을 위해 필요한 경우, ③ 국내에서 개발된 물품을 일정 기간 보호할 필요한 경우, ④ 농림축수산물 등 국제경쟁력이 취약한 물품의 수입증가로 인하여 국내시장이 교란되거나 산업기반을 붕괴시킬 우려가 있어 이를 시정하거나 방지할 필요가 있는 경우 기본관세율을 인상하는 것으로 운용된다. 조정관세는 100분의 100에서 해당 물품의 기본세율을 뺀 율을 기본세율에 가산한 율의 범위안, 즉 100%p까지 인상(농림축수산물 또는 이를 원재료로 하여 제조된 물품의 국내외 가격차가 해당 물품의 과세가격을 초과하는 때에는 국내외 가격차에 상당하는 율만큼 인상)해 관세를 부과할 수 있다. 다만, 해당 품목의 관세가 양허된 것일 때에는 WTO협정 등의 제약으로 인해 현실적으로 그 양허세율의 범위 내에서만 관세율의 인상이 가능하다. 구체적인 대상물품·세율·적용시한 등은 대통령령으로 정하는데, 현재 농수산물을 주 대상으로 하여 매년 말 '관세법 제69조의 규정에 의한 조정관세의 적용에 관한 규정'을 개정하는 것으로 운용하고 있다.

12) 할당관세

할당관세란 ① 원활한 물자수급 또는 산업의 경쟁력 강화를 위해 특정 물품의 수입을 촉진할 필요가 있는 경우, ② 수입가격이 급등한 물품 또는 이를 원재료로 한 제품의 국내가격을 안정시키기 위하여 필요한 경우, ③ 유사물품 간의 세율이 현저히 불균형하여 이를 시정할 필요가 있는 경우에 일정 세율을 기본세율에서 감하거나 추가해 부과하는 관세다. 할당관세는 기본관세에 100분의 40(40%p, 따라서 기본세율이 8%인 경우 0%의 무세 적용까지 인하가 가능)의 범위 안의 율을 기본세율에서 감해 관세를 부과할 수 있도록 하고, 필요 시 그 수량을 제한할 수 있게 하고 있다. 구체적인 대상물품·수량·세율·적용기간 등은 대통령령으로 정하는데, '관세법 제71조의 규정에 의한 할당관세의 적용에 관한 규정'을 개정하는 것으로 운용한다.

할당관세가 적용되고 있는 품목 가운데 많은 품목에 할당관세를 적용할 수 있는 수량에 제한(Quota)을 두고 있다. 할당관세율을 적용할 수 있는 물품의 수량을 제한하는 경우 수입업자들에게 적정하게 분배하는 것이 필요하므로 농림축산식품부 등 주무부장관 등의 추천 절차에 의해 실수요자에게 할당수량을 정하도록 하고 있다. 할당관세율의 적용을 받을 물품에 수량제한을 하지 아니할 경우에는 주무부장관 등의 추천 여부와 상관없이 할당관세율이 적용되지만, 그렇지 아니할 경우 수입신고를 하기 전에 미리 추천을 받고 수입신고를 할 때 할당관세추천서를 제출해야 할당관세율 적용이 가능하다. 실수요자로 추천받아 할당관세를 적용하고 통관하면 해당 물품은 용도외 사용이 금지되나 이를 어기고 제3자에게 양도함에 따라 할당관세 적용에 따른 관세차액이 추징되는 경우가 종종 발생한다. 한편, 특정 물품의 수입을 억제할 필요가 있는 때에는 일정한 수량을 초과해 수입되는 분에 대해 100분의 40 범위 안의 율(40%p. 농림수산물의 경우는 국내외 가격차에 상당한 율)을 기본세율에 가산해 부과할 수 있다. 지금까지 할당관세가 운용된 것을 보면 관세율을 인상해 적용하는 경우는 매우 드물다. 대개 물가안정, 중소기업과 농축산업지원 등을 이유로 관세를 인하하는 것으로 적용한다.

13) 계절관세와 편익관세

계절관세란 계절별로 차등적인 관세율을 적용하는 것이다. 즉, 농산물과 같이 계절에 따라 현저하게 가격차이가 발생하는 물품으로써 동종물품, 유사물품 또는 대체물량의 수입으로 국내시장이 교란되거나 생산기반이 붕괴될 우려가 있는 때에 기획재정부령으로 계절구분에 따라 해당 물품의 국내외가격차에 상당한 율의 범위 안에서 기본세율보다 높게 부과하거나 감해 부과하는 관세이다.

편익관세란 관세에 관한 조약에 의한 편익을 받지 아니하는 나라의 생산물로서 우리나라에 수입되는 물품에 대해 이미 체결된 양허세율 한도 안에서 편익을 부여하는 관세이다. 현재 WTO회원국이 아님에도 불구하고 대통령령으로서 WTO양허표의 양허관세를 적용하는 것으로 운영하고 있다.[10)]

관세법

사례 모음(1) - 품목분류와 세율의 적용

[사례]

고추다대기(다진 양념)는 다음 각 호의 요건에 모두 해당하는 경우에만 제2103호에 분류한다(관세법 제85조에 따른 품목분류 기준에 관한 관세청고시 제19조). ① 전체 성분 중 고추의 중량비율이 전 중량의 100분의 40 이하이어야 한다. ② 전체 성분 중 마늘, 파, 양파, 생강 등 다대기의 특성을 부여하는 물품이 두 종류 이상 적정한 비율로 혼합되어야 하고 이들의 합의 중량비율이 전 중량의 100분의 10 이상이어야 한다. ③ 전체 성분 중 소금의 중량비율이 전 중량의 100분의 20 이하이어야 한다. ④ 전체 성분 중 총 수분(원료자체의 함유수분을 포함한다)의 중량비율이 전 중량의 100분의 45 이상이어야 한다. ⑤ 구성성분이 균질하게 혼합되어야 하며 상호분리가 불가능하여야 한다.

[판례]

"원자재로 사용할 목적으로 '괴'가 아닌 그 자체로 상품으로 사용할 수 있는 '판·쉬트' 형태로 알루미늄을 수입한 사안에서, 비록 갑 회사 등이 알루미늄 제품의 원자재로 사용할 목적이 있었더라도 물품의 성질상 관세율표에 따른 수입물품의 품목번호는 7601.10-0000호(알류미늄의 괴)가 아닌 관세율이 더 높은 7606.11-9000호(알류미늄 판, 쉬트, 스트립)에 해당한다."

대법원 2012.1.12. 선고 2011두13491 판결.

10) 2017년 현재 편익관세 적용대상 국가는 부탄, 이란, 이라크, 레바논, 시리아, 나우루, 코모로, 이디오피아, 소말리아, 안도라, 모나코, 산마리노, 바티칸, 덴마크(그린란드 및 페로제도에 한한다) 등 14개국이다.

[판례]

"용도세율 적용승인 제도는 관세의 신고납부제도 원칙 아래에서 용도에 따라 적용세율이 달라지는 물품의 실제 용도가 그 신고한 내용대로인지를 확인할 뿐, 세관장이 그 승인에 앞서 그 품목분류 및 세액의 적정성을 심사하여야 하는 것은 아닐 뿐만 아니라, 실제로 이 사건에 있어서도 구체적인 세액심사를 거치지 아니한 채 처리되었으므로, 피고가 이 사건 물품에 대하여 관세율표상 품목번호 9031.80-9091호를 적용한 원고의 용도세율 적용신청을 승인하면서 수입신고를 수리하였다고 하더라도 그 승인으로써 이 사건 물품에 대하여 원고가 신고한 대로의 품목분류가 적정한 것이라는 내용의 공적인 견해를 표명하였다거나 그에 대한 원고의 신뢰가 형성되었다고는 할 수 없고, 따라서 피고의 이 사건 부과처분은 신의성실의 원칙에 위배되지 아니한다."

대법원 2006.11.9. 선고 2005두4137 판결.

[판례]

"부가가치세 등 내국세를 부과할 물품이라도 관세법의 규정에 의해 간이세율을 적용할 물품은 간이세율에 의한 관세만을 부과하는 것이고, 이 간이세율에 의한 관세 중에 관세와 내국세가 포함되어 있다고 보지는 아니한다." 대법원 1971.3.9. 선고 70도2655 판결.

2 관세율의 적용

관세율은 관세품목별로 정해지기 때문에 관세율 적용을 위해서는 먼저 품목분류를 정확하게 하여야 한다. 그런데 동일한 관세품목에도 관세율은 여러 종류가 있을 수 있다. 이 경우 관세율 결정에는 다음과 같은 일정한 원칙이 적용된다.

관세법 제50조(세율 적용의 우선순위) ① 기본세율과 잠정세율은 별표 관세율표에 따르되, 잠정세율을 기본세율에 우선하여 적용한다.

② 제49조 제3호의 세율은 다음 각 호의 순서에 따라 별표 관세율표의 세율에 우선하여 적용한다.

1. 제51조, 제57조, 제63조, 제65조, 제67조의2 및 제68조 및 제69조 제2호에 따른 세율
2. 제73조 및 제74조에 따른 세율
3. 제69조 제1호, 제71조 및 제72조에 따른 세율
4. 제76조에 따른 세율

③ 제2항에도 불구하고 제2항 제2호의 세율은 기본세율, 잠정세율, 제2항 제3호 및 제4호의 세율보다 낮은 경우에만 우선하여 적용하고, 제2항 제3호의 세율 중 제71조에 따른 세율은 제2항 제4호의 세율보다 낮은 경우에만 우선하여 적용한다. 다만, 제73조에 따라 국제기구와의 관세에 관한 협상에서 국내외의 가격차에 상당하는 율로 양허(讓許)하거나 국내시장 개방과 함께 기본세율보다 높은 세율로 양허한 농림축산물 중 대통령령으로 정하는 물품에 대하여 양허한 세율(시장접근물량에 대한 양허세율을 포함한다)은 기본세율 및 잠정세율에 우선하여 적용한다.

위의 내용과 FTA관세특례법에 규정된 협정관세 적용 내용을 정리하면 관세율의 적용순서는 〈표 15-7〉과 같다. 〈표 15-7〉에서 '신청한 경우'란 납세의무자가 수입신고를 할 때 납세신고와 함께 원산지증명서 등 증빙자료를 갖추어 해당 관세율의 적용을 신청한 경우를 말한다. 단, FTA 협정관세의 경우는 수입신고를 할 때 원산지증명서가 입수되지 않아 신청하지 못하였다면 수입신고가 수리된 날부터 1년 이내에 적용을 신청할 수도 있다. 신청해야 한다는 요건이 없는 나머지 관세율은 수입신고를 하였을 때 순서에 따라 자동으로 적용 관세율이 결정된다.

어떤 물품을 수입하더라도 적용할 관세율이 0%인 것은 있지만 관세율자체가 설정되어 있지 아니한 경우는 없다. 모든 품목에 관세율이 설정되어 있는 것은 기본관세와 WTO 양허관세이다. 물론 편익관세도 모든 품목에 적용된다. 그외 FTA 협정관세도 대부분의 품목에 설정되지만 모든 품목에 설정되는 것은 아니다.

〈표 15-7〉 관세율의 적용순서

순위	적용 관세율	비 고
①	덤핑방지관세, 보복관세, 긴급관세, 농림축산물에 대한 특별긴급관세, 상계관세, 조정관세1)	
②	FTA 협정관세	③~⑨의 관세율보다 그 세율이 낮을 때, 원산지증명서를 갖추어 적용을 신청한 경우만 우선 적용
③	편익관세, 국제협력관세(④를 제외한 WTO 양허관세와 개발도상국간 양허관세)	④~⑨의 관세율보다 그 세율이 낮을 때, 원산지증명서를 갖추어 적용을 신청한 경우만 우선 적용
④	국내・외 가격차에 상당한 율로 양허한 WTO 농림축산물양허관세	
⑤	조정관세2), 계절관세	
⑥	할당관세	물량이 제한되는 경우에는 관련기관의 추천을 받아 신청한 경우만 우선 적용
⑦	최빈개발도상국에 대한 일반특혜관세	⑧, ⑨보다는 낮을 때, 원산지증명서를 갖추어 적용을 신청한 경우만 우선 적용
⑧	잠정관세	
⑨	기본관세	

1) 관세법 제69조 제2호 공중도덕보호, 인간・동물・식물의 생명 및 건강보호, 환경보전, 유한 천연자원 보존 및 국제평화와 안전보장 등을 위하여 필요한 경우
2) 관세법 제69조 제1호・제3호・제4호의 경우

3 용도세율의 적용

용도세율이란 물품의 용도에 따라 적용될 세율을 다르게 정해 둔 물품으로서 그 중 낮은 세율을 의미한다. 이를테면 같은 금(金)일지라도 화폐용 금에는 무세(無稅)를 적용하나 기타 용도의 금에 대해서는 3%의 관세율을 적용할 때, 화폐용 금의 관세율을 용도세율이라 한다. 관세법에는 다음과 같이 용도세율에 대해 규정하고 있다.

> **관세법 제83조(용도세율의 적용)** ① 별표 관세율표나 잠정세율 규정, 긴급관세 규정, 농림축산물에 대한 특별긴급관세 규정, 조정관세·할당관세·계절관세·국제협력관세·일반특혜관세 규정에 따른 대통령령 또는 기획재정부령으로 용도에 따라 세율을 다르게 정하는 물품을 세율이 낮은 용도에 사용하려는 자는 대통령령으로 정하는 바에 따라 세관장의 승인을 받아야 한다. 다만, 물품의 성질과 형태가 그 용도 외의 다른 용도에 사용할 수 없는 경우에는 그러하지 아니하다.
>
> ② 제1항에 따라 낮은 세율(이하 "용도세율"이라 한다)이 적용된 물품은 그 수입신고의 수리일부터 3년의 범위에서 대통령령으로 정하는 기준에 따라 관세청장이 정하는 기간에는 해당 용도 외의 다른 용도에 사용하거나 양도할 수 없다. 다만, 다음 각 호의 어느 하나에 해당하는 경우에는 그러하지 아니하다.
>
> 1. 대통령령으로 정하는 바에 따라 미리 세관장의 승인을 받은 경우
> 2. 제1항 단서에 해당하는 경우
>
> ③ 제1항의 물품을 제2항에 따른 기간에 해당 용도 외의 다른 용도에 사용하거나 그 용도 외의 다른 용도에 사용하려는 자에게 양도한 경우에는 해당 물품을 특정용도 외에 사용한 자 또는 그 양도인으로부터 해당 물품을 특정용도에 사용할 것을 요건으로 하지 아니하는 세율에 따라 계산한 관세액과 해당 용도세율에 따라 계산한 관세액의 차액에 상당하는 관세를 즉시 징수하며, 양도인으로부터 해당 관세를 징수할 수 없을 때에는 그 양수인으로부터 즉시 징수한다. 다만, 재해나 그 밖의 부득이한 사유로 멸실되었거나 미리 세관장의 승인을 받아 폐기한 경우에는 그러하지 아니하다.

용도세율을 적용하려면 해당 물품의 수입신고를 하는 때부터 그 수입신고가 수리되기 전까지 그 품명·규격·수량·가격·용도·사용 방법 및 사용장소를 기재한 신청서를 세관장에게 제출해 승인을 받아야 한다. 용도세율을 적용하겠다는 의사를 별도로 표시하고, 그에 대해 세관장의 승인이 있어야 적용되는 것이다.

용도세율 적용이 가능한 물품을 수입통관한 후에 그 용도에 사용하고 있거나 사용하였다 할지라도 수입신고가 수리되기 전까지 용도세율 적용신청서를 제출하고 그에 대해 세관장의 승인을 받은 사실이 없다면 나중에 이를 소급하여 적용할 수는 없다. 용도세율 적용 물품은 최대 3년 동안 사후관리가 따른다. 이 기간중에 세관장의 승인없이 용도외

에 사용을 하면 용도세율이 아닌 경우의 세율을 적용하여 그 차액에 해당하는 세액을 징수한다.

4 간이세율의 적용

간이세율은 대통령령으로 관세·내국소비세 등을 기초로 하여 단일한 세율로 정해 둔 것을 말한다. 간이세율제도를 두는 것은 신속한 세액계산과 통관을 위해서이다. 즉, 물품이 수입될 때 부과될 수 있는 조세는 관세 외에도 부가가치세, 개별소비세, 주세, 교통·에너지·환경세, 교육세, 농어촌특별세 등이 있는데, 수입물품에 과세를 함에 있어 이를 하나하나 계산하는 것은 복잡하기 때문에 적지 않은 시간이 소요됨을 고려한 것이다. 따라서 입국여행자가 휴대한 물품에 대해 공항 현장에서 즉시 과세하는 경우와 같이 신속한 업무처리를 위해 품목별로 부과될 수 있는 여러 세율을 감안한 일종의 **합산세율** 개념이다. 간이세율은 어디까지나 관세법에 의해 결정되는 관세율의 하나로서, 정확하게 말하자면 여러 조세를 단순히 합산한 세율을 간이세율로 하는 것은 아니다. 필요한 경우 그 합산된 세율을 조정해 간이세율을 결정하는 것이다. 간이세율의 적용 대상은 다음과 같다.

> **관세법 제81조(간이세율의 적용)** ① 다음 각 호의 어느 하나에 해당하는 물품 중 대통령령으로 정하는 물품에 대하여는 다른 법령에도 불구하고 간이세율을 적용할 수 있다.
> 1. 여행자 또는 외국을 오가는 운송수단의 승무원이 휴대하여 수입하는 물품
> 2. 우편물. 다만, 수입신고를 하여야 하는 것은 제외한다.
> 3. 탁송품 또는 별송품

그러나 위에 해당하는 물품일지라도 다음 각호의 어느 하나에 해당하는 물품에 대해서는 간이세율을 적용하지 않는다.

① 관세율이 무세인 물품과 관세가 감면되는 물품
② 수출용원재료
③ 범칙행위에 관련된 물품
④ 종량세가 적용되는 물품
⑤ 화주가 수입신고를 할 때에 과세대상물품의 전부에 대해 간이세율이 적용을 받지 아니할 것을 요청한 경우의 물품
⑥ 부과고지 대상으로서 1개 또는 1조의 과세가격이 500만 원을 초과하는 물품
⑦ 상업용으로 인정되는 수량의 물품

⑧ 덤핑방지관세, 상계관세, 보복관세, 긴급관세, 농림축산물에 대한 특별긴급관세, 조정관세, 할당관세, 계절관세, 국제협력관세, 편익관세, 일반특혜관세의 적용을 받는 물품 중 기본세율보다 높은 세율을 적용받는 물품

5 합의세율의 적용

합의세율이란 일괄해 수입신고된 물품으로서 물품별 세율이 다른 물품에 대해 수입신고인의 신청에 의해 그 세율 중 가장 높은 세율을 적용하는 것을 말한다. 예를 들어, 전자제품 생산업체가 원재료로 수백 개 종류의 전자부품을 수입함에 있어 대부분 품목의 세율은 8%이나 일부 품목의 세율이 7%일 경우, 수입신고를 함에 있어 각각의 품목을 별도로 구분해 신고하는 것이 아니라 일괄신고하면서 8%의 관세율을 적용하는 것이다. 합의세율은 다양한 물품이 동시에 수입되면서 그 물품 간 세율차이가 크지 않을 때 이용된다. 이 제도를 적용할 경우 수입신고서의 작성이나 세액산출 등 통관절차가 효율적으로 이루어질 수 있다.[11]

합의세율은 납세의무자의 신청에 의해 적용된다. 합의세율을 적용하고자 할 때는 수입신고를 할 때 합의세율 적용을 신청해야 한다. 즉, 납세의무자의 신청으로 세관장이 합의한 경우에만 동 세율이 적용될 수 있다. 이와 관련하여 합의 과정이 별도로 있는 것은 아니고, 납세의무자가 수입신고 시 합의세율 적용신청서를 제출하면 세관장이 이를 수리하는 것으로 합의가 이루어진다. 합의세율 적용을 신청하는 물품의 수입신고서를 작성할 때는 해당 품목의 모델·규격의 일부만 입력하고 세부내역은 서류로 별첨할 수 있다.

합의세율을 적용하면 이와 같은 세율의 적용이 위법 또는 부당하다 하여 납세의무자가 심사청구나 심판청구와 같은 행정상 쟁송을 제기할 수 없다. 납세의무자의 신청에 의해 세관과 합의하에 해당 세율을 적용하였기 때문이다. 그렇다고 하여 품목분류의 오류 등으로 합의세율 자체가 잘못 적용된 관세율일 경우 세관장의 경정이 불가능한 것은 아니다. 만일 수입통관 후 특정 품목에 대한 관세율이 당초 합의해 적용한 관세율보다 더 높은 관세율로 변경되는 경우 더 높은 관세율을 일괄 적용할 것인지에 대해서는 별도로 납세의무자와 세관장 간에 합의가 되어야 한다. 만일 새로운 합의가 성립되지 아니하는 경우에는 개별 물품별로 기본세율을 적용해 과세해야 한다.

---

11) 수입신고를 할 때 세번이 구분되는 품목별로 별도 난으로 신고서를 작성해야 하므로 수십 종 또는 수백 종의 부품을 일괄해 통관할 때 합의세율 적용의 효과가 확실하게 나타난다.

기 출 문 제

1 A는 해외 직구를 통해 미국에서 쌍안경을 구입하였다. 이 물품의 품목분류는 다음과 같다. 이에 대한 설명으로 올바른 것은? [국제무역사 35회 1교시 19번]

HS 9005.10-0000

① A가 구입한 쌍안경의 HS는 제9005류에 해당한다.
② 법적인 목적상 품목분류는 호의 용어 및 주에 따라 분류함이 원칙이다. 이 물품의 호는 9005.10이다.
③ 제시문과 같이 쌍안경의 10단위의 세 번 모두를 알지 못하고 소호까지의 세 번만 알 경우에도 기본관세율이 얼마인지를 알 수 있다.
④ A가 구입한 쌍안경에 대한 국제협약상 유효한 분류범위는 9005까지이다.

2 외국물품이 정상가격 이하로 수입되어 국내 산업에 실질적인 피해를 야기하거나 야기할 우려가 있는 경우 해당 국내 산업을 보호하기 위하여 부과하는 관세와 관련된 다음의 설명 중 가장 잘못된 것은? [국제무역사 36회 1교시 17번]

① 국내 산업을 보호하기 위하여 덤핑 차액에 상당하는 금액 이하의 덤핑방지관세를 추가하여 부과한다.
② 덤핑방지관세 조사신청은 무역위원회에 한다.
③ 덤핑방지관세는 국내 산업 보호를 위해 가장 우선해서 적용한다.
④ 해당 외국물품이 FTA 체결국으로부터 수입되는 경우에는 덤핑방지 관세 적용 없이 FTA 특혜관세를 적용한다.

3 다음 보기와 같은 사례가 있을 때 부과할 수 있는 관세로 가장 옳은 것은? [국제무역사 36회 1교시 18번]

정부는 우리 국민들의 삼겹살 소비가 늘어 국내 삼겹살 가격이 폭등하자 가격 안정화를 위해 수입 삼겹살의 관세를 인하하는 방안을 검토중이다.

① 조정관세　　② 긴급관세
③ 할당관세　　④ 상계관세

정답 1. ③ 2.④ 3.③

4 수입물품 "A"에 대한 품목분류 및 관세율이 다음과 같다. 이에 대한 설명으로 잘못된 것은?

[국제무역사 38회 1교시 18번]

> HSK : 8501.10-1000 (기본관세 8%)

① 이 물품의 소호는 제8501.10호이다.
② 이 물품은 제85류에 해당한다.
③ 법적인 목적상 품목분류는 각 류의 용어 및 주에 따라 분류함이 원칙이다. 이 물품의 호는 8501호이다.
④ HS협약에 따라 국제적으로 통일되게 분류되어야 하는 것은 위의 6단위 HS Code 모두이다.

5 국제우편을 통해 미국에 있는 지인으로부터 선물을 받고자 한다. 이때 물품에 적용되는 관세와 관련된 다음의 설명 중 가장 옳은 것은?

[국제무역사 36회 1교시 19번]

① 판매용이 아닌 선물용 물품에 대해서는 무조건 관세가 면세된다.
② 관세청장이 상업용으로 인정하는 고가품은 간이세율을 적용한다.
③ 우편물은 간이세율을 적용할 수 있다. 다만, 수입신고를 하여야 하는 것은 제외한다.
④ 개인 우편물에 대해서는 세관장이 검사를 실시할 수 없다.

6 다음은 특정물품에 대한 품목분류와 관련된 기사이다. 품목분류에 대한 설명으로 가장 잘못된 것은?

[국제무역사 36회 1교시 31번]

> 지난 3월에는 세계관세 기구(WCO)에서 웨어러블 디바이스인 '갤럭시기어'를 두고 무선통신기기인지 시계인지를 결정하는 투표가 이뤄졌다. WCO 품목분류위원회 40개국 가운데 31개국이 무선통신기기라는데 의견을 모았고 삼성은 한해 1300만 달러(약 150억원)가량의 관세를 아낄 수 있게 됐다. -2015.5.28. 00일보 기사 중 일부 발췌-

① 물품 수입 시 부과되는 관세율은 품목분류를 해야 결정될 수 있다.
② 전 세계적으로 특정 물품에 대한 품목분류는 10단위까지 모두 동일하며 이에 대한 결정은 WCO에서 실시한다.
③ 만약, 각 국가 간에 품목분류에 대한 이견이 있는 경우에는 WCO의 결정을 통해 해결할 수 있다.
④ 물품을 수출입 하려는 자는 수출입신고를 하기 전에 품목 분류에 대한 사항을 미리 심사하여 줄 것을 관세청장(관세평가분류원장)에게 신청할 수 있다.

정답 4.③ 5.③ 6.②

7 다음은 HS CODE 분류기준인 통칙에 대한 설명이다 이 중 가장 우선적으로 적용되는 통칙은?
[국제무역사 36회 1교시 37번]

① 동일하게 분류가 가능한 호 중에서 그 순서상 가장 마지막 호(heading)로 분류한다.
② 불완전물품이 제시된 상태에서 완전한 물품의 본질적인 특성을 지니고 있으면 그 불완전물품이 포함된 것으로 본다.
③ 법적인 목적상 품목분류는 각 호(heading)의 용어와 관련 부나 류의 주(Legal Note)에 따라 결정한다.
④ 그 물품과 가장 유사한 물품이 해당되는 호로 분류한다.

8 다음은 수출 또는 수입물품의 품목분류에 적용되는 HS(Harmonized System) CODE에 대한 설명이다. 잘못된 것은?
[국제무역사 35회 1교시 18번]

① HS CODE는 호(Heading)보다 소호(Sub-heading)의 수가 훨씬 많다.
② HS는 UN조약으로 체결되어 모든 UN 회원국에서 발효되고 있다.
③ 둘 이상의 호에 분류되는 물품의 경우 협의로 표현한 호를 우선 적용한다.
④ 호가 구분되지 아니할 경우 소호를 구분할 수 없다.

9 외국물품이 정상가격 이하로 수입되어 국내 산업에 실질적인 피해를 야기하거나 야기할 우려가 있는 경우 해당 국내 산업을 보호하기 위하여 부과하는 덤핑방지관세와 관련된 다음의 설명으로 가장 옳은 것은?
[국제무역사 37회 1교시 23번]

① 덤핑방지관세를 부과하기 위해 조사하는 정상가격은 우리나라에 수입된 물품에 대해 실제로 지급하였거나 지급할 통상적인 가격을 말한다.
② 덤핑방지 관세 조사신청은 관세청장 또는 세관장에게 하여야 한다.
③ 해당 물품에 WTO 양허관세나 FTA관세가 있더라도 덤핑방지 관세는 우선해서 적용하여야 한다.
④ 덤핑으로 인한 실질적인 산업피해 여부의 최종적인 판정은 기획재정부장관이 한다.

정답 7.③ 8.② 9.③

10 다음 보기와 같은 사례에서 (주)한국무역이 수입한 물품에 실제 적용될 관세율은?

[국제무역사 37회 1교시 26번]

- (주)한국무역은 중국에서 (A)물품을 수입하였다.
- (A)물품에 적용되는 관세율로 긴급관세율 10%, WTO양허관세율 5%, 기본관세율 8%로 규정되어있다.

① 10%　② 15%
③ 5%　④ 8%

11 다음은 관세법상 품목분류제도에 관한 설명이다. 가장 옳은 것은? [국제무역사 37회 1교시 27번]

① 미조립 분해된 물품의 분류기준(통칙2호)에서 미조립 분해된 물품의 적용 범위는 단순한 조립만으로 완성품이 되는 것으로 연마·천공·절단·용전 등의 공정을 포함한다.
② 둘 이상의 호에 분류가 가능한 물품의 경우에는 관세율이 높은 호에 분류하는 것이 관례이다.
③ 플라스틱 비누상자에 담긴 비누는 플라스틱 상자와 비누를 각각 분리하여 품목분류한다.
④ 관세율표 해석에 관한 통칙은 관세율표 전반에 걸쳐 품목분류 결정시 적용하여야 할 일반원칙이다. 이 원칙에 따라 모든 물품은 반드시 하나의 호에 분류되어야 한다는 일물일처의 원칙을 유지하고 있다.

12 관세법상 세율의 적용에 관한 설명으로 잘못된 것은? [국제무역사 37회 1교시 30번]

① 관세에 관한 조약에 따른 편익을 받지 아니한 국가의 생산물에 대한 관세율특혜제도를 적용하고 있는 국가는 현재까지는 없다.
② 덤핑방지관세와 조정관세가 동시에 적용될 경우 조정관세에 덤핑방지관세율을 추가하여 부과한다.
③ 기본세율보다 할당관세율이 낮을 경우 할당관세율을 우선 적용한다.
④ 국제협력관세보다 FTA협정관세율이 높을 경우 국제협력관세율을 우선 적용한다.

정답 10.② 11.④ 12.①

13 다음은 미국의 국내 산업피해 여부에 대한 조사 뒤의 관세부과 조치에 관한 신문기사이다. 다음 중 관세법상 가장 관련이 있는 것은? [국제무역사 37회 1교시 31번]

> 미국, 한국산 API 라인파이프에 최대 6.19% ○○관세 부과
>
> 2015. 11. 11 0000 일보 기사 발췌 –
>
> 미국 국제무역위원회(ITC)가 한국산 API 라인파이프에 2.53~6.19%의 ○○관세를 부과했다. 11일 한국무역협회(KITA)에 따르면 ITC는 지난 6일 한국과 터키산 API 라인파이프(용접강관, welded line pipe)가 미국에서 공정가격 이하로 판매돼 산업피해 유효 최종판정을 발표했다.
>
> (중략)
>
> 해당 품목은 오일 또는 가스 배관용으로 주로 사용되는 두께 24인치(609.6mm) 이하의 탄소 및 합금 라인 파이프다.
>
> (이하 생략)

① 덤핑방지관세
② 긴급관세
③ 조정관세
④ 할당관세

14 물품을 수출하거나 수입할 자는 관세청장(관세평가분류원장)에게 해당 수출입물품에 적용될 관세율표상의 품목분류 심사를 미리 요청할 수 있다. 이 와 관련된 다음의 설명 중 잘못된 것은? [국제무역사 38회 1교시 37번]

① 관세청장(관세평가분류원장)은 해당 물품에 적용될 품목분류를 심사하여 30일 이내에 신청인에게 통지하여야 한다.
② 통지를 받은 자는 통지 내용에 의문이 있는 경우, 통지받은 날부터 30일 이내에 일정한 서류를 갖추어 재심사를 신청할 수 있다.
③ 품목분류 사전심사를 신청하는 경우에는 반드시 견본을 제출하여야 한다.
④ 품목분류를 심사하기 위하여 화학적 분석 등이 필요한 경우에는 품목당 분석수수료 3만원을 신청인에게 납부하게 할 수 있다.

정답 13.① 14.②

15 다음은 관세법상 수출입물품의 품목분류와 관련된 설명으로 잘못된 것은?

[국제무역사 40회 1교시 31번]

① 수출할 물품의 제조자는 관세청장(관세평가분류원장에게 위임)에게 품목분류를 미리 심사하여 줄 것을 신청할 수 있다.

② 품목분류사전심사 신청에 따른 심사 결과를 통지받은 경우 통지를 받은 날로부터 3년을 유효기간으로 한다.

③ 품목분류사전심사 신청에 따른 결과 통지를 받은 자는 통지받은 날로부터 90일 이내에 일정한 서류를 갖추어 관세청장에게 재심사를 신청할 수 있다.

④ 관세청장(관세평가분류원장)은 품목분류를 심사하기 위하여 해당 물품에 대한구성 재료의 물리적, 화학적 분석이 필요한 경우에는 해당 품목분류를 심사하여 줄 것을 신청한자에게 3만원의 분석수수료를 납부하게 할 수 있다.

정답 15.③

16

과세가격의 결정

학 습 목 표

관세액은 관세율과 관세의 과세가격을 곱하여 결정하기 때문에 납부해야 할 관세액을 알기 위해서는 과세가격을 알아야 한다. 과세가격은 송품장의 물품의 가격에서 출발하지만, 거래마다 발생하는 다양한 비용을 어디까지 포함하느냐에 따라 크게 변할 수 있다. 관세를 부과하는 입장에서는 세입을 증가시키기 위해 더 많은 비용을 포함하도록 요구하고, 납세의무자의 입장에서는 관세를 절감하기 위해 더 많은 비용을 누락하고자 한다. 이러한 이해의 상충을 막기 위해 관세법에서는 WTO의 관세평가협정에 따라 관세의 과세가격을 결정하는 방법을 정하고 있다. 이 장에서는 다음을 중심으로 과세가격을 정하는 방법에 대해 이해해 보자

1. 과세가격 결정방법의 종류와 적용순서
2. 실제거래가격 적용 원칙의 의의
3. 실제거래가격, 가산요소, 공제요소의 개념
4. 2에서 6방법의 개념

들어가기 전에

FTA로 관세가 철폐됐는데도 과세가격이 중요할까?

- 관세청, SK E&S 1600억대 과세 확정…결국 '조세심판 청구'로

관세청이 SK E&S사에 대한 수천억원대 과세를 확정했다.(중략) 관세청이 확정한 관세부과금은 약 1619억원이다. 이는 SK E&S 지난해 당기순이익의 약 80%에 해당한다는 금액이다.

관세청은 SK E&S가 2005년부터 약 10년간 들여온 LNG의 신고가격을 낮춰 부가세를 탈세했다고 판단하고 있다. 근거는 같은 기간 가스공사의 수입가격이다. 관세청은 가스 공사 대비 수입가격이 약 50% 가량 저렴한 것을 기준으로 고의성을 확정했다. 인도네시아에서 수입된 LNG는 한-아세안 자유무역협정(FTA)에 따라 관세(3%)가 면제된다. SK E&S는 신고에 문제가 없다는 입장을 유지하고 있다. 계약이 이뤄진 2003년은 국제유가가 20~40달러대를 유지하는 저유가여서 물량을 싸게 도입할 수 있었다는 것. 가스공사 보다 우수한 가격 협상력으로 LNG를 저렴하게 수입한 것이지 가격을 허위로 낮추지 않았다는 주장이다. (중략)

아시아경제 김혜민 기자. 2017년 12월 25일 '관세청, SK E&S사에 1600억대 과세 확정…결국 '조세심판 청구'로' 기사전문
http://www.asiae.co.kr/news/view.htm?idxno=2017122510292757092

세계무역기구 (WTO) 회원국들의 노력으로 세계적으로 관세율이 지속적으로 하락했고 FTA의 증가에 따라 관세가 면제되는 품목이 많아졌다. 그럼에도 불구하고 관세의 과세가격을 둘러싼 분쟁이 있는 것은 관세의 과세가격이 부가가치세나 다른 내국소비세의 과세표준이 되기 때문이다. 이 장에서는 관세의 과세가격을 구하는 방법과 이러한 방법을 적용하는 취지에 대해 생각해 보자.

Chapter

16 과세가격의 결정

제1절 관세의 과세표준과 과세가격

1 관세의 과세물건과 과세표준

관세부과와 관련해 관세법은 다음과 같이 규정하고 있다.

> **관세법 제14조(과세물건)** 수입물품에는 관세를 부과한다.
> **관세법 제15조(과세표준)** 관세의 과세표준은 수입물품의 가격 또는 수량으로 한다.

관세법 제14조는 '수입물품'에 대해서만 관세를 부과함을 규정하였다. 즉, 수출이나 반송 또는 통과물품은 관세 부과대상이 아니며, 물품이 아닌 온라인 거래재화나 용역(서비스)의 국제적 거래도 관세부과 대상이 아님을 명확하게 하고 있다(관세의 과세물건에 관한 자세한 내용은 제17장 제2절을 참조). 관세법 제15조는 관세의 과세표준을 규정하고 있다. **과세표준**이란 과세대상인 소득·재산·소비 등에 대한 세액을 산정하기 위한 기초를 말하는 것이다. 이를 화폐단위(가격)로 표시하면 종가세(從價稅)가 되고, 과세물건의 수량(개수·중량·용적·길이) 등으로 표시하면 종량세(從量稅)가 된다. 관세의 과세표준은 수입물품의 가격 또는 수량임을 규정하여 종가세와 종량세가 필요에 따라 모두 적용될 수 있게 하였다. 그러나 수량으로 과세표준을 삼는, 종량세가 적용되는 물품은 일부 농산물과 필름 등 소수의 품목뿐이다. 대부분의 관세품목은 종가세가 적용된다.

2 관세 과세가격의 결정

종가세를 적용하여 관세를 부과할 때 그 과세표준, 즉 과세가격은 '수입물품의 가격'이다. 그러나 그 가격이 어떤 금액을 의미하는지는 간단하지 않다. 수입물품의 가격은 이를 파악하는 방법에 따라 크게 달라질 수 있다. 물품이 수입되는 원인이 다양하고, 수입물품과 관련되는 대가의 지불 방법·지불시기, 물품대금 외에 수입과 관련해 발생하는 각종 비용의 포함 여부, 수입자 또는 중간상인 이윤의 포함 여부 등 수많은 요소에 따라 그 금액이 달라지기 때문이다. 그러므로 단순하게 수입자가 수출자에게 지불하는 대금이 수입가격이라 보기는 어렵다.

관세의 과세가격을 결정하는 방법과 그 절차를 **관세평가**(customs valuation)라 한다. 관세의 과세가격은 관세액과 직접 관련이 있으므로 물품의 수입자인 납세의무자뿐 아니라 무역의 원활화란 측면에서 오래전부터 관세율 못지않게 국제적인 관심의 대상이 되어 왔다. 국제무역에서 각국이 적용하고 있는 관세평가 방법은 WTO 다자간협정의 하나인 '1994년도 GATT 제7조의 이행에 관한 협정'[1]에서 규정한 방법이다. 이 협정을 흔히 **관세평가협정**이라 한다. 관세평가협정도 관세법과 동일한 효력을 가지고 관세평가에서 적용된다. 현행 관세법령에 담겨진 관세평가의 내용은 WTO의 협정을 그대로 수용한 것이기 때문에 기본적으로 WTO 관세평가협정과 관세법령이 충돌할 가능성은 없다. 그러나 관세평가협정의 전문이 모두 관세법령에 그대로 수용되어 있는 것은 아니다. 또 번역 과정에서 일부 다르게 해석될 수 있는 표현으로 법령화 된 경우도 있다.

관세평가협정은 관세평가협정 본문 자체와 3개의 부속서로 구성된다. 특히 부속서 Ⅰ의 주해(interpretative notes)는 관세평가협정의 해석 및 적용상의 통일성을 기하기 위해 제정된 것으로 협정의 조문은 관련 주해와 연관해 해석되고 적용하도록 협정에 명시하고 있다.[2] WTO는 평가제도의 정책적 문제와 평가협정의 해석 적용의 문제에 대해 두 개 기구를 두고 여기에서 이 문제를 다룬다. 하나는 WTO에 설치되어 관세평가문제에 대한 정책적 문제를 다루는 **관세평가위원회**(Committee on Customs Valuation)고, 다른 하나는 세계관세기구(WCO)에 설치되어 실무적인 문제를 다루는 **관세평가기술위원회**(Technical Committee on Customs Valuation)다.

---

1) Agreement on Implementation of Article Ⅶ of the General Agreement on Tariff and Trade 1994 국제적으로는 WTO Valuation Agreement 또는 WTO Valuation Code로 불려진다.

2) 관세평가협정 제14조.

제2절 관세평가의 개요

1 관세평가 방법

관세의 과세가격은 수입물품 또는 동종물품의 **실제가격**(actual value)을 기초로 하여야 한다.[3] 실제가격이란 수입국의 법령에서 정한 시간과 장소에서 해당 상품 또는 동종상품이 정상적인 무역경로를 통해 완전한 경쟁적 조건 하에서 판매되거나 판매를 위해 제의되는 가격이다. 이것은 임의적(arbitrary) 또는 가공적(fictitious)인 가격 혹은 국내 생산품의 가격과 대비된다.

실제가격은 반드시 화폐의 이전방식을 취해야 하는 것은 아니며 신용장 또는 유통증권에 의해 이루어질 수 있다. 또 지급은 직접 또는 간접으로 이루어질 수도 있다. 관세평가에서 실제가격을 기초로 하도록 한 것은 무역이란 국제상거래에서 매도인과 매수인 간 가격에 관한 의사결정을 관세과세에서도 가능한 한 수용한다는 취지를 담고 있다. 이러한 실제가격을 관세평가에서는 해당 물품의 **거래가격**(transaction value)을 결정하는 것으로 구체화 한다. 만일 이와 같은 거래가격을 결정할 수 없거나, 결정할 수 있더라도 그 거래가격에 왜곡이 있다고 인정되는 경우에는 순차적으로 대체적인 다른 가격을 파악해 이를 과세가격으로 하여야 한다. **관세평가** 방법은 〈표 16-1〉과 같이 6가지가 있고, 적용의 순위도 정해져 있다.

〈표 16-1〉 관세평가 방법

평가 방법	약 칭	적용순위
해당 물품의 실제 거래가격을 기초로 한 과세가격의 결정	제1방법	1순위
동종·동질물품의 거래가격을 기초로 한 과세가격의 결정	제2방법	2순위
유사물품의 거래가격을 기초로 한 과세가격의 결정	제3방법	3순위
국내판매가격을 기초로 한 과세가격의 결정	제4방법	4순위. 단, 예외인정
산정가격을 기초로 한 과세가격의 결정	제5방법	5순위. 단, 예외인정
합리적 기준에 의한 과세가격의 결정	제6방법	6순위

3) WTO/GATT 1994 Article Ⅶ(Valuation for Customs Purposes) 2. a.

이들 여섯 가지 평가방법을 적용하는 데는 각각 일정한 요건이 충족되어야 한다. 과세가격 결정은 제1방법부터 순차적으로 그 적용가능성을 검토하되, 요건이 충족되지 못하면 다음 순위의 평가방법을 적용한다. 그러므로 요건미비로 제1방법을 적용할 수는 없지만 제2방법과 제4방법에 의한 평가가 모두 가능하다 하더라도 제2방법보다 제4방법을 우선 적용할 수는 없다. 다만 제4방법과 제5방법은 납세의무자가 원할 경우 그 순서를 바꾸어 제5방법을 우선 적용할 수 있다. 마지막 제6방법은 합리적 기준으로 평가하도록 하고 있으므로 이에 의해서도 과세가격이 결정되지 못하는 경우는 없다. 실제가격은 같은 물품이 반복 수입될지라도 거래수량, 상담내용, 거래시기, 거래 당사자 간의 관계 등에 따라 그 가격이 달라지는 특징을 보인다.

2 무상(無償) 수입물품, 중고물품 등에 대한 관세평가

물품을 수입할 때 그 대가를 지불하는 유상거래냐, 지불하지 아니하는 무상거래냐는 관세의 과세에서 원칙적으로 고려사항이 아니다. 관세법에는 '수입물품에는 관세를 부과한다.'고 하였을 뿐 그것이 유상수입인지, 무상수입인지는 언급하지 않았다. 또한 과세가격결정에 있어 무상으로 수입하는 물품에 대해서는 실거래가격이 아닌 다른 거래가격 등으로 과세가격을 결정하도록 하였기 때문에 유상으로 수입되는 물품과 마찬가지로 관세가 부과된다.

중고(中古)물품도 마찬가지다. 중고물품의 경우도 신제품과 마찬가지 방법으로 과세가격을 결정하고 과세한다. 만일 실거래가격이 없어 다른 거래가격 등으로 과세할 때는 사용·소비로 인한 가치감소를 감안해 과세가격을 경감할 수는 있다. 그러나 가치감소를 반영한 실거래가격이 있다면 이를 기초로 과세가격을 결정하여야 한다.

정상적인 무역이 아닌 여행자의 개인용품, 자가(自家)용품 등에 대한 과세도 정상적인 무역거래로 수입되는 물품과 동일한 원칙과 방법으로 과세한다. 이러한 물품들은 무상이거나 소액결제 대상이며, 중고물품일 때가 많다. 이들 물품이 수입될 때도 관세부과의 대상이 된다는 점은 같고, 정상적인 무역거래물품과 동일한 과세가격결정 방법이 적용된다. 다만 이들 물품들에 대해서는 물품의 특성과 용도 등을 고려해 다른 정책목적으로 해당 물품이 일정 금액 이하일 경우 면세를 한다는 특징이 있다.

3 무역에서 구매자가 부담하는 금액과 관세평가

물품을 수입함에 있어 구매자, 즉 수입자의 부담이 될 수 있는 비용은 다양하다. 여기에는 수입하는 물품 자체의 가격뿐만 아니라 디자인 개발비용·물품 가공수수료와 같이 해당 물품의 생산과 관련해 별도 지불되는 비용, 판매수수료·중개수수료·보증수수료와 같이 해당 거래의 성립과 관련해 제공된 서비스에 대한 대가, 운임·운송관련비용·보험료와 같이 운송과 관련된 비용, L/C개설수수료·통신료·환가료와 같이 거래에 부수하는 비용, 연불이자와 같이 금융과 관련된 비용, 로열티 등 수입물품에 관련된 지식재산권자에게 지불하는 비용, 수입물품 사용자 훈련에 따른 연수비용과 같은 인적훈련비, 판매촉진을 위한 광고비, 수입국의 각종 조세와 부과금 등 거래내용에 따라 그 종류가 다양하다. 이 가운데 실제로 지급하였거나 지급할 가격은 물품 자체의 가격과 관련해 판매자와 합의한 거래의 조건으로 구매자가 지불하였거나 지불해야 하는 가격이다.

구매자가 부담하는 비용은 원천적으로 구매자에 의해 지급되는 것이지만, 이를 받는 자는 판매자뿐만 아니라 개발·생산자, 거래중개자, 보증인, 운송인, 보험자, 은행, 지식재산권자, 판매자의 채권자, 구매자에 대한 금융제공자, 교육·훈련기관, 각종 서비스 제공자, 국가 등 다양한 제3자가 될 수 있다. 또한 구매자가 이들 비용을 지불하는 시기도 관세평가를 행하는 수입신고 시점과는 무관하게 그 이전일 수도 있고 이후일 수도 있다. 지불금액은 약정된 대로가 아니라 여러 이유가 반영되어 조정될 수 있고 지불형태도 현금뿐 아니라 서비스나 현물이 될 수도 있다. 지급방식 또한 신용장(L/C)거래에 의하거나, 전신환(T/T)방식으로 송금을 하거나, 추심방식(D/A, D/P)에 의해 결제하거나, 청산방식이거나, 혹은 판매자의 채무변제와 같은 다른 방법일 수 있다. 또 무역계약에 따른 의무로서 지급되는 경우도 있지만 구매자의 선택에 따라 임의로 지급되는 경우도 있다. 요컨대 무역거래는 민사적(民事的)인 계약에 의해 이루어지기 때문에 매매당사자가 합의만 하면, 또는 구매자의 선택에 따라 물품 수입과 관련한 비용의 지급액, 지급시기, 지급방법, 지급대상, 지급형태는 얼마든지 달라질 수 있는 것이다. 그만큼 구매자가 지급하는 실제가격(actual price)은 파악이 어렵다.

실제로 지급하였거나 지급할 가격의 개념에서 가장 중요한 것은 이러한 지급이 '수입물품의 판매조건'(a condition of sale)으로 구매자가 지급하는 것인가 하는 점이다. 수입물품 판매의 조건으로 지급되는 것이라면 이는 수입물품의 가격으로 본다. 언제, 누구에게, 어떤 형태로 지불하였는지는 무시된다. 따라서 구매자가 판매자에게 지급한 것이라 하더라도 판매자가 보유한 주식에 대한 배당금 지불과 같이 수입물품과 관련이 없는 것은 실제로 지급하였거나 지급할 가격에 해당되지 않는다. 무역에서 구매자가 부담하는 비용과 과세가격이 되는 거래가격의 개념은 [그림 16-1]과 같이 표시될 수 있다.

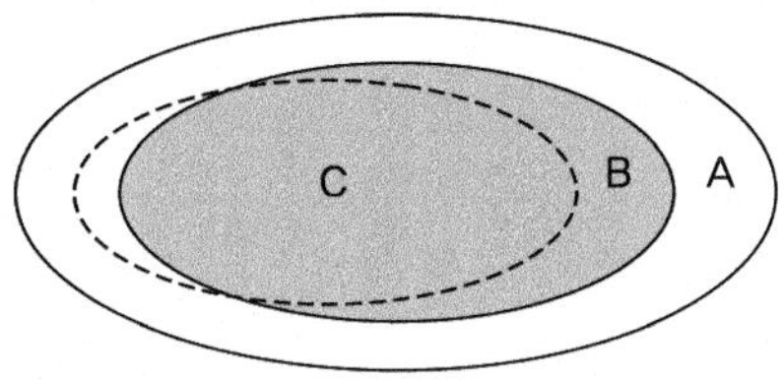

[그림 16-1 무역에서 구매자가 부담하는 총비용과 과세대상인 거래가격]

[그림 16-1]에서 외곽선으로 표현되는 A는 물품 수입과 관련해 구매자가 부담하는 총비용이다. 이중 점선으로 표시된 C부분은 수입자가 판매자에게 직접 지급한 금액이고, A와 C 중간의 B는 과세대상인 거래가격이다. A와 B가 일치하지 아니하는 것은 A 가운데는 통신료나 신용장개설수수료, 수입시 납부하는 세금과 같이 '수입물품의 판매의 대가'가 아닌 다른 사유로 지급되는 금액이 있기 때문이다. B와 C가 일치하지 아니하는 것은 C 가운데는 비록 판매자에게 지급되었을지라도 연불이자와 같이 과세가격에서 제외되어야 할 금액이 있을 수 있고, FOB조건에서 운임이나 보험료와 같이 구매자가 별도로 제3자에게 지불하는 금액으로 과세가격에 포함하여야 할 금액도 있을 수 있기 때문이다.[4)]

제3절 실거래가격에 의한 관세평가(제1방법 적용)

관세평가 방법에는 여섯 가지가 있지만 해당 물품의 실제 거래가격을 과세가격으로 삼는 제1방법에 의해 과세가격을 결정함이 원칙이다. WTO회원국마다 차이는 있지만 우리나

4) 수입과 관련하여 구매자가 부담하는 운임 및 보험료를 과세가격에 포함할지 여부는 WTO 회원국들이 선택적으로 결정하게 되어 있다(WTO 평가협정 제8조). 우리나라나 중국, 일본, 유럽연합(EU) 등은 이를 모두 포함하는 것으로 하고 있으나(FOB 주의), 미국은 포함하지 않는 것으로 하고 있다(CIF 주의).

라의 경우 97% 이상의 수입통관건에 대한 과세가 제1방법에 의해 이루어지는 것으로 집계된다. 제1방법에 의한 관세평가 과정은 〈표 16-2〉와 같다.

〈표 16-2〉 제1방법에 의한 관세평가 과정

단 계	주요 내용	조치사항
제1단계	제1방법 적용요건의 확인	요건 미충족 시 2방법 이하 적용
제2단계	실제로 지급하였거나 지급할 가격의 확인	모든 실제지급가격을 과세가격으로 계산
제3단계	가산요소 해당금액의 가산	제2단계 금액에 가산
제4단계	공제요소 해당금액의 공제	제2단계 금액에서 공제

1 제1방법 적용의 요건

제1방법에 따라 해당 물품의 거래가격이 과세가격으로 인정될 수 있기 위해서는 〈표 16-3〉의 네 가지 요건이 모두 충족되어야 한다.

〈표 16-3〉 제1방법 적용의 요건

제1요건		제2요건		제3요건		제4요건
우리나라에 수출 판매된 물품의 가격일 것	+	가산요소가 있을 때 객관적이고 수량화가 가능할 것	+	해당 거래가격이 다른 어떤 요인에 영향을 받아 왜곡된 것이 아닐 것	+	합리적 의심이 있을 때 세관장이 실제 거래가격을 확인할 수 있을 것

1) 제1요건 : 우리나라에 수출 판매된 물품의 가격일 것

우리나라에 수출하기 위해 판매되었다 함은 우리나라로의 물품 이동을 전제로 거래가 이루어진 것을 의미한다. '수출'에서 이러한 거래가 구체적으로 어디서 이루어졌는가는 고려요소가 아니다. 어떤 상품이 관세평가 대상이 된다는 사실은 그 자체로서 수출과 수입이 이루어졌음을 입증하는 것이다. 그러므로 수출이라는 용어에 특히 중요한 의미를 부여할 이유는 없으며, 반드시 해당 물품의 수출국에서 판매가 이루어져야 할 필요도 없다고 본다.[5] 예로서 국내의 보세구역에 있는 물품을 수입신고를 하기 전에 매매한 경우는 우리나라로의 물품 이동을 전제로 거래한 것이 아니므로 수출판매가 된 것으로 보지 않지만,

물품이 우리나라에 도착하기 이전 운송단계에서 매매가 이루어졌다면 비록 내국인 간 국내에서 이루어진 거래라 하더라도 이는 수출판매에 해당한다고 본다. 한편 '판매'란 매매를 파는 사람의 입장에서 본 것으로, 무역거래에서는 대가지불이나 소유권 이전이 없는 거래도 적지 않다. 이와 같이 대가가 지불되지 아니하거나, 소유권이 이전되지 아니하는 거래는 '판매'에 해당하지 않는다.

2) 제2요건 : 가산요소 금액은 객관적이고 수량화 할 수 있을 것

제1방법에 의해 과세가격을 결정함에 있어 실제로 지급하였거나 지급하여야 할 금액 외에 수수료, 생산지원비, 지식재산권사용료, 사후귀속이익, 운임 및 보험료 등의 금액이 구매자가 실제로 지급하였거나 지급해야 할 가격에 포함되어 있지 않았으면 이 금액을 가산해야 한다. 관련 규정은 다음과 같다.

> **관세법 제30조(과세가격 결정의 원칙)** ① 수입물품의 과세가격은 우리나라에 수출하기 위하여 판매되는 물품에 대하여 구매자가 실제로 지급하였거나 지급하여야 할 가격에 다음 각 호의 금액을 더하여 조정한 거래가격으로 한다. 다만, 다음 각 호의 금액을 더할 때에는 객관적이고 수량화할 수 있는 자료에 근거하여야 하며, 이러한 자료가 없는 경우에는 이 조에 규정된 방법으로 과세가격을 결정하지 아니하고 제31조부터 제35조까지에 규정된 방법으로 과세가격을 결정한다.
>
> 1. 구매자가 부담하는 수수료와 중개료. 다만, 구매수수료는 제외한다.
> 2. 해당 수입물품과 동일체로 취급되는 용기의 비용과 해당 수입물품의 포장에 드는 노무비와 자재비로서 구매자가 부담하는 비용
> 3. 구매자가 해당 수입물품의 생산 및 수출거래를 위하여 대통령령으로 정하는 물품 및 용역을 무료 또는 인하된 가격으로 직접 또는 간접으로 공급한 경우에는 그 물품 및 용역의 가격 또는 인하차액을 해당 수입물품의 총생산량 등 대통령령으로 정하는 요소를 고려하여 적절히 배분한 금액
> 4. 특허권, 실용신안권, 디자인권, 상표권 및 이와 유사한 권리를 사용하는 대가로 지급하는 것으로서 대통령령으로 정하는 바에 따라 산출된 금액
> 5. 해당 수입물품을 수입한 후 전매·처분 또는 사용하여 생긴 수익금액 중 판매자에게 직접 또는 간접으로 귀속되는 금액
> 6. 수입항(輸入港)까지의 운임·보험료와 그 밖에 운송과 관련되는 비용으로서 대통령령으로 정하는 바에 따라 결정된 금액. 다만, 기획재정부령으로 정하는 수입물품의 경우에는 이의 전부 또는 일부를 제외할 수 있다.

5) WCO, ADVISORY OPINIONS 14.1(1985.3.8. 채택).

가산요소를 포함한 과세금액이 수입신고를 하는 때에 모두 확인될 수 있어야 하는 것은 아니다. **잠정가격신고제도**를 이용할 수 있기 때문이다. 그러나 수입신고를 할 때는 실제 지불하였거나 지불할 가격이 얼마인지 확실하지 않다 하더라도 추후 가격을 결정하는 데 적용할 수 있는 확정된 방식이나 방법이 수입신고 당시에 존재할 경우에만 이러한 잠정가격신고제도를 활용할 수 있다.

3) 제3요건 : 거래가격은 왜곡되지 아니한 것일 것

과세가격의 결정은 무역거래 당사자 간 합의에 따라 결정된 가격을 존중함을 원칙으로 한다. 이때의 가격은 다른 요인에 의해 영향을 받아 왜곡된 것이 아니어야 한다. 관세법은 다음 네 가지의 경우 왜곡된 거래가격이 존재하는 것으로 보고, 이 경우 제1방법 적용을 할 수 없도록 명시하였다.

> **관세법 제30조(과세가격 결정의 원칙)** ③ 다음 각 호의 어느 하나에 해당하는 경우에는 제1항에 따른 거래가격을 해당 물품의 과세가격으로 하지 아니하고 제31조부터 제35조까지에 규정된 방법으로 과세가격을 결정한다. 이 경우 세관장은 다음 각 호의 어느 하나에 해당하는 것으로 판단하는 근거를 납세의무자에게 미리 서면으로 통보하여 의견을 제시할 기회를 주어야 한다.
>
> 1. 해당 물품의 처분 또는 사용에 제한이 있는 경우. 다만, 세관장이 제1항에 따른 거래가격에 실질적으로 영향을 미치지 아니한다고 인정하는 제한이 있는 경우 등 대통령령으로 정하는 경우는 제외한다.
> 2. 해당 물품에 대한 거래의 성립 또는 가격의 결정이 금액으로 계산할 수 없는 조건 또는 사정에 따라 영향을 받은 경우
> 3. 해당 물품을 수입한 후에 전매·처분 또는 사용하여 생긴 수익의 일부가 판매자에게 직접 또는 간접으로 귀속되는 경우. 다만, 제1항에 따라 적절히 조정할 수 있는 경우는 제외한다.
> 4. 구매자와 판매자 간에 대통령령으로 정하는 특수관계(이하 "특수관계"라 한다)가 있어 그 특수관계가 해당 물품의 가격에 영향을 미친 경우. 다만, 해당 산업부문의 정상적인 가격결정 관행에 부합하는 방법으로 결정된 경우 등 대통령령으로 정하는 경우는 제외한다.

가. 왜곡사례 1 : 해당 물품의 처분 또는 사용에 제한이 있는 경우

과세목적상 수입물품은 구매자가 자유롭게 처분 또는 사용을 전제로 하여 거래되어야 한다. 이에 제한이 따른다면 그 거래의 가격은 실제가격이라 보기 어렵게 되어 제1방법에

의한 과세가격의 결정이 불가능하다. 어떤 제한이 실질적으로 가격에 영향을 미쳤는지를 판단하기 위해서는 제한의 본질, 수입물품의 특성, 해당 물품 관련 산업의 특징, 무역상관행 등 여러 요소를 고려해야 한다.

수입물품의 가격에 본질적 영향을 줄 수 있는 제한은 통상적으로 발생하는 것이 아닌 경우다.[6] 관세법시행령에는 다음과 같은 것들이 그에 해당되는 것으로 예시하고 있다(관세법시행령 제21조).

① 전시용, 자선용, 교육용 등 해당 물품을 특정 용도로 사용하도록 하는 제한.
② 해당 물품을 특정인에게만 판매 또는 임대하도록 하는 제한.
③ 기타 해당 물품의 가격에 실질적으로 영향을 미치는 제한.

그러나 외견상 수입물품의 처분 또는 사용에 제한이 있는 것일지라도 거래가격의 왜곡과 무관한 것에 대해서는 제1방법에 의해 과세가격결정이 가능하다. 즉, 다음 각호의 경우에는 해당 물품의 처분 또는 사용에 제한이 있는 것으로 보지 않는다.

① 우리나라의 법령이나 법령에 의한 처분에 의해 부과되거나 요구되는 제한.
② 수입물품이 판매될 수 있는 지역의 제한.
③ 기타 수입가격에 실질적으로 영향을 미치지 않는다고 세관장이 인정하는 제한.

나. 왜곡사례 2 : 거래의 성립 또는 가격결정에 특별한 조건이나 사정이 있는 경우

해당 물품에 대한 거래의 성립 또는 가격의 결정이 금액으로 계산할 수 없는 조건 또는 사정에 의해 영향을 받은 경우에도 이러한 거래가격은 실제가격이라 보기 어렵다. 따라서 이 경우도 제1방법에 의한 과세가격의 결정이 불가능하다. '금액으로 계산할 수 없는 조건 또는 사정'이 무엇인가에 대해 관세평가협정 또는 관세법령에서 어떤 구체적인 규정을 두고 있는 것은 아니고, 다만 다음과 같은 것들이 이에 해당되는 것으로 예시하였다.[7]

① 구매자가 특정 수량의 다른 상품을 구매한다는 조건으로 판매자가 수입품의 가격을 결정하는 경우
② 수입품의 구매자가 수입품의 판매자에게 판매하는 다른 상품의 가격에 따라 수입품의 가격이 좌우되는 경우

6) WCO, COMMENTARIES 12.1(1984.10.5. 채택) 참조.
7) WTO Valuation Agreement ANNEX 1 Paragraph 1(b) 및 관세법시행령 제22조 제2항.

③ 판매자가 반제품을 구매자에게 공급하고 그 대가로 완제품의 일정 수량을 받는 조건으로 해당 물품의 가격이 결정되는 경우

어떠한 조건이나 사정을 구체적인 금액으로 환산하는 데 있어 정보가 충분한지 여부는 관세당국의 합리적인 판단에 따라 결정될 문제다.[8] 이와 관련해 고려해야 할 것이 결합거래(tie-in sales)에 대한 판단이다. 과세가격결정과 관련해 사용하는 결합거래는 독특한 개념으로 WCO에 따르면[9] 두 개의 범주가 이에 해당된다. 하나는 조건이나 사정이 거래의 '가격'과 관련되어 있는 것이고, 다른 하나는 물품의 '매매'와 관련되어 있는 것이다. 첫 번째 범주의 결합거래에서는 한 거래에서의 가격이 판매자와 구매자 간의 다른 거래에서의 조건에 영향을 받는 것으로, 이는 제1방법을 적용할 수 없는 조건이나 사정에 해당한다. 두 번째 범주의 결합거래는 통상 무역실무에서 대응무역(Counter trade)이라 불리는 것이다. 여기에는 물물교환(Barter), 대응구매(Counter purchase), 청산협정(Clearing agreement), 스위치 또는 삼각무역(Switch of triangular trade) 등이 있다. 이 경우는 대응무역의 형태를 포함해 개별거래 사실에 기초해 제1방법 적용 가능 여부를 판단해야 한다.

다. 왜곡사례 3 : 계량하기 어려운 사후귀속이익이 있는 경우

물품을 수입한 후에 전매·처분 또는 사용하여 생긴 수익의 일부가 판매자에게 직접 또는 간접으로 귀속되는 경우 이러한 거래의 최초가격은 실제가격이라 보기 어렵게 된다. 따라서 이 경우도 제1방법에 의한 과세가격의 결정이 불가능하다. 다만, 귀속금액을 계량화하여 거래가격에 적절히 조정할 수 있는 때에는 제1방법의 적용이 가능하다.

그러나 객관적이고 계량화할 수 있는 자료가 없는 사후귀속이익이 있는 경우에는 제2방법 내지 제6방법에 의해 과세가격을 결정해야 한다. 사후귀속이익은 수입통관 이후에 실현되는 것이므로 수입신고를 할 때에는 이와 같은 자료가 없지만 사후에 확보가 가능한 경우에는 제1방법으로 과세가격을 결정하도록 하되 잠정가격신고를 해야 한다.

라. 왜곡사례 4 : 판매자와 구매자가 특수관계가 있고 그것이 가격에 영향을 미친 경우

구매자와 판매자 간에 대통령령이 정하는 특수관계가 있어 그 관계가 해당 물품의 가격에 영향을 미친 경우에도 제1방법에 의한 과세가격의 결정이 불가능하다. 무역거래의 특징

8) WCO, ADVISORY OPINIONS 16.1(1988.3.17. 채택) 참조.

9) WCO, COMMENTARIES 11.1(1985.3.8. 채택) 참조.

가운데 하나가 일단 거래관계가 성립되면 장기적이고 반복적인 거래관계로 발전하기 쉽다는 것이다. 이러한 관계는 다양한 형태로 발전될 수 있으나, 관세평가 목적을 위해서는 다음 각호에 해당하는 관계가 있는 경우만을 **특수관계**로 규정하였다(관세법시행령 제23조).

① 구매자와 판매자가 상호 사업상의 임원 또는 관리자인 경우.

② 구매자와 판매자가 상호 법률상의 동업자인 경우.

③ 구매자와 판매자가 고용관계에 있는 경우.

④ 특정인이 구매자 및 판매자의 의결권 있는 주식을 직접 또는 간접으로 5퍼센트 이상 소유하거나 관리하는 경우.

⑤ 구매자 및 판매자 중 일방이 상대방에 대해 법적으로 또는 사실상으로 지시나 통제를 할 수 있는 위치에 있는 등 일방이 상대방을 직접 또는 간접으로 지배하는 경우.

⑥ 구매자 및 판매자가 동일한 제3자에 의해 직접 또는 간접으로 지배를 받는 경우.

⑦ 구매자 및 판매자가 동일한 제3자를 직접 또는 간접으로 공동지배하는 경우.

⑧ 구매자와 판매자가 다음 친족관계에 있는 경우.[10]

㉠ 6촌 이내의 부계혈족과 4촌 이내의 부계혈족의 처

㉡ 3촌 이내의 부계혈족의 남편 및 자녀

㉢ 3촌 이내의 모계혈족과 그 배우자 및 자녀

㉣ 처의 2촌 이내의 부계혈족 및 그 배우자

㉤ 배우자(사실상 혼인관계에 있는 자를 포함한다)

㉥ 입양자의 생가의 직계존속

㉦ 출양자 및 그 배우자와 출양자 양가의 직계비속

㉧ 혼인 외의 출생자의 생모

관세평가협정에서는 '제1방법에 의한 평가를 위해서는 판매자와 구매자 간 관계(related)가 없어야 하나, 관계가 있어도 그 관계가 가격에 영향을 미치지 않았다고 판단되어야 한다'고 규정하고 있다. 이때 관계가 있다고 보는 경우는 대체로 위에서 살펴본 우리나라 관세법의 경우와 같다.[11] 다만 ⑧항의 친족은 협정에서는 동일가족(same family)으로 규정하고 있어 나라에 따라 그 개념이 다르게 해석될 수 있는데, 우리나라에서는 국세기본법[12]

---

10) 미국의 경우 특수관계인 친족의 범위를 형제와 자매, 배우자, 존비속을 포함하는 동일한 친족의 구성원으로 규정하고 있다(19 U.S.C. 1401a(g) 참조).

11) WTO Valuation Agreement, Article 1.1 및 Article 15.4.

12) 국세기본법시행령 제20조 제1호 내지 제8호의 1에 해당.

의 친족 개념을 적용한다. 무역에서 흔히 체결되는 판매자와 구매자 간의 독점대리인(sole agent), 독점유통업자(sole distributor), 독점영업권자(sole concessionaire) 등의 관계는 표현에 관계없이 그러한 관계가 있다는 사실만으로 '특수관계'라 보지는 않고 위 어느 하나의 기준에 포함되는 경우에만 특수관계가 있다고 본다.[13] 이러한 관계가 위의 ⑤항, 즉 구매자 및 판매자 중 일방이 상대방에 대해 법적 또는 사실상으로 지시나 통제를 할 수 있는 위치에 있는 등 일방이 상대방을 직·간접으로 지배하는 경우에 해당하는지는 그 정황에 따라 이를 판단하게 되므로 면밀한 검토가 필요하다.

판매자와 구매자 간에 특수관계가 있다는 사실은 일단 관세평가와 관련해 세관당국으로 하여금 해당 거래에 대한 면밀한 검토를 필요로 한다는 사실을 알려주는 것이다. 그러나 특수관계자 간의 거래라 하여 무조건 제1방법에 의한 평가가 부인되는 것은 아니다. 그러한 관계가 거래에 실질적인 영향을 미치지 아니한 것으로 인정되면 제1방법에 의해 해당 거래가격을 과세가격으로 결정할 수 있는 것이다. 납세의무자가 가격신고를 할 때 외국의 수출자와 특수관계가 있는지 여부와, 있다면 그러한 특수관계로 가격에 영향을 받았는지 여부를 신고해야 한다. 이때 특수관계가 가격에 영향을 미치지 아니하였음에 대한 입증은 수입자가 해야 한다. 따라서 특수관계가 있음에도 그 특수관계가 해당 물품의 가격에 영향을 미치지 아니한 것이라면 가격신고를 할 때에 그 증명에 필요한 자료를 제출해야 한다(관세법시행령 제23조). 만일 세관장이 인정한다면 잠정가격신고를 한 다음 증명에 필요한 서류를 갖추어 확정가격신고를 할 수 있을 것이다(관세법시행령 제164조).

관세법에서는 판매자와 구매자가 특수관계에 있는 경우 해당 물품의 가격이 다음 가운데 하나에 해당하는 때에는 그 특수관계가 해당 물품의 가격에 영향을 미치지 아니한 것으로 본다.

① 특수관계가 없는 구매자와 판매자 간에 통상적으로 이루어지는 가격결정 방법으로 결정된 경우.
② 해당 산업부문의 정상적인 가격결정 관행에 부합하는 방법으로 결정된 경우.
③ 비교가격에 근접하는 가격인 경우.

위의 제1항과 제2항은 거래상황을 파악해 그 거래가 통상적이고 정상적인 거래로서 이루어진 것일 경우 특수관계가 가격에 영향을 미치지 아니한 것으로 판단하는 것이고, 제3항은 해당 수입가격이 비교가격에 근접하는 가격일 경우 역시 특수관계가 가격에 영향을 미치지 아니한 것으로 판단하는 것이다. 따라서 가격신고를 할 때 이와 관련된 증명자료

13) WTO Valuation Agreement, Article 15.5, WCO, EXPLANATORY NOTE 4.1.

를 제출해야 하는 것이다. 어떤 자료가 충분한 증거자료인가 하는 것은 사안에 따라 판단될 문제이다. 특수관계가 있는 구매자와 판매자의 관계로 인해 실제 지불되었거나 지불할 가격이 영향을 받지 않았는지도 개별적으로 판단한다.

만일 세관당국이 거래상황에 의문을 가지고 자료의 제출을 요청하였으나, 수입자가 특수관계가 해당 물품의 가격에 영향을 미치지 아니한 사실을 입증할 수 있는 충분한 증거를 제출하지 못한 경우에는 제1방법에 의해 과세가격을 결정할 수 없고 제2방법 내지 제6방법에 의해 과세가격을 결정한다.

세관장은 세액심사 시 특수관계에 있는 자가 수입하는 물품의 과세가격의 적정성을 심사하기 위하여 해당 특수관계자에게 과세가격 결정자료를 제출할 것을 요구할 수 있다. 과세자료 제출을 요구받은 특수관계자가 자료제출을 요구받은 날부터 60일(부득이한 사유로 제출시한의 연장을 신청한 경우에는 한 차례만 60일까지 연장 가능) 이내에 과세자료를 제출하여야 한다. 만일 기한 내에 자료를 제출하지 아니하거나 거짓의 자료를 제출한 경우에는 1억원 이하의 과태료가 부과 될 수 있다(관세법 제277조 제1항).

4) 제4요건 : 합리적 의심이 있을 때 세관장이 거래가격을 확인할 수 있을 것

납세의무자가 제1방법에 의해 과세가격을 결정하고 납세신고를 하였을 때, 그 가격은 필요한 경우 세관장이 정당성을 확인할 수 있어야 한다. 세관당국의 심사에서 신고가격이 동종·동질물품 또는 유사물품의 거래가격과 현저한 차이가 있는 등 이른바 '합리적 의심'이 있으면 세관장은 신고가격이 사실과 같음을 증명할 수 있는 자료의 제출을 요구할 수 있다. 말하자면 제1방법에 의한 과세가격결정에 대한 정당성의 입증책임을 납세의무자에게 부과하고 있는 것이다. 이는 입증책임의 부여라는 측면도 있으나 납세의무자로 하여금 소명기회를 부여하는 것이기도 하다. 그러나 단지 동일물품의 시장가격보다 낮은 가격으로 수입하였다는 이유만으로 제1방법에 의한 과세가격 결정이 배제될 수는 없다.[14] 합리적 의심과 관련한 관세법령 규정은 다음과 같다.

> **관세법 제30조(과세가격 결정의 원칙)** ④ 세관장은 납세의무자가 제1항에 따른 거래가격으로 가격신고를 한 경우 해당 신고가격이 동종·동질물품 또는 유사물품의 거래가격과 현저한 차이가 있는 등 이를 과세가격으로 인정하기 곤란한 경우로서 대통령령으로 정하는 경우에는 대통령령으로 정하는 바에 따라 납세의무자에게 신고가격이 사실과 같음을 증명할 수 있는 자료를 제출할 것을 요구할 수 있다.

14) WCO, COMMENTARIES 3.1(1982.3.23. 채택) 참조.

⑤ 세관장은 납세의무자가 다음 각 호의 어느 하나에 해당하면 제1항과 제2항에 규정된 방법으로 과세가격을 결정하지 아니하고 제31조부터 제35조까지에 규정된 방법으로 과세가격을 결정한다. 이 경우 세관장은 빠른 시일 내에 과세가격 결정을 하기 위하여 납세의무자와 정보교환 등 적절한 협조가 이루어지도록 노력하여야 하고, 신고가격을 과세가격으로 인정하기 곤란한 사유와 과세가격 결정 내용을 해당 납세의무자에게 통보하여야 한다.
1. 제4항에 따라 요구받은 자료를 제출하지 아니한 경우
2. 제4항의 요구에 따라 제출한 자료가 일반적으로 인정된 회계원칙에 부합하지 아니하게 작성된 경우
3. 그 밖에 대통령령으로 정하는 사유에 해당하여 신고가격을 과세가격으로 인정하기 곤란한 경우

관세법시행령 제24조(과세가격 불인정의 범위 등) ① 법 제30조 제4항에서 "대통령령으로 정하는 경우"란 다음 각 호의 어느 하나에 해당하는 경우를 말한다.
1. 납세의무자가 신고한 가격이 동종·동질물품 또는 유사물품의 가격과 현저한 차이가 있는 경우
2. 납세의무자가 동일한 공급자로부터 계속하여 수입하고 있음에도 불구하고 신고한 가격에 현저한 변동이 있는 경우
3. 신고한 물품이 원유·광석·곡물 등 국제거래시세가 공표되는 물품인 경우 신고한 가격이 그 국제거래시세와 현저한 차이가 있는 경우

3의2. 신고한 물품이 원유·광석·곡물 등으로서 국제거래시세가 공표되지 않는 물품인 경우 관세청장 또는 관세청장이 지정하는 자가 조사한 수입물품의 산지 조사가격이 있는 때에는 신고한 가격이 그 조사가격과 현저한 차이가 있는 경우

4. 납세의무자가 거래선을 변경한 경우로서 신고한 가격이 종전의 가격과 현저한 차이가 있는 경우
5. 제1호부터 제4호까지의 사유에 준하는 사유로서 기획재정부령으로 정하는 경우

② 세관장은 법 제30조 제4항의 규정에 의하여 자료제출을 요구하는 때에는 그 사유와 자료제출에 필요한 기간을 기재한 서면으로 하여야 한다.

③ 법 제30조 제5항 제3호에서 "대통령령으로 정하는 사유에 해당하여 신고가격을 과세가격으로 인정하기 곤란한 경우"란 다음 각 호의 어느 하나에 해당하는 경우를 말한다.
1. 납세의무자가 제출한 자료가 수입물품의 거래관계를 구체적으로 나타내지 못하는 경우
2. 그 밖에 납세의무자가 제출한 자료에 대한 사실관계를 확인할 수 없는 등 신고가격의 정확성이나 진실성을 의심할만한 합리적인 사유가 있는 경우

2 구매자가 실제 지급하였거나 지급할 가격

1) 거래당사자 간 대금지급의 합의

구매자가 실제로 지급하였거나 지급해야 할 가격은 거래당사자 간의 합의, 즉 무역계약에 의해 결정된다. 이 계약에 의해 구매자가 지급해야 할 금액, 지급대상, 지급의 시기, 지급 방법, 지급 형태 등이 확정되는 것이다. 따라서 구매자가 지급한 금액이 '수입물품 **판매조건**'에 따른 것이었는지 여부를 파악하기 위해서는 이와 같은 계약의 내용을 확인하고 그 성격을 규명해야 한다. 중요한 것은 물품 수입과 관련해 지급한다는 것일 뿐 누구에게, 언제, 어떻게 지불하는지는 관세평가에서 중요하지 않다.

상거래에 있어 계약은 낙성(諾成)계약, 쌍무(雙務)계약, 불요식(不要式)계약의 성격을 가진다. 무역거래 계약도 마찬가지이다. 계약의 형태는 텔렉스, E-Mail, 편지, 각서, 의사록, 협정서, 매도서, 매입서, 수출계약서, 수입계약서, 무역계약서 등 그 명칭과 형식이 일정하지 않다. 물품매매에 관한 유엔협약(CISG)에서도 서면이나 혹은 특정한 방식을 계약의 효력발생 요건으로 정하지 않았다(CISG 제11조).

2) 합의의 이행과 합의의 변경

관세법에서 '실제로 지급하였거나 지급해야 할'이라 규정하고 있는 것은 과세가격을 결정하는 수입신고의 시점에 매매당사자 간 합의만 있으면 충분하고, 실제로 대금의 지급이 완성되어야 하는 것을 요건으로 하고 있지 아니함을 의미한다. 또 이와 같은 합의 자체가 수입신고시점 이후에 변경될 가능성이 있다 하더라도 이를 고려하지도 않는다.

이것은 수입통관을 한 이후에 수입자가 클레임을 제기하고 그에 따라 그가 실제 부담하는 수입물품의 대가가 변경될 가능성이 있다 하더라도 과세가격 결정시점에서는 이를 고려하지 않는다는 것을 의미한다. 그러나 확정된 계약이 있다면 수입신고시점에는 가격이 잠정적으로만 결정되어 있고, 확정적인 가격은 계약조건에 합의되어 있는 특정 요인에 따라 동 물품이 수입된 후에 결정될 때에도 실제로 결정된 가격이 거래가격으로 인정될 수 있다.[15] 이러한 계약이 적용되는 것은 장기간에 걸쳐 건설이 이루어지는 플랜트 거래에서 최종가격이 인건비·자재비 등 생산에 투입된 요소가격에 따라 조정해 결정하도록 하거

15) WCO, EXPLANATORY NOTE 4.1.

나, 수입항에서 행하는 검사결과 확인된 물품의 수량·품질·성분에 따라 가격이 결정되도록 한 경우 등에서 볼 수 있다. 이와 같은 경우 잠정적인 가격으로 과세가격을 결정하는 잠정가격신고제도가 활용될 수 있다.

한편, 매매당사자 간 합의는 변경될 수 있다. 대금의 지급과 관련해 계약내용 자체가 변경되거나, 계약이 변경되는 것은 아니지만 계약에 따라 지급액이 변경되는 사유는 여러 가지다. 수입신고하고자 하는 물품이 당초 계약내용과 다르거나, 거래의 환경이 계약당시와 달라지는 것도 그 가운데 하나이다. 이 경우 과세가격은 제1방법에 의해 과세가격을 결정할 수 없고 제2방법 내지 제6방법에 의해 과세가격을 결정해야 한다. 계약내용과 전혀 다른 물품이 반입되어 수입신고하는 경우에도 마찬가지다. 이에 대한 클레임의 제기와 그 결과 판매자와 구매자 간 합의에 의해 거래가격을 변경하는 것은 별개 문제다. 그러나 전체 물품 중 일부만 손상된 경우에는 전체 가격 중 손상되지 않은 수량이 전체 수량에서 차지하는 비율 만큼에 해당하는 금액이 거래가격으로 인정될 수 있다.[16)]

3 가산요소

제1방법에 의한 과세가격결정에서 거래가격은 구매자가 실제로 지급하였거나 지급해야 할 가격에 관세법 제30조 제1항 단서규정에서 열거한 수수료 등이 가산되는 개념이다. 이들 가산요소에 해당하는 금액은 통상 구매자가 판매자나 제3자에게 별도로 지불한다. **가산요소**는 열거주의를 채택하고 있으므로, 법령이 열거되지 아니한 금액이 과세가격에 가산될 수는 없다. 관세법에 규정된 가산요소는 다음과 같다.

1) 수수료와 중개료

거래가격으로 '구매자가 실제로 지급하였거나 지급해야 할 가격'에 가산해야 할 첫 번째 금액은 '구매자가 부담하는 수수료 및 중개료'이다. 다만, 구매수수료는 제외한다. **구매수수료**(buying commission)는 구매대리인에게 지급되는 수수료다. 구매대리인은 구매자의 계산으로 활동하며, 공급자를 물색하고 수입자의 요구사항을 판매자에게 알려주고, 샘플을 수집하고, 물품을 검사하며, 때로는 보험, 운송, 보관 및 인도 등을 주선한다. 구매대리인에게 지급된 금액일지라도 그가 행하는 다른 서비스에 대한 대가는 구매수수료라 보지 않

16) WCO, EXPLANATORY NOTE 3.1 및 관세법 제16조.

는다.[17] 만일 구매자가 구매대리인에게 지급한 비용에 구매수수료 외의 비용이 포함된 경우에는 그 지급한 비용 중 구매수수료에 해당하는 금액이 따로 구분하여 산정될 수 있는 경우에만 해당 금액을 구매수수료로 한다.

수입자가 부담하는 비용 가운데 각종 확인수수료(confirming commission)가 있다. 이는 수입물품에 대한 수입자의 대가지급을 확인하거나 또는 보증하는 대가로 지급되는 것으로, 거래에 따라 대가의 명칭은 달라질 수 있다. 보통 은행 채널이나 정부기관, 보험회사, 기타 관련되는 전문 업체에 지불되며 직접적으로 수출물품 대가에 포함되거나 별도로 지불되기도 한다. 만일 은행, 보험회사 등의 전문 업체로부터 수출자를 위해 대금지급을 보증받기 위한 목적으로 지급되는 확인수수료라면 이것은 거래가격에 포함된다. 신용장개설수수료와 같이 수입자가 수입계약을 확실하게 하기 위한 것이라면 수입물품에 대한 거래가격의 일부를 구성하지 않는다.[18] 즉, 확인수수료도 무엇을 위한 것이냐에 따라 과세대상 여부가 판단된다.

수입물품에 대한 **하자보증비**(warranty charges)의 과세가격 포함 여부는 물품 판매를 비롯한 모든 조건들과 하자보증의 조건에 따라 달라질 수 있다. 판매자가 구매자에게 하자보증비용을 요구해 이를 구매자가 지급할 경우 이 하자보증비는 수입물품에 대한 판매가격의 일부가 된다. 판매자가 하자보증의무를 제3자에게 부담시키는 경우에도 마찬가지다. 물품의 판매계약과 별도로 하자보증계약을 체결하고 구매자가 그 비용을 지급하였을 때는 물품판매의 모든 조건과 하자보증 조건을 살펴보아 판단해야 한다. 만일 구매자가 스스로 결정해 자신의 부담 하에 하자보증비용을 지급하는 경우 이 금액은 수입물품에 대한 판매가격에 포함되지 않는다.[19]

2) 포장용기와 포장비용

수입물품과 동일체로 취급되는 용기의 비용과, 해당 물품의 포장에 소요되는 노무비 및 자재비로서 구매자가 별도로 부담하는 비용은 거래가격에 포함되는 것으로 보아야 한다. '수입물품과 동일체로 취급되는 용기' 여부는 HS품목분류 통칙 제5호에 따라 판단될 수 있다. 품목분류에서 용기는 관세목적상 해당 물품과 동일체로 취급해야 하는 것으로 본다. 따라서 수입자가 임대하거나, 수입자 자기소유의 용기로 물품을 수입하는 경우 이는 관세

17) WCO, COMMENTARY 17.1(1990.10.12. 채택).
18) WCO, EXPLANATORY NOTE 5.1(1992.3.20. 채택).
19) WCO, COMMENTARY 20.1(1998.10.9. 채택) 및 CASE STUDY 6.1(1990.10.12. 채택).

목적상 해당 물품과 동일체로 취급되는 용기로 볼 수 없다. 이러한 용기는 Pallet와 같이 반복적으로 사용되는 것일 경우가 많다. 수출자 소유의 용기로 '해당 물품과 동일체로 취급되는 용기'에 해당되지만 이러한 용기를 수입자가 다시 수출자에게 되돌려 주는 경우, 이때의 용기사용료는 통상 거래가격에 포함되어 있지만 만일 구매자가 별도로 지불하는 경우 이 금액은 '용기의 비용'으로 과세가격에 포함된다. 그러나 빈 용기를 수출자에게 되돌려 보내는 비용은 용기의 비용도 아니고 수입물품의 운송관련 비용도 아니므로 과세가격에 포함되지 않는다.

3) 생산지원비용

생산과 판매가 범세계화(Global) 하면서 무역거래에서도 구매자가 판매자에게 거래물품과 관련해 별도의 물품 또는 서비스를 제공하는 경우도 크게 늘어나고 있다. 이때 '구매자가 해당 물품의 생산 및 수출거래를 위해 무료 또는 인하된 가격으로 직접 또는 간접적인 방법으로 다음 물품 및 용역을 공급'하였을 때에는 **생산지원비**로서 그 가격 또는 인하차액을 거래가격에 포함해야 한다.

① 수입물품에 결합되는 재료・구성요소・부분품 기타 이와 비슷한 물품.
② 수입물품의 생산에 사용되는 공구・금형・다이스 및 해당 물품의 조립・가공・성형 등의 생산 과정에 직접 사용되는 기계・기구.
③ 수입물품의 생산 과정에 소비되는 물품.
④ 수입물품의 생산에 필요한 기술・설계・고안・공예 및 의장. 다만, 우리나라에서 개발된 것을 제외한다.

생산지원에서 제공되는 물품과 용역은 그것이 누구에 의해 어디에서 제공되었는가는 고려 대상이 아니다. 수출자가 해야 할 일을 수입자가 자신의 비용으로 수행한 다음 해당 거래물품의 생산 또는 수출거래와 관련해 직접 또는 간접적으로 제공되었으며, 그에 따라 수입물품의 가격이 인하되었다는 사실 여부가 중요한 것이다.

4) 지식재산권 사용료

지식재산권을 사용하는 대가인 **권리사용료**(loyalties and licence fees)를 ① '해당 물품과 관련(related to the goods)'하여, ② '해당 물품의 거래조건(a condition of the sale of the goods)으로' 구매자가 직접 또는 간접으로 지급하였다는 두 가지 요건이 충족되면 그 금액은 비록 별도로 지불되었더라도 거래가격에 포함하여 과세가격으로 하여야 한다. 다만, 특정한 고안이나 창안이 구현되어 있는 수입물품을 이용해 우리나라에서 그 고안이나 창안을 다른 물품에 재현하는 권리(재현생산권)를 사용하는 대가는 제외한다. 지식재산권 사용료가 과세대상인 "해당 물품에 관련되었다"함은 〈표 16-4〉와 같은 경우를 의미한다.

〈표 16-4〉 지식재산권사용료의 물품관련성 판단기준

지식재산권	물품관련성의 판단기준
특허권	수입물품이 다음 각목의 1에 해당하는 물품인 경우 가. 특허발명품 나. 방법에 관한 특허에 의해 생산된 물품 다. 국내에서 해당 특허에 의해 생산될 물품의 부분품·원재료 또는 구성요소로서 그 자체에 해당 특허의 내용의 전부 또는 일부가 구현되어 있는 물품 라. 방법에 관한 특허를 실시하기에 적합하게 고안된 설비·기계 및 장치(그 주요 특성을 갖춘 부분품 등을 포함한다)
의장권	수입물품이 해당 의장을 표현하는 물품이거나 국내에서 해당 의장권에 의해 생산되는 물품의 부분품 또는 구성요소로서 그 자체에 해당 의장의 전부 또는 일부가 표현되어 있는 경우
상표권	수입물품에 상표가 부착되거나 희석·혼합·분류·단순조립·재포장 등의 경미한 가공 후에 상표가 부착되는 경우
저작권	수입물품에 가사·선율·영상·컴퓨터 소프트웨어 등이 수록되어 있는 경우
실용신안권/ 영업비밀	해당 실용신안권 또는 영업비밀이 수입물품과 제1호의 규정에 준하는 관련이 있는 경우
기타의 권리	해당 권리가 수입물품과 제1호 내지 제5호의 규정 중 권리의 성격상 해당 권리와 가장 유사한 권리에 대한 규정에 준하는 관련이 있는 경우

기타의 권리로서 컴퓨터 소프트웨어에 대해 지급되는 권리사용료는 컴퓨터 소프트웨어가 수록된 마그네틱테이프·마그네틱디스크·시디롬 및 이와 유사한 물품(관세율표 중 세번 제8524에 속하는 것에 한한다)[20]과 관련되지 아니하는 것으로 본다(관세법시행령 제19조). 한편, 두 번째 요건인 지식재산권사용료가 해당 물품의 **거래조건**으로 지급되었다 함은 다음 각호의 어느 하나에 해당하는 경우를 말한다. 이때 권리사용료가 거래조건으로 지급되었

20) HS 제8523호에는 디스크, 테이프, 고체상태의 비휘발성 기억장치, 스마트카드와 음성 기타 현상의 기록용 기타매체가 분류된다.

는지에 대한 입증책임은 과세관청에 있다.[21]

① 구매자가 수입물품 구매를 위해 판매자에게 권리사용료를 지급하는 경우.
② 수입물품의 구매자와 판매자 간의 약정에 따라 구매자가 수입물품을 구매하기 위해 해당 판매자가 아닌 자에게 권리사용료를 지급하는 경우.
③ 구매자가 수입물품을 구매하기 위해 판매자가 아닌 자로부터 특허권 등의 사용에 대한 허락을 받아 판매자에게 그 특허권 등을 사용하게 하고 해당 판매자가 아닌 자에게 권리사용료를 지급하는 경우.

5) 사후귀속이익

사후귀속이익이란 해당 물품의 수입 후의 전매·처분 또는 사용에 따른 수익금액 중 판매자에게 직접 또는 간접으로 귀속되는 금액을 말한다. 이러한 금액은 거래가격에 포함해 과세가격으로 해야 한다. 사후귀속이익은 성격상 수입통관 이후에 발생하는 것이므로 잠정가격신고제도에 의해 사후귀속이익 금액이 확정될 때까지 과세가격의 확정을 보류할 필요가 있다. 물론 전매·처분 또는 사용에 따르는 수익금의 대가로 실제 지불하였거나 지불할 가격에 가산되는 금액은 수입물품을 기초로 해야 하며, 국내 부품 또는 재료로부터 기인하는 수익금을 포함해서는 아니된다. 그러나 수입물품을 가공하거나 이를 원료로 사용하여 만든 제품의 판매에 따른 수익금액 중 판매자에게 귀속되는 금액도 그것이 수입물품에 대한 대가로서의 성질을 갖는 경우에는 과세대상인 사후귀속이익에 포함된다.

관세평가협정에는 사후귀속이익이 과세가격 가산 대상임을 규정하고는 있으나 '판매의 조건'일 것을 요구하는 것은 아니다.[22] 따라서 사후귀속이익이 존재한다면 과세가격의 조정이 요구된다. 다만, 객관적이고 수량화할 수 있는 자료가 없다면 제1방법 적용의 배제 여부를 검토하여야 한다.

6) 운임 및 운송관련비용

물품이 수입항에 도착하여 본선하역준비가 완료될 때까지 수입자가 부담하는 운송관련 비용이나 운임 또는 보험료를 수입자가 별도로 부담하였을 때는 이를 거래가격에 포함해야 한다.

---

21) 대법원 1992.7.14. 선고 91누10763 판결 및 1993.12.7. 선고 93누500 판결.
22) WCO 관세평가기술위원회, Case Study 2.2 참조.

이 금액은 해당 사업자가 발급한 운임명세서·보험료명세서 또는 이에 갈음할 수 있는 서류에 의해 산출한다. 만일 운임을 산출할 수 없는 때에는 운송거리·운송방법 등을 참작해 관세청장이 「수입물품과세가격결정에 관한 고시」에서 정한 바에 따라 산출한다. 선박 등에 의해 운송하기로 계약한 물품으로서 해당 물품의 제작지연, 기타 수입자의 귀책이 아닌 사유로 수출자가 그 운송비용을 부담하고 항공기로 운송한 물품 등 관세청장이 따로 정한 물품이 항공기로 운송되는 경우에는 해당 물품이 항공기 외의 일반적인 운송방법에 의해 운송된 것으로 보아 운임을 산출한다.

운송관련비용은 무역거래조건과 운송방법에 따라 상당히 다르게 발생한다. 무역거래조건이 전통적인 CIF, FOB 또는 CFR과 같은 Port to Port 조건에서는 운송관련비용이 별도로 발생할 여지가 상대적으로 적다. 그러나 국제물류기법의 발전에 따라 수출국 또는 수입국의 특정 장소에서 상품을 인도·인수하는 다른 무역거래 조건적용이 크게 늘어나고 있는데, 이 경우 다양한 운송관련비용이 발생될 수 있다. 관세의 과세가격에 포함되어야 하는 것으로는 수출국에서의 내국운송료, 화물보관료, 선적항 부두사용료, 선적항 장비사용료(Lift Charge), 선적항 화물취급수수료(Terminal Handling Charge), 제3국에서의 환적료, 임시보관료, 산동물의 경우 사료공급비용 등이 있다.

7) 보험료

보험료는 수입물품에 대해 실제 보험이 부보(附保)된 경우에만 그 보험료가 과세가격에 포함된다. 그러므로 무역거래조건 가운데 매도인과 매수인 간 위험과 비용부담의 분기점이 수입국 이외의 장소이고, 보험의 부보 여부가 매수인의 임의사항인 EXW, FCA, FAS, FOB, CFR, CPT 등이 적용되었을 때는 매수인이 별도로 보험에 부보하였을 때만 해당 보험료가 거래가격에 포함되어 과세가격이 된다. 기타 거래조건이 적용되었을 때는 매수인이 매도인에게 지불하는 거래가격 안에 이미 보험료 상당부분이 포함되어 있다고 볼 수 있다.

4 공제요소

제1방법에 의한 평가에 있어서 구매자가 실제로 지급하였거나 지급해야 할 가격 가운데 **공제요소**에 해당되는 금액은 과세가격에서 제외될 수 있다. 이들 금액은 물품수입 후 국내에서 수행하는 용역의 대가이거나, 수입과 관련해 국내에서 납부하게 되는 각종 공과금으로서 수입당시 그 물품의 가격을 구성하는 것이 아니라 보기 때문이다. 관세법에는 WTO 평가협정의 규정 및 이와 관련된 WCO의 결정사항을 수용해[23] 〈표 16-5〉의 다음 각 호의 어느 하나에 해당하는 금액은 이를 명백히 구분할 수 있을 때 그 금액을 구매자가 지급하였거나 지급해야 할 총금액에서 공제할 수 있다고 규정하였다(관세법 제30조).

〈표 16-5〉 공제대상

구분	공제대상과 그 금액
①	수입 후에 행해지는 해당 수입물품의 건설·설치·조립·정비·유지 또는 해당 수입물품에 관한 기술지원에 필요한 비용
②	수입항에 도착한 후 해당 수입물품의 운송에 필요한 운임·보험료와 그 밖에 운송에 관련되는 비용
③	우리나라에서 해당 수입물품에 부과된 관세 등의 세금과 그 밖의 공과금
④	연불조건의 수입인 경우에는 해당 수입물품에 대한 연불이자

이러한 금액이 공제되기 위해서는 우선 이들 금액이 구매자가 지불한 총 금액에 포함되어 있어야 하고, 아울러 서류에 의해 명백히 구분될 수 있어야 한다. 다만 ③항의 경우는 성질상 구분이 가능하므로 만일 해당금액이 구매자가 지불한 총금액에 포함되어 있다면 서류상 별도의 구분표시가 없더라도 공제가 가능하다. 명백한 구분은 적어도 송품장과, 송품장의 근거가 되는 무역계약서에 구분 표기됨을 필요로 한다. 만일 '수입항 도착 후 발생한 비용'이 선하증권 등 서류상에 기재된 금액과 수입자가 실제 지급한 금액이 다를 경우에는 실제 지급한 금액이 표시된 영수증 등에 의해 공제금액을 결정해야 한다. 이때 해당 금액이 명백히 구분되는 것이 반드시 수입신고시점이어야 하는 것은 아니다. 수입통관이 종료된 이후일지라도 이를 명백히 증빙할 수 있는 자료가 있다면 세관장에게 경정을 청구하여 이미 납부한 관세 등을 과오납환급금으로서 되돌려 받을 수 있다.

1) 수입 후 행해지는 용역에 대한 대가 등

물품이 수입된 후에 행해지는 해당 수입물품의 건설·설치·조립·정비·유지 또는 해당 수입물품에 관한 기술지원에 필요한 비용은 그 금액을 명백히 구분할 수 있으면 과세

23) 4개 공제요소 중 ①~③은 WTO Valuation Agreement, ANNEX Ⅰ, Note to Article 1.3의 규정을, ④는 WTO의 DECISION 3.1(1984.4.26.채택)을 수용한 것이다.

가격에서 제외된다. 이와 같은 비용은 산업설비(plant)를 수입할 때 흔히 발생한다. 산업설비 수입에서는 흔히 핵심적인 기계·장비는 외국에서 수입하고, 비전문적인 장비나 물품은 국내에서 조달한다. 또한 건설 등에 필요한 각종 서비스도 일부는 해외에서, 일부는 국내에서 제공된다. 이때 국내에서 구입된 물품이나 서비스의 대가는 물품의 수입과 무관하므로 과세대상에서 제외하는 것이 합리적이다.

2) 내국운송비 등

수입항에 도착한 후 해당 수입물품의 운송에 필요한 운임·보험료 기타 운송에 관련되는 비용은 그 금액을 명백히 구분할 수 있으면 과세가격에서 제외된다. 여기에서 수입항이 어디를 의미하는가는 중요한 의미가 있다. 관세법에서는 공제대상을 수입항에 도착한 후로 규정하면서 이를 구체적으로 해당 수입물품이 수입항에 도착해 본선하역준비가 완료된 시점과 장소를 말한다고 명시하였다(관세법시행령 제20조). 이 규정은 **수입항**이 국제무역선이나 국제무역기가 우리나라에 최초로 입항한 항구나 공항이 아니라 수입하고자 하는 물품을 실제로 내리는 곳을 의미하는 것으로 해석되는 것이다. 수입물품의 운임에 수입항에서의 하역비가 포함되어 있고, 그 금액이 구분 표기되어 있는 경우에는 동 하역비는 과세가격에 포함되지 않는다. 수입항에서의 체선료는 과세가격에 가산하지 않고, 컨테이너에 의한 문전배달형태(Door to Door)의 운송계약의 경우에 그 운송료가 구분되는 때에는 수입항도착 이후의 운송료는 과세가격에 포함하지 않는다.

한편, 유권해석에 따르면 수입물품을 용선계약에 의해 운송하는 경우 과세가격에 포함되는 운임은 빈 배를 돌려보내는 금액을 포함해 해당 용선계약에 의거 실제로 지불하는 일체의 비용이고, 수입항도착 이후의 운임 및 보험료는 보세운송 여부와 관련 없이 이를 명백히 구분할 수 있으면 과세대상에서 제외한다. 수입항에서의 부두사용료, 예선료, 강취방료[24] 등도 수입항도착 후에 발생한 부분이 명백하게 구분이 되면 과세가격에서 공제할 수 있다. 물품이 국내에 반입된 다음 수입통관 때까지 발생하는 보관료 등도 마찬가지로 처리된다.

---

24) 강취방료란 줄잡이비용(Line handling charge)을 말한다. 선박의 출입이나 정박 등 해당 항만을 이용함으로써 발생하는 일체의 비용을 항비(Port Charge)라 하는데 여기에는 도선료(pilotage), 입출항세(entrance and clearance fee), 톤세(tonnage dues), 부두사용료(wharfage), 부표사용료(buoyage), 예선료(towage), 강취방료(Line handling charge), 통선료(sampan hire), 세관제비용(custom fee), 영사관수수료(consular fee), 쓰레기 청소비(garbage disposal charge), 등대세(light dues), 항만관계 위생세(sanitary fee), 대리점료(agency fee) 등이 있다.

3) 우리나라에서 부과된 세금과 공과금

물품의 수입과 관련해 우리나라에서 해당 수입물품에 부과된 관세 등의 세금 기타 **공과금**은 과세가격결정 시 구매자가 실제로 지급하였거나 지급할 가격에서 공제될 수 있다. 따라서 만일 수출과 관련해 수출국에서 판매자 또는 구매자가 부담한 관세, 판매세 등이 있다 하더라도 이것은 공제대상이 되지 않는다. 관세지급필조건(DDP)의 거래에서 수입통관의무와 이 과정에서 발생하는 관세는 관세율 변경 등 세액에 영향을 미치는 요소의 변동 여부와 관계없이 매도인이 부담해야 한다. 이러한 문제는 매수인인 수입자가 매도인의 요청에 의해 수입통관을 대신할 때도 일어날 수 있다. 이 경우도 공제가 가능하다. 관세지급필조건의 거래가격에서 공제할 관세는 물품 신고당시 유효한 관세율, 즉 실행관세율에 의해 계산된 관세액이다. 상계관세나 덤핑방지관세가 부과되는 물품이라 하더라도 마찬가지이다. 한편, 공과금이란 국가나 공공단체에 의해 국민이나 공공단체의 구성원에게 강제적으로 부과되는 공적 부담으로 조세 및 공적 비용 부담을 포함한 개념이다. 그러므로 벌과금·부담금 등은 이에 포함된다.

4) 연불이자

연불조건 수입에서 ① 연불이자가 수입물품의 대가로 실제로 지급하였거나 지급해야 할 금액과 구분되고, ② 서면에 의한 계약서로 확인되며, ③ 해당 물품이 수입신고된 가격으로 판매되고, 이자율이 금융이 제공된 국가에서 당시 그러한 거래에서 통용되는 수준을 초과하지 아니할 경우 해당 **연불이자**는 과세가격을 결정할 때 구매자가 실제로 지급하였거나 지급해야 할 가격에서 공제될 수 있다. 연불이자는 무역거래 물품의 대금 지급시기와 관련이 있는 것으로 후지급이나 누진 또는 할부지급과 관련하여 발생할 수 있다. 대금의 결제시기는 그 결제방식과는 직접적인 관계가 없고, 또한 그 결제수단이 현금, 수표, 우편환, 전신환, 어음, 금, 현물, 서비스 등 가운데 무엇인가와도 무관한 것이다. 후지급이나 누진 또는 할부지급은 흔히 usance 신용장, 무신용장의 인수인도조건 추심방식(D/A)으로 이루어진다. 결제시기가 거래상품의 인도시기와 장기간 차이가 나는 것이 아닐 때는 누진 또는 할부지급의 경우일지라도 구매자가 이자를 별도로 지불하지 않는 것이 일반적이다. 거래상담 과정에서 그러한 대금결제시기를 감안해 거래가격을 결정하기 때문이다.

제4절 실거래가격이 아닌 대체가격에 의한 과세가격 결정

1 동종 · 동질물품 또는 유사물품 거래가격에 의한 과세

1) 개 요

수입하고자 하는 해당 물품의 실제거래가격을 기초로 관세의 과세가격을 결정(제1방법)할 수 없을 때에는 과세가격으로 인정된 사실이 있는 동종 · 동질물품의 거래가격(제2방법)을, 제2방법으로도 과세가격을 결정할 수 없을 때에는 과세가격으로 인정된 사실이 있는 유사물품의 거래가격(제3방법)을 기초로 과세가격을 결정할 수 있다(관세법 제31조). 이때 동종 · 동질물품 또는 유사물품과 해당 물품이 거래의 단계, 거래수량, 운송거리, 운송형태 등에 있어 차이가 있을 때는 그에 따른 가격차이를 조정하여 과세가격을 결정한다. 여기에서 과세가격으로 '인정된 사실'을 긍정적인 견해의 표명이라 해석한다면 신고납부제도 하에서는 단지 수입통관 사실이 있다하여 그 과세가격을 세관장이 인정한 과세가격이라 보기는 어려운 문제가 있다. 세관장이 사후심사결과 과세가격의 결정이 잘못된 것으로 보아 부족세액을 '추징'하는 사례가 적지 아니한 것도 그 때문이다. 만일 세관장이 인정한 과세가격이라면 그것이 그릇된 사실관계의 판단에 기초한 것이 아닌 한 관세법 제6조의 신의성실의 원칙에 따라 추가적인 징수가 불가능하다.[25] 다만, '인정된 사실'이 있는 거래가격이라 하더라도 그 가격의 정확성과 진실성을 의심할만한 합리적인 사유가 있는 경우 그 가격은 과세가격 결정의 기초자료에서 제외한다. 여기에서 '합리적 사유'는 사안에 따라 판단되어야 한다.

2) 동종 · 동질물품 또는 유사물품의 개념

제2방법 또는 제3방법에 의해 과세가격을 결정하기 위해서는 평가대상이 된 물품과 비교하고자 하는 물품이 물품 자체, 생산국 및 생산자, 시간요소에 있어 동질성이 있어야 한다. WTO협정에 따르면 **동종 · 동질물품**이란 ① 물리적 특성, ② 품질, ③ 평판을 포함해 모든 면에서 동일한 상품을 의미한다.[26] 이때 외양상 경미한 차이가 있다하더라도 그 밖

25) 대법원 2001.6.15. 선고 2000두2952 판결.

의 점에서 이와 같은 정의에 일치하는 상품은 동종·동질물품으로 간주될 수 있다. 같은 조항에서 유사물품이란 모든 점에서 동일하지는 않더라도 ① 유사한 특성을 가지고, ② 유사한 재료로 만들어진 물품으로, ③ 동일한 기능을 수행할 수 있고, ④ 상업적으로 상호 대체사용이 가능한 상품을 의미한다.

유사물품은 비교하는 두 물품의 유사성이 매우 높기 때문에 판매자나 구매자 또는 사용자가 모두 두 물품 어느 것에 대해서도 대등한 만족을 느끼며, 두 물품 간의 차이가 가격에 영향을 미치지 않을 만큼 비슷한 경우이다. 한편, 수입국에서 수행된 엔지니어링, 개발, 의장, 도안 및 스케치 등이 반영되어 있거나 결합된 물품의 경우에는 동일물품 또는 유사물품의 범주에 해당되는 것으로 볼 수 없다. 동종·동질(유사)물품으로 인정되기 위해서는 해당 물품이 평가대상인 물품의 생산국에서 생산된 물품이어야 한다.[27] 또한 평가대상물품을 생산한 생산자가 같은 경우에만 동종·동질(유사)물품으로 인정하되, 동일한 생산자가 없는 경우에 한해 다른 생산자가 생산한 물품의 거래가격을 기초로 과세가격을 결정할 수 있다.[28] 동일한 생산자가 생산한 물품일지라도 생산국이 다르면 동종·동질(유사)물품으로 간주되지 않는다. 생산국은 원산지를 의미하는 것으로 물품의 수출국 또는 선적국과는 별개로 파악되어야 한다.

제2방법 또는 제3방법에 의해 과세가격으로 할 수 있는 동종·동질(유사)물품은 평가 대상물품과 같은 날짜에 선적되거나 해당 물품의 선적일을 전후하여 가격에 영향을 미치는 시장조건이나 상관행에 변동이 없는 기간 중에 선적되어 우리나라에 수입된 것이어야 한다. 만일 이러한 물품이 여러 개가 있다면 해당 물품의 선적시기와 가장 가까운 물품의 거래가격을 기초로 과세가격을 결정한다. 관세협정에서는 '동시 또는 거의 동시에 수출된' 이란 표현을 사용하고 있는데, 이때의 시점은 '판매'시점이 아니라 수출시점으로 본다. 또한 '동시 또는 거의 동시'는 가능한 한 수출일자에 근접한 시점이어야 하나 가격에 영향을 미치는 상관행 및 시장조건이 동일한 경우까지는 포함되는 것으로 본다. 관세법은 시간요소의 원칙적인 기준일을 선적일로 명시하였다. 여기에서 선적일이라 함은 수입물품을 수출국에서 우리나라로 운송하기 위해 선적하는 날을 말한다. 이 날짜는 선하증권, 해상화물운송장, 항공화물운송장 등 운송관련 서류 또는 송품장에 의해 확인한다. 이와 같은 시간요소의 개념적용은 제1방법에 의한 과세가격의 결정이 시간요소는 고려하지 않고 그 거래가격을 기초로 하고 있는 것과 대비되는 것이다.

26) WTO Valuation Agreement, Article 15.2 (a).
27) WTO Valuation Agreement, Article 15.2 (d).
28) WTO Valuation Agreement, Article 15.2 (e).

제1방법에 의한 과세가격결정에서는 계약에 따라 실제 지급하였거나 지급해야 할 가격을 과세가격으로 하는 것이므로 계약 이후 선적 시까지의 시장조건이나 상관행의 변동 등은 무시된다. 그러나 제2방법과 제3방법에 의한 과세가격의 결정은 다른 상품의 거래가격을 기초로 과세하는 것이므로 시간요소의 동질성이란 요건을 두어 과세의 합리성을 확보하고자 하는 것이다. 관세청장의 수입물품과세가격결정에 관한 고시에는 제2방법과 제3방법 적용에 있어 시간요소의 동질성이 인정되는 기간을 해당 물품의 선적일 전후 60일(총 120일)로 정하고 있다. 다만, 계절에 따라 가격의 차이가 심한 농림축산물 등의 경우에는 선적일 전후 30일(총 60일)로 정하고 있다.

과세가격으로 인정된 바 있는 동종·동질(유사)물품의 거래가격이 곧 제2방법 또는 제3방법에 의한 과세가격으로 되는 것은 아니다. 거래단계, 거래수량, 운송거리, 운송형태 등이 해당 물품과 동일해야 하며, 양자 간에 차이가 있는 때에는 그에 따른 가격차이를 조정한 가격이 과세가격이 되는 것이다. 이러한 조정은 합리적이고 정확성이 있는 충분한 근거에 기초하여 행해져야 한다. 여기에서 단지 거래단계나 거래수량에 차이가 있다는 사실 자체만으로 가격조정을 해야 하는 것은 아님을 유의해야 한다. 거래단계나 수량상의 차이로 인해 가격이 달라지는 상관행이 있는 경우에 한해 입증자료에 근거해 조정이 행해져야 하며, 이러한 요건을 충족시키지 못하면 제2방법이나 제3방법에 의해 과세가격이 결정될 수 없다.[29]

동종·동질(유사)물품의 거래가격이 여러 개 있는 경우에는 다음과 같은 원칙을 적용한다. 먼저, 동종·동질(유사)물품의 거래가격이 둘 이상 있는 때에는 동일 생산자가 생산한 물품의 거래가격을 가장 우선적으로 적용한다.[30] 그러나 평가대상이 된 물품의 생산자가 생산한 동종·동질물품은 없고 그가 생산한 유사물품이 있는 반면 다른 생산자가 생산한 동종·동질물품은 있을 경우, 다른 생산자가 생산한 동종·동질물품의 거래가격을 우선적으로 과세가격결정에 적용해야 한다. 생산자가 같다 하여 평가대상이 된 물품의 생산자가 생산한 유사물품의 거래가격을 다른 생산자의 동종·동질물품보다 우선해 과세가격으로 결정할 수는 없다. 이는 과세가격결정 원칙상 제2방법의 적용이 불가능한 경우에 한해 제3방법의 적용이 가능하기 때문이다. 다음으로 거래시기·거래단계·거래수량 등 거래내용이 해당 물품과 가장 유사한 것에 해당하는 물품의 가격을 기초로 한다. 이와 같은 두 가지 원칙을 적용한 결과로도 같은 물품이 둘 이상 있고 그 가격도 둘 이상 있을 때는 그중 가장 낮은 가격을 기초로 과세가격을 결정한다.[31]

29) WCO, COMMENTARIES 10.1(1984.10.5. 채택).

30) WTO Valuation Agreement, Article 15. 2 (e).

2 국내판매가격을 기초로 한 과세가격결정

1) 개 요

해당 물품의 거래가격이나 동종·동질물품 또는 유사물품의 거래가격을 기초로 과세가격을 결정할 수 없는 경우에는 이들 물품이 가공되어 국내에서 판매된 가격을 기초로 과세가격을 결정할 수 있다(관세법 제33조). 이를 제4방법에 의한 과세가격의 결정 또는 국내도매가격을 기초로 한 과세가격의 결정, 혹은 '**역산(逆算) 방법**에 의한 과세가격의 결정'이라 한다. 제4방법으로 과세가격을 결정하기 위해서는 먼저 국내에서 판매된 가격이 있어야 하고, 이 가격에서 해당 물품의 수입자 및 판매자가 통상적으로 얻게 되는 이익, 해당 물품이 수입항에 도착한 이후 판매될 때까지 발생하는 여러 비용, 그리고 해당 물품의 수입 및 국내 판매와 관련하여 납부하였거나 납부해야 하는 각종 조세, 기타 공과금을 공제할 수 있어야 한다. 이를 위해서는 국내 판매가 이루어져야 하므로 수입신고수리전반출제도를 이용해 해당 물품을 먼저 보세구역으로부터 반출하여야 한다. 이 방법은 과세가격결정에 상당 시간이 소요되고, 국내 판매가격에서 공제할 금액을 계산하는 것이 적지 않게 복잡하다는 점이 단점이다. 또한 수입자가 시장지배 등을 목적으로 의도적으로 그 판매가격을 낮출 경우 납부세액이 낮아지는 문제점이 발생할 수 있다.

2) 국내판매가격의 요건

제4방법에 의해 **국내판매가격**으로 과세가격이 결정될 수 있기 위해서는 다음과 같은 요건들이 모두 충족되어야 한다.

① 해당 물품, 동종·동질물품 또는 유사물품이 수입된 것과 동일 상태로 판매되어야 한다.

> 해당물품, 동종·동질물품 또는 유사물품이 수입된 것과 동일한 상태로 판매되는 사례가 없는 경우 납세의무자가 요청할 때는 국내에서 가공된 후 특수관계가 없는 자에게 가장 많은 수량으로 판매되는 단위가격을 기초로 산출된 금액에서 ① 수수료 또는 이윤 및 일반경비, ② 국내에서 발생한 운임·보험료 및 관련비용, ③ 해당수입물품의 수입 및 국내판매에서 부과되는 조세기타공과금, ④ 국내가공에 따른 부가가치를 공제하는 것으로 과세가격을 결정한다.

31) WTO Valuation Agreement, Article 2.3 및 관세법 제31조 제2항.

② 해당 물품의 수입신고일 또는 수입신고일과 거의 동시에 판매되어야 한다.
③ 관세평가목적상 특수관계가 없는 자에게 판매되어야 한다.
④ 구매자가 판매자 또는 수출자에게 물품 또는 용역을 수입물품의 생산 또는 거래와 관련해 사용하도록 무료 또는 인하된 가격으로 공급한 사실이 없어야 한다.
⑤ 수입 후 최초의 거래에서 판매되는 가격이어야 한다.
⑥ 판매가격 중 가장 많은 수량으로 국내에서 판매된 가격이어야 한다.

> 국내 판매가격은 이와 같이 가장 많은 수량으로 국내에서 판매된 단위가격을 전체 수입물량에 적용하여 산출한 가격이다. 그러나 국내에서 판매되는 단위가격이라 하더라도 그 가격의 정확성과 진실성을 의심할만한 합리적인 사유가 있는 경우에는 국내판매가격을 기초로 과세가격을 결정하지 아니할 수 있다(관세법 제33조 제2항).

3) 판매가격에서 공제할 금액

국내 판매가격에서 공제할 금액은 ① 수수료 또는 이윤 및 일반경비, ② 수입항 도착 후 발생된 운임, 보험료 및 기타 관련 비용, ③ 해당수입물품의 수입 및 국내판매와 관련해 부과되는 조세 및 기타공과금이다. 제4방법에 의한 과세가격결정에서 공제 대상이 되는 수수료는 통상 수입국에 있는 수출자(제조자)의 대리인이 수출자를 위해 재판매(resale) 또는 전매하는 경우에 그 대리인에게 지불되는 것을 말한다. 이것은 국내에서의 판매라는 용역제공과 관련된 것이고, 제1방법에 의한 과세가격에서 가산요소로 하고 있는 수수료와는 별개의 것이다. 수수료와 **이윤 및 일반경비**는 택일적으로 선택하여 공제해야 하는 것으로, 구체적으로 어느 경우에 어느 것을 공제해야 하는지는 관세평가협정이나 관세법에서도 명시하고 있지 않다. 성격상 이는 그 거래상황을 파악하여 결정해야 하기 때문이다. 일반적으로 이윤 및 일반경비에 대한 공제는 수수료가 수반되지 아니하는 거래에 활용될 수 있을 것이다.[32] 공제대상이 되는 이윤 및 일반경비는 일체로서 취급되어야 하는데 동종·동류의 물품이 국내에서 판매되는 때에 통상적으로 부가되는 것으로 한다. 일반경비에는 직접비 및 간접비를 모두 포함한다.

동종·동류의 수입물품이란 해당 수입물품이 제조되는 특정 산업이나 산업부문에서 생산되고 해당 수입물품과 일반적으로 동일한 범주에 속하는 물품을 말한다. 이는 제2방법

32) WCO, COMMENTARIES 15.1 (12) (1989.11.21.채택).

에 의한 관세평가에서 언급되는 동종·동질물품과는 다른 개념이다. 과세가격을 결정하고자 하는 물품이 수입항에 도착한 후 국내에서 발생된 통상의 운임, 보험료 및 기타 관련 비용은 판매가격에 공제되어야 한다. 이는 제1방법에 의한 과세가격결정에서 실제로 지급하였거나 지급해야 할 금액에서 수입항 도착 후 수입물품 운송에 필요한 운임, 보험료 기타 운송 관련 비용을 공제하도록 한 것과 같은 취지에서이다. 따라서 공제의 범위 판단도 마찬가지로 한다. 기타 관련 비용은 해당 물품, 동종·동질물품, 유사물품의 수입 및 국내 판매와 관련하여 발생한 제비용을 말한다. 다만, 기타 관련 비용은 이윤 및 일반경비를 적용하는 경우에는 운송 관련 비용만 여기에 포함시켜야 할 것이고, 기타 비용은 일반경비에 포함시켜 공제여부를 검토해야 한다.

수수료를 적용하는 경우에는 예를 들어, 관세사에게 지급하는 통관수수료 등은 이 조항의 기타 관련 비용에 포함시켜 공제하는 것을 검토할 필요가 있다. 해당 물품의 수입 및 국내 판매와 관련하여 납부하였거나 납부해야 하는 조세 기타 공과금은 판매가격에서 공제되어야 한다. 이는 제1방법에 의한 과세가격결정에서 수입물품에 부과된 관세 등의 세금 기타 공과금을 공제하도록 한 것과 같은 취지이다. 다만 공제의 범위는 수입 및 국내 판매와 관련하여 납부하였거나 납부하여야 하는 조세 기타 공과금이므로 이 조항에 의한 공제대상 범위가 보다 넓게 된다. 여기에서 말하는 조세는 실제로 과세된 모든 조세를 의미한다. 수입 시 부과되는 관세의 경우도 실행관세율 등에 의해 산출한 세액에서 감면처분이 있을 경우 그 금액을 뺀 실제 납부세액이 될 것이다. WCO에서는 수입규제 목적으로 부과되는 덤핑방지관세액과 상계관세액의 경우도 공제 대상인 조세에 해당하는 것으로 권고하고 있다.[33]

3 산정가격을 기초로 한 과세가격결정

1) 개 요

제1방법 내지 제3방법에 의해 과세가격을 결정할 수 없을 때 납세의무자는 제4방법 적용에 앞서 우선 제5방법에 의한 과세가격결정을 고려할 수 있다. 제5방법은 수출국의 생산자가 제시한 제품의 원가계산서를 기초로 하는, **산정가격**에 의한 과세가격결정이다. 즉, 다음 각호의 금액을 합한 가격을 산정가격으로서 이를 기초로 과세가격을 결정하는 것이

33) WCO, ADVISORY OPINION 9.1(1982.9.24. 채택).

다(관세법 제34조). 이러한 요소의 비용 또는 가격은 이중으로 계산될 수 없다.[34]

① 해당 물품의 생산에 사용된 원자재비용 및 조립 기타 가공에 소요되는 비용 또는 그 가격.

② 수출국 내에서 해당 물품과 동종·동류의 물품 생산자가 우리나라에 수출하기 위해 판매 할 때 통상적으로 반영하는 이윤 및 일반경비에 해당하는 금액.

③ 해당 물품의 수입항까지의 운임·보험료 기타 운송에 관련되는 비용으로서 대통령령이 정하는 바에 의해 결정된 금액.

이 가운데 ①은 일반적으로 생산비라 일컫는 것이다. 이 금액은 과세대상이 되는 물품을 생산한 자가 직접 제출하거나 생산한 자를 대신하여 제출되는 평가대상물품의 생산에 관한 회계장부를 통해 파악되어야 하고, 세관당국이 필요하다고 인정하면 그 자료와 정보를 조사할 수 있어야 한다. 즉, 이 방법에 의한 과세가격결정은 과세대상물품을 생산하여 판매한 외국생산자의 적극적인 협조가 있어야만 가능한 것이다. 따라서 관세평가협정은 그 주해로 이 방법의 사용은 일반적으로 ① 구매자와 판매자가 특수관계에 있거나, ② 생산자가 필요한 원가계산서를 수입국의 행정당국에 제출하고 필요한 경우 이를 확인할 수 있도록 편의를 제공할 준비가 되어 있을 경우로 한정된다고 설명하였다.[35] 그러므로 비록 납세의무자가 제4방법 적용에 앞서 제5방법의 적용을 요청하였다 하더라도 생산자의 적극적인 협조가 없거나 하여 제5방법의 적용이 어려울 경우에는 당연히 제4방법, 제6방법 순으로 과세가격 결정을 검토하여야 한다. 외국의 생산자가 적극 협조하더라도 그가 작성한 회계장부가 생산국에서 적용되는 **일반적으로 인정된 회계원칙**(Generally Accepted Accounting Principles : GAAP)[36]에 부합되게 작성된 것이어야 이 방법 적용이 가능하다.

2) 과세가격으로 산정할 금액

제5방법에 의한 과세가격 결정에서 먼저 포함해야 할 금액은 해당 물품의 생산에 사용된 원자재 금액이다. 여기에서 해당 물품의 생산이라 명시하고 있으므로 '동종·동류의 물

34) WTO Valuation Agreement, ANNEX 1, Note to Article 6(3).

35) WTO Valuation Agreement, ANNEX 1, Note to Article 6.1.

36) 관세평가협정에서는 과세당국의 신뢰성 판단의 기준으로 '일반적으로 인정된 회계원칙'인 GAAP를 규정하고 있다. WTO Valuation Agreement, ANNEX 1, General Note, Use of generally accepted accounting principles. 1 참조.

품'과 같이 해당 물품이 아닌 것의 생산은 고려의 대상이 될 수 없다. 또한 생산에 사용된 원자재라 하였으므로 해당 물품에 체화되어 있는 물품뿐 아니라 생산 과정에서 손모된 부분까지 포함한 총 투입원자재가 고려의 대상이 되어야 한다.

다음으로 포함될 금액은 '수입물품 생산에 소요된 비용'가운데 원자재비를 제외한 나머지 금액이다. 관세법에는 조립 기타 가공에 소요되는 비용 또는 가격이라 표현하고 있으나, 생산에는 제조・가공・조립・수리・재생・개조・동식물의 재배나 증식(增殖), 채광(採鑛) 등이 모두 포함될 수 있으므로[37] 이러한 물품의 생산 과정에서 소요된 금액 중 원자재비를 제외한 금액이 여기에서 말하는 금액이 된다. 여기에 포함될 금액의 종류는 다양하다.

생산비 산정에 있어 평가대상 물품의 생산과 관련해 사용하기 위해 구매자가 직접 또는 간접으로 공급한 금액, 즉 제1방법에 의한 평가에서 정의된 생산지원비도 포함되어야 한다. 생산지원비에 대한 과세의 취지, 개념, 금액의 계산 방법은 제1방법에 의한 과세가격 결정에서의 그것과 동일하다. 다만, 제1방법에서는 '우리나라에서 개발된 기술・설계・고안・의장 또는 공예에 소요되는 비용'은 과세대상에서 제외하고 있으나, 제5방법에서는 그 비용을 생산자가 부담하는 경우에는 이를 산정가격에 포함하도록 하였다.[38]

다음으로 산정가격에는 수출하기 위해 수출국 내 생산자가 제조한 평가 대상물품과 동종・동류의 상품 판매 시 통상적으로 반영되는 것과 동등한 이윤 및 일반경비 금액이 포함되어야 한다. 여기에서 말하는 '동종・동류'(same class or kind)의 물품의 개념은 제2방법에서 말하는 동종・동질(identical) 물품과는 그 개념이 다르다.

제2방법에서의 동종・동질물품이란 이미 설명한 바와 같이 평가 대상인 물품과 '물리적 특성, 품질, 평판을 포함하여 모든 면에서 동일'한 상품을 의미한다. 하지만 여기에서 말하는 동종・동류의 물품은 동일한 상품군 또는 범위에 속하는 정도의 물품을 의미한다. 특정 상품이 다른 상품과 동종・동류의 물품인지 여부는 관련사항을 고려하여 사안별로 결정해야 한다. 이때 평가 대상물품을 포함하여 통상적인 이윤 및 일반경비에 대한 정보가 제출될 수 있는 가장 좁게 한정된 그룹 또는 범위의 물품에 대체 수입국에 대한 수출 판매가 검토되어야 한다. 동종・동류의 물품은 평가 대상물품과 동일한 국가로부터 수입된 물품이어야 한다.[39]

상품 판매 시 통상적으로 반영되는 것과 동등한 이윤 및 일반경비라 한 것은 해당 물품의 판매에 있어 생산자가 직접 제출하거나, 생산자를 대신하여 다른 자가 제출한 정보 이외의 자료를 기초로 파악되는 동종・동류물품 판매 시의 이윤 및 일반경비를 뜻함이 원칙

37) WTO Valuation Agreement, Article 15.1(c) 참조.

38) WTO Valuation Agreement, ANNEX 1, Note to Article 6.3 및 관세법시행령 제28조.

39) WTO Valuation Agreement, ANNEX 1, Note to Article 6.8.

이다. 그러나 생산자의 판매에서 실제적으로 반영된 이윤 및 일반경비를 부인한다는 뜻은 아니다.

관세평가협정 주해에서도 생산자가 직접 제출하거나 또는 생산자를 대신하여 제출되는 이윤 및 일반경비의 수치가 동종 또는 동류의 상품을 생산자가 수입국에 수출판매할 때 통상적으로 반영되는 금액과 불합치하지 아니하는 한 동 자료에 기초하여 결정되어야 한다고 규정하였다.[40]

이윤 및 일반경비의 금액은 전체로서 취급된다. 특정한 경우 생산자의 이윤이 낮고, 일반경비가 높다 할지라도 이윤과 일반경비를 합한 금액은 동종 또는 동류의 상품판매에 통상 반영되는 것과 합치될 수가 있다.[41]

마지막으로 산정가격에는 수입항까지의 운임, 보험료, 기타 운송관련 비용은 산정가격에 포함되어야 한다. 여기에서 포함될 운임, 보험료, 기타 운송관련 비용은 제1방법에 의한 과세가격결정에서와 동일한 방법으로 계산한다.

4 합리적 기준에 의한 과세가격결정

1) 개 요

제1방법 내지 제5방법에 의한 과세가격결정에 대한 규정으로 과세가격을 결정할 수 없을 때는 제1방법 내지 제5방법에 규정된 원칙과 부합되는 합리적인 기준에 의해 과세가격을 결정한다(관세법 제35조). 만일 과세가격으로 채택이 가능한 수입물품의 실거래가격이 있거나, 동종·동질 또는 유사물품의 과세가격이 있거나, 국내에서 판매되어 그 가격이 입수될 수 있는 경우, 혹은 산정가격 자료가 충분하게 제출되었음에도 그에 의하지 아니하고 '합리적'인 과세라 하여 제6방법을 적용할 수는 없다. 또한 합리적 기준에 의해 제1방법 내지 제5방법을 적용할 때 여러 평가 방법이 이용 가능하다 하더라도 제1방법부터 제5방법까지 순위에 따라서 적용해야 한다.[42] 통상 제6방법을 적용하게 되면 납세의무자에게 불리하게 과세가격이 결정되는 경우가 많으므로 이 원칙은 중요한 의미가 있다.

합리적 기준은 '1994년 GATT 제7조 및 관세평가협정의 원칙과 일반규정에 부합'되는 것이어야 한다는 점이다. 1994년 GATT 제7조에는 관세부과 목적의 평가에 대한 일반적인

40) WTO Valuation Agreement, ANNEX 1, Note to Article 6.4.
41) WTO Valuation Agreement, ANNEX 1, Note to Article 6.5.
42) WCO, ADVISORY OPINION 12.2(1983.9.16. 채택).

원칙을 정해두고 있다. 이 원칙을 구체화하여 세부적으로 정한 것이 관세평가협정이다. 즉, 1994년 GATT와 관세평가협정은 다같이 WTO 설립협정 부속서1의 13개 상품무역에 관한 다자간협정 중의 하나이지만, 관세평가협정은 1994년 GATT의 여러 조항 중 제7조를 특히 구체적으로 정한 협정인 것이다. 관세법시행령 제29조와 동법 시행규칙 제7조에는 신축적으로 해석·적용하는 방법을 일부이지만 정해두고 있다. 이와 같이 신축적인 적용을 통해서도 과세가격이 결정될 수 없는 경우에는 관세평가협정 제7조 제2항에서 금지하고 있지 아니한 사항의 범위 내에서 관세평가협정 및 1994년 GATT 제7조의 원칙 및 일반규정에 일치하는 다른 합리적인 방법을 정해 적용할 수 있다.

합리적 기준에 의한 관세평가는 '수입국내에서 입수 가능한 자료'를 기초로 한다. 이것은 세관당국이 관세평가를 위해 최선의 노력으로서 자료를 수집해 이를 기초로 과세를 하되, 국내에서 입수되는 자료가 부족할 경우 그로 인한 불이익은 납세의무자가 질 수밖에 없다는 것을 의미한다. 이 규정이 수입국이 아닌 해외자료를 사용할 수 없다는 것을 의미하는 것은 아니다. 자료의 원래 출처가 해외일지라도 그 자료를 수입국에서 활용할 수 있고, 세관당국이 그 자료의 진실성과 정확성을 인정한다면 출처 자체가 문제가 되지는 아니하는 것이다.[43] 합리적 기준은 관세평가 대상이 되는 수입물품에 따라 다양할 수 있으므로 일일이 모두 열거해 정할 수는 없다. 따라서 관세평가협정에는 수입자가 요청하는 경우 과세 당국은 제6방법에 의해 과세가격을 결정함에 있어 사용된 방법과 결정된 관세가격을 서면으로 알려주도록 하였다.[44]

2) 합리적 기준의 적용 방법

관세평가협정에는 '합리적 기준'의 적용이 제1방법 내지 제5방법의 신축적인 해석과 적용이라 밝히고는 있으나, 어느 규정을 어떻게 해석·적용하는 것이 '신축'의 범위에 해당하는 것인지에 대해서는 명확하게 규정하고 있지 않다. 다만, 제2방법 내지 제5방법에 의한 과세가격결정 방법 적용과 관련해 몇 가지를 **합리적 신축성**(reasonable flexibility)의 예로서 주해를 두고 있다.[45] 이러한 주해를 반영하여 우리나라 관세법시행령 제29조 및 동법시행규칙 제7조에는 합리적 기준에 의한 과세가격을 결정함에 있어 '우선적'으로 다음 각호의 방법에 의하도록 규정하고 있다.

43) WCO, ADVISORY OPINION 12.3(1983.9.16. 채택).

44) WTO Valuation Agreement, Article 7(3).

45) WTO Valuation Agreement, NOTE To Article 7.

가. 시간적 요건의 신축적 해석

동종동질물품의 거래가격(2방법)을 기초로 하거나 유사물품의 거래가격(3방법)을 기초로 과세가격을 결정함에 있어 선적시기를 판단할 때, '과세가격을 결정하고자 하는 해당 물품의 생산국에서 생산된 것으로서 해당 물품의 선적일에 선적되거나 해당 물품의 선적일을 전후해 가격에 영향을 미치는 시장조건이나 상관행에 변동이 없는 기간 중에 선적되어 우리나라에 수입된 것일 것'이라는 요건은 신축적으로 해석될 수 있다. 즉, 해당 물품의 생산국에서 생산된 것이라는 장소적 요건을 다른 생산국에서 생산된 것으로 확대해 해석·적용하는 것과, 해당 물품의 선적일 또는 선적일 전후라는 시간적 요건을 신축적으로 해석·적용할 수 있는 것이다.

나. 동일상태 판매요건의 신축적 해석

국내 판매가격(4방법)을 기초로 과세가격을 결정함에 있어, '해당 물품, 동종동질물품 또는 유사물품이 수입된 것과 동일한 상태로 국내에서 판매되는 사례가 없는 경우 납세의무자의 요청이 있는 때에는 해당 물품이 국내에서 가공된 후 특수관계가 없는 자에게 가장 많은 수량으로 판매되는 단위가격을 기초로 과세가격을 결정해야 한다.'는 요건은 납세의무자의 요청이 없는 경우에도 이 규정에 의해 과세가격을 결정할 수 있는 것으로 확대해석·적용할 수 있다.

다. 국내판매가격 또는 산정가격을 기초로 한 과세가격의 활용

국내 판매가격(4방법) 또는 산정가격(5방법)을 기초로 하여 과세가격으로 인정된 바 있는 동종동질물품 또는 유사물품의 과세가격을 기초로 과세가격을 결정할 수 있다.

라. 국내판매 기간의 확대적용

국내 판매가격(4방법)을 기초로 과세가격을 결정함에 있어, '수입신고일부터 90일이 경과된 후에 판매되는 가격을 제외 한다'는 요건은 수입신고일부터 180일까지 판매되는 가격을 포함하는 것으로 확대해 해석·적용할 수 있다.

마. 기타 합리적 방법의 적용

이상 열거한 바 외에도 거래의 실질 및 관행에 비추어 합리적이라고 인정되는 방법을 적용할 수 있다(관세법시행령 제29조 제1항 제5호). 여기에서 '합리적이라 인정'하는 주체가 누구인지는 명확하게 규정하지 않았으나 과세관청과 납세의무자 모두를 의미한다고 해석된다. 이때 '거래의 실질 및 관행에 비추어 합리적'인지 여부는 무역거래의 내용과 해당 물품의 일반적인 상관행, 거래된 시기의 시장 상황 등을 종합적으로 고려하여 판단할 사항이다. 만일 제1방법 내지 제5방법을 신축적으로 적용하는 방법에 의해 과세가격을 결정할 수 없을 때에는 국제거래시세·산지조사가격을 조정한 가격을 적용하는 방법 등 거래의 실질 및 관행에 비추어 합리적으로 인정되는 방법에 따라 과세가격을 결정한다(관세법 제35조 제2항). 이 규정은 높은 관세율이 적용되는 농산물의 거래가격을 의도적으로 낮게 신고하는 것을 차단하기 위해 신설한 것으로, '합리적인 과세가격결정 방법'의 하나를 법률로 명시했다는 의미가 있다.

관세평가협정에는 제1방법 내지 제5방법에 의한 과세가격결정요건을 신축적으로 적용하여도 이들 규정에서 정하고 있는 방법으로 과세가격이 결정될 수 없는 경우에는 최종수단으로 관세평가협정에서 열거해 금지하고 있는 것이 아닌 범위 내에서 다른 합리적인 방법으로 과세가격을 결정하도록 규정하고 있다. 물론 이때도 관세평가협정과 1994년 GATT 제7조의 원리와 일반규정에는 일치해야 한다.[46)]

이와 관련해 관세청장은 ① 변질·손상물품, ② 여행자 또는 승무원의 휴대품, 우편물, 탁송품, 별송품, ③ 임차수입물품, ④ 중고물품, ⑤ 보세공장에서 국내로 반입하는 물품, ⑥ 자유무역지역에서 국내로 반입하는 물품, ⑦ 수리 또는 가공한 후 재수입하는 물품, ⑧ 수리선박, ⑨ 보세전시장에서 수입하는 물품, ⑩ 범칙물품, ⑪ 매각물품, ⑫ 산물(散物)통관시 수량과 부족이 발생한 물품, ⑬ 주한미군 불하물품 등에 대해서는 '특수물품'이라 하여 '합리적 기준'에 따른 과세가격결정 방법을 별도로 정해 두고 있다. 이와 같은 기준은 필요하다면 얼마든지 관세청장이 추가해 정할 수가 있을 것이다. 만일 이와 같은 기준이 적용될 수 없는 물품으로서 '합리적 기준'에 의한 과세가격결정이 필요할 때는 앞에서 살펴본 1994년 GATT 제7조 및 WTO 신평가협정의 원칙과 일반규정을 존중하는 선에서 건전한 상식에 따라 결정한다.

3) 합리적 기준 적용의 한계

합리적인 기준에 의해 과세가격을 결정할 때 유의할 것은 이 경우에도 다음 일곱 가지에 해당하는 가격을 기준으로 과세가격을 결정할 수는 없다는 점이다(관세법시행령 제29조).

46) WCO, ADVISORY OPINION 12.1(1983.9.16. 채택).

WTO Valuation Agreement, Article 7(2).

이러한 기준은 1994년 GATT 제7조 및 관세평가협정의 평가에 관한 기본원칙에 합치되지 아니하는 '비합리적'인 것으로 보아 이를 적용할 수 없도록 그 한계로서 명시하고 있는 것이다.

① 우리나라에서 생산된 물품의 국내판매가격
② 선택 가능한 가격 중 반드시 높은 가격을 과세가격으로 해야 한다는 기준에 따라 결정하는 가격
③ 수출국의 국내판매가격
④ 동종동질물품 또는 유사물품에 대해 산정가격에 의한 과세가격결정 규정에 의한 방법 외의 방법으로 생산비용을 기초로 하여 결정된 가격
⑤ 우리나라 외의 국가에 수출하는 물품의 가격
⑥ 특정 수입물품에 대해 미리 설정하여 둔 최저과세기준가격
⑦ 자의적 또는 가공적인 가격

관세법

사례 모음(2) – 관세평가

[판례]

"피고인이 중고 인쇄기를 수입, 판매함에 있어 수입항 도착 후 통관절차, 제세금 및 매수인의 공장까지 운반하여 설치, 시운전하는 것까지 부담하는 조건으로 매매한 경우 위 수입에 있어 과세가격이 되는 거래가격은 그 매매대금에서 중고 인쇄기가 수입항에 도착한 후의 통관절차비용, 관세 등 전세금, 공장까지 운반하는 데 소요된 비용 및 설치, 시운전 비용을 공제한 금액이 된다. 관세포탈죄에 대한 추징액인 국내도매가격의 산정기초가 되는 수입항 도착가격을 산출함에 있어서 매매대금에서 피고인이 지출한 수입추천 및 무역대행료, 통관절차의 비용, 창고료 등을 공제하지 아니하였다면 이는 위법이 된다." 〈대법원 1991.10.11. 선고 91도1141 판결〉

[행정심판결정례]

"우리나라의 보세구역에 반입한 물품에 대해 국내에서의 가격경쟁력 약화를 이유로 수입자가 외국의 수출자와 협상을 통해 가격을 인하한 다음 인하된 가격으로 수입신고하였다면 이는 우리나라에 수출판매된 물품으로 볼 수 없고, 해당 물품에 대한 거래의 성립 또는 가격의 결정이 금액으로 계산할 수 없는 조건 또는 사정에 의해 영향을 받는 경우에 해당하므로 제2방법 이하로 과세가격을 결정해야 한다." 〈국세심판원 국심 2000관0026, 2000.8.7. 결정〉

[행정심판결정례]

"쟁점물품은 청구법인이 국내 관련 법령 및 품질 계약서에 따른 자격기준을 갖추었는지 여부를 확인하기 위한 견본용으로 수입한 물품으로 같은 법 제30조 제3항 제1호의 처분 또는 사용에 제한이 있는 경우에 해당하므로 제2방법 이하로 과세가격을 결정하여야 하는 점, 청구법인은 2012.11.6.부터 2012.12.17.까지 수입신고한 쟁점물품의 수입신고단가는 1병당 미화 OOO달러로서 2013.1.7.부터 2013.1.30.까지 동종·동질물품을 수입신고번호 OOO호 외 1건으로 수입신고하면서 1병당 미화 OOO달러로 신고하여 통관지세관장으로부터 수리를 받은 가격과 비교시 2.85%에 불과한 가격으로서 동종·동질물품의 거래가격과 현저하게 차이가 있는 점 등을 종합적으로 고려해 보면, 처분청이 청구법인의 신고가격을 배제하고 동종·동질물품의 거래가격을 기초로 과세가격을 결정한 처분은 달리 잘못이 없다."

〈조세심판원 조심2014관0027, 2014.4.2. 결정〉

[판례]

"문제의 부품을 수입함에 있어 수입가격은 양산용 부품의 구입과 관련성이나 조건성이 없고 A/S용 부품의 구입 여부나 수량 등의 결정권이 전적으로 원고에게 있는 점, A/S용 부품에 대한 할인금은 양산용 부품의 거래와는 상관없이 A/S용 부품의 구입수량 등에 따라 소외 회사들이 정한 할인율에 따라 결정되고, 그 할인의 대가로 소외 회사들이 부담해야 할 무상보증수리의무를 원고가 대신 부담하기로 한 것도 아닌 점, A/S용 부품은 건설중장비의 유지관리 및 수리보수 전반에 사용되는 것으로 전시용, 광고용 등으로만 사용하거나 특정인에게만 판매하도록 하는 등의 처분 또는 사용상 제한이 없고 할인가격이 통상의 거래가격인 점 등을 종합해 보면, 원고가 소외 회사들로부터 수입한 A/S용 부품의 처분 또는 사용에 제한이 있다거나 그 거래의 성립 또는 가격결정이 금액으로 환산할 수 없는 조건이나 사정에 의해 영향을 받은 경우에 해당하지 아니하므로 위 할인금 상당액은 원고가 수입한 A/S용 부품의 과세가액에 포함될 수 없다."

〈대법원 1998.12.8. 선고 97누12495 판결〉

[행정심판결정례]

"청구법인은 쟁점물품을 수입함에 있어 2004.5.10. 이전까지는 USD935/kg으로 수입하다가 2004.5.11.부터 2006.6.19.까지 라이센스계약을 변경하면서 수입가격을 USD 500/kg내지 Euro 425/kg로 인하하는 대신 완제의약품인 OOO의 제조판매권 허여대가로 수출자에게 쟁점권리사용료를 지급하기로 하였는바, 쟁점물품을 사용하여 제조한 OOO의 판매대가로 쟁점권리사용료를 지급한 것은 관세법 제30조 제1항 제5호의 '당해 물품의 수입후의 전매·처분 또는 사용에 따른 수익 금액 중 판매자에게 직접 또는 간접으로 귀속되는 금액'에 해당하므로 수출자에게 지급된 쟁점권리사용료 3,507,194,694원을 쟁점물품의 수입가격에 가산한 금액을 과세표준으로 하여 그 세액을 경정하는 것이 타당하다." 〈조세심판원 조심2008관0039, 2008.11.6. 결정〉

[행정심판결정례]

"청구법인과 OOO 간 거래물품의 가격결정은 제조자의 생산비용, 적정이익, 해외 주요 시장의 시장가격, 경쟁상황, 판매거점의 기능, 결제조건, 인도조건 등을 고려한 '이전가격OOO'의 산식에 의한 일반물품 가격결정과, 특수한 상황 및 목적을 위하여 청구법인의 사정에 의한 요청이 있는 경우 '특별수주할인가격(SSTP)=이전가격(IATP)×(1-할인율)'의 산식에 이전가격에서 일부 금액을 할인해주는 특별수주할인가격의 이중적 구조이고, 쟁점 특별수주할인은 입찰 수주를 위한 해당 건에 대해 청구법인의 요청이 있는 경우, 청구법인과 OOO사이의 협의에 의하여 결정되는 형태로서 이는 불특정 다수가 아닌 특정수주건과 관련한 특정고객에게만 한시적·한정적 조건하에 제공되고 있는 할인으로서 독립적인 당사자간의 일반적인 거래와는 차이가 있는 점, 특별수주할인의 경우 청구법인의 목표매출액(sales tarket) 달성, 국내 시장점유율(market share) 확대 등 판매증진, 국내영업환경의 고려, 청구법인의 적정마진을 보장하기 위한 원가보전 등 특수한 사정이 있을 경우 청구법인이 OOO에 특별할인을 요청하고, OOO는 특정 수주 프로젝트OOO에 한하여 특정고객에만 판매하는 조건으로 할인을 승인하고 있는 점, 청구법인은 OOO가 '특수관계가 없는 우리나라의 구매자에게 수출되는 동종동질물품 또는 유사물품의 거래가격' 등을 제시하지 못하고 있으므로 쟁점물품의 거래가격은 '특수관계가 없는 구매자와 판매자간에 통상적으로 이루어지는 가격결정방법으로 결정되었다고 보기 어려운 점, 쟁점할인을 통한 청구법인의 가격경쟁력 확보는 청구법인의 매출증대 및 이로 인한 OOO의 배당금 증가를 야기하며, 결과적으로 입찰계약의 수주를 통한 판매촉진 및 영업활동 지원의 결과를 초래하게 되므로, 비록 쟁점 할인율이 청구주장과 같이 양측의 적정이윤을 보장하고 협의에 의하여 결정되었다 할지라도 일부 특정 수주건은 적정이윤 이상의 할인이 이루어지고 있는 것으로 보이는 점 등에 비추어 이 건 특별수주할인은 특정 수주 프로젝트OOO에 한하여 특정고객에만 판매하는 조건 등에 거래가격이 영향을 받았으므로, 특별수주할인금액을 과세가격에 포함한 처분청의 처분은 달리 잘못이 없다고 판단된다." 〈조세심판원 조심2014관0168, 2014.10.29. 결정〉

[행정심판결정례]

"청구법인은 쟁점물품을 매회 수입시마다 OOO의 수출자로부터 수입하는 물품의 수량과 실제 거래가격을 메일편지를 통해 사전에 통보받은 사실이 확인되는 점, 청구법인이 매월 작성한 '월별 입고리스트'에 각 제품별 실제가격과 수입신고가격이 기재되어 있는 점, 실제거래가격과 저가신고금액의 차액을 현금으로 휴대반출하여 OOO 현지에서 수출자에게 지급하거나, 국내 입국한 OOO 수출자에게 지급하거나, OOO에 거주하는 청구법인 대표이사의 지인의 국내 예금계좌와 지인이 알려준 내국인들의 각 예금계좌를 통해 수출자에게 지급한 점 등으로 보아 처분청이 해당 지급금액을 수입물품의 거래대금의 일부분으로 보아 쟁점물품에 대해 경정한 처분은 잘못이 없는 것으로 판단된다." 〈조세심판원 조심2013관0007, 2014.05.26. 결정〉

[판례]

"수입물품 가운데 일부가 불량품이라고 하더라도 수입자가 이미 대가를 정상품 가격대로 모두 지급하였으면 그 금액이 실제 지급금액으로 과세가격이 되며, 불량품 금액만큼 감액한 금액이 과세가격이 되는 것은 아니다." 〈대법원 1992.11.24. 선고 92도2006 판결〉

[행정심판결정례]

"청구법인이 쟁점물품을 주문하면 OOO는 제조자에게 청구법인의 주문번호, 고객번호, FOB운송조건으로 제품을 선적하라고 전달한 점, 쟁점물품 선하증권상 송하인은 제조자이고 수하인은 청구법인으로 기재되어 있는 점, 이 건 쟁점물품의 운송 위험에 대하여 청구법인이 보험에 가입하고 보험료를 지급하고 운송선사에 운송비용을 지급한 점, 대금지급에 있어 OOO는 송품장상의 금액 중 물품대금을 제조자에게 전달한 점, 청구법인은 OOO와 지속적인 의견교환 및 OOO에서 주최하는 글로벌마케팅회의에 참석하여 제품개발이나 거래가격에 대한 의견을 제시하고 제조자들과 협의를 통해 최종적으로 제품을 생산하여 수입될 제품과 수입거래가격이 결정되는 점, 청구법인은 수입한 쟁점물품의 하자처리에 있어 OOO에게 하자처리를 요청하고 OOO는 청구법인의 하자처리요청을 제조자에게 전달하고 청구법인과 제조사 사이에서 하자처리과정을 협의하는 역할만을 하고 하자에 대한 책임이나 클레임 비용을 제조자가 부담한 점 등에 비추어 보면, 이 건 쟁점물품에 대한 매매계약의 당사자는 청구법인과 제조자로 볼 수 있는 측면이 있으므로 청구법인이 OOO에게 지급한 쟁점수수료는 과세가격에서 제외되는 「관세법」제30조 제1항 제1호 단서에 규정된 구매수수료로 볼 수 있는 여지가 있다 할 것이다. 다만, 쟁점물품에 대한 구매서비스가 다양할 것임에도 물품대금의 일정율로 수수료를 지급하기로 약정한 점, 쟁점물품을 제조하기 위해서는 상표권자인 OOO로부터 권한을 허여 받아야 하는데 OOO가 그 제조권한을 OOO에 위임한 바, OOO는 OOO를 위해 용역을 수행하면서 청구법인으로부터 쟁점수수료를 지급받고 있어 쟁점수수료에는 구매서비스 대가만 있다고 보기 어려운 점 등을 종합할 때, 쟁점수수료 중 구매수수료의 유무 및 액수 등에 대하여 재조사하여 이 중 구매수수료에 해당하는 금액만을 과세가격에서 제외하는 것으로 하여 쟁점물품의 과세가격을 결정함이 타당하다고 판단된다."

〈조세심판원 조심2012관0044, 2014.4.28. 결정〉

[판례]

"해당 물품을 수입하는 구매자의 요청에 따라서 판매자가 그 대금지급기한 등을 연장해 주는 과정에서 추가적인 금융비용이 발생한 경우 이러한 비용은 성질상 해당 수입물품의 대가나 거래의 조건에 해당한다고 보기 어렵기 때문에, 수입관련 서류 등에 의해 위와 같은 추가적인 금융비용을 해당 수입물품의 대가 등과 명백하게 구분할 수 있는 경우 이를 실제지급가격에 포함시킬 수는 없다"

〈대법원 2007.6.14. 선고 2007두6267 판결〉

[판례]

"여기에서 말하는 '하자보증'이란 수입물품에 대한 하자 등에 대해 그 물품의 종류나 성질에 따라 상거래관행상 통상적으로 요구되는 '일정 기간' 동안 수출자의 책임으로 보상하는 것을 의미하고, 하자보증비는 그것이 해당 수입물품의 거래조건으로 지급된 경우에만 과세가격에 포함되며, '유지'의 개념에는 하자보증기간이 경과한 이후 그 내구연한 동안 해당 수입물품이 구매목적에 부합하는 기능을 수행할 수 있도록 보장하기 위해 수시로 이루어지는 수리가 포함된다고 할 것이다."

〈대법원 2006.1.27. 선고 2004두11305 판결〉

[판례]

"수입물품의 과세가격에 가산되는 물품 및 용역의 공급이 수입거래에 있어서 수출자가 하여야 할 일을 수입자가 그 자신의 비용으로 대신하여 수행한 다음 그 결과를 무료 또는 인하된 가격으로 생산자에게 제공함으로써 수입물품의 가격을 인하시키는 경우를 가리키는 것으로 해석한 것은 옳다."

〈대법원 1993.12.14. 선고 92누5263 판결〉

[판례]

"당해 물품의 수입 후의 전매·처분 또는 사용에 따른 수익금액 중 판매자에게 직접 또는 간접으로 귀속되는 금액(이하 '사후귀속이익'이라 한다)은 확정시기나 지급방법 등의 특수성에도 불구하고 그 실질은 어디까지나 수입물품의 대가이기 때문에 이를 가산하여 수입물품의 과세가격을 산정하려는 것이 이들 규정의 취지인 점 등을 고려하면, 수입물품 그 자체의 판매에 따른 수익금액 중 판매자에게 귀속되는 금액뿐만 아니라 수입물품을 가공하거나 이를 원료로 사용하여 만든 제품의 판매에 따른 수익금액 중 판매자에게 귀속되는 금액도 그것이 수입물품에 대한 대가로서의 성질을 갖는 경우 사후귀속이익에 포함된다고 봄이 타당하다."

〈대법원 2012.11.29. 선고 2010두14565 판결〉

[판례]

"수입신고를 함에 있어 수입업자가 운임을 부담하는 본선인도가격조건(FOB)이 아니라 수출업자가 운임을 부담하는 운임포함가격조건(C&F)으로 수입가격을 신고하였다고 하더라도 실제로는 사실상 본선인도가격조건(FOB)에 불과해 수입업자가 그와 별도로 그 운임을 실질적으로 부담하기로 한 사실이 인정될 때 세액결정에 영향을 미치기 위해 그 운임 상당액을 고의로 누락하고 저가로 신고하였다면 다른 특별한 사정이 없는 한 그 운임 상당액에 부과될 관세를 포탈한 것으로 보아야 한다."

〈대법원 2005.7.15. 선고 2005도2520 판결〉

[판례]

"국내도매가격이란 물품의 도착원가에 관세 등의 제세금과 통관절차비용, 그리고 기업의 적정 이윤까지를 더해 결정되는 국내 도매물가 시세인 가격을 말한다."

〈대법원 1993.3.23.선고 93도164 판결〉

[판례]

"범행 당시의 시가(국내도매가격)에 시가 역산율을 곱해 도착가격을 산정하는 것도 그것이 실제 거래가격을 충실히 반영하는 방법으로 결정된 국내 도매가격을 기초로 하여 산정되었다고 볼 수 있는 경우에는 이를 관세법 제35조에 의한 합리적 기준에 의한 과세가격의 결정 방법이라고 할 수 있다."

〈대법원 2008.3.27. 선고 2008도325 판결 및 대법원 2000.4.25. 선고 99도5479 판결〉

제5절 과세가격 결정방법의 사전심사

납세신고를 하는 때, 과세가격 결정과 관련하여 가격신고 전에 관세청장에게 미리 심사를 신청할 수 있다(관세법 제37조). 구체적으로 첫째, 제30조 제1항부터 제3항까지 규정된 사항(즉, 실제거래가격, 가산요소, 공제요소 및 1방법 적용 배제 요건 등), 둘째, 제30조에 따른 방법(실제거래가격에 의한 과세가격 결정방법)으로 과세가격을 결정할 수 없는 경우에 적용되는 과세가격 결정방법, 셋째, 특수관계가 있는 자들 간에 거래되는 물품의 과세가격 결정방법에 대한 심사를 신청할 수 있다.

사전심사 신청을 받은 관세청장은 정해진 기간 내에 과세가격의 결정방법을 심사한 후 그 결과를 신청인에게 통보한다. 위 첫째와 둘째 사안에 대해서는 1개월, 세 번째 사안에 대한 심사는 1년을 심사 기간으로 정하고 있다. 심사결과를 통보받은 자가 결과에 이의가 있으면 결과를 통보받은 날부터 30일 이내에 관세청장에게 재심사를 신청할 수 있다. 세관장은 관세의 납세의무자가 심사결과 통보된 과세가격의 결정방법에 따라 납세신고를 한 경우 그 결정방법에 따라 과세가격을 결정하여야 한다.

사전심사 결과를 받은 자는 심사결과 결정된 과세가격 결정방법을 적용하여 산출한 과세가격 및 그 산출과정 등이 포함된 보고서를 관세청장에게 제출하여야 한다. 관세청장은 보고서를 제출하지 아니하는 등 대통령령으로 정하는 사유에 해당하는 경우에는 사전심사 결과를 변경, 철회 또는 취소할 수 있다. 이 경우 관세청장은 사전심사를 신청한 자에게 그 사실을 즉시 통보하여야 한다.

제6절 관세의 과세가격과 내국세 과세가격의 조화

1 내국세의 거래가격 조정에 따른 관세의 과세가격 경정

동일한 업체가 수입한 동일물품에 대해 관세의 과세가격과[47] 법인세나 소득세 부과를 위해 국제조세조정에 관한 법률(국조법)에 의거해 조정 결정하는 과세표준이 다를 수 있다.

같은 물품의 거래를 두고 이와 같이 과세기준이 되는 거래가격에서 차이가 발생하는 것은 관세법에 의한 과세가격 결정방법과 국조법의 거래가격 결정방법에 차이가 있기 때문이다. 이런 점을 고려하여 관세법은 지방국세청장 또는 세무서장이 해당 수입물품의 거래가격을 조정하여 과세표준 및 세액을 결정·경정 처분하거나 국세청장이 해당 수입물품의 거래가격과 관련하여 소급하여 적용하도록 사전승인을 함에 따라 그 거래가격과 관세법에 따라 신고납부·경정한 세액의 산정기준이 된 과세가격 간 차이가 발생한 경우, 납세의무자가 이를 경정 청구할 수 있도록 하였다.

관세법 제38조의4(수입물품의 과세가격 조정에 따른 경정) ① 납세의무자는 「국제조세조정에 관한 법률」 제4조 제1항에 따라 관할 지방국세청장 또는 세무서장이 해당 수입물품의 거래가격을 조정하여 과세표준 및 세액을 결정·경정 처분하거나 같은 법 제6조 제3항 단서에 따라 국세청장이 해당 수입물품의 거래가격과 관련하여 소급하여 적용하도록 사전승인을 함에 따라 그 거래가격과 이 법에 따라 신고납부·경정한 세액의 산정기준이 된 과세가격 간 차이가 발생한 경우에는 그 결정·경정 처분 또는 사전승인이 있음을 안 날(처분 또는 사전승인의 통지를 받은 경우에는 그 받은 날)부터 3개월 또는 최초로 납세신고를 한 날부터 5년 내에 대통령령으로 정하는 바에 따라 세관장에게 세액의 경정을 청구할 수 있다.
② 제1항에 따른 경정청구를 받은 세관장은 대통령령으로 정하는 바에 따라 해당 수입물품의 거래가격 조정방법과 계산근거 등이 제30조부터 제35조까지의 규정에 적합하다고 인정하는 경우에는 세액을 경정할 수 있다.
③ 세관장은 제1항에 따른 경정청구를 받은 날부터 2개월 내에 세액을 경정하거나 경정하여야 할 이유가 없다는 뜻을 청구인에게 통지하여야 한다.
④ 제3항에 따른 세관장의 통지에 이의가 있는 청구인은 그 통지를 받은 날(2개월 내에 통지를 받지 못한 경우에는 2개월이 경과한 날)부터 30일 내에 기획재정부장관에게 국세의 정상가격과 관세의 과세가격 간의 조정을 신청할 수 있다. 이 경우 「국제조세조정에 관한 법률」 제10조의3을 준용한다.

관세법시행령 제35조(수입물품의 과세가격 조정에 따른 경정) ③ 세관장은 법 제38조의4 제2항에 따라 다음 각 호의 어느 하나에 해당하는 경우에는 세액을 경정할 수 있다.
1. 지방국세청장 또는 세무서장의 결정·경정 처분에 따라 조정된 사항이 수입물품의 지급가격, 권리사용료 등 법 제30조 제1항의 과세가격으로 인정되는 경우
2. 지방국세청장 또는 세무서장이 「국제조세조정에 관한 법률」 제5조에 따른 정상가격의 산출방법에 따라 조정하는 경우로서 그 비교대상거래, 통상이윤의 적용 등 조정방법과 계산근거가 법 제31조부터 제35조까지의 규정에 적합하다고 인정되는 경우

47) 이 과세가격은 수입물품에 부과되는 내국세 즉, 부가가치세나 개별소비세, 주세등의 과세표준에 그대로 포함된다. 예를 들어 수입물품에 대한 부가가치세 과세표준은 관세의 과세가격에 동 물품에 부과되는 관세 및 다른 내국세를 합산한 금액이다.

국제조세조정에 관한 법률 제5조(정상가격의 산출방법) ① 정상가격은 다음 각 호의 방법 중 가장 합리적인 방법으로 계산한 가격으로 한다. 다만, 제6호의 방법은 제1호부터 제5호까지의 방법으로 정상가격을 산출할 수 없는 경우에만 적용한다.

1. 비교가능 제3자 가격방법 : 거주자와 국외특수관계인 간의 국제거래에서 그 거래와 유사한 거래 상황에서 특수관계가 없는 독립된 사업자 간의 거래가격을 정상가격으로 보는 방법
2. 재판매가격방법 : 거주자와 국외특수관계인이 자산을 거래한 후 거래의 어느 한 쪽인 그 자산의 구매자가 특수관계가 없는 자에게 다시 그 자산을 판매하는 경우 그 판매가격에서 그 구매자의 통상의 이윤으로 볼 수 있는 금액을 뺀 가격을 정상가격으로 보는 방법
3. 원가가산방법 : 거주자와 국외특수관계인 간의 국제거래에서 자산의 제조·판매나 용역의 제공 과정에서 발생한 원가에 자산 판매자나 용역 제공자의 통상의 이윤으로 볼 수 있는 금액을 더한 가격을 정상가격으로 보는 방법
4. 이익분할방법 : 거주자와 국외특수관계인 간의 국제거래에 있어 거래 쌍방이 함께 실현한 거래순이익을 합리적인 배부기준에 의하여 측정된 거래당사자들 간의 상대적 공헌도에 따라 배부하고 이와 같이 배부된 이익을 기초로 산출한 거래가격을 정상가격으로 보는 방법
5. 거래순이익률방법 : 거주자와 국외특수관계인 간의 국제거래에 있어 거주자와 특수관계가 없는 자 간의 거래 중 해당 거래와 비슷한 거래에서 실현된 통상의 거래순이익률을 기초로 산출한 거래가격을 정상가격으로 보는 방법
6. 대통령령으로 정하는 그 밖에 합리적이라고 인정되는 방법

실제 경정청구에서 내국세의 거래가격을 수용하여 관세의 과세가격을 낮추는 경정이 이루어지기는 쉽지 않다. 왜냐하면 내국세의 정상가격 산출방법이 관세평가 방법과 완전히 부합되는 방법으로 이루어지지 않는 경우가 많기 때문이다.

2 관세평가와 내국세 정상가격 산출의 사전조정

관세의 과세가격은 수입신고를 할 때 납세의무자가 이를 세관장에게 신고하여야 하나 사전에 관세청장에게 신청하여 과세가격사전심사를 받을 수 있다. 이때 국세의 정상가격 산출방법의 사전승인을 동시에 신청할 수 있다. 실무에서 ACVA(Advance Customs Valuation Agreement)라 부르는 제도로, 2015년 1월 1일부터 관세법에 제도화되었다.[48)]

48) 이는 국세청의 '정상가격 사전승인'(APA : Advance Pricing Arrangement) 제도와의 조화를 의미하는 것이나 실제 적용되는 것은 제한적이다.

관세법 제37조의2(관세의 과세가격 결정방법과 국세의 정상가격 산출방법의 사전조정) ① 제37조 제1항 제3호에 관하여 의문이 있어 같은 항에 따른 사전심사를 신청하는 자는 관세의 과세가격과 국세의 정상가격을 사전에 조정(이하 이 조에서 "사전조정"이라 한다)받기 위하여 「국제조세조정에 관한 법률」 제6조 제1항에 따른 정상가격 산출방법의 사전승인(같은 조 제2항 단서에 따른 일방적 사전승인의 대상인 경우에 한정한다)을 관세청장에게 동시에 신청할 수 있다.
② 관세청장은 제1항에 따른 신청을 받은 경우에는 국세청장에게 정상가격 산출방법의 사전승인 신청서류를 첨부하여 신청을 받은 사실을 통보하고, 국세청장과 과세가격 결정방법, 정상가격 산출방법 및 사전조정 가격의 범위에 대하여 대통령령으로 정하는 바에 따라 협의하여야 한다.
③ 관세청장은 제2항에 따른 협의가 이루어진 경우에는 사전조정을 하여야 한다.
④ 관세청장은 제1항에 따른 신청의 처리결과를 사전조정을 신청한 자와 기획재정부장관에게 통보하여야 한다.

관세법시행령 제31조의2(관세의 과세가격 결정방법과 국세의 정상가격 산출방법의 사전조정 신청 등) ① 법 제37조의2 제2항에서 "대통령령으로 정하는 경우"란 다음의 각 호중 각각 어느 하나에 해당하는 방법을 말한다.

1. 「관세법」 제31조부터 제34조까지[49)]
2. 「국제조세조정에 관한 법률」제5조 제1항 제1호부터 제3호까지[50)]

② 관세청장은 법 제37조의2 제1항의 신청을 받은 날부터 90일 내에 사전조정을 신청한 자에게 사전조정 적정 여부에 대한 통지(사전조정이 부적정한 경우에는 그 사유 포함)를 하여야 한다.
③ 제2항에 따라 사전조정 부적정 통지를 받은 사전조정신청자는 그 통지를 받은 날부터 30일 내에 법 제37조 제1항 제3호에 따른 사전심사와「국제조세조정에 관한 법률」 제6조 제1항에 따른 사전승인을 계속 진행할 지 여부를 관세청장과 국세청장에게 회신하여야 한다.

ACVA는 법인세 목적의 정상가격사전승인제(APA)와 마찬가지로 다국적 기업들의 이전가격에 대한 과세와 관련해 신청이 증가하는 추세다.

49) 여기에 해당하는 것은 제2방법부터 제5방법까지 4가지다.

50) 여기에 해당하는 것은 비교가능제3자가격방법, 재판매가격방법, 원가산정방법 3가지다.

기출문제

1 **KITA(주)는 상표가 부착된 신발을 다음과 같은 조건으로 수입하고자 한다. KITA(주)가 이행해야 할 관세법상의 제도로 잘못된 것은?** [국제무역사 35회 1교시 29번]

- KITA(주)는 매월 1회 FOB 가격으로 1억원의 신발을 수입하는 것을 원칙으로 한다.
- KITA(주)는 운송사에 1회 선적시마다 국제운송관련 비용 100만원을 지급한다. 수입물량이 줄어드는 경우에는 별도 협의한다.
- KITA(주)는 신발 수입에 따라 국내 매출액의 5%를 로열티로 지급하기로 한다.

① 납세의무자 KITA(주)는 수입신고를 할 때 세관장에게 해당물품의 과세가격 산출내용에 관한 사항 등이 기재된 가격신고를 하여야 한다.
② 수입물량이 줄어 과세가격이 미화 1만불 이하인 일정 물품의 경우 가격신고를 생략할 수 있다.
③ 수입신고시 신발 수입가격 1억원과 국제운송비용 100만원 및 예상 로열티를 추정하여 확정가격신고하면 된다.
④ 잠정가격신고 하였다면 매출액 5%의 로열티를 지급한 경우 KITA(주)는 통관지 세관장에게 확정된 가격을 신고하여야 한다.

2 **우리나라에서 인도네시아로 일부 원단과 라벨 등 자재를 무상으로 공급한 후 가방을 만들어 수입하려고 한다. 이와 관련된 다음의 설명 중 올바른 것은?** [국제무역사 35회 1교시 30번]

① 우리나라에서 원단을 무상으로 인도네시아로 해외임가공을 보낸 것이므로 가방 완제품 수입시 해외임가공 감세 제도를 활용하여 감면을 받을 수 있다.
② 인도네시아에 임가공비로 가방 1개당 5불을 지불한 경우, 수입시 과세가격은 임가공비에 가방 수입시 납부한 해상운임을 더한 금액이다.
③ 무상 공급한 자재를 임가공 장소인 인도네시아까지 운송한 비용은 과세가격에 포함하지 않는다.
④ 우리나라에서 무상으로 공급한 원부자재 가격은 상샌지원비용으로서 과세가격에 포함하여야 한다.

정답 1. ③ 2.④

3 다음 중 관세법상 수입물품에 대한 종가세로 부과하는 관세의 과세표준 즉, 과세가격의 결정과 관련한 설명으로 올바른 것은? [국제무역사 40회 1교시 16번]

① 송품장에 기재된 FOB USD 10,000의 과세가격은 USD 10,000이다.
② 부산세관 보세창고에서 수입신고 이전에 행해지는 원산지표시 보수작업 관련비용은 구매자가 이를 부담한 것이지만 수출자가 이행했어야 하는 비용이므로 과세가격 결정시 실제로 지급하였거나 지급할 금액에 포함한다.
③ 구매자가 수입물품인 레이저포인터의 생산을 위해 중국공장에 무료로 공급한 플라스틱 케이스에 대해서는 그 플라스틱 케이스의 가격을 가산하여 수입물품인 레이저포인터의 과세 가격을 산출한다.
④ 미국으로부터 유명 신발을 수입함에 있어 매년 3%의 상표권 사용료를 지급해야 하지만 이는 수입물품과 별도로 지급하는 것이므로 과세가격에 가산하지 않는다.

4 한국의 A기업은 독일에서 물품을 수입하면서 물품대금 외에 다음과 같은 과세가 금액을 별도로 지불하였다. A기업이 지불한 금액 가운데 관세의 가격에 포함되어야하는 것은? [국제무역사 36회 1교시 23번]

① 독일의 수출자가 수입물품의 공장 설치와 관련해 A기업에 파견한 감독관에게 지불한 감독비 미화 2,000달러
② 수입물품 대금의 연불이자로 독일 은행이 지불한 미화 3,000달러
③ 독일 함부르크에서 부산항까지 해상운송과 관련해 국내 보험사에 지급한 보험료 200만원
④ 수입신고를 하기 전에 부산항 인근 보세창고에 보관하면서 보세창고업자에게 지불한 보관료 100만원

5 과세가격으로 인정된 사실이 있는 동종·동질물품 A의 거래가격으로서 관세의 과세가격을 결정하고자 한다. 이 경우 다음 중 필수적으로 고려해야 할 사항이 아닌 것은? [국제무역사 36회 1교시 25번]

① 동종·동질물품 A의 선적일
② 동종·동질물품 A의 거래수량
③ 동종·동질물품 A의 운송거리
④ 동종·동질물품 A의 운송횟수

정답 3.③ 4.③ 5.④

6 수입물품에 대한 과세가격을 결정함에 있어 실제로 지급하였거나 지급할 가격을 기초로 과세할 수 있는 요건의 하나인 '우리나라에 수출하기 위해 판매된 물품'에 해당하는 것은?
[국제무역사 37회 1교시 18번]

① 수입 후 경매 등을 통해 판매가격이 결정되는 위탁판매 수입물품
② 임대차계약에 따라 수입하는 물품
③ 원가 이하에 해당하는 가격으로 덤핑 판매되어 수입하는 물품
④ 별개의 독립된 사업자가 아닌 지점 등에서 수입하는 물품

7 통영수산이 태국의 A기업으로부터 수입한 수산물의 거래 내용이 보기와 같다. 통영수산 수입물품에 대한 과세가격 결정방법으로 고려할 수 있는 것이 아래 제시된 것과 같다고 할 때, 이 중 가장 우선적으로 고려되어야 하는 관세평가 방법은?
[국제무역사 36회 1교시 24번]

> A. 거래조건은 FOB USD5000이고, 대금결제는 T/T 방식임.
> B. 태국에서 부산까지의 운임 USD5,000을 구매자인 통영수산이 국내에서 원화로 선박회사에 별도 지불함.
> C. 태국에서 부산까지의 운송과 관련해 통영수산은 어떤 해상보험에도 부보하지 아니함.

① 통영수산이 수입한 수산물을 국내에 판매한 다음 그 판매가격을 기초로 한 관세평가
② 통영수산이 수입한 수산물에 대해 실제로 지불한 거래가격을 기초로 한 관세평가
③ 통영수산의 거래내용을 참작한 합리적 기준에 따른 관세평가
④ 산정가격을 기초로 한 관세평가

8 관세법상 수입물품에 대한 관세의 과세가격 결성과 관련된 설명으로 가장 옳은 것은?
[국제무역사 37회 1교시 20번]

① 원칙적으로 수입물품에 대한과체가격은 과세가격으로 인정된 바 있는 동종·동질물품의 거래가격을 기초로 결정한다.
② 수입 후에 행하여지는 당해 수입물품의 건설, 설치, 조립, 정비, 유지 또는 기술지원에 필요한 비용도 과세가격에 포함되어야 하는 구매자의 실제로 지급하였거나 지급할 금액에 해당한다.
③ 수입물품에 적하보험이 부보되지 않은 경우에는 최소담보조건의 보험조건을 적용한 요율로 산출한 보험료를 과세가격에 포함한다.
④ 당해물품과 동일체로 취급되는 용기의 비용과 당해 물품의 포장에 소요되는 노무비 및 자재비로서 구매자가 별도로 부담하는 비용은 과세가격 산출시 이를 가산하여야 한다.

정답 6.③ 7.② 8.④

9 과세가격으로 인정된 사실이 있는 동종동질물품의 거래가격으로 관세의 과세가격을 결정하고자 한다. 이때 반드시 고려해야 할 사항이 아닌 것은? [국제무역사 37회 1교시 21번]

① 해상운송이나 항공운송 등 동종동질물품의 운송형태
② 동종동질물품의 선적일자
③ 동종동질물품의 이윤율
④ 동종동질물품의 거래단계

10 수입재화 'A'에 대한 자료가 아래와 같다면, 'A'에 대한 부가가치세 과세표준은 얼마인가? [국제무역사 37회 1교시 22번]

A. 관세의 과세가격 ₩2,000,000
B. 관세 ₩0
C. 주세 ₩600,000
D. 주세교육세 ₩60,000
E. 수입자가 실제로 결제한 금액 ₩1,800,000

① ₩1,800,000
② ₩2,000,000
③ ₩2,460,000
④ ₩2,660,000

11 관세법상 수입물품의 과세 결정원칙과 관련된 설명 중 잘못된 것은? [국제무역사 37회 1교시 29번]

① 수입 후 국내에서 발생되는 기술지원 비용 등의 금액을 명백하게 구분할 수 있을 때에는 실제 지급할 금액에서 공제할 수 있다.
② 거래의 성립 또는 가격의 결정을 할 때 금액으로 환산할 수 없는 조건이나 사정에 따라 영향을 받을 경우에는 실제 거래가격으로 인정하지 않는다.
③ 수입 후 국내에서 구매자가 자기의 비용으로 행한 활동이 판매자의 이익이 된다면 판매자에 대한 간접지급으로 보아 실제 지급금액에 가산하여야 한다.
④ 수입물품을 구매함에 있어서 구매자만을 위하여 대리하는 용역의 대가로 지급하는 구매수수료는 실제 지급금액에서 가산하지 않는다.

정답 9.③ 10.④ 11.③

12 다음 중 관세법상 과세가격 결정 방법에서 제1방법의 적용이 가능한 것은?

[국제무역사 38회 1교시 20번]

① 해당물품을 자선용으로만 사용하도록 하는 제한
② 해당물품을 특정용도로만 사용하도록 하는 제한
③ 해당물품을 판매할 수 있는 지역의 제한
④ 해당물품을 특정인에게만 판매할 수 있도록 하는 제한

13 무익거래에서 물품의 판매자가 금액으로 환산 할 수 없는 조건 또는 사정으로 거래가격을 결정하였을 때, 다음 중 관세법상 당해 물품의 거래 가격을 기초로 과세가격을 결정(제1방법의 적용할 수 있는 것은?

[국제무역사 39회 1교시 25번]

① 구매자가 판매자로부터 특정 수량의 다른 물품을 구매하는 조건으로 당해 물품의 가격이 결정되는 경우
② 구매자가 판매자에게 당해 수입물품을 판매할 수 있는 지역을 제한하는 조건으로 당해 물품의 가격이 결정되는 경우
③ 구매자가 판매자에게 판매하는 다른 물품의 가격에 따라 당해 물품의 가격이 결정되는 경우
④ 판매자가 반제품을 구매자에게 공급하고 그 대가로 그 완제품의 일정수량을 받는 조건으로 당해 물품의 가격이 결정되는 경우

14 아래와 같은 사례에서 관세번상 관세의 과세가격 결점과 관련해 다른 고려요소가 없다고 할 때 A사가 수입한 물품의 과세가격은?

[국제무역사 40회 1교시 17번]

A. A사는 이탈리아의 B사로부터 의류 1000점을 FOB USD 10,000에 수입한다.
B. A사는 B사의 의류 포장에 있어 고급 포장재는 사용할 것을 주문하고 이에 대한 비용을 A가 부담하기로 하였다. 이 비용은 USD 2,000이다
C. A사는 의류 수입에 대해 보험을 부보하였고 보험료는 USD 150이다.
D. 이탈리아에서 우리나라까지의 해상운임으로 USD 1,000을 지급하였다.

① USD 10,000 ② USD 12,000
③ USD 12,150 ④ USD 13,150

정답 12.③ 13.② 14.④

15 다음 중 관세법령상 수입자가 실제로 거래한 가격을 기초로 관세의 과세가격을 신고할 수 있는 것은? [국제무역사 41회 1교시 18번]

① 해당 물품을 수입 후에 초등학교 또는 중학교 교육용으로 유상 사용하도록 단서가 붙어 있는 물품의 수입

② 신기술 개발을 위한 R&D연구소를 공동으로 운영하는 판매자와 구매자가 거래한 경우(단, 거래가격은 당해 산업부문의 정상적인 가격결정 관행에 부합하는 방법으로 결정되었다.)

③ 임대차 계약을 맺고 구매자가 임대료를 지불하기로 한 물품의 수입

④ 송금방식에 의해 대금을 결제하는 거래로서 국내에서 해당물품을 판매하는 책임이 해외 수출자에게 있는 물품의 수입

정답 15.②

17

관세의 납세제도

학습목표

관세법에서는 납세의무자가 납세에 관해 스스로 자율적으로 신고하도록 하고 있다. 신고한 내용이 정확한지는 통관이 이뤄지고 난 후에 검사하도록 하여 물품 이동의 지연을 최소화하고 있다. 이런 자발적인 납세의무자의 법준수를 유도하는 이유는 거래에 대해 가장 잘 알고 있는 납세의무자가 납세에 관한 사항을 신고하고 납부하여, 관세행정당국이 효과적으로 관세징수를 위한 행정비용을 감소시킬 수 있도록 하기 위해서다. 이 장에서는 관세의 납세제도를 아래 내용을 중심으로 학습해 보자.

1. 원칙적인 납세의무의 확정과 납세심사 시기의 의의
2. 시기별 납부세액의 변경 방법
3. 관세의 납기와 가산세, 가산세의 감면
4. 관세에 대한 담보제공과 강제징수

들어가기 전에

납세의무자의 자발적인 법준수를 유도하려면 어떻게 해야 할까?

- 관세청, 면세범위 초과 휴대물품 집중 단속

관세청은 해외여행 성수기를 맞아 휴대품 면세범위 초과물품에 대한 집중 단속을 실시한다. (중략) 이번 단속은 하계 휴가철을 맞아 면세범위 초과물품, 반입제한물품 등을 세관에 신고 없이 반입할 가능성이 높아질 것으로 예상됨에 따라 불법행위 사전차단 및 성실한 자진신고를 유도키 위해 진행된다.

이에 따라 관세청은 여행자 휴대품 검사비율을 기존보다 30% 가량 높이고 해외 주요 쇼핑지역에서 출발하는 항공편에 대한 집중검사를 실시할 예정이다. (중략) 면세범위 초과물품을 소지한 여행객의 경우 '여행자 휴대품 신고서'를 성실히 작성해 신고하면 세금 감면혜택을 받을 수 있으나 불성실 신고 뒤 적발된 때에는 납부할 세액의 40% 또는 60%에 이르는 가산세가 부과된다. (중략)

뉴시스 김양수 기자. 2017년 7월 20일 '관세청, 면세범위 초과 휴대물품 집중 단속' 기사전문
http://www.newsis.com/view/?id=NISX20170720_0000045986&cID=10807&pID=10800

우범위험이 높은 납세의무자에게는 검사비율을 높이고 성실하게 법을 준수하는 납세의무자에게는 세금을 감면해주는 것은 납세의무자의 자발적인 법 준수를 유도하는 제도다. 그러나 검사비율을 높이는 데에는 세관 인력의 한계가 있고 세금 감면혜택을 주는 것도 세입 감소의 결과가 되기 때문에 이러한 제도를 통해 유도할 수 있는 성실 신고와 납세로 인한 혜택과 제도를 운영하는 행정비용 간에 최적화가 일어나는 점을 찾아 검사비율과 감면범위가 결정된다. 이 장에서는 이러한 신고제도 조세제도를 운영하는 비용에 대한 이해를 바탕으로 납세신고제도에 대해 학습해 보자.

Chapter 17

관세의 납세제도

제1절 확정된 세액의 감면

1 관세감면의 개요

1) 관세감면의 의미

수입물품에 관세가 부과되기 때문에 물품이 수입되면 과세물건, 과세표준, 적용법령, 납세의무자가 자동으로 확정되는 효과가 있다.[1] 이때 부과되는 관세는 수입물품의 가격 또는 수량과 관세법 제50조(세율적용의 우선순위)에 따라 결정되는 세율에 의해 산출된다. 그런데, 수입물품 또는 수입자가 일정한 요건을 갖추면 확정된 관세의 납세의무가 일부 또는 전부 면제될 수 있다. 재정수입확보, 산업보호, 공정무역의 보장 등 관세를 부과하는 주요 목적은 보다 더 우선하여 달성하여야 할 정책 목표가 있기 때문이다. 이렇게 납세의무를 특정한 경우 일부 또는 전부 면제하는 것을 감면이라 한다. 감면이란 감세(減稅)와 면세(免稅)를 총칭하는 것이다. 감세란 납세의무의 일부를 면제해 그가 납부해야 할 세액을 경감하는 것이고, 면세란 납부해야 할 세액 전부를 면제하는 것을 말한다.

2) 관세감면의 근거

관세의 감면은 대부분 관세법에 그 근거가 있다. 관세법에 의한 감면대상인 수입물품을 정하는 방법은 〈표 17-1〉과 같다.

1) 관세법 제15조 내지 제19조

〈표 17-1〉 관세법의 감면대상 물품 규정 방법

구 분	규정 방법
법률에 그 대상을 포괄적으로 규정	관세법 제88조에서 제101조까지 관세법 조항에 직접 규정
관세법시행규칙 [별표]로 구체적인 품목을 규정	[별표 1] 법 제89조제6항제1호에 따라 관세가 감면되는 물품 [별표 1의2] 법 제90조제1항제4호에 따라 관세가 감면되는 산업기술 연구・개발용 물품 [별표 2] 법 제91조제4호에 따라 관세가 감면되는 장애인용품 등 [별표 2의4] 관세법 제95조 제1항 제3호에 따라 관세가 감면되는 공장자동화물품

관세의 감면에는 관세청장이 정한 일정기간 동안 특정한 용도에 사용할 것 등을 조건으로 감면을 허용하는 **조건부 감면**과, 수입통관 당시에 요건이 충족되었는지 여부로만 감면 여부를 판단하는 **무조건 감면**이 있다. 조건부 감면의 경우 일정기간 세관장의 사후관리가 따른다. 만일 사후관리 기간 중에 정해진 용도외 사용 등 감면조건을 위반한 경우 감면된 관세는 다시 징수된다. 관세법 제88조 내지 제101조에 규정된 감면의 내용을 정리하면 〈표 17-2〉와 같다.

〈표 17-2〉 관세법의 감면조항과 감면구분

법 조항	조항명	감면구분	관세경감률(%)
제88조	외교관용물품 등의 면세	무조건	100
제89조	세율불균형물품의 면세	조건부	100[2)]
제90조	학술연구용품의 감면	조건부	50~80
제91조	종교용품, 자선용품, 장애인용품 등의 면세	조건부	100
제92조	정부용품 등의 면세	무조건	100
제93조	특정물품의 면세	조건부	100
제94조	소액물품 등의 면세	무조건	100
제95조	환경오염방지물품 등에 대한 감면	조건부	30~50
제96조	여행자휴대품 및 이사물품 등의 감면	무조건	100
제97조	재수출면세	조건부	100
제98조	재수출 감면	조건부	30~85
제99조	재수입면세	무조건	100

제100조	손상물품에 대한 감면	무조건	손상된 부분
제101조	해외임가공물품 등의 감면	무조건	수출된 부분

관세의 감면은 조세특례제한법에도 규정이 있다. 조세특례제한법에 의한 관세의 감면은 대개 특정한 정책목적을 달성하기 위해 한시적으로 관세를 감면하는 것이다. 이들은 통상 내국세와 관세의 감면을 함께 규정하고 있다. 조세특례제한법은 근본적으로 감면과 같은 특례를 제한하기 위한 법률이지만 관세감면의 경우 오히려 이를 통해 관세법에 규정된 것 이외에 감면을 확대하여 적용하는 것으로 이용되는 경우도 있다.

조세특례제한법에 의한 관세감면도 법률 자체에 감면대상을 명시하고 있는 경우와, 법률의 위임에 따라 기획재정부령으로 세부 품목을 고시하는 두 가지가 있다. 기획재정부령으로 품목을 고시하는 경우는 조세특례제한법시행규칙에 [별표 13]으로 규정된다. 조세특례제한법에 의해 관세감면이 가능한 물품은 외국인투자물품(조세특례제한법 제121조의3), 제주첨단과학기술단지 입주기업이 연구개발에 사용하기 위해 수입하는 물품과 제주투자진흥지구 입주기업이 감면대상 사업에 직접 사용하기 위해 수입하는 자본재 및 제주도 여행객이 면세품판매장에서 구입하여 제주도 이외의 다른 지역으로 휴대해 반출하는 물품(조세특례제한법 제121조의10 내지 제121조의13) 등이다.[3)]

3) 감면절차

관세의 감면을 받고자 하는 자는 정해진 기한 내에 세관장에게 감면신청서를 제출하여야 한다. 신청서에는 감면요건을 입증하는 서류가 첨부되어야 한다. 감면신청을 간이하게 하도록 한 경우도 있다. 예를 들어 여행자나 국제무역선(기) 승무원의 휴대품에 대해서는 원칙적으로 입국 시 여행자휴대품신고서를 작성해 세관공무원에게 제출하는 것으로 수입(납세)신고 및 감면신청을 겸하게 하였다. 감면신청 내용을 심사한 결과 요건이 충족되었다고 판단되면 세관장은 신청을 받아들여 감면을 승인한다. 만일 요건이 충족되지 않았거나, 일부만 충족된 경우에는 경정처분으로 세액을 정정한다. 감면신청에 대한 거부나 경정처분은 세관장의 공권력 행사이므로 행정 쟁송의 대상이 될 수 있다.[4)] 감면신청을 하였으나

2) 세율불균형물품에 대한 감면세는 2022년까지 단계적으로 그 경감률을 낮추게 되어 있는데, 중소기업과 중소기업이 아닌 기업이 수입하는 물품의 경감률이 서로 다르다.

3) 관세의 감면이 조약에 근거를 두는 경우도 있다. 대표적으로 SOFA나 각국과의 항공협정이다. 자유무역협정(FTA)에 의해 관세가 감면되는 경우를 들 수 있다.

세관장에 의해 감면승인이 거부된 경우와, 세관장이 거부할 것이라 하여 감면신청을 하지 아니한 것은 그 성격이 크게 다르다. 후자의 경우는 행정심판 대상이 될 수 없다.

2 감면세제도의 내용

1) 외교관용물품 등의 면세(관세법 제88조)

관세법 제88조는 국제평화와 안전의 유지 및 국가 간의 우호관계의 증진을 목적으로 외교관 등이 수입하는 물품에 대한 관세면제를 규정하고 있다. 관세법 제88조에 의해 관세가 면제될 수 있는 물품은 다음과 같다.

① 우리나라에 있는 외국의 대사관·공사관 및 그 밖에 이에 준하는 기관의 업무용품.
② 우리나라에 주재하는 외국의 대사·공사 및 그 밖에 이에 준하는 사절과 그 가족이 사용하는 물품.
③ 우리나라에 있는 외국의 영사관 및 그 밖에 이에 준하는 기관의 업무용품.
④ 우리나라에 있는 외국의 대사관·공사관·영사관 및 그 밖에 이에 준하는 기관의 직원 중 대통령령이 정하는 직원과 그 가족이 사용하는 물품.
⑤ 우리나라 정부와의 사업계약을 수행하기 위해 외국계약자가 계약조건에 따라 수입하는 업무용품.
⑥ 국제기구 또는 외국정부로부터 정부에 파견된 고문관·기술단원 및 그 밖에 기획재정부령이 정하는 자가 사용하는 물품.

관세법 제88조에 의한 관세의 감면은 외교관례 등을 존중해 수입물품에 대해 면세를 하는 것이므로 원칙적으로 수입통관단계에서 감면처분으로 충분하고, 별도의 사후관리를 하지 않는다. 그러나 ① 자동차(삼륜자동차와 이륜자동차를 포함), ② 선박, ③ 피아노, ④ 전자오르간 및 파이프오르간, ⑤ 엽총은 시장성이 있고, 양도하기 쉬운 특수물품으로 보아 수입신고수리일로부터 3년간은 당초 면세 받은 외교관 등이 아닌 자가 다른 용도에 사용하기 위해 양수할 수 없다(관세법시행규칙 제34조 제4항). 만일 이러한 물품을 내국인이 양수한 경우에는 그 양수인이 면제된 관세를 납부해야 한다.

4) 대법원 1990.9.25. 선고 89누4758 판결 참조.

2) 세율불균형물품의 면세(관세법 제89조)

관세법 제89조의 세율불균형물품의 면세는 관세율 적용의 부조화로 인한 산업정책의 왜곡을 시정하는 취지에 따라 이뤄진다. 면세 대상은 중소기업 중 세관장이 지정하는 공장에서 다음 물품을 제조 또는 수리하기 위하여 사용하는 부분품과 원재료(수출한 후 외국에서 수리·가공되어 수입되는 부분품과 원재료의 가공수리분을 포함한다.) 중 정해진다.

① 항공기(부분품을 포함한다)

② 반도체 제조용 장비(부속기기를 포함한다)

감면대상인 부분품 및 원재료가 반입되어 제조나 수리에 사용되어야 하는 공장, 즉 **지정공장**은 세관장이 따로 지정한다. 지정공장은 외국에서 반입되는 물품으로 제조·가공을 한다는 점에서 보세공장과 유사하다. 그러나 보세공장은 특허를 받아야 운영할 수 있고, 여기에서는 원재료를 보세상태에서 제조·가공한 다음 수입통관 절차를 거쳐 수출 또는 수입하는 데 반해, 지정공장은 세관장의 지정으로 운영이 가능하여 여기에서는 일단 수입통관절차를 거친 '내국물품'을 반입해 이를 원재료로 일정한 물품을 제조·수리하도록 한다는 점에서 서로 다르다.

세율불균형물품의 관세경감률은 중소기업과 그 외의 기업에 대해 경감률이 다르게 운영된다. 그러나 감면은 두 쪽 모두 줄어들어 적용이 되지 않게 될 예정이다. 중소기업이 수입하는 경우 2019년부터 감면율을 단계적으로 낮추어 2023년 1월 1일부터는 관세를 경감하지 아니한다. 중소기업이 아닌 기업이 해당 물품을 수입할 경우에도 2019년부터 2025년까지 감면율이 축소된다(관세법 제69조 제6항).

3) 학술연구용품의 감면(관세법 제90조)

관세법 제90조는 학술진흥과 교육발전을 위해 연구·개발, 교육 등 지식창출과 관련되는 학술용 물품의 감면을 통한 지원을 규정하였다. 관세감면 대상은 다음과 같다. 이들 물품의 관세 감면율은 100분의 80이다.[5]

① 국가기관·지방자치단체 및 기획재정부령이 정하는 기관에서 사용할 학술연구용품·교육용품 및 실험실습용품으로서 기획재정부령이 정하는 물품.

② 학교·공공의료기관·공공직업훈련원·박물관, 그 밖에 이에 준하는 기획재정부령으

5) 다만, 공공의료기관 및 학교부설의료기관용 물품은 50/100이다. 그러나 국립암센터 및 국립중앙의료원이 수입하는 물품은 비록 동 기관이 의료행위를 한다하더라도 관세감면율은 80/100을 적용한다.

로 정하는 기관에서 학술연구용·교육용·훈련용·실험실습용 및 과학기술연구용으로 사용할 물품 중 기획재정부령으로 정하는 물품.

③ 위 ②호의 기관에서 사용할 학술연구용품·교육용품·훈련용품·실험실습용품 및 과학기술연구용품으로서 외국으로부터 기증되는 물품. 단 기획재정부령이 정하는 물품은 제외한다.

④ 기업부설연구소 또는 연구개발 전담부서를 설치하고 있는 기업이나 산업기술연구조합이 산업기술의 연구·개발에 사용하기 위해 수입하는 관세법시행규칙 [별표 1]의 물품(동 물품을 수리하기 위한 목적으로 수입하는 부분품을 포함), 시약 및 견품, 연구·개발 대상물품을 제조 또는 수리하기 위해 사용하는 부분품 및 원재료.

4) 종교용품, 자선용품, 장애인용품 등의 면세(관세법 제91조)

관세법 제91조는 종교의식용품이나 자선·구호목적·평화봉사활동 혹은 국제친선을 위해 기증되는 물품, 장애인 복지를 위해 수입되는 물품 등에 대해 관세면제를 규정하고 있다. 이 조항은 비영리적인 활동에 소요되는 물품에 대해 관세를 면제하는 사회정책적인 목적을 갖고 있다. 면세 대상은 다음과 같다.

① 교회·사원 등 종교단체의 의식(儀式)에 사용되는 물품으로서 외국으로부터 기증되는 물품. 다만, 의식에 사용되는 물품과 식전용품일지라도 마이크로폰, 확성기, 음향증폭기, 레코드 플레이어, 파이프오르간을 제외한 각종 악기류 등 기획재정부령이 정한 물품은 면세대상에서 제외한다.

② 자선 또는 구호의 목적으로 기증되는 물품 및 관세법시행규칙 제39조 제2항에서 기획재정부장관이 정한 자선시설·구호시설 또는 사회복지시설에 기증되는 물품으로서 해당 용도로 직접 사용하는 물품. 단, 자동차와 이륜자동차는 제외한다.

③ 국제적십자사·외국적십자사 및 기획재정부령이 정하는 국제기구가 국제평화봉사활동 또는 국제친선활동을 위해 기증하는 물품. 이 경우 기증받는 자가 국가·지방자치단체 또는 대한적십자사 이외의 자인 때에는 해당 기증목적에 관해 외교부장관의 확인을 받아야 한다.

④ 시각장애인, 청각장애인, 언어장애인, 지체장애인, 만성신부전증환자, 희귀난치성질환자 등을 위한 용도로 특수하게 제작되거나 제조된 물품 중 관세법시행규칙 [별표 2]의 '관세법 제91조 제4호에 따라 관세가 감면되는 장애인용품 등.'에 규정된 물품.

⑤ 장애인복지법 제58조에 따른 장애인복지시설 및 장애인의 재활의료를 목적으로 국가·

지방자치단체 또는 사회복지법인이 운영하는 재활병원·의원에서 장애인을 진단하고 치료하기 위해 사용하는 의료용구.

5) 정부용품 등의 면세(관세법 제92조)

관세법 제92조는 국가기관 또는 지방자치단체에 기증되는 물품, 정부가 수입하는 군수품 등에 대한 관세면세를 규정하고 있다. 국가와 지방자치단체는 조세를 징수하는 주체이지만 총액예산주의의 원칙에 따라 이들도 물품수입 시 원칙적으로 관세의 납부의무를 진다. 따라서 국가기관 또는 지방자치단체가 수입한 물품에 대해 관세를 면세하도록 한 것은 이러한 원칙의 예외를 이루는 것이다. 면세대상은 다음과 같다.

① 국가기관이나 지방자치단체에 기증된 물품으로서 공용으로 사용하는 물품. 다만, 기획재정부령이 정한 관세율표 번호 제8703호에 해당하는 승용자동차는 면세대상에서 제외된다.

② 정부 또는 정부의 위탁을 받은 자가 수입하는 군수품 및 국가원수의 경호용으로 사용하는 물품. 다만, **군수품 중 통상품**은 면세대상에서 제외한다.

③ 외국에 주둔하는 국군이나 재외공관으로부터 반환된 공용품.

④ 미래창조과학부장관이 국가의 안전보장을 위하여 긴요하다고 인정하여 수입하는 비상통신용물품 및 전파관리용 물품.

⑤ 정부가 직접 수입하는 간행물, 음반, 녹음된 테이프, 녹화된 슬라이드, 촬영된 필름 그 밖에 이와 유사한 물품 및 자료.

⑥ 국가 또는 지방자치단체(이들이 설립하였거나 출연 또는 출자한 법인을 포함)가 환경오염(소음 및 진동을 포함)을 측정하거나 분석하기 위하여 수입하는 기계·기구로 기획재정부령이 정하는 물품.

⑦ 상수도 수질을 측정하거나 이를 보전·향상하기 위하여 국가 또는 지방자치단체(이들이 설립하였거나 출연 또는 출자한 법인을 포함)가 수입하는 물품으로서 기획재정부령이 정하는 물품.

⑧ 국가정보원장 또는 그 위임을 받은 자가 국가의 안전보장 목적의 수행상 긴요하다고 인정하여 수입하는 물품.

6) 특정물품의 면세(관세법 제93조)

관세법의 감면세조항들은 공통된 요인 또는 공통된 목적을 중심으로 조항이 구성되었다. 그런데 동법 제93조의 '특정물품면세'는 다른 조항에 열거되지 아니한 감면세제도 중 '완전면세'가 되는 제도들을 종합해 정하였다. 제93조에 의해 면세가 가능한 물품은 다음과 같다.

① 동식물의 번식·양식 및 종자개량을 위해 수입하는 물품 중 기획재정부령이 정한 사료작물 재배용 종자(호밀·귀리 및 수수에 한한다).

② 박람회·국제경기대회 그 밖에 이에 준하는 행사 중 기획재정부령이 정하는 행사에 사용하기 위해 그 행사에 참가하는 자가 수입하는 물품.

③ 핵사고 또는 방사능긴급사태 시 그 복구지원과 구호를 목적으로 외국으로부터 기증되는 물품으로서 기획재정부령이 정하는 물품.

④ 우리나라 선박이 외국정부의 허가를 받아 외국의 영해에서 채집하거나 포획한 수산물 또는 이를 원료로 하여 우리나라 선박에서 제조하거나 가공한 물품.

⑤ 우리나라 선박이 외국의 선박과 협력해 원양모선식 방법으로 채집하거나 포획한 수산물로서 해양수산부장관이 이 추천하는 물품 또는 이를 원료로 하여 우리나라 선박에서 제조·가공한 물품으로 채집 또는 포획한 수산물 또는 이를 원료로 하여 우리나라 선박에서 제조·가공한 물품.

⑥ 해양수산부장관의 허가를 받은 자가 기획재정부령이 정하는 요건에 적합하게 외국인과 합작해 채집하거나 포획한 수산물 중 해양수산부장관이 기획재정부장관과 협의해 추천하는 물품과, 이를 원료로 하여 우리나라 선박에서 제조·가공한 물품에 맞게 외국인과 합작해 채집 또는 포획한 수산물 또는 이를 원료로 하여 우리나라 선박에서 제조·가공한 물품.

⑦ 우리나라 선박 등에 의해 채집하거나 포획한 수산물과 외국선박과 협력해 채집 또는 포획한 수산물 및 외국인과 합작해 채집 또는 포획한 수산물의 포장에 사용된 재사용이 불가능한 골판지 어(魚)상자(HS 4819).

⑧ 중소기업기본법 제2조의 규정에 의한 중소기업이 해외구매자의 주문에 따라 제작한 기계·기구가 해당 구매자가 요구한 규격 및 성능에 일치하는지를 확인하기 위해 하는 시험생산에 필요한 원재료로서 중소기업에 외국인이 무상으로 공급하는 물품.

⑨ 우리나라를 방문하는 외국의 원수(元首)와 그 가족 및 수행원의 물품.

⑩ 우리나라의 선박이나 그 밖에 운송수단이 조난으로 인해 해체된 경우 그 해체재(解體材) 및 장비.
⑪ 우리나라와 외국 간에 건설될 교량·통신시설·해저통로 기타 이에 준하는 시설의 건설 또는 수리에 필요한 물품.
⑫ 우리나라 수출물품의 품질·규격·안전도 등이 수입국의 권한 있는 기관이 정하는 조건에 적합한 것임을 표시하는 수출물품에 부착하는 증표.
⑬ 우리나라의 선박이나 항공기가 해외에서 사고로 발생한 피해를 복구하기 위해 외국의 보험회사 또는 외국 가해자의 부담으로 하는 수리부분에 해당하는 물품.
⑭ 우리나라의 선박이나 항공기가 매매계약상의 하자보수 보증기간 중에 외국에서 발생한 고장에 대해 외국의 매도인의 부담으로 하는 수리부분에 해당하는 물품.
⑮ 국제올림픽·장애인올림픽·농아인올림픽 및 아시아운동경기·장애인아시아운동경기 종목에 해당하는 운동용구(부분품을 포함한다)로 대한체육회 또는 대한장애인체육회가 수입하는 물품.
⑯ 국립묘지의 건설·유지 또는 장식을 위한 자재와 국립묘지에 안장되는 자의 관·유골함 및 장례용 물품.
⑰ 피상속인이 사망하여 국내에 주소를 둔 자에게 상속되는 피상속인의 신변용품.
⑱ 보석의 원석(原石) 및 나석(裸石)으로서 기획재정부령으로 정하는 것

7) 소액물품 등의 면세(관세법 제94조)

관세법 제94조는 우리나라 거주자에게 수여된 훈장·기장 등 명예 부여를 위한 물품과 기록문서 등의 서류, 그리고 소액의 견본품·광고용품, 기타 국내거주자가 수취하는 자가용(自家用)의 소액물품에 대한 관세면제를 규정하였다. 소액물품이 외교관용 물품이거나 학술연구용품, 종교용품, 정부용품, 여행자휴대품, 이사물품, 재수출물품, 재수입물품인 경우 다른 감면규정으로 면세될 수 있다. 관세법 제94조는 이들 조항을 보완하는 성격을 지닌다.

소액물품 면세는 인터넷을 이용한 B2C 또는 C2C 거래와 밀접한 관련이 있다. 인터넷 쇼핑몰 등에서 구매하여 특송화물로 반입되는 소액물품인 경우 이 규정에 의해 관세가 면제된다. 제94조에 의해 관세가 면제되는 물품은 다음과 같다.

① 우리나라의 거주자에게 수여된 훈장·기장(紀章) 또는 이에 준하는 표창장 및 상패
② 기록문서 또는 그 밖의 서류

③ 상업용견본품 또는 광고용품으로서 다음 각호의 어느 하나에 해당하는 요건을 갖춘 물품

가. 물품이 천공(穿孔 : 구멍을 뚫음) 또는 절단되었거나 통상적인 조건으로 판매할 수 없는 상태로 처리되어 견품으로 사용될 것으로 인정되는 것

나. 판매 또는 임대를 위한 물품의 상품목록·가격표 및 교역안내서 등

다. 과세가격이 미화 250달러 이하인 물품으로서 견품으로 사용될 것으로 인정되는 물품

라. 물품의 형상·성질·성능으로 보아 견품으로 사용될 것으로 인정되는 것

④ 우리나라 거주자가 수취하는 소액물품으로서 다음 각호의 어느 하나에 해당하는 요건을 갖춘 물품

가. 해당 물품의 가격이 미화 150달러 이하의 물품으로서 자가(自家) 사용물품으로 인정되는 것[6]. 다만, 반복 또는 분할해 수입되는 물품으로서 관세청장이 정하는 기준[7]에 해당하는 것을 제외

나. 박람회 기타 이에 준하는 행사에 참가하는 자가 행사장 안에서 관람자에게 무상으로 제공하기 위해 수입하는 물품(전시할 기계의 성능을 보여주기 위한 원료를 포함한다). 다만, 관람자 1인당 제공량의 정상도착가격이 미화 5달러 상당액 이하의 것으로서 세관장이 타당하다고 인정하는 것일 것

8) 환경오염방지물품 등에 대한 감면세(관세법 제95조)

관세법 제95조는 기타 관세감면 중 감세제도를 종합해 둔 것으로 관세법 제93조(특정 물품의 면세)와 마찬가지로 조항의 각호마다 입법취지가 서로 다르다. 즉, 이 조항은 환경보호를 위한 사회정책적 목적에서 환경오염 방지와 관련되는 물품에 대한 감면과 산업정책의 하나로 생산의 효율화를 위한 공장자동화 촉진에 대한 관세감면을 규정하고 있다. 제95조 관세감면은 국내에서 제작하기 곤란한 물품으로 다음과 같은 물품에 적용된다.

---

6) 자가사용물품을 수입한 상태 그대로 인터넷을 통한(해외직구로 구매하였으나 마음에 들지 않아 반품하는 경우 등이 이에 해당한다) 수입신고 수거일부터 6개월 이내에 보세구역에 반입하였다가 다시 수출하거나, 세관장의 확인을 받고 다시 수출하는 경우에는 수입할 때 납부한 관세를 환급한다(관세법 제106조의2).

7) 관세청장이 정한 기준은 ① 과세대상물품을 면세범위 내로 분할하여 수입하는 경우, ② 동일날짜에 동일 해외공급자로부터 2건 이상의 물품을 수입하는 경우, ③ 동일날짜에 2 이상의 해외공급자로부터 동일물품을 수입하는 경우 등이다.

① 오염물질(소음 및 진동을 포함한다)의 배출 방지 또는 처리를 위하여 사용하는 기계·기구·시설·장비로서 기획재정부령으로 정하는 것
② 폐기물 처리(재활용을 포함한다)를 위하여 사용하는 기계·기구로서 기획재정부령으로 정하는 것
③ 기계·전자기술 또는 정보처리기술을 응용한 공장 자동화 기계·기구·설비(그 구성기기를 포함한다) 및 그 핵심부분품으로서 기획재정부령으로 정하는 것

①과 ②의 물품의 감면시한이 종료되었고 ③의 공장자동화기계·기구·설비에 대한 감면 또한 중소제조업체 또는 중견제조업체가 수입신고하는 분으로 한정하여 100분의 30(2021년 12월 31일까지 중소제조업체가 수입신고하는 분에 대하여는 100분의 50)의 감면율을 적용한다.

9) 여행자휴대품 및 이사물품 등의 감면(관세법 제96조)

관세법 제96조에는 상용이나 관광 등을 목적으로 일시 입국하는 여행자나 일시적으로 해외여행을 한 국민, 국제무역선(기)의 승무원이 입국하면서 반입하는 휴대품에 대한 관세면제와 이사물품에 대한 관세면제를 규정하고 있다. 여행자가 휴대하여 반출입하는 물품을 일반적으로 **여행자휴대품**이라 한다. 여행자 소유의 물품을 여행자와는 별도로 다른 항공기나 선박, 기타 운송수단 이외의 운송수단을 통해 물품을 송부하여 반출입하는 것을 **별송품**(別送品)이라 한다. 그러나 여행자가 휴대하거나 별도 송부하여 국내에 반출입한다 하더라도 상거래 목적으로 수입하는 물품 등은 여행자휴대품으로 인정되지 않는다.

여행자가 과세대상인 휴대품이나 별송품을 자진신고하는 경우에는 15만원을 넘지 아니하는 범위에서 해당 물품에 부과될 관세(간이세율 적용물품은 간이세율을 적용하여 산출한 세액)의 30%에 상당하는 금액이 경감될 수 있다(관세법 제96조 제2항). 또한 여행자가 보세판매장에서 구입한 물품을 자진신고하고 환불하게 되는 경우 자진신고할 때 납부한 관세를 환급받는다(관세법 제106조의2 제2항).

여행자의 휴대품 또는 별송품으로서 면세범위는 〈표 17-3〉과 같다. 표의 금액기준과 수량기준은 동시에 적용된다. 따라서 금액기준 이내라도 수량기준 내에서만 면세가 가능하다. 또한 수량기준 이내에서도 금액기준 합산 미화 600달러를 초과하지 않아야 면세가 적용된다. 농림축수산물과 한약재에 대해서는 면세통관 범위에 해당하더라도 식물방역법

및 가축전염병예방법에 의한 검역대상물품이라면 요건확인과 관련해 별도의 검역에 합격된 경우에 한해 통관이 될 수 있다(여행자 및 승무원 휴대품 통관에 관한 고시 제18조).

〈표 17-3〉 여행자1명당 휴대품의 면세기준 (관세법 시행규칙 제48조 2항)

구분	내용
금액기준	여행자 1인당 휴대품의 전체 과세가격에서 US$600. 다만, 농림축수산물과 한약재에 대해서는 총량 40kg 이내, 전체 해외취득가격 10만원을 한도로 면세허용
수량기준	주류(1L 이하로서 US$400 이하의 것) 1병. 담배(궐련은 200개비, 엽궐련 50개비), 전자담배(궐련형 200개비, 니코틴 용액 20ml, 기타유형 110g), 향수(60ml)

이사물품은 우리나라 국민(재외영주권자를 제외한다. 이하 이 항에서 같다)으로서 외국에 주거를 설정하여 1년(가족을 동반한 경우에는 6개월) 이상 거주하였거나 외국인 또는 재외영주권자로서 우리나라에 주거를 설정하여 1년(가족을 동반한 경우에는 6개월) 이상 거주하려는 사람이 반입하는 물품으로 정하고 있다. 이 중 해당 물품의 성질·수량·용도 등으로 보아 통상적으로 가정용으로 인정되고 우리나라에 입국하기 전에 3개월 이상 사용하였고 입국 후에도 계속 사용할 것으로 인정되는 것 등에 한정하여 면세를 적용한다.[8] 이사물품은 원칙적으로 모두 면세대상이다. 다만, 자동차(우리나라에서 수출된 것은 제외), 선박, 항공기와 개당 과세가격이 500만원 이상인 보석·진주·별갑·산호·호박·상아 및 이를 사용한 제품은 면세 대상에서 제외한다(관세법 시행규칙 제48조).

10) 재수출면세(관세법 제97조)

관세법 제97조에 의한 감면은 인적·물적 교류를 촉진하기 위한 정책적 목적을 갖고 있다. 세관장이 정한 기간 내에 재수출되어야 한다는 조건을 바탕으로 수입할 때 면세를 적용해 주는데 재수출신고는 일반적인 재수출면세물품은 정상적인 수출신고에 따르고 휴대반입이 된 물품은 구두에 의한 간이신고로 이루어진다.

재수출기간은 세관장이 부득이한 사유가 있다고 인정하는 때에는 연장될 수 있다. 연장은 원칙적으로 '1년의 범위 내'에서 가능하다. 이때 그 연장횟수에는 제한이 없으므로 여러 번 연장이 가능하나, 전체 연장기간은 1년을 초과할 수 없다. 재수출조건으로 면세되는 물

8) 이사물품 수입통관사무처리에 관한 고시 참조.

품에 대해 세관장은 재수출을 이행하지 아니할 경우를 대비해 필요한 최소한의 금액을 담보로 제공하도록 요구하고 있다. 재수출조건부로 관세의 면제를 받은 물품은 지정된 기간 내에 재수출해야 한다. 만일 재수출을 하지 않은 경우에는 수출을 하지 아니한 자, 용도 외에 사용한 자 또는 그 양도를 한 자로부터 면제된 관세를 즉시 징수하며, 양도인으로부터 해당 관세를 징수할 수 없는 때에는 그 양수인으로부터 면제된 관세를 즉시 징수한다. 또 해당 물품에 부과될 관세의 100분의 20에 상당하는 금액을 가산세로 추가해 징수한다. 가산세는 500만 원을 초과하여 부과하지는 않는다(관세법 제97조). 그러나 재해 기타 부득이한 사유로 멸실되었거나 미리 세관장의 승인을 받아 폐기한 때에는 면세된 세액과 가산세는 징수하지 않는다.

11) 재수출 감면(관세법 제98조)

관세법 제98조는 장기간에 걸쳐 사용할 수 있는 물품이 임대차계약에 의하거나 도급계약 또는 수출계약의 이행과 같이 비교적 장기간 국내에서 사용된 후 재수출 될 물품에 감면을 적용해주는 조항이다. 관세법 시행규칙 제52조에서는 이 외에도 국내제작이 곤란함을 확인하고 추천받은 기관이나 기업이 수입하는 다음 물품으로 적용대상을 한정한다.

① 내용연수가 5년(금형의 경우에는 2년) 이상인 물품
② 개당 또는 셋트당 관세액이 500만원 이상인 물품

재수출기간은 수입신고 수리일부터 2년(장기간의 사용이 부득이한 물품으로서 수입하기 전에 세관장의 승인을 받은 것은 4년)이며, 재수출기간에 따라 85~30% 감면율을 정하고 있다. 다만 외국과 체결한 조약·협정 등에 따라 수입되는 경우 상호 조건에 따라 그 관세를 면제하기도 한다(관세법 제98조).

지정된 기한 내에 재수출되지 않을 경우 앞서 가산세를 징수한다. 재수출기간 도중이나 재수출기간이 만료되어 해당 물품을 국내에서 사용하려면 세관장으로부터 용도외 사용승인을 받고 사용에 따른 가치감소분을 제외한 부분에 관세 등을 납부하여야 한다.

12) 재수입면세(관세법 제99조)

관세법 제99조는 수출된 물품이 해외에서 제조・가공・수리 또는 사용되지 않고 다시 수입되는 경우의 관세면제를 규정하였다. 재수입시한은 수출신고수리일부터 2년 이내다. 면세대상은 다음과 같다.

① 우리나라에서 수출(보세가공수출을 포함한다)된 물품으로서 해외에서 제조・가공・수리 또는 사용되지 아니하고 수출신고 수리일부터 2년 내에 다시 수입(이하 이 조에서 "재수입"이라 한다)되는 물품. 단, 다음은 면세 대상에서 제외한다.

가. 해당 물품 또는 원자재에 대하여 관세를 감면받은 경우나 관세법 또는 환급특례법에 따른 환급을 받은 경우

나. 관세법 또는 환급특례법에 따른 환급을 받을 수 있는 자 이외의 자가 재수입하는 경우

다. 보세가공 또는 장치기간 경과물품을 재수출조건으로 매각함에 따라 관세가 부과되지 아니한 경우

② 수출물품의 용기로서 다시 수입하는 물품

③ 해외시험 및 연구를 목적으로 수출된 후 다시 수입되는 물품

13) 손상물품에 대한 감면(관세법 제100조)

손상물품에 대한 감면은 수입신고를 한 물품이 신고가 수리 전에 변질・손상된 경우, 감면물품에 대해 추징하는 경우에 적용할 수 있다. 수입신고 후 수리되기 전에 재해 등으로 변질 또는 손상된 물품에 관세를 경감하는 것은 경제적 가치가 떨어진 물품에 대해 그 가치감소분만큼 관세를 경감하자는 취지에서 적용된다. 또 감면물품에 대해 관세를 추징하는 경우 납세의무자가 용도대로 사용한 기간에 대해 관세를 경감해주자는 취지다. 이 조항에 의한 관세의 감면율은 다음 관세액 중 많은 금액으로 한다.

가. 수입물품의 변질・손상 또는 사용으로 인한 가치의 감소에 따르는 가격의 저하분에 상응하는 관세액.

나. 수입물품의 관세액에서 그 변질・손상 또는 사용으로 인한 가치 감소 후의 성질 및 수량에 의해 산출한 관세액을 공제한 차액.

14) 해외임가공물품 등의 감면(관세법 제101조)

해외임가공물품 등에 대한 관세경감은 일시 수출된 물품이 제조·가공·수리 등을 거침에 따라 물품의 품명, 품질, 가치 등이 바뀌어 재수입되는 물품이라는 점에서 원칙적으로 동일상태로 재수입되는 물품에 대한 관세면제를 규정한 관세법 제99조의 재수입면세와 구분된다. 이 조항에 의해 관세가 감면되는 물품은 국내 관련 산업의 여건, 국내산업의 피해 가능성, 외국과의 정치적·경제적 관계, 국민경제상 긴요성, 수출입 동향 등을 고려하여 제한적으로 열거해 규정하고 있다. 감면대상이 될 수 있는 물품과 감면세액의 계산은 〈표 17-4〉와 같다.

〈표 17-4〉 해외임가공물품 감면대상과 감면세액의 계산

면세대상	제외대상	감면세액의 계산
① 원재료 또는 부분품을 수출하여 관세율표 제85류(전기기기와 그 부분품, 녹음기와 음성재생기·텔레비전의 영상 및 음성의 기록기와 재생기 및 이들의 부분품과 부속품) 또는 제90류 중 제9006호(사진기)에 해당하는 물품으로 제조하거나 가공한 물품	가. 해당 물품 또는 원자재에 대하여 관세를 감면받은 경우 나. 관세법 또는 환급특례법 따른 환급을 받은 경우 다. 보세가공 또는 장치기간경과 물품을 재수출조건으로 매각함에 따라 관세가 부과되지 아니한 경우	수입물품의 제조하거나 가공하는데 사용된 원재료 또는 부분품의 수출신고가격에 해당 수입물품에 적용되는 관세율을 곱한 금액
② 가공 또는 수리할 목적으로 수출한 물품으로서 수출된 물품과 가공 또는 수리 후 수입된 물품의 관세·통계통합품목분류표상 10단위의 품목번호가 일치하는 물품	가. 관세법 또는 환급특례법 따른 환급을 받은 경우 나. 보세가공 또는 장치기간경과 물품을 재수출조건으로 매각함에 따라 관세가 부과되지 아니한 경우	가공수리물품의 수출신고가격에 해당 수입물품에 적용되는 관세율을 곱한 금액

제2절 납세의무의 확정

1 관세의 과세물건과 적용법령

1) 원칙적인 과세물건의 확정

관세의 **과세물건**이란 관세법이 과세의 대상으로 정하고 있는 '수입되는 물품'을 말한다. 수입물품이란 외국으로부터, 보세구역을 경유하는 것은 보세구역으로부터 우리나라에 반입된 물품이다. 과세물건은 수입신고를 하는 시점의 성질과 수량으로 확정된다(관세법 제16조). 이는 무역계약 사항이나 송품장이나 선하증권 등 무역서류에 기재된 내용과 다를 수도 있다. 애초 선적이 잘못되었거나, 운송도중에 도난이나 변질, 손상과 같은 변화가 있을 수 있기 때문이다.

2) 예외적인 과세물건의 확정

정상적인 수입신고를 하지 않았으나 과세사유가 발생하여 예외적으로 세관장이 관세를 부과해야 하는 경우가 있다. 이 경우 과세물건은 〈표 17-5〉와 같이 그 과세사유의 원인행위가 발생한 때에 확정된다(관세법 제16조 단서조항).

〈표 17-5〉 예외적인 과세물건의 확정(관세법 제16조 단서조항)

과세물건 확정대상	과세물건의 확정시기
① 선박용품・항공기용품 등의 하역허가를 받은 다음 허가받은 대로 하역하지 않아 관세를 징수하는 경우	하역허가를 받은 때
② 보세구역장치물품을 보세구역 밖에서 보수작업승인을 받았으나 승인기간 내에 보세구역으로 다시 반입하지 않아 관세를 징수하는 물품	보세구역 밖에서의 보수작업의 승인을 받은 때
③ 보세구역 장치물품이 멸실되거나 폐기되어 관세를 징수하는 물품	해당 물품이 멸실되거나 폐기된 때
④ 보세공장 외 작업・보세건설장 외 작업・종합보세구역 외 작업을 받은 물품을 허가 또는 신고된 기간 내에 다시 보세구역에 반입하지 않아 관세를 징수하는 물품	보세공장 외 작업, 보세건설장 외 작업 또는 종합보세구역 외 작업의 허가를 받거나 신고를 한 때

⑤ 보세운송신고를 하거나 승인받은 물품이 지정된 기간 내에 목적지에 도착하지 아니해 관세를 징수하는 물품	보세운송의 신고를 하거나 승인을 받은 때
⑥ 수입신고가 수리되기 전에 소비 또는 사용하는 물품(관세법 제239조의 규정에 의해 소비 또는 사용을 수입으로 보지 아니하는 물품을 제외한다)	해당 물품을 소비하거나 사용한 때
⑦ 수입신고 전 즉시반출신고를 하고 반출하였으나 10일 이내에 정식으로 수입신고를 하지 않아 관세를 징수하는 물품	수입신고 전 즉시반출 신고를 한 때
⑧ 우편에 의해 수입되는 물품(관세법 제258조 제2항에 해당하여 일반적 수입신고를 하는 우편물을 제외한다)	통관우체국에 도착된 때
⑨ 보세구역에 장치 중인 물품이나 보세운송 중인 물품, 하역 중에 있는 물품, 재수출조건부로 수입된 물품 등이 도난 되거나 분실되어 관세를 징수하는 경우	해당 물품이 도난되거나 분실된 때
⑩ 관세법의 규정에 의해 매각되는 물품	해당 물품이 매각된 때
⑪ 기타 수입신고를 하지 아니하고 수입된 물품(위의 제1호 내지 제10호에 규정된 것을 제외한다)	수입된 때

3) 적용법령

법령은 수시로 개정된다. 무역에서 계약체결후 해당물품이 수출 또는 수입통관이 이루어지기까지 상당한 시일이 소요될 수 있는데, 이 경우 어느 시점에 유효한 법령을 적용할 것인지가 문제가 될 수 있다. 수출입통관과 과세에서 적용되는 법령은 수출 또는 수입신고당시의 법령을 적용한다. 다만, 수입물품에 대한 과세와 관련하여 다음과 같은 예외가 인정된다(관세법 제17조).

① 관세법 제16조 단서조항에 해당되는 물품(예외적으로 과세물건이 확정되는 물품)은 그 사실이 발생한 날

② 보세건설장에 반입된 외국물품은 사용 전 수입신고가 수리된 날

2 납세의무자

1) 납세의무자의 의의

납세의무자(약칭하여 '납세자'라고도 한다)란 조세를 납부할 법률상 의무를 지는 사람을 말

한다. 수입물품에 대한 조세는 법인, 자연인(개인), 사단(社團)이나, 재단(財團)[9] 또는 조합, 내국인뿐 아니라 외국인(외국법인) 등이 모두 **납세의무자**로 규정될 수 있다. 수입물품에 부과되는 모든 조세의 납세의무자는 동일하고, 이들은 원칙적으로 납세의무가 성립되는 시기인 과세물건 확정 시점을 기준으로 결정된다. 관세의 납세의무자에는 원칙적 납세의무자와 예외적인 납세의무자로 나뉘고, 납세신고에 따라 관세 징수권을 확보하기 어려운 경우 〈그림 17-1〉과 같이 원칙적 납세의무자에서 예외적인 납세의무자로 확장시킨다.

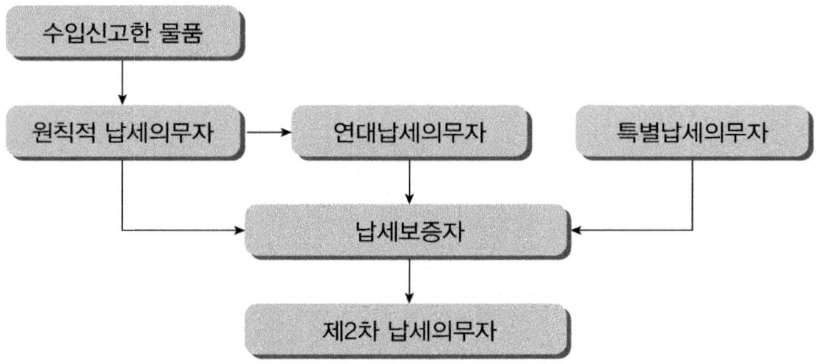

자료 : 오태호(2003). 관세법. 관세청 국세공무원교육원. 협동문고

【 그림 17-1 납세의무의 확장 】

2) 원칙적 납세의무자

관세의 원칙적 납세의무자는 물품을 수입신고 하는 때의 **화주(貨主)**다. 화주란 물품의 주인이라는 뜻으로, 여기서는 해당 외국물품을 자신의 책임과 권리 하에 우리나라로 수입신고 하는 사람을 의미한다. 수입신고 하는 자가 수입물품의 소유권을 가지고 있는지와는 무관하다. 만일 화주가 불분명할 때는 〈표 17-6〉과 같이 납세의무자를 결정한다(관세법 제19조).

---

9) 사단(社團)은 사람의 집합단체로서의 조직을 가지고 그 단체 자신이 사회상 단일체로서의 존재를 가지는 것을, 재단(財團)은 일정한 목적 아래 결합된 재산의 집단을 말한다. 비영리사업을 목적으로 하는 사단 또는 재단은 주무관청의 허가를 받아 이를 법인으로 할 수 있다. 민법 제32조.

〈표 17-6〉 화주가 불분명할 때의 납세의무자 결정

	구 분	납세의무자
①	수입을 위탁받아 수입업체가 대행수입한 물품인 때	그 물품의 수입을 위탁한 자
②	수입을 위탁받아 수입업체가 대행수입한 물품이 아닌 때	송품장, 선하증권 또는 항공화물운송장에 기재된 물품수신인
③	수입물품을 수입신고 전에 양도한 때	양수인

3) 연대납세의무자

조세의 연대납세의무는 하나의 동일한 조세를 2인 이상이 연대하여 납부할 의무를 부담하는 것을 말한다. 원칙적 납세의무자가 납부해야 하는 조세를 전액 납부하지 않았을 때 연대납세의무자가 연대납세책임을 진다. 이에 따라 만일 연대납세의무자가 부족한 조세의 전부 또는 일부를 납부하면 그 한도에서 납세의무가 소멸한다. 관세법상 〈표 17-7〉과 같이 관세, 가산세 및 강제징수비에 대한 연대납세의무가 발생한다.

〈표 17-7〉 관세의 연대납세의무

	연대 납세의무의 발생사유	연대납세의무자
①	수입신고 수리 물품 또는 수입신고수리전 반출물품에 대해 납부한 관세액이 부족한 경우, 화주의 주소 및 거소(居所)가 분명하지 아니 하거나 신고인이 화주를 명백히 하지 못한 경우	신고인
②	수입신고물품이 공유물이거나 공동사업체에 속하는 물품인 경우	공유자 또는 공동사업자인 납세의무자
③	특별납세의무자로 인해 납세의무자가 2인 이상인 경우	각각 2인 이상의 납세의무자
④	수입신고인이 화주가 아닌 자를 납세의무자로 신고한 수입신고인 또는 납세의무자가 관세포탈 또는 부정감면의 범죄를 범하거나 교사, 방조에 따른 범죄의 유죄 확정판결을 받은 경우	수입신고인 및 납세의무자, 화주. 다만, 관세포탈 또는 부정감면으로 얻은 이득이 없는 수입신고인 또는 납세의무자 제외.

⑤	자가사용물품을 수입하려는 화주의 요청에 따라 사이버몰 등으로부터 구매대행업자가 다음의 모두에 해당하는 경우 1) 화주로부터 납부할 관세 등 금액을 수령 2) 수입신고인 등에게 과세가격 등의 거짓정보 제공	구매대행업자와 수입신고하는 때의 화주
⑥	법인이 분할되거나 분할합병되는 경우	분할되는 법인, 분할·분할합병으로 설립된 법인
⑦	법인이 분할 또는 분할합병으로 해산하는 경우	존속하는 분할합병의 상대방 법인
⑧	법인이 「채무자 회생 및 파산에 관한 법률」 제215조에 따라 신회사를 설립하는 경우	신회사

4) 특별납세의무자

수입신고가 제대로 이뤄지지 않아 예외적으로 납세의무가 발생하는 경우, 납세의무자는 〈표 17-8〉과 같이 예외적인 관세징수의 원인행위자 또는 실질적 책임자가 된다(관세법 제19조). 이 경우 납세의무자를 **특별납세의무자**라고 하는데, 이들이 원칙적인 납세의무자 또는 연대납세의무자와 서로 경합할 때에 납세의무자가 된다(관세법 제19조 2항).

〈표 17-8〉 예외적 납세의무의 발생과 특별납세의무자

	납세의무의 발생사유	납세의무자
①	선(기)용품, 국경출입차량용품, 국제무역선(기)이나 국경출입차량 안에서 판매할 물품을 하역허가 또는 환적허가대로 적재 또는 환적 되지 않은 경우	해당 하역허가나 환적허가를 받은 자
②	보세구역 외 보수작업허가를 받은 물품이 지정된 기간 내에 재반입 되지 않은 경우	해당 보수작업의 승인을 받은 자
③	보세구역장치물품이 멸실되거나 폐기된 경우. 단, 재해 기타 부득이한 사유로 멸실되거나 세관장의 승인을 받아 폐기된 경우를 제외	해당 보세구역의 운영인이나 보관인
④	보세공장 외 작업·보세건설장 외 작업·종합보세구역 외 작업허가물품이 허가기간 내 재반입되지 않은 경우	해당 장외작업 허가를 받거나 신고를 한 자

⑤	보세운송신고 또는 승인을 받은 물품이 지정된 기간 내에 보세운송이 완료되지 않은 경우	보세운송신고나 보세운송승인을 받은 자
⑥	수입신고가 수리되기 전에 소비하거나 사용하는 물품	그 물품의 소비자 또는 사용자
⑦	즉시반출신고물품을 지정된 기간 내에 수입신고를 하지 않은 경우	해당 물품을 즉시반출한 자
⑧	우편으로 수입하는 물품	그 물품의 수취인
⑨	보세화물이 도난 또는 분실된 경우	• 보세구역장치물품 : 운영인 · 화물관리인 • 보세운송물품 : 보세운송신고나 승인을 받은 자 • 기타물품 : 물품보관인이나 취급인
⑩	관세법이나 다른 법률에 따로 납세의무자로 규정한 경우	그 납세의무자
⑪	기타 물품의 경우	물품의 소유자나 점유자

5) 납세보증자

관세법 또는 다른 법령이나 조약·협약 등의 규정에 의해 관세의 납부를 보증한 자는 보증액의 범위 안에서 납세의무를 진다. 관세의 납부를 보증하게 되는 경우는 관세 등 수입물품에 부과되는 조세를 납부하지 않은 상태에서 그 물품을 보세구역으로부터 반출할 때 세관장이 담보제공을 요구하는 경우다. 이때 관세법 제24조 규정에 의한 담보를 제공해야 하는데 납세보증보험증권을 발행한 납세보증보험회사나 세관장이 인정한 보증인이 납세보증 하는 것으로 담보가 제공될 수 있다. **납세보증자**가 책임지는 납세범위에는 관세 등의 제세뿐 아니라 가산세와 강제징수비도 포함된다.

6) 제2차 납세의무자

납세의무가 발생하였으나 납세의무자와 관세의 납세를 보증한 자가 납세의무를 이행하지 않을 때는 국세기본법의 규정에 의한 제2차 납세의무자가 납세의무를 진다. 수입통관 후 부족 납부한 세액을 추징하거나, 범칙사건으로 포탈세액을 추징하고자할 때 발생할 수 있다. 국세기본법에 따르면 **제2차 납세의무자**는 ① 해산한 법인의 청산인 또는 해산한 법인으로부터 잔여재산을 분배받거나 인도받은 자(국세기본법 제38조), ② 법인의 무한책임사원 또는 과점주주(국세기본법 제39조), ③ 법인(국세기본법 제40조), ④ 사업의 양수인(국세기본법

제41조) 등이다. 유한 법인의 주식 또는 출자지분의 가액을 한도로 납세의무를 지는 경우다.

7) 양도담보재산권자의 보충적 납세의무 부담

납세의무자가 관세·가산세 또는 강제징수비를 체납한 경우 그 납세의무자에게 국세기본법 제42조 제2항의 규정에 의한 양도담보 재산이 있는 때에는 그 납세의무자의 다른 재산에 대해 강제징수를 집행해도 징수해야 하는 금액에 부족한 경우에 한해 그 양도담보재산으로써 납세의무자의 관세·가산세 및 강제징수비를 징수할 수 있다. 다만, 그 관세의 납세신고일(부과고지의 경우는 그 납부고지서의 발송일을 말한다) 전에 담보의 목적이 된 양도담보재산은 제외한다(관세법 제19조).

> 양도담보란 채무자 소유로 된 부동산 또는 동산의 소유권을 일단 채권자에게 양도(이전)하고, 채무자가 채무를 제대로 이행하면 해당 재산의 소유권을 다시 채무자에게 이전시켜줄 것을 약속하되, 만약 채무자가 채무를 제대로 이행하지 않으면 간단한 절차를 거쳐 채권자가 해당 재산의 소유권을 완전히 취득해 버리는 것을 말한다.

8) 대여시설이용자의 납세의무 부담

시설대여업자가 관세법의 규정에 의해 관세가 감면되거나 분할납부되는 물품을 수입하는 때에는 해당 대여시설이용자를 납세의무자로 하여 수입신고를 할 수 있다. 이 경우 납세의무자는 대여시설이용자가 된다. 이와 관련해 만일 관세를 감면받거나 분할납부승인을 얻은 물품에 대해 관세를 징수하는 경우 납세의무자인 대여시설이용자로부터 관세를 징수할 수 없는 때에는 시설대여업자로부터 이를 징수한다(관세법 제105조).

3 관세의 과세요건과 납세의무의 확정

1) 관세의 과세요건

모든 조세의 납세의무는 성립 → 확정 → 소멸이라는 단계를 거친다. 관세의 납세의무는 관세법에서 정하는 과세요건이 충족하는 상태일 때 성립한다. **관세의 과세요건**이란 국가와 납세자간에 관세채권·채무 관계를 성립하게 하는 관세법상의 법률요건이다. 관세의 과세요건은 일반적으로 과세물건·과세표준·관세율·납세의무자의 네 가지로 본다. 이러한 과세요건이 충족되면 추상적인 납세의무가 성립하는 것이다.

2) 납세의무의 확정

물품을 '수입'하는 행위가 있을 때, 또는 예외적으로 과세물건이 확정되는 경우에는 그 때에 관세 납세의무가 자동적으로 성립한다. 수입물품에 대해 과세요건이 충족됨으로써 성립된 추상적 납세의무를 구체적으로 확정하는 절차는 납부세액의 확인과, 확인된 세액을 상대방 당사자에게 통보하는 2개 과정으로 구성된다. 이 두 과정을 납세의무자가 담당하는 것을 신고납부제도라 하고, 과세관청인 세관이 담당하는 것을 **부과고지제도**라 한다. 관세는 신고납부제도를 원칙으로 하고, 부과고지제도는 예외적인 납세의무의 성립 등 특히 법령에 열거한 경우만 적용한다. **신고납부제도**는 납세의무자가 스스로 과세표준 및 세액을 확정하지만 과세관청의 조세채무에 대한 조사·확정권이 배제되는 것이 아니다. 2차적이고 보충적 지위에 머물러 있을 뿐이다. 만일 신고가 없거나, 신고 내용을 심사한 결과 오류·탈루가 있는 경우에는 과세관청의 경정처분권이 발동된다. 납세신고 내용이 정당한 경우에는 과세관청의 경정처분권이 행사되지 않고 신고납부한 그대로 확정된다. 과세관청의 경정처분권 행사는 부과고지에서나 신고납부에서 모두 가능하다.

가. 신고납부에 의한 납세의무의 확정

신고납부제도에 따라 관세의 납부에 관한 신고를 하는 것을 **납세신고**라 한다. 납세신고의 의무는 세관장이 부과고지하는 물품을 제외하고는 물품을 수입하고자 하는 자에게 있다(관세법 제38조). 관세법에서는 관세법 제241조의 규정에 의한 수입신고할 사항에 더해 다음 사항을 수입신고서에 기재해 제출하는 것으로 납세신고를 동시에 하도록 하였다(관세법시행령 제32조).

> **관세법시행령 제32조(납세신고)** ① 관세법 제38조 제1항의 규정에 의하여 납세신고를 하고자 하는 자는 제246조의 규정에 의한 수입신고서에 동조 각호의 사항외에 다음 각호의 사항을 기재하여 세관장에게 제출하여야 한다.
> 1. 당해 물품의 관세율표상의 품목분류·세율과 품목분류마다 납부하여야 할 세액 및 그 합계액
> 2. 관세법 기타 관세에 관한 법률 또는 조약에 의하여 관세의 감면을 받는 경우에는 그 감면액과 법적 근거

3. 제23조 제1항의 규정에 의한 특수관계에 해당하는지 여부와 그 내용
4. 기타 과세가격결정에 참고가 되는 사항

납세신고를 할 때 관세의 징수를 회피할 목적으로 사기(詐欺) 기타 부정한 행위로서 납세신고를 하거나, 정상적으로 신고를 하더라도 관세를 납부할 의사가 없이 사기 또는 부정한 행위를 하는 일련의 과정에서 형식적으로 이루어진 납세신고는 관세포탈죄를 성립하게 되어 처벌대상이 된다.[10)]

수입신고와 납세신고, 또는 신고된 세액을 납부한 사항에 대해 과세당국이 그 신고내용이 적정한 것인지 여부를 확인하는 일련의 과정을 실무적으로 **심사(審査)**라 한다. 납세신고에 대한 심사는 수입신고수리 후에 하는 것이 원칙이다. 그러나 일정한 경우는 수입신고(납세신고) 후 그 신고가 수리되기 전에 심사를 하는데, 이를 사전세액심사라 한다. 사전세액심사대상은 다음과 같다.

관세법 제38조(신고납부) ② 세관장은 납세신고를 받으면 수입신고서에 기재된 사항과 이 법에 따른 확인사항 등을 심사하되, 신고한 세액에 대하여는 수입신고를 수리한 후에 심사한다. 다만, 신고한 세액에 대하여 관세채권을 확보하기가 곤란하거나, 수입신고를 수리한 후 세액심사를 하는 것이 적당하지 아니하다고 인정하여 기획재정부령으로 정하는 물품의 경우에는 수입신고를 수리하기 전에 이를 심사한다.
관세법시행규칙 제8조(수입신고수리전 세액심사 대상물품) ① 관세법 제38조 제2항 단서의 규정에 의하여 수입신고수리전에 세액심사를 하는 물품은 다음 각호와 같다.
1. 법률 또는 조약에 의하여 관세 또는 내국세를 감면받고자 하는 물품
2. 관세법 제107조의 규정에 의하여 관세를 분할납부하고자 하는 물품
3. 관세를 체납하고 있는 자가 신고하는 물품(체납액이 10만원 미만이거나 체납기간 7일 이내에 수입신고하는 경우를 제외한다)
4. 납세자의 성실성 등을 참작하여 관세청장이 정하는 기준에 해당하는 불성실신고인이 신고하는 물품
5. 물품의 가격변동이 큰 물품 기타 수입신고수리후에 세액을 심사하는 것이 적합하지 아니하다고 인정하여 관세청장이 정하는 물품

나. 부과고지에 의한 납세의무의 확정

신고납부제도의 예외로서, 과세관청인 세관이 납부세액을 확정해 이를 고지하는 부과고지대상은 다음과 같다(관세법 제39조, 동법시행령 제9조).

---

10) 대법원 2007.2.15. 선고 2005도9546 전원합의체 판결 참조.

① 관세법 제16조 규정에 따라 예외적으로 과세물건이 확정되는 물품. 단, 수입신고 전 즉시반출신고를 하고 반출한 물품은 부과고지 대상에서 제외한다.
② 보세건설장에서 건설된 시설로서 수입신고가 수리되기 전에 가동된 경우.
③ 보세구역(보세구역 외 장치가 허가된 장소를 포함)에 반입된 물품이 수입신고가 수리되기 전에 반출된 경우.
④ 납세의무자가 관세청장이 정하는 사유로 과세가격이나 관세율 등을 결정하기 곤란해 부과고지를 요청하는 경우.[11]
⑤ 즉시반출신고제도에 따라 즉시반출한 물품을 반출신고를 한 날부터 10일 이내에 수입신고를 하지 아니하여 관세를 징수하는 물품.
⑥ 여행자 또는 승무원의 휴대품 및 별송품.
⑦ 우편물. 단, 수입신고 대상인 우편물은 제외.
⑧ 법령의 규정에 따라 세관장이 관세를 부과·징수하는 물품.
⑨ 기타 납세신고가 부적당하다고 인정해 관세청장이 지정하는 물품.

위 ③은 관세법 제248조 제3항(수입신고가 수리되기 전에는 운송수단, 관세통로, 하역통로 또는 관세법에 따른 장치장소로부터 신고된 물품을 반출하여서는 아니 된다.) 규정을 위반한 것이다.

④는 중소기업 화주가 직접 신고를 하는 경우로서 관세법 제37조 제1항 각호 이외의 사유로 과세가격사전심사 신청요건에는 해당하지 아니하나 과세가격을 결정하는 것이 곤란하여 부과고지를 요청하는 경우와, 관세법 제83조의 규정에 의한 용도세율 적용 대상 여부와 관련하여 관세율 등을 결정하기 곤란하여 부과고지를 요청한 경우의 두 가지로 한정하였다.

제3절 납부세액의 변경

1 납부세액변경의 개요

신고납부제도에서 납세신고를 한 다음 또는 그 신고대로 관세납부를 한 다음에도 신고

11) 관세청의 납세심사사무처리에 관한 고시 참조.

내용에 오류가 발견되면 당초의 신고내용을 변경할 수 있다. 변경은 오류의 내용이 과다 혹은 과소납부이거나를 불문한다. 그런데 변경을 납세의무자 혹은 세관장 중 누가, 어느 시기에, 어떻게 하는가에 따라 관세법에서 사용하는 용어가 다르고, 그에 따른 가산세율의 적용 여부 등 법적 효과에서도 차이가 난다. 변경시기와 변경의 주체 및 그 명칭을 단계별로 나누어 요약·정리하면 〈표 17-9〉와 같다.

〈표 17-9〉 단계별 납부세액의 변경주체 및 변경 방법

<table>
<tr><th></th><th colspan="2">제1단계(정정)</th><th colspan="2">제2단계(보정)</th><th colspan="2">제3단계(수정신고/경정)</th></tr>
<tr><td>명칭</td><td>정정</td><td>세액정정
안내</td><td>보정신청
(경정청구)</td><td>보정통지</td><td>수정신고
(경정청구)</td><td>경정</td></tr>
<tr><td>정정
주체</td><td>납세의무자</td><td>세관장</td><td>납세의무자</td><td>세관장</td><td>납세의무자</td><td>세관장</td></tr>
<tr><td>변경
이유</td><td colspan="2">과다/과소납부</td><td colspan="2">과소납부
(과다납세는 경정청구)</td><td>과소납부
(과다납부)</td><td>과다/과소납부</td></tr>
<tr><td>조치
시기</td><td colspan="2">납세신고를 한 시점
부터 신고납부 전까지</td><td colspan="2">신고납부한 날부터 6월
이내(보정기간)</td><td colspan="2">– 보정기간이 경과한 다음날부터 관세부과제척기간이 도래될 때까지
– 경정청구는 최초 납세신고일부터 5년 이내</td></tr>
</table>

〈표 17-8〉에서 제1단계의 **정정**은 납세신고한 세액이 정상적인 경우보다 과다 또는 부족납부한 어느 경우나 가능하다. 그러나 제2단계의 보정과 제3단계의 수정신고는 부족납부한 세액이 있는 경우에만 가능하다. 만일 신고납부한 후 납세의무자가 자신이 납부한 세액이 과다함을 알았을 때는 경정청구를 해야 하고, 청구를 받은 세관장이 경정 여부를 결정한다. **경정**은 제1단계에서 세관장이 납세신고를 받은 시점부터 할 수 있지만 납세의무자가 정정 또는 보정할 수 있는 시기에는 세관장이 신고인에게 '세액정정에 관한 안내' 또는 '보정통지'를 통해 이를 정정하게 한다(관세법 제38조의2). 보정기간이 경과한 제3단계에서 세관장은 경정처분을 한다. 그 시한은 부족세액 징수의 경우는 신고납부시점부터 관세부과의 제척기간이 도래될 때까지다. 과오납부액을 환급하기 위한 경우는 신고납부시점부터 가능한데, 별도의 시한이 정해져 있지는 않으나 역시 부과제척기간 이내만 가능할 것이다. 정정과 보정신청, 그리고 수정신고는 신고납부제도의 원칙이 그대로 적용되면서 신고내용의 일부를 변경하는 사실행위다. 따라서 세관장이 보정신청이나 수정신고를 수리한다 하더라도 이는 과세관청이 해당 신청 또는 신고 내용이 정당하다고 인정하는 공적인 견해표

명이라 볼 수는 없고, 쟁송의 대상도 되지 않는다.[12] 만일 행정쟁송을 제기하려면 먼저 보정이나 수정신고 내용의 경정을 청구하는 '처분'을 구한 다음 세관장이 이를 거부할 때 그 거부처분을 쟁송대상으로 삼아야 한다.

> 경정
> 1. 바르게 고침
> 2. 납세의무자가 신고가 없거나 신고액이 적을 때 정부가 과세표준과 과세액을 변경하는 일

2 납세의무자에 의한 세액변경

1) 정정(訂正)

납세신고 후 납부를 하기 전에 신고 한 사항을 정정하기 위해서는 수입·납세신고 정정승인(신청)서를 관세청 통관시스템에 전송하고 그 증빙자료를 세관장에게 제출해야 한다. 신청을 한 납세의무자는 해당 납세신고와 관련된 서류를 정정한 후 날인한다. 정정은 납부기한 이내에 아직 납세하지 않은 신고사항을 변경하는 것이므로 가산세 등도 별도로 부담하지 않고, 납기도 당초 납기가 그대로 적용된다. 정정이 완료되면 당초의 납세신고 대신 정정된 바대로 납세신고가 이루어진 것으로 법적효과가 발생하여 관세채무가 확정된다.

2) 보정(補整)

납세의무자는 신고납부 한 세액에 부족이 있거나 세액산출의 기초가 되는 과세가격 또는 품목분류에 오류가 있는 것을 안 때에는 신고납부한 날부터 6월 이내에 보정을 신청할 수 있다. 세관장이 이러한 사실을 안 때에는 납세의무자가 보정신청을 할 수 있도록 오류내용을 기재한 '보정통지서'를 납세의무자에게 교부한다. **보정**은 불성실납세와 관련된 가산세가 면제된다는 점에서는 정정과 같으나 납부가 이루어진 세액을 변경한다는 점과 부족세액이 있을 때는 부족세액 외에 **가산이자**가 부과된다는 점에서는 정정과 차이가 난다.

12) 대법원 1996.12.6. 선고 95누11184 판결 참조.

또한 이미 납부한 세액을 변경한다는 점에서는 수정신고나 경정과 같지만 신고불성실과 관련한 가산세가 면제된다는 점에서는 이들과 차이가 있다. 보정의 법적 효력은 뒤에 설명하는 수정신고의 경우와 차이가 없다. 세액보정을 신청한 경우 해당 보정신청을 한 날의 다음날까지 보정된 세액과 보정이자를 납부해야 한다. 보정이자는 당초 납부기한의 다음날부터 보정신청을 한 날까지의 기간을 기초로 계산한다. 만일 과다납부한 세액이 있다면 보정기간동안에도 경정청구를 통해 환급받을 수 있다.

3) 수정(修正)신고

수정신고를 할 수 있는 시기는 보정기간이 지난 후부터 관세부과의 제척기간이 도래하기 전으로서 납세의무자가 신고한 해당 관세의 과세표준 및 세액을 과세관청이 경정하여 통지하기 전까지다. 수정신고를 할 때 부족납부세액 외에 납세불성실가산세와 가산이자란 2가지 성격의 가산세를 함께 납부해야 한다. 이때 신고시기에 따라 가산세가 경감될 수 있다.

3 세관장에 의한 세액변경[更正]

1) 심사 등에 의한 직권경정

세관장이 납세의무자가 신고납부하였거나 납세신고한 세액 또는 자신이 부과고지한 세액에 과·부족함을 안 경우[13]는 직권으로 그 세액을 경정한다(관세법 제38조). 그러나 앞서 설명한 바와 같이 신고납부의 경우는 보정기간이 경과되기 전까지는 '세액정정에 관한 안내' 또는 '**보정통지**'를 통해 정정이나 보정신청을 하도록 조치하고 보정기간이 경과된 다음부터 경정처분을 하게 된다. 경정은 경정통지서를 납세의무자에게 교부하는 것[14]으로 한다(관세법시행령 제34조). 이때 이미 납부한 세액에 부족이 있거나 납부할 세액에 부족에 있는 경우에는 그 부족세액에 대해 **납부고지**를 하고,[15] 과다납부한 세액이 있는 경우에는 그 과오납금을 환급해야 한다(관세법 제46조). 과다납부한 세액을 환급할 때도 해당 과다납

13) 대법원 2007.2.22. 선고 2005다10845 판결 참조.

14) 경정통지서를 교부하지 않고 세목 및 세액만 기재한 납부고지서를 교부한 경우 이와 같은 세액경정처분은 위법한 것으로 본다. 조세심판원 2011관24(2011.12.6.) 결정

15) 대법원 2000.11.24. 선고 99다65035 판결 참조.

부액에 과오납부한 날의 다음날부터 환급하는 날까지의 기간을 기초로 계산한 환급가산금을 더하여 지급한다.[16] 세관장이 부과고지한 세액에 대해서 경정할 때는(관세법 제39조) 가산세를 징수하지 않지만 과오납부한 세액을 환급할 때는 그 세액에 환급가산금을 가산해 지급한다. 부과고지라는 세관장의 처분으로, 납세오류의 원인이 세관장에게 있기 때문이다. 세관장의 직권경정은 부과제척기간 내에서만 가능하다.

> 세관장이 경정하여 부과하는 세액에는 관세뿐 아니라 해당 물품에 부과되는 내국세도 포함된다. 내국세를 추가 징수할 때 부가가치세의 경우 세관장은 다음에 한해 수정수입세금계산서를 발급한다. 세관장이 세액을 경정할 것을 미리 알고 납세의무자가 수정신고를 한 경우에도 또한 같다(부가가치세법 제35조). 부가가치세 수정세금계산서가 발급되지 않을 경우 부가가치세법상 해당 부분은 매입세액 공제가 불가능해지므로 고스란히 원가에 반영되게 된다.

부과제척기간이 만료되면 과세권자는 새로운 경정이나 증액경정은 물론 감액경정 등 어떤 처분도 할 수 없다.[17] 세관장이 경정을 한 후 그 세액에 과부족이 있는 것을 발견한 때에는 그 경정한 세액을 다시 경정한다(관세법시행령 제34조).

2) 납세자의 청구에 의한 경정

납세자가 자신이 신고납부한 세액이 과다한 것을 안 경우에 세관장에게 경정청구서를 제출함으로써 경정을 요구할 수 있다. 이러한 경정청구는 최초로 납세신고한 날부터 5년 이내에 '수입 · 납세신고정정신청서'를 세관에 전송하고 증빙자료를 제출하는 것으로 한다. 경정청구권은 납세의무자의 절차상 권리다. 만일 신고납부한 세액에 과오납이 있다하여 경정청구 없이 납부한 관세의 환급신청을 할 경우 세관장은 과오납환급요건이 충족되지 않음을 이유로 그 신청을 받아들이지 않을 것이다. 세관장은 경정청구를 받은날부터 2개월 이내에 세액을 경정하거나 경정하여야 할 이유가 없다는 뜻을 청구인에게 통지하여야 한다. 2개월 내에 통지를 받지 못한 경우 행정심판 청구를 할 수 있다. 세관장의 부과고지에 의한 납세의 경우 불복청구의 대상이 되고, 세관장 자신에 의한 경정대상도 될 수 있지만 납세의무자에 의한 경정청구의 대상은 될 수 없다.

---

16) 이때 환급가산금의 이율은 보정신청을 하고 부족세액을 납부할 때의 이자율과 같다. 관세법시행령 제56조 및 동법시행규칙 제9조의2.

17) 대법원 2004.6.10. 선고 2003두1752 판결 등.

3) 행정쟁송 결정에 따른 경정

행정심판이나 행정소송과 같은 쟁송결과 과세관청이 행한 당초의 처분이 위법·부당하다는 결정이 내려질 경우 과세관청은 소위 기속력(또는 구속력)에 의해 당초의 처분을 변경하는 조치를 해야 한다. 물론 이때의 **경정(更正)**은 부과처분을 취소하거나 당초 납부세액을 감액하는 조치가 되는데, 취소청구를 제기한 납세자의 해당 처분에 국한된다. 동일 사안이라 하여 청구인의 다른 과세처분 건이나 다른 납세자의 과세처분 건까지 납부세액을 감액하는 경정을 해야 하는 것은 아니라는 것이다.

한편, 관세법 제21조 제2항에서는 이의신청·심사청구·심판청구·감사원법에 의한 심사청구의 결정이 있거나 행정소송법에 의한 소송에 대한 결정이 있은 경우, 그리고 압수물품의 환부결정이 있은 경우 해당 결정 또는 판결이 확정된 날부터 1년이 경과하기 전까지는 당초의 관세부과의 제척기간과는 무관하게 예외적으로 해당 결정 또는 판결에 따라 경정결정, 기타 필요한 처분을 할 수 있도록 하였다. 이때 이미 납부한 세액에 부족이 있거나 납부할 세액에 부족이 있는 경우에는 그 부족 세액에 대하여 납부고지를 해야 한다. 행정쟁송에 장기간이 소요됨을 감안해 확정판결 또는 결정에서 나온 위법 사유의 경정에는 예외적으로 그러한 결정 또는 판결일로부터 1년을 **예외적 부과제척기간**으로 인정한 것이다. 납세의무자도 다음 사유가 발생하여 납부한 세액이 과다한 것을 알게 되었을 때는 그 사유가 발생한 것을 안 날부터 2개월 이내에 납부한 세액의 경정을 세관장에게 청구할 수 있다.

① 최초의 신고 또는 경정에서 과세표준 및 세액의 계산근거가 된 거래 또는 행위 등이 그에 관한 소송에 대한 판결(판결과 같은 효력을 가지는 화해나 그 밖의 행위를 포함)에 의하여 다른 것으로 확정된 경우

② 최초의 신고 또는 경정을 할 때 장부 및 증거서류의 압수, 그 밖의 부득이한 사유로 과세표준 및 세액을 계산할 수 없었으나 그 후 해당 사유가 소멸할 경우

③ 세관장이 원산지증명서를 발급한 국가의 세관이나 그 밖에 발급권한이 있는 기관에 제출된 원산지증명서 및 원산지증명서확인자료의 진위 여부, 정확성 등의 확인을 요청하여 그 회신을 받은 세관장으로부터 회신 내용을 통보받은 경우(관세법 제38조의3 제3항).

4) 수입물품의 과세가격 조정에 따른 경정

납세의무자는 국제조세조정에 관한 법률에 따라 관할 지방국세청장 또는 세무서장이 해당 수입물품의 거래가격을 조정하여 과세표준 및 세액을 결정·경정 처분함에 따라 그 거래가격과 관세법에 따라 신고납부·경정한 세액의 산정기준이 된 과세가격 간 차이가 발생한 경우에는 그 결정·경정처분이 있음을 안 날(처분의 통지를 받은 경우에는 그 받은 날)부터 2개월 또는 최초로 납세신고를 한 날부터 5년 내에 세관장에게 세액의 경정을 청구할 수 있다. 같은 물품의 거래를 두고 이와 같이 과세기준이 되는 거래가격에서 차이가 발생하는 것은 내국세법에 의한 과세가격 결정 방법과 관세법에 의한 과세가격 결정 방법에서 차이가 있기 때문이다.

경정청구를 받은 세관장은 해당 수입물품의 거래가격 조정 방법과 계산근거 등이 관세평가규정에 적합하다고 인정하는 경우에는 세액을 경정할 수 있다. 세관장은 경정청구를 받은 날부터 2개월 내에 세액을 경정하거나 경정하여야 할 이유가 없다는 뜻을 청구인에게 통지해야 한다. 이러한 세관장의 통지에 이의가 있는 청구인은 그 통지를 받은 날(2개월 내에 통지를 받지 못한 경우에는 2개월이 경과한 날)부터 30일 내에 기획재정부장관에게 국세의 정상가격과 관세의 과세가격 간의 조정을 신청할 수 있다. 청구인이 경정청구를 한 날부터 2개월 이내에 통지를 받지 못한 경우에는 그 2개월이 되는 날의 다음날부터 이의신청, 심사청구, 심판청구, 감사원법에 따른 심사청구를 할 수 있다. 세관장은 세액경정을 위해 필요한 경우 관할 지방국세청장 또는 세무서장과 협의할 수 있다.

제4절 가산세제도

1 가산세의 의의

세액의 변경과 밀접한 관련이 있는 것이 가산세다. 관세법상 규정된 가산세는 과세권의 행사 및 조세채권의 실현을 용이하게 하기 위해 납세자가 정당한 이유 없이 규정된 신고, 납세, 납부 등 각종 의무를 성실하게 이행하지 아니하거나 위반한 경우 법이 정하는 바에 따라 금전적 부담을 과하는 행정상 제재다. **가산세**는 그 세법에 의해 산출한 세액에 가산하여 징수하는 것이 일반적이다. 형식적으로 보아 가산세는 벌금과 같은 행정형벌이 아니고, 과태료와 같은 행정질서벌도 아닌 **조세**다.

> 행정형벌은 징역·금고·자격상실·벌금·구류·과료 및 몰수가 해당되고, 과태료는 행정질서벌에 속한다. 행정형벌과 행정질서벌을 합해 행정벌이라 한다. 가산세, 과징금, 부과금, 명단공개, 인·허가의 취소 등은 전통적 의미의 행정강제나 행정벌에 해당되지 않는다.

관세법에 의해 부과되는 가산세는 세목(稅目)상으로는 관세에 해당한다(관세법 제320조). 그러나 가산세는 해당 관세를 감면할 때 그 감면대상 관세에 포함되지 않으며, 가산세가 부과된 물품을 수출용원재료로 사용해 생산한 제품을 수출하더라도 환급대상에서 제외된다. 납세와 관련된 가산세는 납세의무의 이행에 있어 납세의무자의 자율을 존중하는 신고납세제도를 보완하기 위한 것이다. 납세에서 자율을 존중하되 의무를 불성실하게 이행할 경우 금전적 불이익을 줌으로써 자율에 따른 무질서 또는 무성의를 방지하려는 것이다. 과세관청이 부과 고지한 물품에 대해 오류가 있어 이를 다시 경정할 때는 추가 징수하는 부족세액이 있다 하더라도 원칙적으로 가산세를 부과하지 않는 것도 이 때문이다. 가산세 부과에서 납세의무자에게 고의(故意)나 과실(過失)이 있는지 여부는 고려사항이 아니다. 또 법령을 제대로 이해하지 못하였거나 착오를 일으켰다 하더라도 그것이 가산세를 면제받을 사유로 인정되지도 않는다.[18)]

2 가산세의 적용

관세법의 가산세는 납부기한 내 납부하지 않은 세액에 대한 납부불성실가산세와 법에서 요구하는 신고를 이행하지 않았을 때 부과되는 신고불성실 가산세로 나뉜다. 이 중 납부불성실 가산세는 납부기한이 경과하면 부과되는 '가산금'과 유사하여 납세의무자에게 혼란을 가져왔고, 2020년 관세법 개정을 통해 가산금제도를 폐지하고 **납부지연가산세**로 통합했다. 〈표 17-9〉에서 관세법 제42조 제1항과 제3항에 따라 부과되는 가산세 중 납부고지서에 따른 납부기한의 다음 날부터 납부일까지의 기간이 적용되는 항목이 납부지연가산세

18) 대법원 2002.4.12. 선고 2000두5944 판결 ; 대법원 2004.6.24. 선고 2002두10780 판결 ; 대법원 2006.10.26. 선고 2005두3714 판결 ; 대법원 2007.4.26. 선고 2005두10545 판결 등.

다. 납부지연가산세를 계산할 때 기간이 5년을 초과하는 경우에는 그 기간은 5년으로 하고, 내국세를 포함한 체납된 관세가 100만원 미만인 경우에는 납부지연가산세를 적용하지 않는다(관세법 제42조).

〈표 17-10〉 가산세 부과사유와 가산세액

	부과사유	가산세
납부 불성실 가산세	기한 내 납부하지 않은 미납부세액 또는 수정신고나 경정에 따른 부족세액을 징수할 때(관세법 제42조 제1항)	다음의 금액을 합한 금액 1. 부족세액의 100분의 10 (단, 부당한 방법으로 과소신고한 경우 100분의 40) 2. 다음 각 목의 금액을 합한 금액 가. 미납부세액 또는 부족세액×법정납부기한의 다음 날부터 납부일까지 기간×연체대출금 이자율 등 반영하여 정한 이자율 (납부지연 가산세) 나. 미납부세액 × 100분의 3 (납부고지기한 내 미납한 경우에 한함)
	수입신고하지 않고 수입한 물품에 관세를 징수할 때(관세법 제42조 제3항)	1. 해당 관세액의 100분의 20 (밀수출입죄의 경우100분의 40) 2. 다음 각 목의 금액을 합한 금액 가. 해당 관세액×수입된 날부터 납부일까지 기간 ×연체대출금에 이자율 등을 반영하여 정한 이자율 (납부지연 가산세) 나. 미납부세액×100분의 3 (납부고지기한 내 미납한 경우에 한함)
	납부기한이 경과한 다음 보정 신청 후 납부하는 경우(관세법 제38조의2 제5항 및 시행령 제32조의4 제4항, 시행규칙 9조의3)	당초 납부기한 다음날부터 보정신청을 한 날까지 연리 1천분의 18
신고 불성실 가산세	재수출면세물품을 지정된 기한 내에 수출하지 않은 경우(관세법 제97조)	관세액의 20%. 단, 500만원 초과 불가
	재수출감면물품을 지정된 기한 내에 수출하지 않은 경우(관세법 제98조)	위와 같음
	수입통관 후 보세공장에서 사용하게 될 물품을 보세공장에 직접 반입한 경우로	경과된 기간에 따라 과세가격의 0.5%~2%를 차등부과. 단, 500만원 초과 불가

서 그 반입일로부터 30일 내에 신고하지 아니한 경우(관세법 제185조 제4항)	
면세범위를 초과하는 여행자(승무원) 휴대품을 신고하지 아니한 경우(관세법 제241조 제5항 제1호)	제세액의 40%. 단, 반복적으로 자신신고를 하지 아니하는 경우 등 대통령령이 정하는 사유에 해당하면 60%
면세범위를 초과하는 이사물품을 신고하지 아니한 경우(관세법 제241조 제5항 제2호)	제세액의 20%
수입 또는 반송하고자 하는 물품을 지정장치장, 보세창고, 보세구역외장치장에 반입하고 30일 내에 신고하지 아니한 경우(관세법 제241조 제3항)	경과된 기간에 따라 과세가격의 0.5%~2%를 차등부과. 단, 500만원 초과 불가
월단위로 신고하는 전기・가스・유류・용수(用水)를 전선로, 배관 등을 통해 수출・수입 또는 반송하는 자가 다음 달 10일까지 그 신고를 하지 아니한 경우(관세법 제241조 제6항)	경과된 기간에 따라 과세가격의 0.5%~2%를 차등부과. 단, 500만원 초과 불가
수입신고전 즉시반출신고를 하고 물품을 반출한 다음 10일 이내에 수입신고를 하지 아니한 경우(관세법 제253조 제4항)	해당 물품에 대한 관세의 20%

3 가산세의 감면

가산세 규정이 개정되면서 미납 또는 부족세액을 징수할 때 부과되는 가산세액(관세법 제42조제1항)을 감면하는 사유와 금액이 신설됐다(관세법 제42조의2). 〈표 17-10〉에서 보는 바와 같이 관세법 제42조 제1항의 가산세의 각 항목을 감면하는 방식으로 적용되는데, ①에서 ④의 경우에는 항목 전체가, ⑤에서 ⑦의 경우에는 부족세액의 10% 부과되는 가산세에 대해 전액 또는 일부가, ⑧의 경우는 미납 또는 부족세액을 납부하는 날까지 납부지연가산세가 감면된다. 구체적인 감면항목은 〈표 17-11〉을 참조한다.

〈표 17-11〉 가산세 감면사유와 감면금액

<table>
<tr><th colspan="2">가산세 감면 사유</th><th>감면금액</th></tr>
<tr><td colspan="2">① 수입신고가 수리되기 전에 관세를 납부한 결과 부족세액이 발생한 경우로서 수입신고가 수리되기 전에 수정신고 또는 경정하는 경우</td><td rowspan="4">제42조 제1항 제1호 및 제2호의 금액을 합한 금액</td></tr>
<tr><td colspan="2">② 잠정가격신고를 기초로 납세신고를 하고 이에 해당하는 세액을 납부한 경우</td></tr>
<tr><td colspan="2">③ 국가 또는 지방자치단체가 직접 수입하는 물품의 경우</td></tr>
<tr><td colspan="2">④ 신고납부한 세액의 부족 등에 대하여 납세의무자에게 정당한 사유가 있는 경우</td></tr>
<tr><td colspan="2">⑤ 특수관계가 있는 자들 간의 거래에 대한 과세가격 결정방법에 관한 사전심사의 결과를 통보받은 경우 그 통보일부터 2개월 이내에 통보된 과세가격의 결정방법에 따라 해당 수정신고하는 경우</td><td rowspan="2">제42조 제1항 제1호의 금액</td></tr>
<tr><td colspan="2">⑥ 사전세액심사대상 물품 중 감면대상 및 감면율을 잘못 적용하여 부족세액이 발생한 경우</td></tr>
<tr><td rowspan="2">⑦ 보정기간이 지난 날부터 1년 6개월이 지나기 전에 한 수정신고를 한 경우</td><td>가. 6개월 이내</td><td>제42조 제1항 제1호의 금액의 100분의 20</td></tr>
<tr><td>나. 6개월 초과 1년 6개월 이내</td><td>제42조 제1항 제1호의 금액의 100분의 10</td></tr>
<tr><td colspan="2">⑧ 관세심사위원회가 과세전적부심사의 결정・통지를 하지 아니한 경우</td><td>결정・통지가 지연된 기간에 대하여 부과되는 납부지연가산세(제42조 제1항 제2호 가목)금액의 100분의 50</td></tr>
</table>

제5절 관세의 징수

1 관세의 납부기한

1) 납기의 개요

수입물품에 부과되는 관세 및 내국세는 모두 일정한 기한 내에, 수입신고건별로, 일시에 납부함이 원칙이다. 관세를 납부해야 할 기한을 **납부기한**(納付期限) 또는 **납기**(納期)라 한다. 관세 등의 납기는 관세법 및 각 내국소비세법에 법률로 정해둔 법정납기와, 세관장이 사안에 따라 납기를 따로 정하는 예외적 납기가 있다. 수입물품의 납세의무는 매 수입행위마다 각각 발생한다. 따라서 납세도 납세의무가 성립되는 매 수입행위를 기준으로 이루어져야 한다. 신고납부의 납기는 납세신고가 수리되기 전에 관세 및 내국세를 납부하지 않은 경우에 적용된다[19]. 신고납부의 경우 납기는 납세신고 즉 수입신고가 수리된 날부터 15일 이내다. 부과고지는 세관장이 납부고지를 하는 것으로, 이 경우 납기는 납세의무자가 해당 납부고지서를 교부받은[20] 날부터 15일 이내다. 납부고지서의 송달은 납세의무자에게 직접 발급하는 경우를 제외하고는 인편, 우편 또는 전자송달의 방법으로 하는데, 어느 경우에나 현실적으로 이를 수령하는 행위가 반드시 필요하다.

세관장은 납세의무자의 주소, 거소(居所), 영업소 또는 사무소가 모두 분명하지 아니하여 납부고지서를 송달할 수 없을 때는 해당세관의 게시판이나 그 밖의 적당한 장소에 납부고지사항을 공시할 수 있다. 이 경우 공시일부터 14일이 지나면 납세의무자에게 납부고지서가 송달된 것으로 본다(관세법 제11조).

관세 납기의 종류는 〈표 17-12〉와 같다.

19) 신고납부의 경우 수입신고를 하면서 신고하는 관세 및 내국세를 납부할 수 있다.
20) 대법원 1995.2.28. 선고 94누5052 판결.

〈표 17-12〉 관세 납기의 종류

<table>
<tr><th></th><th colspan="2">납부제도</th><th>주요 목적</th><th>납부기한</th><th>법적 근거</th></tr>
<tr><td rowspan="3">원칙</td><td colspan="2" rowspan="3">일반적인 납세</td><td rowspan="3">–</td><td>신고납부제도 : 납세신고수리일 부터 15일 이내</td><td rowspan="3">관세법 제9조 제1항</td></tr>
<tr><td>부과고지제도 : 납부고지를 받은 날부터 15일 이내</td></tr>
<tr><td>즉시반출제도 : 수입신고일부터 15일 이내</td></tr>
<tr><td rowspan="8">예외</td><td rowspan="2">납세 정정</td><td>보정신청</td><td>부족세액 납부</td><td>보정신청을 한 날의 다음날</td><td>관세법 제38조의2 제4항</td></tr>
<tr><td>수정신고</td><td>부족세액 납부</td><td>수정신고를 한 날의 다음날</td><td>관세법 제38조의3 제1항</td></tr>
<tr><td colspan="2">월별납부제도</td><td>납세편의,
금융비용 절감</td><td>일반적인 납세의 납기가 속한 달의 말일</td><td>관세법 제9조 제3항</td></tr>
<tr><td colspan="2">징수유예제도</td><td rowspan="2">재난 등으로 인한 어려움 완화</td><td rowspan="2">1년의 범위 내에서 세관장이 정하는 날</td><td>관세법 제10조, 국세징수법 제15조~제17조</td></tr>
<tr><td rowspan="2">분할 납부</td><td>천재・지변 등</td><td>관세법 제107조 제1항</td></tr>
<tr><td>특정물품 등</td><td>산업시설건설,
중소기업지원 등</td><td>분할납부승인일부터 5년 내에서 세관장이 정하는 날</td><td>관세법 제107조 제2항</td></tr>
<tr><td colspan="2">일괄납부제도</td><td>수출지원</td><td>– 일괄납부기간(6월 범위 내) 종료일의 다음달 15일 이내
– 직권정산 시 : 납부고지를 받은 날부터 10일 이내</td><td>환급특례법 제5조, 제8조</td></tr>
<tr><td colspan="2">납기전징수제도</td><td>조세채권 확보</td><td>세관장이 정하는 날</td><td>국세징수법 제14조</td></tr>
</table>

2) 납세를 정정했을 때의 납기

보정이나 수정신고는 납세자가 부족세액을 납부할 의사를 가지고, 또 납세준비가 완료된 다음 신고를 하는 것으로 보아 납부기한을 신청(신고)일의 다음날까지로 하였다. 신고납부 한 세액을 과세관청이 경정한 경우는 부과고지에 해당한다. 따라서 납기는 그 고지를 받은 날부터 15일 이내다.

3) 월별납부제도와 납기

월별납부는 납부기한이 동일한 달에 속하는 신고납부세액(관세 및 부가가치세 등 내국세 포함)에 대해 동 기한이 속하는 달의 말일까지 일괄해 납부하는 제도다. 즉, 〈표 17-13〉과 같이 납부기한의 마지막 날이 그 달의 1일이거나 15일이거나 30일이거나를 막론하고, 또 납세신고가 몇 건으로 이루어졌는지를 막론하고 그 달의 마지막 날에 한건으로서 일괄해 납부하는 것이다. 결국 납부시기가 최소 1일에서 최대 30일, 평균 15일이 연장되는 효과가 발생한다.

〈표 17-13〉 월별납부제도 적용시의 납부기한 예시(공휴일과 휴무일이 없다고 가정)

수입신고(납세신고)수리일	일반납부시 납기	월별납부제도 적용시 납기
9.17	10.2	10.31
9.25	10.10	
10.5	10.20	
10.15	10.30	

월별납부를 하고자 할 때는 담보를 제공해야 한다. 담보제공과 함께 수입(납세)신고가 수리되어 해당 물품은 내국물품이 된다. 월별납부로 인해 납세자가 얻게 되는 효과는 크게 두 가지다. 하나는 수입신고건별로 납부하는 것을 월별로 일괄해 납부함에 따른 납부업무가 간소화되는 것이고, 다른 하나는 납부시기가 월말까지로 연장됨에 따른 자금부담 완화와 금융비용 절감효과다. 월별납부를 하려면 수입업체가 관할지세관장에게 신청해 월별납부업체로 승인을 받아야 한다.

4) 징수유예제도와 납기

관세의 징수유예제도는 관세의 **납부기한**을 일정 기간 동안 연장하는 것으로, 관세법에 의한 경우와 국세징수법에 의한 경우가 있다. 관세법에 의한 징수유예는 관세법 제10조에 규정된 ① 천재지변, ② 전쟁·화재 등 재해나 도난으로 인해 재산에 심한 손실을 입은 경우, ③ 사업에 현저한 손실을 입은 경우, ④ 사업이 중대한 위기에 처한 경우, ⑤ 기타 세관장이 ② 내지 ④에 해당하는 사유가 있다고 인정하는 경우에 가능하다. 징수유예를 받고자 하는 자는 해당 납부기한이 종료되기 전에 세관장에게 신청서를 제출해야 한다.

세관장은 1년의 범위 내에서 납부기한을 연장할 수 있다. 그러나 당초 납부기한의 연장사유가 해소되지 않아 사업상의 손실 또는 위기가 계속되는 경우에는 관세청장의 승인을 받아 당초 납부기한 연장을 포함해 1년을 초과하지 않는 기간 내에서 납부기한 재연장이 가능하다. 국세징수법에 의한 징수유예는 관세법 제26조 제1항에서 관세법에 규정되지 아니한 징수에 관한 사항은 국세기본법 또는 국세징수법에 예에 따르도록 하였기 때문에 가능하다. 관세법에 규정되지 않은 것으로 국세징수법상 징수유예제도에는 고지유예와 분할고지, 송달불능으로 인한 징수유예와 부과철회, 체납액 등의 징수유예라는 3가지 제도가 있다.

5) 분할납부와 납기

관세에 대한 분할납부는 천재・지변 등 관세법 제10조에서 정한 사유가 있을 때와, 다음과 같이 관세법 제107조 제2항에 규정된 사유가 있을 때 가능하다.

> **관세법 제107조(관세의 분할납부)** ② 다음 각 호의 어느 하나에 해당하는 물품이 수입될 때에는 세관장은 기획재정부령으로 정하는 바에 따라 5년을 넘지 아니하는 기간을 정하여 관세의 분할납부를 승인할 수 있다.
>
> 1. 시설기계류, 기초설비품, 건설용 재료 및 그 구조물과 공사용 장비로서 기획재정부장관이 고시하는 물품. 다만, 기획재정부령으로 정하는 업종에 소요되는 물품은 제외한다.
> 2. 정부나 지방자치단체가 수입하는 물품으로서 기획재정부령으로 정하는 물품
> 3. 학교나 직업훈련원에서 수입하는 물품과 비영리법인이 공익사업을 위하여 수입하는 물품으로서 기획재정부령으로 정하는 물품
> 4. 의료기관 등 기획재정부령으로 정하는 사회복지기관 및 사회복지시설에서 수입하는 물품으로서 기획재정부장관이 고시하는 물품
> 5. 기획재정부령으로 정하는 기업부설연구소, 산업기술연구조합 및 비영리법인인 연구기관, 그 밖에 이와 유사한 연구기관에서 수입하는 기술개발연구용품 및 실험실습용품으로서 기획재정부장관이 고시하는 물품
> 6. 기획재정부령으로 정하는 중소제조업체가 직접 사용하려고 수입하는 물품. 다만, 기획재정부령으로 정하는 기준에 적합한 물품이어야 한다.
> 7. 기획재정부령으로 정하는 기업부설 직업훈련원에서 직업훈련에 직접 사용하려고 수입하는 교육용품 및 실험실습용품 중 국내에서 제작하기가 곤란한 물품으로서 기획재정부장관이 고시하는 물품

관세법 제10조에서 정한 사유인 천재지변, 전쟁・화재 등 재해나 도난으로 인해 재산에 심한 손실을 입은 경우에는 1년의 범위 내에서 6회까지, 사업에 현저한 손실을 입은 경우와 사업이 중대한 위기에 처한 경우에는 9월의 범위 내에서 4회까지, 기타 세관장이 이에

준하는 사유가 있다고 인정하는 경우에는 6월의 범위 내에서 3회까지 분할납부가 가능하다. 분할납부 중인 물품이 체납되는 등 즉시징수 사유가 발생하였을 때 세관장은 15일 이내의 납부기한을 정해 납부고지를 한다.

6) 관세 등의 일괄납부제도와 납기

환급특례법에 의한 **일괄납부제도**(일명 **사후정산제도**)는 수출용원재료에 대해 납부한 관세 등이 해당 물품이 수출된 경우 다시 환급됨을 감안해 1개월 내지 6개월 동안 그 징수를 유예한 다음 납부할 세액과 환급받을 세액을 상호 정산하도록 한 것이다. 수입물품에 부과되는 조세 중 부가가치세는 물품을 수출하였을 때 환급기관이 세무서장이고 환급액의 계산 등도 관세 등과 차이가 있으므로 일괄납부제도 적용 대상에서 제외된다. 일괄납부제도를 적용할 경우 납세자는 앞서 설명한 월별납부제도와 유사하게 자금부담 완화와 금융비용 절감효과를 얻을 수 있다. 일괄납부를 하고자 할 때는 담보를 제공해야 한다. 일괄납부제도 대상업체에 대해서는 일괄납부기간이 종료되는 달의 다음달 1일에 세관장이 일괄납부해야 할 관세 등의 내역, 지급이 보류된 환급금의 내역, 정산결과 납부해야 할 관세 등의 세액이나 지급해야 할 환급액을 전자송달 방식으로 알려준다. 이때 세관장은 납부해야 할 관세 등에 대해 그달 15일까지를 납부기한으로 하여 함께 고지한다.

7) 납기전 징수제도와 납기

납기전 징수제도는 이미 납세의무가 확정된 조세를 강제징수 받는 등 일정한 사유가 있을 때 세관장이 그 납부기한 이전에 미리 징수하는 것이다. 이는 납기까지 기다릴 경우 채권확보에 차질이 예상될 때 채권을 효과적으로 확보하기 위한 것이다. 이는 국세징수법 제14조에 그 근거가 있고, 관세법에는 별도로 명시규정을 두고 있지 않다. 따라서 관세법 제26조의 규정에 따라 국세징수법을 적용한다. 관세법 제26조에는 담보 제공이 없거나 징수한 금액이 부족한 관세의 징수에 관해서는 관세법에 규정된 것을 제외하고는 국세기본법과 국세징수법의 예에 따라 징수하도록 규정하고 있기 때문이다.

8) 관세의 납부와 징수금액의 최저한

관세는 현금을 납부함이 원칙이다. 납부에서 신용카드나 직불카드 등을 사용해 납부할 수도 있다. 이 경우 금융결제원 등 납부대행기관은 정부로부터 해당납부세액의 1% 이내에서 납부대행수수료를 받을 수 있다.

납세의무자가 납부하여야 하는 세액이 1만원 미만인 경우에는 이를 징수하지 아니한다(관세법 제40조). 이에 따라 관세를 징수하지 않게 된 때에는 당해 물품의 수입신고일을 그 납부일로 본다.

관세법

사례 모음(3) – 납세제도

[판례]

국내소비자가 해외판매자에게서 물품을 직접 주문하여 국내소비자 명의로 배송이 이루어지고, 그 명의로 수입통관절차를 거친 경우에는 국내소비자의 편의나 해외판매자의 판매촉진·반품 등과 관련하여 일부 보조적인 행위를 한 국내사업자가 따로 있더라도 특별한 사정이 없는 한 물품을 수입한 실제 화주는 국내사업자가 아니라 국내소비자로 봄이 합당하다.

〈대법원 2015.11.27. 선고, 2014두2270 판결〉

[판례]

"제2차 납세의무는 조세징수의 확보를 위해 원래 납세의무자와 특수관계에 있는 제3자에 대해 원래 납세의무자로부터 징수할 수 없는 금액을 한도로 하여 보충적으로 납세의무를 부담케 하는 제도로, 일반적으로는 형식적으로 제3자에게 귀속되어 있는 경우라도 실질적으로는 원래 납세의무자에게 그 재산이 귀속되어 있는 것으로 보아도 공평을 잃지 않는 경우 등 형식적 권리의 귀속을 부인하여 사법질서를 어지럽히는 것을 피하면서도 그 형식적 권리자에게 보충적으로 납세의무를 부담케 하는 징수절차의 합리화도 아울러 도모하려는 제도이다."

〈대법원 1982.12.14. 선고 82누192 판결〉

[판례]

"부과처분 제척기간이 임박하자 납세의무자가 고지서 수령을 회피하기 위해 일부러 집을 비워 과세관청의 공무원이 부득이 원고의 아파트 문틈으로 납부고지서를 투입하였다 하더라도 그 고지서가 송달되었다고 볼 수 없다."(대법원 1996.9.24. 선고 96다204 판결 및 대법원 1997.5.23. 선고 96누5094 판결). 이와 같이 납세의무자가 의도적으로 고지서의 수령을 회피할 때 과세관청은 관세법 제26조 제1항 및 국세징수법 제16조의 규정에 따라 송달불능으로 인한 징수유예나 부과철회제도를 통해 과세채권을 유지할 수 있다.

2 강제징수

납세의무자가 자진해 납세하지 않을 경우 과세관청은 자력집행권에 의해 해당세액을 강제징수 할 수 있다. **자력집행권**이란 채권행사를 법원의 힘을 빌리지 않고도 스스로 강제집행절차를 취할 수 있는 것을 말한다. 정해진 기한 내에 조세를 납부하지 않은 경우를 **체납(滯納)**이라 한다. 관세가 체납되었을 때 징수에서 문제가 발생하는 것은 물품이 내국물품화 되어 보세구역에서 반출된 경우다. 만일 해당물품이 보세구역에 있다면 해당 물품을 매각하여 체납된 관세에 쉽게 충당할 수 있기 때문이다. 체납된 관세에 대해서는 국세징수법의 강제징수절차를 적용해 납세자의 재산을 압류하여 공매하는 강제징수를 한다. 이러한 일련의 절차를 **강제징수**라 한다. 강제징수절차는 [그림 17-2]와 같다.

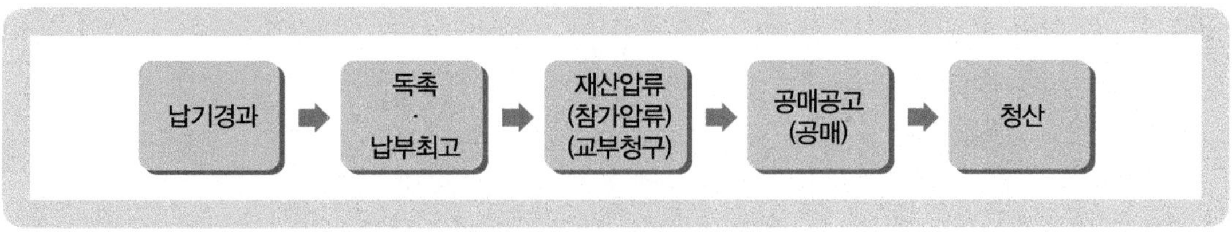

【 그림 17-2 강제징수 절차 】

1) 독촉과 납부최고

관세를 납부기한까지 완전히 납부하지 않았을 때 세관장은 납기경과 후 10일 이내에 **독촉장**을 발부한다. 다만, 체납된 금액이 징수금액의 최저한(1만원) 미만이면 독촉장을 발부하지 않는다. 2차 납세의무자가 체납액을 그 납부기한까지 완납하지 않은 때는 10일 이내에 **납부최고서**를 발부한다. 이때 납부기한은 독촉장 또는 납부최고서 발부일로부터 20일 내이다(국세징수법 제23조). 독촉 및 최고의 법적 효과는 지정된 기한까지 독촉된 체납관세를 완납하지 않으면 압류요건이 충족된다는 것이다. 아울러 관세징수권의 소멸시효 중단의 효과도 발생한다(관세법 제23조).

> 최고(催告)란 일정한 행위를 할 것을 타인에게 요구하는 통지를 총칭하는 것이다. 조세채권에 대한 최고는 본래 납세의무자에 대한 독촉에 갈음하는 제도로 제2차납세의무자 또는 납세보증인이 납부통지서에 지정한 납부기한까지 완납하지 아니한 때에 임의납부를 촉구하는 강제징수의 전제절차를 말한다.

2) 재산압류 · 참가압류 · 교부청구

압류(押留)란 특정 재산을 체납자가 처분하지 못하도록 금지하는 행위다. 과세관청이 체납자의 재산을 압류하기 위해서는 반드시 납세의무자에게 독촉장 또는 납부최고서를 발부해야 하며, 납세의무자가 여기에 지정된 기한까지 관세를 완납하지 않는다는 요건을 충족해야 한다(국세징수법 제24조).

압류대상이 될 수 있는 재산은 성질상 경제적 교환가치가 있고 양도성이 있어 환가(換價)가 가능한 재산이어야 한다. 국세징수법에는 납세자의 기본적 인간생활을 보장하기 위한 물품 등 압류할 수 없는 재산을 따로 명시하고 있다. **참가압류**란 압류하고자 하는 재산이 이미 다른 기관에서 압류하고 있는 재산일 때 교부청구에 갈음해 참가압류통지서를 그 재산을 이미 압류한 기관에 송달함으로써 그 압류에 참가하는 제도다(국세징수법 제57조). 체납자의 재산이 다른 기관에 의해 압류된 때는 중복해 압류할 수 없으므로 교부청구를 해야 하는 것이지만 교부청구는 다른 기관의 압류가 취소 또는 해제되면 그 효력이 상실되므로 이를 보완하기 위해 설정된 제도가 참가압류 제도다. **교부청구**는 체납자의 재산에 대해 이미 다른 기관이 공매절차 또는 그이외의 강제 환가절차가 개시되었을 때 그 절차에 참가해 환가대금에서 체납된 관세 상당액을 배분받는 방법으로 징수하는 제도다.

3) 압류재산의 환가(공매)와 청산

징세관서가 압류한 체납자의 재산을 금전으로 바꾸고 그 소유권을 체납자의 의사에 반해 강제적으로 국가로 이전시키는 행정처분을 압류재산의 매각 또는 **환가(換價)**라 한다. 조세는 금전으로 징수하는 것이 원칙이기 때문에 압류된 재산이 금전이 아닌 경우 이를 매각해 금전화 하는 것이다. 강제징수절차를 집행함에 따라 받은 금전을 조세 기타 채권자에게 배분하는 절차를 **청산(淸算)**이라 한다. 배분대상인 금전은 ① 압류한 금전, ② 교부청구에 의해 받은 금전, ③ 압류재산의 매각대금과 그 매각대금의 예치이자, 채권・유가증권・무채재산권 등의 압류로 인해 체납자 또는 제3의 채무자로부터 받은 금전이다.

4) 압류·매각의 유예

관세법에는 강제징수의 유예를 광범위하게 인정하는 조항이 추가되었다. 세관장은 재산의 압류나 압류재산의 매각을 유예하여 사업을 정상적으로 운영하고 체납액의 징수가 가능하다고 인정되는 경우에는 강제징수에 의한 재산의 압류나 압류재산의 매각을 유예할 수 있다(관세법 제43조의2). 이때 필요하다고 인정하면 이미 압류한 재산의 압류를 해제할 수 있다. 다만, 유예가 이뤄지는 경우 그에 상당하는 납세담보의 제공을 요구할 수 있다. 그러나 강제징수 유예 결정일 기준으로 최근 3년 이내 이 법, 「자유무역협정의 이행을 위한 관세법의 특례에 관한 법률」, 「수출용 원재료에 대한 관세 등 환급에 관한 특례법」 또는 「조세범 처벌법」 위반으로 처벌받은 사실이 없는 체납자로부터 체납액 납부계획서를 제출받고 그 납부계획의 타당성을 인정하는 경우에는 이 납세담보도 요구하지 않을 수 있다. 또한, 이에 따라 강제징수의 유예를 받은 체납액에 대하여 유예기간이 지난 후 다시 압류·매각의 유예를 할 수 있다.

그러나 일정한 체납액을 분납계획에 따라 납부하지 아니한 경우, 담보의 변경이나 그 밖에 담보 보전에 필요한 세관장의 명령에 따르지 아니한 경우, 재산상황이나 그 밖의 사정의 변화로 유예할 필요가 없다고 인정될 경우 등 일정한 사유에 해당하면 세관장은 유예한 강제징수를 취소하고, 유예에 관계되는 체납액을 한번에 징수할 수 있다. 이 경우 세관장은 체납자에게 유예가 취소되었다는 사실을 통지하여야 한다.

3 관세징수권 보장을 위한 제도

1) 담보제공제도

〈표 7-14〉와 같이 관세가 미납된 물품이 보세구역 등 세관장의 통제가 가능한 구역에서 벗어나 장치되거나, 벗어나서 사용·소비될 경우 관세징수권의 보장을 위해 필요한 경우 세관장은 납세담보의 제공을 요구할 수 있다. 일단 담보제공이 요구되었음에도 담보를 제공하지 않으면 허가, 승인 등 다른 절차가 진행되지 않는다.

〈표 17-14〉 관세 등의 담보제공이 요구될 수 있는 경우

	담보제공 사유	관련규정
①	천재·지변 등으로 인한 납부기한의 연장	관세법 제10조
②	덤핑방지관세를 부과하기 전 잠정조치	관세법 제53조
③	상계관세를 부과하기 전 잠정조치	관세법 제59조
④	관세법 기타 법령·조약·협정 등에 의해 관세를 감면받거나 분할납부승인을 얻은 물품	관세법 제108조
⑤	보세구역 외 외국물품의 장치허가	관세법 제156조

⑥	보세운송 신고 또는 승인	관세법 제218조
⑦	조난물품의 운송승인	관세법 제219조
⑧	상표권 등의 지식재산권 보호를 위한 통관보류 요청	관세법 제235조
⑨	통관이 보류된 지식재산권 침해혐의 물품의 통관요청	관세법 제235조
⑩	수입신고가 수리된 후 관세납부를 하는 경우 중 관세법 제248조 제2항 각 호에 해당하는 자의 경우, 이 책 18장 1절 3. 수입신고의 수리와 관세납부 참조	관세법 제248조
⑪	수입신고수리전 반출승인	관세법 제252조
⑫	수입신고전 물품반출	관세법 제253조
⑬	수출용원재료에 대한 관세 등의 일괄납부	환급특례법 제6조

세관장의 담보제공 요구시 납세의무자가 제공할 수 있는 담보의 종류는 다음과 같다(관세법 제24조).

① 금전
② 국채 또는 지방채
③ 세관장이 인정하는 유가증권
④ 납세보증보험증권
⑤ 토지
⑥ 보험에 가입된 등기 또는 등록된 건물·공장재단·광업재단·선박·항공기 또는 건설기계
⑦ 세관장이 인정하는 보증인의 납세보증서

담보중 증권 및 보증서는 세관장의 요청이 있는 때에는 특정인이 납부해야 하는 금액을 일정 기일 이후에는 언제든지 세관장에게 지급한다는 내용의 것이어야 한다. 납세의무자(관세의 납부를 보증한 자를 포함한다)는 관세법의 규정에 의해 계속해 담보를 제공해야 하는 사유가 있는 때에는 관세청장이 정하는 바에 의해 일정 기간에 제공해야 하는 담보를 포괄하여 미리 세관장에게 제공할 수 있다. 이를 **포괄담보제공**이라 한다. 환급특례법에는 신용이 우량한 기업의 경우 그 '신용' 자체를 담보로 인정하고 있다. **신용담보제도**다. 이 경우는 세관장이 정한 일정 범위 내의 금액에 대해서는 필요적 담보제공 대상일지라도 담보의 제공이 면제될 수 있다.[21]

21) 신용담보제도는 환급특례법 제6조에 근거규정이 있는 것으로 수출용원재료에 대한 납세에서 뿐 아

2) 고액 · 상습체납자에 대한 명단공개제도

체납자 명단공개는 일종의 명예처벌에 해당하는 것으로 불명예의 심리적 부담으로 납세의무 이행을 유도하려는 것이다. 관세청장은 체납발생일부터 1년이 지난 관세 및 내국세 등이 3억 원 이상인 체납자에 대해서는 그 인적 사항과 체납액 등을 공개할 수 있다. 다만, 체납관세 등에 대해 이의신청이나 심사청구 등 불복청구가 진행중이거나 체납액의 30% 이상을 납부한 경우 등 대통령령으로 정한 사유에 해당하는 경우에는 공개하지 않는다(관세법 제116조의2). 체납자의 명단공개와 관련하여 공개 여부의 심의, 의결 및 재심의하고 체납자에 대한 감치 필요성 여부를 의결하기 위해 관세청에 관세정보위원회를 두고 있다. 관세청장은 심의위원회의 심의 및 의결을 거친 공개대상예정자에게 체납자명단 공개대상예정자임을 통지하여 소명할 기회를 주어야 한다.

3) 고액 · 상습체납자에 대한 감치제도

고액・상습체납자에 대한 징수권확보를 위한 제도는 점차 강화되고 있다. 이에 따라 관세청장은 이들 체납자의 주소 관할 지방검찰청 또는 지청의 검사에게 체납자의 감치(監置)를 신청할 수 있다. 관세청장은 감치 신청 전에 체납자에게 소명자료를 제출하거나 의견을 진술할 수 있는 기회를 주어야 한다. 법원은 검사의 청구에 따라 체납자가 다음 사유에 모두 해당하면 30일의 범위에서 체납된 관세가 납부될 때까지 그 체납자를 감치에 처하도록 결정할 수 있다(관세법 제116조의4).

① 관세를 3회 이상 체납하고 있고, 체납 발생일부터 각 1년이 경과하였으며, 체납금액의 합계가 2억원 이상인 경우
② 체납된 관세의 납부능력이 있음에도 불구하고 정당한 사유 없이 체납한 경우
③ 관세정보위원회의 의결에 따라 해당 체납자에 대한 감치 필요성이 인정되는 경우

다만 납세의무자의 권리 보호를 위해 감치에 처하여진 체납자는 감치결정에 대해 즉시 항고할 수 있으며, 동일한 체납사실로 인하여 재차 감치되지 않으며, 감치 집행 중에 체납된 관세를 납부한 경우에는 감치집행을 종료한다.

니라 관세법에 의한 여러 담보제공에서도 활용되고 있다.

4) 체납자에 대한 출국금지

관세청장은 정당한 사유 없이 5천만원 이상의 관세를 체납한 자에 대하여 법무부장관에게 「출입국관리법」 제4조 제3항 및 같은 법 제29조 제2항에 따라 출국금지 또는 출국정지를 즉시 요청하여야 한다. 법무부장관은 관세청장의 요청에 따라 출국금지 또는 출국정지를 한 경우에는 관세청장에게 그 결과를 정보통신망 등을 통하여 통보하여야 한다. 관세청장은 체납자가 체납액을 납부하여 체납된 관세가 5천만원 미만이 되거나, 체납자 재산의 압류, 담보 제공 등으로 출국금지 사유가 해소된 경우, 관세징수권의 소멸시효가 완성된 경우 등의 사유가 있으면 즉시 법무부장관에게 출국금지의 해제를 요청하여야 한다.

5) 납세증명서의 제출 및 발급

납세자(미과세된 자 포함)가 국가, 지방자치단체 또는 대통령령으로 정하는 정부관리기관으로부터 대금을 지급받는 경우, 국내거소신고를 한 외국인이 체류기간 연장허가 등 체류허가를 법무부장관에게 신청하는 경우, 내국인이 해외이주 목적으로 외교부장관에게 해외이주신고를 하는 경우와 같이 관세징수권 보장을 위해 납세여부를 명확히 하여야 할 때에는 납세자에게 납세증명서를 제출하도록 하고 있다(관세법 제116조의 3).

제6절 납세의무의 소멸

1 납세의무의 소멸사유

납세신고 또는 부과고지에 의해 확정된 납세의무는 몇 가지 이유로 소멸된다. 통상은 세액의 자진 **납부**에 의해 소멸하지만 **충당** 방법에 의해 납세의무를 완성시킴으로써 소멸하기도 한다. 반면 관세채무가 이행되지 않았지만 일정한 사유가 발생해 과세관청에 더 이상 채무이행을 요구할 권한이 상실되는 경우도 납세의무가 소멸될 수 있다. 소멸사유는 다음과 같다.

관세법 제20조(납부의무의 소멸) 관세 또는 강제징수비를 납부하여야 하는 의무는 다음 각 호의 어느 하나에 해당되는 때에는 소멸한다.
1. 관세를 납부하거나 관세에 충당한 때
2. 관세부과가 취소된 때
3. 관세를 부과할 수 있는 기간에 관세가 부과되지 아니하고 그 기간이 만료된 때
4. 관세징수권의 소멸시효가 완성된 때

2 관세충당

관세충당이란 세관장이 납세의무자에게 지급할 환급금 등이 있는 경우에 그 환급금 등과 납세의무자의 관세채무를 상호 소멸시키는 세관장의 처분을 말한다. 관세법상 충당이 가능한 경우로는 과오납환급금의 관세충당(관세법 제46조 제2항), 위약물품 등에 대한 환급금의 관세충당(관세법 제106조 제6항), 담보물의 관세충당(관세법 제25조), 장치기간 경과물품 매각대금의 관세충당(관세법 제211조 제1항) 등이 있고, 환급특례법에도 관세환급금의 관세충당(환급특례법 제16조 제4항) 규정이 있다. 과오납환급금이나 위약물품 등에 대한 환급금, 환급특례법에 의한 관세환급금은 그 환급권자가 체납하였을 때 세관장이 그 환급금으로서 체납액에 충당한다. 그러나 담보물이나 장치기간 경과물품 매각대금의 충당은 해당 과세대상 물품에 부과되는 관세 등에만 충당할 수 있다.

3 부과처분의 취소

부과처분의 취소는 일단 유효하게 성립한 과세처분에 대해 그 성립에 중대하고 명백하지 않은 위법 또는 부당의 흠결이 있음을 이유로 권한 있는 기관이 법률상의 효력을 원칙적으로 기왕에 소급해 상실시키는 독립된 행정행위다. 이를 취소처분이라 한다. 취소처분은 넓은 의미로 무효선언과 철회를 포함한다. 과세관청이 부과처분을 취소하는 경우는 두 가지다. 과세관청이 스스로 발견하거나 혹은 납세자의 의견을 받아들여 부과처분에 흠결이 있음을 인정하고 이를 취소하는 직권취소와, 행정심판의 재결 또는 행정소송 판결의 기속력에 의해 행해지는 취소다. 관세 부과처분에 중대하고 명백한 하자가 있어 무효인 경우는 처음부터 관세채무가 존재하지 않으므로 관세채무 소멸문제도 발생하지 않는다. 그러나 무효원인이라 할 수 없는 단순한 하자가 있는 경우에는 권한 있는 행정청의 직권

취소 혹은 행정쟁송에 의한 취소가 있을 때까지는 유효한 처분으로서 관세채무가 성립한다.

4 관세부과권 제척기간의 도래

관세를 부과할 수 있는 권한을 의미하는 관세부과권에는 그 권리가 존속하는 기간, 즉 **제척기간**이 따른다. 부과권과 징수권은 상호 밀접한 관계가 있다. 부과권은 징수권 행사의 전제가 되며, 부과권 행사 없이는 징수할 수가 없다. 부과절차에 의해 확정된 세액은 징수권의 작용으로 실현되기 때문에 징수권을 수반하지 않는 부과권이란 실제에 있어서 그 의의가 없는 것이다. 관세법에 규정된 관세부과의 제척기간은 〈표 17-15〉와 같다.

〈표 17-15〉 관세부과의 제척기간

구 분	사 유	제척기간
원칙적 제척기간	예외 및 특례제척기간을 제외한 모든 경우	5년
예외적 제척기간	부정한 방법으로 관세를 포탈하였거나 환급 또는 감면받은 경우	10년
특례적 제척기간	① 이의신청·심사청구·심판청구에 대한 결정이 있은 경우 ② 감사원법에 의한 심사청구에 대한 결정이 있은 경우 ③ 행정소송에 대한 판결이 있은 경우 ④ (관세법 제313조의 규정에 의한) 압수물품의 환부결정이 있은 경우	해당 결정 또는 판결이 확정되거나 회신을 받은 날부터 1년
	⑤ 양허세율의 적용여부 및 세액 등을 확정하기 위하여 원산지증명서를 발급한 국가의 세관이나 그 밖에 발급권한이 있는 기관에게 원산지증명서 및 원산지증명서확인자료의 진위 여부, 정확성 등의 확인을 요청한 경우 가. 해당 요청에 따라 회신을 받은 날 나. 이 법과 「FTA 특례법」 및 조약·협정 등에서 정한 회신기간이 종료된 날	각 목의 날 중 먼저 도래하는 날부터 1년
	⑥ 경정청구가 있는 경우 ⑦ (관세법 제38조의4 제4항에 따른) 조정신청에 대한 결정통지가 있는 경우	경정청구 또는 결정통지일부터 2개월

제척기간과 소멸시효는 그 성질이 다르다. 제척기간은 기간이 경과한 때를 기준으로 장래에 향해 권리가 소멸된다. 또 중단이나 정지가 인정되지 않는다. 반면 소멸시효는 권리가 행사되지 않는 기간을 의미하고, 그 기간에 도달하면 권리를 행사할 수 있었던 날로 소급해 권리가 소멸된다. 제척기간의 기산일, 즉 기간을 계산함에 있어 시작되는 날짜는 관세를 부과할 수 있는 날이다. 원칙적인 기산일은 수입신고를 한 날의 다음날이다. 예외적인 과세물건확정시기의 규정이 적용되는 경우 등 예외적 경우의 제척기간 기산일은 그러한 사유가 발생한 날의 다음날이다. 제척기간은 기간의 말일이 종료함으로써 만료한다. 만일 최후의 연도에서 2월 29일과 같이 최종월의 기산일에 해당하는 날이 없으면 그 월의 말일인 2월 28일이 경과함으로써 만료된다. 기간의 말일이 공휴일 등 관세법 제8조 제3항에서 규정한 날에 해당하면 그 다음날에 기간이 만료된다. 제척기간이 만료된 후에는 비록 부족납부한 세액을 발견하더라도 세관장은 관세를 부과할 수 없다.

5 관세징수권 소멸시효의 완성

관세부과권의 행사로 확정된 관세를 징수하는 관세의 징수권은 원칙적으로 이를 행사할 수 있는 날부터 5년간 행사하지 아니하면 **소멸시효**가 완성된다. 그러나 5억원 이상의 관세(내국세를 포함)에 대한 관세징수권의 소멸시효는 10년이다(관세법 제22조). 납세자의 과오납금 기타 관세의 **환급청구권**도 이를 행사할 수 있는 날부터 5년간 행사하지 아니하면 소멸시효가 완성된다. 소멸시효가 완성된다는 것은 관세징수권 또는 환급청구권 자체가 소멸된다는 의미다. 관세징수권과 환급청구권의 소멸시효는 〈표 17-16〉과 같은 사유가 있을 때 중단되는데 '중단된다'는 것은 그 사유 발생 이전에 시효가 사라지고 처음부터 다시 시효가 기산된다는 의미이다.

〈표 17-16〉 소멸시효의 중단과 재진행

구 분	시효중단 사유	시효가 다시 기산되는 시기
관세 징수권	납부고지	납부기한이 경과한 날의 다음날
	경정처분	납부기한이 경과한 날의 다음날
	납부독촉(납부최고를 포함한다)	납부기한이 경과한 날
	통고처분	통고이행기간이 경과한 날의 다음날
	고발	고발에 대한 확정이 있은 날의 다음날

	특정범죄가중처벌 등에 관한 법률 제16조의 규정에 의한 공소제기	공소에 대한 확정이 있은 날의 다음날
	교부청구	교부청구의 다음날
	압류	압류절차가 종료된 날의 다음날
환급 청구권	환급청구권의 행사	환급금의 지급이 종료된 날의 다음날

관세징수권의 소멸시효는 분할납부기간, 징수유예기간, 강제징수유예기간, 사해행위취소소송기간 중에는 정지된다. 납부독촉이나 최고의 시효중단효과는 최초의 것만 시효중단 효력이 있고 그 이후 임의적으로 되풀이 하는 독촉장의 발부는 민법 제174조의 최고(催告)로서의 효력만 있을 뿐 시효중단의 효력은 발생하지 않는다.

소멸시효의 정지란 권리행사가 중지되는 동안 소멸시효가 진행하지 않는 것이다. 시효의 정지사유가 종료되면 이전에 진행된 시효는 유효하므로 남은 기간 동안만 시효가 진행된다.

> 사해행위(詐害行爲)란 민법상 채권자가 채무자의 재산에 대하여 강제집행을 하고자 할 때 채무자가 채권자를 해함을 알면서도 자기의 재산을 은닉·손괴 또는 제3자에게 증여하는 등의 방법으로 채무자의 총재산을 감소하는 행위를 하여 채권자의 강제집행을 어렵게 하는 경우를 말한다. 이런 경우 채권자는 채무자 및 제3자를 대상으로 법원에 '사해행위 취소소송'을 제기하여 채무자의 재산을 회복시키고 채권을 행사할 수 있다.

기출문제

1 다음은 관세법상 관세의 납세의무자에 대한 설명이다. 잘못된 것은? [국제무역사 35회 1교시 17번]

① 해외 직구를 한 물품이 특송화물로 수입되는 경우 : 구매자
② 보세창고에 보관중인 외국물품이 도난된 경우 : 보세창고 운영인
③ 위탁받은 수입업체가 대행 수입한 경우 : 송품장에 표시된 수입자
④ 우편으로 수입되는 물품인 경우 : 우편물의 수취인

2 다음 보기는 관세법의 규정에 의한 관세의 감면세다. 이들 중 감면세 처분 이후 세관의 별도 사후관리가 따르지 않는 것을 모두 기재한 것은? [국제무역사 35회 1교시 20번]

A. 세율불균형물품의 면세	B. 학술연구용품의 감면세
C. 소액물품 면세	D. 여행자 휴대품 면세
E. 재수출 면세	F. 재수입면세

① A, B, D　　② A, C, D
③ C, D, E　　④ C, D, F

3 다음의 사례와 관련된 관세청(세관)의 관세법상의 지원대책 중 잘못된 것은? [국제무역사 35회 1교시 26번]

> 관세청이 최근 전라도 지역에 내린 기록적인 폭설 로 인한 피해대책으로 관내의 수출입업체에 대한 특별통관지원대책을 마련하여 즉시 시행할 예정이다.

① 수출물품에 대한 적기 선적이 곤란한 것임을 고려하여 적재기간 연장 필요시 적재기간을 연장할 수 있다.
② 폭설 등으로 인하여 수입신고된 물품이 신고수리 전 변질·손상된 때에는 손상감세 적용이 가능하다.
③ 수입 신고가 수리된 물품이 수리 후 계속 지정보세구역에 장치되어 있던 중에 폭설 등으로 변질, 손상된 경우 변질·손상된 물품의 관세를 전부 또는 일부 돌려 받을 수 있다.
④ 수출입업체가 폭설로 재산상 피해를 입은 경우 2년의 범위 내에서 관세 납부기한을 연장하거나 분할납부를 허용할 수 있다.

정답 1. ③ 2.④ 3.④

4 관세의 부과·징수와 관련된 다음의 설명 중 올바른 것은? [국제무역사 35회 1교시 31번]

① 물품을 수입하고자 하는 자는 수입신고와 동시에 관세 동 제세를 납부하여야 한다.
② 세관장은 납세 신고를 받으면 수입신고서에 기재된 사항과 함께 신고세액에 대해 수입신고 수리 전에 심사하는 것을 원칙으로 한다.
③ 세관장은 납세신고제도에도 불구하고 납세 의무자가 부과고지를 요청하는 경우 세관장이 부과·징수할 수 있다.
④ 세관장은 납세의무자가 납부해야 하는 관세가 1만원 미만일 때에는 징수하지 않는다.

5 다음은 관세법상 관세 부과대상에 대한 설명이다 잘못된 것은? [국제무역사 35회 1교시 27번]

① 수입물품에는 관세를 부과한다.
② 무상으로 수입하는 샘플에 대해서는 관세를 부과하지 않는다.
③ 컴퓨터 소프트웨어를 CD에 저장하여 수입하는 경우 수입신고대상이며 제세대상이다.
④ 10억짜리 설계도면을 미국 수출자로부터 전자메일로 받는 경우 관세법상 관세부과의 대상이 되지 않는다.

6 다음은 관세법상 감면 및 환급제도에 대한 설명이다 잘못된 것은? [국제무역사 35회 1교시 32번]

① 과세가격이 미화 250달러 이하인 물품으로서 견품으로 사용될 것으로 인정되는 물품은 소액물품 면세가 가능하다.
② 국제적십자사·외국적십자사 및 기획재정부령으로 정하는 국제기구가 국제평화봉사활동 또는 국제친선활동을 위하여 기증하는 물품은 관세를 면제한다.
③ 수입통관한 물품이 계약과 상이한 경우 납부한 관세를 되돌려 받는 제도를 위약환급이라 한다. 위약환급 신청 기한은 1년이다.
④ 수입제품에 대한 클레임으로 인해 대체품을 무상으로 공급받는 경우, 결제금액이 없다 하더라도 면세를 받을 수 없고 관세 등 세금을 납부하여야 한다.

7 우리나라에서 사우디로 수출된 제품을 바이어의 클레임으로 우리나라로 다시 수입하고자 한다. 이와 관련된 다음의 설명 중 잘못된 것은? [국제무역사 35회 1교시 33번]

① 우리나라에서 수출된 제품이 해외에서 제조·가공·수리 또는 사용되지 아니하고 수출신고 수리일부터 2년 내에 다시 수입되는 경우 재수입면세를 적용받을 수 있다.
② 최초 사우디로 수출시 수출용원재료에 대한 관세환급을 받은 경우에는 재수입면세 적용이 되지 않는다.

정답 4.③ 5.② 6.③ 7.④

③ 원칙적으로 관세 감면신청은 수입신고 수리전에 신청하여야 한다.
④ 예외적으로 수입신고 수리 전에 감면 신청서를 제출하지 못한 경우에는 물품의 보세구역 장치 여부를 불문하고 수입신고수리일로부터 15일 이내에 감면신청서를 제출하여 감면을 받을 수 있다.

8 다음의 경우에 관세법상 활용할 수 있는 감면제도를 가장 올바르게 나열 한 것은?

[국제무역사 36회 1교시 32번]

• 한국의 KITA 주식회사는 공작기계를 중국에 수출하였다. 공작기계가 사용 중 고장으로 수리요청을 받았다. 이에 중국에서 공작기계를 수입하여 수리한 후 다시 수출하고자 한다.
• 지난달 한국에서 수출한 감자분의 품질이 좋지 않아 해외바이어의 클레임을 받았다. 이에 전량 다시 한국으로 수입하고자 한다.

번호	A	B
①	재수출면세	재수입면세
②	재수입면세	재수입면세
③	해외임가공감세	재수출면세
④	재수출면세	손상감세

9 다음 보기의 (　)안에 들어갈 용어로 가장 알맞은 것은? [국제무역사 36회 1교시 26번]

납세의무자가 품목분류에 착오가 있어 신고납부한 세액이 과다한 것을 납세 후 1년이 경과된 시점에 알게 되었다면, 이를 기정하기 위하 납세의무자는 과다납부한 세액에 대해 (　)을 세관장에게 청구할 수 있다.

① 정정
② 경정
③ 환급
④ 수정

10 관세법상 관세의 납세의무자에 대한 설명으로 올바른 것은? [국제무역사 36회 1교시 27번]

① 해외직구를 한 물품이 특송화물로 수입되는 경우 : 물품을 국내로 반인하는 특송업체
② 위탁받은 업체가 대행 수입한 경우 : 해당 물품의 수입을 위탁한 자
③ 우편으로 수입되는 물품인 경우 : 해당 우편물의 발송인
④ 수입물품을 수입신고 전에 양도한 경우 : 해당 물품의 양도인

정답 8. 9.② 10.②

11 다음 중 관세법상 재수입면세에 대한 설명 중 가장 올바른 것은? [국제무역사 36회 1교시 30번]

① 우리나라에서 수출된 물품으로서 해외에서 제조·가공·수리 또는 사용되지 아니하고 수출신고 수리 일부터 2년 내에 다시 수입되는 물품이 해당된다.
② 재수입면세 신청은 납부고지를 받은 날로 부터 10일 이내 세관장에게 제출하여야 한다.
③ 국내에서 일반 유상수출된 후 계약상이로 인하여 해당물품이 수출신고수리 후 2년 이내 국내로 하자반입되는 경우 해당물품은 관세와 부가가치세를 면세한다.
④ 국내에서 수출된 물품이 계약 위반으로 재수입되는 경우 관세환급특례법에 따른 환급 여부와 관계없이 재수입면세 대상이다.

12 수입물품에 부과되는 관세의 납부기한에 관한 설명으로 가장 옳은 것은? [국제무역사 37회 1교시 17번]

① 세관장은 납세실적 등을 고려하여 관세청장이 정하는 요건을 갖춘 성실납세자가 신청을 할 때에 납부기한이 동일한 달에 속하는 세액에 대하여는 그 기한이 속하는 달의 다음달 15일까지 한꺼번에 납부하게 할 수 있다.
② 부과고지 규정에 따라 세관장이 납세고지를 한 경우 수입신고가 수리된 날부터 15일 이내에 관세를 납부하여야 한다.
③ 납세의무자가 신고납부 한 세액이 부족한 것을 발견한 경우에는 보정기간이 지난 후 수정신고를 할 수 있다. 이 경우 수정신고 한 날부터 15일 이내에 관세를 납부하여야 한다.
④ 납세의무자는 관세법에 규정된 납부기한 규정에도 불구하고 수입신고가 수리되기 전에 해당 세액을 납부할 수 있다.

13 한국의 A기업이 B은행에 의뢰하여 발행한 신용장으로 대금을 결제하기로 한 거래에서 우리나라에 도착한 물품이 보세창고 C에 보관되던 중 도난당했다. 해당 물품의 절도범은 D이다. 이 경우 관세법상 납세의무자는? [국제무역사 36회 1교시 28번]

① 화주 A
② B 은행
③ 보세창고 C의 운영인
④ 절도범 D

정답 11.① 12.④ 13.③

14 신용장으로 거래된 물품이 우리나라에 반입되어 부산항 인근의 영업용 보세창고에 보관하고 있던 중 수입신고를 하기 전에 도난당했다. 이 경우 해당 물품에 대한 관세법상 납세의무자는?

[국제무역사 37회 1교시 19번]

① 해당 물품을 구매한 자(화주)
② 보세창고에 물품을 반입한 자
③ 신용장개설은행
④ 보세창고 운영인

15 장기간에 걸쳐 사용할 수 있는 물품으로서 그 수입이 임대차계약에 의하거나 도급계약의 이행과 관련하여 국내에서 일시적으로 사용하기 위하여 수입하는 물품에 대한 관세법상의 감면제도 설명 중 가장 잘못된 것은?

[국제무역사 36회 1교시 20번]

① 국내에서 일시적으로 사용 후 재수출할 것이므로 재수출 면세를 적용할 수 있다.
② 일반적으로 수입신고 수리일 부터 2년 이내에 재수출되는 것에 대하여는 관세를 경감받을 수 있다.
③ 감면 대상 물품은 국내에서 제작이 곤란함을 확인 받은 물품이어야 한다.
④ 수입물품의 개당 관세액이 400만원인 물품은 세액 감면 적용이 불가능하다.

16 다음 중 관세법상의 재수출면세에 관한 설명이 잘못된 것은?

[국제무역사 37회 1교시 24번]

① 재수출면세물품을 용도 외 다른 용도에 사용하거나 양도·양수·임대하려는 자는 통관지 세관장 또는 관할지세관장에게 신청하고 그 승인을 받아야 한다.
② 재수출면세물품이 규정된 기간 이내에 재수출을 이행하지 아니한 경우에는 500만원을 넘지 아니하는 범위에서 해당 물품에 부과될 관세의 100분의 20에 상당하는 금액을 가산세로 징수한다.
③ 재수출면세물품의 재수출이행기간은 재수출신고수리일 까지의 기간을 말한다.
④ 재수출면세물품을 규정된 기간 내에 재수출을 이행하지 못하는 경우 1년의 범위 내에서 그 기간을 연장할 수 있다.

정답 14.④ 15.① 16.④

18

수출입통관절차

학습목표

수출입 통관은 관세를 적절히 징수하고 화물의 불법적인 수출입을 단속하는 두 절차가 함께 이뤄진다. 수입에 대해 관세가 납부되기 때문에 수입통관의 절차가 수출에 비해 더욱 정교하게 구성돼 있다. 이 과정에서 관세납부와 화물의 반출입 순서와 시기를 이해하고 그러한 흐름의 취지를 이해하는 것이 통관절차를 적절히 수행하는데 중요하다. 이 장에서는 수출입통관절차의 흐름을 아래 내용을 중심으로 이해하는 것을 목표로 한다.

1. 수입신고의 의의와 시기
2. 관세납부, 신고수리, 화물 반출의 순서와 의의
3. 통관의 제한
4. 간소화된 통관절차의 적용

들어가기 전에

왜 통관절차가 나라마다 다를까?
- 관세청, 인도 수출기업 통관절차 설명회

(중략) 이와 관련, 인도 관세당국의 물품 검사비율은 일반물품의 경우 50%인데 반해, AEO화물로 인식되면 10% 이하로 검사율이 축소되는 등 우리나라 AEO수출기업들이 인도 통관과정에서 누릴 수 있는 MRA 혜택이 매우 큰 것으로 알려졌다.

또한 당일 설명회 현장에서는 인도 수입통관 과정에서 발생한 총 9건의 애로사항이 접수됐다. 주요 건의내용으로는 항공수출화물의 공항터미널 내 검사로 인한 과도한 보관비용 발생, 기업 자체진단에 따른 자진 수정신고 시 처벌 완화 등 통관애로 및 제도개선 등으로 집중됐다. (중략)

세정신문 윤형하 기자. 2017년 12월 21일 '관세청, 인도 수출기업 통관절차 설명회' 기사전문
http://www.taxtimes.co.kr/hous01.htm?r_id=234971

통관절차가 나라마다 다른 것은 관세행정의 역량이 나라마다 다르기 때문이다. 관세행정은 WTO 하에서 자유무역체계를 실제 관행으로 만들기 위해 선진화된 절차를 구축하도록 노력해 왔다. 그러나 국가마다 기술도입 수준, 세관공무원의 역량, 사회적인 납세에 대한 인식이 다르고 그에 따라 관세행정 선진화의 정도도 다를 수밖에 없었다. 그렇기 때문에 이 안에서 운영 가능한 통관절차를 통해 관세의 징수와 통관을 이행하고 있고 서로 다른 통관절차를 운영하는 이유가 됐다. 이 장에서는 50%의 상당히 높은 검사비율을 운영하는 인도 통관절차와 우리 통관절차를 비교해 이해하면서 우리 통관절차의 선진화 정도에 대해 생각해 보자.

Chapter

18 수출입통관절차

제1절 수입통관

수입통관절차의 일반적인 흐름은 [그림 18-1]과 같다. 이와 같은 일반적인 흐름은 편의적 통관절차 활용에 따라 그 순서가 바뀌기도 한다.

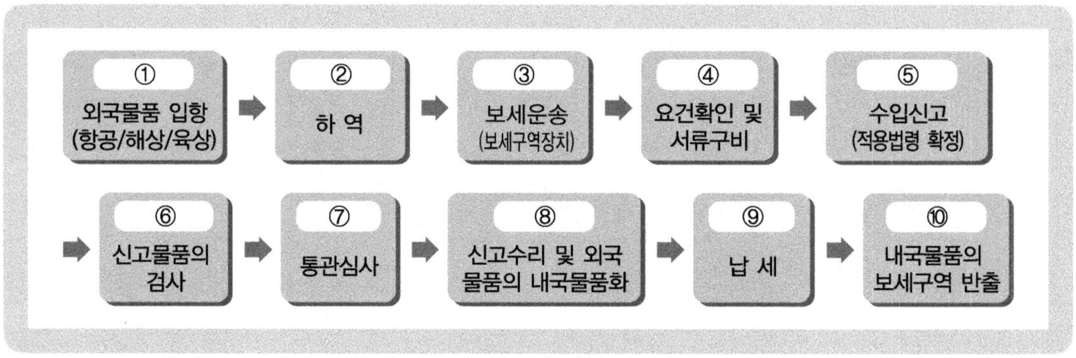

【 그림 18-1 일반적인 수입통관절차의 흐름 】

1 수입신고

1) 수입신고의 의의

물품을 수출·수입 또는 반송하고자 할 때에는 해당 물품의 품명·규격·수량 및 가격과 그 밖에 대통령령이 정하는 사항을 세관장에게 신고해야 한다(관세법 제241조). 수입하는 물품이 유세품(有稅品)이냐 무세품(無稅品)이냐를 가리지 않는다.

수출·수입 또는 반송의 **신고**는 물품을 수출입 또는 반송을 하겠다는 의사의 표시다. 이러한 신고에 대한 세관장의 수리는 법적 효과 면에서 행정처분이 아닌 하나의 **사실행위(事實行爲)**에 속한다. 수입신고는 전송된 수입신고 자료가 관세청장이 정하는 국가관세종합정보망의 전산처리설비에 저장된 때에 세관에 접수된 것으로 본다(관세법 제327조 제5항). 수작업에 의해 신고하는 때는 신고서가 세관에 접수된 시점에 효력이 발생된다. 수입신고의 효력이 발생하게 되면 그에 따라 과세물건과 적용법령도 확정된다.

2) 수입신고의 시기

가. 원칙적인 시기

수입신고는 원칙적으로 해당 물품을 적재한 선박이나 항공기가 우리나라에 입항한 후에만 할 수 있다(관세법 제243조). 외국물품을 적재한 선박 또는 항공기가 입항하면 수입대상인 외국물품은 하역절차를 거쳐 입항지의 보세구역에 반입되거나, 보세운송을 통해 내륙지에 있는 보세구역으로 반입되는 것이 일반적이다. 이때 수입하거나 반송하려는 물품을 지정장치장 또는 보세창고에 반입하거나, 허가를 받아 보세구역 아닌 장소(보세구역외장치장)에 장치한 자는 원칙적으로 그 반입일 또는 장치일부터 30일 이내에 수입신고를 해야 한다(관세법 제241조). 만일 신고의무기간 내에 수입 또는 반송의 신고를 하지 아니한 경우에는 해당 물품의 과세가격의 100분의 2에 상당하는 금액의 범위에서 가산세를 부과한다. 만일 여행자나 승무원이 과세대상인 휴대품을 신고하지 않은 경우 납부할 세액의 100분의 40에 해당하는 가산세를 부과한다. 2년 이내에 2회 이상 미신고한 경우에는 100분의 60의 가산세를 부과한다. 이사자가 과세대상 이사물품을 신고하지 않은 경우 100분의 20의 가산세를 부과한다.

나. 예외적인 수입신고

원칙적인 수입신고시기와는 별도로 수입하고자 하는 물품의 신속한 통관이 필요한 때에는 예외적으로 해당 물품을 적재한 선박이나 항공기가 입항하기 전에도 수입신고를 할 수 있다. 이를 **입항전수입신고**라 한다.[1] 이 경우 입항전수입신고가 된 물품은 우리나라에 도착한 것으로 본다. 그러나 다음 각호의 어느 하나에 해당하는 물품은 입항전신고가 허용되지 않으므로 해당 선박 등이 우리나라에 입항한 다음에 신고를 해야 한다.

① 법령의 개정에 따라 새로운 요건의 구비가 요구되거나 해당 물품이 우리나라에 도착하는 날부터 높은 세율이 적용되도록 입법예고된 물품.

---

1) 입항전신고제도를 이용한 해상화물 통관을 실무에서는 부두직통관이라 부르기도 한다. 이 제도를 이용할 경우 해당 물품은 보세창고 등에 반입되지 않고 부두에서 바로 통관이 끝나기 때문이다.

② 농·수·축산물 또는 그 가공물품으로서 수입신고하는 때와 입항하는 때의 물품의 관세율표 10단위가 변경되는 물품.
③ 농·수·축산물 또는 그 가공물품으로서 수입신고하는 때와 입항하는 때의 과세단위(수량 또는 중량)가 변경되는 물품.

입항전신고는 〈표 18-1〉과 같이 출항전신고, 입항전신고, 보세구역도착전신고의 세 가지로 세분되어 운영된다.

〈표 18-1〉 세분화된 입항전수입신고제도

구 분		수출국	수입신고 시기
출항전 신고	항공화물	제한 없음	그 물품을 선(기)적한 선박이나 항공기가 해당 물품을 적재한 항구나 공항에서 출항을 하기 전. 단, 해당 화물이 항공화물은 우리나라에 도착하기 1일 전부터, 해상화물은 5일 전부터 가능
	해상화물	중국, 일본, 대만, 홍콩	
입항전 신고	해상화물	제한 없음	수입물품을 적재한 선박 등이 수출국을 출항한 다음 우리나라에 입항하기 5일 전부터 입항 후 하역신고를 할 때까지. 항공화물은 수출국을 출항한 때부터 우리나라 입항 후 적재화물목록을 제출할 때까지
보세구역 도착전신고	항공/ 해상화물	제한 없음	입항신고시점 이후부터 해당 물품을 반입하고자 하는 보세구역에 도착하기 전까지

또 다른 예외적 수입신고제가 적용되는 것이 전기·유류·가스·용수(用水)다. 이들 물품은 주로 육상을 통해 거래되는 것들로 물품의 특성상 전선로, 배관 등 이들 물품을 공급하기에 적합하도록 설계·제작된 시설 또는 장치를 이용해 수출·수입 또는 반송하게 된다. 즉, 선하증권 등 운송단위를 기준으로 분리해 거래되는 것이 아니기 때문에 1개월을 단위로 묶어 해당 물품에 대해 다음 달 10일까지 신고하도록 하였다(관세법 제241조 제6항).

3) 수입신고인

물품을 수입하고자 할 때 수입신고나 납세를 해야 하는 의무의 부담자는 그 물품을 수입하고자 하는 자, 즉 **화주(貨主)**다. 이때의 화주는 국적과 무관하며, 법인뿐 아니라 개인이 될 수도 있다. 수입신고를 화주가 반드시 직접 해야 하는 것은 아니다. 통관업무의 전문가인 관세사 등에게 의뢰하여 신고할 수도 있다. 관세법에서는 수입신고를 화주 또는 관세사 등의 명의로만 하도록 규정하였다(관세법 제242조). 이처럼 관세법으로 신고자를 제한하는 것은 통관질서의 확립과 관세채권의 확보를 위해서 뿐만 아니라, 납세자의 편의와 통관절차의 능률을 기하기 위함이다. 수입물품의 화주(貨主)란 그 물품을 수입하는 자를 말한다. 수입신고를 할 수 있는 자로서 **관세사** 등이란 관세사법에 규정된 관세사, 관세법인, 그리고 통관취급법인을 말한다. 관세사법에는 관세사시험에 합격한 사람에게 관세사의 자격을 부여하도록 하였다(관세사법 제4조). 관세사 등은 수출입물품에 대한 세번・세율의 분류, 과세가격의 확인과 세액의 계산, 관세법이나 관세에 관한 법률에 의한 물품의 수출・수입・반출・반입 또는 반송신고 등과 이와 관련되는 절차의 이행, 관세법에 의한 이의신청・심사청구・심판청구의 대리, 관세법 및 환급특례법에 의한 환급청구의 대리 등을 업무로 하며(관세사법 제2조) 그에 따른 수수료를 수입원으로 한다.[2)]

4) 수입신고세관

수입신고는 해당 물품이 장치된 구역을 관할하는 세관의 세관장에게 함이 원칙이다. **세관의 관할구역**이 일반 지방행정기관의 시・군・구 등의 영역과 반드시 일치하는 것은 아니다. 수출입화물의 물동량, 교통로 등을 감안해 세관의 관할구역을 정하고 있기 때문이다. 예외적으로 출항전신고와 입항전신고는 해당 물품을 적재한 선박이나 항공기의 입항예정지를 관할하는 세관장에게, 보세구역도착전신고는 해당 물품이 도착할 보세운송목적지를 관할하는 세관장에게 각각 해야 한다.

---

2) 관세시험은 제1차시험(객관식)과 제2차시험(주관식)으로 구분해 시행된다.

제1차 시험(객관식)	제2차 시험(주관식)
① 내국소비세법(부가가치세법, 개별소비세법, 주세법에 한함)	① 관세법(관세평가는 제외하며 수출용원재료에 대한 관세 등 환급에 관한 특례법을 포함)
② 관세법개론(자유무역협정 이행을 위한 관세특례법을 포함한다)	② 관세율표 및 상품학
③ 회계학(회계원리와 회계이론에 한함)	③ 관세평가
④ 무역영어	④ 무역실무(대외무역법 및 외국환거래법을 포함)

제1차 시험에서는 100점을 만점으로 매과목 40점 이상, 전과목 평균 60점 이상을 득점한 자를 합격자로 결정한다. 제2차 시험에서도 100점을 만점으로 매과목 40점 이상, 전과목 평균 60점 이상인 자를 합격자로 결정하는데, 매과목 40점 이상 전과목 평균 60점 이상을 득점한 자가 최소합격인원에 미달할 때는 동 최소합격인원의 범위 안에서 매과목 40점 이상을 득점한 자 중에서 전과목 평균 고득점자 순으로 합격자를 결정한다.

5) 허가 · 승인 등 요건구비의 증명

수출입에 있어서 관세법을 비롯한 각종 법령이 정하는 바에 의해 허가·승인·표시 또는 그 밖의 조건을 갖출 필요가 있는 물품은 세관장에게 그 허가·승인·표시 기타 조건을 갖춘 것임을 증명해야 한다(관세법 제226조 제1항). 따라서 수입신고를 하기 전에 이러한 요건을 구비하여야 한다. 여기에서 말하는 법령에는 대외무역법에 의해 산업통상자원부장관이 고시하는 통합공고에 게기되어 있는 모든 법령을 포함하여 수출입과 관련이 있는 모든 법이다. 통관 과정에서 이러한 구비조건에 대해 세관장이 직접 확인해야 할 필요성이 있는 수출입물품이 있을 수 있다. 이러한 물품에 대해서는 다른 법령의 규정에 불구하고 그 물품과 세관장의 확인방법·확인절차 그 밖에 필요한 사항을 관세청장이 공고한다.[3] 수출입 하고자 하는 자가 허가, 승인 또는 그 밖의 조건 구비를 하고자 할 때는 **인터넷 통관포털**(potal.customs.go.kr)을 이용해 요건확인기관의 장에게 '요건신청'을 할 수 있다. 관세법 제226조에 의한 세관장의 확인은 요건확인 된 사항과 실제 수출입되는 물품의 일치 여부 등을 중심으로 한다.

> 이 포털에 의한 통관시스템을 UNI-PASS라 한다. UNI-PASS 통관시스템은 세계은행(World Bank, IBRD)에 의한 세계 각국의 통관환경 평가에서 2009년부터 2015년 현재까지 계속하여 세계 1위로 선정되었고, 2009년 이후 몽골과 네팔, 도미니카, 과테말라, 탄자니아, 카자흐스탄, 키르키즈스탄, 에콰도르, 콜롬비아 등에 수출되었다. 이 시스템 이용의 가장 큰 장점은 통관의 효율성 달성과 투명성에 의한 부패방지 효과다.

6) 수입신고서의 작성과 제출

물품을 수입하고자 할 때 수입자가 반드시 신고해야 할 법정 사항은 다음과 같다(관세법 제241조). 이들 신고사항은 수입신고서 서식에 포함되어 있다. 다만, 가격에 관한 사항은 별도의 가격신고서를 첨부해 제출한다.

① 해당 물품의 품명·규격·수량 및 가격.

② 포장의 종류·번호 및 개수.

---

3) 관세청장의 공고가 '관세법 제226조의 규정에 의한 세관장확인물품 및 확인 방법 고시'다. 이 고시에는 [별표 제1호]로 수출물품에 대해, [별표 제2호]로 수입물품에 대해 각각 세관장 확인대상 법령과 물품의 범위, 그리고 구비요건을 정해두고 있다.

③ 목적지・원산지 및 선적지.
④ 원산지표시 대상물품인 경우에는 표시 유무・방법 및 형태.
⑤ 상표.
⑥ 납세의무자 또는 수출 화주의 상호(개인의 경우 성명)・사업자등록번호・통관고유부호와 해외공급자부호 또는 해외구매자 부호.
⑦ 물품의 장치장소.
⑧ 그 밖의 참고사항

이러한 수입신고는 대외무역법에 의한 수입승인이나 요건확인 등과 관련 없이 의무화되어 있다. 즉, 수입승인 또는 요건확인을 받은 물품일지라도 세관장에게 수입신고를 별도로 해야 하는 것이다. 물품을 수입하고자 할 때 수입자가 세관장에게 신고해야 하는 것은 세 가지다. 가격신고, 수입신고, 그리고 납세신고가 그것이다. 가격신고는 수입관련 거래에 관한 사항, 과세가격 산출내용에 관한 사항을 기재한 서류를 세관장에게 제출하는 것이다. 수입신고와 납세신고는 동시에 이루어지는데, 관세법 제327조 제2항의 규정에 따라 국가관세종합정보망의 전산처리설비를 이용해 수입신고서를 세관장에게 제출하는 것이다. 구체적 절차는 전자서류로 작성된 신고서를 한국무역정보통신(KTNET)이 제공하는 **전자자료교환방식**(EDI : Electronic Data Interchange) 또는 인터넷을 이용해 관세청장이 정한 관세청사서함으로 전송하는 통관시스템에 의한다. 수입신고는 원칙적으로 전자서류방식에 의하나 사전세액심사물품 등 관세청장이 따로 정한 물품에 해당하는 경우에는 예외적으로 종이서류를 별도로 제출해야 한다. 제출된 종이서류는 통관을 위한 세관의 물품 검사 또는 심사 등에 활용된다.

7) 수입신고 시의 첨부서류

수입신고를 할 때 신고서와 함께 제출해야 하는 서류의 종류는 〈표 18-2〉와 같다. 서류의 제출은 수입신고를 할 때 제출해야 함이 원칙이지만 부득이한 사유가 있으면 세관장은 신고가 수리되기 전까지, 혹은 신고가 수리된 후에 제출하게 할 수도 있다. 관세사 등이 수출・수입・반송신고를 할 때는 해당 서류의 제출을 생략하거나 수입신고가 수리된 후에 제출하게 할 수 있다(관세법 제245조).

〈표 18-2〉 수입신고 시 제출되어야 하는 서류

연번	서류명	주요 용도
①	수입신고서	수입 및 납세신고
②	관세감면·분할납부·용도세율적용신청서(해당 물품에 한함)	감면요건 확인
③	합의에 의한 세율적용 승인신청서(합의세율 적용을 원하는 경우)	합의세율 적용
④	가격신고서(가격신고가 생략되는 물품은 제외)	과세가격 확인
⑤	(관세법 제226조의 규정에 의한 세관장 확인물품 및 확인 방법 지정고시 제3조의 규정에 의한) 수입요건구비서류(수입요건내역을 전산으로 확인할 수 없는 경우에 한함)	수입요건 확인
⑥	(지방세법시행령 제183조의 규정에 의한) 납세담보확인서(담배에 한함)	담보제공 여부 확인
⑦	(국제평화 및 안전유지 등 의무이행을 위한 무역에 관한 특별조치 고시 제1-2조의) 킴벌리프로세스증명서(다이아몬드 원석에 한함)	수입요건 확인
⑧	할당·양허관세의 세율추천 증명서류 및 종축·치어의 번식·양식용 해당 세율 증명서류(동 내역을 전산으로 확인할 수 없는 경우에 한함)	할당 및 양허관세 요건 확인
⑨	송품장(전자적으로 제출한 경우 제외). 다만, 잠정가격으로 수입신고 할 때 송품장이 해외에서 도착하지 아니한 경우에는 계약서(송품장은 확정가격신신고 시 제출)	거래내용 및 과세 가격 확인
⑩	선하증권(B/L) 또는 항공화물운송장(AWB) 사본	반입물품, 물품의 수량, 운임 확인
⑪	포장명세서(검사대상으로 지정된 경우에 한함. 단, 송품장을 전자서류로 제출한 경우는 제외)	수입물품 검사
⑫	원산지증명서(해당 물품에 한함)	원산지 확인

이들 서류는 세 가지 경로를 통해 입수되어야 한다. 첫째는 수입신고인 또는 납세의무자가 신고에 앞서 직접 작성하는 경우다. ①에서 ④까지의 서류가 이에 해당한다. 둘째는 국내 각종 기관·단체 등으로부터 발급받는 경우다. ⑤에서 ⑧까지의 서류가 이에 해당한다. 이들 서류를 발급받기 위해서는 수출입공고나 통합공고 등에서 별도로 규정한 요건이 충족되어야 한다. 셋째는 외국의 수출상이 작성해 무역서류로서 보내준 것을 인수한 경우다. ⑨에서 ⑫까지의 서류가 이에 해당한다. 여기에 해당하는 서류를 입수하기 위해서는 무역계약을 체결할 때 이에 관한 약정이 필요하다. 만일 무역계약에 해당 서류를 명시하지 않는다면 외국의 수출상이 이들 서류를 모두 무역서류로서 송부할 이유가 없기 때문이다.

제출서류 가운데 신고수리 전까지 제출할 수 없는 부득이한 사유가 있는 서류에 대해서는 기한을 정해 신고수리 후에 제출하게 할 수도 있다. 다만, ②의 관세감면・분할납부・용도세율적용신청서와 ⑤ 내지 ⑧의 서류는 신고가 수리되기 전에 원본을 제출해야 한다. 수입신고서에 첨부되는 서류는 정보통신 기술 발전에 따라 궁극적으로 모두 전자서류 형태로 제출될 수 있을 것이나 현재로서는 거기까지 이르지 못하고 있다. 특히 무역서류에 해당되는 서류들이 제출대상이 될 때는 종이서류 형태로 제출되고 있다.

2 신고물품의 검사와 심사

1) 현품의 검사

수입통관에서 **현품검사**란 수입신고 된 물품과 현품의 일치 여부, 신고 된 물품 이외에 관세의 포탈이나 법적 제한회피 등을 위해 숨겨진 물품이 있는지 여부 등을 세관당국이 확인하는 행위를 말한다. 이러한 목적을 달성하기 위해 관세법에서는 세관공무원이 수출, 수입, 반송 물품을 검사할 수 있도록 규정하고 있으나(관세법 제246조), 물품검사는 통관의 지체나, 검사과정에서의 물품 손상과 같은 문제의 원인이 되기도 했다. 이에 따라, 세관당국은 전수 조사를 피하고 선별 조사 방법으로 검사 대상 신고 건을 선별하고, 그 중 일부 포장단위만을 발췌해 검사하고 있다. 이러한 선별검사를 통해 검사에 따른 통관지체를 최소화 하고 있다. 수입신고된 물품은 전산시스템에 등록된 기준을 적용하는 C/S(Cargo Selectivity)[4]를 통해 검사대상을 선별하며, 휴대품・우편물・이사물품・수입신고생략물품・특송물품 등은 세관장이 따로 정한 바에 따라 선별한다. 또한 물품손상에 대해 세관공무원의 적법한 물품검사로 인하여 물품에 손실이 발생한 경우 그 손실을 입은 자에게 보상하도록 하고 있다(관세법 제246조의2).

물품검사는 관세법의 국경관리 기능을 잘 보여주는 규정이다. 2015년 개정된 관세법에서는 관세청장은 관련된 중앙행정기관의 장의 요청을 받아 세관장으로 하여금 법 제226조에 따른 요건확인 대상 물품의 성분・품질 등에 대한 안전성 검사와 이에 따른 통관보류를 할 수 있도록 했다(관세법 제246조의3). 안전성 검사의 중요성이 강조되면서 2020년 개정에서는 해당 중앙행정기관의 장과 공동검사를 수행하거나 협업검사센터를 설치할 수 있

4) 수입신고되는 모든 물품의 우범성(High Risk)에 대한 사전분석 및 평가를 통해 검사의 효율성을 높이고자 하는 검사대상 선별기법이다. 우리나라는 1996년 7월부터 전국세관에 EDI C/S 시스템을 적용하였다.

도록 하고 있다. 이와 같이 관세법은 통관을 원활히 함과 동시에 국경관리 기능을 보다 정밀하게 수행할 수 있도록 물품검사에 대한 규정을 발전시켜가고 있다.

수입물품에 대한 검사는 원칙적으로 물품이 장치된 장소에서 하지만(관세법 제247조). 만일 세관검사장이나 지정장치장에 있는 아닌 곳에 물품이 장치되어 있으면 세관공무원이 출장하여 검사하는 **파출검사**를 실시한다. 이때는 수입신고자가 검사수수료(이를 '파출검사수수료'라 한다)를 납부해야 한다. 다만, 보세창고에서 검사를 할 때 수입신고인이 보세창고 운영인과 다른 경우[5], 또는 수출물품의 검사에 대해서는 수수료를 납부하지 않는다. 검사결과 이상이 없을 경우 관세 등의 납세 또는 담보제공 여부를 확인한 다음 수입신고를 수리하지만, 이상이 있는 때에는 직권정정, 보정통지 또는 조사의뢰 등으로 조치한다.

2) 수입신고 내용의 심사

통관단계에서 행해지는 심사는 수입신고 후 그 신고가 수리되기 전에 개별 신고건을 중심으로 세관이 행한다. 이때의 심사는 서면심사를 원칙으로 하는데, 사전세액심사와 수입통관심사가 있다. 사전세액심사는 납세신고한 사항의 정확 여부를 가리는 것이다. 수입통관심사는 통관요건의 충족 여부에 대해 확인하는 것이다. 통관단계의 심사는 분석의뢰 물품 등 특별한 사유가 있는 물품이 아닌 한 대부분 즉석에서, 또는 수시간 이내에 완료된다. 세관장이 심사결과 그 세액에 과부족이 있음을 안 때에는 신고인에게 세액정정에 대해 안내를 한다. 그러나 심사 과정에서 위법성이 인지될 경우 관세법 등의 위반혐의로 조사를 한 다음 처벌 여부를 결정한다.

3) 통관보류조치

수출・수입 또는 반송신고한 물품이 다음 각호의 어느 하나에 해당하면 세관장은 해당 물품의 통관을 보류하고, 필요한 조치를 취하게 된다(관세법 제37조).

① 신고서 기재사항에 보완이 필요한 경우.
② 제출서류 등이 갖추어지지 아니하여 보완이 필요한 경우.
③ 관세법의 의무사항을 위반하거나 국민보건 등을 해칠 우려가 있는 경우.
④ 세관장의 확인이 필요한 수입물품 등 다른 법령에서 정한 안전성검사가 필요한 경우

5) 신고인이 보세창고 운영인과 다르다는 것은 해당 물품이 영업용보세창고에 장치되어 있음을 의미한다.

⑤ 범칙혐의로 조사 의뢰한 경우.

⑥ 「국제징수법」(제30조의2) 및 「지방세징수법」(제39조의2)에 따라 세관장에게 지방세 강제징수 또는 체납처분이 위탁된 체납자가 수입하는 물품(제237조 제1항 제5호)

3 수입신고의 수리와 관세납부

수입물품에 대한 검사와 심사 결과 그 신고가 적합하게 이루어졌다고 인정될 경우 세관장은 지체없이 그 신고를 수리하고 수입신고필증을 교부한다. 국가관세종합정보망을 이용해 신고를 한 경우는 신고인이 직접 전산처리설비를 이용해 신고필증을 발급받을 수도 있다. 수입물품에 관세(부가가치세 등 내국세를 포함)를 납부하여야 하는 경우는 이때 해당 세금을 납부하여야 한다. 관세 등의 납부는 수입신고 수리시점을 기준으로 그 이전을 **사전납부**로, 이후를 사후납부로 구분한다. **사후납부**의 경우로 다음에 해당하는 자에게는 관세(내국세 포함)에 상당하는 담보제공을 요구할 수 있다.

관세법 제248조(신고의 수리) ② 세관장은 관세를 납부하여야 하는 물품에 대하여는 제241조 또는 제244조에 따른 신고를 수리할 때에 다음 각 호의 어느 하나에 해당하는 자에게 관세에 상당하는 담보의 제공을 요구할 수 있다.

1. 이 법 또는 수출용원재료에 대한 관세 등 환급에 관한 특례법 제23조를 위반하여 징역형의 실형을 선고받고 그 집행이 끝나거나(집행이 끝난 것으로 보는 경우를 포함한다) 면제된 후 2년이 지나지 아니한 자
2. 이 법 또는 수출용원재료에 대한 관세 등 환급에 관한 특례법 제23조를 위반하여 징역형의 집행유예를 선고받고 그 유예기간 중에 있는 자
3. 이 법 제269조부터 제271조까지, 제274조, 제275조의2, 제275조의3 또는 수출용원재료에 대한 관세 등 환급에 관한 특례법 제23조에 따라 벌금형 또는 통고처분을 받은 자로서 그 벌금형을 선고받거나 통고처분을 이행한 후 2년이 지나지 아니한 자
4. 제241조 또는 제244조에 따른 수입신고일을 기준으로 최근 2년간 관세 등 조세를 체납한 사실이 있는 자
5. 수입실적, 수입물품의 관세율 등을 고려하여 대통령령으로 정하는 관세채권의 확보가 곤란한 경우에 해당하는 자

관세법시행령 제252조(담보의 제공) 관세법 제248조 제2항 제5호에서 "대통령령으로 정하는 관세채권의 확보가 곤란한 경우에 해당하는 자"란 다음 각 호의 어느 하나에 해당하는 자를 말한다.

1. 최근 2년간 계속해서 수입실적이 없는 자

2. 파산, 청산 또는 개인회생절차가 진행 중인 자
3. 수입실적, 자산, 영업이익, 수입물품의 관세율 등을 고려할 때 관세채권 확보가 곤란한 경우로서 관세청장이 정하는 요건에 해당하는 자

만일 수입신고가 수리된 후 15일의 납부기한 내에 관세 등을 납부하지 아니할 경우 '체납'이 되며, 체납시점부터 납부지연가산세가 부과된다. 수입신고가 수리되면 해당 물품은 내국물품이므로, 보세구역 또는 보세구역외장치장에 보관 중인 물품을 원칙적으로 15일 내에 반출하여야 한다(관세법 제157조의 2). 이때 화주 또는 그 대리인은 수입신고필증을 보세구역운영인(또는 보세구역외장치인)에게 제시하고 화물을 반출할 수 있다.

수입신고를 할 때가 아니라 신고가 수리된 후 관세를 납부할 때 관세법 제248조 제2항에는 다음에 해당하는 자는 담보를 제공하도록 하고 있다. ① 관세법 또는 환급특례법 제23조를 위반해 징역형의 실형을 선고받고 그 집행이 종료(집행이 종료된 것으로 보는 경우를 포함한다)되거나 면제된 후 2년이 경과되지 아니한 자, ② 관세법 또는 환급특례법 제23조를 위반해 징역형의 집행유예의 선고를 받고 그 유예기간 중에 있는 자, ③ 관세법 제269조부터 제271조까지, 제274조, 제275조의2, 제275조의3 또는 환급특례법 제23조에 따라 벌금형 또는 통고처분을 받은 자로서 그 벌금형을 선고받거나 통고처분을 이행한 후 2년이 경과되지 아니한 자, ④ 관세법 제241조 또는 제244조에 따른 수입신고일을 기준으로 최근 2년간 관세 등 조세를 체납한 사실이 있는 자, ⑤ 수입실적, 수입물품의 관세율 등을 고려해 대통령령으로 정하는 관세채권의 확보가 곤란한 경우에 해당하는 자. 이와 관련해 관세법시행령 제252조는 국가, 지방자치단체 등을 담보제공을 생략대상으로 열거해 정해두고, 그 이외의 경우는 관세채권의 확보가 곤란한 경우에 해당하는 것으로 보도록 규정하고 있다.

4 수입신고수리전반출제도

수입신고수리전반출제도는 수입신고 시점에 과세요건이 일부 확정되지 아니한 경우 그 수입신고가 수리되기 전에 물품이 장치된 장소로부터 미리 반출할 수 있도록 허용하는 제도다(관세법 제252조). 수리전반출대상은 수입통관에 곤란한 사유가 없는 물품으로서 〈표 18-3〉 각호의 어느 하나에 해당하는 경우이다.

〈표 18-3〉 수입신고수리전반출의 사유

①	완성품의 세번으로 수입신고수리를 받고자 하는 물품이 미조립상태로 분할 수입된 경우
②	조달사업에 관한 법률의 비축물자로 신고된 물품으로 실수요자가 결정되지 아니한 경우
③	사전세액심사 대상물품(부과고지물품을 포함)으로서 세액결정에 장시간이 소요되는 물품
④	품목분류 또는 세율결정에 장시간이 소요되는 경우
⑤	수입신고 시 필요한 원산지증명서를 세관장에게 제출하지 못한 경우

수입신고수리전반출을 하고자 할 때는 관세 및 내국소비세에 상당하는 담보를 제공하고 세관장의 승인을 받아야 한다. 다만, 정부 또는 지방자치단체가 수입하거나 담보를 제공하지 아니하여도 관세의 납부에 지장이 없다고 인정하는 물품에 대해서는 담보제공을 생략할 수 있다.

5 수입신고전즉시반출제도

통관의 신속과 물류원활화를 위한 제도로 수입신고전즉시반출제도가 있다. 이는 정상적인 수입신고를 하기 전에 세관장에게 **즉시반출신고**를 하고 외국물품을 운송수단, 관세통로, 하역통로 또는 장치장소로부터 반출할 수 있게 한 것이다(관세법 제253조). 즉시반출제도를 이용할 수 있는 자 및 물품은 세관장이 지정한다. 즉시반출을 할 때는 관세에 상당하는 담보를 제공해야 하며, 즉시반출신고를 한 날부터 10일 이내에 정상적인 수입신고를 해야 한다. 만일 기간 내에 수입신고를 하지 않을 경우 해당 물품에 대한 관세의 20%에 상당하는 금액을 가산세로 징수한다. 현재 이 제도를 이용하는 경우는 찾아보기 어렵다. 정상적인 수입신고를 하더라도 대부분 즉시 그 신고가 수리되므로 굳이 이 제도를 이용해야 할 필요성이 없기 때문이다.

6 수입신고의 취하와 각하

수입신고는 정당한 이유가 있을 때만 세관장의 승인을 받아 이를 **취하**할 수 있다(관세법 제250조). 취하를 위해 세관장의 승인을 받고자 하는 자는 수입신고취하승인(신청)서에 신고취하 신청 내역을 기재해 통관지세관장에게 전송해야 한다. 세관장은 신청 내용을 심사하여 정당한 이유가 있다고 인정될 경우 이를 승인한다. 수입신고의 취하는 해당 물품이 운송수단·관세통로·하역통로 또는 관세법에 규정된 장치장소에서 반출된 후에는 할 수 없다. 즉, 수입통관한 물품이 아직 해당 장치장소에 있을 경우에 한하여 그 신고의 취하가 가능한 것이다. 한편, 수입신고는 세관장에 의해 **각하(却下)**될 수 있다. 즉, 수입자는 통관을 원해 수입신고 또는 입항전수입신고를 하였으나 그 신고가 요건을 갖추지 못하였거나 부정한 방법으로 된 것 등에 대해서는 세관장이 직권으로 해당 수입신고를 거절하거나 취소할 수 있는 것이다.

7 수출입안전관리 우수업체(AEO)의 지정과 혜택부여

관세청장은 수출입물품의 제조·운송·보관 또는 통관 등 무역과 관련된 자가(自家)시설, 서류 관리, 직원 교육 등에서 일정한 안전관리기준을 충족하는 경우 수출입안전관리 우수업체로 공인할 수 있다(관세법 제255조의2). **수출입안전관리우수업체**(AEO : Authorized Economic Operator) 지정제도는 성실한 업체를 구분하여 관세청장이 공인한 다음 이들 업체가 수출입하는 물품에 대해 통관절차를 대폭 간소화함으로써 정부의 수출입통관과 관련한 업무부담은 줄이면서도 수출입물품에 대한 적법성 확보를 높이기 위해 운영된다. 특히 21세기 들어 강조되고 있는 물류보안과 관련해 이를 달성하기 위한 제도적 장치로서 많은 나라들이 이를 도입하고 있다. 관세청장은 수출입물품의 제조·운송·보관 또는 통관 등 무역과 관련된 자가(自家)시설, 서류관리, 직원 교육 등에서 일정한 안전관리기준을 충족하는 경우 수출입안전관리 우수업체로 공인할 수 있다(관세법 제255조의2).

AEO에게는 수출입물품의 검사나 심사생략 등 통관절차상 여러 혜택이 부여된다. 관세청장은 다른 국가의 AEO에 대해서도 상호 조건에 따라 통관절차상의 혜택을 제공할 수 있다. 마찬가지로 우리나라에서 공인받은 업체는 우리나라와 협정을 체결(MRA : Mutual Recognition Arrangement)한 상대국에서 통관절차상 혜택을 제공받을 수 있다.

> 통관절차의 혜택은 해외진출기업의 경우 외국세관 당국의 거래업체 방문심사를 면제받을 수 있는데, 해외 거래업체 방문심사로 인해 기업의 시설, 영업정보, 기술 등의 기업정보가 고스란히 노출되는 것을 방지할 수 있다. 또한 AEO 업체의 안전성이 국제적으로 인정되어 상대국 세관에서 통관 시 검사비율의 경감으로 인한 불필요한 검사비용 및 보관비용 등의 감소로 물류비용의 절감이 가능하다.

관세청장은 수출입안전관리 우수공인업체가 안전관리 기준을 충족하지 못하게 되거나, 공인심사요청을 거짓으로 한 경우에는 공인을 취소한다.

8 수출입물품의 원산지관리

무역상품에 대한 원산지의 결정, 원산지의 증명, 원산지증명에 대한 검증 등 이른바 원산지규정은 대외무역법, FTA 관세특례법, 관세법 등에 흩어져 있다. 대체로 보아 원산지표시 및 관세와 무관한 일반원산지제도에 대해서는 대외무역법에, FTA협정관세 적용과 관련된 원산지제도에 대해서는 FTA 관세특례법에, 그리고 FTA 협정관세를 제외한 그 밖의 관세와 관련한 원산지제도에 대해서는 관세법에 주로 그 규정을 두고 있다. 그러나 대외무역법에도 관세와 관련된 원산지규정이 있고, 관세법에도 원산지표시와 관련된 규정이 있다. 여기서는 관세법에 규정된 원산지제도에 대해 보기로 한다.

1) 원산지의 결정기준

관세법·조약·협정 등에 의하여 관세의 부과·징수, 수출입물품의 통관, 원산지증명서에 대한 확인요청에 따른 조사 등을 위해 원산지를 확인할 때는 해당 물품의 전부를 생산·가공·제조한 나라(완전생산기준) 또는 해당 물품이 2개국 이상에 걸쳐 생산·가공 또는 제조된 경우에는 그 물품의 본질적 특성을 부여하기에 충분한 정도의 실질적인 생산·가공·제조과정이 최종적으로 수행된 나라(실질적 변형기준)를 원산지로 본다. 해당 물품의 전부를 생산·가공·제조한 나라를 원산지로 보는 경우는 다음 경우이다(관세법시행규칙 제74조).

① 해당 국가의 영역에서 생산된 광산물과 식물성 생산물
② 해당 국가의 영역에서 번식 또는 사육된 산 동물과 이들로부터 채취한 물품
③ 해당 국가의 영역에서의 수렵 또는 어로로 채집 또는 포획한 물품
④ 해당 국가의 선박에 의하여 채집 또는 포획한 어획물 기타의 물품
⑤ 해당 국가에서의 제조·가공의 공정 중에 발생한 부스러기
⑥ 해당 국가 또는 그 선박에서 위의 제1호 내지 제5호의 물품을 원재료로 하여 제조·가공한 물품

2개국 이상에 걸쳐 생산·가공 또는 제조된 물품의 원산지는 해당 물품의 생산과정에 사용되는 물품의 관세통계통합품목분류표(HSK)상 6단위 품목번호와 다른 6단위 품목번호

의 물품을 최종적으로 생산한 국가로 한다. 관세청장은 6단위 품목번호의 변경만으로 본질적 특성을 부여하기에 충분한 정도의 실질적인 생산과정을 거친 것으로 인정하기 곤란한 품목에 대하여는 주요공정·부가가치 등을 고려하여 품목별로 원산지기준을 따로 정할 수 있다. 그 외 다음과 같은 특수물품에는 별도의 기준으로 원산지를 결정한다.

① 촬영된 영화용 필름 : 그 제작자가 속하는 국가
② 기계·기구·장치 또는 차량에 사용되는 부속품·예비부분품 및 공구로 본체와 함께 수입되어 동시에 판매되고 그 종류 및 수량으로 보아 통상 부속품·예비부분품 및 공구라고 인정되는 물품 : 해당 기계·기구 또는 차량의 원산지
③ 포장용품 : 그 내용물품의 원산지. 다만, HSK 상 포장용품과 내용품을 각각 별개의 품목번호로 하고 있는 경우에는 물품별로 원산지를 결정한다.

2) 단순가공물품에 대한 원산지 불인정

실질적 변형기준의 적용에서 다음 각호의 1에 해당하는 단순작업이 수행된 국가는 원산지로 인정하지 않는다.

① 운송 또는 보세구역장치 중에 있는 물품의 보존을 위하여 필요한 작업
② 판매를 위한 물품의 포장개선 또는 상표표시 등 상품성 향상을 위한 개수작업
③ 단순한 선별·구분·절단 또는 세척작업
④ 재포장 또는 단순한 조립작업
⑤ 물품의 특성이 변하지 아니하는 범위 내에서 원산지가 다른 물품과의 혼합작업
⑥ 가축의 도축작업

3) 직접운송원칙

관세법에 따라 원산지를 결정할 때 해당 물품이 원산지가 아닌 국가를 경유하지 않고 직접 우리나라에 운송·반입된 물품인 경우에만 그 원산지로 인정한다. 이를 **직접운송원칙**이라 한다.

다만, 다음 각 호의 어느 하나에 해당하는 물품인 경우에는 우리나라에 직접 반입한 것으로 본다.

① 지리적 또는 운송상의 이유로 단순 경유한 것이고, 원산지가 아닌 국가에서 관세당국의 통제 하에 보세구역에 장치된 것이며, 원산지가 아닌 국가에서 하역, 재선적

또는 그 밖에 정상 상태를 유지하기 위하여 요구되는 작업 외의 추가적인 작업을 하지 아니한 것

② 박람회·전시회 및 그 밖에 이에 준하는 행사에 전시하기 위하여 원산지가 아닌 국가로 수출되어 해당 국가 관세당국의 통제 하에 전시목적에 사용된 후 우리나라로 수출된 물품일 것

4) 원산지 허위표시 물품 등의 통관제한과 환적제한

다음과 같이 법령이 정한 원산지표시를 위반한 물품은 통관이 제한된다. 여기에서 법령이란 대외무역법 등을 의미한다.

관세법 제230조(원산지 허위표시물품 등의 통관 제한) 세관장은 법령에 따라 원산지를 표시하여야 하는 물품이 다음 각 호의 어느 하나에 해당하는 경우에는 해당 물품의 통관을 허용하여서는 아니 된다. 다만, 그 위반사항이 경미한 경우에는 이를 보완·정정하도록 한 후 통관을 허용할 수 있다.
1. 원산지 표시가 법령에서 정하는 기준과 방법에 부합되지 아니하게 표시된 경우
2. 원산지 표시가 부정한 방법으로 사실과 다르게 표시된 경우
3. 원산지 표시가 되어 있지 아니한 경우

한편, 세관장은 국제무역선에서 일시적으로 육지에 내려지거나 다른 운송수단으로 환적 또는 복합환적되는 외국물품 중 원산지를 우리나라로 허위표시한 물품은 이를 유치할 수 있다. 이때 원산지의 판단기준은 원산지표시와 관련된 것이므로 대외무역법의 규정에 따른다. 유치하는 외국물품은 원칙적으로 세관장이 관리하는 장소에 보관하여야 하며, 세관장은 유치사실을 그 물품의 화주 또는 그 위임을 받은 자에게 통지하여야 한다. 통지를 하는 때에는 이행기간을 정하여 원산지표시의 수정 등 필요한 조치를 명할 수 있다. 이 경우 지정한 이행기간 내에 명령을 이행하지 아니하면 매각한다는 뜻을 함께 통지하여야 한다. 세관장의 명령이 이행된 때에는 물품의 유치가 즉시 해제되지만 명령이 이행되지 아니한 때에는 해당 물품을 장치기간 경과화물의 매각과 같은 방법으로 강제 매각할 수 있다.

5) 원산지증명서의 제출

관세법, 조약·협정 등에 의하여 원산지확인이 필요한 물품을 수입하는 자는 수입신고

시에 해당 물품의 원산지증명서를 제출하여야 한다. 제출대상은 다음과 같다.

① 관세법·조약·협정 등에 의하여 다른 국가의 생산(가공을 포함한다)물품에 적용되는 세율보다 낮은 세율을 적용받고자 하는 자로서 원산지확인이 필요하다고 관세청장이 정하는 자

② 관세율이 적용 기타의 사유로 인하여 원산지확인이 필요하다고 관세청장이 지정한 물품을 수입하는 자

세관장은 납세의무자가 원산지증명서를 제출하지 아니하는 때에는 관세법, 조약·협정 등에 의한 관세율을 적용함에 있어서 일반특혜관세·국제협력관세 또는 편익관세를 배제하는 등 관세의 편익을 적용하지 않을 수 있다.

6) 원산지증명서의 발급과 검증

관세법, 조약, 협정 등에 따라 관세를 양허받을 수 있는 물품의 수출자가 원산지증명서의 발급을 요청하는 경우에 세관장이나 그 밖에 **원산지증명서**를 발급할 권한이 있는 대한상공회의소와 상공회의소는 그 수출자에게 원산지증명서를 발급하여야 한다(관세법 제232조의2).

한편, 세관장은 원산지증명서를 발급한 국가의 세관이나 그 밖에 발급권한이 있는 기관에 수입통관 시 제출된 원산지증명서 및 원산지증명서확인자료의 진위 여부, 정확성 등의 확인을 요청할 수 있다. 이 경우 세관장의 확인요청은 해당 물품의 수입신고가 수리된 이후에 하여야 하며, 세관장은 확인을 요청한 사실 및 회신 내용과 그에 따른 결정 내용을 수입자에게 통보하여야 한다. 또한 물품의 수출자에게 원산지증명서가 발급된 물품을 수입하는 국가의 권한 있는 기관으로부터 원산지증명서 및 원산지증명서 확인자료의 확인을 요청받은 경우 등 세관장이 필요하다고 인정되는 경우에도 원산지증명서를 발급받은 자나 원산지증명서를 발급한 자 등을 대상으로 서면조사 또는 현지조사를 할 수 있다(관세법 제233조 제2항). 세관장의 이와 같은 원산지확인 절차를 **원산지검증**이라 한다.

7) 원산지사전심사제도

원산지확인이 필요한 물품을 수입하는 자는 해당 물품의 수입신고를 하기 전에 미리 관세청장에게 원산지 확인기준의 충족 여부나, 조약 또는 협정 등의 체결로 인하여 관련법

령에서 특정물품에 대한 원산지 확인기준을 달리 정하고 있는 경우에 해당 법령에 따른 원산지 확인기준의 충족 여부, 그리고 원산지 확인기준의 충족 여부를 결정하기 위한 기초가 되는 사항으로서 관세청장이 정하는 사항 등에 대해 '사전확인'하여 줄 것을 신청할 수 있다.

사전확인의 신청을 받은 경우 관세청장은 60일 이내에 이를 확인하여 그 결과를 기재한 '사전확인서'를 신청인에게 교부하여야 한다. 이를 **원산지사전심사제도**라 한다. 사전확인의 결과를 통지받은 자(사전확인서의 내용변경 통지를 받은 자를 포함)는 그 통지내용에 이의를 제기하려는 경우 그 결과를 통지받은 날부터 30일 이내에 관세청장에게 **'이의제기'**를 할 수 있다. 이러한 이의제기는 어떤 행정처분에 대해 위법 또는 부당함을 이유로 제기하는 이의신청과는 별개다. 이의제기를 받은 관세청장은 이를 심사하여 30일 이내에 그 결정 내용을 신청인에게 알려야 한다.

5의2. 제8조 제6항에 따른 외국환업무취급기관 및 전문외국환업무취급업자의 업무 수행에 필요한 사항을 따르지 아니한 경우
5의3. 제8조 제7항에 따른 보증금 예탁 등 필요한 조치를 따르지 아니한 경우
5의4. 제8조 제7항에 따른 조치에도 불구하고 전문외국환업무취급업자의 파산 또는 지급불능 우려 사유가 발생한 경우

8) 원산지확인위원회

원산지 확인 기준 충족 여부 확인, 원산지 표시의 적정성 확인, 원산지증명서의 내용 확인, 그 밖에 관세법 또는 「자유무역협정의 이행을 위한 관세법의 특례에 관한 법률」에 따른 원산지 확인 등과 관련하여 관세청장이 원산지확인위원회의 심의 및 의결이 필요하다고 인정하여 회의에 부치는 사항 심의 및 의결하기 위하여 관세청에 원산지확인위원회를 둔다.

9) 원산지증명서 등의 확인요청 및 조사

세관장은 원산지증명서를 발급한 국가의 세관이나 그 밖에 발급권한이 있는 기관에 제출된 원산지증명서 및 원산지증명서확인자료의 진위 여부, 정확성 등의 확인을 요청할 수 있다. 이 경우 세관장의 확인요청은 해당 물품의 수입신고가 수리된 이후에 하여야 하며, 세관장은 확인을 요청한 사실 및 회신 내용과 그에 따른 결정 내용을 수입자에게 통보하

여야 한다(관세법 제233조 제1항). 외국세관등이 정해진 기간 내에 회신하지 않거나, 신고한 원산지가 실제 원산지와 다른 것으로 확인된 경우 또는 외국세관등의 회신내용에 원산지증명서 및 원산지증명서확인자료를 확인하는 데 필요한 정보가 포함되지 아니한 경우 세관장은 확인을 요청한 사항에 대해 일반특혜관세·국제협력관세 또는 편익관세 적용을 배제할 수 있다.

세관장은 원산지증명서가 발급된 물품을 수입하는 국가의 권한 있는 기관으로부터 원산지증명서 및 원산지증명서확인자료의 진위 여부, 정확성 등의 확인을 요청받은 경우 등 필요하다고 인정되는 경우에는 원산지증명서를 발급받은 자, 발급한 자 또는 수출물품의 생산자 또는 수출자를 대상으로 서면조사 또는 현지조사를 할 수 있다.

9 수입통관의 예외

1) 수입으로 보지 않는 소비 또는 사용

외국물품을 국내에서 소비 또는 사용하더라도 다음과 같은 경우에는 수입으로 보지 않기 때문에 납세를 포함한 통관의 의무가 발생하지 않는다.

관세법 제239조(수입으로 보지 아니하는 소비 또는 사용) 외국물품의 소비나 사용이 다음 각 호의 어느 하나에 해당하는 경우에는 이를 수입으로 보지 아니한다.
1. 선박용품·항공기용품 또는 차량용품을 운송수단 안에서 그 용도에 따라 소비하거나 사용하는 경우
2. 선박용품·항공기용품 또는 차량용품을 세관장이 정하는 지정보세구역에서 출입국관리법에 따라 출국심사를 마치거나 우리나라에 입국하지 아니하고 우리나라를 경유하여 제3국으로 출발하려는 자에게 제공하여 그 용도에 따라 소비하거나 사용하는 경우
3. 여행자가 휴대품을 운송수단 또는 관세통로에서 소비하거나 사용하는 경우
4. 이 법에서 인정하는 바에 따라 소비하거나 사용하는 경우

2) 수출입의 의제(擬制)

정상적인 수출입통관절차를 거친 것은 아니지만 다음의 경우는 적법하게 수출입된 것으로 보고(의제) 별도의 통관절차를 요구하거나 관세 등을 따로 징수하지 않는다.

관세법 제240조(수출입의 의제) ① 다음 각 호의 어느 하나에 해당하는 외국물품은 이 법에

> 따라 적법하게 수입된 것으로 보고 관세 등을 따로 징수하지 아니한다.
> 1. 체신관서가 수취인에게 내준 우편물
> 2. 이 법에 따라 매각된 물품
> 3. 이 법에 따라 몰수된 물품
> 4. 이 법에 따른 통고처분으로 납부된 물품
> 5. 법령에 따라 국고에 귀속된 물품
> 6. 제282조 제3항에 따라 몰수를 갈음하여 추징된 물품
> ② 체신관서가 외국으로 발송한 우편물은 이 법에 따라 적법하게 수출되거나 반송된 것으로 본다.

3) 수출입 금지물품

관세법은 다음과 같은 물품은 수출입을 금지하고, 이를 위반한 경우 처벌하도록 규정하고 있다.

> **관세법 제234조(수출입의 금지)** 다음 각 호의 어느 하나에 해당하는 물품은 수출하거나 수입할 수 없다.
> 1. 헌법질서를 문란하게 하거나 공공의 안녕질서 또는 풍속을 해치는 서적·간행물·도화, 영화·음반·비디오물·조각물 또는 그 밖에 이에 준하는 물품
> 2. 정부의 기밀을 누설하거나 첩보활동에 사용되는 물품
> 3. 화폐·채권이나 그 밖의 유가증권의 위조품·변조품 또는 모조품

이와 관련하여 세관과 수입업자간 자주 발생하고 있는 분쟁이 성인용품을 수입하면서 해당 물품이 '풍속을 해치는' 물품인지 여부와 관련해서다.

4) 지식재산권을 침해하는 물품 등의 수출입금지

관세법은 일정한 지식재산권을 침해하는 물품의 수출과 수입을 모두 금지하고 있다. 세관장은 지식재산권 침해혐의가 있는 물품이 수입 또는 수출신고되었음이 확인되면 통관보류 조치를 하고, 이를 지식재산권자에게 통보한다. 통관이 보류된 지식재산권침해 혐의물품은 지식재산권자의 제소에 따른 판결에 따라 침해여부가 확정되며, 침해사실이 인정되면 해당법령의 규정에 따라 몰수 등의 후속조치가 취해진다. 통관단계에서 지식재산권 보호는 2011년 1월 1일부터 대폭 강화되었다. 종전의 저작권과 저작인접권, 상표권 외에 특허권, 품종보호권, 지리적표시권, 디자인권까지 보호대상으로 규정한 것이다.

관세법 제235조(지식재산권 보호) ① 다음 각 호의 어느 하나에 해당하는 지식재산권을 침해하는 물품은 수출하거나 수입할 수 없다.
1. 「상표법」에 따라 설정등록된 상표권
2. 「저작권법」에 따른 저작권과 저작인접권
3. 「식물신품종 보호법」에 따라 설정등록된 품종보호권
4. 「농산물품질관리법」 또는 「수산물품질관리법」에 따라 등록되거나 조약·협정 등에 따라 보호대상으로 지정된 지리적표시권 또는 지리적표시
5. 「특허법」에 따라 설정등록된 특허권
6. 「디자인보호법」에 따라 설정등록된 디자인권

② 관세청장은 제1항 각 호에 따른 지식재산권을 침해하는 물품을 효율적으로 단속하기 위하여 필요한 경우에는 해당 지식재산권을 관계 법령에 따라 등록 또는 설정등록한 자 등으로 하여금 해당 지식재산권에 관한 사항을 신고하게 할 수 있다.
③ 세관장은 수출입신고된 물품이나 환적 또는 복합환적 신고된 물품 등이 지식재산권을 침해하였다고 인정될 때에는 그 지식재산권을 신고한 자에게 그 신고사실을 통보하여야 한다. 이 경우 통보를 받은 자는 세관장에게 담보를 제공하고 해당 물품의 통관 보류나 유치를 요청할 수 있다.
⑦ 세관장은 제3항 각 호에 따른 물품이 제1항 각 호의 어느 하나에 해당하는 지식재산권을 침해하였음이 명백한 경우에는 대통령령으로 정하는 바에 따라 직권으로 해당 물품의 통관을 보류하거나 해당 물품을 유치할 수 있다.

지식재산권 보호문제와 관련해 통관단계에서 현재 가장 빈번하게 발생하고 있는 분쟁은 '짝퉁'이라 불리는 상표권침해와 관련된 물품의 수출입과 관련한 사안이지만, 향후 특허권 등의 지식재산권 침해와 관련된 분쟁도 증가할 것으로 예상된다.

한편 관세법은 다음과 같이 물품의 품질이나 내용, 제조방법, 용도, 수량을 사실과 다르게 표시한 물품이나 품질 등을 오인할 수 있도록 표시한 물품으로 해당 법령을 위반한 물품에 대해서도 통관을 불허하도록 하고 있다.

관세법 제230조의2(품질 등 허위·오인 표시물품의 통관 제한) 세관장은 물품의 품질, 내용, 제조 방법, 용도, 수량(이하 이 조에서 "품질 등"이라 한다)을 사실과 다르게 표시한 물품 또는 품질 등을 오인(誤認)할 수 있도록 표시하거나 오인할 수 있는 표지를 부착한 물품으로서 「부정경쟁방지 및 영업비밀보호에 관한 법률」, 「식품위생법」, 「산업표준화법」 등 품질 등의 표시에 관한 법령을 위반한 물품에 대하여는 통관을 허용하여서는 아니 된다.

5) 관세법 이외에 통관을 규율하는 법령에 의한 제한

물품을 수출 또는 수입할 때 이에 제한을 하는 내용은 관세법 외에도 여러 법령에 규정되어 있다. 관세법 이외의 다른 법령의 제한은 관세법의 다음과 같은 규정에 따라 통관단

계에서 세관장에 의해 집행된다.

> **관세법 제226조(허가 · 승인 등의 증명 및 확인)** ① 수출입을 할 때 법령에서 정하는 바에 따라 허가 · 승인 · 표시 또는 그 밖의 조건을 갖출 필요가 있는 물품은 세관장에게 그 허가 · 승인 · 표시 또는 그 밖의 조건을 갖춘 것임을 증명하여야 한다.

관세법 제226조에 규정한 '법령'이란 수출 또는 수입과 관련하여 제한사항을 규정하고 있는 모든 법령을 의미한다. 이러한 법령의 내용을 종합하여 산업통상자원부장관이 고시하고 있는 것이 통합공고이다. 그러나 통관단계에서 세관장이 통합공고에 있는 법령의 요건충족 여부를 모두 현품확인을 통해 가리는 것은 아니다. 세관장이 통관단계에서 수출입요건의 구비여부를 확인하는 것은 관세청장이 정한 「관세법 제226조의 규정에 의한 세관장확인물품 및 확인방법 지정고시」에 포함되어 있는 물품으로 국한한다. 이 고시에 포함되어 있는 물품은 67개 법령의 제한 품목 중 주무부장관이 통관단계에서 그 요건과 현품의 확인이 필요하다고 보아 관세청장에게 확인을 요청한 것들이다. 이러한 개별법령에서 정한 수출입 요건을 충족하였는지를 두고도 적지 않은 다툼이 발생한다.

10 간이통관

정상적인 무역거래로 수입되는 외국물품은 보세구역에 반입한 다음 서류를 갖추어 수입신고를 하고, 세관의 검사와 심사 과정을 거쳐 그 신고가 수리되는 절차를 거침으로서 통관이 완료된다. 이와 같은 절차의 예외로서 절차 중 일부가 생략되는 통관 방법이 간이통관이다. 간이통관이 가능한 물품은 〈표 18-4〉와 같다. 그러나 여기에 해당되는 물품일지라도 관세법 제226조에 의한 허가 · 승인 등의 증명과 확인이 필요한 물품은 간이통관 대상에서 제외된다(관세법 제241조 제2항 및 동법시행령 제246조 제3항).

〈표 18-4〉 간이통관 대상물품

①	휴대품, 탁송품 또는 별송품
②	우편물(다만, 정상적인 수입신고가 요구되는 우편물은 제외)
③	관세가 면제되는 물품
③의2	입출항 · 도착출발에 따른 보고 또는 허가의 대상이 되는 운송수단
④	국제운송을 위한 컨테이너(관세법 별표 관세율표 중 기본세율이 무세인 것에 한함)

⑤	기타 서류・소액면세물품 등 신속한 통관을 위하여 필요하다고 인정하여 관세청장이 정하는 탁송품 또는 별송품

간이통관은 다음 네 가지 형태로 이루어진다. 간이통관물품 중 관세가 면제되거나 무세인 물품은 그 검사를 마친 때에 해당 물품에 대한 수입신고가 수리된 것으로 본다(관세법 시행령 제246조 제4항).

① **간이수입신고** : 여행자(승무원)휴대품, 탁송품(이사물품, 특송물품), 별송품, 우편물 등에 적용되며, 수입신고서 대신 휴대품신고서와 같은 다른 신고서나 목록 제출 등으로 수입신고를 가름한다.

② **수입신고 생략** : 외교행낭으로 반입되는 면세물품, 유해(遺骸)나 유골 등 관세청장이 정한 물품에 적용되며, 수입신고 없이 선하증권(B/L) 등 운송서류 제출로 수입신고를 가름한다.

③ **수입신고 시 첨부서류 제출생략** : 간이수입신고 대상물품 중 과세되는 물품과 소액면세 대상물품, 합의세율 적용물품 등에 적용된다. 이때 수입신고서로 신고는 하되 첨부서류와 면세신청서 제출이 생략된다.

> 우편물은 원칙적으로 간이통관절차가 적용되므로 그 발송인 또는 수취인이 수출 또는 수입신고를 하지 않아도 된다. 그러나 ① 대외무역법에 의해 수출입승인을 받은 물품, ② 법령에 따라 수출입이 제한되거나 금지되는 물품, ③ 관세법 제226조에 따라 세관장의 확인이 필요한 물품(이는 법령에 의해 특정요건의 구비가 필요한 물품 중 통관단계에서 세관장이 확인하는 물품을 의미한다), ④ 판매를 목적으로 반입하는 물품 또는 대가를 지급하였거나 지급하여야 할 물품, ⑤ 가공무역을 위하여 우리나라와 외국간에 무상으로 수출입하는 물품 및 그 물품의 원・부자재, ⑤ 그 밖에 수출입신고가 필요하다고 인정되는 물품으로서 관세청장이 정하는 금액을 초과하는 물품(관세청장은 미화 1,000달러를 기준으로 정하고 있다)에 대해서는 발송인 또는 수취인이 수출입신고를 해야 한다(관세법 제258조).

11 수입 통관물품에 대한 사후관리

1) 의무이행의 요구

세관장은 관세법 이외의 다른 법령에 따라 수입 후 특정한 용도로 사용하여야 하는 등의 의무가 부가되어 있는 물품에 대해서는 문서로써 해당 의무를 이행할 것을 요구할 수 있다. **의무이행제도**는 관세법상 감면세, 분할납부, 용도세율 적용물품에 대한 사후관리와 같은 개념을 대외무역법 등 다른 법령에서 수입 후에 이행을 요구하고 있는 사항에 대해서도 적용하여 사후관리할 수 있게 한 것이다. 예로서 세관장은 수입 후 단순가공 처리되어 최종소비자에게 판매되는 물품에 대해 수입자에게 수입통관 후 원산지표시를 하도록 의무를 통지하고 사후관리할 수 있다.

2) 통관표지의 부착

세관장은 관세보전을 위해 필요하다고 인정하는 때에는 수입물품에 대해 **통관표지**를 부착하도록 할 수 있다. 통관표지를 첨부하도록 하는 이유는 해당 물품이 세관의 사후관리를 받고 있는 물품임을 표시해 일반물품과 구분하고, 정상통관절차를 거친 물품과 밀수품 등 부정수입물품을 시중유통단계에서 쉽게 구분하기 위함이다.

① 관세의 감면 또는 용도세율의 적용을 받은 물품.
② 관세의 분할납부승인을 받은 물품.
③ 부정수입물품과 구별하기 위해 관세청장이 지정하는 물품.

3) 유통이력신고제도

유통이력신고제도는 사회안전이나 국민보건을 해칠 우려가 있는 수입물품이 국내 유통과정에서 그 사실을 숨기지 않도록 사후관리하는 제도이다. 특정 물품의 외국 수출자, 수입자, 유통업자, 최종판매자까지 전체 유통경로를 파악하여 필요한 경우 세관당국이 현품을 확인함으로써 원산지표시의 변경 등 불법행위가 발생하지 않도록 하기 위한 것이다. 이 제도에 따라 외국물품을 수입하는 자와 수입물품을 국내에서 거래하는 자는 사회안전 또는 국민보건을 해칠 우려가 현저한 물품 등으로서 관세청장이 지정하는 물품(이를 '유통이력신고물품'이라 한다)에 대해 유통단계별로 거래명세(유통이력)를 관세청장에게 신고해야 한다. 소비자에 대한 판매를 주된 영업으로 하는 사업자는 신고의무 대상에서 제외되어 있다. 그러므로 수입자가 도매업체에 양도할 때는 수입자가, 도매업체가 소매업체에게 양도할 때는 도매업체가 각각 해당 물품을 양수한 자의 상호, 대표자명, 사업자등록번호, 주소, 전화번호, 거래물량, 양도일자 등을 관세청의 유통이력관리시스템에 입력하는 것으로 신고해야 한다.

4) 상설영업장의 자료비치

상설영업장을 갖추고 외국에서 생산된 물품을 판매하는 자로서 다음 기준에 해당하는 자는 해당 물품에 관해 부가가치세법의 규정에 의한 세금계산서 또는 수입사실 등을 증명하는 자료를 갖추어 이를 영업장에 비치해야 한다(관세법시행규칙 제80조).

① 백화점.
② 최근 1년간 수입물품의 매출액이 5억 원 이상인 수입물품만을 취급하거나 수입물품을 할인 판매하는 상설영업장.
③ 통신판매하는 자로서 최근 1년간 수입물품의 매출액이 10억 원 이상인 상설영업장.
④ 관세청장이 정하는 물품을 판매하는 자로서 최근 1년간 수입물품의 매출액이 전체 매출액의 30퍼센트를 초과하는 상설영업장.
⑤ 상설영업장의 판매자 또는 그 대리인이 최근 3년 이내에 관세법 또는 관세사법 위반으로 처벌받은 사실이 있는 경우 그 상설영업장.

5) 보세구역반입명령

관세청장 또는 세관장은 관세법에 따른 의무사항을 위반하거나 국민보건 등을 해칠 우려가 있는 물품은 이를 보세구역으로 반입할 것을 명할 수 있다. 이를 **보세구역반입명령(recall)제도**라 한다. 관세청장 또는 세관장이 반입명령을 하는 경우에는 반입대상물품, 반입할 보세구역, 반입사유와 반입기한을 기재한 명령서를 화주 또는 수출입신고자에게 송달하여야 한다. 관세청장 또는 세관장은 명령서를 받은자의 주소 또는 거소가 불분명한 때는 관세청 또는 세관의 게시판이나 기타 적당한 장소에 반입명령사항을 공시할 수 있다. 이 경우 공시한 날부터 2주일이 경과한 때에는 명령서는 받을 자에게 반입명령서가 송달된 것으로 본다. 보세구역반입명령 대상 물품은 〈표 18-5〉와 같다. 다만, 해당 물품이 수출입신고가 수리된 후 3개월이 지났거나, 관련 법령에 따라 관계행정기관의 장의 시정조치가 있는 때에는 반입명령을 할 수 없다(관세법 제238조 및 동법시행령 제245조).

〈표 18-5〉 보세구역반입명령 대상

①	관세법의 규정에 의한 의무이행 요구가 있었으나 그 의무를 이행하지 아니한 경우
②	관세법의 규정에 의한 원산지표시가 적법하게 표시되지 아니하였거나 수출입신고수리 당시와 다르게 표시되어 있는 경우

③	지식재산권을 침해한 경우
④	품질 등을 사실과 다르거나 오인할 수 있게 표시 또는 부착하였거나, 수출입신고수거 당시와 다르게 표시 또는 표지를 부착한 경우

반입명령을 받은 자는 해당 물품을 지정받은 보세구역에 반입해야 한다. 다만, 반입기한 내에 반입하기 곤란한 사유가 있는 경우에는 관세청장 또는 세관장의 승인을 얻어 반입기한을 연장할 수 있다. 만일 반입명령을 받은 물품의 전부 또는 일부를 반입하지 아니한 경우 물품원가 또는 2천만 원 중 높은 금액 이하의 벌금에 처한다(관세법 제276조). 세관장은 반입된 물품에 대해 반입명령을 받은 자에게 그 물품을 반송 또는 폐기할 것을 명하거나, 보완 또는 정정 후 반출하게 할 수 있다. 이 경우 반송 또는 폐기에 소요되는 비용은 명령을 받은 자가 이를 부담해야 한다. 반송 또는 폐기된 물품에 대해서는 당초의 수출 또는 수입신고수리는 취소된 것으로 보며, 반송 또는 폐기된 물품에 대해 이미 징수된 관세는 관세환급금 규정을 적용하여 해당 관세등과 환급가산금을 지급한다.

제2절 수출통관

수출통관과 관련된 일련의 절차는 일반적으로 [그림 18-2]와 같이 이루어진다.

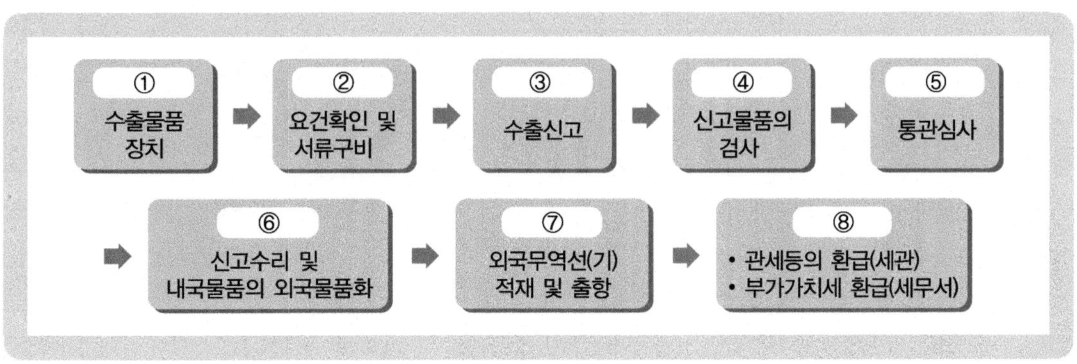

【 그림 18-2 일반적인 수출통관 절차 】

1 물품의 장치와 요건확인

수출하고자 하는 물품에 대해서는 그 장치장소를 제한하지 않는다. 수입물품 또는 반송물품과는 달리 장치장소를 보세구역이나 보세구역외장치장 등으로 한정하지 않는 것이다(관세법 제155조). 따라서 수출신고를 하려는 내국물품이거나, 수출신고가 수리되어 외국물품이 된 것일지라도 보세구역 외에 생산자 혹은 구매자의 창고 등에도 물품을 장치해 둘 수 있다. 다만, 관세청장이 정한 도난우려가 높은 물품 등 국민의 재산권보호를 위해 수출관리가 필요한 물품이나, 고세율원재료를 제조·가공하여 수출하는 물품 등으로 부정환급 우려가 높은 물품은 보세구역에 반입하게 한 다음 수출신고를 하도록 할 수 있다. 수출하고자 하는 물품이 법령에서 별도로 정한 요건이 충족되어야 하는 경우 수출신고에 앞서 관련 기관 등에서 그 요건이 충족되었음을 확인받아야 한다. 대표적인 것이 전략물자수출허가이다. 요건이 충족되었는지 여부는 수출신고가 이루어졌을 때 관세법 제226조의 규정에 따라 세관장이 확인한다.

2 수출신고

1) 신고의 시기와 방법

수출신고는 수출물품의 생산이 완료된 다음 해당 물품을 외국으로 출항하는 선박 또는 항공기에 적재하기 전까지 해야 한다. 다만, 다음에서 별도로 설명하는 특수형태의 수출에서는 신고시기가 다르다. 수출신고는 해당 물품을 외국으로 반출하고자 하는 선박 또는 항공기의 **적재단위**(S/R 또는 S/O, B/L 또는 AWB)별[6]로 해야 한다. 다만, 수출신고가 수리된 물품을 적재기간 내에 분할해 적재하고자 하는 경우와, 수입국 구매자의 요청 등 부득이한 사유가 있어 동시 포장한 물품을 2건 이상으로 분할해 수출신고하거나, 2건 이상으로 수출신고 수리된 물품을 1건으로 동시 재포장해 적재하는 경우에는 예외가 인정된다. 수출물품을 동시포장한 때는 수출신고필증과 선적요청서(S/R)에 이를 기재해야 한다. 수출물품

6) S/R(Shipping Request)나 S/O(Shipping Order), B/L(Bill of Lading), AWB(Air Waybill) 외에 LCL (Less than Container Load) 화물의 경우 FCR(Forwarder's Cargo Receipt)은 포워더가 화주에게 발행하는 화물수취증으로 이는 선박회사의 Received B/L과 유사한 개념의 것이므로 이를 기초로 수출신고도 가능하다.

에 대한 선적관리를 위해서다. 수출신고도 수입신고의 경우와 같이 전자문서로 작성된 신고자료를 EDI 또는 인터넷을 이용해 관세청의 통관시스템에 전송하는 것으로 한다. 수출신고가격은 FOB조건으로 실제로 지급하였거나 지급하여야 할 가격이다. 다른 조건으로 거래하였을지라도 이 가격을 산출하여 신고해야 한다.

2) 수출신고자와 신고세관

수출신고는 수출물품의 화주 또는 **완제품공급자**나 이들을 대리한 관세사(관세사법에 의한 관세법인 또는 통관취급법인 포함) 명의로 해야 한다. 완제품공급자는 해당 물품을 생산하여 수출자에게 공급한 자로, 실제 수출자는 아니다. 그럼에도 수출신고인이 될 수 있게 한 것은 수출물품의 생산(공급)자인 완제품공급자가 수출에 따른 관세환급을 수출자 대신 직접 받을 수 있게 하기 위함이다. 완제품을 구매하여 수출하는 수출자가 관세환급을 받기 위해서는 완제품공급자로부터 기초원재료납세증명서 등 양도세액증명서를 교부받고 소요량 계산서 등을 구비하여 개별환급 방법으로 관세환급을 받을 수 있겠지만 그 과정이 복잡하다. 따라서 수출자와 완제품공급자가 합의한다면 완제품공급자 명의로 수출통관을 하고 완제품공급자가 관세환급을 직접 받을 수 있게 한 것이다. 수출신고는 수출하고자 하는 물품이 장치된 장소를 관할하는 세관에 하여야 한다. 물품을 어느 장소에 두고 수출신고를 할 것인가는 수출신고인이 임의로 정할 수 있으나, 신고를 해야 하는 세관은 물품소재지 관할세관이다.

3 신고물품의 검사와 심사

수출신고물품에 대한 세관의 검사는 생략함이 원칙이다. 다만, 수출통관시스템에서 검사대상으로 선별되는 등 세관장이 물품을 확인할 필요가 있는 경우에는 물품검사를 할 수 있다. 수출물품의 검사는 신고수리 후 적재지에서 검사하는 것을 원칙으로 한다. 그러나 세관장이 적재지 검사가 부적절하다고 판단되는 물품이나 반송물품, 계약상이물품, 재수출물품 및 원상태수출물품, 국제우편수출물품 등은 신고지 세관에서 물품검사를 실시할 수 있다. 적재지 관할 세관장은 필요하다고 인정되는 경우 물품검사 생략대상으로 수출신고수리된 물품에 대해서도 컨테이너 검색기검사 등의 검사를 실시하기도 한다. 검사를 할 때 세관장은 효율적인 검사를 위해 포장명세서 등 관계자료의 제출을 요구할 수 있다. 수출물품에 대한 검사비율은 수입물품보다 현저하게 낮다.

수출신고서는 자동수리, 심사후수리, 검사 후 수리의 3가지로 나뉘어 처리된다. **자동수리** 대상물품은 통관시스템에서 자동으로 수리되는 것이다. 심사후 수리와 검사후 수리는 수입의 경우와 유사하게 세관이 심사 또는 검사후 이상이 없을 때 그 신고를 수리하는 것이다.

4 수출신고필증의 교부

세관장은 서류제출로 신고된 건에 대해 그 신고를 수리한 때는 서류로 된 수출신고필증을 신고인에게 교부한다. 전자서류에 의한 수출신고건이 수리된 때는 세관장이 서류로 된 수출신고필증을 교부하는 것이 아니라 신고인이 신고수리 여부를 전산으로 확인한 다음 전산으로 확인한 내용과 일치하는 수출신고필증을 자율적으로 발행한다. 관세사 등이 수출화주를 대리하여 신고한 경우 관세사가 수출신고필증을 발행하여 신고를 의뢰한 화주에게 교부한다.[7] 수출신고필증이 교부된 다음 수출신고를 정정하거나 취하해야 하는 경우가 종종 발생한다. 이 경우 수출화주 또는 그를 대리하는 관세사 등이 수출신고정정/취하신청서를 전자자료로 세관장에게 제출한다. 그러나 서류제출 대상은 수출신고를 수리한 세관 또는 신청인 소재지 관할 세관장에게 신청서 1부와 해당 사유를 증빙하는 서류를 제출해야 하고, 검사대상은 물품검사를 실시한 세관에 해당 서류를 제출해야 한다. 수출신고의 정정에서 전산시스템상 선적이 완료된 후에는 원칙적으로 원상태수출 또는 계약상이 수출로는 정정이 불가능하다.

5 적재물품의 관리

수출자는 수출신고가 수리된 물품을 수출신고가 수리된 날부터 30일 이내에 우리나라와 외국 간을 왕래하는 선박 또는 항공기에 적재해야 한다. 출항 또는 적재일정 변경 등 부득이한 사유가 있을 경우에는 적재기간 내에 통관지세관장에게 적재기간 연장승인을 신청할 수 있다. 세관장은 그 사유 등을 심사해 타당하다고 인정하는 경우 수출신고수리일로부터 1년의 범위 내에서 적재기간 연장을 승인한다. 수출신고를 하여 수리된 물품을 여행

7) 수출신고필증은 국문으로 된 것이 교부되나, 이와는 별개로 수출신고인이 신청할 경우 세관장으로부터 영문으로 된 수출통관증명서도 발급받을 수 있다. 이 경우 신청인은 소정의 수수료를 납부해야 한다.

자가 출국하면서 휴대하여 반출하고자 할 때는 출국심사 세관공무원에게 수출신고필증 사본을 제출하고 **'적재확인'**을 받아야 한다. 수출신고가 수리된 물품을 우편으로 발송하고자 할 때는 통관우체국의 세관공무원 또는 수출우편물 발송확인 업무를 취급하는 우체국장에게 현품 및 수출신고필증을 제출하고 발송확인을 받아야 한다. 이와 같은 확인은 수출에 따른 관세환급을 위해서다.

통관지세관장은 매주 1회 통관시스템을 조회하여 수출신고수리물품의 적재기간이 경과한 물품에 대해 신고인 등에게 적재기간 내에 적재확인이 되지 않는 경우 수출신고수리를 취소한다는 '수출신고수리예정통보'를 한다. 이 예정통보를 받은 신고인은 취소예정통보일로부터 14일 내에 그 원인을 규명해야 한다. 원인규명 결과 적재되지 않았거나 원인을 규명할 수 없는 물품에 대해서는 다음 어느 하나의 사유가 없는 한 수출신고를 취소한다(관세법시행령 제255조).

① 신고취하의 승인신청이 정당한 사유가 있다고 인정되는 경우
② 적재기간연장승인의 신청이 정당한 사유가 있다고 인정되는 경우
③ 세관장이 수출신고의 수리를 취소하기 전에 해당 물품의 적재를 확인한 경우
④ 기타 세관장이 기간 내에 적재하기 곤란하다고 인정하는 경우

6 특수형태의 수출과 간이수출통관

1) 특수형태의 수출

수출화물의 소재지나 선적 방법에 특수성이 있는 다음과 같은 특수형태의 수출은 신고방법이 일반적인 수출과 차이가 있다.

① **선상수출신고** : 물품을 선적한 후 공인검정기관의 검정서(survey report)에 의해 수출물품의 수량을 확인하는 물품이나 물품의 신선도 유지 등을 위해 선상 수출신고가 불가피하다고 인정되는 물품, 그리고 자동차운반전용선박에 적재하여 수출하는 신품자동차는 해당 물품을 선적한 후 선상에서 수출신고를 할 수 있다.

② **현지수출 어패류신고** : 어패류를 관세법 제136조의 규정에 의한 출항허가를 받은 운반선에 의해 현지에서 수출하는 것이 부득이한 경우는 수출 후 대금결제 전까지 출항허가를 받은 세관장에게 신고자료를 전송하고, 신고서류에 수출실적을 증명하는 서류를 첨부해 제출한다.

③ **원양수산물신고** : 우리나라 선박이 공해에서 채집 또는 포획한 수산물을 현지판매하

는 경우에는 수출자가 수출 후 대금결제 전까지 수출사실을 증명하는 서류가 첨부된 수출실적보고서를 한국원양어업협회를 경유해 서울세관장에게 신고자료를 전송해야 한다.

④ **잠정수량신고 대상물품의 수출신고** : 배관 등 고정운반설비를 이용해 적재하는 경우 또는 제조공정상의 이유로 수출신고서에 수량 확정이 곤란한 다음 각호의 어느 하나에 해당하는 물품을 수출하고자 하는 자는 수출신고서에 적재예정수량 및 금액을 신고하고 적재완료일로부터 5일이 경과하기 전까지 실제 공급한 수량 및 금액을 신고할 수 있다.

가. 가스
나. 액체
다. 전기
라. HS 제50류 내지 제60류 중 직물 및 편물과 제71류부터 제83류까지의 귀금속 및 비금속제 물품
마. 그 밖에 계약의 내용이나 거래의 특성상 잠정수량 또는 잠정가격으로 신고하는 것이 불가피하다고 세관장이 인정하는 물품

2) 간이수출통관

수출하는 물품 중 일정 물품에 대해서는 일반적인 수출통관절차가 아닌 간이통관절차가 적용될 수 있다. 간이통관에서는 송품장, 간이수출통관목록, 우편물목록 제출, 혹은 수출신고서 내용 중 일부 기재로 신고하는 것이 인정된다. 간이통관이 가능한 물품은 〈표 18-6〉과 같다. 〈표 18-6〉에 해당되는 물품일지라도 관세법 제226조의 규정에 의해 법령이 정하는 허가·승인·표시 기타 조건의 구비를 요하는 것은 간이통관절차가 적용될 수 없다.

〈표 18-6〉 간이수출통관 대상

①	환급대상이 아닌, 물품가격 FOB 200만 원 이하의 물품. 단, 관세법 제226조 해당 물품, 위약물품 수출이나 재수출조건부로 수입통관된 물품의 수출, 수출자가 재수입 시 관세감면, 환급, 사후관리 등을 위해 서류제출로 신고하거나 세관검사를 요청한 물품은 제외
②	외국인 관광객 등에 대한 부가가치세 및 개별소비세 특례규정에 의해 외국인 관광객이 구입한 물품
③	유해 및 유골, 외교행낭으로 반출되는 물품, 외교부에서 재외공관으로 발송하는 자료, 외국원수 등이 반출하는 물품, 신문·뉴스취재 필름·녹음테이프 등 언론기관 보도용품, 카달로그나 기록문서·서류

7 수출물품에 대한 환급

1) 환급대상이 되는 조세

물품의 선적이 완료되면 수출자는 물품 수출과 관련해 이미 납부한 세금의 환급을 신청할 수 있다. 물품을 수출한 다음 수출자가 환급받을 수 있는 세금은 수출물품 생산에 사용 소비된 원재료를 수입할 당시 부과・징수된 조세와, 국내 거래단계에서 징수된 조세의 두 가지가 있다. 이 두 가지는 환급 방법과 환급을 하는 기관이 다르다. 전자(前者)는 환급특례법에 의해 세관장이 환급하는데, 관세, 개별소비세, 주세, 교육세, 교통・에너지・환경세, 농어촌특별세의 6가지가 대상이 된다. 후자는 부가가치세법 및 지방세법, 국세기본법에 의해 세무서장이 환급하는데, 부가가치세와 지방소비세만 대상이 된다. 물품이 수입될 때 가산세와 행정벌 또는 행정형벌 성격의 벌금, 과태료, 과징금 등이 관세법이나 대외무역법 등에 의해 부과될 수 있다. 이러한 것들은 수입자가 이행해야 할 의무를 해태하거나, 법령의 위반 등에 대한 제재로서 부과되는 것이므로 해당 물품을 수출하더라도 환급대상이 될 수 없다.

2) 환급대상이 되는 수출물품

물품을 수출하였다 하여 모두 환급대상이 되는 것은 아니다. 관세법의 규정에 따라 수출신고가 수리된 물품일지라도 원칙적으로 유상으로 수출한 물품만이 환급의 대상이 된다. 이때 수출의 형태, 대가의 회수 방법, 회수형태, 회수시기는 무관하다. 수출물품 생산에 사용된 원재료가 당초 수입될 때 무상으로 수입되었다 하더라도 관세를 납부함이 원칙인데, 이 경우 납부한 관세도 당연히 환급대상이다. 유상수출일지라도 국내에서 사용・소비하다가 수출하는 중고품의 경우는 환급대상이 되지 않는다. 중고자동차와 같이 수출되는 중고품을 당초 생산하는 과정에 수입원재료가 사용되었다 하더라도 생산물품을 국내에서 사용・소비하는 것으로 당초 관세부과의 목적은 이미 달성되었다 보기 때문이다. 보세공장이나 자유무역지역에서 생산되어 수출되는 물품이나 관세법상 수출신고 및 수출신고수리가 이루어지지 아니하는 중계무역에 의한 수출, 그리고 대외무역법에서 수출로 인정하는 외국인도수출 등은 성격상 관세환급의 대상이 될 수 없다. 이들은 모두 관세 등을 납부한 사실이 없기 때문이다. 견본품이나 위탁가공물품 등 무상(無償)으로 수출한 물품은 환급특례법시행규칙으로 기획재정부장관이 정하고 있는 경우에만 환급대상이 될 수 있다.

한편, 환급특례법에서는 관세법에 의해 수출신고가 수리된 물품뿐 아니라 국내에서 보세공장 등에 반입하거나 선(기)용품으로 국제무역선(기)에 적재한 경우 등에도 예외적으로 환급을 허용하고 있다. 일종의 내국수출에 대해 환급을 허용하고 있는 것이다.

3) 환급방법

환급특례법은 수출에 따른 관세 등의 환급방법으로 간이정액환급과 개별환급의 두 가지 방법을 정해 두었다. **간이정액(定額)환급**이란 관세청이 해당 물품의 환급실적 등 여러 자료를 활용하여 특정 수출물품별로 환급액을 미리 정하여 고시한 다음, 해당 물품을 수출한 환급권자가 신청을 하면 고시된 금액을 기준으로 계산한 금액을 환급하는 것을 말한다. 이는 중소기업의 수출을 지원하기 위해 운영하는 제도다. 간이정액환급이 가능한 경우는 중소기업자로서 환급신청일이 속하는 연도의 직전 2년간 매년도 환급실적이 6억 원 이하인 자가 생산한 수출물품이다. 이에 비해 **개별환급**이란 수출자(환급권자)가 수출물품 생산에 소요된 원재료의 량을 계산한 다음 이러한 원재료가 수입될 때 납부한 관세 등을 합산하는 것으로 결정된 금액을 신청에 따라 환급하는 것을 말한다. 간이정액환급은 상품을 수출하였다는 사실만 확인되면 충분하고, 환급의 원인이 되는 원재료의 수입이나 납부세액 등과 관련하여 따로 확인하는 사항은 없다. 따라서 환급 시 그와 관련되는 서류도 필요하지 않다. 환급신청서와 함께 수출신고필증 등 수출 등에 제공한 사실을 입증하는 서류만 있으면 충분하다. 개별환급 방법에 의할 경우 물품을 수출하였다는 사실뿐 아니라 해당 수출물품을 생산하는 데 수입된 원재료가 사용되었다는 사실, 그 수입원재료에 관세가 부과·징수되었다는 사실, 그리고 그 수입원재료는 수입된 후 일정 기간 이내에 수출되었다는 사실 등이 서류로서 입증되어야 한다.

제3절 반송통관

1 반송이 필요한 경우

관세법에서 **반송(返送)**이란 우리나라에 도착한 외국물품이 수입통관절차를 거치지 않고 다시 외국으로 반출되는 것을 말한다. 반송의 개념에는 그 물품을 당초에 보냈던 화주에게 도로 돌려보내는 환송(還送)의 경우로 한정해 해석하지 않는다. 제3국의 제3자에게 송부하기 위해 반출하는 것도 반송에 포함된다. 우리나라에 도착한 외국물품이 수입통관절차를 거치지 않고 다시 외국으로 반출되는 사유는 다음과 같이 상당히 다양하다.

- **보세공장 또는 자유무역지역에 반입하였다가 외국으로 반출되는 물품** : 보세공장이나 자유무역지역에 반입해 제품을 제조·가공한 다음 외국으로 반출되는 물품은 관세법상 반송에 해당한다. 이 경우 통관절차는 일반적인 수출통관과 동일하게 이루어진다. 보세공장이나 자유무역지역에 반입하였으나 제조·가공 없이 반입된 상태 그대로 다시 반출되는 반송의 경우도 있는데 이때는 일반적인 수출통관절차가 아니라 반송절차에 따라 처리된다.
- **보세판매장에서 판매된 물품** : 보세판매장에서는 보세상태의 물품이 판매되므로 개인이 보세판매장에서 구매한 물품을 외국으로 반출하는 경우 반송에 해당한다. 그러나 이 경우 별도의 통관절차가 요구되는 것은 아니다.
- **단순반송물품** : 외국으로부터 보세구역(또는 보세구역외장치장)에 반입되었으나 다음과 같은 사유가 있을 때는 반송통관절차에 따라 외국으로 반출될 수 있다.
  - 수입신고 전에 주문이 취소되었거나, 잘못 반입된 물품 또는 무역계약과 상이한 물품임이 확인되거나 수입요건이 구비되지 않았음이 확인된 경우
  - 선사(항공사)가 반출하는 선(기)용품 또는 선(기)내 판매용품
- **통관보류물품** : 외국으로부터 보세구역(또는 보세구역외장치장)에 반입된 물품으로서 수입신고를 하였으나 수입신고수리요건의 불비 등을 이유로 통관이 보류된 경우 반송통관절차에 따라 외국으로 반출될 수 있다.
- **위탁가공물품** : 원자재의 전부 또는 일부를 수출해 외국에서 임가공 후 보세구역(또는 보세구역외장치장)에 반입된 물품도 반송통관절차에 따라 외국으로 반출될 수 있다.
- **중계무역물품** : 수출할 것을 목적으로 보세구역(또는 보세구역외장치장)에 반입된 물품은 보수작업을 거치거나 반입된 상태 그대로 반송통관절차에 따라 외국으로 반출될 수 있다. 우리나라를 단순 통과하는 물품이나 환적화물은 반송통관절차를 필요로 하지 않는다.
- **보세창고 반입물품** : 외국으로부터 보세창고에 반입된 물품을 국내 수입화주의 결정 지연 등을 이유로 수입하지 아니한 상태에서 다시 반송통관절차에 따라 외국으로 반출할 수 있다.

- **장기비축 수출용원재료 및 수출물품 사후 보수용 물품** : 정부비축용 물품, 정부와의 계약이행을 위해 비축하는 방위산업용 물품, 장기간비축이 필요한 수출용원재료와 수출품 보수용 물품으로 세관장이 인정하는 물품 등도 필요한 경우 반송통관절차에 따라 외국으로 반출될 수 있다.
- **보세전시장 반출물품** : 우리나라에서 개최되는 박람회, 전시회 등에 출품하기 위해 보세전시장에 반입하였다가 전시가 종료된 것은 반송통관절차에 따라 외국으로 반출될 수 있다.
- **보세판매장 반출물품** : 보세판매장에 반입되어 판매 중인 외국물품이 변경, 고장, 기타 유행의 변화 등을 이유로 판매하지 못해 운영인이 외국으로 반출하는 경우도 반송통관절차가 적용된다.
- **수출조건부 미군불하물품** : 미군교역처에서 수출조건부로 불하한 보세물품을 외국으로 반출하는 경우도 반송통관절차가 적용된다.

2 반송의 신고

반송은 적재화물목록, 선하증권(B/L), 항공화물운송장(AWB)상의 물품수신인이나 해당 물품의 화주 또는 해당 물품의 처분권리를 취득한 자가 할 수 있다. 반출대상국은 원칙적으로 제한되지 않는다. 즉, 당초 수출국이거나 제3국으로도 반출이 가능하다. 반송을 하고자 하는 물품은 일반적인 수입물품과 동일하게 지정장치장, 보세창고, 또는 보세구역외장치장소에 반입한 다음 그 반입일 또는 장치일부터 30일 이내에 반송신고를 해야 한다. 그러나 여행자 휴대품으로서 유치된 물품을 반송할 때는 해당물품의 유치일부터 1월이 경과한 날부터 30일 이내에 반송신고를 해야 한다(관세법 제241조). 유치된 휴대품에 대해 이와 같이 일정 기간 동안 반송을 제한하는 것은 휴대품으로서 상용품이 과다하게 반입되는 것을 억제하기 위함이다. 반송신고는 반입당시가 아니라 반송당시의 물품의 성상을 기준으로 신고해야 한다.

3 심사 및 검사와 신고수리

반송신고물품에 대해서는 심사와 현품검사를 한 다음 그 신고를 수리한다. 반송신고에 대한 심사사항은 다음과 같다.

① 반송인 등 반송요건에 적합한지 여부.
② 관세법의 규정[8)]에 의해 수출입이 금지되는지 여부.
③ 대외무역법령 기타 법령에 의한 조건의 구비 여부.
④ 대외무역법령에 의한 승인·추천·인증 등이 필요한 경우 관련 서류.

반송신고물품에 대한 검사는 수출통관시스템에 의해 검사대상으로 지정되었거나 사회관심품목 등 소비재와 정상 수출입을 가장한 부정무역의 우려가 있는 물품 등 세관장이 필요하다고 인정하는 물품에 대해 행해진다. 검사결과 이상이 없으면 세관장은 세관기재란에 '반송물품'이란 붉은 색의 고무인을 날인해 신고필증을 교부한다. 반송신고가 수리된 물품이 내륙지 보세구역에 장치되어 있을 경우에는 수출물품과 달리 반드시 보세운송을 통해 선적지로 운송해야 한다.

관세법
사례 모음(4) – 수출입통관절차

[판례]
"수입신고건에 대해 일정 부분의 수량을 개장 전에는 품명, 수량 및 가격과 포장의 종류, 기호, 번호 및 갯수와 화주명, 원산지표시 등을 신고서류와 대조해 확인하고 개장 후에는 내용품과 신고사항의 일치 여부를 확인하는 검사를 실시하였으며, 다만 그 품질만은 육안으로 확인하기 곤란해, 원고들을 대리한 관세사 사무원과 보세창고의 직원의 입회 아래 동일한 품명과 규격으로 신고 되고 동일한 포장단위로 포장된 것들 중에서 각 신고번호별로 그 신고물품 중에서 무작위로 선택한 시료를 채취해 분석한 것이라면 이러한 검사 및 분석의뢰는 객관적이고 합리적인 방법으로 적법하게 이루어진 것으로 보아야 한다." 대법원 1998.7.24. 선고 96누18076 판결.

[판례]
"관세가 부과되지 않는 물품에 해당하더라도 적법한 수입신고절차 없이 통관한 경우는 무신고수입으로 인한 관세법위반죄가 성립되므로 처벌대상이 된다." 대법원 2004.3.26. 선고 2003도8014 판결. "농어를 수입함에 있어 수입신고를 하였더라도 실제로 수입하는 농어의 물량 중 일부만을 수입하는 것으로 신고하고 나머지 물량에 대하여는 수입신고를 하지 않을 의사로 각종 서류를 신고한 물량에 맞추어 허위로 작성, 통관절차를 밟는 방법으로 수입신고한 물량에 비해 현저하게 많은 물량을 수입하였다면, 수입신고를 하지 않고 수입한 물량의 농어는 수입신고한 물량의 농어와 동일성을 인정할 수 없으므로 밀수입죄가 성립한다."

〈대법원 2000.2.8. 선고 99도4864 판결〉

8) 관세법 제234조의 수출입의 금지대상 물품과 제235조의 지식재산권침해 물품이 이에 해당한다.

[행정심판결정례]

"관세법 제229조 제3항에 근거한 APTA 원산지 확인 기준이 2011.8.4. 제정되었고, 동 확인 기준 제8조 제3항에 따라 제3국을 경유하여 수입되는 물품은 수출참가국 발행 통과선하증권을 제출하도록 명시하고 있으며, 기획재정부에서는 트럭·선박, 트럭·항공기와 같이 수출참가국에서 복수의 운송수단을 이용하여 제3국을 경유하여 우리나라에 수입되는 물품의 경우 복합운송장을 제출하면 직접운송요건에 충족되어 APTA 협정세율을 적용받을 수 있다고 유권해석하고 있는 바, 수출참가국에서 발행된 통과선하증권이나 전운송구간이 기재된 복합운송장이 아닌 제3국에서 발행된 선하증권을 제출한 쟁점물품의 경우 직접운송요건이 충족되었다고 보기 어려우므로 APTA 협정세율을 적용받을 수 없다고 판단된다."

〈조세심판원 조심2014관0127, 2014.11.19. 결정〉

[판례]

"관세법 제234조 제1호가 규정하는 '풍속을 해치는'이란 특별한 사정이 없는 한 성풍속을 해치는 '음란성'을 의미하는 것으로 해석함이 상당하고, 수출입금지물품으로서 '풍속을 해치는 물품 내지 음란물'에 해당하는지의 여부는 당해 물품의 용도나 기능만으로 일률적으로 판단할 것은 아니고 우리 사회 일반의 건전한 통념과 가치질서, 헌법상 보장되고 있는 개인의 기본권에 미칠 영향 등을 고려하여 개별적·구체적으로 판단하여야 한다."

〈대법원 2003.5.16. 선고 2003도988 판결〉

[행정심판결정례]

"쟁점물품과 같은 자위기구는 통상 자위행위에 사용되는 물품이기는 하나, 자위행위 자체를 비정상적인 성행위로 보기 어렵고, 장애인·고령자의 성문제 해결에 사용될 수 있는 점, 쟁점물품이 자위기구라는 이유만으로 자위기구가 곧 풍속을 해치는 물품이라 하여 수입통관을 보류하는 것은 국민 개개인의 성적 자기결정권에 대한 지나친 간섭으로 보일 여지가 있는 점 등에 비추어 쟁점물품에 대하여는 원칙적으로 통관을 허용하는 것이 합리적이라고 할 것이다. 다만, 최근 들어 자위기구를 수입하는 업체수가 증가하고 있고, 다양한 형태의 자위기구가 수입되고 있어 쟁점물품 중에는 일반인의 정상적인 성적 정서와 선량한 사회 풍기를 심하게 해할 가능성이 있는 물품이 포함되어 있을 가능성을 배제하기 어려우므로, 처분청은 쟁점물품이 이러한 물품인지 여부를 재조사하여 그 결과에 따라 통관 여부를 결정하는 것이 타당하다."

〈조세심판원 조심2014관0360, 2014.12.1. 결정〉

[판례]

"국내 전용사용권자가 그 등록을 마친 후 폴로 상표가 부착된 의류를 국내에서 제조·판매하면서 많은 비용을 들여 그 제품에 대한 선전·광고 등의 활동을 하여 왔고, 국외에서 판매되는 같은 상표가 부착된 의류 중에는 미합중국 외에 인건비가 낮은 제3국에서 주문자 상표 부착 방식으로 제조되어 판매되는 상품들도 적지 않으며, 국내 전용사용권자와 국외 상표권자와의 사이에는 국내 전용사용권 설정에 따른 계약관계 이외에 달리 동일인이라거나 같은 계열사라는 등의 특별한 관계는 없는 경우, 국외에서 제조·판매되는 상품과 국내 전용사용권자가 제조·판매하는 상품 사이에 품질상 아무런 차이가 없다거나 그 제조·판매의 출처가 동일한 것이라고 할 수 없고, 또한 국외 상표권자와 국내 전용사용권자가 공동의 지배통제 관계에서 상표권을 남용하여 부당하게 독점적인 이익을 꾀할 우려도 적다고 할 것이므로, 이러한 경우에는 이른바 진정상품의 병행수입이라고 하더라도 국내 전용사용권을 침해하는 것으로서 허용되지 않는다. 피고인이 수입물품을 진정상품으로 오인하였고, 더 나아가 병행수입이 허용된다고 믿어 자신의 행위가 죄가 되지 아니하는 것으로 오인하였다고 하더라도, 피고인은 수입행위가 국내 전용사용권을 침해하는 것인지 여부에 관하여 전문가의 자문을 구하는 등의 아무런 조처도 없이 임의로 그와 같이 믿은 것에 지나지 아니하므로, 거기에 정당한 이유가 있다고 보기는 어렵다."

〈대법원 1997.10.10. 선고 96도2191 판결〉

[판례]

"보세구역에 장치된 해당 물품 또는 그와 동일성이 인정되는 물품이 아닌 물품을 반송신고한 다음 해당 물품을 반송하는 행위는 관세법 제269조 제3항 제2호의 밀반송죄에 해당한다 할 것이고, 다만 해당 반송물품이 반송신고한 바로 그 물품이 아니더라도 반송신고한 물품과 동일성이 인정되는 경우에는 위 법률 조항에서 말하는 밀반송죄는 성립하지 않는다."

〈대법원 2006.1.27. 선고 2004도1564 판결〉

기출문제

1 물품의 통관을 위한 관세법상의 신고에 대한 설명이다 잘못된 것은? [국제무역사 35회 1교시 21번]

① 대외무역법에 규정된 바에 따라 수출입공고에 규정된 대로 수출승인을 받은 물품은 관세법에 의한 수출신고가 생략된다.
② 정상적인 무역상품으로 대외무역법에 의해 수입승인이 면제되는 물품이라도 관세법에 규정된 수입신고는 하여야 한다.
③ 수출하고자 하는 물품이 전략물자에 해당되어 대외무역법이 규정한 바에 따라 관련기관의 허가를 받은 물품일지라도 관세법에 규정된 수출신고는 하여야 한다.
④ 대외무역법상의 외국인수수입에 해당하느 ㄴ거래의 경우 관세법상 수입신고 대상이 아니다.

2 다음은 수입업체 KITA(주)가 중국으로부터 플라스틱 케이스(가격 : USD 10,000)를 수입한 사례다. 다음 설명 중 잘못된 것은? [국제무역사 35회 1교시 28번]

- 부산항 입항일 : 2014.12.25 (목요일)
- 부산 보세창고 반입일 : 2014.12.26 (금요일)
- 부산 보세창고 무료 보관기간 : 창고반입일로부터 10일간
- 과세환율(원/USD)

구분	2014.12.21.-2014.12.27	2014-12.28-2015.01.03
수출	1,290	1,187
수입	1,311	1,208

① 플라스틱 케이스 수입시 관세는 수입신고 당시의 법령에 따라 부과하는 것이 원칙이다.
② 수입물품의 관세액을 계산하기 위해서는 수입 송품장에 기재된 외화 USD 10,000를 원화로 환산해야 한다.
③ KITA(주)는 2014.12.24.에 수입신고할 수 있다.
④ KITA(주)의 수입 관세환율은 입항일 기준으로 미화 달러당 1,311원이다.

정답 1. ① 2.④

3 외국으로부터 수취하는 우편물에 대한 수입 통관절차와 관련된 다음 설명 중 관세법상 잘못된 것은? [국제무역사 35회 1교시 39번]

① 수입하려는 우편물은 통관우체국을 경유하여야 하며 통관우체국은 체신관서 중 관세청장이 지정한다.
② 법령에 의하여 수출입이 제한되거나 금지되는 우편물은 간이한 방법으로 통관할 수 없고 일반수입신고를 하여야 한다.
③ 우리나라 거주자가 우편물로 수취하는 소액물품으로서 총 과세가격 20만원 이하의 물품으로서 자가사용물품으로 인정되는 것은 면세가 가능하다.
④ 세관공무원이 당해 우편물을 검사할 필요가 있는 경우 화주의 허가 없이 포장을 풀 수 있다.

4 다음 보기의 (　)안에 들어갈 용어로 가장 알맞은 것은? [국제무역사 36회 1교시 21번]

> 관세법상 수출입을 할 때에 개별 법령에서 정하는 바에 따라 허가・승인・표시 또는 그 밖의 조건을 갖출 필요가 있는 물품은 (　)에게 그 허가・승인・표시 또는 그 밖의 조건을 갖춘 것임을 증명하여야 한다.

① 지방자치단체장　② 수입자
③ 정부기관　④ 세관장

5 다음 설명 중 관세법상 수출통관과 관련하여 가장 잘못된 것은? [국제무역사 36회 1교시 29번]

① 수출신고 관할세관을 결정할 때 신고하는 시점의 물품소재지를 고려하지 아니하여도 된다.
② 관세법상 "수출"이란 내국물품을 외국으로 반출하는 것을 말한다.
③ 수출통관시 물품검사를 필요로 할 경우 "신고지 검사" 또는 "적재지 검사"를 실시할 수 있다.
④ 수출물품의 검사는 신고수리후 적재지에서 검사하는 것을 원칙으로 한다.

6 관세법에 의해 수출입이 제한되는 물품에 대한 설명 중 가장 잘못된 것은? [국제무역사 36회 1교시 33번]

① 정부의 기밀을 누설하거나 첩보활동에 사용되는 물품은 수출하거나 수입할 수 없다.
② 상표법에 따라 설정등록된 상표권을 침해하는 물품은 수출하거나 수입할 수 없다.
③ 국내에서 환적되는 물품 중 저작권법에 따른 저작권을 침해하였음이 명백한 물품이라 하더라도 국내반입이 되지 않는 경우에는 세관장 직권으로 통관 보류를 시킬 수 없다.
④ 세관장은 국민보건 등을 해칠 우려가 있는 물품에 대해서는 통관을 보류할 수 있다.

정답 3.③ 4.④ 5.① 6.③

7 다음은 관세법상 수입통관과 관련된 내용이다. 이 중 가장 잘못된 것은?

[국제무역사 36회 1교시 39번]

① 수입하려는 물품은 지정장치장 또는 보세창고에 반입한 후 30일 이내에 신고를 하여야 한다.

② 신속한 통관이 필요한 때에는 선박이나 항공기가 입항하기 전에도 수입신고를 할 수 있다.

③ 수입신고는 화주·은행(L/C조건인 경우) 또는 관세사 등의 명의로 하여야 한다.

④ 관세법에서 보호하고 있는 지식재산권에는 상표권, 저작권, 품종보호권, 지리적표시권, 특허권, 디자인권 등이 있다.

8 다음 중 관세법 제235조 지식재산권 보호를 받을 수 있는 권리에 해당하지 않는 것은?

[국제무역사 37회 1교시 36번]

① '농산물품질관리법'에 따라 보로대상으로 지정된 지리적표시권

② '저작권법'에 따른 저작인접권

③ '디자인보호법'에 따라 설정등록된 디자인권

④ '실용신안법'에 따라 등록된 실용신안권

9 다음의 기사와 관련된 설명 중 관세법상 잘못된 것은? [국제무역사 35회 1교시 38번]

> 인천세관, 1천억대 '짝퉁' 명품시계 적발
>
> − 2014.10.27. 국민일보 기사 중 일부 발췌 −
>
> 인천세관은 고가 유명브랜드 시계를 위조한 이른바 짝퉁 명품시계 989억원(진품시가) 상당을 적발해, 27일 인천 중구 항동 인천본부세관 강당에 진열해 놓고 있다. 위조 명품시계는 스피커 내부공간이나 원단 안쪽에 은닉하는 수법으로 밀수 되었다.

① 설정 등록된 상표권이나 저작권 등을 침해하는 물품은 수출입할 수 없다.

② 중국으로부터 부산항으로 수입되어 일본으로 향하는 환적신고된 물품이 상표권을 침해한 경우 해당 상표권자가 담보를 제공하고 통관보류를 요청하더라도 국내 수입되는 것이 아니므로 통관보류를 할 수 없다.

③ 관세청장은 상표권 등 지식재산권을 침해하는 물품을 효율적으로 단속하기 위하여 필요한 경우에는 해당 지식재산권에 관한 사항을 신고하게 할 수 있다.

④ 여행자 휴대품으로서 소량을 개인용도에 사용하기 위해 수입한 물품에 대해서는 상표권 침해여부 검토 대상이 아니다.

정답 7.③ 8.④ 9.②

10 수입물품에 대한 세관장 확인과 관련된 관세법상 규정에 대한 설명 중 잘못된 것은?
[국제무역사 38회 1교시 32번]

① 수입을 할 때에는 법령에서 정하는 바에 따라 허가・승인・표시 또는 그 밖의 조건 을 갖출 필요가 있는 물품인 경우, 세관장에게 그 허가・승인・표시 또는 그 밖의 조건을 갖춘 것임을 증명하여야 한다.
② 신속통관이 필요한 경우에는 수입 허가・승인・표시 또는 공 밖의 조건의 면제를 받아 통관할 수 있다.
③ 신규로 물품을 수입하고자 하는 무역업체의 경우에는 주입관세율 뿐만 아니라 각 수입물품에 대해 개별 법령에서 정하고 있는 수입 허가・승인・표시 또는 그 밖의 조건에 대한 사전 체크를 하는 것이 좋다.
④ 여행사 휴대품으로서 법령에서 정하는 바에 따라 필요한 허가・승인・표시 또는 그 밖의 조건이 갖추어지지 아니한 것은 세관장이 이를 유치할 수 있다.

11 (주)한국무역은 미국에서 식품을 수입하여 부산항 보세창고에 보관중이다. 다음 중 관세법상 통관 절차를 잘못 설명하고 있는 것은? [국제무역사 40회 1교시 21번]

① 수입 신고 전에 지방식품의약품 안전청장에게 식품 신고를 하여야 한다.
② 식품 신고에 대한 부적합 판정을 받은 경우에는 반송통관을 통해서 물품을 홍콩으로 보낼 수 있다.
③ 수입물품을 반송시키기 위한 운송비 등 제반비용이 많이 발생될 경우 세관장의 승인을 받아 폐기할 수 있다.
④ 세관장의 승인을 받아 폐기하는 경우 폐기 비용은 보세창고 설영인이 부담한다.

12 다음 중 관세법상 수출입 통관에 대한 설명으로 잘못된 것은? [국제무역사 38회 1교시 33번]

① 바나나(HS : 0803.90)는 수입 시 식품위생법과 식물방역법상 해당 기관에 수입신고 및 검역을 받아야 하는 세관장확인대상 물품이다. 세관장확인대상물품은 수입신고 전에 그 절차를 완료하여야 한다.
② 수입신고는 물품이 보세구역에 반입된 다음에 신고하는 것이 일반적이다. 하지만 신속한 통관이 필요한 때에는 선박이나 항공기가 도착하기 전에 수입신고를 할 수 있다. 이 경우에도 물품 검사대상으로 선별된 경우에는 보세구역에 반입된 다음에 검사를 이행해야 한다.
③ 세관장은 국민 보건을 헤칠 우려가 있는 수입 물품을 보세구역에 반입시킬 수 있다. 다만, 제세를 납부하고 수입신고가 수리되어 반출된 물품은 대상에서 제외된다.
④ 저작권법에 따른 저작권과 저작인접권을 침해 한 물품은 수출 하거나 수입할 수 없다.

정답 10.② 11.④ 12.③

13 다음은 관세법상 수입신고 제도와 관련된 설명이다. 가장 잘못된 것은?

[국제무역사 39회 1교시 32번]

① 물품을 수입하기 위해 보세창고에 반입한 물품은 반입일로부터 30일 이내에 세관장에게 수입신고하여야 한다.
② 물품을 수입하기 위해 보세창고에 반입한 물품을 지정된 기간 내에 신고하지 아니한 경우에는 해당 물품의 과세가격의 100분의 2에 상당하는 금액의 범위에서 가산세를 징수한다.
③ 수입하려는 물품의 신속한 통관이 필요할 때에는 적재한 선박이나 항공기가 입항하기 전에 수입신고를 할 수 있다. 이 경우 입항전수입신고 수리된 물품은 외국물품에 해당한다.
④ 성실 납세자가 수입하는 원부자재 등은 수입 신고 전이라도 세관장에게 즉시반출신고를 하고, 관세에 상당하는 담보를 제공하면 보세구역에서 물품을 반출할 수 있다. 다만, 즉시반출신고를 한 날로부터 10일 이내에 수입신고를 하여야 한다.

14 다음의 거래내용에 맞는 관세법상 가장 경제적이면서 적법한 통관절차에 해당하는 것은?

[국제무역사 39회 1교시 34번]

> 대구광역시에 소재한 (주)무등산은 브라질 바이어로부터 공작기계 100대를 주문받았다. 대구에 소재한 자사 공장에서 50대 분량만생산하고, 나머지는 (주)무등산 베트남 현지공장에서 50대를 생산하였다. 베트남에서 생산완료 된 50대는 부산항 보세구역으로 운송하고, 국내 생산완료된 50대와 함께 브라질로 같은 날 같은 선박에 적재하여 송부할 예정이다.

① (주)무등산은 베트남 현지 공장에서 생산한 물품을 국내로 수입통관 해야 한다.
② (주)무등산은 베트남 현지 공장에서 생산한 물품을 국내로 운송하여 국내 생산물품과 함께 한국산으로 수출한다.
③ (주)무등산은 베트남 현지 공장에서 생산한 물품을 부산항 보세구역으로 운송하여 오더라도 수입통관 절차를 거치지 않고 브라질로 반송할 수 있다.
④ (주)무등산은 브라질에서 100대 주문을 받았으므로 수출 수량 100대로 수출신고 한다.

정답 13.③ 14.③

19

관세법의 처벌과 행정구제제도

학 습 목 표

관세 행정벌은 징역, 벌금, 몰수가 과해지는 관세형벌과 그 외의 법에 따라 과태료와 과징금이 부과되는 관세질서벌로 구분된다. 납세자의 권리구제를 위해서는 처분 사전에 가능한 과세전 적부심사제도와 사후에 가능한 이의제기, 심사, 심판청구, 행정쟁송 등이 존재한다. 이 장에서는 관세법의 처벌과 행정구제제도에 대해 다음 내용을 중심으로 학습해 보자.

1. 관세형벌과 관세범에 대한 처벌의 특징
2. 납세자의 권리와 권리구제절차

들어가기 전에

과세관청과 납세의무자 간 불복과 소송을 최소화하는 방법은 없을까?

- [2017년 국정감사-관세청] 관세불복 인용률 50%↑

관세 불복 인용률이 50%를 넘고 소송 패소율도 매년 15%를 기록하는 등 관세청이 무리한 관세조사 및 부과를 하고 있다는 주장이 제기됐다. (중략) 조세심판원에 행정심판을 제기하는 심판청구의 경우 2012년 인용건수가 68건으로 인용률은 35.4%였으며 2013년에는 138건・인용률 54.8%, 2014년 215건・56.4%, 2015년 72건・43.9%, 2016년 124건・33.8%를 기록했다. (중략)

소송 제기건수도 매년 증가해 2012년에는 137건 소송금액 1369억500만원이었으며 2013년 89건・1291억2800만원, 2014년 103건・4951억7600만원으로 크게 급증하다가 2015년 101건・1144억8900만원으로 감소했다. 2016년에는 100건・1519억3500만원으로 증가세로 돌아섰다. (중략)

조세일보 이희정 기자. 2017년 10월 16일 '관세불복 인용률 50%↑' 기사전문
http://www.joseilbo.com/news/htmls/2017/10/20171016337331.html

납세의무자와 과세관청 간의 법 적용의 이해 차이는 최종적으로 어느 쪽이 이기든 소비적인 불복과 쟁송으로 이어질 수 있다. 이에 따라 분쟁으로 확대되는 것을 막기 위해 사전적인 정보의 제공과 민간과 과세관청 간의 협력과 대화를 위한 다양한 제도가 마련되기도 했다. 그러나 그럼에도 불구하고 사전적인 조치들이 실효성을 갖고 지속적으로 운영된 사례가 드물다. 이 장에서는 관세법의 구제제도를 살펴보면서 납세의무자와 과세관청 간 협력적인 관세법 준수체계를 만들어가는 방안에 대해 생각해 보자.

Chapter 19

관세법의 처벌과 행정구제제도

제1절 관세형벌

1 관세형벌과 관세범

행정과 관련해 법령에 규정된 벌칙규정을 학문상 용어로 **행정벌**이라 한다. 행정벌은 행정법상의 의무위반 행위에 대해 일반통치권에 의거해 과하는 벌칙이다. 관세의 과세 또는 통관과 관련된 관세행정벌은 관세형벌과 관세질서벌로 구분된다.

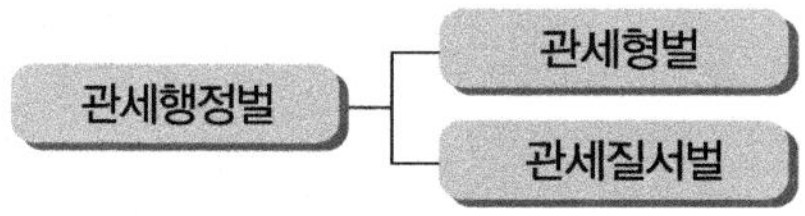

관세형벌은 관세법령의 의무위반에 대한 제재로서 형법(刑法)에 명칭이 있는 형벌이 과해지는 것이다. 관세법은 동법 또는 동법에 의한 명령[1]을 위반하는 행위로서 관세법에 따라 형사처벌되거나 통고처분되는 것을 **관세범(關稅犯)**이라 규정하였다(관세법 제283조). 관세법 이외의 관세와 관련된 다른 법령 또는 조약에 규정된 벌을 받을 때도 관세법에 의한 벌과 유사하게 처벌되는 경우가 있지만 이들을 모두 관세범이라 부르지는 않는다. 관세범에 관한 사건은 관세청장이나 세관장의 고발이 없는 한 검사가 공소를 제기할 수 없다(관세법 제284조). 관세질서벌은 형법에 형벌의 명칭이 없는 제재, 즉 과태료(관세법 제277조)나 과징금(관세법 제178조, 제327조의2)을 부과하는 것이다. 관세행정벌은 관세법 외에 환급특례법(제23조 벌칙), 자유무역협정이행을 위한 관세특례법(제22조 벌칙), 자유무역지역의 지정 및 운영에 관한 법률(제7장 벌칙), 특정범죄가중처벌 등에 관한 법률(제6조 법위반 행위의 가중처벌), SOFA특례법(제8조 관세면제물품의 양도제한), 관세사법(제9장 벌칙)에도 규정되어 있

1) 여기에 해당되는 것으로는 대통령령, 기획재정부령, 그리고 관세청장의 고시・훈령・지시와, 통관 또는 과세와 관련해 구체적 사안에 대해 행하는 세관장의 지시 등이 있다.

다. 관세법과 이들 법령을 통칭하여 편의상 **관세형법**이라 부르기도 한다. 형법에는 사형·징역·금고·자격상실·자격정지·벌금·구류·과료[2]·몰수의 9가지 형이 규정되어 있다(형법 제41조). 그러나 관세법령에는 징역·벌금·몰수의 세 가지만 형으로 규정되어 있다.

2 관세형벌에 적용되는 형법의 주요 내용

징역·벌금·몰수라는 관세형벌을 과함에 있어 법령에 특별한 규정이 있는 경우를 제외하고는 형법의 총칙규정이 그대로 적용된다. 형법(제8조)에 '본법 총칙은 타 법령에 정한 죄에 적용한다. 단 그 법령에 특별한 규정이 있는 때에는 예외로 한다.'고 규정하고 있기 때문이다.[3] 그러나 관세질서벌을 과할 때는 형법총칙을 적용하지 않는다. 관세형벌에 적용되는 형법총칙의 주요 내용은 다음과 같다.

1) 죄형법정주의

관세범에 대한 처벌은 법률의 규정이 있을 때만 가능하다. 이는 헌법에 규정된 원칙으로, 형법 제1조(범죄의 성립과 처벌)에 다시 규정되어 있다. 내용은 다음과 같다.

① 범죄의 성립과 처벌은 행위 시의 법률에 의한다.

② 범죄 후 법률의 변경에 의해 그 행위가 범죄를 구성하지 아니하거나 형이 구법(舊法)보다 경(輕)한 때에는 신법(新法)에 의한다.

③ 재판확정 후 법률의 변경에 의해 그 행위가 범죄를 구성하지 아니하는 때에는 형의 집행을 면제한다.

2) 범죄의 성립요건

관세범을 비롯한 범죄가 성립하기 위해서는 ① 구성요건이 충족되어야 하고, ② 위법성이 있어야 하며, ③ 그 책임이 있어야 한다. 구성요건이란 형벌을 과하는 근거가 되는 행위의 유형을 기술해 둔 것을 말한다. 첫 번째 범죄 성립요건인 구성요건이 충족되어야 한다 함은 어떤 행위가 범죄로서 처벌되기 위해서는 행위자가 죄의 성립요소인 사실을 인식

---

2) 과료(科料)도 벌금과 같은 재산형의 일종으로 범죄인에게 일정한 금액의 지급을 강제적으로 부담지우는 형벌이다. 벌금에 비해 그 금액이 적고 또한 비교적 경미한 범죄의 경우에 부과된다.

3) 형법총칙은 형법 제1편(제1조 내지 제86조)에 규정되어 있다.

하는 것, 즉 행위자의 **고의(故意)**[4]가 있어야 하고, 인과관계가 있어야 한다는 것이다(형법 제13조 및 제14조, 제17조). 허위신고죄 등(관세법 제276조)의 일부 규정과 같이 과실범 처벌에 대한 별도규정이 있는 경우를 제외하고는 관세범은 고의가 있는 경우만 처벌의 1차적 요건이 충족된다. 아울러 실제 행위가 죄의 요소가 되는 위험발생에 연결되는 인과관계가 있어야 처벌될 수 있다.

두 번째 요건인 위법성이 있어야 한다는 것과 관련하여 형법은 위법성이 있는 경우가 무엇인지를 규정하지는 않고 위법성이 없다고 보는 사유를 몇 가지 열거하여 규정하고 있다. 이와 같은 사유를 **위법성조각사유(違法性阻却事由)**라 한다. 이에 해당하는 것으로는 정당행위(형법 제20조), 정당방위(형법 제21조), 긴급피난(형법 제22조), 자구행위(형법 제23조), 피해자의 승낙(형법 제24조)이 있다. 세 번째 요건인 책임이란 구성요건에 해당되고 위법한 행위라 하더라도 행위자를 개인적으로 비난할 수 있는 비난가능성이 있어야 처벌한다는 것이다. 형법은 책임에 관해 적극적으로 규정하지 않고 책임을 묻지 않거나 책임을 줄여주는 경우에 대해 소극적으로 규정하고 있다. 즉, 형사미성년자[5]와 심신장애자, 강요된 행위는 책임을 묻지 않고 심신미약자와 농아자의 경우에는 감경하며(형법 제9조 내지 제12조), 정당행위나 정당방위, 긴급피난, 또는 자구행위에 해당되지만 과잉으로 이루어진 것에 대해서는 형을 감경할 수 있다(형법 제20조 내지 제23조).

3) 미수범, 공범 등에 대한 처벌

행위자의 범죄의사가 범죄로 실현되는 데는 여러 가지 단계를 거친다. 예비, 실행의 착수, 행위의 종료, 결과의 발생, 그리고 종료의 단계가 그것이다. 이와 같은 여러 단계를 모두 거쳐 범죄의 구성요건이 완전히 실현된 경우를 **기수(旣遂)**라 하고, 실행의 착수단계까지는 거쳤으나 행위를 종료하지 못하였거나, 결과가 발생하지 않은 때는 이를 **미수(未遂)**라 한다. 형법은 범죄의 실행형태 및 상황에 따라 처벌 방법을 규정해 두고 있다(형법 제25조 내지 제36조). 형법총칙에는 범죄의 실행에 착수하여 행위를 종료하지 못하였거나 결과가 발생하지 아니한 '미수범'도 처벌하도록 하였다. 다만 미수범의 형은 기수범보다 감경할 수

---

4) 고의는 형법(제13조)에서는 범의(犯意)라 한다. 이는 자기 행위로부터 일정한 결과가 생길 것을 알면서 그 행위를 하는 주관적 의식상태를 말한다. 고의는 부주의로 인해 일정한 결과의 발생을 인식하지 못하는 과실과 구별되는 개념이다. 형법에서는 원칙적으로 고의의 경우만 처벌하지만 사법상에서는 그 책임요건으로 양자를 구별하지 않고, 또 책임의 경중의 차이도 인정하지 않는 것이 원칙이다.
5) 14세가 되지 아니한 자가 형사미성년자이다.

있다. 한편, 2인 이상이 공동으로 죄를 범한 **공동정범**은 각자를 그 죄의 정범으로 처벌하고, 타인을 교사하여 죄를 범하게 한 자는 **교사범**으로 죄를 실행한 자와 동일한 형으로 처벌한다. 교사를 받은 자가 범죄의 실행을 승낙하지 아니한 때에도 교사자에 대해서는 처벌한다.

타인의 범죄를 방조한 **방조범**은 **종범**으로 정범의 형보다 감경해 처벌하며, 어느 행위로 인해 처벌되지 않는 자 또는 과실범으로 처벌되는 자를 교사 또는 방조하여 범죄행위의 결과를 발생하게 한 '간접정범'은 교사 또는 방조의 예에 의해 처벌한다. 만일 자기의 지휘, 감독을 받는 자를 교사 또는 방조하여 전항의 결과를 발생하게 한 자는 그것이 교사인 때는 정범에 정한 형의 장기 또는 다액에 그 2분의 1까지 가중하고, 방조인 때는 정범의 형으로 처벌한다. 금고 이상의 형을 받아 그 집행을 종료하거나 면제를 받은 후 3년 내에 금고 이상에 해당하는 죄를 범한 자는 **누범**으로 처벌하는데, 누범의 형은 그 죄에 정한 형의 장기의 2배까지 가중한다.

4) 경합범과 상상적 경합범에 대한 처벌

동일인이 여러 개의 죄를 범한 경우에 이를 **경합범**이라 한다. 경합범을 동시에 판결할 때는 가장 중한 죄에 정한 장기 또는 다액에 그 2분의 1까지 가중하되 각 죄에 정한 형의 장기 또는 다액을 합산한 형기 또는 액수를 초과할 수 없다(형법 제37조 내지 제39조). 무역은 흔히 반복적으로 장기간에 걸쳐 행해지기 때문에 같은 행위를 여러 번에 걸쳐 행하였을 때 이것이 하나의 범죄를 구성하는지 아니면 여러 개의 범죄를 구성하여 경합범이 되는지가 판단되어야 한다. 관세법상 무신고수입죄 및 관세포탈죄에 있어서 서로 다른 시기에 수회에 걸쳐 이루어진 무신고수입행위 및 관세포탈행위는 그 행위의 양태, 수법, 품목 등이 동일하다 하더라도 원칙적으로 별도로 각각 1개의 무신고수입 및 관세포탈로 인한 관세법위반죄를 구성한다.

한편, 수출입이 금지된 물품을 정상 수출입이 가능한 다른 물품으로 허위 신고했다면 한 번의 신고로 허위신고죄와 밀수출입죄를 동시에 범하게 된다. 이와 같이 1개의 행위로 여러 개의 죄를 범한 때를 **'상상적 경합'**이라 한다. 상상적 경합범에 대해서는 가장 중한 죄에 정한 형으로 처벌한다(형법 제40조).

5) 징역과 벌금의 병과 및 범죄 관련 물품의 몰수 · 추징

형법에 따르면 각 죄에 정한 형이 사형 또는 무기징역이나 무기금고 이외의 동종의 형인 때에는 가장 중한 죄에 정한 장기 또는 다액에 그 2분의 1까지 가중한 형기 또는 액수를 병과할 수 있다(형법 제38조). 관세범에 대해서도 관세법은 징역 또는 벌금병과할 수 있다고 규정한 경우가 있다. **몰수(沒收)**란 범죄행위와 관련된 재산을 박탈하는 것을 내용으로 하는 재산형으로 다른 형에 추가해 과하는 부가형(附加刑)이다. 형법은 범인 이외의 자의 소유에 속하지 아니하거나 범죄 후 범인 이외의 자가 정을 알면서 취득한 ① 범죄행위에 제공하였거나 제공하려고 한 물건, ② 범죄행위로 인해 발생되었거나 이로 인해 취득한 물건, ③ 그 대가로 취득한 물건에 대해서는 전부 또는 일부를 몰수할 수 있게 규정하였다. 만일 몰수하는 것이 불가능한 때에는 그 가액을 추징한다(형법 제48조).

3 관세범 처벌상의 특례

관세법을 보면 관세범에 대해서는 형법에서 정한 일반적인 처벌보다 더욱 중한 처벌을 하도록 형법에 대한 여러 예외규정을 두고 있다. 뿐만 아니라 일정금액 이상의 범죄를 저지르거나 상습범, 집단범 등에 해당할 경우 관세법보다 더욱 무거운 처벌규정을 두고 있는 특정범죄가중처벌법을 적용하여 처벌한다.

1) 벌금경합에 관한 제한 가중(加重) 규정 적용배제

관세범에 대해 벌금처벌을 할 때는 경합범과 처벌례(형법 제38조 제1항 제2호) 중 벌금경합에 관한 제한 가중규정을 적용하지 않는다. 형법에는 '각 죄에 정한 형이 사형 또는 무기징역이나 무기금고 이외의 동종의 형인 때에는 가장 중한 죄에 정한 장기 또는 다액에 그 2분의 1까지 가중하되 각 죄에 정한 형의 장기 또는 다액을 합산한 형기 또는 액수를 초과할 수 없다.' 고 규정하고 있으나 관세법은 벌금 경합에 관한 제한 가중 부분은 적용을 배제한 것이다(관세법 제278조).

2) 양벌규정 적용

법인의 대표자나 법인 또는 개인의 대리인, 사용인, 그 밖의 종업원이 그 법인 또는 개인의 업무에 관해 관세법에서 규정한 벌칙(제277조의 과태료는 제외)에 해당하는 위반행위를 하면 그 행위자를 벌하는 외에 그 법인 또는 개인에게도 해당 조문의 벌금형을 과(科)한다. 다만, 법인 또는 개인이 그 위반행위를 방지하기 위해 해당 업무에 관해 상당한 주의와 감독을 게을리하지 아니한 경우에는 **양벌규정**이 적용되지 않는다. 여기에서 개인이란 다음 각호의 어느 하나에 해당하는 자다(관세법 제279조).

① 특허보세구역 또는 종합보세사업장의 운영인.
② 수출(환급특례법에 의한 수출 등을 포함)·수입 또는 운송을 업으로 하는 사람.
③ 관세사.
④ 개항 안에서 물품 및 용역의 공급을 업으로 하는 사람.
⑤ (관세법 제327조의2에 의한) 국가관세종합정보망 운영사업자 및 (동법 제327조의3에 의한) 전자문서중계사업자.

3) 미수범과 예비범, 교사범, 방조범, 과실범의 처벌

형법은 예비범에 대해서는 처벌하지 않고, 미수범은 형을 감경할 수 있게 하였으나, 관세범의 경우 중대범죄로 간주되는 전자문서 위조·변조죄 등(관세법 제268조의2), 밀수출입죄(동법 제269조) 및 관세포탈죄 등(동법 제270조) 죄의 미수범은 본죄에 준해 처벌한다. 또 같은 죄를 범할 목적으로 그 예비를 한 자는 본죄의 2분의 1을 감경해 처벌하도록 하였다(관세법 제271조). 형법은 교사범은 본죄에 준해 처벌하되 방조범[6]은 형을 감경할 수 있게 하였으나 관세법은 밀수출입죄 및 관세포탈죄의 규정에 의한 행위를 교사하거나 방조한 자도 정범에 준해 처벌하도록 하였다. 한편, 일반 형사범은 고의범만을 처벌하는 것이 원칙이고, 고의가 없거나 과실범은 법률에 특별한 규정이 있을 경우에 한하여 처벌하고 있는데, 관세법에서는 허위신고죄(관세법 제276조 제3항, 4항)의 경우 과실범도 처벌하도록 하였다.

관세범에 대해서는 교사범(敎唆犯)과 방조범(幇助犯)도 정범(正犯)에 준해 처벌하고, 예비범과 미수범도 본죄에 준해 처벌하도록 하고 있으나 이들 범죄의 구성요건이 각기 다르기

6) 방조범은 정범의 범죄실행을 방조한 자(형법 32조 1항)를 말한다. 종범이라고도 하며 교사범과 함께 협의의 공범에 해당한다. 방조에는 언어방조와 거동방조가 있다. 언어방조는 지적·정신적 방조를 말하는 것으로 이미 범죄를 결의하고 있는 자에게 결의를 강화시켜주고 조언을 한다는 점에서 교사와 구별된다. 그리고 거동방조는 기술적·물리적 방조를 말하며 범행지배가 없다는 점에서 공동정범과 구별된다.

때문에 어느 시기를 수출 또는 수입이 이루어진 시기라 보느냐 하는 것은 중요한 의미가 있다.

4) 범죄관련 물품의 몰수와 추징

관세법에서 형법에 대한 예외로서 규정하고 있는 몰수규정은 범죄에 이용된 운반기구 등에 관한 것과, 범죄물품 자체에 관한 두 가지가 있다. 먼저 다음과 같이 밀수출 또는 밀수입에 전용되는 운반기구 등에 대한 몰수다.[7)]

> **관세법 제272조(밀수 전용 운반기구의 몰수)** 제269조(밀수출입죄)의 죄에 전용(專用)되는 선박·자동차나 그 밖의 운반기구는 그 소유자가 범죄에 사용된다는 정황을 알고 있고, 다음 각 호의 어느 하나에 해당하는 경우에는 몰수한다.
> 1. 범죄물품을 적재하거나 적재하려고 한 경우
> 2. 검거를 기피하기 위하여 권한 있는 공무원의 정지명령을 받고도 정지하지 아니하거나 적재된 범죄물품을 해상에서 투기·파괴 또는 훼손한 경우
> 3. 범죄물품을 해상에서 인수 또는 취득하거나 인수 또는 취득하려고 한 경우
> 4. 범죄물품을 운반한 경우

다른 한 가지는 다음과 같이 밀수출입물품에 대한 몰수 또는 추징이다.

> **관세법 제282조(몰수·추징)** ① 수출입금지물품의 경우에는 그 물품을 몰수한다.
> ② 제269조 제2항(밀수입)·제3항(밀수출) 또는 제274조 제1항 제1호(밀수출입 물품의 취득)의 경우에는 범인이 소유하거나 점유하는 그 물품을 몰수한다. 다만, 제269조 제2항(밀수입)의 경우로서 다음 각 호의 어느 하나에 해당하는 물품은 몰수하지 아니할 수 있다.
> 1. 보세구역에 신고를 한 후 반입한 외국물품
> 2. 세관장의 허가를 받아 보세구역이 아닌 장소에 장치한 외국물품
> ③ 제1항과 제2항에 따라 몰수할 물품의 전부 또는 일부를 몰수할 수 없을 때에는 그 몰수할 수 없는 물품의 범칙 당시의 국내도매가격에 상당한 금액을 범인으로부터 추징한다.

5) 징역과 벌금의 병과

관세법 제275조에는 일부 관세범의 경우 정상(情狀)에 따라 징역과 벌금을 병과(竝科)할

---

7) 이때 소유주는 공부상의 명의 여하에 불구하여 권리의 실질적인 귀속관계에 따라 판단하며, 그 소유주가 범죄에 사용되는 정을 알아야 몰수의 대상이 된다. 대법원 1999.12.10. 선고 99도3478 판결.

수 있게 하였다. 정리하면 〈표 19-1〉과 같다.

〈표 19-1〉 관세범에 대한 처벌 내용

죄명	행위자	교사자와 방조자	미수범	예비범	과실범
전자문서위조, 변조죄 등	징역 또는 벌금	×	처벌	감경처벌	×
밀수출입죄	징역과 벌금의 병과	둘 다 처벌	처벌	감경처벌	×
관세포탈죄 등	징역과 벌금의 병과	둘 다 처벌	처벌	감경처벌	×
가격조작죄	징역과 벌금의 병과	×	×	×	×
밀수품의 취득죄	징역과 벌금의 병과	×	처벌	감경처벌	×
강제징수면탈죄 등	징역 또는 벌금	방조자처벌	×	×	×
타인에 대한 명의대여죄	징역 또는 벌금	×	×	×	×
허위신고죄 등	벌금	×	×	×	처벌

4 특정범죄가중처벌법에 의한 가중처벌

'특정범죄가중처벌 등에 관한 법률(약칭 특가법)은 형법·관세법·조세범처벌법·마약류관리에 관한 법률에 규정된 특정범죄 등에 대한 가중처벌 등을 규정한 특례법이다. 이 법률 제6조에는 관세법상의 금지품수출입죄, 밀수입죄, 밀수출죄, 관세포탈이나 부정감면, 또는 부정환급죄, 허위신고죄, 교사범·방조범·미수범의 죄를 범한 자 가운데 일정금액 이상의 범죄와 상습범, 집단범에 해당하는 자는 가중해 처벌하도록 규정하고 있다.

5 관세형벌의 종류

1) 전자문서위조 · 변조죄 등(관세법 제268조의2)

이 죄는 국가관세종합정보망운영사업자나 그 사업자의 임직원들의 범죄행위를 처벌하기 위한 것이다. 전자문서위·변조죄는 양벌규정(관세법 제279조)이 적용된다. 이 죄를 범할 목적으로 그 예비를 한 자는 본죄의 2분의 1을 감경하여 처벌하나 미수범은 본죄에 준해 처벌한다(관세법 제271조).

〈표 19-2〉 전자문서위·변조죄 등의 구성요건과 처벌

<table>
<tr><th>범죄의 구성요건</th><th>관세법 근거</th><th>처 벌</th></tr>
<tr><td>관세법 제327조의4 제1항 관련 : 국가관세종합정보망이나 전자문서중계사업자의 전산처리설비에 기록된 전자문서 등 관련 정보를 위조 또는 변조하거나 위조 또는 변조된 정보를 행사</td><td>제268조의2 제1항</td><td>1년 이상 10년 이하의 징역 또는 1억 원 이하의 벌금</td></tr>
<tr><td>관세법 제327조의2 제1항 관련 : 지정을 받지 않고 국가관세종합정보망을 운영하거나 제327조의3 제1항을 위반하여 관세청장의 지정을 받지 않고 전자문서중계업무를 수행</td><td>제268조의2 제2항 제1호</td><td rowspan="3">5년 이하의 징역 또는 5천만 원 이하의 벌금</td></tr>
<tr><td>관세법 제327조의4 제2항 관련 : 국가관세종합정보망 또는 전자문서중계사업자의 전산처리설비에 기록된 전자문서 등 관련 정보를 훼손하거나 그 비밀을 침해</td><td>제268조의2 제2항 제2호</td></tr>
<tr><td>관세법 제327조의4 제3항 관련 : 국가관세종합정보망 운영사업자 또는 전자문서중계사업자의 임원·직원이거나 임원 또는 직원이었던 자로서 업무상 지득한 전자문서 등 관련 정보에 관한 비밀을 누설하거나 도용</td><td>제268조의2 제2항 제3호</td></tr>
</table>

이러한 처벌과는 별개로 관세청장은 지정을 받은 국가관세종합정보망 운영사업자나 전자문서중계사업자가 지정요건을 충족하지 못하게 되거나 거짓이나 그 밖의 부정한 방법으로 지정을 받은 때, 관세청장의 지도·감독을 위반한 때 등에는 지정을 취소하거나 1년 이내의 기간을 정해 국가관세종합정보망 운영사업의 전부 또는 일부의 정지를 명할 수 있다. 또 업무정지처분에 갈음하여 1억 원 이하의 과징금을 부과할 수도 있다(관세법 제327조의2). 과징금부과 시 납부기한까지 이를 납부하지 아니한 때에는 체납된 관세와 마찬가지로 국세기본법 및 국세징수법의 예에 따라 징수한다.

2) 밀수출입죄 등(관세법 제269조)

정상적인 수출 또는 수입신고를 하지 않고 물품을 수출·수입한 경우가 밀수출 또는 밀수입인데, 통칭 **밀수(密輸)**라 한다. 이때 수입 또는 수출의 개념은 관세법 제2조에 규정된 바와 같이 수입은 외국물품을 우리나라에 반입(보세구역을 경유하는 것은 보세구역으로부터 반입하는 것)하는 것을, 수출은 내국물품을 외국으로 반출하는 것을 말한다. 관세법은 이러한 밀수를 방지하기 위해 〈표 19-3〉과 같은 밀수출입죄를 규정하고 있다. 이 죄를 범한 자는 정상에 의해 징역과 벌금을 병과할 수 있으며(관세법 제275조) 양벌규정이 적용된다. 밀수

출입 행위를 교사하거나 방조한 자는 정범에 준해 처벌한다. 또한 밀수출입죄를 범할 목적으로 그 예비를 한 자는 본죄의 2분의 1을 감경하여 처벌하나 미수범은 본죄에 준해 처벌한다(관세법 제271조).

〈표 19-3〉 밀수출입죄의 구성요건과 처벌

<table>
<tr><th>범죄의 구성요건</th><th>관세법 근거</th><th>처 벌</th></tr>
<tr><td>관세법 제234조 관련 : 수출입금지품을 수출하거나 수입</td><td>제269조 제1항</td><td>7년 이하의 징역 또는 7천만 원 이하의 벌금</td></tr>
<tr><td>관세법 제241조 제1항, 제2항 및 제244조 제1항 관련 : 수입신고 또는 입항전수입신고 하지 않고 물품을 수입. 다만, 제253조 제1항의 규정(수입신고전 물품반출)에 의한 반출신고를 한 경우는 제외</td><td>제269조 제2항 제1호</td><td rowspan="2">5년 이하의 징역 또는 관세액의 10배와 물품원가중 높은 금액 이하에 상당하는 벌금</td></tr>
<tr><td>관세법 제241조 제1항 및 제2항 또는 제244조 제1항 관련 : 수입신고 또는 입항전수입신고를 하였으나 해당 수입물품과 다른 물품으로 신고하여 수입</td><td>제269조 제2항 제2호</td></tr>
<tr><td>관세법 제241조 제1항 및 제2항 관련 : 신고를 하지 아니하고 물품을 수출하거나 반송</td><td>제269조 제3항 제1호</td><td rowspan="2">3년 이하의 징역 또는 물품원가 이하에 상당하는 벌금</td></tr>
<tr><td>관세법 제241조 제1항 및 제2항 관련 : 신고를 하였으나 해당 수출물품 또는 반송물품과 다른 물품으로 신고해 수출하거나 반송</td><td>제269조 제3항 제2호</td></tr>
</table>

휴대품이나 우편물 또는 특송화물을 이용한 밀수출입에 대한 처벌사례도 자주 발생한다.

밀수출입된 물품은 원칙적으로 몰수 또는 추징하며, 몰수대상이 아닌 물품의 경우에는 해당되는 관세와 가산세를 부과·징수한다.

3) 관세포탈죄 등(관세법 제270조)

관세법 제270조의 명칭은 '관세포탈죄 등'으로 되어 있는데 그 내용을 보면 〈표 19-4〉와 같이 관세포탈, 부정수출입, 부정감면, 부정환급에 관한 죄들이 일괄해 규정되어 있다. 이 중 관세포탈, 부정감면, 부정환급이 관세포탈죄에 해당한다.

〈표 19-4〉 관세포탈죄 등의 구성요건과 처벌

범죄의 구성요건	관세법 근거	처 벌
관세법 제241조 제1항 및 제2항 또는 제244조 제1항 관련 : 수입신고를 하였으나 세액결정에 영향을 미치기 위해 과세가격 또는 관세율 등을 거짓으로 신고하거나 신고하지 아니하고 수입	제270조 제1항 제1호	3년 이하의 징역 또는 포탈한 관세액의 5배와 물품원가중 높은 금액 이하에 상당하는 벌금
관세법 제241조 제1항 및 제2항 또는 제244조 제1항 관련 : 수입신고하였으나 세액결정에 영향을 미치기 위해 거짓으로 서류를 갖추어 제86조 제1항의 규정에 따른 사전심사를 신청	제270조 제1항 제1의2호	
관세법 제241조 제1항 및 제2항 또는 제244조 제1항 관련 : 수입신고를 하였으나 법령에 따라 수입이 제한된 사항을 회피할 목적으로 부분품으로 수입하거나 주요 특성을 갖춘 미완성·불완전한 물품이나 완제품을 부분품으로 분할해 수입	제270조 제1항 제2호	
관세법 제241조 제1항 및 제2항 또는 제244조 제1항 관련 : 수입신고하였으나 법령에 따라 수입에 필요한 허가·승인·추천·증명 또는 그 밖의 조건을 갖추지 아니하거나 부정한 방법으로 갖추어 수입	제270조 제2항	3년 이하의 징역 또는 3천만 원 이하의 벌금
관세법 제241조 제1항 및 제2항 관련 : 수출신고를 하였으나 법령에 의해 수출에 필요한 허가·승인·추천·증명 기타 조건을 갖추지 아니하거나 부정한 방법으로 갖추어 수출	제270조 제3항	1년 이하의 징역 또는 2천만 원 이하의 벌금
부정한 방법으로 관세감면을 받거나 관세감면을 받은 물품에 대한 관세의 징수를 면탈	제270조 제4항	3년 이하의 징역 또는 감면받거나 면탈, 환급받은 관세액의 5배 이하에 상당하는 벌금
부정한 방법으로 관세환급을 받음	제270조 제5항	

관세포탈죄의 구성요건에 해당하는 행위를 교사하거나 방조한 자는 정범에 준해 처벌하고, 미수범은 본죄에 준해, 예비범은 본죄의 2분의 1을 경감해 처벌한다(관세법 제271조). 관세포탈죄를 범한 자는 정상에 의해 징역과 벌금을 병과할 수 있으며(관세법 제275조) 관세법 제279조의 양벌규정이 적용된다.

4) 가격조작죄(관세법 제270조의2)

수출이나 수입·반송신고(관세법 제241조 제1항·제2항) 또는 입항전수입신고(관세법 제244조 제1항)를 할 때 부당하게 재물이나 재산상 이득을 취득하거나 제3자로 하여금 이를 취득하게 할 목적으로 물품의 가격을 조작하여 신고한 자가 처벌 대상이다. 무관세 품목이지만 사회복지차원에서 정부지원 대상인 물품을 수입하면서 정부지원금 더 받을 목적으로 가격을 높게 속여 신고하거나, 재산의 해외 도피를 위해 수출가격을 속여 신고하는 경우가 이에 해당한다. 이러한 행위에 대해서는 2년 이하의 징역 또는 물품원가와 5천만원 중 높은 금액 이하의 벌금에 처한다.

5) 밀수품의 취득죄 등(관세법 제274조)

밀수입을 하거나 관세포탈을 한 행위자뿐 아니라 그 사실을 알면서 해당 물품을 취득하거나, 양도하거나, 운반·보관하거나 또는 알선, 감정한 자에 대해서는 〈표 19-5〉와 같이 처벌한다.

〈표 19-5〉 밀수품의 취득죄 등의 구성요건과 처벌

범죄의 구성요건	관세법 근거	처벌
관세법 제269조 관련 : 관세법 제269조 밀수출입죄 등에 해당되는 물품을 취득·양도·운반·보관 또는 알선하거나 감정	제274조 제1항 제1호	3년 이하의 징역 또는 물품원가 이하에 상당하는 벌금
관세법 제270조 제1항 제3호·제2항 및 제3항 관련 : 거짓으로 분할수입, 요건을 갖추지 않거나 부정으로 갖추어 수입하거나 수출한 물품을 취득·양도·운반·보관 또는 알선하거나 감정	제274조 제1항 제2호	

밀수품의 취득죄가 성립하기 위해서는 물품의 취득·양도·운반·보관 또는 알선하거나 감정을 한 행위자가 해당 물품이 밀수출입죄 등에 해당하는 물품임을 알고 있어야 한다. 이 죄의 미수범은 본죄에 준해 처벌하고, 예비범은 본죄의 2분의 1을 경감해 처벌한다. 또한 정상에 따라 징역과 벌금을 병과할 수 있고, 양벌규정이 적용된다.

6) 강제징수의 면탈죄 등(관세법 제275조의2)

납세의무자 또는 납세의무자의 재산을 점유하는 자가 강제징수의 집행을 면탈할 목적 또는 면탈하게 할 목적으로 그 재산을 은닉·탈루하거나 허위계약을 하였을 때와 압수 또는 압류물품을 은닉·탈루, 손괴 또는 소비한 때는 〈표 19-6〉과 같이 처벌한다. 강제징수의 면탈죄는 징역과 벌금을 병과할 수는 없지만, 양벌규정은 적용된다.

〈표 19-6〉 강제징수의 면탈죄 등의 구성요건과 처벌

범죄의 구성요건	관세법 근거	처벌
납세의무자 또는 납세의무자의 재산을 점유하는 자가 강제징수의 집행을 면탈할, 또는 면탈하게 할 목적으로 그 재산을 은닉·탈루하거나 거짓으로 계약	제275조의2 제1항	3년 이하의 징역 또는 3천만 원 이하의 벌금
압수물건의 보관자 또는 국세징수법 제38조에 따른 압류물건의 보관자가 그 보관한 물건을 은닉·탈루, 손괴 또는 소비	제275조의2 제2항	
위와 같은 사정을 알고도 이를 방조하거나 거짓 계약을 승낙	제275조의2 제3항	2년 이하의 징역 또는 2천만 원 이하의 벌금

7) 타인에 대한 명의대여죄(관세법 제275조의3)

관세(세관장이 징수하는 내국세 등을 포함한다)의 회피 또는 강제집행의 면탈을 목적으로 타인에게 자신의 명의를 사용해 관세법 제38조에 따른 납세신고를 할 것을 허락한 자는 1년 이하의 징역 또는 1천만 원 이하의 벌금에 처한다(관세법 제275조의 3). 이 처벌조항도 강제징수의 면탈죄와 깊은 관계가 있는 것으로, 관세포탈을 의도한 자가 재산이 없는 제3자의 명의를 이용해 거짓으로 통관하는 경우 그에게 명의를 빌려줌으로써 이에 조력한 자를 처벌하기 위한 것이다. 타인에 대한 명의대여죄는 징역과 벌금을 병과할 수는 없지만, 양벌규정은 적용된다.

8) 허위신고죄 등(관세법 제276조)

관세법에 규정된 각종 의무를 위반하거나, 세관장의 명령을 준수하지 않은 자 가운데 비교적 죄질이 무거운 경우는 허위신고죄 등(관세법 제276조)에 의해 처벌한다. 이 죄는 범죄의 구성요건의 내용이 결과의 발생을 요하지 않고 법에 규정된 행위를 함으로써 충족되는 형식범(形式犯)에 해당한다. 허위신고죄 등은 징역형은 없이 벌금형으로만 처벌한다는 점과, 일부 범죄에 대해서는 과실범도 처벌의 대상으로 한다는 특징이 있다. 조항은 벌금액 수준을 기준으로 관세법 해당 조문을 열거해 규정하는 형태를 취하고 있다. 허위신고죄에도 양벌규정이 적용된다.

관세법

판례 모음(6) – 관세행정법

[판례]

"관세법 제269조 제2항 제1호 소정의 무신고수입죄는 수입물품에 대한 정당한 관세의 확보를 그 보호법익으로 하는 것이므로, 물품을 신고하지 아니하고 수입하는 경우에는 그 수입시마다 해당 수입물품에 대한 정당한 관세의 확보라는 법익이 침해되어 별도로 구성요건이 충족되는 것이어서 각각의 수입 시마다 1개의 죄가 성립한다." 〈대법원 2007.1.11. 선고 2004도3870 판결〉

[판례]

"외화를 넣은 휴대용 가방을 보안검색대에 올려놓거나 이를 휴대하고 통과하는 때에 비로소 '실행의 착수'가 있었다고 보아야 하고, 공항 내에서 탑승을 기다리고 있던 중에 체포되었다면 아직 실행의 착수가 있은 것은 아니라 보아야 한다." 〈대법원 2001.7.27. 선고 2000도4298 판결〉

[판례]

흔히 '보따리 무역'이라 불리며, 한·중 간 화객선을 이용해 이러한 무역에 참여하는 사람들을 '따이공'이라 부른다. 이와 관련해 대법원은 "화주가 물품을 수입하면서 수입신고를 하지 않고 여러 사람들을 고용하여 그들로 하여금 각자의 휴대품인 양 가장해 세관 검색대를 통관하게 하는 방법으로 수입하는 것은 관세법 소정의 무신고수입죄에 해당한다."고 판시하였다. 대법원 2007.1.11. 선고 2004도3870 판결. 특송화물에 대해서는 다음과 같은 판례가 있다. "판매를 목적으로 수입되는 상용물품의 경우 우편에 의한 수입인지 아니면 특송업체를 통한 수입인지를 불문하고 수입자는 정식의 일반수입신고를 하여 통관해야 할 것이고, 통관 과정에서 상용물품에 해당하는 것이 밝혀지면 통관규제조치가 취해져야 할 것이므로 세관공무원이 그러한 사실을 알지 못하고 '수입신고의제' 또는 '목록통관'이라는 '간이수입신고'를 거쳐 통관(면세통관인지 아니면 현장과세인지 여부를 불문한다.)시켰다 하더라도 이는 적법하게 통관된 것으로 볼 수 없다." 〈대법원 2005.3.25. 선고 2004도8786 판결〉

제2절 관세범의 조사와 처분

1 관세범에 대한 조사와 처분의 특례

1) 관세범에 대한 조사와 처분의 주체

관세법은 관세범의 조사와 처분을 세관공무원이 전담하도록 함으로써 통상의 형사절차인 형사소송법에 대한 특례를 규정하고 있다(관세법 제283조). 즉, 관세범에 관한 사건은 관세청장 또는 세관장의 고발이 없는 한 검사는 공소를 제기할 수 없으며, 다른 기관이 관세범에 관한 사건을 발견하거나 피의자를 체포한 때에는 즉시 관세청 또는 세관에 인계해야 한다(관세법 제284조). 이에 따라 검찰권을 행사하는 국가기관인 **검사(檢事)**[8]도 관세범에 대한 조사 과정에서는 **사법경찰관리**로 지명된 세관공무원을 지휘·감독할 뿐 직접 관세범을 수사할 수는 없다. 그러나 특정범죄가중처벌에 관한 법률에는 동법에 의한 처벌대상인 관세범은 관세청장 또는 세관장의 고발을 요하지 않도록 특례를 규정하고 있으므로(특정범죄가중처벌 등에 관한 법률 제6조) 이 경우는 관세청장 또는 세관장의 고발 없이도 검사는 수사를 행하고, 공소를 제기할 수 있다. 관세범의 조사(調査)란 관세범에 관해 관세법상의 처분(고발 또는 통고처분)을 할 것인지 여부를 결정하기 위해 범죄혐의 유무를 명백히 하고 범인을 발견·확보하며 증거를 수집·보전하는 세관공무원의 활동을 말한다. 관세범에 대한 조사는 관세법에 특별한 규정이 없는 것에 대해서는 형사소송법이 준용된다(관세법 제319조).

2) 사법경찰관리인 세관공무원의 직무범위

세관공무원이 관세범이 있다고 인정하는 때는 범인·범죄사실 및 증거를 조사해야 한다(관세법 제290조). 이때의 세관공무원이란 '사법경찰관리의 직무를 행할 자와 그 직무범위에

8) 형사소송법을 보면 검사는 수사의 주재자로서 직접 수사를 행하기도 하고(형사소송법 제195조), 사법경찰관리를 지휘하며(형사소송법 제196조), 수사의 결과 공소제기 여부를 독점적으로 결정하고(형사소송법 제246조), 공판절차에서는 피고인에 대립되는 당사자로서 법원에 대해 법령의 정당한 적용을 청구하고 재판이 확정된 때는 형의 집행을 지휘·감독도록 되어 있다(형사소송법 제460조, 검찰청법 제4조). 관세범의 수사와 공소제기에 대해서는 예외가 인정되고 있는 것이다.

관한 법률'(약칭하여 '사경법'이라 한다)에 의해 사법경찰관 또는 사법경찰리로 지명된 세관공무원을 의미한다. 사법경찰관리로 지명된 세관공무원의 직무범위와 수사관할은 다음과 같다.[9] 이는 곧 세관의 수사권행사 범위를 의미하는 것으로, 관세범 외에 수출입 등과 관련한 다른 범죄까지 포함된다.

① 소속 관서 관할 구역에서 발생하는 다음 범죄사건

가. 관세법 위반사범

나. 관세사법 위반사범

다. 수출용원재료에 대한 관세 등 환급에 관한 특례법 위반사범

라. 자유무역협정의 이행을 위한 관세법의 특례에 관한 법률 위반사범

마. 자유무역지역의 지정 및 운영에 관한 법률 위반사범

바. SOFA 임시특례에 관한 법률 위반사범

사. 대외무역법 위반사범

아. 수출입물품의 통관 및 환적과 관련된 지식재산권 침해사범

자. 외국환거래법 중 지급수단·귀금속 또는 증권의 불법수출입사범, 수출입거래 및 이와 직접 관련되는 용역거래·자본거래에 관한 외국환거래법 위반사범

차. 불공정무역행위 조사 및 산업피해구제에 관한 법률에 의한 원산지표시위반사범

② 소속 관서 관할 구역에서 발생하는 ①에 규정된 범죄에 대한 특정경제범죄가중처벌 등에 관한 법률 제4조에 규정된 재산국외도피사범

③ 소속 관서 관할 구역에서 발생하는 ① 및 ②에 규정된 범죄에 대한 범죄수익은닉의 규제 및 처벌 등에 관한 법률 위반사범

④ 소속 관서 관할 구역 중 우리나라와 외국을 왕래하는 항공기 또는 선박이 입·출항하는 공항·항만과 보세구역에서 발생하는 마약·향정신성의약품 및 대마사범

⑤ 소속 관서 관할 구역에서 발생하는 ①에 규정된 범죄와 경합범 관계에 있는 형법 제20장 문서에 관한 죄 및 제21장 인장에 관한 죄에 해당하는 범죄

사법경찰관리로 지명된 세관공무원은 관세범 조사에 있어 검사의 지휘·감독을 받지만, 그 소속행정기관의 장(관세청장·세관장) 또는 그 보조기관(국장·과장 등)으로부터도 당연히 지휘·감독을 받아야 한다. 관세사법(제32조), 환급특례법(제24조), FTA관세특례법(제44조), 자유무역지역의 지정 및 운영에 관한 법률(제69조)에는 모두 동 법을 위반한 범죄에 대해

9) 사법경찰관리의 직무를 수행할 자와 그 직무범위에 관한 법률 제6조 제14호.

관세법 제283조 내지 제319조를 준용하도록 하였으므로 사법경찰관리로 지명된 세관공무원에 의해 관세범에 준하여 조사·처분이 이루어진다.

3) 공소시효

관세범의 **공소시효**(公訴時效)에 대해서는 관세법에 따로 규정을 두지 않고 형사소송법의 규정을 준용하도록 하였다(관세법 제319조). 공소시효란 범죄가 있었던 때로부터 일정한 기간이 경과하면 그 범죄에 대한 국가의 형벌권이 소멸되고 검사가 공소를 제기할 수 없도록 하는 제도다. 형사소송법에 의하면 다음 기간 경과로 공소시효는 완성된다(형사소송법 제249조).

① 사형에 해당하는 범죄에는 25년.
② 무기징역 또는 무기금고에 해당하는 범죄에는 15년.
③ 장기 10년 이상의 징역 또는 금고에 해당하는 범죄에는 10년.
④ 장기 10년 미만의 징역 또는 금고에 해당하는 범죄에는 7년.
⑤ 장기 5년 미만의 징역 또는 금고, 장기 10년 이상의 자격정지 또는 벌금에 해당하는 범죄에는 5년.
⑥ 장기 5년 이상의 자격정지에 해당하는 범죄에는 3년.
⑦ 장기 5년 미만의 자격정지, 구류, 과료 또는 몰수에 해당하는 범죄에는 1년.

위의 어느 범죄에 해당하더라도 일단 공소가 제기된 범죄는 판결의 확정 없이 범죄가 있었던 때가 아닌 공소를 제기한 때부터 25년이 경과해야 공소시효가 완성된 것으로 간주한다(형사소송법 제249조). 즉, 범인이 도피하여 검거하지 못하였더라도 수사를 종료하고 공소를 제기한 경우에는 공소가 제기된 날부터 25년 이내에 범인이 검거되면 그 범죄에 대해 재판을 받게 되는 것이다.

2 관세범에 대한 조사와 처분

1) 조사의 개시와 조서의 작성

세관공무원이 관세범이 있다고 인정하는 때에는 범인·범죄사실 및 증거를 조사해야 하고, 관세범조사상 필요하다고 인정하는 때에는 피의자·증인 또는 참고인을 조사할 수 있다. 조사를 개시하는 단서는 고소, 고발, 투서, 신고, 진정, 타기관의 인계 등일 수도 있지만 수출입신고에 의한 물품검사, 심사 등 세관공무원의 직무수행 과정에서 인지된 사항과 사법경찰관리들의 정보활동을 통한 단서포착이 주종을 이룬다. 관세범의 조사에 대해서는 관세법에 따로 규정한 바 외에는 형사소송법의 규정을 따라야 한다(관세법 제319조). 관세범의 조사 방법에는 임의조사와 강제조사의 두 가지가 있는데, 임의조사가 원칙이다. **임의조사**란 상대방의 동의나 승낙을 받아서 임의적인 방법으로 조사하는 것이고, 강제조사는 압수·수색·체포 등과 같이 상대방의 의사에 반해 조사하는 것을 말한다. **강제조사**에 관한 자세한 내용은 형사소송법에 규정되어 있다. 세관공무원이 피의자·증인 또는 참고인을 조사하였을 때는 조서를 작성해야 한다. 조서는 세관공무원이 진술자에게 읽어주거나 열람하게 하여 기재사실에 서로 다른 점이 있는지 물어보아야 한다(관세법 제292조).

2) 조사절차

가. 범인의 체포

세관공무원이 관세범의 현행범인을 발견한 때에는 즉시 체포해야 한다. 관세범의 현행범인이 그 장소에 있는 때에는 누구든지 체포할 수 있다. 세관공무원이 아닌 자가 범인을 체포한 때는 지체 없이 세관공무원에게 범인을 인도해야 한다(관세법 제 297조 및 제298조).

나. 검증과 수색

세관공무원은 관세범 조사상 필요하다고 인정하는 때에는 선박·차량·항공기·창고 기타의 장소를 검증하거나 수색할 수 있다(관세법 제300조). 세관공무원은 피의자가 범죄사실을 증명하기에 충분한 물품을 신변에 은닉하였다고 인정되는 때에는 이를 내보이도록 요구하고 이에 응하지 아니하는 때에는 신변을 수색할 수 있다. 여자의 신변을 수색하는 때에는 성년의 여자를 입회하게 해야 한다.

다. 압수

세관공무원은 관할지방법원 판사의 영장을 받아 관세범에 대한 강제수색과 압수(押收)를 할 수 있다(관세법 제296조). 다만, 긴급을 요하는 경우에는 사후에 영장의 교부를 받아야 한다. 관세범 조사에 의해 발견한 물품이 범죄의 사실을 증명하기에 충분하거나 몰수해야 하는 것으로 인정될 때에는 이를 압수할 수 있다(관세법 제303조). 소유자·점유자 또는 보관자가 임의로 제출한 물품이나 남겨 둔 물품은 영장 없이 압수할 수 있다. 현행범이 아닌 한 해가 진후부터 다음날 해가 뜰 때까지의 야간에는 검증·수색 또는 압수를 할 수 없다(관세법 제306조). 그러나 해가 지기 전에 이미 개시한 검증·수색 또는 압수는 계속할 수 있다. 검증·수색 또는 압수를 한 때에는 조서를 작성해야 한다. 세관공무원이 조사·검증·수색 또는 압수를 할 때에는 제복을 착용하거나 그 신분을 증명할 증표를 지니고 그 처분을 받을 자의 요구가 있는 때에는 이를 내보여야 한다(관세법 제308조). 세관공무원이 조사·검증·수색 또는 압수를 함에 있어서 필요하다고 인정하는 때에는 국가경찰공무원의 원조를 요구할 수 있다(관세법 제309조). 세관공무원은 피의자·증인 또는 참고인에 대한 조사·검증·수색 또는 압수 중에는 누구를 막론하고 그 장소에의 출입을 금할 수 있다(관세법 제307조). 관세범죄혐의가 있어 압수된 물품에 대하여 그 압수일부터 6개월 이내에 해당 물품의 소유자 및 범인을 알 수 없는 경우에는 해당물품을 유실물로 간주하여 유실물 공고를 하고, 공고일부터 1년이 지나도 소유자 및 범인을 알 수 없는 경우에는 해당 물품은 국고에 귀속된다.

라. 출석요구

세관공무원이 관세범조사상 필요하다고 인정하는 때에는 피의자·증인 또는 참고인의 출석을 요구할 수 있다. 세관공무원이 관세범 조사상 필요하다고 인정하는 때에는 지정한 장소에 피의자·증인 또는 참고인의 출석 또는 동행을 명할 수 있다. 피의자·증인 또는 참고인의 출석요구는 출석요구서를 보내는 것으로 한다(관세법 제294조).

3) 관세범의 처분

관세범에 대한 처분이란 조사가 종결되었을 때 내리는 일련의 조치를 말한다. 조사결과 범죄혐의가 없을 때는 무혐의 처분을, 범죄의 확증을 얻었을 때는 통고처분이나 고발로 처분한다.

가. 통고처분

통고처분이란 관세청장이나 세관장이 관세범의 조사결과 범죄의 확증을 얻은 때에 그 이유를 구체적으로 밝히고 ① 벌금에 상당하는 금액, ② 몰수에 해당하는 물품, 또는 몰수에 갈음하는 추징금에 해당하는 금액을 납부할 것을 통고하는 행정처분이다(관세법 제311조). 통고처분 대상은 일반적으로 경미한 관세범이나 여기에는 여러 예외가 있다. 통고처분을 할 것인지 여부는 관세청장 또는 세관장의 재량에 맡겨져 있으나 관세범 중 특정범죄가중처벌 등에 관한 법률적용 대상은 통고처분 대상이 될 수 없다. 또한 다음에 해당하는 경우에도 통고처분 대상이 될 수 없다.

① **즉시고발** : 범죄의 정상이 징역형에 처해질 것으로 인정되는 때(관세법 제312조).

② **통고불이행 고발** : 관세범인이 통고서의 송달을 받은 날부터 15일 이내에 이를 이행하지 아니한 때(관세법 제316조).

③ **무자력고발** : 관세범인이 통고를 이행할 수 있는 자금능력이 없다고 인정되거나, 주소 및 거소의 불명 기타의 사유로 인해 통고를 하기 곤란하다고 인정되는 때(관세법 제318조).

나. 고발

관세법상 **고발**(告發)이란 관세청장 또는 세관장이 관세법의 규정에 의해 조사를 한 결과에 따라 관세범죄사실을 검사에게 고지하여 형사소송법절차에 따라 형사상의 소를 제기하여 줄 것을 요구하는 의사표시다. 고발에서는 관세법에 특별한 규정이 있는 경우를 제외하고는 형사소송법상의 고발에 관한 규정이 준용된다(관세법 제319조). 형사소송법에는 고소 또는 고발을 서면이나 구두로 할 수 있게 하였으나 관세법상 고발은 통상 서면으로 작성된 고발서에 의한다. 관세범에 대해 관세청장 또는 세관장이 검사에게 고발하면 동 사건은 검사에게 이관된다. 검사는 관세법상의 조사절차규정에 구애됨이 없이 형사소송법의 규정에 따라 독자적으로 수사를 진행할 수 있고, 기소 여부를 결정한다. 검사는 수사결과에 따라 기소, 불기소 또는 타관이송 처분을 하게 되며 그 처분을 한 날부터 7일 이내에 고발을 한 관세청장 또는 세관장에게 서면으로 그 취지를 통지해야 한다(형사소송법 제258조).

제3절 관세질서벌

1 관세질서벌의 의의

관세질서벌은 법령의 의무위반 등에 대한 제재이기는 하나 형법에 규정된 형벌이 아닌 과태료 처분에 의해 제재를 가하는 것이다. 과태료 처분대상이 되는 관세질서벌을 살펴보면 법규에 위반되는 행위로서 간접적으로 행정목적 달성에 장해를 미칠 위험성이 있는 행위이거나, 행정목적을 직접 침해하는 행위라 하더라도 그 침해의 정도가 비교적 경미한 것들이다. 과태료 처분의 대상을 성격별로 구분하면 대체로 감면세 또는 분할납부 물품의 사후관리, 보세구역 관리, 운송수단 및 보세운송과 관련된 관리, 수출입 및 반송통관의 관리 등과 관련한 각종 규정위반들이다(관세법 제277조). 관세법 제277조 규정에 의한 과태료 부과대상에 대해서는 양벌규정을 적용하지 않는다.

2 과태료의 부과방법

관세질서벌로 부과되는 과태료는 세관장이 부과・징수한다(관세법 제277조). 세관장이 과태료를 부과할 때는 먼저 해당 위반행위를 조사・확인한 후 10일 이상의 기간을 정해 과태료 처분대상자에게 구술 또는 서면에 의한 의견진술기회를 부여해야 한다. 과태료처분은 위반사실・과태료금액・이의제기 방법・이의제기 기간 등을 서면으로 명시해 이를 납부할 것을 과태료 처분대상자에게 통지하는 것으로 한다. 과태료처분에 불복이 있는 자는 그 처분의 고지를 받은 날부터 60일 이내에 세관장에게 이의를 제기할 수 있다. 과태료처분을 받은 자가 이의를 제기한 때에는 세관장은 지체 없이 관할법원에 그 사실을 통보해야 하며, 그 통보를 받은 관할법원은 질서위반행위규제법에 의해 재판을 한다. 만일 기간내에 이의를 제기하지 아니하고 과태료도 납부하지 아니한 때에는 관세법 제26조의 규정된 바에 따라 담보제공이 없는 미납관세의 징수와 같은 강제징수 방법으로 해당 과태료를 징수한다.

3 과태료처분

관세법상 과태료 처분대상은 관세법 제277조에 자세하게 규정하고 있다. 이 내용을 보면 관세법에 규정된 각종 의무규정을 위반한 경우로서 관세형벌로서 처벌하는 것을 제외한 거의 모든 경우가 과태료 처분 대상으로 되어 있음을 알 수 있다. 과태료는 그 사안의 중대성에 따라 1억원 이하, 1천만원 이하, 500만원 이하, 200만원 이하, 100만원 이하로 구분되어 있다. 또, 세관공무원이 그 직무와 관련하여 금품을 수수했을때에는 「국가공무원법」 제82조에 따른 징계절차에서 그 금품 수수액의 5배 내의 징계부가금 부과될 수 있고, 세관공무원에게 금품을 공여한 자에 대해서는 그 금품 상당액의 2배 이상 5배 내의 과태료를 부과한다.

4 과징금의 부과와 징수

관세법상 질서위반이나 요건의 미충족, 의무 불이행 등의 행위에 대해 과징금을 부과할 수 있다.

1) 과징금의 부과대상

① 보세구역운영인 등

특허보세구역 운영인이 장치물품에 대한 관세를 납부할 자금능력이 없다고 인정되는 경우나, 운영인이나 그 사용인이 관세법에 따른 명령을 위반한 경우, 해당 시설의 미비 등으로 특허보세구역의 설치 목적을 달성하기 곤란하다고 인정되는 경우 등 관세법 제178조 제1항 각호의 어느 하나에 해당하는 경우에는 세관장은 6개월의 범위에서 해당 특허보세구역에의 물품반입 또는 보세건설·보세판매·보세전시 등을 정지시킬 수 있다. 그러나 이러한 정지처분이 심한 불편을 주거나 공익을 해칠 우려가 있는 경우 정지처분에 갈음하여 해당 특허보세구역 운영에 따른 매출액의 100분의 3 이하의 과징금을 부과할 수 있다.

② 보세운송업자 등

세관장은 보세운송업자등이 거짓이나 부정한 방법으로 등록하거나, 결격사유의 발생, 보세운송업자등의 업무와 관련하여 관세법이나 관세법에 따른 명령을 위반한 경우 등 관세법 제224조 제1항 각 호의 어느 하나에 해당하는 경우에는 등록의 취소, 6개월의 범위에서의 업무정지 또는 그 밖에 필요한 조치를 할 수 있다. 그러나 업무정지가 그 이용자에게 심한 불편을 주거나 공익을 해칠 우려가 있을 경우에는 보세운송업자등에게 업무정지처분을 갈음하여 해당 업무 유지에 따른 매출액의 100분의 3 이하의 과징금을 부과할 수 있다.

③ 국가관세종합정보망 운영사업자

관세청장은 국가관세종합정보망을 효율적으로 운영하기 위하여 대통령령으로 정하는 기준과 절차에 따라 국가관세종합정보망의 전부 또는 일부를 운영하는 자(국가관세종합정보망 운영사업자)를 지정할 수 있다. 만일 국가관세종합정보망 운영사업자 또는 그 임원에게 결격사유가 발생하거나, 관세청장의 지도·감독을 위반한 경우 등 관세법 제327조의2 제4항에 해당하는 사유가 있는 경우에는 관세청장은 국가관세종합정보망 운영사업의 지정을 취소하거나 1년 이내의 기간을 정하여 운영사업의 전부 또는 일부의 정지를 명할 수 있다. 그러나 이러한 처분이 심한 불편을 주거나 공익을 해칠 우려가 있는 경우에는 1억원 이하의 과징금을 부과할 수 있다.

④ 전자문서중계사업자

전자문서중계사업을 수행하려는 자는 관세청장의 지정을 받고 관세청장의 지도·감독을 받아야 한다. 만일 전자문서중계사업자 또는 그 임원에게 결격사유가 발생하거나, 관세청장의 지도·감독을 위반한 경우 등 관세법 제327조의 3에 제4항에 해당하는 사유가 있는 경우에는 그 지정을 취소하거나 1년 이내의 기간을 정하여 전자문서중계업무의 전부 또는 일부의 정지를 명할 수 있다. 그러나 이러한 처분이 심한 불편을 주거나 공익을 해칠 우려가 있는 경우에는 1억원 이하의 과징금을 부과할 수 있다.

2) 과징금의 부과와 징수

관세청장 또는 세관장이 과징금을 부과하고자 할 때에는 그 위반행위의 종별과 해당 과징금의 금액을 명시하여 이를 납부할 것을 서면 또는 전자문서로 통지하여야 한다(관세법 시행령 제285조의7). 과징금은 납부 통지일부터 20일 이내에 납부해야 한다. 과징금은 이를 분할하여 납부할 수 없다. 만일 과징금 부과처분을 받고도 이를 납부하여야 할 자가 납부기한까지 납부하지 아니한 경우에는 국세기본법 및 국세징수법에 의한 강제징수 방법으로 해당 과징금을 징수한다. 과징금은 이 처분에 불복할 경우 행정쟁송으로 그 처분의 위법 또는 부당 여부를 다툴 수 있다는 점에서 질서위반행위규제법에 따라 사법부의 판결을 받는 과태료 처분에 대해 불복할 때와는 다르다.

제4절 관세행정구제제도

1 납세자권리헌장

관세법에 납세자의 권리를 보장한 규정은 여러 곳에 흩어져 있으나 중심은 납세자권리

보장규정(관세법 제110조 내지 제118조)과 관세구제제도(관세법 제119조 내지 제132조)다. 먼저 관세법은 다음의 경우 세관공무원이 납세자권리헌장의 내용이 수록된 문서를 납세자에게 내주어야 하며, 조사사유, 조사기간, 납세자보호위원회에 대한 심의 및 의결 요청사항·절차 및 권리구제 절차 등을 설명하도록 의무화 하였다(관세법 제110조). 다만, 다음 경우일지라도 긴급히 납세자를 체포·압수·수색하거나 현행범인 납세자가 도주할 우려가 있는 등 조사목적을 달성할 수 없다고 인정되는 때에는 납세자권리헌장을 내주지 않을 수 있다(관세법 제110조).

① 관세범(「수출용 원재료에 대한 관세 등 환급에 관한 특례법」 제23조 제1항부터 제4항까지의 규정에 따른 죄를 포함한다)에 관한 조사를 하는 경우
② 관세의 결정 또는 경정을 위한 조사 등 부과처분을 하기 위하여 납세자를 방문 또는 서면으로 조사(통합조사를 포함)하는 관세조사의 경우
③ 징수권의 확보를 위해 압류를 하는 경우
④ 보세판매장에 대한 조사를 하는 경우

2 관세법에 보장된 납세자의 주요 권리

1) 예측 가능한 조사를 받을 권리

납세의무자 등을 대상으로 관세조사를 할 때 조사대상자가 언제, 어떻게 조사받게 되는지를 미리 알면 불안감과 불확실성이 크게 감소할 수 있다. 따라서 관세법은 정기적인 관세조사 시 조사대상의 선정 방법을 법으로 정해 두어 세관공무원의 자의적인 조사를 최소화하였고, 조사기간도 20일 이내로 제한하였다. 이러한 규정은 납세의무자가 예측 가능한 관세조사를 하도록 하기 위함이다.

2) 중복조사를 받지 않을 권리

세관공무원은 이미 조사를 받은 동일한 자에 대해 동일한 내용을 재조사할 수 없다(관세법 제111조). 이것은 헌법에 규정하고 있는 기본권 중 하나인 일사부재리의 원칙에 비추어 과세관청의 대국민에 대한 신뢰를 보호하기 위한 권리보장 조치라 할 수 있다. 다만 ① 관세포탈 등의 혐의를 인정할 만한 명백한 자료가 있는 경우, ② 이미 조사를 받은 자의 거래상대방을 조사할 필요가 있는 경우, ③ 제118조 제4항 제2호 후단 또는 제128조 제1항

제3호 후단(제132조 제4항 본문에서 준용하는 경우를 포함한다)에 따른 재조사 결정에 따라 재조사를 하는 경우(결정서 주문에 기재된 범위의 재조사에 한정한다), ④ 납세자가 세관공무원에게 직무와 관련하여 금품을 제공하거나 금품제공을 알선한 경우 ⑤ 그 밖에 탈세혐의가 있는 자에 대한 일제조사등 5가지 사유가 있을 때는 재조사를 할 수 있다.

3) 관세조사에서 조력을 받을 권리

납세자는 조사를 받는 경우에 변호사 및 관세사로 하여금 조사에 참여하게 하거나 의견을 진술하게 할 수 있다(관세법 제112조). 이는 납세자가 관세에 대한 전문가의 조력을 받아 방어권을 행사할 수 있도록 하기 위함이다. 조력을 받을 수 있는 조사는 다음과 같다(관세법 제112조 및 동법시행령 제135조).

① 관세법의 규정에 의해 관세포탈, 부정감면 또는 부정환급(환급특례법의 규정에 의한 부정환급을 포함한다)에 대한 범칙사건을 조사하는 경우.

② 관세의 결정 또는 경정을 위한 조사 등 부과처분을 위해 납세자를 방문해 조사하는 경우.

③ 징수권의 확보를 위해 압류를 하는 경우.

④ 보세판매장에 대한 조사를 하는 경우.

4) 성실성을 추정받을 권리

세관공무원은 ① 납세자가 관세법에서 정하는 신고 및 신청, 과세자료의 제출 등의 납세협력의무를 이행하지 아니한 경우, ② 납세자에 대한 구체적인 탈세정보가 있는 경우, ③ 신고내용에 탈루나 오류의 혐의를 인정할 만한 명백한 자료가 있는 경우, ④ 납세자의 신고내용이 관세청장이 정한 기준과 비교해 불성실하다고 인정되는 경우가 아닌 한 납세자가 성실하며 납세자가 제출한 신고서 등이 진실한 것으로 추정해야 한다(관세법 제113조). 그러나 세관공무원이 납세자가 제출한 신고서 등의 내용에 관해 질문을 하거나 자료제출의 요구, 신고한 물품의 검사, 장부 또는 자료의 제출, 기타 관세법(환급특례법 포함)규정에 의한 자료조사나 자료제출의 요구를 하는 것이 납세자의 성실성을 추정하는 것으로 인해 제한되지는 않는다.

5) 사전통지를 받을 권리 및 장부 등의 보관 금지

세관공무원은 관세의 결정 또는 경정을 위해 납세자를 방문해 장부 서류・전산처리장치 등을 조사하는 경우에는 조사받을 납세자 또는 그 대리인에게 조사개시 15일전까지 납세자 또는 그 위임받은 자의 성명, 조사기간, 조사대상 및 조사사유, 조사공무원의 인적사항 등을 기재해 문서로 사전통지 해야 한다(관세법 제114조). 이는 납세자가 자신의 주장을 입증할 자료를 준비할 기회를 주고, 전문가의 조력 등 필요한 조치를 사전에 할 수 있게 하는데 의미가 있다. 그러나 범칙사건에 대한 조사나 사전에 통지하면 증거인멸 등으로 조사목적을 달성할 수 없는 경우에는 그러한 통지 없이도 조사를 개시할 수 있다.

또한 세관공무원은 관세조사의 목적으로 납세자의 장부・서류 또는 그 밖의 물건(이하 이 조에서 "장부등"이라 한다)을 세관관서에 임의로 보관할 수 없다. 그러나 세관공무원은 일정한 사유에 해당하는 경우에는 조사목적에 필요한 최소한의 범위에서 납세자, 소지자 또는 보관자 등 정당한 권한이 있는 자가 임의로 제출한 장부등을 납세자의 동의를 받아 세관관서에 일시 보관할 수 있다. 이때 납세자로부터 일시 보관 동의서를 받아야 하며, 일시 보관증을 교부하여야 한다. 이 장부등을 납세자가 반환요청하면 반환요청일부터 14일을 초과하여 보관할 수 없다. 다만, 조사목적을 달성하기 위하여 필요한 경우에는 납세자보호위원회의 심의 및 의결을 거쳐 한 차례만 14일 이내의 범위에서 보관 기간을 연장할 수 있다(관세법 제114조의 2).

6) 조사결과를 통지받을 권리

세관공무원은 범칙조사, 관세조사, 보세판매장에 대한 조사를 종료한 때에는 종료 후 20일 이내에 그 조사결과를 서면으로 납세자에게 통지해야 한다(관세법 제115조). 다만, 납세자에게 통고처분이나 범칙사건으로 고발하는 경우, 업체가 폐업한 경우, 납세자의 주소 및 거소가 불명하거나 기타 사유로 통지가 곤란한 경우에는 결과통지가 생략될 수 있다. 관세법 규정의 성격으로 볼 때 조사결과를 통보할 때는 단순한 조사결과의 통지뿐 아니라 관세당국의 최종결정 이유도 명시되어야 한다.

7) 과세정보의 비밀을 보장받을 권리

세관공무원은 납세의무를 이행하기 위해 제출한 자료나 관세의 부과・징수 또는 통관을 목적으로 업무상 취득한 자료 등 과세정보를 타인에게 제공하거나 누설해서는 아니되며, 목적 외의 용도로 사용할 수 없다(관세법 제116조). 납세자로부터 과세정보를 받거나 납세자의 신고로 알게 된 정보가 제3자에게 제공된다면 사업상의 큰 손해를 볼 수도 있기 때문이다. 따라서 세관공무원이 업무상 지득한 정보를 누설할 수 없도록 일반공무원의 의무에 더해 특별히 비밀보장의무를 규정한 것이다. 다만, 국가기관이 쟁송 등을 이유로 과세정보를 요구하는 등 관세법에 따로 정한 경우에는 그 사용목적에 맞는 범위 안에서 납세자의 과세정보를 제공할 수 있다. 과세정보의 비밀을 보장받을 권리에도 불구하고 고액체납자에 대해서는 예외가 인정된다. 관세청장은 체납 발생일부터 1년이 지난 관세 및 내국세 등이 2억 원 이상인 체납자에 대해서는 그 인적사항·체납액 등을 공개할 수 있는 것이다. 이는 명단공개라는 행정수단을 통해 납세를 독려하려는 취지다.

8) 정보제공을 받을 권리

세관공무원은 납세자가 납세자의 권리행사에 필요한 정보를 요구하는 경우 이를 신속하게 제공해야 한다(관세법 제117조). 이 경우 세관공무원은 납세자가 요구한 정보와 관련되어 관세청장이 정하는 바에 의해 납세자가 반드시 알아야 된다고 판단되는 정보도 함께 제공해야 한다. 납세자가 정보제공을 받을 권리는 헌법에 보장된 국민의 **알 권리**와 관련이 깊고, 정보공개를 제도적으로 보장한 '공공기관의 정보공개에 관한 법률'의 내용을 관세법에서 재확인한 것이다. 이 법률에서는 법인·단체 또는 개인의 경영·영업상 비밀에 관한 사항으로서 공개될 경우 해당 법인 등의 정당한 이익을 현저히 해할 우려가 있다고 인정되는 정보는 공개하지 않을 수 있으나 일반적으로 공공기관이 보유·관리하는 정보는 공개하도록 하였다.[10] 한편, 관세법은 특히 가격정보가 충분치 않음을 악용해 소비자에게 피해를 주는 사례를 방지하기 위해 다음 각 호의 어느 하나에 해당하는 경우 국민 생활에 긴요한 물품으로서 국내물품과 비교 가능한 수입물품의 평균 신고가격이나 반입 수량에 관한 자료를 관세청장이 집계해 공표할 수 있게 하였다(관세법 제29조 제2항). 가격과 수량에 관한 자료를 공개하더라도 거래당사자들의 인적사항 등을 공개하는 것은 아니다.

① 원활한 물자수급을 위해 특정 물품의 수입을 촉진시킬 필요가 있는 경우

② 수입물품의 국내가격을 안정시킬 필요가 있는 경우

10) 공공기관의 정보공개에 관한 법률 제9조.

9) 관세청장의 납세자 권리보호

관세청장의 납세자 권리가 보호에 대한 역할이 강화됐다. 이에 따라 관세청에 납세자 권리보호업무를 총괄하는 납세자보호관을 두도록 했고, 세관에도 납세자 권리보호업무를 수행하는 담당관 1명을 두도록 했다(관세법 제118조의2). 납세자보호관은 개방형직위로 운영되고 독립성이 보장된다. 세관공무원이나 퇴직 후 3년이 지나지 않은 세관공무원은 제외하고 관세 · 법률 · 재정 분야의 전문지식과 경험을 갖춘 사람을 지정한다.

10) 납세자보호위원회

세관과 관세청에 설치된 납세자보호위원회는 납세자 권리보호에 관한 사항을 심의 및 의결한다(관세법 제118조의4). 세관장의 추천을 받아 관세청장이 위촉하여 구성되는 세관 납세자보호위원회에서는 1) 관세조사 범위의 확대, 2) 관세조사 기간 연장에 대한 납세자의 관세조사 일시중지 또는 중지 요청, 3) 위법 · 부당한 관세조사 및 관세조사 중 세관공무원의 위법 · 부당한 행위에 대한 납세자의 관세조사 일시중지 또는 중지 요청, 4) 장부등의 일시 보관 기간 연장, 5) 그 밖에 고충민원의 처리 등 납세자의 권리보호를 위하여 납세자보호담당관이 심의 및 의결이 필요하다고 인정하는 안건에 대해 심의 및 의결한다.

기획재정부장관의 추천을 받아 관세청장이 위촉하는 관세청 납세자보호위원회에서는 1) 세관 납세자보호위원회의 심의 및 의결을 거친 해당 세관장의 결정에 대한 납세자의 취소 또는 변경 요청, 2) 그 밖에 고충민원의 처리 또는 납세자 권리보호를 위한 관세행정의 제도 및 절차 개선 등으로서 납세자보호위원회의 위원장 또는 납세자보호관이 심의가 필요하다고 인정하는 사항을 심의 및 의결한다.

납세자는 관세조사 기간이 끝나는 날까지 세관장에게 세관 납세자보호위원회의 심의사항에 대한 심의 및 의결을 요청할 수 있다. 심의 사항 중 2), 3)의 경우 요청을 받은 날부터 20일 이내에 결과를 통지해야 한다. 납세자는 통지를 받은 날부터 7일 이내에 세관장의 결정에 대하여 관세청장에게 취소 또는 변경을 요청할 수 있으며 관세청장은 요청받은 날부터 20일 이내에 그 결과를 납세자에게 통지해야 한다. 이러한 심의를 요청한 납세자는 세관장 또는 관세청장에게 의견을 진술할 수 있다.

3 관세행정구제제도

1) 제도의 개요

우리나라의 관세행정구제제도는 크게 보아 사전(事前) 구제제도와 사후(事後) 구제제도로 구분된다. 이를 정리하면 다음 [그림 19-1]과 같다.

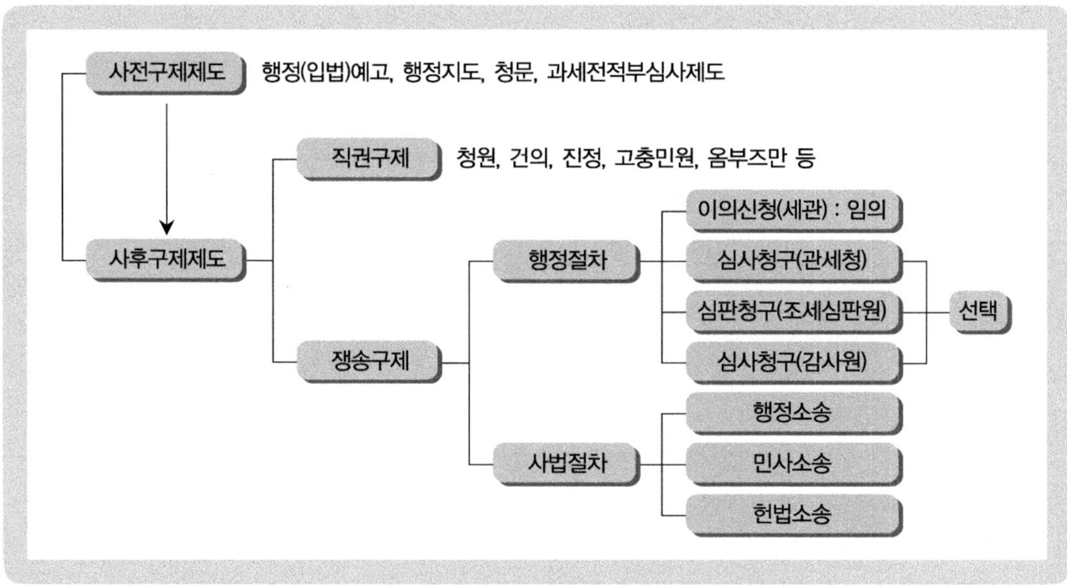

[그림 19-1 관세행정 구제제도]

2) 과세전적부심사제도

사전구제제도의 목적은 구체적인 행정행위를 하기에 앞서 미리 그 처분의 내용을 알려주고 이해관계인으로 하여금 의견을 제기할 수 있는 기회를 제공함으로써 권익을 보호하려는 것이다. 이는 행정의 적정성을 보장하는 중요한 제도이며 행정예고, 입법예고, 행정지도(설명회), 청문(聽聞), 과세전적부심사제도 등이 해당된다. 넓게 보면 모두 청문에 포함되는 이 제도 중 관세행정에서 가장 중시되는 것이 과세전적부심사제도이다. **과세전적부심사제도**는 과세관청이 납부고지 전에 과세할 내용을 미리 알려주고 과세에 이의가 있을 때는 적부심사를 청구하도록 하는 것이다. 청구에 대한 심사결과 납세자의 주장이 타당하면 과세 전에 이를 시정하는 것으로 관세의 과세와 관련하여 널리 활용되고 있다. 과세전적부심사제도는 일방적인 과세처분을 했을 때 다툼의 소지가 있는 경우 납부고지를 하기 전에 납세자의 권익이 부당하게 침해되지 않도록 사전에 구제하는 한편, 민원을 축소하고 관세행정을 질적으로 향상시켜 국민의 신뢰를 높이려는 데 그 목적이 있다. 쟁송을 통해 이루어지는 사후구제가 많은 시간과 노력, 비용이 소요된다는 점을 감안하면 납세자의 입장에서 볼 때 사전구제가 보다 합리적인 해결책이다.

가. 과세전통지

세관장이 사후심사 등을 통해 납부세액이나 납부해야 하는 세액에 부족한 금액이 있음을 확인하고 이를 징수하고자 할 때는 미리 납세의무자에게 그 내용을 서면으로 통지해야 한다. 이를 **과세전통지**라 한다. 다만 다음 각호의 어느 하나에 해당하는 경우는 과세전통지를 생략한다(관세법 제118조).

① 통지하고자 하는 날부터 3개월 이내에 관세부과의 제척기간이 만료되는 경우
② 잠정가격신고를 한 납세의무자가 확정가격을 신고한 경우
③ 수입신고수리 전에 세액을 심사하여 그 결과에 따라 부족세액을 징수하는 경우
④ 감면된 관세를 징수하는 경우
⑤ 관세포탈죄로 고발되어 포탈세액을 징수하는 경우[11)]
⑥ 그 밖에 관세의 징수가 곤란하게 되는 등 사전통지가 적당하지 않은 경우

나. 과세전적부심사의 청구

납세의무자가 과세전통지를 받은 날부터 30일 이내에 통지내용이 적법한지에 대한 적법성 여부에 관한 심사(과세전적부심사)를 청구할 수 있다. 청구는 과세전통지를 한 세관이 속하는 본부세관장에게 한다. 다음 경우에는 상위기관인 관세청장에게 과세전적부심사를 청구해야 한다. 이러한 심사청구에 대한 심사기관도 관세청장이다(관세법시행령 제143조).

① 관세청장의 훈령・예규・고시 등과 관련해 새로운 해석이 필요한 경우
② 관세청장의 업무감사결과 또는 업무지시에 따라 세액을 경정하거나 부족한 세액을 징수하는 경우
③ 관세평가분류원장의 품목분류 및 유권해석에 따라 수출입물품에 적용할 세율이나 물품

11) 관세포탈죄로 고발되어 포탈세액을 징수하는 경우라 함은 관세포탈죄로 고발된 자에 대해 처벌과는 별개로 포탈된 세액을 추징하는 경우를 말한다. 대법원 2004.5.14. 선고 2004두695 판결.

분류의 관세율표 번호가 변경되어 세액을 경정하거나 부족한 세액을 징수하는 경우

④ 동일 납세의무자가 동일한 사안에 대해 과세전적부심사를 청구하고자 하는 세관장이 둘 이상인 경우

⑤ 제1호에서 제5호까지의 규정에 해당하지 않는 경우로서 과세전적부심사 청구금액이 5억 원 이상인 것

과세전통지를 한 경우 세관장은 과세전적부심사 청구시한이 만료되는 날까지 경정·고지를 유예하고, 청구기한 내에 과세전적부심사청구가 있는 경우에는 이에 대해 결정기관의 결정이 있을 때까지 경정·고지를 유예한다. 다만 이러한 고지의 유예는 관세부과의 제척기간을 경과하여 유예할 수 없다. 세관장이 과세전통지를 한 후에 그 결정이 있기 전에 관세부과의 제척기간이 도래하는 등 과세전통지 생략사유가 있는 것을 안 때는 즉시 경정·고지할 수 있다.

다. 적부심청구의 심리와 결정

적부심의 청구에 대해서는 본부세관 또는 관세청에 설치된 민·관의 위원으로 구성되는 관세심사위원회의 심사를 거쳐 결정한다. 관세청에 설치된 관세심사위원회의 위원장은 관세청차장이 되고, 위원은 관세청의 3급 또는 고위공무원단에 속하는 공무원 중에서 관세청장이 임명하는 자 8인 이내, 재정·경제에 관한 학식과 경험이 풍부한 자 및 시민단체에서 추천하는 자 중에서 관세청장이 위촉하는 민간전문가 14인 이내로 구성한다. 본부세관에 두는 관세심사위원회의 위원장은 세관장이 되고, 위원은 세관장이 소속 세관의 공무원 중에서 임명하는 자 6인 이내, 재정·경제에 관한 학식과 경험이 풍부한 자 중에서 세관장이 위촉하는 민간전문가 8인 이내로 구성한다. 위원의 임기는 2년으로 하며, 연임할 수 있다. 관세청에 두는 관세심사위원회의 회의는 위원장과 위원장이 매 회의마다 지정하는 10인으로 구성하되, 민간전문가를 6인 이상 포함시킨다. 세관에 두는 관세심사위원회의 회의는 위원장과 위원장이 매 회의마다 지정하는 6인으로 구성하되, 민간전문가를 4인 이상 포함시킨다. 개의(開議)는 위원장을 포함한 재적위원 과반수 출석으로 하고, 의결은 출석위원 과반수의 찬성으로 한다. 적부심의 결정은 청구를 받은 날부터 30일 이내에 하도록 규정되어 있다.

결정은 다음 3가지 중 하나로 한다.

- 청구가 '이유 없다'고 인정되는 경우 : '채택하지 아니한다'는 결정.
- 청구가 '이유 있다'고 인정되는 경우 : 청구의 전부 또는 일부를 채택하는 결정. 이

경우 구체적인 채택의 범위를 정하기 위하여 사실관계 확인 등 추가적으로 조사가 필요한 경우에는 통지를 한 세관장으로 하여금 이를 재조사하여 그 결과에 따라 당초 통지 내용을 수정하여 통지하도록 하는 재조사 결정을 할 수 있다.

- 청구기간이 지났거나 보정기간 내에 보정하지 않는 경우 또는 적법하지 아니한 청구를 하는 경우 : '심사하지 아니 한다'는 결정.

과세전적부심사 청구에 대한 결정은 이의신청, 심사청구에 대한 결정과는 달리 일반적인 행정효과를 발생한다. 따라서 과세전 통지세관은 이러한 결정에 따라 '채택한다'는 결정이 있으면 과세 전 통지를 취소하여야 한다. 만일 '채택하지 아니 한다'는 결정이나 '심사하지 아니 한다'는 결정이 있으면 당초 과세 전 통지된 바에 따라 경정·고지 등의 처분을 한다. 청구인은 과세전적부심사 청구에 대한 결정 자체를 처분으로 보아 이의신청이나 심사청구 또는 심판청구를 할 수는 없다. 이러한 결정에 따른 통지세관의 경정·고지라는 구체적인 처분이 있을 때 그 처분을 대상으로 불복청구를 할 수 있다.

3) 행정심판제도

가. 행정심판제도의 의의

이의신청, 심사청구, 심판청구와 같이 행정처분에 대해 행정기관이 그 위법 또는 부당 여부를 심판하는 것을 행정심판이라 한다. 행정심판제도의 기능 내지 존재 이유는 통상 다음 3가지로 정리된다.

첫째 자율적 행정통제 기능이다. 조세법상 과세관청의 위법·부당한 부과·징수 기타 처분에 의해 권리 또는 이익의 침해를 받은 자가 불복청구를 하면, 과세관청은 국민의 권리·이익의 침해상태를 스스로 구제함으로써 자기의 처분에 대한 반성의 기회를 갖게 하고, 시정기관이 처분청의 상급 감독기관인 경우에는 그 구제절차를 통해 하급관서의 세법 집행을 감독하는 것이 된다. 이러한 제도는 납세자의 침해된 권리를 구제하는데 기여하면서 과세행정의 적법성과 합목적성을 보장하는데 이바지하게 되는 것이다. 이를 자기반성·자기감독에 의한 자율적 행정통제기능이라고 한다.

둘째, 사법심의 보완적 기능이다. 오늘날 행정은 고도로 전문화·기술화·세분화되고 있는데, 특히 복잡한 경제현상을 규율의 대상으로 삼고 다양한 국제규범과도 관계가 깊은 관세행정의 법률관계는 더욱 그러한 면이 있다. 사법심(司法審)의 법관이 이러한 전문적이고 기술적인 지식을 충분하게 갖출 것을 기대하기는 현실적으로 어렵다. 이러한 여건에서 관세에 관한 구제를 제1차적으로 행정심급에 맡겨서 그 스스로가 전문성과 기술성을 가지고 신속하게 분쟁을 해결하도록 하는 것은 사법심의 비전문성 내지 비기술성 그리고 분쟁해결의 지연이라는 단점을 보완하는 것이 된다.

셋째, 신속한 행정구제 기능이다. 행정기관은 원래 행정의 전문적·기술적 문제를 처리하는 데 익숙할 뿐만 아니라 그러한 전문적·기술적 문제의 처리에 적합하게 조직되어 있다. 따라서 전문성과 기술성을 지닌 행정사건에 대한 쟁송의 경우 1차적 단계에서 전문기관인 과세행정청으로 하여금 그에 관한 분쟁을 심판하게 하는 것이 보다 바람직한 면이 있다. 행정소송에서 행정심판전치주의를 제도화하는 것은 바로 여기에 뜻이 있는 것이다.

> 심급(審級)이란 법원에 상하의 계급을 두고 하급법원의 재판에 대해 상급법원에 불복신청이 가능하도록 허용함으로써 동일한 사건을 다른 계급의 법원으로 하여금 반복 심판하게 하는 경우의 법원 간의 심판순서 또는 상하관계를 말한다. 행정사건은 행정법원(또는 지방법원 본원합의부)이 제1심, 고등법원과 대법원이 각각 제2심과 제3심이 된다. 제1심과 제2심은 사실심인데 비해 제3심은 법률심이다.

나. 행정심판의 종류

관세에 대한 행정심판은 이의신청, 심사청구, 심판청구, 감사원 심사청구의 네 가지다. 이 가운데 어떤 것을 선택하여 제기할 것인가는 불복하는 사람의 임의 선택사항이다. 다만, 일단 불복을 제기하면 이의신청을 제외하고는 그 결정에 불복하여 추가 행정심판을 제기할 수 없다. 과세전적부심사와 행정심판, 행정쟁송의 진행절차를 그림으로 표시하면 [그림 19-2]와 같다.

[그림 19-2]에서 이의신청을 제기한 경우는 그 결정에 불복하여 관세청 심사청구나 심판청구를 제기할 수 있지만, 감사원에 심사청구를 제기할 수는 없다. 심사청구나 심판청구, 그리고 감사원심사청구를 제기한 경우는 그 결정에 불복할 경우 행정소송은 제기할 수 있으나 다른 행정심판을 다시 제기할 수는 없다. 행정심판으로 권리구제를 받지 못해 이에 불복하는 자는 사법심으로 법원에 행정소송을 제기할 수 있다. 행정법원[12]에 제소하거나, 고등법원에 항소, 나아가 대법원에 상고하는 것으로 차례로 소송을 제기하여 각각 재판을 받을 수 있는 것이다.[13] 이는 헌법이 보장한 재판을 받을 권리이다. 행정소송을 제

12) 행정법원은 서울에만 설치되어 있으므로 기타 지방에서는 지방법원합의부가 행정법원과 같은 심급이 된다.

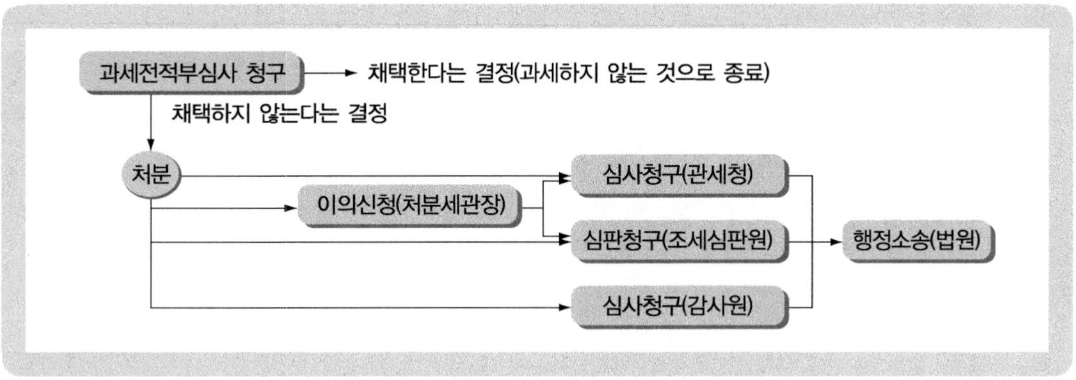

【 그림 19-2 과세에 대한 불복절차 】

기하려면 반드시 심사청구 또는 심판청구의 절차를 밟아야 한다. 이를 **행정심판전치주의**라 한다. 관세법에는 관세법 제119조에서 불복청구 대상으로 규정한 '위법한 처분'에 대한 행정소송은 행정소송법의 규정에 불구하고 관세법에 의한 심사청구 또는 심판청구와 그에 대한 결정, 감사원 심사청구와 그에 대한 결정을 거치지 아니하면 이를 제기할 수 없다고 명시하였다(관세법 제120조). 그러나 심사청구 등을 제기하였으나 그 결정기간인 90일 이내에 청구에 대해 결정이 나지 않은 경우는 예외적으로 행정소송을 제기할 수 있다.

다. 행정심판의 제기

관세법 기타 관세에 관한 법률 또는 조약에 의한 처분으로서 위법 또는 부당한 처분을 받거나 처분을 받지 못함으로써 권리 또는 이익의 침해를 당한 자는 이의신청, 심사청구, 또는 심판청구를 하여 그 처분의 취소 또는 변경이나 필요한 처분을 청구할 수 있다(관세법 제119조). 여기서 **위법**(違法)이란 법률에 의해 허용되지 않는 것을 말한다. **부당**(不當)이란 행위나 상태가 실질적으로 타당성을 결여하거나 적당하지 아니한 것을 의미한다. 행정처분이 부당하다 할 때는 '법령에 위반되지는 않아도 제도의 취지나 목적에 비추어 적당하지 않은 경우'라는 뜻이다. 이의신청, 심사청구 또는 심판청구인은 변호사나 관세사를 대리인으로 선임할 수 있다. 만일 신청 또는 청구대상이 3천만원 미만인 경우 배우자, 4촌 이내의 혈족 또는 배우자의 4촌 이내의 혈족을 대리인으로 선임할 수 있다(관세법 제126조). 대리인은 본인을 위해 청구에 관한 모든 행위를 할 수 있지만 청구의 취하는 특별한 위임을

13) 항소(抗訴)와 상고(上告)를 합해 상소(上訴)라 한다.

받은 경우에만 가능하다.

라. 행정심판의 청구기간

행정심판은 일정 기간 내에 제기되어야 한다. 이는 **불변기간**이다. 기간이 경과된 다음 제기된 불복청구는 즉시 각하된다. 이의신청·심사청구·심판청구와 감사원의 심사청구를 다 같이 원칙적으로 그 처분이 있은 것을 안 날(처분의 통지를 받은 때에는 통지를 받은 날)부터 90일 이내에 제기해야 한다(관세법 제119조). 처분이 있은 것을 안 날이란 당사자가 통지·공고·기타의 방법에 의해 해당 처분이 있었다는 사실을 현실적으로 인식한 날을 말한다.[14] 이는 통상 처분의 상대방이나 법령에 의해 처분의 통지를 받도록 규정된 자 이외의 이해관계인이 행정심판을 제기하는 경우의 그 기간에 관한 것으로, 과세처분의 상대방인 경우에는 처분의 통지를 받은 날을 기준으로 청구기간을 계산한다. 처분의 통지를 받은 날은 사회통념상 해당 통지를 실제로 알 수 있는 객관적 상태에 있었던 날이다.

마. 행정심판 청구의 대상인 '처분'

행정처분 또는 처분(處分)이란 개념은 주로 실정법상의 개념으로 사용되고 있으며, 학문상 개념으로는 보통 행정행위란 용어가 사용된다. 행정행위란 용어는 넓게 해석하기도 하고 좁게 해석하기도 하나, 학계의 통설과 판례는 행정처분을 행정행위의 가장 좁은 해석인 '행정청이 법 아래서 구체적 사실에 관한 법집행으로서 행하는 권력적 단독행위인 공법(公法)행위'로 본다. 행정심판법도 처분을 '행정청이 행하는 구체적 사실에 관한 법집행으로서의 공권력의 행사 또는 그 거부와 그 밖에 이에 준하는 행정작용'으로 정의한다(행정심판법 제2조). 관세법에는 불복청구의 대상을 '관세법 기타 관세에 관한 법률 또는 조약에 의한 처분으로서 위법 또는 부당한 처분'으로 규정하였다(관세법 제119조). 그러나 사실행위, 행정입법, 행정청의 내부행위나 행정청 상호간의 행위, 행정청의 알선 등 행정처분이 아니므로 불복청구 대상이 될 수 없다. 또한 관세법에 따른 통고처분, 「감사원법」에 따라 심사청구를 한 처분이나 그 심사청구에 대한 처분은 행정심판 청구의 대상에서 제외된다(관세법 제19조 제1항).

바. 행정심판제기기관과 재결기한

행정심판은 정해진 기간 내에, 정해진 기관에 제기해야 한다. 관세와 관련된 행정심판의

14) 대법원 1998.3.13. 선고 97누8236 판결.

기간과 제기기관, 청구내용에 대한 심의 및 결정기한은 〈표 19-7〉과 같다.

〈표 19-7〉 관세관련 행정심판의 청구와 재결

행정심판의 종류	제기기간	재 결 청	심리기관(소관위원회)	재결기한
이의신청	90일 이내	처분청인 세관장	세관의 관세심사위원회	30일 이내
심사청구	90일 이내	관세청장	관세청의 관세심사위원회	90일 이내
심판청구	90일 이내	국무총리 소속 조세심판원장	조세심판관회의	90일 이내
감사원심사청구	90일 이내	감사원장	감사위원회	3월 이내

이때 세관장은 이의신청을 받은 날부터 7일 이내에 이의신청의 대상이 된 처분에 대한 의견서를 이의신청인에게 송부해야 한다(관세법 제132조 제5항). 이의신청, 심사청구, 심판청구, 감사원심사청구의 청구기간은 다같이 90일이다. 이는 불변기간이다. 행정심판 청구는 서면(書面)으로 해야 한다. 이의신청과 심사청구는 관세청장이 정하고 있는 이의신청서 또는 심사청구서의 서식을 이용해 일정한 사항을 기재해 제출해야 하고(관세법시행령 제145조), 심판청구도 국세기본법시행규칙에서 정한 서식에 의하도록 하고 있다(국세기본법시행규칙 제26조).[15] 관세불복청구서의 제출은 원칙적으로 청구에 대한 재결청과 처분청이 동일한 경우(이의신청의 경우와 관세청장의 처분에 대한 심사청구)는 불복청구의 대상인 해당 처분을 하였거나 하였어야 할 세관장이나 관세청장에게 해야 한다. 재결청과 처분청이 다른 경우(세관장의 처분에 대한 심사청구나 심판청구)는 해당 처분을 했거나 하였어야 할 세관장을 거쳐 재결청에 제출해야 한다.

감사원 심사청구는 해당 처분을 하였거나 하였어야 할 세관장과 관세청장을 경유하여 감사원장에게 제출한다(감사원법 제43조). 이와 같이 행정심판 청구에서 처분청을 경유하도록 한 것은 처분청 경유 과정에서 처분청 또는 감독기관이 불복청구가 이유있다고 판단한 경우에는 직권으로 시정하도록 함으로써 쟁송절차를 신속히 마무리하려는 것이다. 처분청 경유주의에 의해 청구서를 제출받은 세관장은 이를 받은 날부터 7일 이내에 그 청구서에 **세관장의견서**와 기타 재결에 필요한 자료를 첨부하여 재결청으로 송부해야 한다. 세관장의견서가 심판청구의 경우에는 답변서, 감사원심사청구의 경우에는 세관장변명서라 불리는 데 형식이나 담겨져야 할 내용은 별 차이가 없다. 이 세관장의견서는 과세관청의 의사가 무엇인지를 최초로 명백하게 드러내는 것으로 이후의 쟁송진행에 중요한 의미를 갖는

15) 조세심판청구서 서식과 작성요령은 조세심판원(www.ntt.go.kr)의 심판서식모음 참조.

다. 감사원심사청구서를 송부받은 관세청장은 최초 접수일부터 1월 이내에 관세청장의 의견서를 첨부하여 감사원장에게 송부한다. 관세청장은 세관장의 의견서를 받으면 지체 없이 부본을 심사청구인에게 송부한다. 심사청구인은 송부받은 의견서에 대하여 반대되는 증거서류 또는 증거물을 관세청장에게 제출할 수 있다.

사. 청구에 대한 심리

행정심판 청구에 대해 결정을 할 때는 반드시 먼저 법이 정한 위원회의 심의 또는 심리를 거쳐야 한다. 심리기관은 행정심판 청구의 내용을 심리하여 의결하는 기구다. 재결청은 일반적으로 심리기관의 의결내용대로 재결하므로 실질적인 재결은 심리기관에서 이루어진다. 불복청구에 대한 심리는 요건심리와 본안심리의 두 가지가 있다. **요건심리**란 이의신청 등 법률이 요구하는 형식적·절차적 요건을 갖추었는지를 검토하는 것이다. 이를 본안전 심리라고도 한다. 요건심리결과 불복청구가 요건을 갖추지 못한 때는 그것이 보정 가능한 때는 보정을 요구하고, 청구인이 처음부터 보정요구에 불응하거나 보정이 불가능할 때는 청구를 '각하'하는 결정을 한다. 불복청구의 요건을 갖추지 못한 것을 요건심리를 충실히 하지 않고 본안심리를 진행하여 실질적 재결을 하였다 하더라도 이는 부적법한 것으로 간주된다.[16] **본안심리**는 불복청구의 본안에 대해 실제적으로 심리하는 것을 말한다. 본안심리에는 불고불리(不告不理)의 원칙[17], 불이익변경금지의 원칙[18], 자유심증주의, 서면 및 구술심리주의, 비공개주의 등의 심리원칙이 적용된다.

아. 불복청구의 재결

재결(裁決)이란 불복청구에 대한 심리의 결과를 판단하는 행위로 재결청의 종국적인 판단의 의사표시다. 법령상 재결기간은 이의신청은 청구를 받은 날부터 30일 이내, 세관장의 의견서에 대해 이의신청인이 반대되는 증거서류 또는 증거물을 세관장에게 제출한 경우 60일 이내에 심사청구와 심판청구는 90일, 그리고 감사원의 심사청구는 3월 이내로 되어 있으나 이는 효력규정이 아니라 훈시규정이다. 따라서 이 기간을 지나서 내려진 재결도 효력에 아무런 영향이 없다. 재결은 반드시 문서로 한다. 결정서에는 **주문(主文)**과 이유

16) 대법원 1991.6.25. 선고 90누8091 판결.

17) 불복청구를 한 사항에 대해 심리 및 결정을 할 때 그 청구사항에 국한하여 심리하는 것을 불고불리(不告不理)의 원칙이라 한다.

18) 행정심판청구를 심리해 결정함에 있어 불복청구를 한 처분보다 청구인에게 더 불이익이 되는 결정을 할 수 없다는 원칙을 불이익변경금지의 원칙이라 한다.

가 기재된다. 주문이란 재결의 결론을 가리키는 것으로 해당 청구의 당부에 대한 판단의 표시다. 이유는 주문내용이 정당함을 설명하는 것으로, 재결의 기초가 되는 사실자료를 기초로 증거에 의해 사실관계를 인정한 뒤, 그에 관한 법률의 해석과 적용을 분명하게 하고, 주문에 나타난 판단의 경로를 표시하는 것으로 한다. 재결결과는 결정서(재결서)에 의해 불복청구인에게 통지된다. 재결청은 당사자, 즉 청구인과 피청구인인 처분청에 지체 없이 재결서의 정본(正本)을 송달해야 하고, 재결서의 등본을 참가인에게 송달해야 한다. 이러한 재결의 통지 또는 송달 시에는 그 재결에 대한 불복 방법을 함께 통지해야 한다. 재결에 대해 불복할 수 있는 것은 불복청구인에 국한된다. 피청구인인 처분청은 재결에 불복할 수 없다. 관세행정심판에서 **기관소송**[19]은 인정되지 않기 때문이다. 재결은 각하, 기각, 인용 가운데 하나로 한다. 그러나 처분청으로 하여금 재조사 처분을 요구하는 것으로 결정하는 경우도 적지 않다.

각하(却下) 결정은 요건심리결과 불복청구의 제기요건에 흠결이 있는 부적법한 불복제기라 하여 본안에 대한 심리를 거절하는 재결이다. **기각(棄却)**이란 불복청구가 적법하게 제기된 경우 해당 청구를 수리하여 본안심리결과 그 불복내용이 이유 없다고 인정하여 청구를 배척하고 원처분을 지지하는 결정을 말한다. 기각재결은 원처분이나 부작위를 위법 또는 부당하지 않다고 인정하는데 그치는 것이므로 기각의 재결이 있은 후에도 처분청이 해당 처분을 직권으로 취소·변경할 수 있다. **인용(認容)**은 본안심리결과 불복청구가 이유 있고, 원처분이나 부작위가 위법 또는 부당하다고 인정하여 해당 처분을 취소 또는 경정하거나 필요한 처분을 명하는 내용의 재결이다. 이때 추가적으로 조사가 필요한 경우 재조사 결정을 할 수 있다. 재조사는 결정일부터 60일 이내 주문서에 기재된 범위에 한정하여 진행된다(관세법 제128조 제1항 및 제5항). 청구 전체를 받아들이는 원처분취소와 청구 중 일부를 받아들이는 경정(변경), 무효확인재결 및 의무이행재결로 구분된다. 경정 중에는 재결청이 범위를 확정시키는 '일부경정(변경)'과 처음부터 재조사하여 경정의 범위를 처분청에 위임하는 '재조사경정'으로 구분될 수 있다. 인용재결을 할 때 재결로서 직접 불복청구의 취지에 따라 해당 처분을 취소·변경하는 처분을 할 수도 있고, 처분청에 대해 해당 처분을 취소·변경 또는 필요한 처분을 할 것을 명할 수도 있다.

자. 재결에 대한 불복

행정심판 청구의 재결 내용에 대해 이를 수용할 수 없거나, 청구를 한 후 일정 기간이

---

19) 국가 또는 공공단체의 기관 상호간에 있어서의 권한의 존부 또는 그 행사에 관한 다툼이 있을 때 이에 대해 제기하는 소송을 말한다. 행정소송법 제3조 참조.

지나도록 그 결정을 받지 못하였을 때 청구인은 다음 단계의 행정쟁송을 제기할 수 있다. 이를 정리하면 〈표 19-8〉과 같다.

〈표 19-8〉 재결 혹은 미결정에 대한 불복 방법

청구내용	다음 단계의 불복제기가 가능한 시기	불복방법
이의신청	① 이의신청 후 30일 내에 결정통지를 받지 못한 경우, 그 결정기간이 지난날부터 ② 결정통지를 받은 날부터 90일 이내	심사청구 심판청구
심사청구	① 심사청구 후 90일 내에 결정통지를 받지 못한 경우, 그 결정기간이 지난날부터 ② 재결통지를 받은 날부터 90일 이내	행정소송
심판청구	① 심판청구 후 90일 내에 결정통지를 받지 못한 경우, 그 결정기간이 지난날부터 ② 결정통지를 받은 날부터 90일 이내	행정소송
감사원심사청구	결정통지를 받은 날부터 90일 이내	행정소송

앞서 설명한 바와 같이 기관소송이 인정되지 않기 때문에 행정심판 청구에 대한 재결청의 결정에 대해 처분청은 이에 불복하여 행정소송을 제기할 수 없다. 하지만 불복청구인이 재결청의 결정에 불복하여 행정소송을 제기한 경우 그에 대한 법원의 판결에 대해서는 당사자인 처분청도 다음 심급(審級)으로 **항소(抗訴)**할 수 있다. 즉, 제소자와 피제소자 모두 조세사건의 제1심인 행정법원 또는 지방법원합의부의 판결에 불복하여 2심인 고등법원에 항소할 수 있으며, 고등법원의 판결에 불복하여 3심인 대법원에 **상고(上告)**[20]할 수 있는 것이다.

20) 상고란 항소의 일종으로 제2심판결에 대해 제3심, 즉 종심법원인 대법원에 불복을 신청하는 것을 말한다.

기출문제

1 다음과 같은 상황에서 수입상 KITA(주)가 취할 수 있는 행위로 잘못된 설명은?

[국제무역사 35회 1교시 35번]

KITA(주)는 2013년 1월 5일부터 A제품을 일본으로부터 수입하면서 관세율 0%의 HS코드로 수입통관을 하였다. 그러던 중 2014년 10월 3일 서울본부세관으로부터 심사를 받았고, 심사결과 HS적용오류로 인한 신고세액 부족을 이유로 추징세액 2억원을 과세전통지 받았다.

① KITA(주)는 서울본부세관에 추징세액에 대한 과세전적부심사를 청구할 수 있다.
② KITA(주)는 과세전적부심사 청구를 거치지 아니하면 조세심판원에 심판청구를 할 수 없다.
③ KITA(주)는 심팡청구에 대한 결정통지를 받은 날로부터 90일 내에 행정소송을 제기할 수 있다.
④ KITA(주)는 관세법에 따른 심사청구 또는 심판청구를 거치지 아니하면 행정소송을 제기할 수 없다.

2 관세법상 세액결정에 영향을 미치기 위하여 과세가격 또는 관세율 등을 거짓으로 신고하거나 신고하지 아니하고 수입 한 자의 벌칙 조항 중 가장 올바른 것은? [국제무역사 35회 1교시 40번]

① 밀수출입죄 ② 관세포탈죄
③ 가격조작죄 ④ 허위신고죄

3 다음은 관세법상 과세전적부심사에 대한 설명이다. 잘못된 것은? [국제무역사 36회 1교시 40번]

① 세관장은 납부세액이나 납부하여야 하는 세액에 미치지 못한 금액을 징수하려는 경우 미리 납세의무자에게 그 내용을 서면으로 통지하여야 한다..
② 납세의무자는 세관장의 징수 통지에 대해 30일 이내에 세관장에게 징수하는 금액의 정확성 여부에 대해 심사를 청구 할 수 있다.
③ 과세전적부심 사를 청구 받은 세관장은 청구를 받은 날로부터 30일 이내에 관세심사위원회의 심사를 거쳐 결정하고 그 결과를 납세의무자에게 통지하여야 한다.
④ 과세전적부심사의 결과를 수용하지 못하는 경우 납세의무자는 결과 통지를 받을 날로부터 90일 이내에 행정소송을 신청하여야 한다.

정답 1. ② 2.② 3.④

4 관세법상 다음의 설명에 해당하는 죄명은? [국제무역사 41회 1교시 34번]

> 법령에 따라 수입이 제한된 사항을 회피할 목적으로 부분품으로 수입하거나 주요 특성을 갖춘 미완성·불완전한 물품이나 완제품을 부분품으로 분할하여 수입한 자

① 금지품수출입죄
② 관세포탈죄 등
③ 가격조작죄
④ 밀수품의 취득죄 등

5 다음은 관세조사와 관련한 관세법상의 납세자의 권리 규정에 대한 설명이다. 올바른 것을 모두 기재한 것은? [국제무역사 37회 1교시 33번]

> A. 관세청장은 납세자의 권리보호에 관한 사항을 포함하는 납세자권리헌장을 제정하여 고시하여야 한다.
> B. 세관공무원은 관세포탈, 부정감면 또는 부정환급에 대한 범칙사건을 조사하는 경우 납세자권리헌장의 내용이 수록된 문서를 납세자에게 내주어야 한다.
> C. 세관공무원은 납세자를 긴급히 체포·압수·수색하는 경우 또는 현행범인 납세자가 도주할 우려가 있는 등 조사목적을 달성할 수 없다고 인정되는 경우에는 납세자권리헌장을 내주지 아니할 수 있다.
> D. 세관공무원은 납세자가 관세법에 따른 신고 등의 의무를 이행하지 아니한 경우 또는 납세자에게 구체적인 관세포탈 등의 혐의가 있는 경우 등 특정한 경우를 제외하고는 납세자가 성실하며 납세자가 제출한 신고서 등이 진실한 것으로 추정하여야 한다.

① A, B
② A, D
③ B, C, D
④ A, B, C, D

6 관세조사 결과, 관세법상의 납세의무자에게 납부세액 부족이라는 세관조사 공무원의 판단으로 과세전통지가 도착하였다. 이와 관련하여 납세의무자가 취할 수 있는 대응 방안으로 가잘 옳지 않은 것은? [국제무역사 37회 1교시 34번]

① 납세의무자는 과세전통지에 대한 과세전적부심사를 청구할 수 있다.
② 납세의무자는 관세청장의 유권해석을 변경하여야 하거나 새로운 해석이 필요한 경우 등의 경우에는 관세청장에게 과세전적부심사를 청구할 수 있다.
③ 납세의무자는 과세전통지를 받은 날로부터 90일 이내에 과세전적부심사를 청구하여야 한다.
④ 납세의무자는 과세전통지가 위법 부당한 경우에도 해당 과세전통지에 대해 바로 행정소송을 제기할 수 없다.

정답 4.② 5.④ 6.④

7 관세법상 다음의 설명에 해당하는 벌칙 규정은 무엇인가? [국제무역사 38회 1교시 34번]

> 물품을 수출·수입 또는 반송하려면 해당 물품의 품명·규격·수량 및 가격 등에 대한 사항을 세관장에게 사실과 다름없이 신고하여야 한다.
> 그럼에도 불구하고 부당하게 재물이나 재산상 이득을 취득하거나 제3자로 하여금 이를 취득하게 할 목적으로 물품의 가격을 조작하여 신청 또는 신고한 경우, 그 자는 2년 이하의 징역 또는 물품원가와 5천만원 중 높은 금액 이하의 벌금에 처한다.

① 밀수출입죄
② 관세포탈죄
③ 가격조작죄
④ 허위신고죄

8 다음은 관세법상 관세조사와 관련된 설명이다. 틀린 것은? [국제무역사 39회 1교시 40번]

① 세관공무원은 관세 포탈, 부정감면 또는 부정환급에 대한 범칙사건을 조사하는 경우 납세자권리헌장의 내용이 수록된 문서를 납세자에게 내주어야 한다.
② 세관공무원은 납세자를 긴급히 체포·압수·수색 하는 경우에는 납세자권리헌장을 내주지 아니할 수 있다.
③ 세관공무원은 적정하고 공평한 과세를 실현하고 통관의 적법성을 보장하기 위하여 필요한 최소한의 범위에서 관세조사를 하여야 하며 다른 목적 등을 위하여 조사권을 남용하여서는 아니 된다.
④ 범칙사건에 대하여 조사하는 경우 세관공무원은 조사를 받게 될 납세자에게 조사 시작 전에 관세조사의 사전통지를 하여야 한다.

9 다음과 같은 상황에서 수입자 (주)한국무역이 과세법상 취할 수 있는 행위를 잘못 설명한 것은? [국제무역사 40회 1교시 20번]

> (주)한국무역은 2014년 2월 5일부터 A제품을 중국으로부터 수입하면서 중국 측에 제공하는 로열티를 기산하지 않았으며, 잠정가격신고도 하지 않았다. 그러던 중 2017년 5월 1일부터 서울세관으로부터 심사를 받았고, 심사 결과 로열티에 해당하는 제세액 3억원에 대하여 과세 전 통지를 받았다.

① (주)한국무역은 서울세관에 추징 세액에 대한 과세 전 통지를 받을 날 로부터 30일 이내에 과세 전 적부심사를 청구할 수 있다.
② (주)한국무역은 과세 전 적부심사를 거치지 않고 관세청장 또는 감사원장에 심사청구를 하거나 조세심판원장에 심판청구를 할 수 있다.

정답 7.④ 8.④ 9.④

③ (주)한국무역은 심사청구나 심판청구에 대한 결정통지를 받은 날로부터 90일 이내에 행정소송을 제기하여야 한다.
④ (주)한국무역은 관세법에 따른 심사청구 또는 심판청구를 거치지 아니하여도 행정소송을 제기할 수 있다.

10 다음은 관세법상 과세전적부심사제도 및 행정심판제도에 대한 설명이다. 잘못된 것은?
[국제무역사 41회 1교시 30번]

① 과세전통지가 생략된 경우라 하더라도 납세의무자의 권익이 심각하게 침해되었거나 침해될 가능성이 있다고 인정되면 예외적으로 과세전적부심사를 청구할 수 있다.
② 관세청에 제기된 과세전적부심사청구와 심사청구의 심의는 모두 관세심사위원회에서 한다. 이 관세심사위원회는 세관에 제기된 과세전 적부심사 청구에 대해서는 심의하지 아니한다.
③ 세관에 청구된 과세전적부심사청구의 결정기한과 관세청에 청구된 과세전적부심사청구의 결정기한은 다 같이 그 청구를 받은 날부터 30일 이내이다.
④ 세관장에게 이의신청을 한 경우 그 결정에 대해 관세청장에게 심사청구를 할 수도 있고, 조세심판원장에게 심판청구를 할 수 있다.

11 A씨는 베트남에서 한국산 담배를 밀수입한 혐의로 세관에 검거되었다. 이같이 관세법을 위반한 자에게 몰수에 해당하는 물품을 납부하도록 통고처분 할 수 있는 자는? [국제무역사 40회 1교시 22번]

① 조세심판원장
② 세관장
③ 관세담당 검사
④ 경찰청장

정답 10.① 11.②

찾아보기

ㄱ

ㄴ

ㄷ

ㄹ

ㅁ

ㅂ

ㅇ

▌정재완(鄭在完)

[연락처 : blue@hannam.ac.kr]

[학력 및 경력]

- 서강대학교 대학원 무역학과 졸업, 경영학박사(무역 및 국제경영 전공)
- 관세사시험 일반응시 합격(관세사)
- 제주세관 세무과장, 울산세관 감시관
- 재정경제원(현, 기획재정부) 세제실 관세국 근무(행정사무관 및 서기관)
- 관세청장 비서관, 관세청 심사정책과장, 용당세관 세관장
- 인천본부세관 통관국장
- 국립세무대학교수(관세학과장)
- 한국관세포럼 회장, 한국관세학회 회장
- 국무총리 소속 조세심판원 조세심판관

(현) • 한남대학교 경상대학 무역학과 교수
- FTA전문가포럼 회장
- 산업통상자원부 무역위원회 지식재산권침해조사 자문단 자문위원
- 7급 · 9급 공무원시험, 관세사·원산지관리사·물류관리사·국제무역사 자격시험 출제/선정

[저서]

- 21세기 무역학개론(삼영사)
- 관세법(도서출판 청람)
- HS품목분류와 관세율표(삼영사)
- 국제통상법규(삼영사)
- FTA 이해와 활용(공저, 도서출판 청람)
- 수출입회계와 세무실무(공저, 영화조세통람)
- 관세감면실무(공저, 한국관세무역개발원)
- 관세행정발전론 상 · 하(한국학술정보)
- 관세쟁송의 이론과 실무(공저, 한국관세무역개발원)
- 인터넷시대 무역실무(도서출판 두남) 외 다수

[주요 및 연구분야]

- 국제통상법규, 관세, 통관, FTA, 국제물류, 무역실무

■ 이지수

[연락처 : jisoo.yi@hoseo.edu]

[학력 및 경력]

- 이화여자대학교 영어교육학과 학사
- 호주 캔버라 대학교 WCO 관세 및 소비세 연구센터 국제 관세법 및 행정학 석사
- 호주 캔버라 대학교 WCO 관세 및 소비세 연구센터 국제통상학 박사
- 제24회 관세사자격시험 합격
- 관세법인 에이원 관세사
- 신한관세사법인 관세사
- 한국휴렛팩커드 마케팅 커뮤니케이션 담당 차장

(현) • 호서대학교 글로벌통상학과 교수
- 인천세관 원산지확인위원회 위원
- 대중소농업협력재단 농어촌상생기금 심의위원

[주요논문]

- 생산성본부 (2016) FTA 사이버연수원 "대학생을 위한 FTA의 이해" 20차시
- Journal of Arbitration Studies V.26,n3 (2016) "A Study on the Dispute Settlement Procedure for the Preferential Rules of Origin"
- 관세학회지 17권2호 (2016). "특혜원산지규정의 간소화에 대한 사례연구"
- 관세학회지 16권4호 (2015). "원산지사후검증이 FTA활용에 미치는 영향에 관한 연구"
- World Customs Journal Vol 9. No. 1 (2015). "Rules of origin and the use of free trade agreements: a literature review"
- 박사학위논문 (2015). "Rules of Origin and Korea's Use of Free Trade Agreements" University of Canberra
- 호주 관세청 연구보고서 (2014) "Utilisation of Australia's Free Trade Agreements" CCES Research Series, Centre for Customs and Excise Studies

국제통상거래법 [제3판]

2018년 2월 28일 1판 1쇄 발행
2019년 2월 25일 2판 1쇄 발행
2020년 2월 28일 3판 1쇄 발행
2021년 2월 24일 3판 2쇄 발행

저 자 정재완 · 이지수
발행인 고 성 익
조 판 플 러 스

05027
발행처 서울특별시 광진구 아차산로 335 삼영빌딩
도서출판 三 英 社
등 록 1972년 4월 27일 제2013-21호
전 화 737-1052 · 734-8979 FAX 739-2386

정가 38,000원

ISBN 978-89-445-0504-1-93320